黑龙江省精品工程专项资金资助出版

深蓝装备理论与创新技术丛书——"极地工程装备研究"系列

U0645512

核动力破冰船技术

侯立勋　郑彦民　高志龙　郭　宇　编著

哈尔滨工程大学出版社

Harbin Engineering University Press

内容简介

为了实现我国极地战略,确保我国的极地利益,研究开发制造具有自主知识产权的核动力破冰船以实现我国在这方面的突破,是摆在科技工作者面前的重大任务。本书对极地破冰船和核动力技术进行系统论述,重点介绍我国极地战略的意义、北极航线对世界经济的意义、世界常规动力和核动力破冰船情况、核动力破冰船设计技术、核动力破冰船动力装置、核动力破冰船机电系统和核动力破冰船安全保障及监管体系。

本书可供相关工程技术人员参考,以促使我国核动力破冰船早日研制成功。

图书在版编目(CIP)数据

核动力破冰船技术/侯立勋等编著. —哈尔滨:
哈尔滨工程大学出版社,2022.12
ISBN 978 - 7 - 5661 - 3791 - 3

Ⅰ.①核… Ⅱ.①侯… Ⅲ.①船舶 - 核动力装置 - 研
究 Ⅳ.①U664.15

中国国家版本馆 CIP 数据核字(2023)第 034303 号

核动力破冰船技术
HEDONGLI POBINGCHUAN JISHU

选题策划 史大伟 雷 霞
责任编辑 张志雯
特约编辑 田立群 钱 华 赵宝祥
封面设计 李海波

出 版	哈尔滨工程大学出版社
社 址	哈尔滨市南岗区南通大街 145 号
邮政编码	150001
发行电话	0451 - 82519328
传 真	0451 - 82519699
经 销	新华书店
印 刷	哈尔滨午阳印刷有限公司
开 本	787 mm × 1 092 mm 1/16
印 张	33.75
字 数	639 千字
版 次	2022 年 12 月第 1 版
印 次	2022 年 12 月第 1 次印刷
定 价	150.00 元

http://www.hrbeupress.com
E-mail:heupress@ hrbeu.edu.cn

前　言

随着全球气候变暖、北极海冰加速融化,不久的将来,人们梦寐以求的北冰洋"黄金水道"有望开通。北极天然资源极为丰富。美国、俄罗斯、加拿大、丹麦、挪威均声称在北冰洋拥有领土,各国屡就北极控制权产生争议,但没有国家可证明其大陆架伸延到北极,国际法规定北极不属于任何国家。

北极地区的地缘政治、军事与经济意义重大,也关系到我国的切身利益。由此我们必须关注参与北极事务的各个方面。要在北极地区有所作为,破冰船就显得特别重要,尤其是核动力破冰船。我国已经建造了具有破冰能力的极地科考船舶,但有关核动力破冰船的制造至今仍然处于空白阶段。这与我国的极地战略和确保我国的极地利益是不相符的,因此需要关心极地事业的科技工作者努力开拓进取,研究开发制造具有自主知识产权的核动力破冰船,实现我国在这方面的突破。

本着对极地事业的兴趣与责任感,我们想通过撰写本书,为极地事业贡献一分微薄之力。本书由前言、9个篇章和结束语组成。第1章介绍国家极地战略的意义;第2章介绍北极航线对世界经济的意义,包括各条航线的情况;第3章介绍世界常规动力破冰船的情况,主要包括世界各国拥有的典型科考破冰船与破冰船的情况;第4章介绍世界核动力船舶与破冰船发展情况,重点介绍俄罗斯的核动力破冰船及核动力破冰船技术发展情况与船用核动力装置发展情况,同时也简要介绍了我国对核动力破冰船的需求与技术发展状态;第5章介绍核动力破冰船总体设计,包括设计环境条件、总布置特点等内容;第6章介绍核动力破冰船结构设计,包括船体结构设计、安全壳结构设计、堆舱结构设计、船体疲劳设计优化、减振降噪、船体腐蚀防护系统与优化船体结构规范等内容;第7章介绍核动力破冰船的动力装置,主要介绍破冰船的船用核动力装置及其结构,包括反应堆、反应堆冷却剂系统、一回路系统与二回路系统;第8章介绍核动力破冰船

的机电系统,包括锚泊、系泊与拖曳系统,冰区航行船舶的推进器及核动力破冰船的电力系统;第9章介绍核动力破冰船的安全保障及监管体系,主要介绍核动力破冰船的安全法规和安全保障系统、数字核动力破冰船、数字反应堆与核电软件;最后是结束语。

核动力破冰船是我国正在研究开发的新船型,尽管国外已经发展多年,但是核动力破冰船的设计及其关键技术资料在国内并不多见。我们经过多方努力也仅仅收集到了少量的国内和国外技术资料,同时又缺少经验积累,要达到完美实属困难。但是我们仍然努力将本书写出特点,供相关工程技术人员参考,并希望对大家有所帮助,若能如此,我们也就心满意足了。

由于上述原因,本书难免有不足甚至错误之处,由衷希望得到大家的批评指正。

作 者
2022 年 10 月

目　　录

第1章
国家极地战略的意义

极地安全与人类生存、发展命运攸关。随着全球变暖、冰区技术的进步和交通工具的改善,极地与包括我国在内的外部世界的经济、政治、文化和安全的联系变得日益紧密,直接关乎各国利益和人类未来。

北极的矿产资源、鱼类资源丰富,不久的将来夏季航道也会出现在北冰洋。美国、俄罗斯、加拿大、丹麦、挪威均声称在北冰洋拥有领土,各国屡就北极控制权发生争议,但没有国家声称可证明其大陆架伸延到北极,国际法规定北极不属于任何国家。

据美国《科学》杂志的最新报告,全球气候变暖已经改变了北极的自然冷却趋势,北极地区的温度目前处于近 2 000 年来的最高水平。观测表明,北极春季已提前到来,而且更加暖和;温暖的秋季持续时间延长;夏季海冰温度平均每 10 年增加 1.22 ℃,海冰融化的季节每 10 年要提前 10~17 天。北极地区平均地面温度上升幅度是全球平均温度上升幅度的两倍,国际北极科学委员会报告(2004)预测北极在下个世纪(22 世纪)气温会增加 4~7 ℃。联合国政府间气候变化专门委员会(IPCC)气候变化第四次评估报告认为,北半球中高纬度地区未来 100 年升温幅度最大,北极在未来 80 年中将增温 3 ℃。这一升温幅度足以带来巨大的变化。

北极升温、北冰洋增暖,使北极海冰快速减少。据北极气候影响评估(ACIA)报告,北极海冰面积大约在 50 年前开始减少,而 1980 年至 1990 年以来,减少速度加快,这一趋势在夏季最为明显。最新的气候预测结果还表明,北极海冰未来的融化速度将是 2010 年的 4 倍左右。随着全球气候变暖,北极海冰加速融化,不久的将来人们梦寐以求的北冰洋"黄金水道"有望开通。

两艘德国货船开辟出了一条西起西欧、横穿西伯利亚与北冰洋毗邻海域的商路,该商路绕过白令海峡到达中、日、韩等国港口。两艘德国货船得以闯荡西伯利亚沿岸海域,要"归功"于全球气候变暖、北极冰川融化,全球变暖已经改变了北极的自然冷却趋势。"东北航道"开通,巨大商机的背后是生态环境的悲哀。

北冰洋的冰正在渐渐减少,多年来在北极上空的臭氧层也出现季节性的破

洞。北冰洋冰的减少会使地球的反照率下降,可能在全球暖化上有正反馈的效应。有研究推测,北冰洋在 2040 年时会完全没有浮冰,这将是人类历史中第一次出现这种情况。随着全球气候变暖,北极的战略地位越来越重要,环北极航线已部分开通,未来其在全球的战略地位将会不断上升。除了拥有丰富的自然资源外,气候变暖引起北极冰盖加速融化,便利的北极航线正成为连接大西洋和太平洋的"新纽带"和"高速路"。一旦北极航线启用,北极沿岸港口地区将兴起新的物资转运中心,势必会引起海上贸易重心的转移,对地区和国际局势产生深远影响。

目前,海上环球航行只能通过巴拿马运河或苏伊士运河来连接太平洋和大西洋,甚至需绕道非洲南部好望角。与这些航线相比,北极航线一旦开通将大大缩短航程,带来巨大的经济利益。例如,日本的集装箱从横滨到荷兰的鹿特丹港,经非洲的好望角需要航行 29 天,若经马六甲海峡、苏伊士运河需要 22 天,但如果同样的船舶采用北极航线,则仅需 15 天就可以到达。此外,北极航线一旦开通,还可减轻马六甲海峡、苏伊士运河日益严重的拥堵,避开日益猖獗的索马里海盗的威胁。

专家分析认为,北极航线开通不仅会直接改变原有的世界海洋运输格局,还将使北极地区的战略地位整体提升。新航线将带动沿线经济发展,催生一些新的居民点,促进现有港口、城市规模壮大,航线经过的国家在世界上的地缘政治影响力也将随之提高。同时,新航线将分散一部分原有航道的贸易货物,降低原全球航运路线的分量和地位,航线所在国的影响和地位也将受到影响。地球中路战略地位下降,北极地区战略地位抬升,这种变化将使世界重心向北方偏移,一定程度上改变世界格局。

1.1　国家战略

加拿大在 1973 年就宣称西北航道是其"国内航线",并坚持对西北航道拥有主权。2007 年 8 月 11 日加拿大宣称将会在北极兴建两座军事设施,以宣示其在北极的主权,并表示对这条西北航道拥有"执法权",将对在上述海域航行的各国船只做出必要限制,以减少安全隐患和事故造成的泄漏问题。不过美国和俄罗斯认为,西北航道是一条国际海上通道,应适时向所有国家开放。此外,丹麦派遣一支由科学家组成的探险队前往北极冰层,展开历时 1 个月的考察任务,以寻

找有关丹麦拥有北极地区主权的证据。

另一方面，由于气候原因，东北航道只有在夏季的几个星期里可以开放航行，与西北航道相比，此路线可大大缩短航程，省下大笔开支和时间。2007 年 8 月 2 日，俄罗斯北冰洋勘探小组乘小型潜艇，将装有俄罗斯国旗的容器放到北冰洋底，以宣示主权。由于东北航道经过俄罗斯沿岸，所有船只途经该处都必须先向俄方缴付"过路费"。《纽约时报》评论，俄罗斯希望这条北极航运路线在夏季时成为苏伊士运河强有力的竞争对手。事关巨额"买路钱"，数十年来各国对北极航线的争议一直很激烈。从苏联到俄罗斯，都将东北航道视为国内交通线，美国、挪威和瑞典则一直坚持国际通行权利。

2013 年 5 月 15 日，在北极理事会第八次部长级会议上，中国、韩国、日本、印度、新加坡、意大利等六国被批准为北极理事会正式观察员。这表明北极国家已认识到气候变化、生态保护、航道利用、资源开发等跨区域的北极事务，不能只在北极五国或八国这个"小圈子"中商讨，今后的北极治理架构将更具开放性与包容性，非北极国家也将在理事会中获得更大的活动空间。成为北极理事会正式观察员，为我国参与北极事务打开了一扇窗，但对于这一身份也没有必要进行过度解读。

作为联合国安理会常任理事国，中国是北极理事会正式观察员，在完善极地治理规则、促进极地和平与稳定等方面将发挥建设性作用，可有效维护各国和国际社会的共同利益。"人类命运共同体"理念，是我们为应对当今世界面临的全球性挑战、解决人类面临的共性问题而贡献的中国智慧、中国方案。这一主张从 2017 年 2 月开始已被多次写入联合国文件，得到国际社会的广泛欢迎和认可。我国将秉持和平、主权、普惠、共治原则，把深海、极地、外空、互联网等领域打造成各方合作的新疆域，而不是相互博弈的竞技场。我们也相继发布了《中国的南极事业》和《中国的北极政策》白皮书，阐明了中国愿与国际社会一道，携手迈进，共同认识北极、保护北极、利用北极和参与治理北极的鲜明立场。倡导并推行极地"人类命运共同体"理念，符合包括中国在内的世界各国的根本利益，有利于维护和平、安全、稳定的极地秩序。

中国对北极事务的参与是全方位、多渠道的。北极理事会只是北极国际合作的一个重要平台，目前理事会还处于"建章立制"阶段，其政治权威性还有待未来国际实践的检验。中国在国际海事组织极地航运规则谈判、联合国气候变化与可持续发展会议、《联合国海洋法公约》缔约国会议等全球治理机制中具有正式成员的身份优势，在涉及北极的国际制度建设方面将拥有更大的发言权。理

事会观察员最主要的权利是有资格参加理事会的有关会议,近距离观察其运作,没有投票权和决策权。因此,理事会观察员资格对中国而言主要是提供了一个进一步深入了解北极的"窗口"。

随着北极地区气候环境的变化,北极理事会作为目前唯一的包括全部八个北极国家的政府间组织,其自身的机制化、正规化建设也在加紧推进。除接纳新的观察员外,第八次部长级会议还通过了一系列新的政策文件。《北极海洋石油污染预防与应对合作协议》是北极理事会成立以来继《北极搜救协定》之后的第二份具有法律约束力的专门协定,北极国家试图通过这一协定来规制国际能源业巨头开发北极的勃勃雄心,也是对未来北极大规模油气资源开采局面所采取的一种预防与警戒措施。

在环境和生态保护方面,北极理事会还发布了在多个科学研究基础上的评估报告,如《北极生物多样性评估》《北极海洋酸化评估》《北极海洋审议报告》等,对北极环境现状进行了科学评估,并提出了一系列后续措施和指导建议。

此外,还出台了多项加强北极理事会工作的文件,如经修订的《北极理事会程序规则》《北极理事会观察员手册》及《常设秘书处财务规则》等。这些文件的签署与发布标志着北极理事会的机制化、正规化有了新进展。从现实政治而言,北极理事会能否完成从政府间论坛到正式国际组织的"华丽转身",最终仍取决于北极八国,尤其是美、加、俄三个北极大国的政治意愿和协调,这将是一个长期的渐进过程。

| 1.2 大国竞争 |

大国竞争是地缘政治的传统驱动力,也是全球力量动态的长期特征,同时它也是极地历史的核心组成部分,数十年来塑造了北极和南极的发展轨迹。

俄罗斯和美国在北极地区的投资(挪威、冰岛、丹麦和加拿大也与之类似),更多反映了各国对其广阔开放边界的保证,而不是摆出冲突姿态。北极边界日益繁忙,因此需要增强搜救能力和军事能力,才能对北极国家巨大经济投资起到明显的保护作用。考虑到这些国家专属经济区内的经济潜力,目前的行动更多的是出于规范考量,而不是像"冷战"时期那样出于大国政治。但随着越来越多的国家寻求进入北极,继而参与北极的治理和经济事务,大国政治再次向北蔓延。

1.2.1　俄罗斯战略

美俄北极战略博弈持续升级,军事对峙日趋白热化。美国在俄罗斯周边军事动作频频,在各战略方向不断向俄示威示强,围堵挤压俄战略空间,反映出美国将俄罗斯定位为全球主要战略对手,对其进行战略打压的根本立场,也折射出美俄之间结构性矛盾难以缓解,战略互信缺失的基本态势,未来两国关系还将面临更大考验。俄罗斯靠近北冰洋有着狭长的海岸线,基本可以控制北极圈的大部分地区,而借着俄导弹的威力及地理位置的优势,俄罗斯的导弹射程基本覆盖美国全境。北极将是俄罗斯向美国发射导弹的绝佳地点,足不出户就能威胁到美国本土。如今,俄罗斯直接将导弹安装在北极破冰船上,以达到威慑美国的目的。

美国在北极"咄咄逼人",在北极圈造成了不安定的因素,为此俄罗斯的新型破冰船"伊万·帕潘宁"号下水,如图 1-1 所示。这艘破冰船将在北极地区巡视,并且它还开创了一种新型的船只种类——"战斗破冰船"。

破冰船都是作为科研考察的船只使用,很难将其和军舰联系起来,而"伊万·帕潘宁"号破冰船则是科考、战斗两不误,这的确很有俄罗斯的风格。"伊万·帕潘宁"号破冰船排水量为 8 500 t,装备有两座动力强劲的燃气轮机,可以在1.5 m厚的冰层中前进,船身长度为 114 m,最大速度为 18 kn,航程为 9 650 km,最大续航里程超过 11 000 km。舰上编制人员共有 49 名,除此之外还有多余的空间,可以容纳另外的 47 名各类人员。该破冰船的战斗力不俗,有专门的直升机平台,能搭载直升机与无人机。此外还配有 76.2 mm 海军炮和强大的激光炮,舰尾甲板采用了模块化的装载空间,可以装置两组 4 联装导弹发射器,能够发射 8 枚"口径"系列远程反舰导弹或者对陆打击巡航导弹,能以包括航空母舰在内的各式船只作为攻击目标,并且能轻易击沉千吨战舰。除了当作破冰船与战舰,"伊万·帕潘宁"号还可以作为拖船、巡逻舰,可谓实用性极强。

俄罗斯方面宣称,"伊万·帕潘宁"号破冰船加入俄罗斯舰队之后,能够在北极地区完成各种重大任务,提高俄罗斯在北极地区部署部队的能力。如果有必要的话,"伊万·帕潘宁"号破冰船还可以配备更多种类的武器装备,使其攻击能力更强。可见俄罗斯在北极争端中已经下定决心,维护自己在北极地区的利益。俄罗斯一直以来都是破冰船领域的领导者,得益于地理优势,俄罗斯将武器系统与传统破冰船相结合,的确给人耳目一新的感觉。

图1-1 "伊万·帕潘宁"号破冰船

除此之外,2019年8月,俄罗斯国家原子能公司(Rosatom)旗下的子公司 Rosatomflot在俄罗斯波罗的海造船厂(Baltzavod)增订了2艘22220型核动力破冰船,合同价值约为1 000.59亿卢布(约合15亿美元)。

这是继"北极"(Arktika)号、"西伯利亚"(Sibir)号和"乌拉尔"(Ural)号之后,波罗的海造船厂建造的第4艘和第5艘22220型核动力破冰船。22220型核动力破冰船是目前世界上最强的破冰船。按照规定,第4艘22220型核动力破冰船必须在2024年12月20日之前完成建造,第5艘不晚于2026年12月20日完工。交付后,这2艘船计划沿俄罗斯北极海岸的北海航线航行工作,在北极为船队引航,保障油船从亚马尔、吉丹半岛和卡拉海半岛驶往亚太市场。该型破冰船长173.3 m,宽34 m,排水量3.35万t,可以破厚度为3 m的冰层,功率为60 MW,为世界上动力最强的破冰船。22220型核动力破冰船装备两个RITM-200核反应堆,每个核反应堆具有175 MW的热容量。这些破冰船被俄罗斯海事登记局(RMRS)归类为第9型破冰船。

　　波罗的海造船厂建造的第一艘 22220 型核动力破冰船"北极"号破冰船在 2013 年 11 月开工建造,2016 年 6 月下水,于 2020 年 10 月交付;第二艘"西伯利亚"号破冰船在 2015 年 5 月开工,2017 年 9 月下水,于 2021 年 12 月交付;第三艘"乌拉尔"号破冰船在 2016 年 7 月开工,在 2022 年底交付使用(图 1 − 2)。

图 1 − 2　下水的"乌拉尔"号破冰船

　　22220 型核动力破冰船建造项目是俄罗斯一项雄心勃勃的计划的一部分,该计划旨在更新和扩大船队,以提高开发北极商业潜力的能力。此前,Rosatom 首席执行官 Alexey Likhachey 曾表示,这一系列核动力破冰船是实现北海航线(NSR)全年开放这一战略项目的核心。除了正在建造的 22220 型破冰船,Rosatomflot 还准备建造"领袖"(Lider)号重型核动力破冰船。"领袖"号核动力破冰船船身长 205 m,满载排水量 7.1 万 t,将采用两个 RITM 400 试验堆,使其有能力穿越北极最厚的冰层。俄罗斯计划至少建造 3 艘同级别核动力破冰船,每艘预计耗资 16 亿美元。

　　北海航线是连接大西洋和太平洋的海上捷径,西起摩尔曼斯克或阿尔汉格尔斯克,经北冰洋南部的巴伦支海、白海、喀拉海、拉普捷夫海、东西伯利亚海、楚科奇海至太平洋白令海西北岸的普罗维杰尼亚。2020 年 4 月,俄罗斯总统普京曾经表示,俄罗斯将加大在核动力破冰船方面的投入,预计到 2035 年前俄罗斯北极船队将拥有至少 13 艘重型破冰船,其中 9 艘为核动力破冰船。目前,俄罗斯正在服役的核动力破冰船共计 5 艘,全部由 Rosatomflot 运营。

　　俄罗斯这一系列的计划与成果,充分显示其在北极地区与美国争强的决心和战斗意志。

1.2.2　美国战略

当前有关极地的战略意义越来越被各国重视,权利争夺越来越激烈,特别是美国认为俄罗斯有意通过威慑其他国家扩大自身影响范围,须关注俄罗斯扩大破冰船队、在北极建设基地、发展商业中心和浮动核电站、部署军队等建设举措及相关能力的两用潜力,称美国竞争对手有意突破现有框架,以实现"更大的野心或损害他国利益"。为此,2019 年 4 月 22 日,美国海岸警卫队发布《北极战略展望》,这是继 2013 年 5 月《海岸警卫队北极战略》后,美国海岸警卫队再次发布北极地区相关战略文件。

文件将海岸警卫队视为"美国联邦政府在北极地区国土安全、安保和环境管理工作的主导部门",将其在北极地区的职能界定为"表达美国主导整个北极地区的导航、搜救、船舶安全、渔业执法及污染应对等国际治理事务的利益诉求",指出其"通过捍卫基于规则的海域秩序维护美国的基本利益,同时通过合作减少冲突与风险"的使命任务一直未变,要求构建在北冰洋最偏远海域的行动能力,从而对北极地区的各类活动实现有效管控。其核心观点是:①强调当前北极地区战略竞争态势加剧,对美国核心利益构成风险;②强调美国海岸警卫队北极行动能力不足,主张多管齐下开展相关能力建设。它反映出美国将以更加积极的姿态介入北极地区事务,并加强自身在北极地区的力量存在,而海岸警卫队将是这一政策的主要执行者之一。

2021 年 1 月 5 日,美国海军部部长、海军作战部部长和海军陆战队司令共同签署发布了题为《蓝色北极:北极战略蓝图》(*A Blue Arctic: A Strategic Blueprint for the Arctic*)的新北极战略,阐述了美国在未来 20 年将如何整合运用海上力量,准备应对更具通航条件和战略价值的"蓝色北极",以有效开展竞争并维持对其有利的地区力量平衡。

该战略称,美国是一个海洋国家,也是一个北极国家,美国的安全、繁荣和北极重要利益正日渐紧密地与北极域内外国家联系在一起。美国的北极利益只有在遵守既有国际规则、确保北极地区和平与繁荣的前提下才能得到保障。但未来几十年,海冰迅速消融与北极航线通航条件持续改善,将使美国在北极地区面临包括从自然环境变化到航行与资源开发难度降低,再到竞争国经济军事活动增加并试图改变北极治理机制等多方面的复杂挑战。特别是北极地区"快速上升的威权主义和修正主义倾向",将削弱美国应对风险挑战的能力。因此,美国

海军部门强调,为了维护美国的北极利益,确保北极地区的持久和平与繁荣,"是时候写下我们部门历史上的又一伟大篇章了"。

该战略以美国 2017 年《国家安全战略》、2018 年《国防战略》、2019 年《国防部北极战略》和 2020 年 12 月出台的《海上优势:以整合的全域海军力量取胜》为指导,同时参考了 2019 年美国海军《北极战略展望》和海岸警卫队《北极战略愿景》的相关内容。该战略列举了四个目标:遏制挑衅和阻止恶意行为,维护战略通道和海洋自由,加强现有和正在形成的联盟及伙伴关系,保卫美国免受攻击。

为此,美国海军部门将从三方面着手"采取更加果断的行动":一是保持在北极的长期存在,包括建立北极常驻海军部队,加强北极演习和行动,有效整合海军、海军陆战队和海岸警卫队力量,统筹各个舰队行动等;二是强化北极合作伙伴关系,包括加强与其他军种、政府部门、盟友伙伴的信息共享,扩大北极合作规划,加强协同作战能力等;三是建立更强大的北极海上力量,包括推进海军人员、装备、技术、基建等方面的现代化,创新作战理念,教育和培训北极军民力量,统筹基础设施与部队发展投资计划等。

总体看,美国海军部门出台新北极战略,是美国在"战略焦虑期"应对大国战略竞争、维持军事优势的又一具体举措。纵观其目标、理念、内容等,无不体现了美国政府在军事安全领域一贯的"以实力求和平""以竞争为手段"等主张。按照计划和要求,美国国防部领导的陆军、海军、空军、海军陆战队和太空军五大军种需对《国防部北极战略》进行细化落实,因而海军部门出台该战略属于完成既定任务。此前美国空军部门(包括空军和太空军)也于 2020 年 7 月发布了首份北极战略。这三份北极战略都从战略竞争逻辑出发,大肆渲染炒作"北极威胁论",主张通过增强军事存在、提升作战能力、加强与盟友伙伴合作等,重塑美国在北极事务中的竞争优势和领导地位。与美国海军部门此前的北极战略相比,新北极战略强调协同合作。这首先体现在该战略由美国海军和海军陆战队联合签署发布(这两个部门由海军部长负责),而此前这两个部门的北极战略文件一般都是分别发布。从内容看,该战略更强调加强多军种(主要是与美国国土安全部所属海岸警卫队)、跨部门、与盟友伙伴的合作,这与之前美国海军、海军陆战队和海岸警卫队联合发布的《海上优势:以整合的全域海军力量取胜》可谓一脉相承。

美国海军部门新北极战略的出台,拼上了美国军种北极战略"拼图"中的关键一块,将对北极地区安全形势产生深远影响。

一是加剧北极军事化势头。近年来,美俄关系持续紧张,俄罗斯不断加大在

北极地区的军事部署,引起美国警觉和担忧。海军部门是美国在北极地区开展行动的主要力量,其强硬姿态和"远大"目标将进一步坚定俄罗斯捍卫北方安全的意志和决心,进而使美俄在北极"军备竞赛"上越陷越深。

二是制造北极国际力量分野。美国竭力渲染"北极威胁论",同时表示要加强与盟友伙伴的北极合作,意在塑造身份认同,形成不同阵营。美国海军部门新北极战略提出"蓝色北极",字面意思虽然很明了,但参考"蓝点网络"(Blue Dot Network)计划的命名含义,其深层用意可能是在强调"海洋"与"大陆"、"清洁"与"污浊"、"民主"与"威权"的对立。

三是影响"冰上丝绸之路"建设。美国海军部门新北极战略提到"中国将北极视为'一带一路'建设的关键一环",鉴于当前美国对"一带一路"的警觉和对北极地区的重视,自然会大力阻挠"冰上丝绸之路"建设。进一步看,在中美战略博弈背景下,按照美国将"亚太战略"发展到"印太战略"的逻辑,其未来可能将"印太战略"进一步升级为"印太北战略",加大北极方向力量部署,实现"三洋联动"遏制围堵中国。

纵观特朗普政府的 4 年任期,其在北极问题上可谓"低开高走":前两年基本"悄无声息",2019 年起动作不断,留下了美国近几任总统里最丰富的"北极遗产"。不过,这些"遗产"多是"倒行逆施"的产物,即特朗普政府对气候变化持怀疑、反对立场,在气候变化、环保等当前北极最急迫的问题上几无建树甚至有所倒退;同时强调大国战略竞争并将北极视为"大国的竞技场",其北极政策实践多体现在军事安全领域。

2021 年初,美国密西西比州的 VT 霍尔顿海事船厂表示,已完成一项重大升级项目,为开建首艘新式重型破冰船"极地安全防卫船"(polar security cutter)做准备。该船为常规动力,满载排水量达 2.3 万 t,计划在 2024 年前交付。建成后,该船将成为世界最大常规动力极地破冰船,可媲美俄罗斯的 22220 型核动力破冰船。VT 霍尔顿海事船厂获得了一份价值 7.46 亿美元的合同,除建造新式重型破冰船外,该合同还包括建造另外两艘极地安全巡逻舰的选择订单,如果所有选择订单均生效,合同总价值将达到 19 亿美元。美国媒体指出,极地破冰船是美国在极地地区存在的关键,美国需要建立一支新的破冰船队,以满足北极和南极商业、旅游、科研及国际活动增多所带来的独特任务需求。

未来,美国将打造一支拥有 6 艘极地破冰船的新船队——其中至少有 3 艘是重型破冰船。目前,美国唯一一艘重型破冰船"北极星"号(图 1 - 3)已经服役超过 40 年,几年后将被新的极地安全防卫船所取代。

图 1-3 美国"北极星"号破冰船

2020 年 9 月 29 日，美国海军授予位于马萨诸塞州伍兹霍尔的伍兹霍尔海洋学研究所一份 12 638 129 美元的成本加固定费用的合同，其工作说明书的标题是"北极行动的通信、导航和无人驾驶载具"。要进行的工作包括设计、开发、整合和测试声学导航网络、分布式通信系统、网关浮标节点和无人驾驶载具能力，以支持北极移动观测系统（AMOS）创新海军原型。

随着北极地区竞争的白热化，美国海军正在寻求大幅提高对该地区的态势感知能力。不难看出，2020 年 9 月 29 日授出的这份合同所包含的工作至少可以成为美国在这一日益重要的战略区域建立广域持久水下监视系统的垫脚石。美国海军研究实验室（ONR）设想 AMOS 原型由各种无人海底航行器（UUV）组成，包括完全自主型，以及固定传感器。所有这些都将通过一系列通信和数据共享节点联系在一起，这些节点悬吊于安装在冰面上的浮标下方的水中。ONR 官网对 AMOS 项目做了如此描述："AMOS 将被设计为可持续工作 12 个月，传感足迹目标距离中央节点 100 km，并具有双向北极通信（载具到载具、载具到节点、节点到岸边）。"

2018 年开始的 AMOS 项目主要公开声明的目标是提供一种手段来随时监测和评估北极地区广泛冰层下的情况。由于全球气候变化，该地区的冰层退缩和其他环境变化导致美国在该地区的军事活动增加，并促使有关利益方提出了新的需求，以更好地了解地表之上和之下的情况。只要能够预测大量冰层将在何时何地形成或消退，而这些冰层会受到水温等水下条件的影响，就会对北极地区的海军行动产生重大影响。

ONR 负责北极与全球预测项目的经理斯科特·哈珀（Scott Harper）对此表

示："如果海军必须在这里开展潜艇、水面舰艇和飞机的行动，真的需要了解这种行动环境，海冰在哪里？它退缩的速度有多快？它对海洋中的上层水体又有什么影响？我们有卫星，可以俯瞰北冰洋的表面和海冰状况。但我们没有观察冰下并了解海洋状况的能力，而这正是我们试图通过 AMOS 实现的。"

美国海军也设想：一个将 UUV 编队与固定传感器和通信节点阵列一起联网以监测水下活动的系统，似乎也可以随时适应其他角色，如提供北极水域的情报、进行监视和侦察，特别是在探测外国潜艇行动方面。只要能够为美军指挥官和美国情报机构提供更多关于冰下及冰上的基本情况，这个系统就物有所值。一支由 UUV 组成的舰队甚至可以自主巡逻，并与传感器网络联系在一起，这可能是洞察其他国家海军在该地区如何行动的重要一步。世界各地的海军长期以来一直将北极地区作为进行谨慎的潜艇行动的地区，这些水下设备很难被监测到。

在许多方面，AMOS 的这种调整将反映美国海军开发新的和改进的水下传感器网络的其他努力，包括固定节点和水下无人驾驶载具，以帮助监测开阔的海洋区域的潜艇通信和其他海上行动。图 1 - 4 所示为 Thayer Mahan 公司的 Sea Watch 自主波浪滑翔型无人载具，美国海军也在尝试将其作为在广阔海洋区域内进行海上监视的手段。

图 1 - 4 Sea Watch 自主波浪滑翔型无人载具

海军认为，美国不是唯一一个扩大其水下基础设施的国家，无论是在北极还是其他地方。据美国媒体报道，俄罗斯正在北极地区开展各种类似的项目，包括潜在的水下设施和为其提供动力的核反应堆，这些项目表面上同样是为了研究，

但很容易转向军事用途。

拜登上台后,美国在北极问题上将向气候变化、环保等"正道"回归,且会奉行多边主义,重视北极理事会等国际机制的作用。但美俄关系难有转圜,拜登政府不会放松对北极这个"战略新疆域"的争夺,只是在议程、策略等方面进行调整。出于对中国军事实力快速提升的忌惮,以及目前美国北极实力大大落后于俄罗斯的不安,拜登政府可能在很大程度上继承特朗普政府的"北极遗产",继续提升北极军事力量,加强北极军事部署。因此,未来一段时期,包括美国海军部门新北极战略在内的多份北极战略仍会发挥指导作用并被遵照执行,相关动向值得关注。

1.3　北极地区对世界地缘政治的意义

北极的战略地位,促使世界重心北移。海上运输根据不同的货物类型,可分为油轮运输、散货运输和集装箱运输三大类。据研究分析,北极航线开通以后,我国航运企业在北极航线进行运输的需求将大大增加,预计相应需求量较大的是集装箱运输的船舶装备,这将大大促进我国"一带一路"倡议的实施并提升其产生的经济效益。

北极地区虽然拥有丰富的矿产资源,但开发成本、环境成本都比较高,中短期将不会形成较大的贸易货流。由于整个北极地区人口非常少(约 1 000 万),居住在约 800 万 km² 的广袤区域内,本身难以形成成规模的消费市场,因此以北极为目的地的运输量也不会很大。在油气运输方面,俄罗斯向中国出口原油可能会优先选择接近中国东北地区的油气产区,因此选择陆上管线输送的可能性比较大。但对于日本、韩国和东南亚市场,选择北极航线运输的可能性较大。近年来,东北航道能源产品货运量已超过 70%。

亚洲到欧洲、亚洲到北美洲的传统航线,是连接亚洲制造中心和欧洲、北美洲消费中心的通道,也是世界贸易最集中、规模最大的集装箱运输航线。由于水深和航道宽度的限制,巴拿马运河和苏伊士运河已经日益成为传统航线的交通瓶颈,货轮排队的时间成本逐年增加。由于北半球世界集装箱运量增长比较快,北极航线一旦开通,将有效缓解传统运河航线的压力,打破运河航线的垄断地位。根据北极贸易、油气开发及远东—西北欧、远东—北美东部当前海运货量的状况,未来北极航线主要货物类型和规模的最大理想值为:①从俄罗斯、北欧北

极地区到远东的液化天然气单向贸易流,到 2030 年最大可达 1 000 万 t;②从远东到欧美的集装箱货物双向贸易流,到 2030 年最大值可达 1 743 万 TEU①,相当于 2011 年传统运河航线的 85%。

目前,东北航道的天然气运量占据主要地位,但在中国经济继续稳步增长的背景下,对北极航线更大的运输需求将主要是集装箱运输。未来北极航线的商业性开发潜力巨大,并与苏伊士运河、巴拿马运河存在竞争关系。如果北极航线成为一条全季节航道,与传统运河航线的市场竞争结果必然是均分集装箱货运量。北极航线一旦开通,北极地区内部增加了贯通太平洋与大西洋的"交通动脉",必将加强北极国家之间的联系,提高北极区域的一体化程度,北极地区的战略地位将会得到整体提升。新航线还将带动沿线经济发展,催生一些新的居民点,促进现有港口、城市规模壮大,北极地区人口将随之增加,航线经过的国家在世界上的地缘政治影响力也将随之增强。

同时,北极航线开通还将直接改变原有的世界海洋航运格局。现有的环球海洋运输线位于地球的南北居中位置,这根"世界运输大动脉"串起了一系列战略要地和世界热点,马六甲海峡—北印度洋—红海—苏伊士运河—地中海—直布罗陀海峡—加勒比海—巴拿马运河—东南亚,形成了众多战略热点和兵家必争之地。北极新航线一旦开通,将分散一部分原有航道的贸易货物,降低原全球航运线的分量和地位,航线所在的影响和地位也将随之降低。地球中路战略地位下降,北极地区战略地位抬升,这种对比变化将会导致世界重心向北方偏移,在一定程度上改变世界格局。

除了美国与俄罗斯在北极地区的博弈,北极地区国家及其他国家也纷纷争夺其在北极的权与利。英国近年来通过多种途径和方式参与北极科学研究和相关事务,逐步提升了其在北极领域的影响力。2013 年英国政府曾发布首份北极政策框架,2018 年发布的《超越冰雪——英国北极政策》报告是 2013 年版本的更新版。该报告总结了过去 5 年英国在北极科学研究、参与北极事务等领域的系列举措,并阐述了英国政府对相关北极事务的立场。该政策框架指出,英国在北极科学技术研发和创新领域中拥有领先地位,这将有助于国际社会提升对北极地区气候和环境变化的理解与认知,并找到应对挑战的有效方法。

日本关于北极的科学研究与 20 世纪初开始的国际极地研究同时起步。2015 年 10 月综合海洋政策本部公布了《日本的北极政策》,使日本在北极问题上

---

① TEU 为国际标准箱单位。

有了战略纲领性文件。2018 年 5 月发布了第三期《海洋基本计划》，提出了推进北极政策的措施。《海洋基本计划》由首相直接领导的综合海洋政策本部制定，是日本的顶层海洋战略文件，每五年修订一次，内容涵盖海洋资源开发、海洋环境保护、海洋科技研发、海上交通运输等多个方面。

新版《海洋基本计划》详细阐述了未来 10 年日本的海洋政策理念，提出了 2018—2023 年政府实施海洋政策的若干措施，突出了海洋安全，纳入了北极政策。其中第七章"推行北极政策"中提道：加强北极领域科学技术研发；实施"北极研究推进项目"，加强各领域学科互助、行政部门与科研院所协作及科研设施共享；推进北极领域科学技术的研究开发等内容。

我国也明确是与北极相关的国家，2017 年 6 月 20 日，国家发展和改革委员会和国家海洋局联合发布《"一带一路"建设海上合作设想》，提出将积极推动"中国—北冰洋—欧洲"列入三大蓝色经济通道，支持北冰洋周边国家改善北极航线运输条件，鼓励中国企业参与北极航线的商业化利用。

2017 年 7 月，我国国家主席习近平访问俄罗斯，双方正式提出了"要开展北极航线合作，共同打造'冰上丝绸之路'"这一设想。其内容包括中国远洋海运集团有限公司已完成多个航次的北极航线试航；两国交通部门正在商谈中俄极地水域海事合作谅解备忘录，以不断完善北极开发合作的政策和法律基础；两国企业积极开展北极地区的油气勘探开发合作，正在商谈北极航线沿线的交通基础设施建设项目等。

2018 年 1 月，我国国务院发布《中国的北极政策》白皮书，这是中国政府在北极政策方面发表的第一部白皮书。白皮书阐明了中国在北极问题上的基本立场，全面介绍了中国参与北极事务的政策目标、基本原则和主要政策主张。白皮书指出中国将积极参与北极航线开发利用，与各方共建"冰上丝绸之路"。中国鼓励企业参与北极航线基础设施建设，依法开展商业试航，稳步推进北极航线的商业化利用和常态化运行。

中国重视北极航线的航行安全，积极开展北极航线研究，不断加强航运水文调查，提高北极航行安全和后勤保障能力。切实遵守《极地水域船舶航行安全规则》，支持国际海事组织在北极航运规则制定方面发挥积极作用。主张在北极航线基础设施建设和运营方面加强国际合作，并支持企业通过各种合作形式，在保护北极生态环境的前提下参与北极油气和矿产资源开发。

在不久的将来，北极地区的竞争只会越来越激烈，因为全球气候变化使北极地区更容易进入。其总体上提供了一系列新的潜在经济机会，包括开采自然资

源,从石油到鱼类,以及利润丰厚的海上航线。为了确保我国的利益,我们应该加快适应北极地区航行的各类项目。

1.4　参考文献

[1]　北纬40°.极地船舶发展现状分析[EB/OL].(2020 – 08 – 19)[2022 – 05 – 31].http://www.bw40.net/15751.html/2.

[2]　北纬40°.蓝色北极:美国海军发布"北极战略蓝图"[EB/OL].(2021 – 01 – 15)[2022 – 05 – 25].http://www.bw40.net/15860.html.

[3]　张羽,李岳阳,王敏.极地破冰船发展现状与趋势[J].舰船科学技术,2017, 39(23):188 – 193.

第2章
北极航线对世界经济的意义

　　北极航线是指穿过北冰洋,连接大西洋和太平洋的海上航道。截至2012年,北极有两条航道:位于加拿大北极群岛水域沿岸的西北航道和大部分航段位于俄罗斯北部沿海西伯利亚沿岸的东北航道。

　　北极航线理论上还有一条穿越北极点的航线,这条航线从白令海峡出发,不走俄罗斯或北美沿岸,直接穿过北冰洋中心区域到达格陵兰海或挪威海。由于北冰洋中心区域被多年累积的海冰覆盖,海冰最为密集和厚实,这条航线预计将是最后开通和利用的。数百年来,航海者们一直梦想取道常年冰封的北冰洋航道——它被称作"传说中的航道",因为一年中大多数时候都结着厚厚的冰层。由于全球气候变暖,北极冰川解冻,两艘德国货船破天荒,成功穿过俄罗斯西伯利亚与北冰洋毗邻海域,从而开辟出了一条商业航路,这条全新的商业航道大大缩短了欧亚大陆间的航程,预期将带来巨大的商业利益。

　　16世纪,由于绕过非洲和南美洲南端的航线被葡萄牙和西班牙垄断,西欧和北欧的探险家希望在北大西洋寻找一条穿越北冰洋,与财富遍地的东方建立起直接贸易关系的新航线,由此展开了长达两个多世纪的航道探险。数以百计的西方探险家为了探寻这条航线,葬身冰海。直到19世纪中叶,人们才勉强分段走通,证实西北航道确实存在。

　　1553年,为寻找一条欧洲通往亚洲的航线,英国探险家休·威洛比与他的船员在东北航道上全部遇难。1903—1906年,挪威探险家阿蒙森乘坐一艘47 t单桅风帆渔船从东向西,首次打通了西北航道,中途被冰封住将近两年,历时三年才完成艰苦的航程。1940—1942年,加拿大皇家骑警的一艘木质双桅补给机帆船 St. Roch 号从西向东,花了27个月才实现船舶第二次走通西北航道。1944年,St. Roch 号利用更靠北的一条新航线返回西海岸的温哥华。1969年,"曼哈顿"号油轮穿越西北航道将原油从阿拉斯加运抵纽约。

　　目前,从欧洲到亚洲的传统航线有三条:一条是经苏伊士运河,长19 931 km,需航行35天;一条是经巴拿马运河,长26 186 km,需航行40天。一条是经非洲好望角,长22 356 km,需航行46天。如果经北冰洋,则只有12 456 km,需航行

22 天,减少近一半时间。此外,此航线还可节省穿越苏伊士运河和巴拿马运河的费用,减少航运中的能源消耗,船体大小和吃水深度不受限制,可航行各种大型货轮,且沿途无运河壅塞、恐怖袭击、海盗等安全隐患,尤其有利于大吨位油轮和液化天然气(LNG)运输船的航运。

作为近北极国家,北极航线的开通对我国的意义重大。目前,海运承担了我国 90% 以上的国际贸易运输,我国外贸主要有八条海运远洋航线。如果北极航线顺利开通,将使我国在现有的东、西向两条主干远洋航线上增加两条更为便捷的到达欧洲和北美洲的航线,不仅减少海上运输成本,降低和分担途经马六甲海峡、巴拿马运河、索马里海域和苏伊士运河等区域所带来的风险,还有利于开辟我国新的海外资源能源采购地。

北极航线对我国海外贸易的商业价值十分明显。利用北极航线,我国沿海诸港到北美东岸的航程,比走巴拿马运河的传统航线节省 2 000 ~ 3 500 n mile;到欧洲各港口的航程更是大大缩短,上海以北港口到欧洲西部、北海、波罗的海等港口比传统航线航程短 25% ~ 55%。北极航线将大大拉近我国与欧洲、北美洲等市场的距离。

几百年来,厚厚的海冰使北极航线一直不具备商业航运价值。如今,随着全球气候变化、北极海冰加速融化,开通北极航线的梦想已经成真,越来越多的商业船只积极试水北极航线。据不完全统计,2011 年夏季,通过东北航道的商船有 30 多艘;2012 年夏季增加一倍,达到 60 多艘。航行时间跨度已从过去的两三个月延长到 5 个月(7 月中旬到 12 月上旬)。2012 年 12 月 6 日,一艘运载 LNG 的船从挪威的哈默非斯特港出发,穿过东北航道抵达日本的横滨港,成为当年最晚一艘通过北极航线的运载船只。总体上,北极航线作为连接亚欧交通新干线的雏形已经显现。

2.1 东北航道的特点

东北航道最早是由欧洲国家定义的,欧洲殖民主义者为了扩大国际版图和寻找更近的进入亚洲地区的路线,开始对这条线路进行探索,由于这条假想航道位于西欧的东北方,所以称之为东北航道或北方海航道。目前国际上对东北航道的定义起点还没有一个公认的说法,但普遍认为其是能使大西洋和太平洋更加紧密联系起来的海上通道。通常认为这条航道的起点是北海,终点是亚洲的

中国或日本,途经俄罗斯北极沿岸巴伦支海、喀拉海、拉普捷夫海、新西伯利亚海和楚科奇海,最后绕过白令海峡到达亚洲。东北航道中冰情最为复杂的一段是连接拉普捷夫海和喀拉海的北地群岛区域海冰,也是影响航道开通的关键区域。

由于天气关系,东北航道只有夏季的几个星期里可开放航行。与南方航线比,此路线大大缩短了航程,可节省大笔开支和时间成本,但却引发了争议。由于东北航道经过俄罗斯沿岸,所有船只途经该处都必须先向俄方缴付"过路费"。美国地理学教授布里格姆说,尽管夏季北极冰川融化,但船只仍有危险,东北航道如果要想从苏伊士运河那里抢生意,还为时过早。

2.2　西北航道的特点

西北航道大部分航段位于加拿大北极群岛水域,以白令海峡为起点,向东沿美国阿拉斯加北部离岸海域,穿过加拿大北极群岛,直到戴维斯海峡。这条航线在波弗特海进入加拿大北极群岛时,分成 2 条主要支线,一条穿过阿蒙森湾、多芬联合海峡、维多利亚海峡到兰开斯特海峡;一条穿过麦克卢尔海峡、梅尔维尔子爵海峡、巴罗海峡到兰开斯特海峡。

2.3　穿越极地航线的特点

北极航线开发有着现实的困扰。

其一,与传统的苏伊士—马六甲航线相比,北极航线的经济效益到底如何,各国专家难有统一答案。因为尽管北方航线有诱人的商业前景,但是基础设施的缺乏加上恶劣的自然环境让北极航线至少在短期内不具备商业上的可行性。而且,浮冰和可怕的冰山迫使船舶只能以更慢的速度航行甚至绕道。此外,北极航线的某些地段水位过低尤其是白令海峡,制约了大型商船的通行。

其二,诚如美国地理学教授布里格姆所言,除了冰山,货船同时还要面对俄罗斯的许可及管制条例。数十年来,各国对北极航线的争议一直很激烈。从俄罗斯到加拿大,都将北极航线视为国内交通线,而其他国家则一直坚持国际通行权利。俄罗斯还通过法律,要求过往船只事先取得许可,强制使用俄罗斯破冰和

导航服务,收取高额费用,引起其他国家的不满。不能达成令各方都满意的协议,北极航线要与传统航线一争高下显然短期内还并不切实际。

2.4 北极航线冰情与通航情况分析

2.4.1 北极航线冰情

据美国国家冰雪数据中心(NSIDC)调查数据显示,北极海冰的范围、厚度和密集度呈下降趋势。北极冰层包括多年冰和季节冰。多年冰是指经过至少两个夏季而未融尽的海冰。季节冰是指冬季形成,来年夏季融化的海冰。北极冰层的形成和融化具有明显的季节性,海冰范围的最大值和最小值分别出现在每年的3月和9月。北冰洋冬季持续时间较长,从11月到来年4月共6个月的时间。冬季气温下降,海水开始结冰,海冰范围不断扩大,在3月覆盖面积达到最大,此时冰情较为严重。冬季过后,气温回升,海冰逐渐融化,冰区范围不断缩小。7月和8月两个月为北极的夏季,温度最高,冰层融化的速度也最快,到9月海冰量达到最少。

1978年人们开始利用卫星对北冰洋地区进行观测,为北极冰层的研究提供了科学、准确的数据。以下利用美国国家冰雪数据研究中心和中国极地研究中心发布的数据,对1978—2019年北极冰层的融化进行现状分析并预测未来15年的变化趋势,主要关注和讨论历年9月的冰区变化情况。时间选取为9月,主要是基于两点考虑:其一,北冰洋海冰每年随季节变化呈现周期性冻结和消融,平均冰区范围在每年9月达到最小,最小的冰区范围可以反映冰层融化的最大程度;其二,9月冰区范围小,海冰冰量少,船舶通过的可能性大,因此通过北极航线的船舶通常选择在这段时间通航,研究9月海冰情况与北极航线的全线开通和充分利用密切相关。

由图2-1来看,北极冰情逐年减少的趋势将不会改变。据统计,1979年以来北冰洋海冰范围平均每10年减少2.7%,夏季减少得更多,为7.4%。2004年北极理事会在《北极气候影响评估报告》中指出,北极冰层正在快速融化,预测在2071—2090年将出现北冰洋第一个夏季无冰年;2007年8月7日,世界气象组织

（WMO）和政府间气候变化问题专门委员会联合发布的报告表明,全球持续变暖已经是毫无疑问的趋势,而温度的变化将在北极地区产生很大程度的影响,因此全球变暖将导致北极冰层持续消退;2009 年北极理事会对近年来海冰变化的特征进行分析,在其北极气候影响评估报告中模拟预测了未来北极海冰范围的变化趋势,并指出在未来几十年中,北极海冰将以越来越快的速度融化。

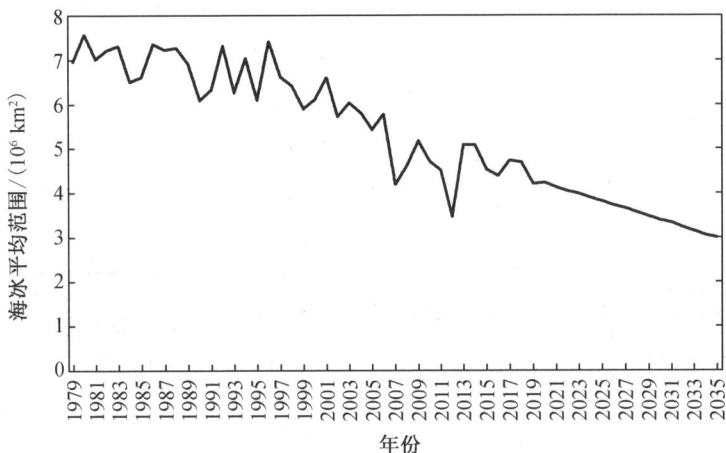

图 2－1　9 月份北极海冰平均范围变化曲线图

　　2012 年美国大气研究中心和美国国家冰雪数据研究中心对 1979—2012 年北极海冰范围的卫星观测数据进行分析后指出,北极海冰范围呈现总体减少的趋势,且这种趋势的幅度和范围正在逐渐增大,北极海冰的融化速度明显高于预期。2014 年,中国第六次北极科学考察队队员、中国极地研究中心的雷瑞波博士认为,从 1979 年以来的监测数据来看,北极海冰整体减少趋势未变。

　　由上述分析可以看出,尽管学者们对北极海冰融化速度和缩减程度的研究结果不尽一致,但都表明尽管会有个别年份海冰增加,并不意味着北极海冰的复苏,未来北冰洋海冰融化范围扩大、海冰覆盖量继续减少是必然趋势。综合以上数据和分析可知,未来北极冰层将继续融化,冰区范围不断减少,最终将出现夏季无冰年,随之而来的便是东北航道的全年规律通航。

　　东北航道航经的主要海域有巴伦支海、喀拉海、拉普捷夫海、东西伯利亚海、楚科奇海。连接这些海域的海峡多达 58 个,其中最主要的有 10 个,分别为白令海峡、喀拉海峡、尤戈尔斯基沙尔海峡、马托奇金沙尔海峡、维利基茨基海峡、绍

卡利斯基海峡、红军海峡、拉普捷夫海峡、桑尼科夫海峡和德朗海峡。东北航道所经各个海域及海峡的水深、冰情等情况的不同导致各海域的通航时间和通航条件各不相同,表 2-1 和表 2-2 分别列出了当前航道所经海域和海峡的冰情及水深情况。

表 2-1　东北航道所经海域情况表

海域	水深情况	气候情况	通航期	主要港口
巴伦支海	平均深度 229 m,最深 600 m	冬季北部气温约 -25 ℃,南部 -5 ℃;夏季北部气温 0 ℃,南部 -10 ℃,是北冰洋最暖的海	基本上全年可通航	摩尔曼斯克港
喀拉海	平均深度 127 m,最深 620 m,约 40% 深度小于 50 m	气候严寒,每年极夜长达 3~4个月,北部一年中低于 0 ℃ 有 9~10 个月,南部有 7~8 个月,冬季多风雪,夏季有雪、冰雹和雾	基本上 8—10 月可通航	迪克森港
拉普捷夫海	平均深度 578 m,最深 2 980 m	气候严寒,南部地区极夜持续 3 个月,北部极夜长达 5 个月,一年之中大部分时间海面覆冰,冬季常见暴风雪,夏季有雪、冰雹和雾	海面冰封期达 9 个月以上	季克西港
东西伯利亚海	平均深度 45 m,最深 358 m,但西部与中部深仅 9~20 m	气候非常寒冷,结冰期长达 9 个月,航行困难	7—9 月借助破冰船可通航	佩韦克和安巴奇克
楚科奇海	平均深度 88 m,56% 面积水深低于 50 m,最深 1 256 m	气候非常寒冷,冬季多暴风雪,海水结冰;夏季多雾	受太平洋流入的温暖海水影响,结冰期长达 7 个多月,7—10 月可通航	—

表 2-2　东北航道所经海峡情况表

海峡	冰况	水深	通航期
白令海峡	海面被 1.2～1.5 m 厚的冰原所覆盖,仲夏仍有浮冰留存	平均水深 42 m,最深 52 m	7—9 月底,10 月初
喀拉海峡		较浅处平均水深 90 m,40% 海域不足 50 m	8 月上旬—11 月
马托奇金沙尔海峡	冰情恶劣	水深 12～150 m	8—9 月底
绍卡利斯基海峡	全年大部分时间结冰	最小水深 102 m,最大水深 250 m 左右	
拉普捷夫海峡	冰情复杂,11 月初完全冰封	东部入口处分布着浅滩,吃水超过 3 m 的船只不能在此航行	8—9 月
桑尼科夫海峡	有浮冰,10 月下旬完全封冻	有不足 9 m 的浅滩,水深最浅为 14 m	7 月下旬—9 月下旬,需破冰船护航
德朗海峡	浮冰流动速度极快	水深 36～50 m	8 月下旬—9 月下旬

2.4.2　北极航线通航情况

随着全球气候逐渐变暖,北冰洋冰层正逐年消融,在一些海域夏季出现了无冰的情况。同时,随着航海技术的进步,东北航道的商业运营指日可待。东北航道大大缩短了欧洲与亚洲的海上距离。如上海到伦敦,使用东北航道将节省大约 2 000 n mile 的航程。2015 年 7 月 8 日至 10 月 3 日,"永盛"轮成功往返北极东北航道,实现了我国商船在北极航线的往返双向通行。2018 年,我国"天恩"号货轮驶出了北极圈,完成首次北极圈内航行。虽然近年来通过东北航道的商业船舶数量越来越多,但是由于东北航道通航环境复杂、沿岸基础设施不完善、船舶技术条件受限及各国在北极激烈的权利争夺等问题,东北航道的顺利通航依然面临着重重阻碍。

根据东北航道信息局资料显示,"新丝绸之路"过境通道的航行季节大约在 7 月初开始,一直持续到 11 月下半月,没有开始和结束通航的具体日期,这一切

都取决于特定的冰况。在 2011 年,"新丝绸之路"大型船舶航道的航行季节总计 141 天,即超过 4.5 个月。近年来,北极地区结冰状况更加容易观察,这为"新丝绸之路"航道的通行提供了更多的机会。目前,所有"新丝绸之路"航道都位于全年结冰地区。在北极地区,一年的时间冰层可生长约 1.6 m。核动力破冰船"北极"号可以破坏高达 2.3 m 厚的冰层。在 7 月初,通航开始时北极海冰没有加压,冰层易破,满足通航条件。在 9 月和 10 月,"新丝绸之路"航道则完全无冰,该破冰船在北极航线行驶时,具有与在开阔水域相同的行驶速度,从新地岛的兹拉尼亚角到白令海峡的航程可以在 8 天内以 14 kn 的航行速度完成。11 月,拉普捷夫海和东西伯利亚海覆盖了新的厚达 30 cm 的冰层,由破冰船领航的船只可以安全通过。因此,在当前的冰况下,船只在 7 月到 12 月可以实现北极航线的安全通航。

根据船舶自动识别系统(AIS)的数据,详细分析北极航线船舶交通情况,2016 年,北极航线总通航次数为 1 705 次,其中 9 月通航次数最多,为 393 次;2017 年北极航线总通航次数为 1 908 次,同比增长 11.9%,但不同月份的航行特征与 2016 年相似;2018 年上半年共完成 573 次通航,同比增长 12.8%。据统计,2018 年全年北极航线过境航行共有 27 次,从 7 月至 11 月都存在船舶的过境航行。其中,9 月北极航线完成的过境航行次数最多,接近整年航行次数的一半,11 月航行次数最少,其余月份航行次数差别不大。

总体来看,当前的北极航运以北极为目的地的区内海运活动为主,而跨北极的航运活动较少。北极航线的通航高峰期集中于每年的 7 月至 11 月,而每年的 12 月至次年 6 月为北极航线的冬季航行期,航行次数较少。若能实现北极航线全年通航,则北极航线贸易潜力巨大。

2.5 北极航线货运需求预测

随着北极能源、资源、航道等价值的逐步发掘,各国围绕北极展开的一系列开发建设项目正在兴起,例如中俄亚马尔液化天然气项目和"冰上丝绸之路"建设项目。各类建设项目的完成离不开船舶对相应的基建材料的即时供给,所以北极项目开发建设的数量及类别也将给北极船队的发展规模带来影响。

下面从北极开发建设项目状况、北极开发建设项目运输需求、北极开发建设运输船队规模三个方面分析预测货运需求。

2.5.1　北极开发建设项目状况分析

随着各国对北极地区的不断探索,有关北极的独立建设项目及合作项目不断增多,主要包括港口设施建设项目、能源开发项目等。下面从这两个方面对北极开发建设项目状况进行分析。

1. 港口设施建设项目

自北极航线通航以来,主要建设项目是"冰上丝绸之路"建设项目。2017 年 7 月 3 日,国家主席习近平与俄罗斯总统普京提出要开展北极航线合作,共同打造"冰上丝绸之路"。该项目西起西北欧北部海域,东到符拉迪沃斯托克(海参崴),途经巴伦支海、喀拉海、拉普捷夫海、新西伯利亚海和白令海峡,是连接东北亚与西欧最短的海上航线,是穿越北极圈,连接北美、东亚和西欧三大经济中心的海运航道。在北冰洋上,根据东北航道和西北航道两个区域可以划分出一些重要港口。属于东北航道沿岸的重要港口有冰岛的雷克雅未克港,挪威的博德港、纳尔维克港和特隆赫姆港,俄罗斯的摩尔曼斯克港、阿尔汉格尔斯克港、北德文斯克港、坎达拉克沙港、迪克森港、季克西港、佩韦克港和普罗维杰尼亚港。属于西北航道沿岸的重要港口有美国的巴罗港和加拿大的伊努维克港。根据港口分布情况来看,俄罗斯北冰洋沿岸的港口分布密集,占据绝大部分比例,东北航道沿岸港口给俄罗斯带来了巨大的商业机遇。

(1)正在建设的港口项目

哥德堡港是斯堪的纳维亚半岛最大的港口,也是瑞典唯一有能力停靠大型远洋集装箱船的港口。从公海到码头只需 90 min 的航程,地理位置优越。作为瑞典国际贸易的枢纽,2016 年,哥德堡港全年集装箱吞吐量达 80 万 TEU,滚装船每周出船 70 次,汽车年进出口贸易量 246 000 辆,能源产品运输达 2 400 万 t。

2017 年,哥德堡港业务也取得了较好的成绩,瑞典各行各业经济良好,工业发展迅速,给港口的发展提供了有利条件,瑞典和欧洲的贸易往来是开港 400 年来最好的一年。这样的成绩得益于哥德堡覆盖全球的航线网络,目前哥德堡港有超过 130 条直达航线同亚洲、中东、非洲、北美等世界各主要目的地相连,也是连通欧洲各港口及货运中转站的枢纽。瑞典 30% 的出口货物都需经过该港口。在哥德堡港的集装箱吞吐量中,与中国的进出口贸易占重要的位置。数据显示,哥德堡港 40% 集装箱来自亚洲,其中的 30% 来自中国,集装箱贸易量达到每年 25 万 TEU,是美国与欧洲各国集装箱货物数量之和,目前中国已成为全球港口的

重要客户。"目前,港口的吞吐量是 80 万 TEU,但我们港口的吞吐能力是 350 万
TEU,如果货运量再扩大 4 倍,仍然绰绰有余。"据 Claes Sundmark 介绍,哥德堡港
曾连续 16 年被评为瑞典最佳物流枢纽,这要归功于其强大的吞吐能力。由于瑞
典对项目审批周期长,对项目环保、施工要求严格,因此哥德堡港很多规划建设
都非常超前。为了提高港口未来周转效率,降低企业物流成本,2017 年,可谓是
哥德堡港的"港口扩建元年",先后启动了诸多扩建项目。其中包括港口内新建
铁路的投入使用、新码头项目的筹建、航道的加深和拓宽、水铁联运系统的完善
及物流园的建设等。为未来港口货运规模扩大提前做准备。此次码头扩建中,
最大的项目之一是位于 Arendal 的建设项目。据悉,该码头占地约 22 万 m^2,预计
2024 年完成全部工程。码头建成后,其最大水深为 10 m,主要将用于欧洲货运
船只和滚装船只的挂靠。届时,所有的船舶泊位均会配有岸电系统,同水铁联运
系统无缝相连。其次是外港区的多功能码头建设项目,该码头位于哥德堡市郊
的工业区,建设规模在 65 000 m^2 左右。建成后的码头会作为哥德堡港滚装码头
的一部分,挂靠欧洲航线的滚装货轮。"未来将进行的一个项目是航道深化,进
入哥德堡港的集装箱船最大吃水会从目前的 14.2 m 增加到17 m。该尺寸将会
允许大型集装箱船只装载更多的货物。"Claes Sundmark 介绍,目前由瑞典政府投
资的航道增深项目正在筹建。当前航道 14.2 m 的深度已经能够容纳目前世界
上最大的船舶,但随着货运量的增加、船舶的大型化,港口未来需要满足更大船
舶的停靠需求。据悉,港口航道加深后将服务于远洋直航并带来最直接的效益,
其预计成本和效益的比例为 1:3.04。

(2)规划中的港口建设项目

①俄罗斯及附近国家港口建设项目

中国积极参与北极航线的开发,其中一个规划中的项目涉及临近俄罗斯白
海的阿尔汉格尔斯克的新的深水港口,以及一条深入西伯利亚的铁路。此外,北
极航线的一个喂给港——立陶宛克莱佩达港吸引了招商局港口集团股份有限公
司的投资,目的是在此建设一个新的大型集装箱港口。"北极航线航程远,气候
较为恶劣,一年中航行期不长,为了保证商业利润必须使用具有破冰能力的船
只。"有专家分析指出,"因此航道必须有港口的支撑,且区域内尤其是俄罗斯的
一些港口本身基础建设较差,中国的投资将能够在该区域发挥作用。"

②挪威及冰岛港口建设项目

希尔克内斯是中国远洋运输有限公司在北极地区的潜在目的地优先位置之
一。陈峰在会议上发表的演讲中提到,希尔克内斯及俄罗斯的摩尔曼斯克港、萨

别塔港和杜金卡港是中国远洋运输有限公司北极航行的可能目的地。据《金融时报》报道,潜在中资港口的投资项目包括濒临巴伦支海的挪威港口希尔克内斯,以及冰岛的两个港口。建成后,冰岛将成为北海航线上的一个主要航运中心。在希尔克内斯开设一个新港口不仅可以服务于亚洲和欧洲之间的过境贸易,这个港口还可以作为北极地区航运公司的一个重要支持基地。芬兰湾区公司(Finest Bay Area Development Oy)和南瓦朗厄尔行政区域发展公司(Sør-Varanger Utvikling)希望通过提供一条连接芬兰和希尔克内斯新大港的现代化铁路来促进东北航道的发展。Vasterbacka 认为,如果这两个项目都建成,货物就可以在中欧和北极海岸之间,以及在亚洲市场中进行有效的往返运输,运输潜力巨大。

(3)未来有潜力的港口建设项目

①加拿大港口建设项目

伴随巴拿马运河拓宽通航,美东港口和加拿大东部港口迎来发展机遇。此外,在美国总统特朗普上台之后,因北美自由贸易协定,加拿大与其最主要贸易方的美国之间在经贸领域出现微妙变化。为摆脱美国市场的深度掣肘,加拿大考虑进一步拓展亚太和欧洲市场,港口建设被提上议程。2017 年 7 月 5 日,加拿大魁北克港务局首次来华,推介加拿大"海洋战略"计划,并向参加洽谈会的投资者介绍魁北克港及其后续投资建设情况。雄心壮志之下的魁北克港,将在不久的将来转型为集装箱港,在加拿大东部港口中扮演更重要的角色。加拿大的北部连接着北冰洋,是西北航道的主要途经国,虽然西北航道通航环境没有东北航道好,但是随着气候的变化,西北航道通航条件会逐渐改善,安全性也会提高。同时也为了逐步摆脱美国市场的制约,开拓非常有潜力的西北航道至关重要,未来加拿大及北极理事会也会出台相关政策来推动其发展,港口建设势不可当。

②阿拉斯加港口建设项目

虽然现在阿拉斯加没有明确建设港口的项目,但是阿拉斯加州政府北极事务高级顾问克莱格·佛里纳(Craig Fleener)表示,阿拉斯加拥有 6 640 英里①的海岸线,目前却只有两个中型港口,且地理位置相对偏僻,需要大力发展。阿拉斯加一直在积极寻求包括中国在内的合作伙伴,建设更多的港口和基础设施来促进经济、航运、旅游业的发展。在北极地区,美国海岸警卫队目前只有两艘破冰船,肩负着海上安全维护、海上执法、海上资源与海洋环境保护、助航设备管理

---

①　1 英里 =1.609 km。

及边防等五大任务。如果未来有更多破冰船等设备入列,将能更好地履行职责和提供服务。尽管不是北极沿岸国家,但中国是《斯瓦尔巴条约》协约国之一,在北极科学研究领域并无国界之分,世界各国均可公平参与。美国政治学家亨廷顿曾表示,羡慕中国拥有自己的科考破冰船,美国在破冰船建造方面进展缓慢,需向中国学习。

2.能源开发项目

随着全球气候变暖和人类开发极地资源能力的提高,北极的能源开发及航道利用已进入实质阶段。北极地区拥有大量的可开发能源。据估计,北极地区拥有超过900亿桶原油、47.26万亿 m³ 天然气和440亿桶天然气凝液储量,其中约84%的能源储量属于近海岸的可开发能源。北极地区如此丰富的能源储量,对各个国家都有很强的吸引力。而哪个国家能够最快地对北极资源进行开发,那么这个国家就在北极资源的争夺战中处于有利位置。于是,很多针对北极能源开发的项目被提出并投产,而项目的建设将会带来大量运输需求。

(1)天然气开发项目

①在建项目

北极开发过程中的能源项目主要是中俄亚马尔液化天然气项目。亚马尔液化天然气项目是"一带一路"倡议提出后实施的首个海外特大型项目,位于北极圈内的亚马尔-涅涅茨自治区,是全球最大的北极液化天然气项目。其股东包括诺瓦泰克(50.1%)、道达尔(20%)、中石油(20%)和丝绸之路基金(9.9%),由俄罗斯、中国、法国共同合作开发。该项目是中国提出"一带一路"倡议后,在俄罗斯实施的首个特大型能源合作项目,也是目前全球在北极地区规模最大的液化天然气工程,其已探明1.3万亿 m³ 天然气和6 018.4万 t 凝析油的碳氢化合物储量,每年可生产液化天然气1 650万 t,凝析油100万 t,每年将至少有400万 t 液化天然气运往中国市场,合作涉及领域基本覆盖了天然气产业上下游,实施了在资本金融、地质研究、设备制造、开采、基础设施修建、物流运输服务、产品市场等不同层面、多个领域的多方联动,不仅将带动俄罗斯能源产业和边疆地区发展,还能够丰富我国清洁能源供应,加快推进我国能源结构的优化。

亚马尔液化天然气项目有3条生产线,第一条液化天然气生产线于2017年第四季度投产,第二条和第三条分别于2018年7月和11月投产,年生产能力累计达到1 650万 t。陆地上的亚马尔液化天然气项目正在开发位于亚马尔半岛上的陆上南坦贝天然气和凝析油田,其储量达到46亿桶石油当量(BOE)。亚马尔液化天然气的基础设施包括一个综合气体处理和液化设施,三列每年运送能力

达到 550 万 t 的列车,储罐、港口和机场等基础设施。"Vladimir Voronin"号是专为亚马尔液化天然气项目建造的第十二艘 ARC7 冰级油轮,该油轮装载了第 273 批货物。2019 年 8 月 16 日亚马尔液化天然气公司(Yamal LNG)宣布,自该项目启动(2017 年 12 月 1 日)以来,已发运了 2 000 万 t 液化天然气。

在接下来的 15 到 20 年里,亚马尔液化天然气公司的所有产品都将销售给欧洲和亚洲的客户。随着中国推动煤改气,未来亚洲可能引领世界液化天然气的进口需求,俄罗斯最大的独立天然气生产商诺瓦泰克(Novatek),正从国内液化天然气供应商转变为全球液化天然气供应商。

②计划建设项目

北极 LNG - 2 项目(The Arctic LNG2)将建设于鄂毕湾的浅海海域,该海湾位于亚马尔半岛与格丹半岛间的喀拉海岸附近,将是俄罗斯在偏远极地实施的第二个液化天然气项目。LNG - 2 项目总投资 255 亿美元,利用林德集团的天然气液化技术,由法国德西尼布集团(Technip FMC)和德国林德集团(Linde)两家工程公司总承包,目前项目前端工程设计已经完成,于 2019 年开工建造,预计 2023 年投入商业运营,中国中石油和中海油各参股 10%。LNG - 2 项目基于每年天然气产量为 300 亿 m³ 和凝析油产量为 100 万 t 的气田,终端建造在重力式结构(GBS)平台上。2018 年 12 月,Technip FMC 邀请了 10 家中国海工企业为近 15 万 t 的 LNG - 2 项目模块投标,本次招标涉及 3 份合同,第一份合同包括 3 个管架模块,钢材总重 3.4 万 t;第二份合同包括 8 个上部模块,重 8.4 万 t;最后一份合同涉及其他模块,重 1.7 万 t。

(2)石油开发项目

①在建项目

GMT - 2 项目位于阿拉斯加国家石油储备区的东北部,在 GMT - 1 项目以西 8 英里处。GMT - 1 项目是康菲石油公司在美国阿拉斯加石油储备区(NPR - A)的第二个项目。第一个项目 CD - 5 位于科尔维尔河边界附近,于 2015 年底投产。

在 GMT - 2 项目中,康菲石油公司将建造一个占地 14 英亩①的生产基地及一条长约 8 英里的连接 GMT - 2 项目和 GMT - 1 项目的道路和管道。与此同时,康菲石油公司目前在 NPR - A 项目的产量还算不错。CD - 5 项目目前的日产量为 37 000 桶,远远高于原先预计的 16 000 桶。GMT - 1 项目到目前为止运行的

---

①　1 英亩 = 4 046.856 m²。

两口井每口的日产量均超过 3 000 桶,这对北坡油井来说是一个很好的产量。

②计划建设项目

康菲石油公司的 Willow 项目将在 NPR - A 进行原油开采,项目一旦成功实施,预期原油产量将达到 13 万桶/日。有数据显示,美国阿拉斯加地区原油产量仅维持在 50 万桶/日。康菲石油公司计划在阿拉斯加北坡建设 5 个钻探地点及 1 座中央处理设施,配套有 7 座桥梁、1 条飞机跑道及 1 条 38 英里长的砾石路,同时还将建设总计 267 英里长的独立管道,用于原油运输。

(3)风电开发项目

中国电力国际有限公司和挪威国家石油公司将共同开发中欧海上风电项目。2019 年 9 月 25 日下午,中国国家电力投资集团公司下属的中国电力国际有限公司与挪威国家石油公司在北京签署谅解备忘录,将共同开发中欧海上风电,合作内容不仅涵盖海上风电,还包括其他"扩大合作项目"。法国电力集团与我国国家能源投资集团签署合作协议,参与投资位于江苏省沿海的东台四期和五期总计 500 MW 的海上风电项目。据分析机构 Wood Mackenzie 预测,到 2030 年,亚洲以外的海上风电装机容量将从 2017 年的略高于 200 万 kW,增至 4 500 万 kW,其中中国将以 31 GW 的装机容量领先。

在 2019 年英国第三轮最大规模差价合约(CfD)竞标结果中,挪威国家石油公司和苏格兰南方电力联合开发的 Dogger Bank 三座各 1 200 MW 海上风电全部中标,总计 3 600 MW。在美国,挪威国家石油公司于纽约州首次海上风电竞标中获得容量为 816 MW 的项目。在欧洲,挪威能源巨头挪威国家石油公司获批在西班牙加那利群岛建设一个 200 MW 的漂浮式海上风电场,该项目预计在 2024 年并网投运,届时将成为世界上最大的漂浮式海上风电场。其亚洲首个海上风电场是与韩国国家石油公司(KNOC)和韩国电力公司(EWP)共同开发的位于韩国蔚山附近装机容量 200 MW 的 Donghae 1 号,计划全部采用漂浮式风机基础,规模是 Hywind Tampen 的两倍多,预计 2024 年投入运行。

(4)未来的潜力项目预测

北极地区的能源储备虽然极为丰富,但极地生态环境较为脆弱,对于资源的开采很容易造成环境的破坏,能源的开发一直以来也遭到环保部门的抗议。所以应该在可持续发展的前提下对能源开发项目进行预估。储采比是衡量资源基础与生产规模关系的一个关键指标,接下来将在合理的储采比基础上根据现有项目的开发规模并且结合国家政策等因素来对北极能源可开发量进行估算,进而可以预测能源开发项目数量。不同的开发阶段,合理储采比是变化的,北极地

区的能源开发正处于起步阶段,将能源的开采阶段定为快速上产期。其中能源开采快速上产期储采比均大于 20,稳产期介于 15 ~ 30,递减期低于 15。考虑到北极地区的生态环境,将能源开发的合理储采比定为 30。国家政策的制定会对北极地区能源开发项目的数量产生影响,如果国家对于北极能源的开发持积极的态度,那么就会有更多的能源企业进入北极建设项目;相反如果国家对于北极能源开发持抵制态度,那么项目的建设就会受限,导致项目数量下降。现有项目的开采规模可以作为项目的标准,进而计算出北极地区拥有的能源总量最多能够容纳多少个项目。

2.5.2　北极开发建设项目运输需求分析

北极气候恶劣,最低温度达 $-60\ ℃$,风速 5 ~ 15 m/s,最大时达 50 m/s。结合前期对北极开发建设项目状况的分析,统计各类建设项目所需的基建、维护、补给等材料的数量,以此估计建设项目的运输需求。

1. 已有项目的运输需求分析

(1)港口设施建设项目的运输需求

对于建设码头,无论是油轮、散杂货船还是集装箱船的码头,都需要几种基本的材料,例如钢筋、混凝土、砂石、泥土等。但是由于北极气温较低,海上环境较为恶劣,对建设要求及材料的种类会有更为严格的限制。

对于上述港口建设项目,各个国家建设港口的目的都是为了提升自己国家的竞争力,发展经济和贸易。瑞典的哥德堡港计划建造吞吐量为 350 万 TEU 的码头。上海洋山深水港一期码头设计吞吐能力为 230 万 TEU,岸线长度为 1 600 m,5 个泊位,设计船型为 10 万载重吨的船舶,上部结构总构件数为 3 389 个,现浇构件总数为 4 882 个,上部结构预制混凝土方量约为 34 614 m^3,现浇混凝土方量为 72 007 m^3,总共需要混凝土 10.7 万 m^3 左右,大约 26 万 t。而钢结构构件单件最大质量一般在 25 ~ 30 t,平均质量为 15 ~ 20 t,所以大约需要 16.5 万 t 的钢材。而对于瑞士的哥德堡港,由于地理位置特殊,建设要求会更为严格,比如气候温度低使得其建设所用的钢材需为低温钢(耐寒钢),低温钢中绝大部分的最低使用温度为 $-110\ ℃$,个别设备中达 $-150\ ℃$,可分别采用低合金钢、3% ~ 6% 镍钢或 9% 镍钢,大约需要相应钢材 25 万 t。另外需要高性能的混凝土,其具有更好的抗冻性、抗渗性、抗裂性和抗碱 – 骨料反应性等特点,故建设所需高性能混凝土大约 17 万 m^3,质量大约 40 万 t。码头回填所需的砂石泥土

需要 10 万~15 万 t，其余设备需要 5 万 t 左右，后期维护所需材料 2 万 t。

而规划的项目中，将要在濒临俄罗斯白海的阿尔汉格尔斯克附近建设一个新的深水港口，以及一条深入西伯利亚的铁路。建设的港口类型可能包括油轮码头、散货码头或者杂货码头，除了建设港口必需的耐寒钢材、混凝土、砂石泥土以外，还应包括运输干、液散货及原油的管道材料、纳米材料等，另外建设铁路依旧需要大量的钢材及其他设备。若计划将港口的年吞吐能力设计在 3 000 万 t 左右，所需钢材约为 10 万 t，混凝土约为 20 万 t，回填材料约为 8 万 t，后期维护材料约为 3 万 t。特殊材料中，管道要采用耐寒性能良好的碳素钢管，大约需要 15 万 t，其余设备包括纳米材料大约需要 5 万 t。而建设铁路，按照钢材 60 kg/m 的标准和 1 000 km 的长度来计算，大约需要钢材 6 万 t。

挪威的希尔克内斯港项目是我国非常重视的一个项目，该项目如果建成，冰岛将会成为北海航线上一个主要的航运中心，可以更好地服务亚欧之间的贸易，尤其是中欧之间的贸易，同时还可以给北欧地区的众多航运企业提供一个重要支撑点。相较于俄罗斯北部，冰岛北部海湾及濒临巴伦支海的希尔克内斯气候较好，且水深适宜，更适合建设港口。港口设计吞吐能力大约为 5 000 万 t，故所需材料会比上述港口多，大约需要钢材 30 万 t，混凝土 40 万 t，砂石泥土等回填材料 15 万 t，其余设备 5 万 t，维护所需材料 2 万 t。

最后，对上述所有港口设施建设项目所需材料进行汇总，由表 2-3 可以得出已有港口设施建设项目总的运输需求为 186(200) 万 t。

表 2-3　已有港口设施建设项目的总运输需求表

材料	数量/万 t
钢材(低温钢)	11(25)
高性能混凝土	100
砂石泥土等回填材料	38
管道材料	15
后期维护所需材料	7
其余设备	15
合计	186(200)

（2）能源开发项目运输需求

①天然气开发项目

中俄亚马尔液化天然气项目中,高度现代化的液化天然气厂完全采用模块建厂模式,全厂由 142 个模块组成,总重逾 35 万 t;单块模块平均重近 4 000 t,最大的重达 6 959 t,相当于一座埃菲尔铁塔的质量;最高模块 56.3 m。全厂模块外用钢量 51 230 t,模块化建筑总质量 59 905 t。

由上述统计可知,在北极地区建设一个天然气开发项目大概会产生 45 万 t 的运输需求。目前已知的在建或计划建设的天然气开发项目有两个,共产生 90 万 t 的运输需求。

②石油开发项目

康菲石油公司 Willow 项目包括 1 座中央处理设施、7 座桥梁、1 条飞机跑道及 1 条 38 英里长的砾石路,同时还有总计 267 英里长的独立管道。桥梁平均需要结构钢筋 1.3 万 t,钢绞线 0.21 万 t,精轧螺纹钢 476 t,钢管拱 2 147 t,混凝土 7 万 m^3(18.2 万 t)。砾石路与飞机跑道所需原材料有砂 3.04 万 m^3 (4.408 万 t)、砾石 5.4 万 m^3 (16.2 万 t)、混凝土 1.38 万 t,管道需要钢材 16 万 t。

由表 2 - 4 的数据可以看出,建造一个石油开采基地需要消耗 58.2 万 t 的物资,目前已知的石油开发项目有 3 个,共产生 174.6 万 t 的运输需求。

表 2 - 4　石油开发项目建设所需的基建、维护、补给等材料的数量和类别表

材料	数量/万 t
钢材	18
砂石	20.6
混凝土	19.6
合计	58.2

（3）风电开发项目运输需求

中国电力国际有限公司和挪威国家石油公司将共同开发中欧海上风电项目,同时更多国家也将参与到风电项目中来。表 2 - 5 给出了主要国家在北极地区的风电机组计划装机容量。

表 2-5 各国风电机组计划装机容量表

国家	装机容量/MW
中国	45 000
英国	3 600
俄罗斯	1 000
美国	816
挪威	200
韩国	200
合计	50 816

通过分析 1 500 kW 风电机组消耗的钢材量(表 2-6)可以看出,1 500 kW 风力发电机消耗钢材 215 t。因此,可以通过计算得到风力发电项目大概产生的运输需求。风电开发项目所产生的运输需求主要是运输风力发电机的部件,所需运量可以看作建造部件时消耗的钢材量,如表 2-7 所示。

表 2-6 1 500 kW 风电机组消耗钢材量表

材料	钢材消耗量/t	钢材消耗比例/%
厚板	117	54
电工钢	8	4
特殊钢	45	21
主轴	10	5
轴承	16	7
齿轮	12	6
其他	7	3
总耗钢量	215	

表 2-7 建设风电项目所需钢材量表

材料	钢材消耗量/万 t
厚板	396.37
电工钢	27.11
特殊钢	152.45

表 2 - 7（续）

材料	钢材消耗量/万 t
主轴	33.88
轴承	54.21
齿轮	40.65
其他	23.71
总耗钢量	728.38

通过上述分析可以看出,已经规划的风电项目能产生运输需求 728.38 万 t,货物主要类型是件杂货及大型仪器设备。

2. 预计潜在项目的运输需求分析

在项目运输需求分析中,如果只对在建以及规划建设的项目进行分析,会和未来实际的运输需求产生较大的误差。因为在未来可能会有新的开发项目被提出并投入建设,而这些项目也会产生运输需求,所以要对潜在项目进行预测和分析。

（1）港口设施建设潜在项目的运输需求

阿拉斯加是美国面积最大的州,也是唯一位于北极地区的美国领土。加拿大和阿拉斯加虽然没有确切的港口建设项目,但是由于经济、贸易等各方面的发展,使其必须要建设新的港口来满足日益增长的需要。由于地理位置偏僻,靠近北极,故建设所需材料的要求严格,如钢材需要低温钢,使用高性能的混凝土等。但由于加拿大疆域广阔,其北部海岸线较长,建设港口的数量不确定,故只能大致估测。由于气候变暖,北冰洋沿岸国家的通航环境得到了一定的改善,未来加拿大可能会建设 2 到 3 个港口,以此满足国家经济贸易发展的需要,其港口规模和俄罗斯港口的建设规模相当,设计吞吐能力在 3 000 万 t 左右。所需材料大致和上述港口一样,为低温钢、混凝土、回填材料、其余设备及维护方面等相关材料,若需要油轮、液散货船挂靠,还需管道材料,这些材料总质量预计约为 287 万 t。

（2）能源开发潜在项目的运输需求

前文提到可以通过分析资源的合理开发量及项目规模,再结合国家政策,对可能潜在的项目数量进行预测。

①天然气开发项目

第一份北极圈资源公开报告中指出,北极圈内石油和天然气储量分别占全

球未探明储量的 13% 和 30%。其中,这一地区的天然气储量约为 47 万亿 m^3。根据前文提到的,北极地区的合理储采比为 30,可以计算得出北极地区天然气的合理开采量为 1.52 万亿 m^3,到 2024 年预计当年可开采的天然气最大数量为 3 040 亿 m^3。以中俄亚马尔液化天然气项目为标准天然气开发项目,该项目已探明的天然气储量为 1.3 万亿 m^3。因此,北极地区 47 万亿 m^3 的天然气储量最多可以容纳 36 个标准天然气项目。这些项目的年开采量为 59 400 万 m^3,远小于绿色发展基础下的最大开采量。而从国家政策方面考虑,需要分析有实力并且有兴趣参与北极能源开发的国家数量,首先以北极八国作为考察对象。除俄罗斯外,对北极开发积极性最高的国家当属挪威,挪威国家石油公司也是目前仍在坚持钻探开发的几家公司之一。挪威是石油和天然气资源大国,油气出口占本国出口总额的 60% 以上,是挪威经济崛起的根源,也是社会福利开支的重要资金来源。挪威企业在北极地区石油资源开发和船舶海工设计建造方面经验丰富,在资金和技术方面都比俄罗斯企业实力更强,相关开发活动也代表了最高程度的健康、安全和环境标准。

美国政府对北极开发的态度并不明确,一方面宣扬北极资源开发对气候变暖的不利影响,另一方面又通过批准勘探计划、建造破冰船积极布局北极。

加拿大是北极圈内的重要国家,不仅是最早开始北极油气资源勘探开发的国家之一,同时还是北极理事会的发起国之一。然而,加拿大的北极战略似乎更侧重于北极主权。近年来,加拿大油气公司开始积极获取北极海域开发许可证,包括 1 000 m 或更深的海域。

俄罗斯政府制定的《2020 年前俄罗斯联邦北极地区发展和国家安全保障战略》强调了石油和海上天然气的重要性,同时也是发挥北极航线"黄金价值"的重要保障。

以上四个国家对北极油气资源的开发都有极大的热情,并且拥有参与北极事务的权利及开发实力,因此可以预测除了现有项目以外,以上四国都将提出一个新的天然气开发项目,而因俄罗斯已经投产一个项目,并且还有项目正在规划建设中,故认为俄罗斯短期内不会添加新项目。

综合以上的分析,通过对北极地区天然气储量、开采的合理数量,以及项目规模、国家政策的考量,可以得出结论,北极的天然气开发潜在项目预计将会有 3 个,故计算运输需求时应再加上 3 个标准天然气开发项目。

②石油开发项目

美国地质勘探局发表报告称,北极圈内可利用石油储量预计为 900 亿桶,可以满足全球近 3 年的石油需求量。据此计算 2024 年北极地区合理的石油开采量应为 5.8 亿桶,也就是说石油开发项目在北极的最大开采速度为 5.8 亿桶/年。将 GMT－2 项目设定为标准石油开发项目,则标准项目开采速度为 0.15 亿桶/年,北极的石油储量可以满足 38 个标准项目同时开采。前文分析了北极国家对开发北极油气资源的态度与政策,在这里可以分析得出北极国家针对北极石油开采的潜在项目预计为 7 个标准石油开发项目。

3. 北极开发建设项目运输需求分析

在这里将建设项目分为两部分,分别是港口设施建设项目和能源开发项目。通过分析北极开发建设项目的在建数量、规划建设数量及潜在建设数量,并设定标准项目,通过对标准项目消耗物料的计算,可以得出北极开发建设项目运输需求。

(1)港口设施建设项目总运输需求

根据上述港口所需的材料质量,按材料类别划分:钢材 71 万 t(低温钢 25 万 t)、高性能混凝土 100 万 t、回填材料 38 万 t、管道材料 15 万 t、其余设备 15 万 t、维护所需材料 7 万 t。未来总体港口建设方面所需材料总需求大约为 246 万 t。

(2)能源开发项目总运输需求

能源开发项目中天然气开发项目运输需求达到 90 万 t,石油开发项目运输需求达到 58.2 万 t,风电开发项目运输需求为 728 万 t,能源开发项目的总体运输需求为 876.2 万 t。

(3)北极开发建设项目总运输需求

通过对上述两部分汇总可以得出,港口设施项目建设和能源开发项目的总运输需求分别为 246 万 t 和 876.2 万 t。最终通过计算分析得出的北极开发建设项目运输总需求为 1 122.2 万 t。根据前文对于东北航道与西北航道货运量的分析,加上对于项目建址的考量,据此可以将货运需求按照 998.1 万 t 和 124.1 万 t 分为东北航道和西北航道来运输。

2.5.3　北极开发建设运输船队规模分析

北极恶劣的自然环境以及气候,使得在该地区的建设尤为困难。北冰洋的冬

季从 11 月起直到次年 4 月,长达 6 个月,5—6 月和 9—10 月分属春季和秋季,而夏季仅 7 月、8 月两个月。1 月的平均气温介于 $-20 \sim -40$ ℃,而最暖月 8 月的平均气温也只有 -3 ℃左右,在北冰洋极点附近漂流站上测到的最低气温是 -59 ℃。由于洋流和北极反气旋及海陆分布的影响,北极地区最冷的地方并不在中央北冰洋,在西伯利亚维尔霍扬斯克和奥伊米亚康曾记录到 -70 ℃的极低温度,在阿拉斯加的育空河地区也曾记录到 -63 ℃的气温。

恶劣的气候条件为北极项目建设带来挑战,同时也对为项目运输原料的船队提出了更高的要求。连年增长的项目数量,引起更多的运输需求,因此也就要求运输船舶的数量及吨位随之增加。接下来将对现有船队规模进行分析,在此基础上对北极项目建设运输船队规模进行预测。

1. 现有船队规模分析

随着北冰洋通航条件的逐步改善,北极航线成为连接亚欧交通新干线的雏形已显现,进入了商业航运的新时代。近年来东北航道通行量大幅提升,据俄罗斯北极物流中心数据显示,2016 年度经由俄罗斯东北航道航行的船舶共 297 艘,总通航次数为 1 705 次,共运输货物 726.6 万 t,同比增长 35%。时间追溯到 2010 年 8 月 25 日,俄罗斯油船穿越东北航道抵达宁波港,由此揭开了北极航线商业化航行的序幕。2013 年 8 月,中国远洋运输有限公司旗下商船"永盛"轮从大连港出发,经东北航道到达荷兰鹿特丹港,后经苏伊士运河返航,完成了中国商船在北极的"处女航"。

北极气候影响评估报告指出,到 2020 年北冰洋将出现夏季无冰年,只在冬季才会形成不太厚的海冰,这意味着北冰洋中心区域累积多年的冰层将彻底消失,北极航线通航前景明朗。目前,北极东北航道的通航时间为 3 个月左右,9 月是航道两侧冰山和浮冰最少的黄金航运期,北极航线这条冰封的东亚与欧洲间距离最短的国际航道已逐渐复苏,正在迎接商业航运的新时代。

2018 年共有 386 航次船舶通航北极航线,其中油轮 161 航次,占比高达 41.7%;破冰船 97 航次。2019 年航次数量增加到 586 次,其中仍然是油轮占比最大,达 204 航次;散杂货船 47 次,集装箱船 58 航次。因为在项目建设过程中,主要产生的运输需求需要使用散杂货船、集装箱船及特种船舶来完成,所以主要分析散杂货船及集装箱船的占比。

由图 2-2 和图 2-3 可知,集装箱船和散杂货船分别占比 10% 及 8%,这两种运输船舶只占北极航线总船队的 18%。进一步对这两种船舶进行分析,可知散杂货船与集装箱船的比例为 45% 和 55%。下面根据该比例对项目建设运输船

队规模进行预测。

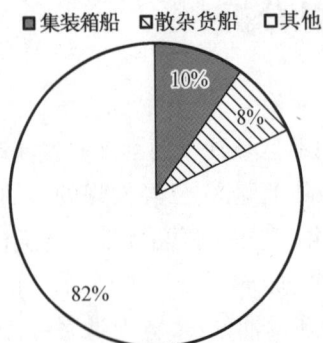

图 2-2　2019 年船队船型对比图

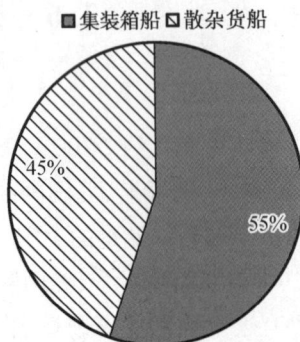

图 2-3　2019 年集装箱船与散杂货船对
比图

2. 北极项目建设运输船队规模预测

对于北极项目建设运输船队规模的预测,主要是根据前文对于运输需求的分析来进行。由上述数据中的总运输需求 1 122.2 万 t 作为运输船队的总货运量,在这里设定项目建设运输船队的规模应该满足总运输需求。以此为基础,通过对通航期的分析,以及船舶平均载重量和船队规模的模拟,到 2024 年,通航期达到 6 个月,无论是通过东北航道还是西北航道,船期都在 30 天左右,船舶平均通航次数为 6 次。集装箱船舶平均载箱量为 4 000 TEU 左右,按载货箱毛重17.5 t 的标准,载重量大约为 7 万 t,而散杂货船平均载重较小,大约为 5 万 t。经过计算得出通航船舶可以达到 192 艘次左右,船舶数量为 32 艘,集装箱船队有15 艘,散杂货船队有 17 艘。

整体而言,北极开发项目建设建材运输需求近 1 200 万 t,并且随着北极地区国家对北极开发建设关注度的提升,各国在北极开发建设上的投入不断增加,项目数量也会随之增加,开发建设项目的运输需求将不断增长。同时运输船队规模会在运输需求的基础上发生变化。需要相关航运企业注意的是,由于开发建设项目增加导致北极航线货运量增长速度较快,未来货流结构将有所改变,届时船队规模也将根据实际情况进一步调整。

2.6 北极经济性分析

北极地区总面积约 2 100 万 km²，北极圈以北区域油气的勘探开发活动早已开始，在加拿大、俄罗斯、美国阿拉斯加的许多陆上地区，已经发现的石油、天然气当量约占全球已知储量的 10%。截至 2015 年，北极地区总计发现各类油气田 463 个，其中俄罗斯 266 个、美国阿拉斯加 62 个、加拿大西北部 88 个。目前，北极地区仍有近半数盆地未进行油气勘探，已发现的油气田，特别是海区，由于气候基础设施及技术等原因尚未投入开发，这里是地球上拥有大量剩余资源且勘探开发程度最低的地区之一，油气资源开发前景巨大。北极地区的煤炭资源也十分丰富，估计约占全球煤炭总量的 9%。到目前为止，北极的石油生产活动主要都集中在陆地上，而勘探重点则是海上具有大规模生产潜力的地区。另外，北极地区还具备储量丰富的生物资源，水力、风力等可再生自然资源。

2.6.1 北极的自然资源

据美国地质勘探局（USGS）预计，北极大多数的油气资源集中在俄罗斯、美国、挪威、丹麦的格陵兰岛和加拿大境内。2008 年 7 月 23 日，美国地质调查局发布《环北极资源评估报告》，公布了环北极资源评估项目的北极传统油气资源评价结果。在评估的北极圈以北的 33 个地质区中，对 25 个地质区给出了评价：待发现石油总量估计为 900 亿桶，占世界待发现石油资源储量的 13%，天然气 1 669万亿 ft³[①]，占世界待发现天然气资源储量的 30%。据 HIS Energy 公司 2009 年全球勘探开发数据库的数据显示，北极地区已发现石油储量约 600 亿桶、天然气储量 1 136 万亿 ft³、凝析油储量 80 亿桶、总油气当量 2 570 亿桶。2010 年，据俄罗斯科学院西伯利亚分院卓菲马克石油地质与地球物理研究所针对俄罗斯北极地区石油和天然气潜能的评估表明，在 21 世纪的后半叶，北极石油超级盆地有可能提供与波斯湾或西西伯利亚盆地群产量相当的能源。北极油气资源的储量相当可观，在全球油气资源日趋匮乏的今天，北极被看成是"第二个中东"。

目前，北极地区仍有近半数盆地未进行油气勘探，已发现的油气田由于气

---

① 1 ft³ = 0.028 3 m³。

候、基础设施及技术等原因尚未投入开发。除了油气资源,北极还有丰富的煤炭资源,且煤质优良。北极西部地区的煤经过约 1 亿年的地质形成过程,成为一种高挥发烟煤,平均热值超过 12 000 J/kg。北极的煤几乎是全世界最洁净的煤,可直接用于能源和工业原料。

另外,北极地区还有大量的金、金刚石、铀、铜、钴、镍、铅、锌、银、石棉和稀有元素等矿产资源及渔业资源。

1. 东北航道资源

(1)俄罗斯北极地区自然资源勘探及开发现状

在石油方面,俄罗斯北极地区拥有最大比例的北极油气资源。目前正在进行勘探和开采作业的油气资源中,有 70% 位于巴伦支海和喀拉海大陆架,拉普捷夫海、东西伯利亚海和楚科奇海的大陆架区域只有少量的勘探作业,进行开采的也只有几十个油气田。凭借油气资源的巨大蕴藏量,俄罗斯北极地区未来完全有可能成为俄罗斯乃至国际石油天然气市场上最重要的产地。

然而,2014 年俄罗斯国家石油公司与挪威国家石油公司宣布合作钻探位于北极圈内的巴伦支海的第一口油井,其合作关系受到了西方国家对俄罗斯制裁的影响,也遭到了各方环境保护团体的反对。由此可见,未来北极资源开发工作困难重重,除了海上开发在技术环境方面所面临的众多困难,来自美国等西方势力的压迫使得俄罗斯的能源开发进展缓慢。俄罗斯在北极范围内只有两个钻井装置在运行,海上钻井平台数量不足阻碍了地质勘探活动的开展。总体而言,针对北极海域和资源愈演愈烈的争斗、美欧在克里米亚事件后对俄的经济制裁及恶劣气候环境的影响成为当前俄罗斯开发北极资源的主要外部挑战。

随着俄罗斯常规油气资源日趋枯竭,油气资源开发量逐年递减,北极海域成为俄罗斯能源的战略发展方向。截至 2016 年底,俄罗斯石油公司在北极海域拥有 3 个油气区块,俄罗斯天然气公司拥有 27 个区块。目前除俄罗斯天然气公司位于伯朝拉海的普里拉兹罗姆诺耶油田投入生产外,其余北极海域油气区块均处于前期勘探和评估阶段,大部分是以与国际石油巨头成立合资企业的方式开展研究。

尽管有如此多的困难,俄罗斯联邦政府依旧不放弃采取更多开发北极地区资源的措施。2014 年,在俄罗斯石油公司与美国埃克森美孚公司的合作下,亚马尔背面喀拉海大陆架海域发现油气储量巨大的"胜利"油田。2016 年 9 月,位于亚马尔 – 涅涅茨自治区的格达半岛的东梅索亚赫油田正式投产,这是位于俄罗斯陆地最北端的油田,其外运交通和基础设施已全部完成,未来将经由东西伯利

亚—太平洋输油管道向国内外市场供油。同时,自中俄开展"冰上丝绸之路"合作以来,北极开发局面开始好转,俄罗斯表态希望与中国共建北极航线,合力开发北极资源,并强调这将是长期合作。世界石油理事会所发表的年度报告称,到2030年俄罗斯在北极获得的石油和天然气将占可开采总量的55%。除了与外部寻求合作共同开发外,俄罗斯也采取了一系列分级矿税、免征北极出口关税等财税激励措施,从各个角度共同推动北极自然资源开发工作按预期进行。

俄罗斯北极地区的煤炭资源非常丰富,煤炭储量预计为7 800亿t,约占俄罗斯煤炭资源总量的50%。另外,俄罗斯北极地区还蕴藏着超过50%的具有战略意义的稀土金属资源。在俄罗斯北极区域,特殊的地球地质结构类型促使丰富的金属矿产资源的形成,这里现已成为俄罗斯主要的矿物原料基地和生产基地,其中在金属矿产资源领域的最大发现包括新地群岛的多金属矿床和锰矿床,以及诺里尔斯克地区的有色金属矿床等。

俄罗斯北极区域部分金属矿产资源储量占俄罗斯总储量的情况是:金占40%,镍和钴占90%,铜占60%,锡、钨和汞占80%,铬和锰占90%,铂族金属占99%。

北极区域金属矿产资源开采情况(占俄联邦总开采量的比例)为:锑、稀有和稀土金属占99%~100%,铂族金属占97%,镍占90%,铜占60%~80%。就镍的储量与开采量(2005年为34.94万t)而言,俄罗斯(北极区域约占90%)世界排名第一。就铂族金属勘定储量(约占世界储量的15%)而言,俄罗斯位居南非之后,世界排名第二,钯和铂的全球市场占有率分别为65%和20%左右。就金而言,在北极中部区域,先后开发了包括戈雷舍矿床在内的大型含铂族金属金矿床、含金砾岩及沙金资源。根据已掌握的资料,仅以面积而论,该区域较之其他有金矿的地域更具发展前景,预计不仅会勘探出有金矿的区域,而且从规模上还可以与世界大型的金矿区域相提并论。

目前北极海域大陆架已界定了几处勘探金矿的区域范围。俄罗斯银的资源储量世界排名第一,且主要集中在俄罗斯北极区域和与其毗连的北部地区。2004年开始大规模开采的杜卡特矿床的保有银储量(1.3万t)可持续开采25年。楚科奇的金银矿床或银金矿床(迈斯克、克莱恩、瓦卢尼斯特、卡佩里柯等矿区)含银约1.5万t。仅已确定的银资源储量就达到5万t,约占俄罗斯已确定银资源储量的80%。

俄罗斯锑平衡储量为29.24万t,以目前的年开采量(4 000~10 000 t)来看,俄罗斯的两个大型锑矿床(萨雷拉赫与圣塔强)可保障开采约30年。俄罗斯北

极区域储藏有大量稀有金属与稀土资源,就铌开采量而言,托木托尔斯克矿床 (约含 12.42% 的 Nb_2O_5 与 22.6% 的稀土)可与巴西同类矿床相提并论。俄罗斯北极区域锡的储量占俄罗斯总储量的 55%~60%,可确保开采 100 年。

另外,俄罗斯的森林资源也十分丰富,占全球森林总面积的 22%。俄罗斯有超过 50% 的国土为林地。这些林地主要分布在南部地区,森林覆盖率在 60% 以上。其中远东地区森林总面积为 50 732.8 万 hm^2,木材储量为 212.578 亿 m^3,适合加工的木材有 114.384 亿 m^3;东西伯利亚地区森林总面积 32 003.7 万 hm^2,木材储备量为 293.145 亿 m^3,适合加工的木材有 174.629 亿 m^3;西西伯利亚地区森林总面积为 15 061.7 万 hm^2,木材储量为 107.941 亿 m^3,适合加工的木材有 43.434 亿 m^3。其他地区的林区分布情况如表 2-8 所示。

表 2-8　俄罗斯林区主要分布表

地区	木材储量/亿 m^3
远东地区	212.578
东西伯利亚地区	293.145
西西伯利亚地区	107.941
北方地区	75.992
乌拉尔地区	48.501
中央区	30.415
维亚特卡地区	17.871
西北地区	16.252
伏尔加河流域	5.722
北高加索地区	5.796
中央黑土地地区	1.813
加里宁格勒州	0.394
全国总量	816.42

(2)其他北极国家北极地区自然资源勘探及开发现状

冰岛加速北极油气开发的主观愿望强烈,迫切希望通过发展石油工业走出欧债危机阴影,并在 2013 年 1 月首次对外颁发海上油气勘探许可证,正式敞开北极油气合作的大门。挪威则与俄罗斯境况类似,两国均在经济方面严重依赖油气出口,因此挪威政府 2013 年夏季前就决定开放巴伦支海东南部和扬马延岛进

行石油钻井,并为巴伦支海的油气勘探提供了极其优惠的税收政策,巴伦支海的探井数量已超过 30 口,其中 Goliat 和 Snohvit 两个油气田早已投入开发。挪威国家石油公司在巴伦支海的天然气田通过 140 km 的管道将天然气输往岛上的液化天然气生产厂。

丹麦格陵兰岛已经给 11 家公司发出了 17 个开发其西海岸地区的勘探许可证,其中英国的 Cairn 能源公司已经开始进行测试性钻探。格陵兰岛金属矿产资源丰富,已探明的矿产种类主要有铁、铜、铅、锌、铬、钼、镍、金、铀、钍、锆、铌、稀土、铍、金刚石和非金属矿产等。除了丰富的固体金属矿产之外,格陵兰岛还蕴藏着大量的油气资源。

据美国地质调查局 2016 年公布的评估数据显示,仅格陵兰岛的东北部就蕴藏着 89 亿桶的石油和 $86\,180\times10^9$ ft³ 的天然气。从其所在地理位置看,该盆地恰恰位于欧洲北海油气盆地的西北部,因此该区域可能是未来油气资源勘查的非常有利的远景区之一。新的评估表明,格陵兰岛东北部可能是未来非常重要的油区。该盆地未探明原油资源量约 90 亿桶、天然气约 86 万亿 ft³、天然气液约 80 亿桶。根据这份评估,有 50% 的可能性未发现的油气田大于 1.5×10^9 桶;有 5% 的可能性未发现的油田大于 8.1×10^9 桶。如果所评估的资源量被发现和证实,则格陵兰岛东北部将位列世界 500 个著名油区中的第 19 位,与加拿大西部的 Alberta 盆地资源量相当,在阿拉斯加北部资源量之上,大约是北海资源量的 1/3。

2. 西北航道资源

(1)美国北极地区自然资源勘探及开发现状

美国方面,阿拉斯加是北极地区的一个"聚宝盆",约 221 万亿 ft³ 天然气和 229 亿桶石油聚集在这里,锌、铅、铜、金、铀、铁矿石等矿物资源储量也十分丰富。2017 年末,美国总统特朗普曾签署法案,解除北极国家野生动物保护区油气开采禁令,并获得美国国会通过。此前奥巴马政府对阿拉斯加州国家石油储藏区的控制过于严格,不仅禁止在资源丰富的地区进行开采活动,也阻碍了油藏区内油气管道的建设,而禁令的解除为伺机而动的油气企业开了"绿灯"。同时,经历了多年油田产量下降,阿拉斯加州政府也在努力恢复石油产量。2018 年以来,阿拉斯加北坡的油气租约数量已经明显上涨,2018 年北坡油气租约已打破上一年的土地出价纪录。阿拉斯加州政府油气部门在北坡、博福特海和北坡丘陵地区的油气租赁销售中,共收到 159 家公司和投资者的投标,最终成交的中标总额接近 2 810 万美元,为 1998 年开放租赁以来第三高交易额。阿拉斯加北坡油田的产能复苏力度正超过预期,预测数据显示,该油田的产量在未来 8 年内有望再增加

40%，这将使其跃居美国前三位能源项目之列。此前，阿拉斯加北坡油田一度被认为是缺少储量潜力的老旧项目，但目前其已探明储量却达到了 380 亿桶之多。虽然美国北极能源开发势头猛烈，但起步较晚，而对于北极地区海域开发更是与俄罗斯存在极大差距。美国现役破冰船仅有两艘，一艘为 1976 年建成的"北极星"号重型破冰船，且其使用期已大大超出预定的服役期，以致经常发生损坏；另一艘为 2000 年下水的"希利"号中型破冰船，其破冰能力不足，仅能用于科考工作。虽然现有 3 艘重型破冰船在建，但预计最早下水投入使用时间也需到 2025 年前后。

另外，阿拉斯加北部煤炭资源丰富，属尚未开发的地区之一。地质学家估计世界煤炭资源总量的 9%——4 000 亿 t 煤贮藏于阿拉斯加北部。从楚科奇海岸向东延伸至内陆 480 km 处（多数位于布鲁克斯山脉的西缘），是世界上最集中连片分布的特大煤田，煤炭储量约相当于美国南部 48 个州的煤炭资源总和。北极西部煤藏的理论储煤量为 30 亿 t，是阿拉斯加北部煤田中质量最高、用最简便的常规露天采掘技术便可开采的煤田。

（2）加拿大北极地区自然资源勘探及开发现状

加拿大国土面积辽阔，煤炭资源丰富，总储量可达 70 亿 t，位列世界第十位，是世界上重要的煤炭商品出口国，也是极具煤炭投资潜力的发达国家和世界第二大炼焦煤供应商。数据统计显示，2004—2014 年，加拿大煤炭年均产量约 6 000 万 t，2012 年高达 6 700 万 t。

目前，加拿大已在 16 个沉积盆地中发现煤炭资源，其中加拿大西部沉积盆地的煤炭资源占总量的 90% 以上。总体来说，西部地区煤层质量普遍好于东部地区。从行政区划上来看，加拿大煤田主要位于西部的不列颠哥伦比亚省、阿尔伯塔省、萨斯喀彻温省和东部的新斯科舍省、新不伦瑞克省。2012 年，煤炭年产量最多的省份为不列颠哥伦比亚省，其次为阿尔伯塔省，其年产量分别为 2 880 万 t、2 830 万 t，两省生产冶金煤约 2 900 万 t。

加拿大在靠近北极圈的冻土里有丰富的钻石矿藏，未来有望成为钻石的重要产地。目前，加拿大已经开始在北极圈内的岛屿上开采钻石，产量将达到世界天然钻石产量的 10% ~ 15%，这使加拿大一跃成为世界上第三大钻石生产国。此外，加拿大西北部地方政府也一直在推动谋求更多的天然气项目，并计划建设一条长约 1 220 km 的从因纽维克通往阿尔伯塔省的输气管道。

3.非北极国家北极地区自然资源合作开发现状

近年来，不但北极国家纷纷制定北极战略，非北极国家也开始关注北极。非

北极国家中的印度、日本、澳大利亚等国也纷纷发出了自己的"北极声音",借此扩大自身对北极的影响力。

日本是首个出台北极政策的非北极国家,并率先制定了北极战略。2012年,利用北极航线从欧洲始发的货船首次驶入日本港口,引起了日本政府的高度重视。2013年4月,在日本内阁会议上通过的海洋基本计划中,将涉及北极海域的工作作为重点推进的课题,会议决定进行与北极相关的全球性国际合作,并以探讨北极航线的可能性为焦点,采取综合战略性举措。2015年10月16日,日本通过了首个北极相关的政策《日本北极政策》,其根本目的是在围绕北极航线和资源开发的相关国际规则的制定上发挥主导作用。目前,日本在北极领域与俄罗斯及美国均存在合作关系,同样,日本的经济状态和能源需求也促使其争取北极利益。然而,日本受第二次世界大战战败国身份限制,在北极方面一向关注环境安全问题,低调处理北极事务。

韩国的北极战略着眼点较高,涉及的内容比较全面,更加关注北极航线的开发和利用,关注北极的商业价值。在韩国的北极政策中,北极航线的开发和利用处在重要位置。韩国学界认为,一旦打通北极航线,从韩国到欧洲的运输距离将缩短37%,航行时间可节省10天,这将产生巨大的经济价值。由于韩国的造船业与航运业处于世界领先地位,其先进的造船技术也吸引了众多北极国家。通过与北极国家在北极航线等方面的合作,韩国在北极国家中树立了良好的形象,这又进一步使北极国家更加愿意接纳韩国参与更多的北极事务。韩国目前使用的破冰船为排水量7 500 t,破冰厚度1 m的"全洋"号,全年有300天在执行任务。韩国建造第二艘破冰科考船的计划已经箭在弦上,多家科研机构已开始研究超小型核反应堆,最终极有可能运用到破冰船的建造中。

2.6.2 北极自然资源开采贸易潜力

1.未来北极地区自然资源供给趋势分析

北极作为地球上巨大的资源宝库,资源储量较为可观。但由于北极地区生态环境非常脆弱,环北极国家对该地区自然资源的开采也秉持谨慎态度,在同时考虑经济收益和环保价值的情况下,对北极地区的自然资源开采状况进行了科学的规划。

俄罗斯在《2020年前及更远的未来俄罗斯联邦在北极的国家政策原则》中指出,俄罗斯北极政策在社会经济发展领域的主要目标是:充分发挥并扩大北极

（2）通过北极航线的货流来自远东、欧洲、北美洲,而中东、非洲、大洋洲、南美洲不存在通过北极航线的货流。

（3）远东、北美、欧洲从北极航线进口的石油、天然气、煤炭、木材、矿产比例与北极地区资源储量、距离相关。

（4）北极航线干散货、集装箱分配模型遵循海运距离越长分配到的货流越小的原则。

未来油气、干散货、集装箱海运运输量的增长率模型采用乘幂预测法,结合各自变化规律,其变化率取值不同,具体公式如下:

$$V_j = V_i \cdot g^{j-i}$$

式中,V_j 表示第 j 年某货物海运量;V_i 表示第 i 年某货物海运量;g 表示增长率,数值根据货流数据的变化规律取平均变化率得到。北极航线干散货、集装箱分配模型遵循海运距离越长分配到的货流越小的原则,因此北极航线分配的干散货及集装箱货流公式如下:

$$P = \frac{\dfrac{1}{S_i}}{\dfrac{1}{S_i} + \dfrac{1}{S_j}} = \frac{S_j}{S_i + S_j}$$

式中,P 表示北极航线分担的货物比例;S_i 表示货物通过北极航线的距离;S_j 表示货物通过传统海上航线的距离。

北极航线自然资源货流量的具体预测过程如下。

2019 年《BP 世界能源统计年鉴》、联合国贸易统计数据库、Searates 网站等来源的数据显示,北极地区东北航道和西北航道的自然资源需求地主要是北美地区、欧洲地区和远东地区,这在石油、天然气、煤炭等能源资源的贸易流向上尤其显著,因此在预测中将北美、欧洲和远东作为主要需求地进行分析。

在进行预测时,首先,要计算北极航线所占货物运输量的比例。以远东地区各石油通道运输量的预测为例,其中距离 = 上海港到石油主要产地距离 × 中国石油进口占远东石油进口比例 + 釜山港到石油主要产地距离 × 韩国石油进口占远东石油进口比例 + 横滨港到石油主要产地距离 × 日本石油进口占远东石油进口比例;出口产出比 = (该地区石油产出 − 石油消费)/石油产出,出口产出比小于 0 用 0 表示,此指标用以衡量该地区的石油出口政策,东北航道出口产出比可以认为与欧洲及欧亚大陆相同,西北航道与北美相同,计算结果如表 2 - 10 所示。

表 2-10　石油指标数据表

地区(航线)	探明储量/(10^{9}桶)	距离/km	出口产出比/%	比例/%
东北航道	42.06	8 608	0	0
西北航道	47.92	8 933	0	0
欧洲及欧亚大陆	147.8	7 416	0	10.00
北美洲	229.6	12 121	0	2.87
中东	808.5	10 874	69.93	59.45
非洲	130.3	16 824	23.17	10.53
亚太地区（除中、日、韩）	24	4 486	0	12.23
南美洲	329.6	18 129	7.10	4.93

由于距离指标与其他指标呈负相关,因此对距离指标进行反比转换后,用 SPSS 软件进行逐步回归分析,计算各地区石油运输量所占比例,再对数据归一化,即可得到估计需求地为远东的未来北极航线石油运输量所占比例。同理,可得到需求地为欧洲和北美洲的未来北极航线石油运输量所占比例,如表 2-11 所示。

表 2-11　未来远东、欧洲、北美洲从各地区进口石油所占比例　　(单位:%)

地区	东北航道	西北航道	亚欧大陆	北美洲	中东	非洲	亚太地区（除中、日、韩）	南美洲
远东	1.72	0.14	6.75	3.03	58.08	10.36	13.38	6.54
欧洲	8.79	0.20	37.53	2.86	17.84	25.24	0	7.54
北美洲	0.79	0.61	10.05	60.02	16.24	4.04	0.90	7.35

对于未来远东、欧洲、北美洲对天然气、煤炭、木材、矿产从各地区进口所占比例的计算也如上述方法所示,得出表 2-12 至表 2-15 所列数据。值得注意的是,由于天然气相比于石油不但在运输上更加困难和昂贵,并且需要专门的管道将其运输至特定市场或高成本的液化天然气加工厂,况且北美洲和欧洲的天然气市场目前已供过于求,鉴于其成本过高,在北极的发展几乎毫无经济价值,加之西北航道冰情复杂,环境恶劣,通航条件远不如东北航道,因此北极地区的天然气运输只能通过东北航道。

表 2-12　未来远东、欧洲、北美洲从各地区进口天然气所占比例表　（单位：%）

地区	东北航道	亚欧大陆	北美洲	中东	非洲	亚太地区（除中、日、韩）	南美洲
远东	4.68	6.87	1.75	31.78	13.59	41.33	0
欧洲	4.50	9.15	0	33.34	49.25	0	3.76
北美洲	7.54	0.08	91.31	0.34	0.17	0.03	0.53

表 2-13　未来远东、欧洲、北美洲从各地区进口煤炭所占比例表　（单位：%）

地区	东北航道	西北航道	亚欧大陆	北美洲	中东	非洲	亚太地区（除中、日、韩）	南美洲
远东	6.98	0.43	35.41	2.11	0	1.52	52.43	1.12
欧洲	7.39	0.31	30.79	15.49	2.00	6.61	16.48	20.93
北美洲	0.61	0.68	4.14	36.55	0	2.76	8.29	46.97

表 2-14　未来远东、欧洲、北美洲从各地区进口木材所占比例表　（单位：%）

地区	东北航道	西北航道	亚欧大陆	北美洲	中东	非洲	亚太地区（除中、日、韩）	南美洲
远东	1.12	0.03	1.98	0.72	0.16	2.74	87.63	5.62
欧洲	2.10	0.47	50.80	39.60	0.55	2.98	0.86	2.64
北美洲	7.62	0.05	13.80	62.30	0.96	3.12	4.03	8.12

表 2-15　未来远东、欧洲、北美洲从各地区进口矿产所占比例表　（单位：%）

地区	东北航道	西北航道	亚欧大陆	北美洲	中东	非洲	亚太地区（除中、日、韩）	南美洲
远东	1.39	0.24	0.97	1.15	2.41	8.14	60.67	25.03
欧洲	2.68	0.41	45.92	28.66	0.11	16.33	0.47	5.42
北美洲	0.62	0.14	31.20	59.30	0.51	2.62	0.83	4.78

由表 2-11 至表 2-15 可见，未来东北航道将承担远东地区进口石油的1.72%，进口天然气的4.68%，进口煤炭的6.98%，进口木材的1.12%，进口矿产的1.39%；东北航道还将承担欧洲地区进口石油的8.79%，进口天然气的

4.50%,进口煤炭的7.39%,进口木材的2.10%,进口矿产的2.68%;以及北美洲地区进口石油的0.79%,进口天然气的7.54%,进口煤炭的0.61%,进口木材的7.62%,进口矿产的0.62%。而对于西北航道而言,将承担远东地区进口石油的0.14%,进口煤炭的0.43%,进口木材的0.03%,进口矿产的0.24%;西北航道还将承担欧洲地区进口石油的0.20%,进口煤炭的0.31%,进口木材的0.47%,进口矿产的0.41%;以及北美洲地区进口石油的0.61%,进口煤炭的0.68%,进口木材的0.05%,进口矿产的0.14%。

其次,在已知北极航线所占货物运输量预测比例的基础上,通过对远东地区、欧洲地区、北美洲地区2008—2018的自然资源需求总额进行统计,并找出近几年各个地区自然资源需求量的增长趋势,用以预测2019—2024年各地区的自然资源需求量。

最后,将各地区自然资源需求量的预测值乘以前文计算得出的北极地区东北航道与西北航道所占货物运输量的比例,将会得出2019—2024年远东、欧洲和北美洲地区通过东北航道和西北航道货流量的预测值,如表2-16所示。

表2-16 2019—2024年远东、欧洲和北美洲地区通过东北航道和西北航道的货流量预测表

(单位:10^6 t)

年份	航道	石油	天然气	煤炭	木材	矿产	合计	总计
2019	东北航道	19.52	2.64	7.60	0.14	7.74	37.64	40.61
	西北航道	1.30	0	0.45	0.01	1.21	2.97	
2020	东北航道	19.76	2.88	8.08	0.16	7.41	38.29	41.23
	西北航道	1.30	0	0.47	0.01	1.16	2.94	
2021	东北航道	20.00	3.20	8.56	0.18	7.13	39.07	42.01
	西北航道	1.30	0	0.51	0.01	1.12	2.94	
2022	东北航道	20.32	3.60	9.12	0.20	6.90	40.14	43.07
	西北航道	1.30	0	0.54	0.01	1.08	2.93	
2023	东北航道	20.64	4.08	9.84	0.22	6.72	41.50	44.46
	西北航道	1.31	0	0.58	0.02	1.05	2.96	
2024	东北航道	20.96	4.72	10.56	0.26	6.59	43.09	46.09
	西北航道	1.32	0	0.63	0.02	1.03	3.00	

通过对北极地区自然资源的货流量预测,可以发现以远东、欧洲、北美洲为代表的世界各地对于北极地区自然资源的货运需求量较多,且整体而言呈现上升趋势。此外,通过对东北航道和西北航道的自然资源货运需求量进行对比,可以看出,由于通航环境的差距,目前东北航道还是北极地区最为主要的航道,但西北航道也在缓慢发展,逐步分担东北航道的航运压力。

总体而言,世界各地对北极地区自然资源的大量需求将推动北极航线的运输潜力逐年上升,由此产生的经济价值不言而喻,北极地区的航运业将迎来巨大机遇。

综上所述,通过前文对北极地区资源开采现状及北极地区自然资源供给趋势的分析,北极地区自然资源的供给情况能够基本满足世界各地对其自然资源的货运需求,也就是说,北极地区自然资源的贸易运输潜力与世界各国对北极地区自然资源的货运需求预测值基本一致。

3.北极自然资源运输航线船队发展规模分析

近年来随着经济全球化趋势的深入发展,世界各国对石油、天然气、煤炭、木材、矿产等资源的需求量也越来越大。而随着越来越多油气开发资源项目的展开,北极地区尤其是俄罗斯的石油和天然气等资源将被开采出来,未来该地区会成为中东最有竞争力的对手。那么合理规划运输油气资源的船队规模对以后北极航线的发展有着非常重要的意义。

根据前文的乘幂预测法,可以计算出 2024 年世界范围内石油、天然气、煤炭、木材、矿产等资源在北极地区的预测进口量,数据如表 2 – 17 至表 2 – 21 所示。

表 2 – 17　2019—2024 世界石油在北极地区的预测进口量表　（单位:10^6 t）

年份	2019	2020	2021	2022	2023	2024
东北航道	19.52	19.76	20.00	20.32	20.64	20.96
西北航道	1.30	1.30	1.30	1.30	1.31	1.32
进口总量	20.82	21.06	21.30	21.62	21.95	22.28

表 2 – 18　2019—2024 世界天然气在北极地区的预测进口量表　（单位:10^6 t）

年份	2019	2020	2021	2022	2023	2024
东北航道	2.64	2.88	3.20	3.60	4.08	4.72

表 2－18（续）

年份	2019	2020	2021	2022	2023	2024
西北航道	0	0	0	0	0	0
进口总量	2.64	2.88	3.20	3.60	4.08	4.72

表 2－19　2019—2024 世界煤炭在北极地区的预测进口量表　（单位：10^6 t）

年份	2019	2020	2021	2022	2023	2024
东北航道	7.60	8.08	8.56	9.12	9.84	10.56
西北航道	0.45	0.47	0.51	0.54	0.58	0.63
进口总量	8.05	8.55	9.07	9.66	10.42	11.19

表 2－20　2019—2024 世界木材在北极地区的预测进口量表　（单位：10^6 t）

年份	2019	2020	2021	2022	2023	2024
东北航道	0.14	0.16	0.18	0.20	0.22	0.26
西北航道	0.01	0.01	0.01	0.01	0.02	0.02
进口总量	0.15	0.17	0.19	0.21	0.24	0.28

表 2－21　2019—2024 世界矿产在北极地区的预测进口量表　（单位：10^6 t）

年份	2019	2020	2021	2022	2023	2024
东北航道	7.74	7.41	7.13	6.90	6.72	6.59
西北航道	1.21	1.16	1.12	1.08	1.05	1.03
进口总量	8.95	8.57	8.25	7.98	7.77	7.62

　　由表可知,2024 年世界石油在北极地区的进口量会达到 2 228 万 t,天然气将达到 472 万 t,煤炭将达到 1 119 万 t,木材将达到 28 万 t,矿产将达到 762 万 t。随着技术的进步,北极地区未来会开采出更多的油气、煤炭等资源,保守估计到 2024 年北极地区油气、煤炭进口方面将会占据世界 10% 以上的份额。

　　在矿产资源运输方面,北极地区矿产资源虽受目前开发程度较低的影响,但其储量十分丰富。可以预测的是,随着未来开采技术的进步和需求的增加,矿产类资源在北极航运货类的占比会逐渐增加,甚至同油气资源一样成为北极航线运输的主体。

而随着近年来北极气候变暖,北极航线的通航环境逐渐趋于良好,主要港口在航线上陆续建成,基础设施不断完善,北极航线货运量的连年增加有目共睹。基于此,如何提高资源利用率、解决好资源分布带来的运输问题,构建一支基于现代规模与结构的破冰船队,不仅是一个迫切需要研究的经济问题,而且还关系到国家能源供应安全通道建设的长期战略。

对于船队来说,船队规模的规划需要考虑的方面很多,在这里主要对航线货运量的预测结果进行分析。同时考虑到北极航线的特殊性,每年的通航时间有限,也会将通航期及通航次数纳入计算。基于以上要素建立的船队规划模型具体公式如下:

$$X_i = Q_i t_i / (T_i V_i)$$

式中,X_i 为船队在第 i 年的船舶数量;Q_i 为第 i 年北极航线货运量预测量;t_i 为第 i 年船队平均航次船期;T_i 为第 i 年北极航线的可通航时长;V_i 为第 i 年船队平均载货量。

东北航道于 20 世纪 30 年代开通,路线较直,目前年通航期为 3～5 个月,其余时间被冰层覆盖,需破冰船护航。部分航道被俄视为"内水",俄政府要求进入航道的船舶事先申请,强制接受俄破冰船护航,使用俄引航员引航。近几年,虽然海冰在减少,但是通航条件还没有达到最佳,根据俄罗斯北方航道总局的数据,当前船舶的年平均航次为 3 次。到 2024 年,北极区域预计通航时间将会达到 6 个月,海冰逐渐减少,通航环境改善,在此期间船队可以航行 6 次左右。通过计算得到的结果如表 2 – 22 所示。

表 2 – 22　预估 2024 年北极地区自然资源的运输量及船舶数量表

货物种类	航道	石油	天然气	煤炭	木材	矿石
货物运输量 /万 t	东北航道	2 096	472	1 056	26	659
	西北航道	132	0	63	2	103
	总计	2 228	472	1 119	28	762
运输船舶数量 /艘	东北航道	23	10	15	1	10
	西北航道	2	0	1	1	2
	总计	25	10	16	2	12

由表 2 – 22 可以看出,预估 2024 年在北极航线上运输的石油仍占有很大的比例,运输量能够达到 2 228 万 t,其中东北航道 2 096 万 t,西北航道 132 万 t,故

所需油轮船队的规模较大,东北航道船队规模大于西北航道船队规模。北极航线上运输的煤炭也占有较大的比例,运输总量为 1 119 万 t,其中东北航道 1 056 万 t,西北航道 63 万 t,因此东北航道所需船队规模也较为可观。而其他自然资源的运输量相对较少,故所需船队规模相对较小。油轮平均载重较大,每艘约 15.6 万 t,天然气平均载重每艘约 8 万 t,干散货及其他货物每艘约 12 万 t。其他自然资源的运输量呈现上升趋势,尤其在煤炭等资源的运输上,因为海运的低成本优势,未来东北航道的优越性必将导致其他自然资源运量的上涨,届时船队规模也将根据实际情况进一步调整。

2.6.3　极地海上旅游、科考、补给和供电需求

全球变暖加速了北极海冰融化,给全球生态环境带来了负面效应,但是北极海冰的融化又促进了北极航线、能源的开发利用,加之北极地区的战略地位,其已成为世界各国关注的重点地区。为了推进北极地区的开发进程,实现北极地区的商业价值,核动力破冰船的建造与利用成为各国北极政策的重要内容之一。核动力破冰船作为北极地区船舶航行的重要推动力量,不仅在破冰引航中发挥着重要作用,同时也在极地旅游,极地科考,海上补给和海上、岸线供电等方面发挥巨大的作用。

1. 极地海上旅游需求

北极地区独特的自然风光和人文风貌是北极旅游资源开发的重要资本。近年来,随着北极航线的开发及航行技术的变革,北极旅游成为更好的选择。与此同时,破冰船的出现加速了北极旅游资源的开发和旅游市场的开拓,为北极旅游的发展提供了重要的支撑。

(1)北极旅游现状

北极地区诸多国家将北极高端旅游品牌形象作为北极旅游开发的新型活动,例如俄罗斯摩尔曼斯克州将建立综合性现代化北极博物馆,展示俄罗斯北极地区开发及核动力破冰船的发展史,并开辟新地群岛和法兰士约瑟夫地群岛旅游线路,为游客提供独特的北极岛屿旅游感受。加拿大在努纳武特和亚怀亚特社区依托因纽特人传统生活体验和狩猎活动、因纽特独特的艺术魅力,开发加拿大北极旅游资源。挪威的安德内斯以鲸鱼观光而闻名,Dorte Mandrup 依托此景观打造北极旅游观光景点"鲸鱼"来吸引游客。冰岛则以极光为特色开发北极极光之旅,打造系列北极旅游资源。

北极地区旅游资源丰富且观赏价值高。除冰山、峡湾、珍奇的动植物等自然风光,还有远足、滑雪、潜水、游轮观光、极地探险等人文旅游活动。此外游客也可以选择乘坐俄罗斯"五十年胜利"号破冰船或直升机前往北极点,领略北极风光。俄罗斯"五十年胜利"号从摩尔曼斯克出发,经巴伦支海至北极点,中途停靠法兰士约瑟夫地群岛,游客可在此登岛观赏岛上自然风光及北极科学考察基地等人文景观。

目前北极旅游逐渐向专业化和现代化方向发展,专业的旅游公司出现在世界各国旅游市场,旅游公司对北极旅游进行宣传推广、组织、销售,在一定程度上促进了北极旅游资源的开发,推动了北极旅游业的发展。北极旅行线路大致分为两类:第一类是北极点旅行计划,如摩曼斯克(登船)—北冰洋(巴伦支海)—北极点—法兰士约瑟夫地群岛—摩曼斯克(下船)。第二类是在北极周边游,即通过搭乘核动力破冰船的北极周边游,如俄罗斯北极旅游、格陵兰岛的冰川游、挪威的峡湾风光及观赏鲸鱼等。

除相关旅游企业外,北极地区也形成了多种多样的北极旅游会议、论坛,推动了北极旅游的宣传和推广,为北极地区未来的旅游可持续发展奠定了基础。2015 年 5 月,第三届国际旅游论坛"现代旅游"和区域间旅游展览会"波美拉尼亚旅行世界"在阿尔汉格尔斯克举行,论坛通过了俄罗斯的国家旅游政策和旅游法,以此推动北极地区旅游基础设施建设和生态旅游产品开发,以及提升地区间非政府组织的旅游竞争潜力和国际旅游合作能力。

(2)需求分析

北极地区丰富的旅游资源和奇特的景观吸引了来自世界各地的游客和探险者。据统计 1990 年以来冰岛旅游业的年增长率保持在 9% 以上;2000 年,北极旅游计划及北极游轮游的游客中约有 90% 为外国游客;2008 年约有 375 航次的旅游船舶到达格陵兰岛港口和海湾;2009 年加拿大亚怀亚特社区吸引了近 2 万名游客到北极旅游;2010 年约 6 万游客乘船前往挪威斯瓦尔巴群岛;2012 年格陵兰岛接待游客约 4 万人,相当于该岛人口的总和,2014 年约有 8 万游客前往格陵兰岛旅游。

近年来,乘坐破冰船进行极地海上旅游的游客数量在逐年增长,破冰船在旅游市场的价值巨大。部分旅行者在北极地区旅行时,比较倾向于乘坐核动力破冰船进行北极探险。而当前旅游市场的核动力破冰船数量较少,常见的为俄罗斯的"五十年胜利"号核动力破冰船或"亚马尔"号核动力破冰船,因此北极旅游也成了俄罗斯的新名片。据俄罗斯自然资源与生态部统计,2012 年至 2018 年,已

有来自 70 个国家(地区)的 6 782 名游客访问了俄罗斯北极国家公园(图 2-4)。

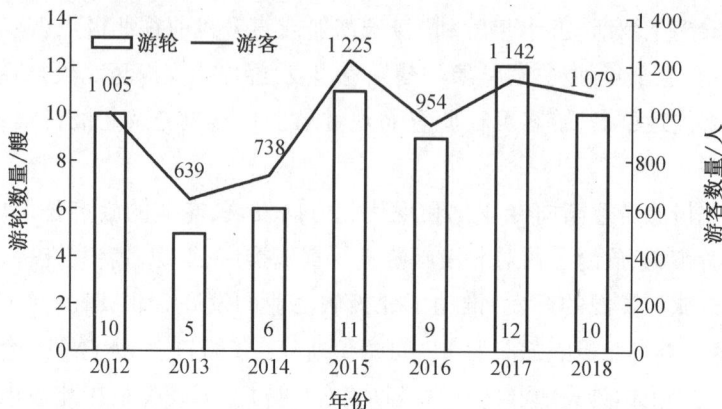

图 2-4　俄罗斯北极国家公园接待游客数量和游轮数量关系图

2018 年来自 41 个国家的游客参观了俄罗斯北极国家公园。中国游客占游客总数的 33%(354 人);其次是德国(144 人)和瑞士游客(143 人),各占 13%;第三名为美国游客(136 人),占比 12%;俄罗斯游客(89 人)占该公园游客总数的 8%(图 2-5)。日本、英国、澳大利亚、加拿大和新西兰的居民对北极地区也抱有极大兴趣。

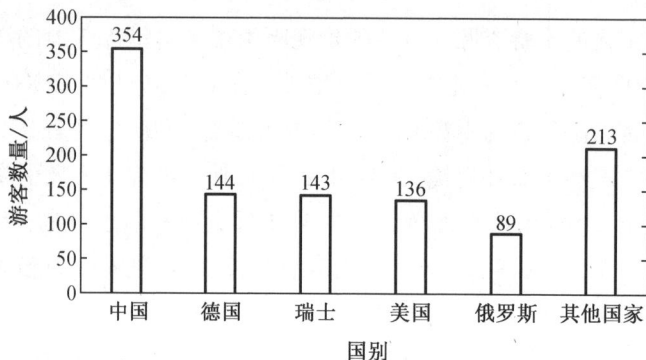

图 2-5　俄罗斯 2018 年接待游客的国家分布情况

除上述国家外,阿根廷、萨尔瓦多、塞尔维亚、泰国和尼日利亚的公民在 2018 年首次访问了极地群岛的弗朗茨·约瑟夫·兰德和诺瓦亚·泽姆利亚。

根据世界旅行与旅游理事会（WTTC）的数据，旅游业每增加 1 个就业岗位相应地创造约 20 个相关就业岗位，且旅游业发展的社会效应、即时效应较强。由于旅游业具有较高的乘数效应，能直接或间接地促进国民经济相关部门的发展，因此北极旅游业的发展可以带动建筑、运输、通信、餐饮、贸易和民间工艺品等行业的发展，并在发展过程中逐渐趋向规范化。在该过程中，核动力破冰船不仅能为旅游业提供服务，还可以为当地其他行业的发展提供能源和物资转运。

综上可以发现，极地旅游市场的需求量呈现逐年递增的趋势，旅游市场潜力较大。但该市场内营运的破冰船数量较少，尤其是高纬度极地旅游对核动力破冰船的需求较大。目前只有俄罗斯可以利用核动力船舶提供极地海上旅游服务，市场供需缺口较大，因此核动力破冰船的建造能够创造较大的效益。

（3）极地海上航行收益分析

尽管乘坐核动力破冰船进行北极旅行的价格比较昂贵，但极地海上旅游需求仍呈现逐年增长的趋势。中国首个年度《中国人极地旅游报告》显示，2018 年中国游客南北极旅游人数较 2017 年增长 2 倍，人均花费超 5 万元人民币。

通过表 2 - 23 可以发现，使用核动力破冰船进行极地海上旅游时，北极旅游业市场的收益相当可观。此外，北极地区夏季对核动力破冰船的需求与冬季相比相对较少，靠泊的核动力破冰船需要大笔的相关维护费用，而极地旅行却在夏季迎来旺季。对核动力破冰船来说，极地旅游市场减少了船舶的靠泊率，并使其获得了相当可观的收益。

表 2 - 23　从俄罗斯到北极部分地区的旅游价格预计表

利用破冰船的北极旅行		无破冰船的北极旅行	
项目名称	价格	项目名称	价格
乘坐"五十年胜利"号核动力破冰船前往北极弗朗兹·约瑟夫	约 867 326 卢布/人	涅涅茨克北极保护区	约 116 330 卢布/人
乘坐柴油破冰船"Kapitan Dranitsyn"前往北极弗朗兹·约瑟夫	约 429 000 卢布/人	白鹿营	约 45 000 卢布/人
乘坐 Akademik Shokalsky 冰级小型游轮前往北极弗朗兹·约瑟夫	约 338 000 卢布/人	团体性远足	约 30 000 卢布/人
乘船和直升机前往北极探险	约 1 548 778 卢布/人		

目前,核动力破冰船每年在北极旅游方面的收益至少可以达到 480 万美元,且该收益呈现逐年增长的趋势。俄罗斯统计报告指出,2016 年旅游业收入达 50 亿卢布,超过了煤炭生产的收入,排在第一位。

此外,2011 年俄罗斯、美国和澳大利亚这 3 个国家的 11 艘旅游邮轮和 7 艘船舶也陆续前往俄罗斯北极地区。同时 FSUE Atomflot 舰队运营副总监安德烈·史密诺夫(Andrei Smirnov)表示,如果秋冬季节的过境货运量继续呈快速增长态势,旅客将没有多余的破冰船前往北极,这意味着客运量将使得以破冰工作为主的核动力破冰船在秋冬季变得繁忙。可见极地旅游的需求及其带来的较高收益,将推动核动力破冰船的加速建造。

2. 中国极地海上科考需求

(1)中国极地科考航行现状

从表 2 - 24 可以看出,自 2010 年开始中国在北极地区的科考频率不断上升。通过对比发现,在穿过北冰洋的高纬度地区、穿越东北航道和试航西北航道的用时较长,即离北极点越近,科考耗时越长,存在的难度和风险越大,对相应的配备船舶要求也越高。因此核动力破冰船作为北极地区高质量高效率的辅助船舶,将对我国北极科考起到至关重要的作用。

表 2 - 24 中国北极科考时间及区域表

时间(起止日期)	途径(航行区域)	航程/万 n mile
中国首次北极考察:1999 年 7 月 1 日—9 月 9 日(71 天)	考察队搭乘"雪龙"号从上海出发,两次跨入北极圈,到达楚科奇海、加拿大海盆和多年海冰区,圆满完成三大科学目标预定的现场科学考察计划任务	1.418
中国第二次北极考察:2003 年 7 月 15 日—9 月 26 日(74 天)	考察队搭乘"雪龙"号从大连出发,在白令海、楚科奇海及加拿大海盆开展海洋、冰雪、大气、生物、地质等多学科立体综合观测,圆满完成预定计划,获得大批宝贵的现场数据和样品	1.418 8
中国第三次北极考察:2008 年 7 月 11 日—9 月 24 日(76 天)	考察队搭乘"雪龙"号从上海出发,经东海、黄海、日本海、鄂霍次克海、白令海抵达北冰洋开展考察任务。本次北极考察是中国北极科考史上规模最大、耗资最多、完成考察项目最全面的一次	1.327 1

表 2 – 24(续)

时间(起止日期)	途径(航行区域)	航程/万 n mile
中国第四次北极考察: 2010 年 7 月 1 日— 9 月 20 日(82 天)	考察队搭乘"雪龙"号从厦门出发,最北航行至北纬 88°22′,随冰漂移到北纬 88°26′,创造了中国航海史上的新纪录。此次北冰洋海洋生态系统调查是中国历次北极科考中项目最多、内容最全、获取样品量最多的一次	1.26
中国第五次北极考察: 2012 年 7 月 2 日— 9 月 27 日(88 天)	考察队搭乘"雪龙"号从青岛出发,首次穿越北极航线往返大西洋和太平洋,开创了我国船舶从高纬度穿越北冰洋航行的先河;圆满超额完成各项预定任务,获得多项重要的科学成果	1.85
中国第六次北极考察: 2014 年 7 月 11 日— 9 月 23 日(85 天)	考察队搭乘"雪龙"号从上海出发,共完成 12 条断面累计 90 个站位作业和 1 个为期 10 天的长期冰站和 7 个短期冰站观测,超额完成各项任务,获得多项重要科学成果。此次考察是我国成为北极理事会正式观察员后实施的首次北极科学考察,同时也是国务院批准的极地专项支持的第二个北极航次考察	2.2
中国第七次北极考察: 2016 年 7 月 1 日— 9 月 26 日(88 天)	考察队搭乘"雪龙"号从上海出发,共完成 84 个海洋综合站位作业。考察队主要对北极地区的冰、海、大气、融池和生物 5 方面要素进行了取样、观测和研究	1.3
中国第八次北极考察: 2017 年 7 月 20 日— 10 月 10 日(83 天)	考察队搭乘"雪龙"号从上海出发,历史性地穿越北极中央航道、试航北极西北航道,实现了我国首次环北冰洋调查,在我国航海史上具有里程碑式的意义	2
中国第九次北极考察: 2018 年 7 月 20 日— 9 月 26 日(69 天)	考察队搭乘"雪龙"号从上海出发,先后在白令海、楚科奇海、加拿大海盆、北冰洋中心区域等海域开展了基础环境海底地形、生态、渔业、海冰和航道等综合调查,取得了丰硕的考察成果	1.25

（2）核动力破冰船的优势及必要性

①核动力破冰船的优势

破冰船主要有柴油动力和核动力两种，其中核动力推进系统的破冰船只有俄罗斯拥有，用于开辟北极航线。核动力破冰船在北极高纬度地区拥有很大优势，北极海域中心区域的冰层厚度平均可达 2.5 m，除了使用动力强劲、吨位较大、船体坚固和耐力超群的核动力破冰船以外将别无他法。核动力破冰船可以实现燃料自给，极地地区燃料补给存在难度，核动力破冰船不受燃料供给的限制，且燃料成本是柴电动力等普通破冰船的 1/8～1/6，可以减少环境污染，大幅降低恶劣自然环境的限制，非常适合在海上长期航行。

相较于柴油动力破冰船，核动力破冰船动力性能更强大。从动力系统角度来看，大多数柴油动力破冰船的连续航行破冰能力在 1.2 m 以上，较为先进的可破开 1.8 m 厚的冰层，而核动力破冰船可连续破 2～3 m 的冰层；破冰船的反复冲压破冰厚度通常是连续航行破冰厚度的 2～4 倍，核动力破冰船的整体破冰次数和破冰强度远超普通破冰船，对极地地区科考有重要意义。

此外，核动力破冰船还可以满足目前极地破冰船所搭载的有助于极地科考的相关设备。目前美国的"希利"号极地破冰船设有 5 个科考实验室，分别为主实验室、湿度实验室、生物化学实验室、电子实验室和气象实验室，还配备了各种实验器材、工具、传感器和样本采集器等；"希利"号左右两舷安装了 2 个铰链式起重机，可吊装 4.5 t（港口侧）和 14 t（右舷侧）的货物，除了配备 1 艘北极勘察船和 2 艘刚性充气船外，还可搭载直升机 2 架，为附近的科考站进行人员运输及物资补给。瑞典的"奥登"号极地破冰船配备的科考设备主要有 KongsbergEM122 多波束测深仪（频率为 12 kHz）、KongsbergSBP120 海床基断面仪（深度 50～1 100 m）、SMHI 气象站、A 型架构、绞车、船载实验室及先进的导航设备等。

②核动力破冰船的必要性

北极地区的公共资源属于全人类，我们有责任、有义务、有能力参与北极地区自然资源的和平利用与保护。特别是在为今后地球的可持续发展提供预警性启示，发挥中国的独特作用。此外，我国经济和社会的发展已经产生了对北极地区自然资源的需求，因此加强对北极地区的自然环境、能源等的科学考察，不仅有利于中国经济社会的发展，也有利于全球的可持续发展。

极地破冰船是极地科考必备的辅助工具，随着极地科考国家数量的增多，对于极地破冰船的需求也在持续增长。目前，世界上只有部分国家的破冰船可完成专业的极地科考任务，例如瑞典的"奥登"号破冰船、美国的"希利"号破冰船

和我国的"雪龙 2"号破冰船等。其中我国"雪龙 2"号作为一艘常规动力破冰船,是我国目前最大的极地考察船,其具有强大的耐寒能力,可以 2 ~ 3 kn 的航速连续冲破 1.5 m 厚的冰层,但是从船体和动力上都无法与核动力破冰船相匹敌。根据相关统计,我国对北极的科学考察越来越频繁,因此加速对破冰能力强、科考综合性能优良的科考破冰船的研发需求极为迫切。加之世界其他国家对北极的科考频率也在与日俱增,建造核动力破冰船不仅能满足自身极地科考的需求,也能为其他国家的极地科考带来便利。"雪龙"号每年仅能进行 1 次南极科考物资补给,每两年进行 1 次北极科考,已经无法完全满足我国极地研究与战略发展需要,因此我国急需进行新的核动力破冰船建造。

此外,俄罗斯方面也提到,如果未来不建造核动力破冰船,便无法确保北极航线的正常运行,更不用说极地科考等其他项目的正常运转。俄罗斯还提到,2019 年初仍服役的破冰船队,已经不足以确保沿北极航线的全年通航,如果没有现代化的破冰船,类似于克里斯托夫·德·马格里(Christophe de Margerie)类型的冰级加油机也无法在冬天进入俄罗斯北极海岸的码头。北极航线未来开发与利用将更多地依靠核动力破冰船的辅助。

③极地海上航行补给需求

航行补给是指补给船为舰艇进行油、水、弹药和其他物资的补给,其中航行补给可分为综合航行补给和专用航行补给。综合航行补给可以进行油、水、弹药、食品和物资等的综合补给;专用航行补给可以为油船、油水船、军火船、食品船等提供补给。航行补给可以满足在指定海区实施区域补给和机动补给,减少舰艇对基地的依赖,增强船舶在极冰寒地区的航行能力。而核动力破冰船的补给能力远不止于此,因此核动力破冰船对北极航线和北极地区的发展具有历史性的意义。

a. 满足船队补给需求

Bunkerworld 对北极地区航行船舶的统计结果显示,在冰面航行比在无冰水域航行时的燃油消耗增加 8%,因此当北极地区船舶燃油耗尽时,对破冰船的补给功能的需求便凸显出来。

随着北极航线的不断开发,越来越多的船舶开始通过北极航线进行物资运输。通过俄罗斯北方航道总局的数据可以发现(图 2 - 6),2011—2016 年共有226 艘次船舶选择利用北极航线进行运输,北极地区的特殊地理环境将使来往运输的船舶对相关物资和燃油补给等各方面的需求愈加强烈,而核动力破冰船可以充当补给船舶,可以在船上装备适应相关用途的专用装置和设备,为北极地区

航行的船舶提供相关方面的补给。

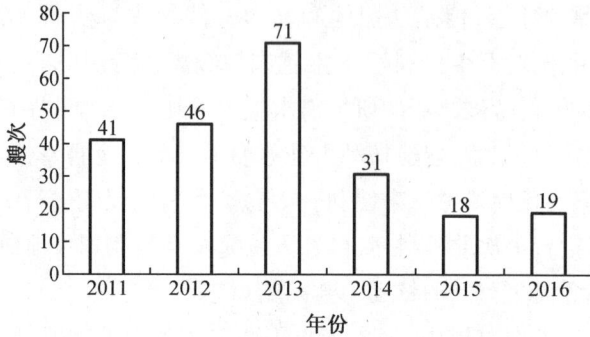

图 2-6   2011—2016 年北极航线通航船舶数量

此外,我国近年来正致力于打造海洋核动力平台,意在将舰船核动力技术应用于军转民技术领域,建造一个海上的移动式核电站,为海洋工程等提供电力,并在将来技术成熟之后,将其推广应用到核动力破冰船、海上综合补给舰等领域。这对我国核动力破冰船的发展无疑起到了重大的引领效果,也为我国船队在北极地区的航行提供了有力支撑。

b.满足当地居民生活补给需求

核动力破冰船作为"海上充电宝",不仅能为航行的其他船舶进行补给,还可满足北极地区居民的生产和生活需求。

据 2016 年加拿大最新人口普查数据显示,加拿大北极地区主要省份的人口有明显的增长。与 2011 年人口普查相比,育空地区的人口增长幅度为 2%,西北地区的人口增长幅度为 0.8%,而努纳武特地区的人口增长幅度最大,达到了 12.7%。较多的人口增长对生活资源本不充足的北极地区造成一定影响,普通船舶目前只能维持自身能源的消耗,不能为当地居民提供额外能源补给。

核动力破冰船作为移动的资源库,可以为当地居民带来更多生活用品补给、大量可饮用水与便利的生活条件,从而带动相关地区居民生活质量的提高,推动当地地区经济的发展,为北极航线的建设起到极大的推动作用。此外,高度看中土地权益的北极居民,对于在北极土地进行的一系列建设和开发存在一定程度的质疑,认为他们对北极土地有更多的自治和自决权,而移动的核动力破冰船不会对土地过多占有。

c.满足科考等国际社会相关事宜的补给需求

2005年因纽特人北极圈会议提出,北极自然环境的改变有悖于人权所保障的生存权利,国际社会也开始日益关注气候变化下北极居民的权益问题。核动力发电不仅能减少温室气体排放,还能保护生物多样性,维持生态环境平衡;2017年《极地规则》规定,禁止在北极水域排放任何石油和含石油的化学品或其混合物,同时在极地冰雪覆盖区域航行时,船舶必须具备充分的抗冰破冰能力等。核动力破冰船不仅可以减少环境污染,降低居民对北极开发的抗拒心态,而且在船舶能耗方面高度遵循《极地规则》的相关规定。

由于极为特殊的地理环境与自然环境,破冰船成为北极国家开发极地资源、获取战略利益的决定性技术与装备。除了环境保护对核动力破冰船存在硬性需求,北极地区许多项目的开发也对核动力破冰船存有高度依赖性,如确保全年向欧洲和亚洲市场供应液化气的亚马尔液化天然气项目已经与破冰船队的保护和发展密不可分,该项目需建立包含各种类型和级别的新型破冰船10~12艘,保障海上货物运输。

目前俄罗斯核动力破冰船公司与诺瓦泰克公司关于亚马尔液化天然气项目的破冰船保障合同已经签订到2040年,占俄罗斯核动力破冰船保障能力的40%。

通过对上述三个主要方面的阐述不难发现,核动力破冰船在北极地区航行过程中所提供的补给,对北极地区的相关发展有重要意义和价值。核动力破冰船对北极地区的补给,将逐渐缓解北极地区生产生活资源匮乏、基地建设不完善的现状,推动北极地区协调发展。

④极地海上供电需求

a.俄罗斯电力现状

俄罗斯统一联邦电网系统(UES)由7个联合电网组成,分别是中心电网、南部电网、西北电网、伏尔加河中部电网、乌拉尔电网、西伯利亚电网和东部电网(远东)。

根据俄罗斯统一能源系统运营商发布的数据显示,截至2018年底,俄罗斯统一联邦电网系统有单机容量超过5 MW的发电厂805个,总装机容量为243.24 GW,其中火电机组占67.88%,核电占11.64%,水电占20.2%,风电、光伏等可再生能源发电机组占0.28%;2018年的发电量为$10\,709 \times 10^8$ kW·h,其中火电占63.7%,水电占16.98%,核电占19.25%,可再生能源占0.07%。截至2018年底,俄罗斯供电量分布如表2-25所示。

表 2 – 25　俄罗斯 2018 年供电量分布表

电网名称	供电量/(10^8 kW · h)	占总体供电比例/%
中心电网	231 833.7	22.43
南部电网	104 731.1	10.14
西北电网	113 349.7	10.96
伏尔加河中部电网	114 399.0	11.07
乌拉尔电网	263 682.1	25.51
西伯利亚电网	205 281.9	19.85
东部电网(远东)	376.4	0.04

可以发现,供电量较少的地区为东部地区,其供电量仅占俄罗斯整体供电量的 0.04%,可提供的电量极其匮乏,作为北极航线的主要穿过陆地区域,不能满足过往船舶的电力需求,对北极航线未来的开发和建设产生不利影响。

远东地区电力供应的大部分都用于保障居民生活和社会公共事业单位的用电需要,所占比例高达 70%,因此其他用于地区经济发展、工业生产等的电力资源明显不足。此外,远东地区供电基础设施落后、设备老旧,电力生产和供应短缺,无法满足地区经济社会发展的需要,如贝阿铁路和西伯利亚大铁路的现代化改造和扩张、滨海边疆区的物流基地建设等项目,都面临电力供应不足的问题。

b.海上供电现状

"罗蒙诺索夫院士"号是俄罗斯建造的世界首座浮动式核电站(图 2 – 7)。该海上浮动式核电站船长约 144 m,宽约 30 m,排水量 21 500 t,吃水深度约 5.6 m,装载 2 座 35 MW 的 KLT – 40 型反应堆,约有 70 名船员,在船上产生的电能可以通过海上及陆上设备,输送到所需地点,其运行寿命可达 38 年,包括 3 个为期 12 年的运行周期,每个周期(12 年)中间平均停产 8 个月。"罗蒙诺索夫院士"号浮动式核电站可为大型工业项目、港口城市、海上油气钻探平台提供必要的能源。

其中,远北和远东地区将首先考虑使用,这些地区没有单一的能源系统覆盖,迫切需要数十家低功率火力发电厂,以刺激经济活动的发展并确保当地居民的现代生活条件。而核动力破冰船不仅可以满足当地居民的供电需求,还可以配备适应当地经济和相关产业发展的设备,促进地区经济发展和北极航线的开发。

图 2 - 7　"罗蒙诺索夫院士"号浮动核电站

c. 海上供电优势

海上供电是指由海上浮动核电站提供电力,利用海上浮动平台(如核动力破冰船)建造的可移动的核电站,又称海上漂浮核电站(floating nuclear power plant, FNPP)。海上浮动平台(如核动力破冰船)有较大的灵活性,可以在不同的海域灵活部署以达到能源供给,为沿海地区紧急供电,对偏远岛屿军民生产、生活具有积极作用。浮动式核电站如一个巨大的海上移动发电机,当陆地需要电力供应时,其可停靠于码头,与陆地上的高压电网实现有效电力传输。两台 KLT - 40S 型堆芯可产生高达 70 MW 的电能或 300 MW 的热能,为 20 万人的城市提供足够的电力。

由挪威石油和天然气平台与海岸电网连接的研究不难发现,使用燃气涡轮机的运营成本比海上能源平台更高,为部分地区提供服务的费用也更加昂贵。因此,类似于核动力破冰船的新型海上能源平台兼具高度环保与低成本优势。核动力破冰船可以兼具破冰功能和浮动式核电站功能,其内部有两个装在固体壳中的核反应堆,可以保证其中一个反应堆的寿命耗尽或由于其他原因停止运行时,该船也可以继续行驶。一般正常航行中,反应堆可以协同工作,这意味着核动力破冰船有很强大的电力输送能力。目前俄罗斯的整体发电主要依赖火力发电,其分布较广,所占份额超过 60%,其中远东地区的电力生产就主要依靠燃煤火力发电,而核动力破冰船的电厂中央控制所可以将核动力破冰船作为发电厂进行供电,不仅能满足自身电力需求,还可以为北极航线沿线的远东地区提供一般性用电,相较于火力发电,核动力破冰船更加环保。

核动力破冰船上安装的这种可移动式的海上核电站不仅可为偏远岛屿供应安全、有效的能源,也可为远洋作业的海上石油、天然气开采平台提供电力、热力和淡水资源。海上浮动式核电站可适应北极等严寒地区的恶劣气候条件,核动力破冰船的建设可以为北极冰封地区提供能源供给,探索并利用北极资源。有用电需求时将电站拉过来,不需要时便可用船将电站拉走,有助于北极地区的资源开采。而核能、海上风电及太阳能等几种发电方式发电成本高,1 MW·h 的电量大约花费 125 欧元。因此,核动力破冰船在俄罗斯远东地区的电力供应每年至少可以获得 490 万人民币的收入。由此可见,核动力破冰船的需求已经成为北极地区发展和北极航线建设的重要后备力量。

核动力破冰船作为保障各国推动极地发展的重要海上工具,在北极地区有较高的国际地位和重要的应用价值。核动力破冰船不仅在破冰引航等基本的辅助工作上有良好表现,在极地考察、极地项目建设和极地资源勘探等方面也有显著的正面推进作用。除此以外,核动力破冰船还有较大的商业潜力和资源优势,其不仅可以提高当地居民生活水平,尊重当地居民基础权益,还能推动北极地区航运业和北极地区经济协调发展,加强我国在极地地区的存在感。由于核动力破冰船的优势有很大的发挥空间,各国对核动力破冰船的需求已经日益凸显。随着相关科学技术的优化与完善,核动力破冰船的建造水平将不断提高,可发挥能力的空间将不可小觑,核动力破冰船的发展势必会走向专业化和规模化,进而为北极创造环保、高效、优质的发展环境。

2.7 参考文献

[1] 北纬40°.极地船舶发展现状分析[EB/OL]. (2020 - 08 - 19)[2022 - 05 - 31]. http://www.bw40.net/15751.html/2.

[2] 张侠,屠景芳,郭培清,等.北极航线的海运经济潜力评估及其对我国经济发展的战略意义[J].中国软科学,2009(S2):86 - 93.

[3] 张侠,寿建敏,周豪杰.北极航线海运货流类型及其规模研究[J].极地研究,2013,25(2):66 - 74.

[4] 张侠,杨惠根,王洛.我国北极航线开拓的战略选择初探[J].极地研究,

2016,28(2):267 - 276.

[5]　杨剑.共建"冰上丝绸之路"的国际环境及应对[J].人民论坛学术前沿,
　　　2018(11):13 - 23.

[6]　北纬 40°.蓝色北极:美国海军发布"北极战略蓝图"[EB/OL].(2021 -
　　　01 - 15)[2022 - 05 - 25]. http://www.bw40.net/15860.html.

第3章
世界常规动力破冰船情况

3.1　世界各国拥有破冰船情况

　　破冰船是开辟北极航线的主要装备,目前世界上拥有极地破冰船的国家主要分布于近极地区域,包括俄罗斯、芬兰、加拿大、瑞典、美国、中国、澳大利亚等16个国家。截至2017年,世界主要国家在役极地破冰船(功率≥10 000 hp①)共有74艘(表3-1)。综合来看,环北极国家共拥有极地破冰船64艘,占全世界在役破冰船的86%,其余国家仅占约14%。在这74艘极地破冰船中,俄罗斯拥有37艘,占比50%,是全世界拥有极地破冰船最多的国家,也是世界上唯一拥有核动力极地破冰船的国家。

　　2017年以来,俄罗斯有3艘22220型,也被称为LK-60YA级的核动力破冰船"北极"号、"西伯利亚"号和"乌拉尔"号,分别于2020年10月21日、2021年12月24日和2022年11月22日交付,目前正在北海航线作业。还有"雅库特"号和"楚科奇"号正在波罗的海圣彼得堡造船厂建造中。此外,俄罗斯最强大的"领袖"级核动力破冰船"俄罗斯"号已开始建造,计划共建造3艘该型核动力破冰船。所以目前,俄罗斯有在役的40艘极地破冰船,包括重型7艘、中型17艘、轻型16艘,其中常规动力破冰船33艘,核动力破冰船7艘(均为重型),主要由Rosatomflot公司、摩尔曼斯克航运公司(MSCO)、Sovcomflot公司、GAZFLOT公司、SCF SWIRE PA-CIFIC OFFSHORE公司、远东船运公司(FESCO)、NORILSK NICKEL公司等运营使用。其中核动力全部由Rosatomflot公司和摩尔曼斯克航运公司(MSCO)运营。

　　美国曾拥有仅次于俄罗斯的破冰船舰队,包括"极地星"号、"极地海"号、

――――――――――――

① 　1 hp=745.699 9 W。

"希利"号、"帕尔默"号和"艾维克"号5艘极地破冰船,其中"极地星"号更是全球破冰能力最强的常规动力破冰船之一,最大破冰厚度达6.4 m。然而美国在近25年来并没有建造新的破冰船,如今随着旧破冰船的退役,即便加上超期服役的"极地星"号也仅有4艘。

表3-1 世界主要国家极地破冰船数量与服役情况(2017年)

国家	状态	分类数量/艘			合计/艘
		≥45 000 hp（重型）	20 000～44 999 hp（中型）	10 000～19 999 hp（轻型）	
俄罗斯	在役	4	17	16	37
	在建	1	1	—	2
	计划	3	—	3	6
	退役	2	1	—	3
加拿大	在役	—	1	3	4
	计划	—	1	—	1
	退役	—	1	1	2
美国	在役	1	2	1	4
	计划	1	—	—	1
	退役	1	—	—	1
瑞典	在役	—	4	2	6
芬兰	在役	—	6	—	6
	计划	—	—	1	1
	退役	—	—	1	1
丹麦	在役	—	—	4	4
挪威	在役	—	—	1	1
	计划	—	—	1	1
中国	在役	—	—	1	1
	在建	—	—	1	1
澳大利亚	在役	—	—	1	1
	计划	—	—	1	1
日本	在役	—	1	—	1

表 3 –1(续)

国家	状态	分类数量/艘			合计/艘
		≥45 000 hp（重型）	20 000 ~ 44 999 hp（中型）	10 000 ~ 19 999 hp（轻型）	
德国	在役	—	—	1	1
	计划	—	—	1	1
爱沙尼亚	在役	—	—	2	2
智利	在役	—	—	1	1
韩国	在役	—	—	1	1
南非	在役	—	—	1	1
阿根廷	退役	—	—	1	1
拉脱维亚	在役	—	—	1	1

数据来源:美国海岸警卫队航道与海洋政策办公室(CG – WWM)、主要船务公司官网、船舶海工新闻、船舶数据库等。

　　加拿大、瑞典、芬兰、丹麦也加大了极地破冰船建造力度。截至 2017 年,加拿大拥有 4 艘,瑞典拥有 6 艘,芬兰拥有 6 艘,丹麦拥有 4 艘,合计拥有极地破冰船 20 艘,约占世界在役破冰船的 30%。这 4 国不仅拥有规模不小的极地破冰船队,而且均拥有自己的极地破冰船建造技术,芬兰更是拥有世界一流的破冰船建造技术,承担了大量其他国家破冰船的建造任务。此外,挪威、中国、澳大利亚、日本、德国、爱沙尼亚、智利、韩国、南非、拉脱维亚等共拥有在役极地破冰船 11 艘,合计不到世界在役破冰船的 15%。其中,爱沙尼亚拥有的 2 艘极地破冰船均是从芬兰海事局购买的退役破冰船,经维修改造后再使用。除此之外,其他国家均只有 1 艘极地破冰船。

　　截至 2017 年,拥有 4.5 万 hp 以上功率破冰船的国家只有两个——俄罗斯和美国,数量分别是 4 艘、1 艘。拥有 2 万 ~ 4.5 万 hp 功率破冰船的国家全球有 6 个,分别是俄罗斯、加拿大、芬兰、瑞典、美国、日本。

　　破冰船,顾名思义,它的功能之一肯定就是破冰。我们都知道,北纬 90°是破冰船能到的最高纬度。能去北纬 90°的破冰船,对船只的动力系统、破冰级别、续航能力等要求都是顶尖级的。仅有 5 个国家的破冰船去过北纬 90°的区域,分别是俄罗斯、加拿大、瑞典、美国、德国。

3.2 世界典型常规科考破冰船介绍

科学技术的进步与气候环境变化使人类探索极地的兴趣和热情与日俱增。在国家层面上,美国、俄罗斯、德国、英国和澳大利亚等主要极地考察国家,都对南极或北极提出了较为明确的极地战略,并以国家立法的形式确定了相关的配套措施和行动计划。各国纷纷设计和建造新一代极地科考破冰船,总体呈现破冰能力更强、船舶大型化、科考装备更先进、造价更高的局面。

极地科考船的发展方向包括重型破冰:发展重型破冰船(破冰厚度 1.5 m 以上),提高破冰能力;功能综合化(实验室采用模块化设计,配有功能齐全的探测设备、特种深潜器布放回收设备、冰下深水钻探设备,可进行直升机航道设备布设);作业智能化(动力定位方便作业、海洋监测信息实时远程传输、船舶智能综合管理、水下潜器协同作业);船舶舒适化(柴油机＋电推降低振动噪声、抗寒保温,具有科考＋邮轮的双重功能)。

据统计,世界主要国家计划建造或正在建造极地新型科考船。以新建船舶投资为指标,评估科考船在破冰性能、科考功能、设备性能的综合水平,如图 3－1 所示。加拿大海岸警卫队计划新建 John G. Diefenbaker 号极地科考船,破冰能力为 2.5 m,投资最多。美国海岸警卫队计划新建 3 艘极地科考船,破冰能力为 3 m 以上,耗费巨资用于船舶研发。

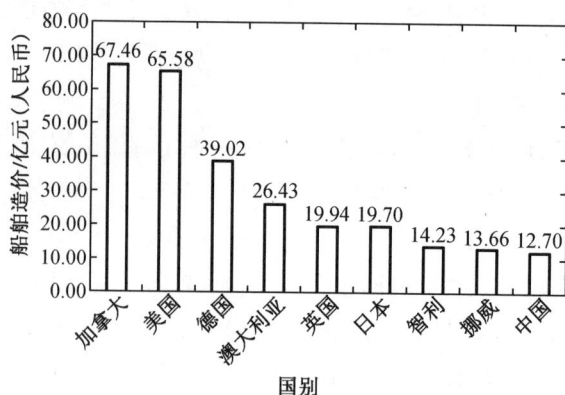

图 3－1　新建极地科考船的投资对比

3.2.1　俄罗斯的科考破冰船介绍

由于俄罗斯在北极的特殊地位与需求,其拥有的破冰船在国际上是数量最多且技术比较先进的,主要的船型如下。

1.“费德洛夫院士”(Akademik Fedorov)号破冰船

“费德洛夫院士”号是一艘柴电推进的科考船,也是俄罗斯极地科考舰队的旗舰,如图 3 - 2 所示。它由芬兰劳马 – 雷波拉(Rauma-Repola)公司建造,1987年 9 月交付苏联水文气象和自然环境监督委员会管理使用。这艘船以苏联极地探险家、苏联科学院院士费德洛夫的名字命名。

图 3 - 2　“费德洛夫院士”号破冰船

“费德洛夫院士”号破冰船主要参数如表 3 - 2 所示。

表 3 - 2　“费德洛夫院士”号破冰船主要参数

主尺度	长 141.2 m,宽 23.5 m,吃水 8.5 m
排水量	16 200 t
动力装置	2 台发动机,总功率 14 000 kW
推进器	双轴,固定螺距螺旋桨
航速	16 kn,在 1 m 的冰层上航速为 2 kn
载员	高级船员和船员 80 人,客员 172 人
自持力	80 天

2."特列什尼科夫院士"（Akademik Tryoshnikov）号破冰船

"特列什尼科夫院士"号破冰船是俄罗斯自苏联解体以来第一艘自主建造并下水的科考船,由圣彼得堡的波罗的海船舶设计局设计,圣彼得堡海军造船厂建造,总耗资超过2亿美元,由俄罗斯北极和南极科研所使用,如图3－3所示。该船可在－40 ℃下航行,主要用作俄罗斯在南极的科考任务,为俄南极站点、野外基地提供物资技术保障,包括运送燃料、食品、科研设备,越冬换季极地人员更换等。该船于2011年3月29日下水,2016年10月被用来测试拖动喀拉海的冰山。该船功能齐全,集货船、油轮、舰载直升机、载客和研究等功能于一体。该船设计了8个现代实验室模块,可针对不同的任务进行替换,比如执行地质物理研究任务时可采用地质实验室,执行生物学方面的任务时可替换为生物实验室。另外船上装备了更多的现代化科考测量设备,可以保障从事海洋学、地球物理学、气象学、海冰学等大范围的研究工作。

图3－3 "特列什尼科夫院士"号破冰船

"特列什尼科夫院士"号破冰船主要参数如表3－3所示。

表 3 – 3　"特列什尼科夫院士"号破冰船主要参数

主尺度	长 133.6 m,宽 23 m,吃水 8.5 m
排水量	16 800 t
动力装置	3 台 Wartsila 柴油发动机(2 × 6 300 kW,1 × 4 200 kW)
推进器	双轴(2 × 7 100 kW)
航速	16 kn,在 1.1 m 的冰层上航速为 2 kn
载员	高级船员和船员 60 人,客员 80 人
续航力	15 000 n mile
自持力	45 天
直升机	2 架 Bolkow Bo – 105

3."德拉尼岑船长"(Kapitan Dranitsyn)号破冰船

"德拉尼岑船长"号(图 3 – 4)是一艘"索罗金船长"(Kapitan Sorokin)级大型海岸破冰船,该级船由芬兰赫尔辛基瓦锡兰造船厂为苏联建造,共建造完成 4 艘,分别是"索罗金船长"号、"尼古拉耶夫船长"(Kapitan Nikolaev)号、"德拉尼岑船长"号及"赫列布尼科夫船长"(Kapitan Khlebnikov)号。"德拉尼岑船长"号 1975 年下水,1980 年投入使用,自 1995 年 10 月以来,它一直被俄罗斯北极和南极研究所用作科考船。近年来该船已经被改装为客船,设有宽敞的休息室、酒吧、温水游泳池、健身房、桑拿室、图书馆和医务室,为游客提供在俄罗斯北部北冰洋的游览。

(a)外观

图 3 – 4　"德拉尼岑船长"号破冰船

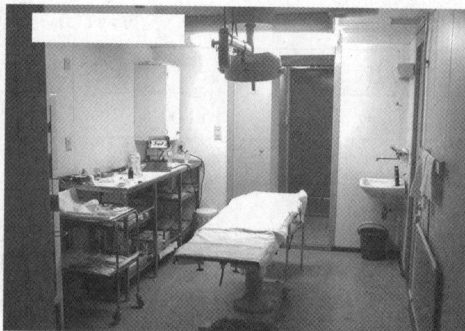

(b)驾驶室　　　　　　　　　　　　　(c)医务室

图 3 - 4(续)

"德拉尼岑船长"号设计示意图如图 3 - 5 所示。

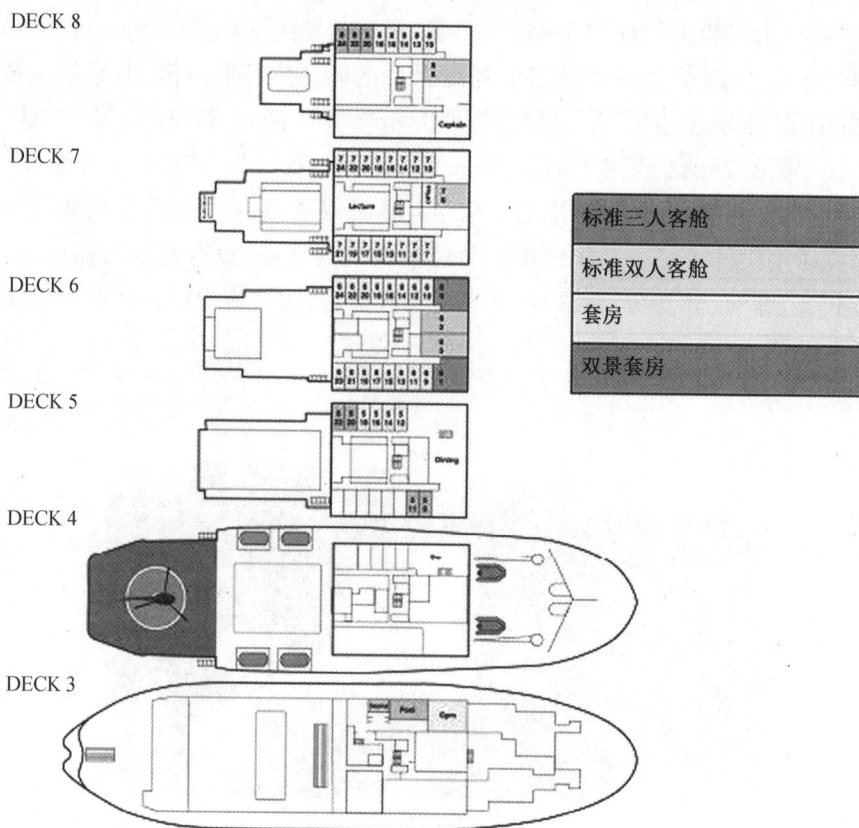

DECK 8

DECK 7

DECK 6

DECK 5

DECK 4

DECK 3

| 标准三人客舱 |
| 标准双人客舱 |
| 套房 |
| 双景套房 |

图 3 - 5 "德拉尼岑船长"号破冰船设计示意图

"德拉尼岑船长"号破冰船主要参数如表 3 - 4 所示。

表 3 - 4　"德拉尼岑船长"号破冰船主要参数

主尺度	长 129.02 m,宽 26.54 m,吃水 8.5 m,高 12.3 m
排水量	14 917 t
动力装置	6 台 Wartsila Sulzer 9ZL40/48 柴油发动机(6×3 040 kW)
推进器	3 轴 4 叶固定螺距螺旋桨(3×5 400 kW)
航速	19 kn,在 1.3 m 的冰层上航速为 2 kn
载员	高级船员和船员 60 人,客员 102 人

4."赫列布尼科夫船长"号破冰船

"赫列布尼科夫船长"号破冰船如图 3 - 6 所示。

图 3 - 6　"赫列布尼科夫船长"号破冰船

"赫列布尼科夫船长"号破冰船设计示意图如图 3 – 7 所示。

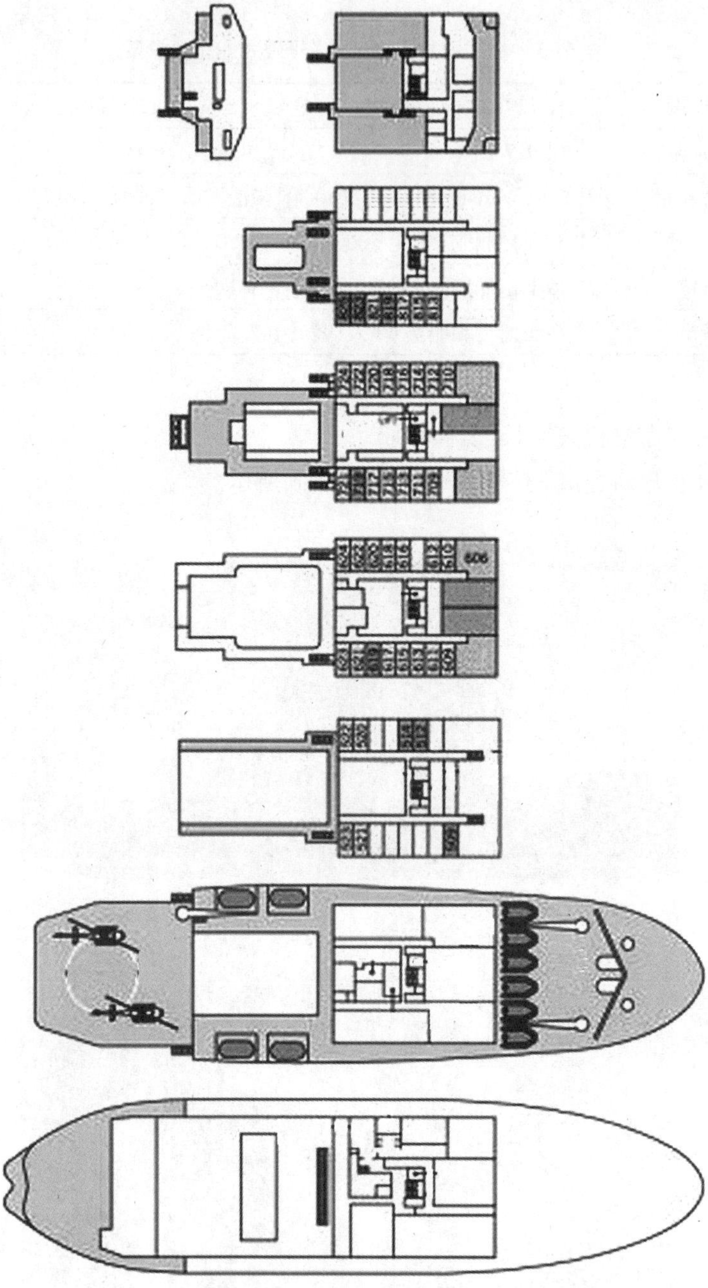

图 3 – 7 "赫列布尼科夫船长"号破冰船设计示意图

"赫列布尼科夫船长"号破冰船主要参数如表 3 - 5 所示。

表 3 - 5　"赫列布尼科夫船长"号破冰船主要参数

主尺度	长 122.5 m,宽 26.5 m,吃水 8.5 m
排水量	12 288 t
动力装置	6 台柴油发动机(总功率 18.5 kW)
推进器	3 轴 4 叶直径为 4.3 m 的螺旋桨
航速	14 kn
载员	高级船员和船员 70 人,客员 108 人
直升机设施	机库

5."波罗的海"号破冰船

"波罗的海"号破冰船是一艘由芬兰赫尔辛基船厂和俄罗斯 Yantar JSC 船厂为俄罗斯联合建造的柴电推进破冰船,是世界上第一艘具备侧向破冰能力的多用途破冰船,如图 3 - 8 所示。该船采用阿克北极公司的 Aker ARC 100 型倾斜破冰设计,最初计划于 2014 年初交付俄罗斯海上应急救援服务机构 FGI Gosmorspassluzhba。然而,它一直停泊在加里宁格勒,直到 2014 年底才被拖到了圣彼得堡,并最终于 2014 年 12 月服役。

图 3 - 8　"波罗的海"号破冰船

图 3 – 8(续)

　　该破冰船结合了多项特点,包括不对称船体设计、内置溢油回收利用系统、3个全回转推进器,使得该船舶可以侧向、船尾和船首破冰。船体的倾斜设计使该船可在 0.6 m 厚的冰层上开出 50 m 宽的航道。"波罗的海"号是首艘能在冰区开出航道宽度是自身船体宽 2.5 倍的破冰船,从而显著提高了运营成本效益。该破冰船还具备清理紧急溢油、灭火、救援、环境监测等多项功能。

　　"波罗的海"号破冰船驾驶室内的 NavDP4000 动态定位控制系统由 Navis Engineering Oy 公司研制。

　　"波罗的海"号破冰船设计示意图如图 3 – 9 所示。

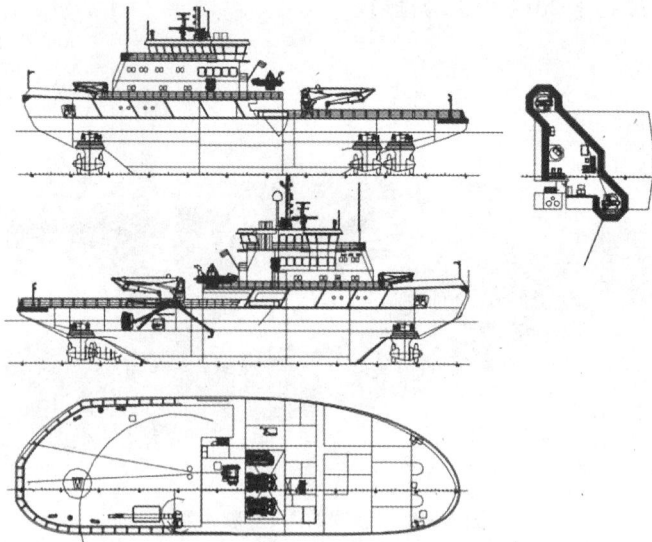

图 3 – 9　"波罗的海"号破冰船设计示意图

3.2.2　美国的科考破冰船介绍

1. "Sikuliaq"号破冰船

"Sikuliaq"号破冰船是隶属于美国自然科学基金会的一艘破冰科考船,由阿拉斯加费尔班克斯大学渔业和海洋科学学院负责运营,母港在阿拉斯加苏华德,如图3 - 10 所示。这艘耗资 2 亿美元的船只于 2014 年由位于威斯康星州马里内特的 Marinette 海洋公司建造完成,以取代 2007 年退役的 1966 年建造的"Alpha Helix"号科考船。其冰级为 PC 5。

图 3 - 10　"Sikuliaq"号破冰船

"Sikuliaq"号破冰船主要参数如表 3 - 6 所示。

表 3 - 6 "Sikuliaq"号破冰船主要参数

主尺度	长 79.6 m,宽 15.85 m,高 8.5 m,吃水 5.715 m
排水量	3 665 t
动力装置	2 台 MTU 16V - 4000 发动机(2×1 800 kW) 2 台 MTU 12V - 4000 发动机(2×1 310 kW)
推进装置	2 台 Wartsila Icepod 2500 全回转推进器
航速	14.2 kn,在 0.76 m 的冰层上航速为 2 kn
载员	船员 20(+2)人,科考人员 26 人
续航力	18 000 n mile/10 kn
自持力	45 天
燃油	185 449 加仑①
水	12 812 加仑
压载用海水	171 134 加仑
导航和 通信设备	海洋技术综合船桥系统 Bridge Mate DP - 1 高频/甚高频无线电系统 AIS;Weather Fax;NAVTEX;RDF;GPS S 波段和 X 波段雷达 Inmarsat - C 通信系统 Mackay 外部通信系统 CommSystems 卫星通信系统
甲板/ 实验室设备	垂荡补偿绞车系统 Rapp Hydema 深海取样绞车(带 2 个存储卷筒和 12 000 m 的拖网绞线) 水文测量绞车 CTD 绞车 尾部 A 型吊车(30 000 磅②) 声呐组件:安装在滑动龙骨上的渔用声呐、回声测深仪、剖面流速仪、中深/深海测绘仪 传感器:Kongsberg,Airmar,Teledyne,Simrad Appleton Marine KEB 190 - 50 - 30 转向节臂伸缩吊杆式起重机(35 437 磅) Coastal Marine Equip 锚机

注:①此处加仑为美制加仑,1 加仑 = 3.785 4 L。
　　②1 磅 = 0.453 6 kg。

2."纳撒尼尔·B.帕尔默"（Nathaniel B. Palmer）号破冰船

"纳撒尼尔·B.帕尔默"号是由美国国家科学基金会（NSF）下属的 Edison Chouest Offshore 公司经营的 Offshore Service Vessel LLC 公司旗下的一艘破冰科考船,如图 3 – 11 所示,其任务是在南极地区开展科考工作。该船是由 Edison Chouest Offshore 公司的北美造船厂建造并于 1992 年交付给 NSF 使用,这艘船以商船海员和造船商"纳撒尼尔·布朗·帕尔默"的名字命名,他被一些历史学家称为南极洲的最早发现者。"纳撒尼尔·B.帕尔默"号的冰级为 ABS – A2。

图 3 – 11　"纳撒尼尔·B.帕尔默"号破冰船

"纳撒尼尔·B.帕尔默"号破冰船设计示意图如图 3 – 12 所示。

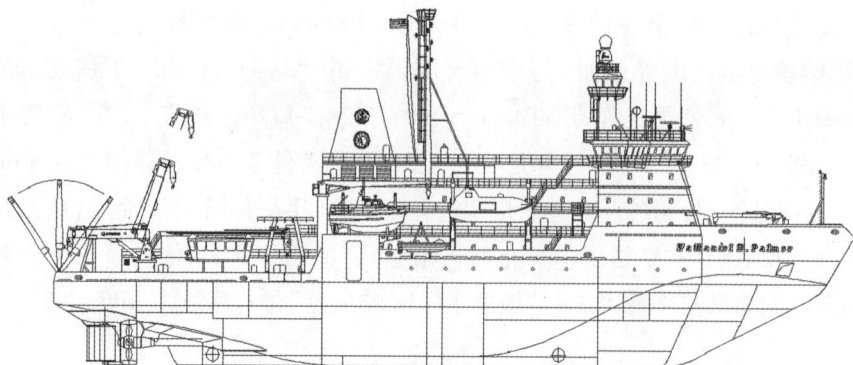

(a)整体图

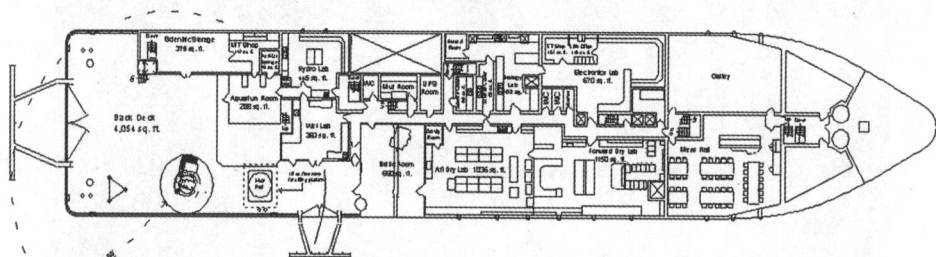

(b)主甲板

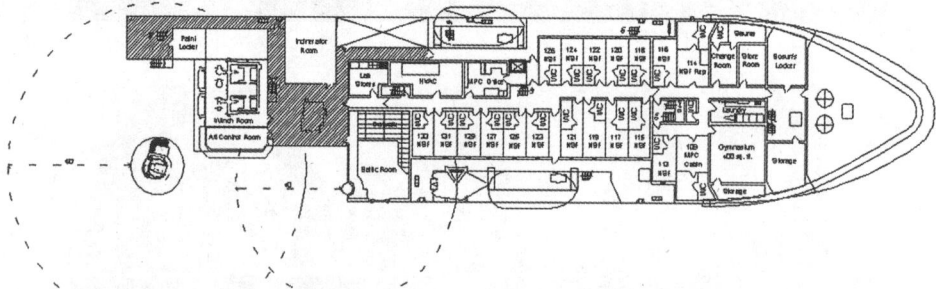

(c)一层甲板

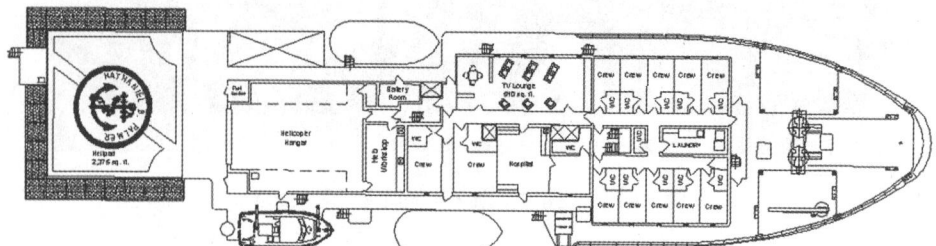

(d)二层甲板

图3-12 "纳撒尼尔·B.帕尔默"号破冰船设计示意图

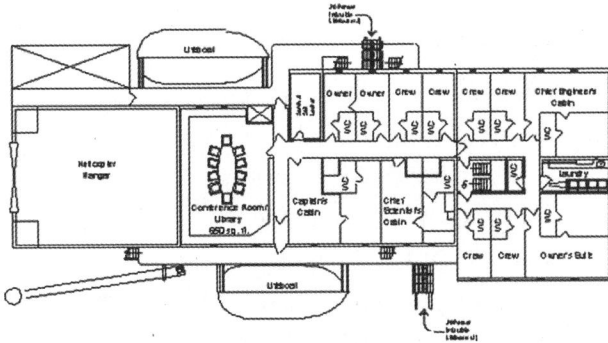

(e)三层甲板

图 3 – 12(续)

"纳撒尼尔·B. 帕尔默"号破冰船主要参数如表 3 – 7 所示。

表 3 – 7 "纳撒尼尔·B. 帕尔默"号破冰船主要参数

主尺度	长 94.0 m,宽 18.3 m,高 9.1 m,吃水 6.8 m
排水量	6 909 t
动力装置	4 台 Caterpillar 3608 发动机(4 × 2 475 kW) 双轴,总的轴功率 9 500 kW,传动轴效率 0.96 Lohmann & Stoltefort 公司的 GVL 1250B 齿轮箱,齿轮传动比 6.4 : 1
推进装置	2 台 4 叶 Ullstein 推进器,材料 NiAlBr,螺旋桨直径 4 m 1 台艏部推力器,全回转喷水,推力 10.16 t,功率 1 050 kW 1 台艉部推力器,管道式,推力 6.096 t,功率 600 kW
电力装置	4 台 Caterpillar 3512 发电机(4 × 1 050 kW) 1 台 Caterpillar 应急柴油发电机(300 kW) 电制 AC = 480/240/120 V,60 Hz,DC = 24 V
航速	15 kn,在 0.9 m 的冰层上航速为 3 kn
载员	船员 27 人,科考人员 41 人
续航力	15 000 n mile/12 kn
自持力	90 天

表 3 –7(续 1)

温盐深仪	Teledyne Benthos 公司 PSA –916 高度计 Seabird 公司 4 –02/O 电导率计 Seabird 公司 4C 电导率计(6 800 m) Seabird 公司 4M 电导率计(6 800 m) Seabird 公司 SBE 9 + 温盐深仪 Paroscientific 公司 410K –105 温盐深压力传感器 Seabird 公司 SBE 43 溶解氧传感器 Seabird 公司 SBE 5 温盐深泵 Seabird 公司 5T 温盐深泵 WET labs 公司 AFLT 流量计 OIS 公司 6000 声波发生器(12 kHz) Biospherical Instruments 公司 QSP –200L4S 光合有效辐射(PAR)测量仪 Biospherical Instruments 公司 QSP –2300 光合有效辐射(PAR)测量仪 Seabird 公司 3 –02/F 温度计 Seabird 公司 3plus 温度计(6 800 m) WET labs 公司 C –Star 大气透射计 Niskin 公司 Bullister design 取水器 Sippicain 公司 MK –21 抛弃式温深计/投弃式温盐深仪
净水系统	Barnstead 公司 E –pure four –holder system 超净水机(2 L/min) Barnstead 公司 diamond UV 超净水机(不含有机碳的水)
水底取样设备	挖泥机 Kahl Scientific 小型链斗式挖泥机 Kahl Scientific 大型链斗式挖泥机 取芯设备 伍兹霍尔海洋研究所的大型活塞式取芯管 伍兹霍尔海洋研究所的标准活塞式取芯管 纽约州立大学/海洋仪器公司的 Kasten 重力式取芯管 Mark I 公司的 Mega 重力式取芯管 Scripps 海洋学研究所深海岩石挖泥机 Smith –MacIntyre 公司抓斗式取样器

表 3 -7(续 2)

地震设备	Geometrics 公司地震数据记录仪(24 通道) Lamont Doherty Earth Observatory / Raytheon Polar Services 公司科考船数据采集系统(RVDAS) Marine Magnetics 公司磁强计 Ocean Imaging Systems 公司 DSC 10000 带闪光灯的深海数码相机(闪光灯型号:3831) Real Time Systems 公司地震空气枪控制系统 Bell Aerospace 公司 BGM - 3 重力仪 Geometrics 公司固态单通道拖缆(10 m 长,12 个水听器)
声呐系统	Teledyne RDI 公司 OS - 75 声学多普勒电流剖面仪 Teledyne RDI 公司 OS - 38 声学多普勒电流剖面仪 Knudsen 公司 3.5 kHz 浅底底层剖面仪(3260 线性调频脉冲,10 kW) Knudsen 公司 12 kHz 海底跟踪系统(3260 线性调频脉冲,10 kW) Simrad 公司 EM 122 多波束声呐系统(12 kHz 全海洋深度条带测绘) Simrad 公司 EK - 60 38/120/200 kHz 科考用回声测深仪 O. D. E. C./雷声公司 12 kHz 精密深度记录器(PDR)用于跟踪水声信标 Teledyne Benthos 公司调频侧扫声呐/拖曳式浅底底层剖面仪(SIS - 1625,最大深度 2 000 m)
计时和导航系统	Symmetricom 公司 Xli 计时、频率接收器和时钟 Furuno 公司 GPS Seatex 公司 SeaPath200 带航向和姿态测量的 GPS Seatex 公司 SeaPath330 带航向和姿态测量的 GPS Yokogawa 公司 KM008 - E 回转罗经(2 台) Furuno 公司 FAR 2822X 3 mm X 波段雷达 Furuno 公司 FAR 2837S 10 mm S 波段雷达 Furuno 公司 DFAX 高频模拟云图 Simrad 公司高频无线电测向仪 Taiyo 公司 TDC338H2 MKI 甚高频无线电测向仪

表 3 – 7(续 3)

	Thrane and Thrane 公司 FBB500 Fleet Broadband 卫星通信电话
	Sailor 公司 Inmarsat – C 卫星通信系统
	摩托罗拉公司 9505a 铱卫星通信系统
通信系统	Sailor 公司 RT146 甚高频无线电设备
	Sailor 公司 RT2048 甚高频无线电设备
	Sailor 公司 RM2042 甚高频无线电设备
	Sailor 公司 SP300 高频单边带无线电设备
	Sailor 公司 T2130 高频单边带无线电设备

3. "劳伦斯·M. 古尔德"(Laurence M. Gould)号破冰船

"劳伦斯·M. 古尔德"号是一艘由美国国家科学基金会科研人员在南大洋开展研究使用的破冰和补给船。它以美国公认的南北极科考探险家"劳伦斯·麦金利·古尔德"的名字命名,如图 3 – 13 所示。该船作为一艘补给船,在德雷克海峡和南极半岛进行了长期的环境研究,在智利的彭塔阿雷纳斯市和南极洲的帕尔默科考站之间航行。它已取代之前的"Polar Duke"号物探船成为帕尔默站的主要补给船。该船于 1998 年建成,冰级为 ABS A1。

图 3 – 13 "劳伦斯·M. 古尔德"号破冰船

"劳伦斯·M.古尔德"号破冰船设计示意图如图 3 – 14 所示。

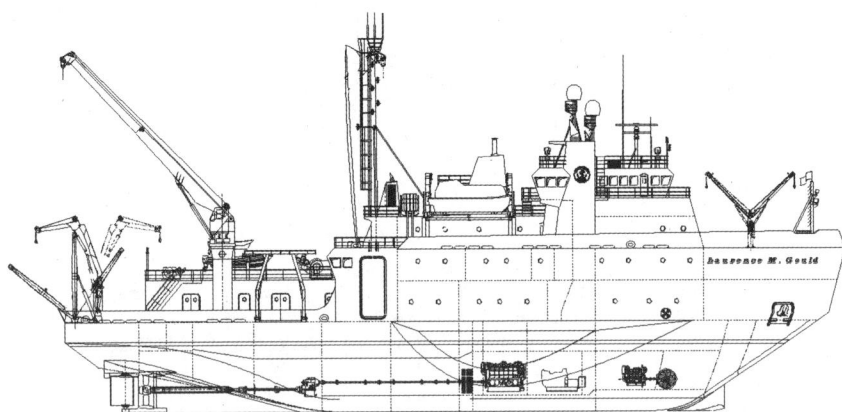

(a)整体图

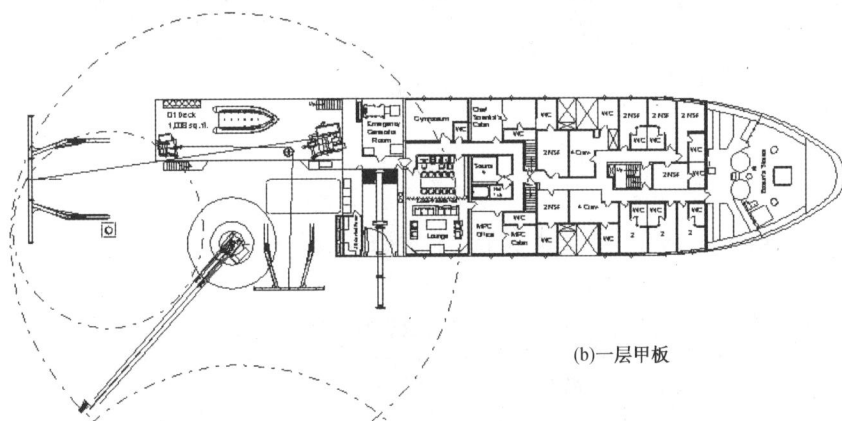

(b)一层甲板

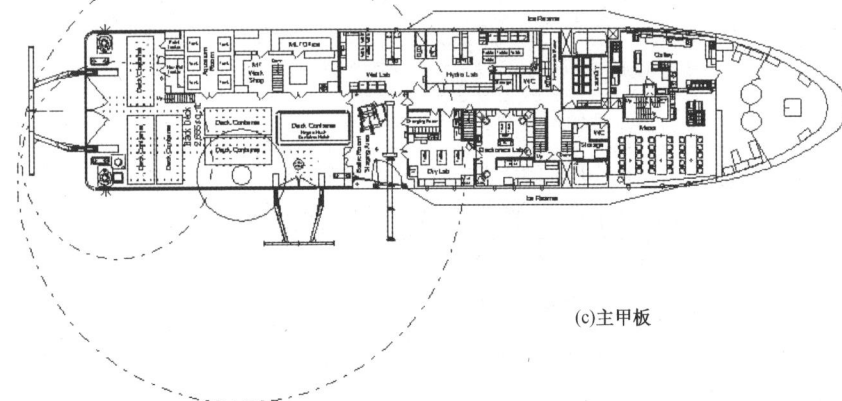

(c)主甲板

图 3 – 14　"劳伦斯·M.古尔德"号破冰船设计示意图

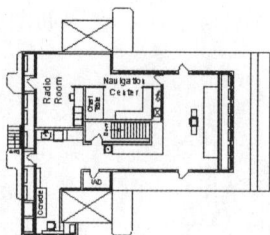

(d)桥楼

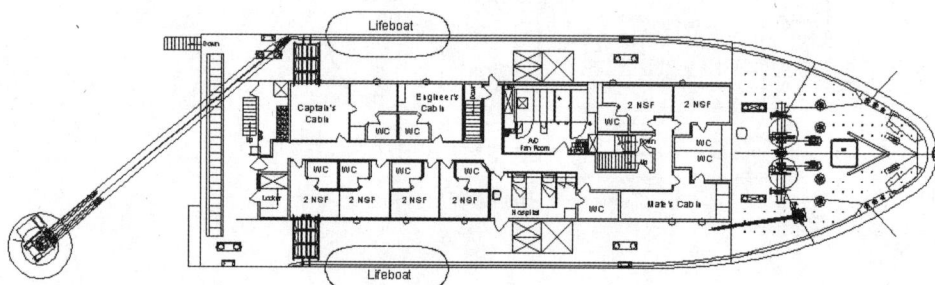

(e)二层甲板

图 3 - 14(续)

"劳伦斯·M.古尔德"号破冰船主要参数如表 3 - 8 所示。

表 3 - 8 "劳伦斯·M.古尔德"号破冰船主要参数

主尺度	长 70.2 m,宽 17.1 m,高 7.85 m,吃水 5.49 m
排水量	3 841 t(满载)
动力装置	2 台 Caterpillar 3606 发动机(总功率 3 412 kW)
推进装置	2 台可变螺距螺旋桨,直径 2.65 m
电力装置	3 台 Caterpillar 3502 发电机(3 × 700 kW) 1 台 Caterpillar 3408 应急柴油发电机(500 kW)
航速	8.6 kn,11.3 kn(最大)
载员	船员 16 人,科考人员 37 人
续航力	12 000 n mile
自持力	75 天

表 3 - 8(续 1)

温盐深仪	Teledyne Benthos 公司 PSA - 916 高度计 Seabird 公司 4 - 02/O 电导率计 Seabird 公司 4C 电导率计 Seabird 公司 4M 电导率计(6 800 m) Seabird 公司 SBE 9 + 温盐深仪 Paroscientific 公司 410K - 105 温盐深压力传感器 Seabird 公司 SBE 43 溶解氧传感器 Seabird 公司 SBE 5 温盐深泵 Seabird 公司的 5T 温盐深泵 WET labs 公司 FLRTD 流量计 Biospherical Instruments 公司 QSP - 200L4S 光合有效辐射(PAR)测量仪 Biospherical Instruments 公司 QSP - 2300 光合有效辐射(PAR)测量仪 Seabird 公司 3 - 02/F 温度计 Seabird 公司 3plus 温度计(6 800 m) WET labs 公司 C - Star 大气透射计 Sippicain 公司 MK - 21 抛弃式温深计/投弃式温盐深仪
净水系统	Barnstead 公司 E - pure four - holder system 超净水机(2 L/min) Aqua Solutions 公司反渗透和反电离净水系统
水底取样设备	挖泥机 Kahl·Scientific 公司小型链斗式挖泥机 Kahl Scientific 公司大型链斗式挖泥机 取芯设备 伍兹霍尔海洋研究所大型活塞式取芯管 伍兹霍尔海洋研究所标准活塞式取芯管 海洋仪器公司箱式取芯管 Smith - MacIntyre 公司抓斗式取样器 纽约州立大学/海洋仪器公司 Kasten 重力式取芯管 Mark I 公司 Mega 重力式取芯管 Scripps 海洋学研究所深海岩石挖泥机

表 3 - 8(续 2)

声呐系统	RD Industries 公司 VM - 150 声学多普勒电流剖面仪(150 kHz,窄波段) Knudsen 公司 3.5 kHz 浅底底层剖面仪(3260 线性调频脉冲,10 kW) Knudsen 公司 12 kHz 海底跟踪系统(3260 线性调频脉冲,10 kW) 雷声公司 12 kHz 精密深度记录器(PDR)用于跟踪水声信标 Teledyne Benthos 公司调频侧扫声呐/拖曳式浅底底层剖面仪(SIS - 1625,最大深度 2 000 m) Teledyne Benthos 公司调频侧扫声呐/浅底底层剖面仪(SIS - 1625) OIS 公司 6000 声波发射器
计时和导航系统	SeaPath 公司 330 带定位、航向和姿态测量的 GPS Symmetricom 公司 Xli 计时、频率接收器和时钟 Garmin 公司 GA29 GPS
通信系统	Thrane and Thrane 公司 FBB500 Fleet Broadband 卫星通信电话 NERA Saturn - B HSD 公司 Inmarsat - B 卫星通信系统 Sailor 公司 Inmarsat - C 卫星通信系统 摩托罗拉公司 9505a 铱卫星通信系统 Sailor 公司 RT146 甚高频无线电设备 Sailor 公司 RT2048 甚高频无线电设备 Sailor 公司 RM2042 甚高频无线电设备 Sailor 公司 SP300 高频单边带无线电设备 Sailor 公司 T2130 高频单边带无线电设备

4."北极星"(Polarstar)号破冰船

"北极星"号(WAGB - 10)是美国海岸警卫队的一艘重型破冰船,如图 3 - 15 所示。这艘船于 1976 年服役,和其姊妹船"北极海"号(WAGB - 11)一样都是由美国华盛顿州西雅图的洛克希德造船和建筑公司建造。"北极星"号的母港为西雅图,在美海军太平洋舰队的管理下运行,并通过美国海岸警卫队的冰区航行部门协调其行动。2010 年"北极海"号停用后,"北极星"号成为美国唯一一艘重型破冰船。

"北极星"号是世界上最强的常规动力破冰船之一,满载排水量 13 000 t。图 3 - 16 所示为"北极星"号的姊妹船"北极海"号。

图 3 – 15　"北极星"号破冰船

图 3-16 "北极海"号破冰船

"北极星"号破冰船主要参数如表 3-9 所示。

表 3-9 "北极星"号破冰船主要参数

主尺度	长 122 m,宽 25.45 m,吃水 9.4 m
排水量	11 037 t(标准)
动力装置	6 台 Alco 16V-251F 发动机(6×2 200 kW) 3 台 Pratt & Whitney FT-4A12 燃气轮机(3×19 000 kW)
推进装置	3 台可变螺距螺旋桨
航速	18 kn,在 1.8 m 的冰层上航速为 3 kn
载员	船员 15 人,士兵 127 人,科考人员 33 人,直升机支队 12 人
续航力	16 000 n mile/18 kn,28 275 n mile/13 kn
直升机	2 架 HH-65A "海豚"直升机
武器装备	2 架 50 mm 口径的机枪 其他小型武器

"北极星"号破冰船使用了 4 种不同的电子导航方式来克服高纬航行操作的困难,以及一个计算机动力管理系统以有效地管理 6 个柴油动力发电机,此外还有 3 台燃气轮机,3 台船只服务发电机和其他保障船只平稳运行的设备。自动化和低维护成本材料的广泛使用大大减少了对人员的需求。

"北极星"号破冰船的 3 个泵轴由柴电发动机或燃气轮机驱动。每个轴连接一个直径 16 ft(4.9 m)、四叶、可调螺距的螺旋桨。柴电发动机可以提供 18 000 轴马力(13 MW),而燃气轮机共可提供 75 000 轴马力(56 MW)。

"北极星"号破冰船拥有足够的船体强度以吸收破冰操作时的巨大能量。船体和相关的内部支撑结构由耐低温性能相当强的钢制造。船首和船尾部分设计破冰能力为 45 mm,船中则为 32 mm。船体强度几乎完全由大规模的内部支撑结构提供。"北极星"号破冰船的船体结构设计目的是最大限度地有效利用船只动能破冰。通过重力向下拉动船首及船尾的浮力推动,弓弧可以让"北极星"号破冰船开上冰面并利用船身所受重力压碎冰层。

"北极星"号破冰船具有独特的工程特点,旨在帮助破冰。比如船只上的横倾系统可以摇动船身避免其陷于冰面,该系统由船身两侧的 3 对相互联通的水箱组成。水泵通过在 50 s 内转移水箱中的 35 000 加仑的水到对面的水箱来为船只提供 65 MN·m 的力矩。但该系统因为维修问题已被移除。

由于破冰任务是长期而艰难的——特别是一年中远离母港的 8 个月——考虑船上 15 名船员和 127 名士兵的需求后,船只配备了 4 个相当大的休息室,一间图书馆,一间健身室和一家小型船上商店。它也有自己的美国邮局、卫星付费电话、业余无线电设备、电脑室(用于互联网接入、远程学习等)和电影库。且其鲜艳的色彩和现代的风格与传统军用舰船单调乏味的印象大相径庭。

"北极星"号在执行重要任务时可以容纳两架 HH-65"海豚"直升机,用于支持科研人员进行科学研究、冰区侦查及货物转移、搜索和救援。

5."希利"(Hedy)号破冰船

"希利"号(WAGB-20)破冰船是美国最新、技术最先进的破冰船,如图 3-17 所示,被美国海岸警卫队归为中型破冰船,主要作为高纬度科学研究平台和执行冰区护航任务。它于 1997 年下水,1999 年服役,母港在西雅图。2015 年 9 月 5 日,"希利"破冰船成为美国首艘无其他舰船同行而抵达北极的水面舰艇。该船主要用于进行广泛的研究活动,可以在低至 -46 ℃ 的冰区航行。作为美国海岸警卫队的舰船,该船还是一个支持在极地地区执行其他潜在任务的平台,包括搜索和救援、船舶护送、环境保护及法律和条约的执行。

图 3 - 17 "希利"号破冰船

"希利"号破冰船主要参数如表 3 - 10 所示。

"希利"号破冰船与"北极星"号破冰船、"北极海"号破冰船共同组成了美国海岸警卫队的中型极地破冰船队。

表 3 - 10 "希利"号破冰船主要参数

主尺度	长 128 m,宽 25 m,吃水 8.9 m
排水量	16 257 t(满载)
动力装置	4 台 Sulzer 12ZAV40S 发动机(34 560 kW)
推进装置	2 台 4 叶固定螺距螺旋桨(2×11.2 kW)
电力装置	EMD 16 - 645F7B 辅助发电机(2 400 kW)
燃油装载量	4 621 000 L
航速	17 kn(最大),12 kn(巡航),在 1.4 m 的冰层上航速为 3 kn

表 3 - 10(续)

载员	高级船员 19 人,军士长 12 人,士兵 54 人,科考人员 51 人
直升机	由美国国家自然科学基金会项目承包商提供
实验室面积	湿实验室 36.27 m²
	主实验室 114.67 m²
	生物化学分析实验室 28.83 m²
	冷冻库 12.1 m²
	冷藏库 12.1 m²
	电子/计算机实验室 54.13 m²
	气象实验室 11.53 m²
	摄影实验室 9.77 m²
	未来科学实验室 50.78 m²
	气象控制舱(2 个)19.16 m²
绞车	2 台海洋学绞车(10 000 m 和 12 000 m)
	2 台双卷筒脱网/取芯绞车(12 000 m 和 14 000 m)
测深科考系统	回声测深处理器和深度数字转换器
	康士伯海底绘制声呐
	抛弃式温深计数字采集系统
	声学多普勒电流剖面仪
	Knudsen 320 B/R 浅地层剖面仪
起重机	5 台液压起重机
A 型龙门吊	2 个 A 型龙门吊分别位于尾部和右舷的工作甲板上
货车	6 台符合 ISO 标准的货车
货舱	3 个(总装载量 560 m³)

3.2.3 其他国家的科考破冰船介绍

1. 加拿大"路易斯·圣劳伦特"(Louis S. St-Laurent)号破冰船

加拿大是北极地区的主要国家之一,"路易斯·圣劳伦特"号破冰船是加拿大警卫队最大的破冰船和旗舰船,如图 3 - 18 所示。该破冰船以加拿大第 12 任总理的名字命名,母港为加拿大纽芬兰与拉布拉多省首府圣约翰斯。该船 1966 年 6 月 3 日下水,1969 年服役,冰级为 AC 4。

图 3 – 18 "路易斯·圣劳伦特"号破冰船

"路易斯·圣劳伦特"号破冰船主要参数如表 3 – 11 所示。

表 3 – 11　"路易斯·圣劳伦特"号破冰船主要参数

主尺度	长 119.6 m,宽 24.4 m,高 16.3 m,吃水 9.9 m
排水量	15 324 t(满载)
动力装置	5 台 Krupp Mak 16M453C 发动机(5 ×5 880 kW)
推进器	3 轴固定螺距螺旋桨(3 ×6 714 kW)
电力装置	2 台 Krupp Mak 6M282 发电机,1 台 Caterpillar 3408 应急发电机
航速	最大航速 20 kn,巡航速度 16 kn
续航力	23 000 n mile
自持力	205 天
载员	46 人
直升机设施	2 架直升机(MBB Bo – 105 和 Bell 212),直升机甲板面积 360 m²,机库面积 132 m²,航空燃油储量 43 m³
科考设备	2 个海洋实验室,3 个湿实验室,5 个辅助实验室,1 个地震实验室,3 个 A 型折臂吊
甲板面积	主甲板 320 m²,救生艇甲板 216 m²,后甲板 120 m²
甲板设备	主吊车 ARVA 12 t(SWL),3 台起重机,2 艘刚性船体充气艇,1 艘救生艇,1 艘 SP 驳船
通信和导航设备	甚高频 AM 调频:1 台 Collins 251 甚高频 FM 调频:5 台 Sailor RT – 146 高频:2 台 Motorola Micom 　　　1 台 Rockwell HF80 卫星通信:1 台 Nera B Inmarsat 　　　　1 台 Sailor SC4000 Iridium 　　　　1 台 Westinghouse Series 1000 Msat 气象传真机:1 台 Furuno Fax 207 陀螺罗经:2 台 Sperry SR2100 雷达:Sperry Marine Bridgemaster Ⅱ – X Band 　　　Sperry Marine Bridgemaster Ⅱ – S Band 　　　Sperry Marine Bridgemaster E – X Band 电子海图:ICAN Aldebaran Ⅱ 自动驾驶仪:1 台 Sperry ADG 3000

表 3-11(续)

通信和导航设备	计程仪:1 台 Sperry Marine SRD - 331 GPS:1 台 Magnavox MX200 1 台 SAAB R4 (AIS) 甚高频测向(DF):1 台 OAR Cubic DF4400 测深仪:1 台 Skipper GDS161

2. 加拿大"阿蒙森"(Amundsen)号破冰船

"阿蒙森"号破冰船是加拿大海岸警卫队管理的一艘 Pierre Radisson 级中型破冰船,Pierre Radisson 级又称 1200 型,共建造 4 艘,其中"阿蒙森"号为破冰科考船,如图 3-19 所示。该船最先以"富兰克林"的名字于 1979 年服役,1980 年改名为"约翰·富兰克林爵士"号服役至 1996 年,1996—2000 年作为拉布拉多地区的交通船使用,2000 年储备待用。2003 年该船重新改造,成为一艘北极科考船,并命名为"阿蒙森"号,母港为魁北克。2013 年,船上的一架直升机在北极地区坠毁,造成 3 人死亡。该船冰级为 AC 3。

"阿蒙森"号破冰船主要参数如表 3-12 所示。

图 3-19 "阿蒙森"号破冰船

图 3 - 19(续)

表 3 - 12   "阿蒙森"号破冰船主要参数

主尺度	长 98.2 m,宽 19.5 m,吃水 7.2 m
排水量	8 310 t(满载)
动力装置	6 台 Alco M251F 发动机(总功率 13 200 kW)
推进器	双轴固定螺距螺旋桨
电力装置	3 台 Alco MLW251F 发电机 1 台 Caterpillar 398 应急发电机
航速	最大航速 16 kn,巡航速度 14 kn
续航力	35 000 n mile
自持力	100 天
载员	31 人(其中军官 11 人,船员 20 人),床位 51 张
淡水装载量	135 m^3
燃油装载量	2 471 m^3
直升机设施	1 架直升机(MBB Bo - 105 或 Bell 206B),直升机甲板面积 229 m^2,机库面积 99 m^2,航空燃油储量 3 m^3
科考设备	1 个月池/水下机器人控制室,1 个地质考古学实验室,1 个营养学实验室,5 台 Hawboldt 绞车,3 个 A 型折臂吊
甲板面积	主甲板 354 m^2,救生艇甲板 483 m^2,后甲板 123 m^2
甲板设备	Hepburn 75M - 0526 主吊车 8 t(SWL),3 台 75M - 0526 起重机(每台 8 t),2 艘硬质船壳充气艇,1 艘 SP 驳船

表 3 – 12(续)

通信和导航设备	甚高频 AM 调频:1 台 Icom L
	甚高频 FM 调频:3 台 Sailor RT – 5022
	高频:1 台 Motorola Micom
	2 台 Sailor HC4500
	卫星通信:1 台 Fleet Broadband 500
	1 台 Sailor SC4000 Iridium
	1 台 Westinghouse Series 1000 Msat
	气象传真机:1 台 JRC JAX – 9
	陀螺罗经:2 台 Anschutz Standard 20
	雷达:Sperry Marine Bridgemaster E – X Band
	Sperry Marine Bridgemaster E – S Band
	Sperry Marine Bridgemaster E – X Band
	电子海图:1 套 ICAN Aldebaran Ⅱ
	1 套 OSL ECPINS
	自动驾驶仪:1 台 Sperry ADG 6000
	计程仪:1 台 Sperry Marine SRD – 331
	GPS:1 台 SAAB R4（AIS）
	中频测向(MF DF):1 台 Taiyo C338 HS
	甚高频测向(VHF DF):1 台 OAR Cubic DF4400
	测深仪:1 台 Skipper GDS101
	声呐:1 台 Simrad EM302

3. 加拿大"Des Groseilliers"号破冰船

"Des Groseilliers"号破冰船是加拿大海岸警卫队 4 艘 Pierre Radisson 级破冰船之一,如图 3 – 20 所示。该船于 1982 年服役,参与了包括 Ice Station SHEBA 在内的多次科考航行。作为北极海洋表面热量平衡研究的一部分,该船从 1997 年 10 月到 1998 年 10 月在北冰洋开展的试验为全球气候模式提供了极地气候数据的输入,冬季驻扎在北极地区,作为科研人员的工作基地。其冰级为 AC 3。

图 3 - 20　"Des Groseilliers"号破冰船

"Des Groseilliers"号破冰船主要参数如表 3 - 13 所示。

表 3 - 13　"Des Groseilliers"号破冰船主要参数

主尺度	长 98.2 m,宽 19.8 m,吃水 7.4 m
排水量	6 500 t
动力装置	6 台 Alco M251F 发动机(总功率 10 142 kW)
推进器	双轴固定螺距螺旋桨
电力装置	3 台 MTU 8V4000M 发电机,1 台 Caterpillar 398 应急发电机
航速	最大航速 16.5 kn,巡航速度 12 kn
续航力	30 600 n mile
自持力	108 天
载员	35 人(其中军官 10 人,船员 25 人),床位 40 张
淡水装载量	131.5 m^3

表 3 - 13（续）

燃油装载量	2 464 m³
直升机设施	1 架直升机(MBB Bo - 105 或 Bell 206L)，直升机甲板面积 187 m²，机库面积 88.5 m²，航空燃油储量 25.6 m³
甲板面积	主甲板 157.2 m²，救生艇甲板 82.3 m²，后甲板 82.3 m²
甲板设备	Hepburn crane 主吊车 10 t(SWL)，3 台 Hepburn crane 起重机 10 t(每台)，2 艘硬质船壳充气艇，2 艘 SP 驳船
通信和导航设备	甚高频 AM 调频:1 台 Collins 251 甚高频 FM 调频:1 台 Sailor RT - 146 　　　　　　　1 台 Skanti 3000 高频:1 台 Motorola Micom 卫星通信:1 台 Nera B Inmarsat 　　　　1 台 Westinghouse Series 1000 Msat 气象传真机:1 台 Furuno Fax 208 陀螺罗经:2 台 Anschutz Standard 20 雷达:Sperry Marine Bridgemaster E - X Band 　　　Sperry Marine Bridgemaster E - S Band 　　　Sperry Marine Bridgemaster Ⅱ - X Band 电子海图:1 套 ICAN Aldebaran Ⅱ 自动驾驶仪:1 台 Wagner Autonav A - 1500 计程仪:1 台 Sperry Marine SRD - 331 GPS:3 台 Magnavox MX200 中频测向(MF DF):1 台 Taiyo C338 HS 甚高频测向(VHF DF):1 台 OAR Cubic 320 测深仪:2 台 Skipper GDS 101

4. 英国"詹姆斯·克拉克·罗斯"（James Clark Ross, JCR）号破冰船

"詹姆斯·克拉克·罗斯"号是英国一艘于 1990 年下水的主要用于生物学、海洋学和地球物理学的海洋科考船，如图 3 - 21 所示。它配备了一套实验室（图 3 - 22）和能将科考设备布置在船尾或船中的绞车系统（图 3 - 23）。该船拥有极低的噪声信号，可以装备敏感的声学设备，于 2000 年安装了一套条带测深系统。"詹姆斯·克拉克·罗斯"号还开展一些货物运输和后勤工作。在夏季，"詹姆斯·克拉克·罗斯"号主要在北极地区为英国自然环境研究理事会

（NERC）科考提供服务。该船以英国海军上将詹姆斯·克拉克·罗斯（James Clark Ross）的名字命名,由天鹅猎人造船厂建造。这艘船可以在 1 m 厚的冰面上以 2 kn 的速度航行。为了通过重浮冰,该船配备了压缩空气系统,能使船左右横摇以利用重力破冰,开通航道。"詹姆斯·克拉克·罗斯"号装备有英国最先进的海洋研究设施。为开展地球物理研究,该船配备了一个压机舱为地震气枪阵列提供动力,以及大型的船尾和右舷甲板用于装载科考设备。对生物研究而言,该船可以装备大量的取样装置。这艘船的设计具有非常低的噪声特征,以允许灵敏的水下声学设备开展有效工作。此船冰级为 Lloyds ＋100A1 Ice Class IAS ＋LMS UMS。

图 3 -21　"詹姆斯·克拉克·罗斯"号破冰船

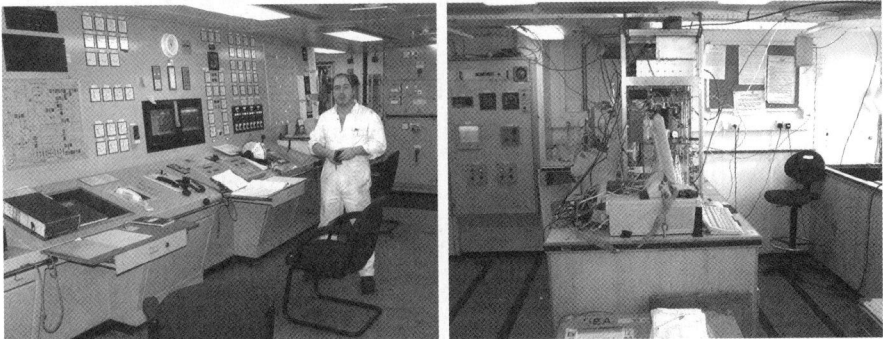

图 3 -22　"詹姆斯·克拉克·罗斯"号破冰船主实验室

图 3-23 "詹姆斯·克拉克·罗斯"号破冰船牵引绞车室

"詹姆斯·克拉克·罗斯"号破冰船主要参数如表 3-14 所示。

表 3-14 "詹姆斯·克拉克·罗斯"号破冰船主要参数

主尺度	长 99.04 m,宽 18.85 m,吃水 6.4 m
排水量	7 767 t
推进装置	单轴,固定螺距螺旋桨(8 500 轴马力),艏部 White Gill 全回转推力器,10 t 推力,艉部 White Gill 全回转推力器,4 t 推力
航速	12 kn
载员	船员 26 人,客员 50 人
自持力	57 天
导航设备	Sperry 海上综合船桥系统,包括:SperryMk37 Mod E 双陀螺罗经 Sperry 航迹自动舵 集成 Decca 导航仪的 Sperry 导航系统 远距离无线电导航系统 LORAN C 电子定位系统:Leica MX 400 差分全球定位系统 Ashtech G12 差分全球定位系统 Furuno Loran C 罗经:标准磁罗经 NSK1977 电子复示器

表 3 - 14(续 1)

导航设备	电子海图和测绘:海上信息系统 Microplot survey MR 　　　　　ARCS 海图显示台 雷达:Sperry Marine X 和 S 波段 回声测深仪:JCR 导航回声测深仪 　　　　　Simrad EA600 水文测深仪 　　　　　Simrad EK500 200 Hz 传感器 计程仪:Sperry SRD 421S 双轴多普勒计程仪 　　　　Chernikeef Aquaprobe Mk 5 EM 计程仪 其他:Dartcom 高分辨率图像传输接收器
工作甲板区域	艉部甲板长 20 m,全甲板宽(370 m^2) 右舷甲板:离船体中部有 5 m 宽(150 m^2) 艏部甲板:右舷侧主甲板(130 m^2)
起重机	艏部:主货物起重机 20 t,20 m;补给品起重机 2.5 t,10 m;科考用起重机 2 t,4 m(安装有绞车和滑环) 艉部:10 t,17 m;3 t,22 m;2 台 2.5 t 科考用起重机(带绞车)
龙门架	艉部:铰接式 A 型,安全工作载荷(SWL)20 t(静态) 　　　2 台 2 t 的搬运绞车 船中:铰接式 A 型,安全工作载荷(SWL)30 t(静态) 　　　2 台 2 t 的搬运绞车
绞车系统	主牵引绞车 30 t(SWL)(用于艉部和船中的龙门架):深度取芯拖索 8 000 m;标准取芯拖索 8 000 m;锥形拖网拖索 15 000 m;传输电缆 10 000 m CTD/水文测量牵引绞车 10 t(SWL):水文测量拖索 9 000 m,传输电缆 8 000 m,生物卷筒绞车 3 000 m/5 t(SWL) 双拖索拖网系统:3 000 m/2×35.8 t Gilson 绞车:2×5 t

表 3 - 14(续 2)

实验室	湿实验室 23.5 m² 主实验室 44.2 m² 粗加工车间 25.9 m² 科考车间 19.3 m² 采水器舱 18.1 m² 化学实验室 18.1 m² 制备实验室 16.3 m² 生物化学实验室 10.6 m² 微生物/放射性实验室 10.7 m²
计算机/电子/ 控制室	船用仪表和控制室 66.8 m²(含绞车控制室) 电子室 7.2 m² 资料准备室 16.5 m² 计算机室 19.2 m² 纸和磁带准备使用储藏室 4.6 m²
其他科考舱室	重力仪舱 5.2 m² 冷藏标本室 13 m² 冷库 12.4 m² 2 台 -80 ℃ 低温冷冻箱 科研用品舱 118 m² 爆炸物品储藏库 15 t 危险化学品储物柜(主甲板) 御寒服舱
科考设备	回声测深仪和计程仪:Simrad EA 600 导航测深仪 Simrad EK 500 传感器(38 kHz/200 kHz/120 kHz) 浅地层剖面仪 3.5 kHz 精密回声测深仪 10 kHz 声学多普勒海流剖面仪 横摇/纵摇/垂荡监控/补偿仪 双轴多普勒计程仪(Sperry SRD 421 S) 电子 - 机械计程仪(Chernikeef Aquaprobe Mk5)

表 3 – 14（续 3）

科考保障设备	空压机:4 台 Hamworthy 4TH565W100(555 m³/h,136 bar①)
	无污染海水系统:伸缩式取样探头 7.2,14 m³/h
	蒸馏/超高压水系统:化学实验室的 Elgastat 处理装置(超高纯度)
	水动力:3 套泵系统(流量:26,52,78 L/min,200 bar)连接至 3 甲板的阀组
	艉部甲板阀组 50 L/min,200 bar
	电力供应:艉部甲板的科考粗加工车间 415 V AC
	主甲板 415 V 50 Hz 三相 8 孔插座
	左舷和右舷的 PES:240 V 50 Hz 三相
	各处 240 V 50 Hz 单相 5 孔插座
	所有工作区 110 V 50 Hz 单相
	实验室、工作间等大部分区域 240 V 50 Hz 单相(专用发电机供电)
	限制区域 110 V 60 Hz 单相 10 孔插座(专用发电机供电)

注:①1 bar = 100 kPa。

5. 英国"欧内斯特·沙克尔顿"（Ernest Shackleton）号破冰船

"欧内斯特·沙克尔顿"号是英国一艘主要用于运输货物、燃料和乘客的后勤支援船,如图 3 – 24 所示。该船于 1995 年下水,为英国南极考察中心(BAS)南极科考站补给,每年 9—10 月在 Humber 装载货物和科考设备运送到南极,在第二年 5—6 月返回。其冰级为 DNV ICE – 05。

图 3 – 24　"欧内斯特·沙克尔顿"号破冰船

图 3 - 24(续)

"欧内斯特·沙克尔顿"号破冰船主要参数如表 3 - 15 所示。

表 3 - 15 "欧内斯特·沙克尔顿"号破冰船主要参数

主尺度	长 80 m,宽 17 m,吃水 6.15 m
排水量	1 658 t
动力装置	2 台 Bergen Diesel BRM 6 发动机(2 × 2 550 kW)
推进装置	3 台 816 马力推力器 1 台 1 088 马力推力器 1 台 1 088 马力全回转推力器
航速	12 kn,14 kn(最大)
载员	80 人
自持力	130 天
续航力	40 000 n mile
燃油装载量	1 380 m^3
淡水装载量	165 m^3
航空燃料装载量	195 m^3(jet A - 1)
实验室	湿实验室 45 m^2 干实验室 45 m^2
科考设施	艉部可伸缩吊杆起重机 10 t ROV 起重机 5 t 连接到所有实验室的导航信息系统

表 3－15(续)

科考设施	提供给湿实验室的无污染海水 实验室独立的空调通风系统 干实验室内的 12 kHz 水文回声测深仪 声呐室
直升机设施	直升机最大吨位 10 t 专为"超级美洲豹"直升机设计 直升机甲板直径 18 m 高规格的注油、导航和消防设备;上层货舱用作机库
生活舱室	餐厅、休息室、健身房和桑拿浴室 洗衣房 全部安装有空调 高压细水雾消防设备 37 间住舱 医务室
电子系统	ICS 级的轮机监控系统 最高级的导航和通信设备,包括电子海图、全球海上遇险和安全系统等
安全保障	按照挪威船舶控制规范、Solas 和 IMO 规范建造 遵守《特殊目的船舶 A534(13)决议》 能容纳所有人员的应急救生艇和供所有人员使用的救生服 消防监控和保护设备,包括为住舱提供高压细水雾和为直升机提供泡沫枪 对讲机和公共广播系统 覆盖船上大部分区域的电视监控系统 根据 DNV 制定的安全手册 双层船体结构
操纵、导航和 通信设备	动态定位和独立操纵杆 3 部雷达,2 个回转罗经,无线电测距仪,直升机导航信标,GPS 导航系统,风速传感器和记录仪 所有设备集成到经 DNV W1 认证过的桥楼中的电子海图数字测绘系统 导航回声测深仪,导航声呐水文回声测深仪 和全球海上遇险和安全系统相连的系统(包括卫星通信中心、中频/高频和甚高频对讲机及呼叫系统) 带 20 台摄像机的电视监视系统

6."保护者"号破冰船

"保护者"号(A173)是2001年在挪威建造的一艘皇家海军极地巡逻舰,如图3-25所示。原船名MV Polarbjørn(挪威语"北极熊"之意),作为极地科考破冰船和深海保障船运行。2011年,它被用来临时替代英国"坚持"号(HMS Endurance)极地巡逻舰,并由英国国防部于2013年9月直接购买。其冰级为DNV ICE-05。

图3-25 "保护者"号破冰船

"保护者"号破冰船主要参数如表3-16所示。

表 3 −16　"保护者"号破冰船主要参数

主尺度	长 89 m,宽 18 m,吃水 7.3 m(破冰时),吃水 8.3 m(最大)
排水量	5 000 t
动力装置	2 台 Rolls − Royce Bergen BR − 8 发动机(2 × 3 535 kW)
推进装置	Rolls − Royce 可调螺距螺旋桨 Brunvoll 艏部推力器(800 kW + 600 kW),艉部推力器(1 125 kW + 990 kW), 可伸缩全回转推力器(1 500 kW)
航速	15 kn
载员	88 人
小艇	1 艘调查摩托艇 1 艘刚性工作艇 2 艘 Pacific 22 硬质船壳充气艇
武器装备	2 挺急射小机枪 4 挺通用机枪

7. 德国"极星"(Polarstern)号破冰船

"极星"号破冰船目前是由德国阿尔弗雷德·韦格纳极地与海洋研究所(AWI)运营的一艘冰区多用途科考船,共建造 1 艘,1982 年服役,主要用于南北极的科学研究,如图 3 −26 所示。该船是双层船壳结构,能在 −50 ℃的温度下工作,并能以 5 kn 的速度破厚度为 1.5 m 的冰,以及通过撞击破厚度为 3 m 的冰。通常情况下,南半球夏季时,"极星"号破冰船在南极海域巡航,从 11 月持续至第二年 3 月,北半球夏季时,其在北极海域巡航。

图 3 −26　"极星"号破冰船

图 3 - 26(续)

"极星"号破冰船主要参数如表 3 - 17 所示。

表 3 - 17   "极星"号破冰船主要参数

主尺度	长 118 m,宽 25 m,吃水 11.20 m(最大)
吨位	12 012 t(空载)
排水量	17 300 t
动力装置	4 台 KHD RBV 8M540,总功率 14 000 kW
航速	最大航速 15.5 kn
续航力	19 000 n mile/80 天
载员	124 人(其中船员 44 人)
实验室	9 个,可开展生物、化学、地质、地球物理、冰川学、海洋学和气象学研究
设备	声学多普勒电流分析仪(海洋测量仪 150 kHz),提供三维电流矢量(可达 150 m 的深度) 盐度和温度记录仪,结合单独的海鸟公司 SBE 21 和 SBE38 系统,可在 5 m 和 11 m 两个深度记录海水盐度和温度 高联 8400A 型盐度计 温盐深(CTD)分析仪(海鸟公司,SBE911 + 型),配合装备有 24 个 12 L 尼斯金采样瓶(Niskin bottle)的葵花式采水器使用 1 台 SIMRAD 回声测深仪,有 4 个独立的分束传感器,分别为 38,70,120,200 Hz Bodenseewerke 公司 KSS31 重力仪 高压空压机,210 bar, 516 L/s, 550 kW Pulsar 气象站,带压缩空气储存

表 3 - 17（续）

设备	ATLAS 公司 HYDROSWEEP DS Ⅱ深海扇形波束回声探测仪
	PARASOUND DS Ⅲ沉积物回声探测仪
	气象观测站

8. 澳大利亚"南极光"（Aurora Australis）号破冰船

"南极光"号破冰船是澳大利亚一艘专门用于海洋科考和南极补给的旗舰船,归悉尼的南极航运公司所有,如图 3 - 27 所示。位于塔斯马尼亚州首府霍巴特（Hobart）的 P&O 极地澳大利亚有限公司是该船的破产承租人和运营商。该船于 1990 年由位于新南威尔士州纽卡斯尔的 Carrington Slipways 船厂建造,属于劳氏船级社的一艘 IC 1A 级超级破冰船。

图 3 - 27　"南极光"号破冰船

"南极光"号破冰船主要参数如表 3－18 所示。

表 3－18 "南极光"号破冰船主要参数

主尺度	长 94.91 m,宽 20.3 m,高 10.43 m,吃水 7.862 m(最大)
排水量	8 158 t(满载)
动力装置	2 台 Wartsila Vasa 32 发动机,右舷为 1 台功率 5 500 kW 的 16 缸发动机,左舷为 1 台功率 4 500 kW 的 12 缸发动机,通过 1 个减速齿轮箱和离合器相连,驱动 1 根单轴可变螺距螺旋桨
电力系统	2 台 Wartsila Vasa 6R22 发电机(900 kW)和 1 台 Wartsila Vasa 4R22 发电机(600 kW);415/240 V 50 Hz,32 A 和 100 A 三相输出(甲板),40 A/30 min (UPS)
推进器	1 台侧向推力器(艏部),2 台伸缩式全回转推力器(艉部)
航速/油耗	最大航速:16 kn(每天 37 t);经济航速:11 kn(每天 18 t);靠港:每天 2 t
续航力	25 000 n mile
自持力	90 天
载员	船员 24 人,乘客 116 人
后甲板面积	拖网甲板 100 m², 直升机甲板 400 m², 主舱口 210 m²
船尾龙门吊	安全工作负荷(SWL)为 4 t
主甲板	3 台起重机用于 25/31,7/13,2 t 的货物装卸
货舱	能容纳 1 790 m³。甲板上能容纳最大 18 TEU 700 t 的货物;能容纳液货 1.1 ML,转运率为 4 万 L/h;2 台载重分别为 5 t 和 2 t 的叉车
绞车	2 台,每台能绞 6 000 m 长的用于温盐深仪的单线电缆
实验室	8 个。暗室 7 m², 气象室 15 m², 会议室 46 m², 科考冷库(－21 ℃)60 m³, 集装箱实验室可以运送并集成到舰船系统上
直升机甲板	可操作、停留 2 架 Sikorsky S76 或 Bell 远程直升机,能提供 120 m³ 的航空加油系统,装备有无方向性信标(NDB)和测距装置(DME)
辅助艇	1 台 10 m 长的钢制双螺旋桨小艇(装备有 2 台 125 马力柴油机),航速 10 kn
环保系统	配有处理垃圾和污水的油水分离器和焚化炉,生物还原的排水系统,内部燃烧系统
通信系统	安装有 Fleet 77、Inmarsat C、数据访问、数字选择性呼叫(DSC)高频电传和超高频飞机天线等设备的全球海上遇险和安全系统(GMDSS)
住宿	4 个带有私人设施的住舱区,带有 2 个床位(手术室)的医务室

表 3-18(续)

公共设施	自助式餐厅(包括一个安静的休息娱乐室、视频/音乐播放室、健身房和桑拿房、学术厅),2 个会议室
生物采样设备	2 台 Glison 绞车 2 台拖网绞车(4 000 m,22 mm) 卷网机 2 台 Hiab 起重机(SWL 5 t) 尾滑道 拖曳阵声呐绞车
声学设备	2 台 Simrad EK500s 科学鱼探仪(工作频率 12,38,120,200 kHz) 船体传感器 拖曳式船体传感器(120,200 kHz) 用于水深测量的声呐回声测深仪(12 kHz) 船体声学释放应答器(8~20 kHz 波束) Simrad FS3300 网络监视声呐 RDI 窄带声学多普勒流速剖面仪(ADCP,150 kHz)

9. 日本"白濑"(Shirase)号破冰船

"白濑"号破冰船(AGB-5003)是由日本文部科学省极地研究所出资 400 亿日元建造,由日本海上自卫队使用的一艘大型破冰船,也是日本第 4 艘用于南极探险的破冰船,如图 3-28 至图 3-35 所示。该船沿用了它的前艘破冰船"白濑"号破冰船(AGB-5002)的名字,于 2008 年 4 月下水,2009 年服役,主要用于南极科学研究运输补给。

图 3-28　"白濑"号破冰船

图 3 – 28(续)

图 3 – 29 "白濑"号破冰船前甲板与上层建筑

图 3 – 30 "白濑"号破冰船驾驶室与操舵仪

图 3 – 31　"白濑"号破冰船海图室与科考人员休息室

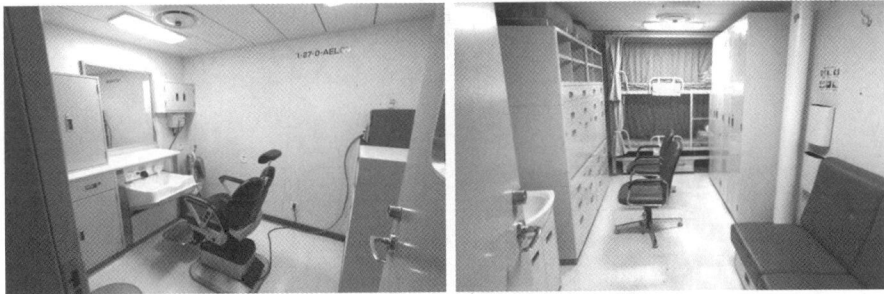

图 3 – 32　"白濑"号破冰船理发室与寝室

图 3 – 33　"白濑"号破冰船主桅杆顶部的桅楼与直升机甲板

图 3 - 34 "白濑"号破冰船救生艇与工作艇

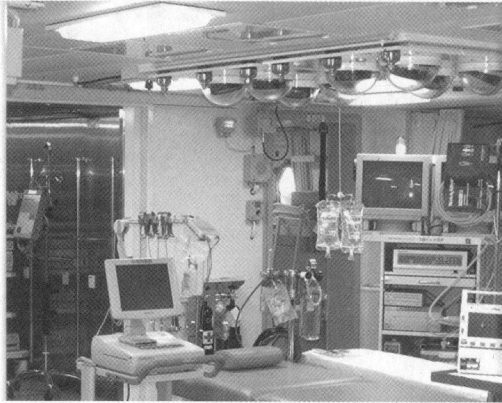

图 3 - 35 "白濑"号破冰船医务室

"白濑"号破冰船主要参数如表 3 - 19 所示。

表 3 - 19 "白濑"号破冰船主要参数

主尺度	长 138 m,宽 28 m,吃水 9.2 m
排水量	约 20 000 t
动力装置	4 台发动机,总功率 22 000 kW
推进器	双轴,固定螺距螺旋桨
航速	最大航速 19.5 kn,在 1.5 m 的平坦海冰上航速为 3 kn
载员	高级船员和船员 175 人,科考人员 80 人
货物装载量	1 100 t
直升机	2 架 CH101;1 架 A355 class

10. 瑞典"奥登"(Oden)号破冰船

　　"奥登"号破冰船是瑞典一艘大型破冰船,于 1988 年为瑞典海事管理局建造,如图3-36所示。它以北欧神话中的主神"奥丁"(Odin)的名字命名。其最初建造目的是为通过波斯尼亚湾的货船开辟一道航线,后来被改装成一艘科考船,能在南北极的浮冰区内航行。和德国的"极星"号破冰船一起,它是第一艘到达北极极点的常规动力水面舰船(1991 年),在南北极进行了多次科学考察。其冰级为GL 100 A5 ARC3。

图 3-36　"奥登"号破冰船

　　"奥登"号破冰船设计示意图如图 3-37 所示。

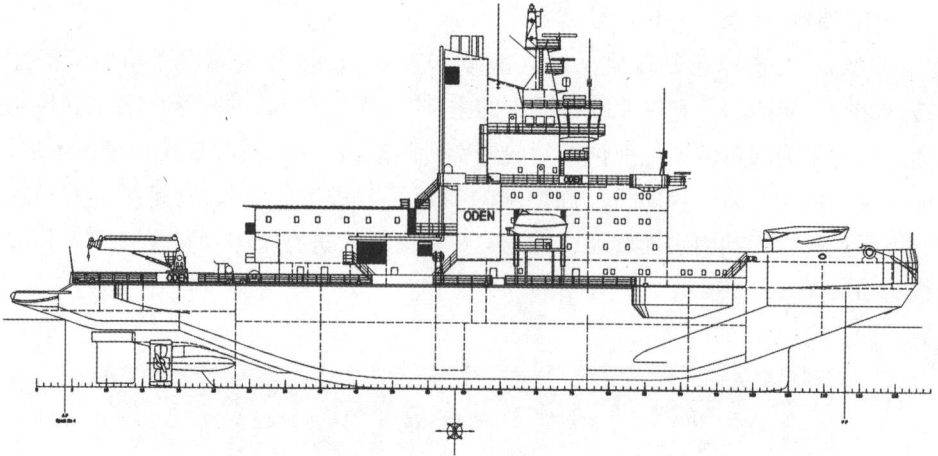

图 3 - 37 "奥登"号破冰船设计示意图

"奥登"号破冰船主要参数如表 3 - 20 所示。

表 3 - 20 "奥登"号破冰船主要参数

主尺度	长 107.75 m,宽 31.2 m,吃水 8.5 m,净空高度 42.5 m
排水量	13 000 t
动力装置	4 台 Sulzer 8ZAL4OS 发动机(4 × 4 500 kW)
推进器	2 台 LIPS 固定螺距螺旋桨
电力系统	4 台 6 缸 cyl Sulzer AT 25 H 发电机(1 200 kW/台);1 台 Cummins KTA - 38G2 应急发电机,600 kW
横倾平衡泵	50 m³/s,能使该船在 15 s 内向一侧最大横向倾斜 7°
水润滑和推进系统	带喷嘴的水泵能在船首冲刷冰层,减少船体和冰面的阻力,通过调节喷嘴方向,该系统可以在开敞水域作为推进器,最大推力时可泵出水量为22 000 m³/h
航速	16 kn,在 1.9 m 的冰层上航速为 3 kn
载员	船员 15 人,客员 65 人
续航力	30 000 n mile
自持力	100 天
淡水装载量	310 m³
重油装载量	3 380 m³

表 3 – 20（续）

柴油装载量	990 m³
润滑油装载量	100 m³
系缆桩拉力	250 t
拖曳设备	Pusnes 拖曳绞车 150 t
救生设备	2 艘 MCBR24 救生艇(43 人/艘),6 艘充气筏(25 人/艘)
起居舱室	单人住舱 44 间,双人住舱 22 间,2 间桑拿室,1 间体育馆,1 间医务室,1 间娱乐室,1 间会议室
导航设备	全球海上遇险和安全系统:Area A4 自动雷达标绘仪:Consilium Selesmar T – 340 电子海图:Consilium Maris 测深仪:Skipper GDS – 101 陀螺罗经:SIMRAD GPS 罗盘:Furuno 气象站:SMHI 船舶自动识别系统:SAAB R4 GPS:Javad DGPS, SAAB R4
科考设备	多波束测深仪:Kongsberg EM122(12 kHz) 浅地层剖面仪:Kongsberg SBP120(深度 50 ~ 1 100 m) A 型折臂吊 绞车 实验室

11. 挪威"哈康王储"(Kronprins Haakon)号破冰船

"哈康王储"号破冰船是挪威首艘极地考察船,如图 3 – 38 所示。"哈康王储"号破冰船于 2015 年 6 月开始在意大利建造。该船由挪威海洋研究所使用,所属为挪威极地研究所。"哈康王储"号的母港为挪威北部的特罗姆瑟(Troms),而该船的第三个且为最大的一个使用者——挪威特罗姆瑟大学正位于此。该船于 2017 年 2 月在意大利芬坎蒂尼(Fincantieri)造船集团的 Muggiano 船厂下水,在 2017 年底交付使用,冰级为 PC 3。

图 3 – 38 "哈康王储"号破冰船

"哈康王储"号破冰船设计示意图如图 3 – 39 所示。

图 3 – 39 "哈康王储"号破冰船设计示意图

图 3 - 39(续)

"哈康王储"号破冰船主要参数如表 3 - 21 所示。

表 3 - 21　"哈康王储"号破冰船主要参数

主尺度	长 100 m,宽 21 m,吃水 8 m
排水量	约 8 000 t
动力装置	4 台柴油发动机(2×5 MW,2×3.5 MW)
推进器	柴电推进,2 台全回转推力器(2×5.5 MW,艉部),2 台隧道推进器(2×1.1 MW,艏部)
航速	15 kn,在 1 m 的冰层上航速为 5 kn,在 0.4 m 的冰层上航速为 12 kn
载员	船员 15~17 人,客员 55 人
续航力	15 000 n mile
自持力	65 天
水声设备	多波束回声测深仪: Simrad EM302 深海回声测深仪,测深范围 10~7 000 m,1°×1°波束 Simrad EM710 Mk - Ⅱ中深回声测深仪,测深范围 2 800 m,1°×1°波束 海洋生物回声探测仪/声呐 Simrad EK80 分裂波束回声测深仪(18,38,70,120,200,333 kHz) Sinrad SH 90 全向声呐 Sinrad SU 90 全向声呐 Sinrad MS 70 多波束声呐 Sinrad ME 70 多波束回声探测仪

表 3 - 21(续)

水声设备	其他水声设备: Kongsberg SBP300 - 6 浅地层剖面仪 Simrad Topas PS40 浅地层剖面仪 Teledyne RDI 声学多普勒流速剖面仪(38&150 kHz) Kongsberg HiPAP 501 Kongsberg EA 600 单波束回声测深仪(12 kHz) Scanmar 捕捞作业监控仪/拖网
地质设备	取芯系统:重力取芯器(<5 ~ 6 m) Calypso 取芯器(长 30 m) 地表/地下取样:黏质海底振动取样移动设备 MeBO 移动钻机(2 000 m 水深/80 m 取样)
无人潜航器	Ægir 6000 无人潜航器
科研设施	15 个实验室 3 个集装箱实验室 4 个样品冷藏室 2 个样本冷冻室 1 个有 50 个座位的礼堂
直升机设施	能容纳 2 架中/小型直升机(如 NH - 90 和"超级美洲豹")的机库
货物装载量	1 180 m³

起重机	5 台:1 台 12 t,20 m/30 t,10 m
	   3 台 5 t,10 m
	   1 台 3 t,11 m

系缆桩拉力	158 t
消防炮	2 台,1 200 m³/(h·台),射程 120 m,高度 45 m
通信和导航系统	Kongsberg 的海上综合驾驶台 综合红外双摄像头系统 Seahawk 极化成像雷达

12. 南非"厄加勒斯Ⅱ"（S. A. Agulhas Ⅱ）号破冰船

"厄加勒斯Ⅱ"号是南非的一艘极地破冰科考和补给船,归南非国家环境事务局（DEA）所有,如图 3 - 40 所示。该船由芬兰的劳马造船厂建造,2012 年投入使用,以取代老旧的"厄加勒斯"号破冰船。该船配备了从事海洋学研究和海上地质研究的设备,除作为供给、研究和客船及破冰船外,还能承担其他任务。核心功能是为南极大陆、马里恩岛和戈夫岛提供物流支援服务,其他任务包括连续测量一系列气象参数并传输给南非气象服务部门,以及施放气象气球和天气浮标等。其冰级为 PC 5。

图 3 - 40　"厄加勒斯Ⅱ"号破冰船

"厄加勒斯Ⅱ"号破冰船主要参数如表 3 - 22 所示。

表 3 – 22 "厄加勒斯 Ⅱ" 号破冰船主要参数

主尺度	长 134.2 m, 宽 21.7 m, 吃水 7.65 m, 高 10.55 m
排水量	13 687 t
动力装置	4 台 Wartsila 6L32 发动机(4 × 3 MW)
推进器	柴电推进;双轴,可调螺距螺旋桨(2 × 4 500 kW)
航速	16 kn(最大),在 1 m 的冰层上航速为 5 kn
载员	船员 45 人,客员 100 人
续航力	15 000 n mile/14 kn
自持力	90 天
货物装载量	4 000 m³
直升机	2 架 Atlas Oryx 直升机

13. 韩国 "Araon" 号破冰船

"Araon" 号破冰船是韩国自行设计建造的首艘破冰科考船,为韩国的两个南极科学考察站——世宗科学基地和张保皋科学基地提供供给保障,如图 3 – 41 所示。"Araon" 为韩语 "大海" 和 "全部" 两个单词发音组合而成,有穿越世界所有海洋的意思。该船由韩国海洋研究院极地研究所与 STX 造船公司共同设计,2009 年 11 月下水,同年 12 月投入使用。其冰级为 KR PL – 10(DNV Polar 10)(– 30 ℃)。

图 3 – 41 "Araon" 号破冰船

"Araon" 号破冰船主要参数如表 3 – 23 所示。

表 3 - 23　"Araon"号破冰船主要参数

主尺度	长 109.5 m,宽 19 m,吃水 6.8 m,高 9.9 m
排水量	6 001 t(轻载)
动力装置	2 台柴油发动机(2×5 MW)
推进器	柴电推进;双轴,可调螺距螺旋桨
航速	巡航 12 kn,16 kn(最大),在 1 m 的冰层上航速为 3 kn
载员	船员 25 人,客员 60 人
续航力	20 000 n mile
自持力	70 天
货物装载量	31TEU(甲板上),15TEU(货舱)
直升机	2 架 KAMOV 卡 - 32 直升机
通信设备	因特网:VSAT(KT),网速 256 ~ 512 kb/s 卫星电话、传真和 E - mail:Inmarsat - F77/FB - 500 铱星电话:在 Immarsat 卫星范围外的极地地区使用
电力供应	生活区/实验室:220 V,60 Hz 甲板:220 V,60 Hz;440 V,60 Hz(冷藏集装箱用)
冷冻/冷藏室	1 号和 2 号冷冻室位于艏部货舱(- 25 ~ 25 ℃) 1 号和 2 号冷藏室位于 B1 层甲板(- 50 ~ 25 ℃) 常温储藏室位于主甲板(- 50 ~ 25 ℃)
起重机	1 台起吊质量 25 t,15 m/min,工作范围 3 m,位于艏部 B1 甲板,右舷 1 台起吊质量 10 t,15 m/min,工作范围 3 m,位于艉楼甲板,左舷 1 台起吊质量 3 t,15 m/min,工作范围 1.6 m,位于艉楼甲板,右舷
科考设备	声学多普勒流速剖面仪/下放式声学多普勒流速剖面仪:38 kHz 科考探鱼仪:38,120,200 kHz 低频全向渔用声呐:24,26,28 kHz 多波束回声测深仪(含浅地层剖面仪):12 kHz(2.5 ~ 7 kHz) 精密深度记录器:12,38 kHz 压缩机系统:GA90W/Air Receiver/CT 气溶胶粒径谱仪:热控制:0 ~ 300 ℃ 激光雷达:范围 < 12 km,波长 532 nm 盐度计:电导率 0.000 1:1.15,0.004 ~ 76 mS/cm;0.005 ~ 42 mS/cm(相当于实际盐度标准)

表 3 - 23(续)

科考设备	声学同步系统:能同步到 12 个声学系统,比 1 ms 的定时分辨率高
	海洋重力仪:分辨率 0.01 mGal[①],静态重复性 0.05 mGal,海上精确度 1.00 mGal
	海洋磁力仪:绝对精度 0.2 nT,灵敏度 0.01 nT,分辨率 0.001 nT
	测波仪:0 ~ 5 m(精度 0.25 ~ 0.5 m);5 m 以上(精度 10%)
	起伏式水下系统:拖曳速度 0.5 ~ 10 kn,操作深度 0 ~ 400 m
	多通道地震监测系统:拖缆 120;空气枪体积 1 200 in^3[②]
	深海电视抓斗(TV Grab):工作深度约 6 000 m,抓斗尺寸 2 ft × 2 ft
	姿态控制和定位系统:航向精度 0.02°;横摇/纵摇精度 0.02°;垂荡精度 5 cm 或 5%
	浮游生物环境连续采样网 MOCNESS:网衣孔径 333 μm,网衣数量 9 个,网长 6 m
	温盐深仪:温度 5 ~ 35 ℃,电导率 0 ~ 7 S/m,压力 0 ~ 10 500 m
	深海绞车:20 t,30 m/min;5 t,90 m/min
	电光电缆和同轴电缆绞车:20 t,30 m/min;6.5 t,90 m/min
	小同轴电缆绞车:3 t,60 m/min;1.5 t,90 m/min
	小型空架绞车:5 t,60 m/min;3 t,90 m/min
	小型深海绞车:6 t,30 m/min;4 t,60 m/min

注:①1 Gal = 1 cm/s^2。

②1 in = 2.54 cm。

14. 西班牙"比奥·赫斯佩里得斯"(BIO Hesperides)号破冰船

"比奥·赫斯佩里得斯"号破冰船(A - 33)是西班牙海军一艘冰区加强型海洋科考船,它以希腊神话中仙女的名字命名,如图 3 - 42 所示。这艘船在西班牙卡塔赫纳建造,于 1991 年投入使用,2003—2004 年经历了一次重大改装。它有 11 个实验室,可开展热连续过滤、层流分析、气体萃取、植物养殖分析、荧光计测量、粒子分析和地质考察等工作。该船还为西班牙的极地研究、渔业和气象等提供服务。其冰级为 1C。

图 3 - 42　"比奥·赫斯佩里得斯"号破冰船

"比奥·赫斯佩里得斯"号破冰船主要参数如表 3 - 24 所示。

表 3 - 24　"比奥·赫斯佩里得斯"号破冰船主要参数

主尺度	长 82.5 m,宽 14.3 m,吃水 4.42 m,高 7.35 m
排水量	1 983 t(标准);2 750 t(满载)
动力装置	2 台 Bazán - M. AN. Burmeister & Wain 14 V 发动机(2 ×1 420 kW)
航速	14.7 kn,在 0.5 m 的冰层上航速为 5 kn
载员	船员 58 人,客员 29 人
续航力	12 000 n mile/12 kn
自持力	120 天
直升机	1 架 Agusta - Bell 212 直升机
传感器和处理系统	2 台差分全球定位系统(DGPS) 自动雷达标绘仪电子海图 全球海上遇难和安全系统
货舱	345 m³

15. 中国"雪龙"号破冰船

"雪龙"号破冰船是中国现役第一艘能在极地破冰前行的船只,在1993年从乌克兰进口的破冰船基础上改进而来,如图3-43所示。自1994年服役以来,"雪龙"号破冰船已完成多次南极航行。该船长167 m,宽22.6 m,深13.5 m,吃水9 m,满载排水量21 025 t,最大航速18 kn,续航力20 000 n mile,主机13 200 kW,载重10 225 t,能以1.5 kn航速连续破冰1.2 m前行。

图 3-43 "雪龙"号破冰船

"雪龙"号破冰船装备了先进导航、定位系统,有能容纳2架直升机的平台和机库;可连续破冰厚度1.1 m,设有海洋物理、化学、生物、气象和洁净实验室200 m^2,配备先进大洋调查设备;可搭载80名考察人员赴极地工作;装备有声呐、自动采水和高分辨卫星云图系统,随船直升机2架。

2019年7月11日,江南造船(集团)有限责任公司建造的我国第一艘自主建造的极地科学考察破冰船"雪龙2"号在上海顺利交付,如图3-44所示。这标志着我国极地考察现场保障和支撑能力取得了新的突破。"雪龙2"号破冰船由中船集团第七〇八研究所与芬兰阿克北极公司联合设计,船长122.5 m,型宽22.32 m,设计吃水7.85 m,设计排水量13 996 t,航速12~15 kn,续航力20 000 n mile,自持力60天,能以2~3 kn的航速在冰厚1.5 m和雪厚0.2 m的条件下连续破冰航行。

图 3 - 44　"雪龙 2"号破冰船

　　"雪龙 2"号破冰船是全球第一艘采用船首、船尾双向破冰技术的极地科考破冰船,具备全回转电力推进功能和冲撞破冰能力,可实现极区原地 360°自由转动。双向破冰均具有以 2 ~ 3 kn 船速连续破 1.5 m 冰加 0.2 m 积雪的能力,艉部破冰能实现在 20 m 当年冰冰脊(含 4 m 堆积层)加 20 cm 雪层不被卡住,可实现无限航区包括极区航行和作业。

　　"雪龙 2"号破冰船装备了国际先进的海洋调查和观测设备,实现科考系统的高度集成和自洽,进而成为我国开展极地海洋环境与资源研究的重要基础平台。科研人员可在船上开展极地海洋、海冰、大气等环境基础综合调查观测,进行有关气候变化的海洋环境综合观测取样,在极地冰区海洋开展海底地形、生物资源调查。新船基本具备"摸边探底、潜力评估"的调查能力。

　　"雪龙 2"号破冰船将是全球第一艘获得智能船舶入级符号的极地科考破冰船。该船入级符号 i - ship(Hm, M),包括智能船体和智能机舱功能标志。智能船体是指该船具有船体监测系统及辅助决策系统,对船体具有全生命周期管理

功能,对船体结构厚度进行监控和强度评估等,保障船体结构安全;智能机舱是对主、辅机运行系统的实时监控,对机舱内机械设备的运行状态、健康状况进行分析和评估,用于机械设备操作决策和维护保养计划的制定,确保在极地环境下机舱运行和维护的可靠。

3.3 世界典型常规动力破冰船介绍

3.3.1 俄罗斯常规破冰船介绍

1. Aker ARC 130A 型破冰船

Aker ARC 130A 型破冰船"亚历山大·桑尼科夫"号(Alexander Sannikov)(图 3 – 45)和"安德烈·维尔基斯基"号(Andrei Vilkitskiy)(图 3 – 46)是由芬兰的阿克北极公司设计,俄罗斯天然气工业股份公司 Gazprom Neft 订购,维堡(Vyborg)造船厂建造的柴电推进破冰船。该型船的主要用途是为运送从亚马尔半岛的 Novoportovskoye 油田开采的原油和凝析物的油轮提供护送、系泊和装载援助。"亚历山大·桑尼科夫"号于 2015 年 11 月 3 日铺设龙骨,2016 年 11 月 24 日下水,2018 年 5 月建造完工,在芬兰湾开展海试,于 2018 年交付使用。"安德烈·维尔基斯基"号于 2015 年 12 月 14 日铺设龙骨,2017 年 7 月 5 日下水,于 2018 年交付使用。

图 3 –45 "亚历山大·桑尼科夫"号破冰船

图 3 – 45（续）

图 3 – 46　"安德烈·维尔基斯基"号破冰船

Aker ARC 130A 型破冰船主要参数如表 3 – 25 所示。

表 3 -25　Aker ARC 130A 型破冰船主要参数

长	121.7 m
宽	25 m
吃水	8 m(设计),8.2 m(最大)
排水量	8 700 t
主机	4 台主发电机组(27 000 kW) 1 台停泊发电机组(1 200 kW)
推进系统	柴电推进;3 台 ABB 的全回转吊舱推进器,1 ×6.5 MW(艏部),2 ×7.5 MW(艉部)
航速	16 kn(开敞水域)
自持力	30 天
载员	35 人
入级	俄罗斯船级社
冰级	破冰船 +(等同于 IACS PC2)
破冰能力	2 kn 能破 2.0 m 厚的冰层 +30 cm 厚的雪(艏部) 2 kn 能破 2.0 m 厚的冰层 +30 cm 厚的雪(艉部)
航行能力	在 7 m 厚碎冰层的航道上速度为 4 kn
环境温度	-50 ~30 ℃(空气) -2 ~28 ℃(海水)
驾驶台布置	对称式;艏艉部操舵部位 + 驾驶室翼台(左右舷)
燃油	低硫船用柴油
锅炉	2 台
废气节能器	2 台
选择性催化还原(SCR)系统	预留安装空间
导管推进器	艏部推进器,1 800 kW
动力定位	DP2
双层船体结构	双层船底和三层舷侧
减摇舱	U 型
拖缆槽	有
拖缆绞车	有

表 3 – 25（续）

不锈钢冰带	无
载货甲板	8 个 20 ft 标准箱
甲板起重机	25 t/27 m
消防系统	4 台监控器,水幕
溢油回收系统	装在标准箱内的分离设备
航空设施	米 – 8 直升机平台,不能加燃油
医疗设施	诊室 + 治疗室 + 隔离舱

2. "伊利亚·穆罗梅茨"(Ilya Muromets)号破冰船

"伊利亚·穆罗梅茨"号破冰船(又称为 21180 型)是俄罗斯海军近 40 年以来第一艘破冰船。该船由俄罗斯"三角旗"(Vympel)设计局设计,由位于圣彼得堡的海军造船厂建造,如图 3 – 47 至图 3 – 50 所示。2015 年 4 月 23 日铺设龙骨,2016 年 6 月 10 日下水,2017 年 11 月 30 日正式交付。

图 3 – 47　"伊利亚·穆罗梅茨"号破冰船

最初 21180 型破冰船计划建造 4 艘,但考虑到高昂的成本,俄罗斯国防部决定改为建造 3 艘较小的 21180M 型破冰船,和"伊利亚·穆罗梅茨"号破冰船相比,排水量只有其三分之二且功能有限。然而,截至 2017 年 10 月,尚未签订造船合同。"伊利亚·穆罗梅茨"号可以但并未安装俄罗斯海军的各种武器系统。据报道,它可以装备几种类型的大炮,包括 6 管 30 mm 的 AK – 630,其货舱里可携带集装箱化的"俱乐部 – K"巡航导弹。

图3-48 "伊利亚·穆罗梅茨"号破冰船驾驶室

图3-49 "伊利亚·穆罗梅茨"号破冰船主甲板与机舱

图3-50 "伊利亚·穆罗梅茨"号破冰船机舱监控室

　　"伊利亚·穆罗梅茨"号采用一个集成的柴电推进系统,主发电机组为推进系统和辅助系统提供电力。该船的动力装置由4台3 000 kW的6缸瓦锡兰6L32中速柴油发电机组组成,是为数不多的由对转螺旋桨推动的冰级船,安装有2台电力驱动的3 500 kWS teerprop公司SP120CRP ECO全回转推进装置,其中

牵引螺旋桨上有 5 个叶片,推进螺旋桨上有 4 个叶片。这种配置提高了推进效率,增加了机械的复杂性。此外,该船还有一个用于机动的船首侧推器。

"伊利亚·穆罗梅茨"号入级俄罗斯船级社,冰级为 PC 6,该级要求船舶能够在 1 m(3.3 ft)厚的平坦冰面上连续航行,以及能在 1.5 m(5 ft)厚冰层的非北极水域航行。

"伊利亚·穆罗梅茨"号破冰船主要参数如表 3 - 26 所示。

表 3 - 26 "伊利亚·穆罗梅茨"号破冰船主要参数

长	85 m
宽	20 m
高	9.2 m
吃水	7 m
排水量	6 000 t
冰级	俄罗斯船级社 PC 6
主机	4 台瓦锡兰 6L32 发电机组(4 × 3 000 kW)
推进系统	柴电推进,2 台 Steerprop 公司 SP120CRP ECO 全回转推进装置(2 × 3 500 kW)
航速	12 kn
船员	32 人
续航力	12 000 n mile
自持力	60 天
航空设施	直升机甲板
载货量	500 t

3."鄂毕河"号破冰船

"鄂毕河"号破冰船是俄罗斯一艘 Aker ARC 124 型柴电推进的港口破冰船,如图 3 - 51 所示。该船由阿克北极公司设计,俄罗斯维堡船厂建造,其设计目的是为进入亚马尔半岛萨比塔港航道和水域的 LNG 油轮提供全年的领航。该船于 2016 年 9 月 26 日开工建造,于 2018 年交付。

图 3 – 51 "鄂毕河"号破冰船

"鄂毕河"号破冰船主要参数如表 3 – 27 所示。

表 3 – 27 "鄂毕河"号破冰船主要参数

长	89.5 m(总长),77.6 m(设计水线)
宽	21.9 m(含护舷材),19.9 m(设计水线)
高	10.5 m
吃水	7.5 m(最大),6.5 m(设计水线)
排水量	—
冰级	俄罗斯船级社 PC 7,IACS PC 3
主机	3 台中速柴油发电机组(3 × 4 880 kW)
停泊柴油发电机	1 台中速柴油发电机组(800 kW)
推进系统	4 台全回转推进装置(2 + 2)(4 × 3 000 kW)
航速	15 kn(开敞水域)
破冰能力	2 kn 能破 1.5 m 厚的冰层(艏部或艉部) 4 kn 能破 5.0 m 厚的碎冰层加 50 cm 厚的固结层(consolidated layer)(艏部或艉部)
系柱拉力	115 t

表 3 – 27(续)

载员	18 人(船员) + 12 人
自持力	>7 天(空气温度 – 50 ℃,典型的港口或近海冰区)
	30 天(空气温度 >30 ℃,以经济航速在开敞水域)
载货量	750 t(设计吃水);2 000 t(最大吃水)

"鄂毕河"号破冰船设计示意图如图 3 – 52 所示。

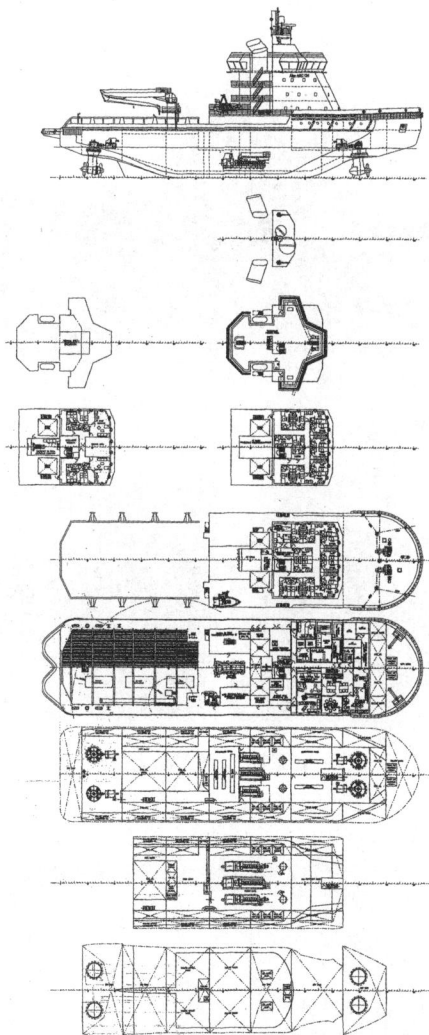

图 3 – 52　"鄂毕河"号破冰船设计示意图

4. MPSV06 型破冰船

俄罗斯多用途救助破冰船目前有 3 型：MPSV06、MPSV07 和 MPSV12。其中，MPSV06 型是最大的一型多用途救助破冰船，如图 3 - 53 所示。该型船有 3 艘。1 号船 Spasatel Petr Gruzinskiy 由俄罗斯 Amurskij 船厂于 2010 年 7 月 21 日开建，至今未见有服役的报道；2 号船 Beringov Proliv 和 3 号船 Murman 均由德国的 Nordic Yards Wismar 船厂建造，2013 年 11 月 12 日开建，2014 年 9 月 21 日下水，分别于 2015 年 10 月 10 日和 11 月 22 日交付。

图 3 - 53　俄罗斯 MPSV06 型破冰船

该型破冰船的任务有：

（1）为海运和海上食品生产的危险区域提供技术支持和协助，为港口的运输业务提供服务；

（2）搜寻和协助遇险船只；

（3）搜救、疏散、安置人员，对伤者进行急救；

（4）使因撞礁而受损的船只重新浮起，从被淹的舱室里抽水；

（5）将损坏的船只和物品拖到遮蔽区，并在冰区和开敞水域中为船只、漂浮物和海上建筑物提供拖曳服务；

（6）在冰区和开放水域为船只提供救援行动；

（7）在港口、港口附近的水域及冰层厚度达 1.5 m 的非北极冰域提供破冰作业；

（8）为海上建筑物提供消防援助；

（9）后勤支持，包括深度达 60 m 的水下工程作业；

（10）提供深潜工程作业，使潜水员能在水下 300 m 处长期停留作业；

（11）为水上燃烧的燃料、包括闪点低于 60 ℃ 的石油泄漏等提供灭火服务；

（12）为船舶、海上漂浮物和近海建筑物提供水下船体的测量和清洗；

（13）通过拖曳设备和 ROV 对海底和深度至 1 000 m 的被损物体进行检查；

（14）为"卡 - 32"型直升机提供起降平台。

MPSV06 型破冰船设计示意图如图 3 - 54 所示。

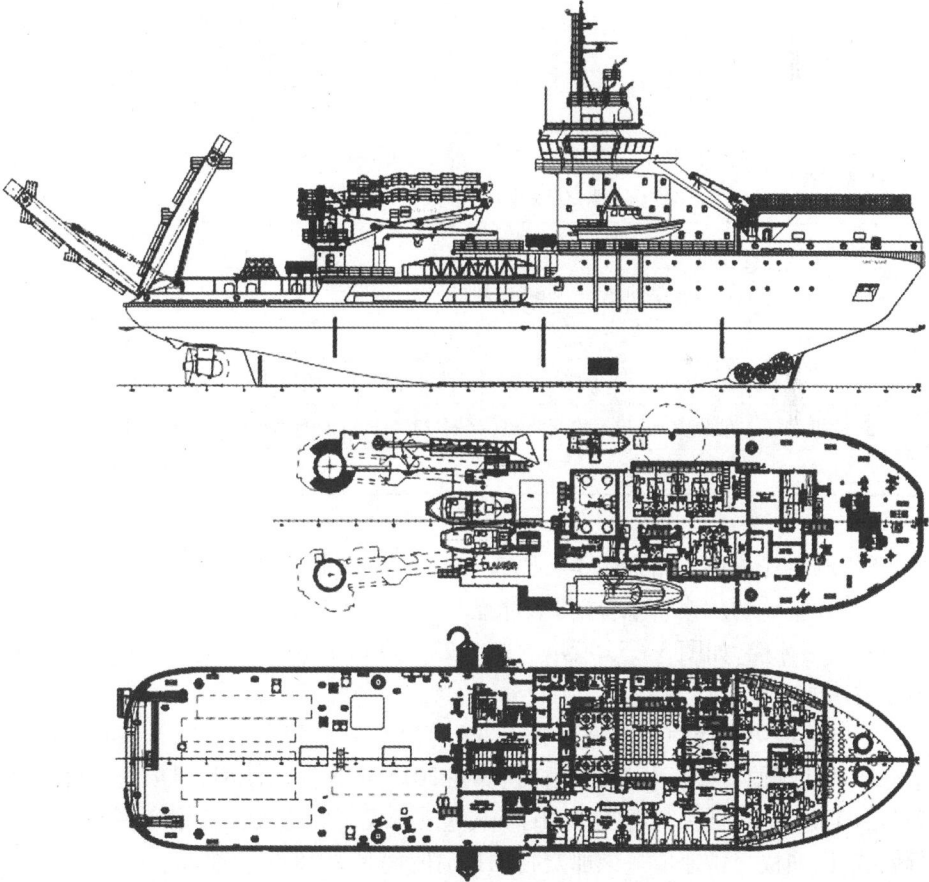

图 3 - 54　MPSV06 型破冰船设计示意图

MPSV06 型破冰船主要参数如表 3 - 28 所示。

表 3 - 28　MPSV06 型破冰船主要参数

长	86 m(总长)
宽	19.1 m(总宽),18 m(设计水线)
高	8.5 m
吃水	6 m(设计水线)
排水量	5 127 t
总吨	3 800 t
净吨	1 140 t
载重吨	1 360 t
冰级	俄罗斯船级社 PC6
主机	未知
停泊柴油发电机	—
推进系统	2 台 ABB 公司全回转推进装置(2 × 3 500 kW) 3 台艏推(3 × 1 000 kW)
航速	15 kn(最大);11 kn(经济)
破冰能力	1.5 m 厚的冰层(非北极地区)
系柱拉力	—
载员	26 人(船员) + 12 人(特殊人员) + 95 人(救援人员)
起货机	船尾 2 台 32 t 的起货机(半径 22.5 m);A 型吊架,最大起重 80 t
航空设施	直升机甲板

5."维克托·切尔诺梅尔金"(Viktor Chernomyrdin)号破冰船

"维克托·切尔诺梅尔金"号破冰船(也被称为 22600 型或 LK - 25 级)是一艘俄罗斯破冰船,如图 3 - 55 所示。这艘 22 000 t 的破冰船是世界上最大的柴电推进破冰船。

这艘价值 794 亿卢布的破冰船在 2011 年 12 月由位于俄罗斯圣彼得堡的巴尔迪斯基扎沃德造船厂开建。最初预计在 2015 年底投入使用,但项目进度比计划落后了好几年,且预算超支。2017 年,这艘未完工的船被转移到海军造船厂进行舾装,以加快交付速度。该船交付的最后时间是 2018 年秋季。

除了正常的破冰和护送任务外,该船还开展在开敞水域的紧急拖曳和救援作业、溢油回收、海上和水下工程建设及消防。为了支持技术工作,该船可以安

装 150 t 的甲板起重机,上层建筑包含超过 300 m^2 的科考实验室,以及由一个潜水舱和其他标准尺寸容器组成的保障系统的模块化"潜水综合体",该"潜水综合体"可以搬运到甲板上。舷外升降梯可将人及小型设备直接运到海冰上。该船首部的小型直升机甲板可以停靠卡莫夫公司的"卡－32"和 Eurocopter 公司的 EC225"超级美洲狮"直升机,艉部更大的直升机甲板和机库可以容纳 Mil 公司的"米－8"和 AgustaWestland 公司的 AW101 直升机。

图 3 –55　"维克托·切尔诺梅尔金"号破冰船

"维克托·切尔诺梅尔金"号破冰船主要参数如表 3 – 29 所示。

表 3 – 29　"维克托·切尔诺梅尔金"号破冰船主要参数

长	146.8 m
宽	29 m(总宽),28.5 m(水线)
吃水	8.5 ~ 9.5 m
冰级	俄罗斯船级社 PC8
主机	4 台中速柴油发电机组(4 × 8 700 kW)
推进装置	柴电推进;1 台中轴螺旋桨(10 MW),2 台 ABB 全回转 VI1600 推进装置(2 × 7.5 MW)
航速	17 kn(开敞水域,最大)
破冰能力	2 kn 能破 2 m 厚的冰层
自持力	60 天(温度为 – 35 ℃时)
载员	38 人(船员) + 90 人
航空设施	2 个直升机甲板和 1 个直升机库

6. 21900 型和 21900M 型破冰船

21900 型和 21900M 型（也被称为 LK – 16 和 LK – 16M 级）破冰船包括 5 艘俄罗斯柴电推进的破冰船。两艘 21900 型破冰船（"莫斯科"号(图 3 – 56)和"圣彼得堡"号)于 2008 年在圣彼得堡的波罗的海造船厂建造;3 艘 21900M 型破冰船在维堡造船厂和赫尔辛基造船厂建造,其中前 2 艘("符拉迪沃斯托克"号(图 3 – 57)和"摩尔曼斯克"号(图 3 – 58))于 2015 年服役,最后一艘"诺沃西比尔斯克"号(图 3 – 59 至图 3 – 62)于 2016 年服役。21900M 型破冰船项目是在俄罗斯联邦目标项目《2010—2015 年俄罗斯交通系统发展》的基础上开建的。

21900 和 21900M 型破冰船的主要任务是破冰,帮助在冰区的大吨位船舶,将冰区和开敞水域的船舶和其他浮式建筑物拖离。此外,该型船还可用于浮式建筑物和其他设施的消防,给冰区和开敞水域中遇险的船只提供帮助及货物运输。21900 和 21900M 型破冰船外形和总体布局相似,最大的区别在于直升机甲板不同,21900 型的直升机甲板位于上建的后面,而 21900M 型的直升机甲板位于艏部。21900 和 21900M 型破冰船的最大破冰能力为 1.5 m。这些船只的航线为波罗的海和沿俄罗斯北极海岸的北海。

图 3 - 56　21900 型破冰船"莫斯科"号

图 3 - 57　21900M 型破冰船"符拉迪沃斯托克"号

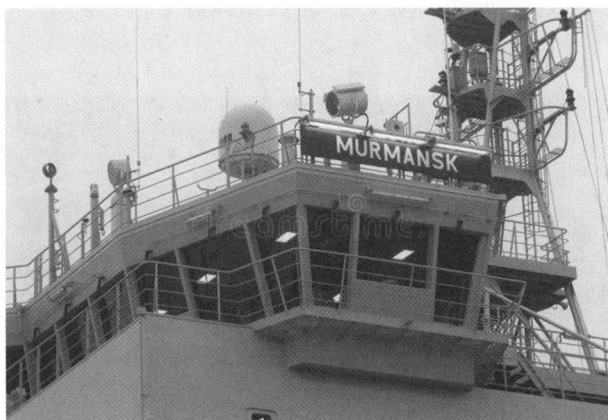

图 3 - 58　21900M 型破冰船"摩尔曼斯克"号驾驶室左翼台

图 3 – 59　21900M 型破冰船"诺沃西比尔斯克"号

图 3 – 60　21900M 型破冰船"诺沃西比尔斯克"号驾驶室与机舱

图 3 – 61　21900M 型破冰船"诺沃西比尔斯克"号 15 MW 的动力装置与直升机平台

图 3－62　21900M 型破冰船"诺沃西比尔斯克"号主仪表台与桥楼局部

21900 和 21900M 型破冰船主要参数如表 3－30 所示。

表 3－30　21900 和 21900M 型破冰船主要参数

长	114 m(总长,21900 型) 119.8 m(总长,21900M 型)
宽	27.5 m
吃水	8.5 m
排水量	约 10 000 t
冰级	俄罗斯船级社 PC6
主机	4 台瓦锡兰 9L32 型中速柴油发电机组(4×4 500 kW,21900 型) 4 台瓦锡兰 12V32 型中速柴油发电机组(4×6 720 kW,21900M 型)
推进装置	柴电推进;2 台 Steeprop 全回转推进装置(2×8.2～9 MW),1 台艏部推进装置
航速	17 kn(开敞水域,最大)
破冰能力	3 kn 能破厚度为 1 m 的冰层
续航力	11 000 nm
载员	35 人(船员)+23 人
航空设施	1 个直升机甲板,可停靠卡－32/卡－226(21900 型)或米－8/米－17(21900M 型)直升机

此外,俄罗斯还有"亚马尔"号、"马卡罗夫元帅"号、"绍卡利斯基院士"号等破冰船,它们的简要情况如下。

（1）"亚马尔"号破冰船

"亚马尔"号破冰船一般常用两种破冰方法,当冰层不超过 1.5 m 时,多采用"连续式"破冰法,如图 3 - 63 所示,主要靠螺旋桨的力量和船头把冰层劈开撞碎;如果冰层较厚,则采用"冲撞式"破冰法。冲撞破冰时船头部位吃水浅,会轻而易举地冲到冰面上去,船体就会把下面厚厚的冰层压为碎块,如此周而复始。

图 3 - 63 "亚马尔"号破冰船

（2）"马卡罗夫元帅"号破冰船

2011 年 1 月，"马卡罗夫元帅"号破冰船（图 3 - 64）在鄂霍次克海将一艘被困在冰层中长达 1 个月的大型鱼品加工船救出，这艘船从 2010 年底起，就与其他几艘船被困在鄂霍次克海海域厚约 2 m 的冰层中，无法行动，不得不请求救援。而这次救援耗费了大约 500 万美元。

图 3 - 64　"马卡罗夫元帅"号破冰船

（3）"绍卡利斯基院士"号破冰船

1998 年经改造后，"绍卡利斯基院士"号破冰船（图 3 - 65）开始进行极地研究工作，其归属于俄罗斯远东水文气象研究所，该船 2011 年曾从俄罗斯出发到达了东南极洲。

图 3 – 65 "绍卡利斯基院士"号破冰船

3.3.2 芬兰 Aker ARC 130 型破冰船介绍

Aker ARC 130 型破冰船"北极星"号是芬兰有史以来最强大的破冰船,如图 3 – 66 所示。该船由阿克北极公司设计并由 Arctech 赫尔辛基造船厂于 2016 年建成,也是世界上第一艘使用低硫船用柴油(LSMDO)和液化天然气(LNG)的环保双燃料发动机的破冰船。"北极星"号破冰船最初由芬兰交通局订购,但在交付后,所有权被移交给了国有的破冰船运营商 Arctia 公司。该船在波罗的海执行任务,主要用于在冰区环境下支援其他船舶运营,同时还能全年进行油泄漏应对作业、紧急拖曳和救援作业等,服役期为 50 年。

图 3 – 66 Aker ARC 130 型破冰船"北极星"号

图 3 - 66(续)

该船的特点如下。

1. 环保

"北极星"号破冰船是世界上第一艘采用双燃料发动机的破冰船,它既可以使用低硫船用柴油也可以使用液化天然气作为燃料。双燃料发动机减少了废气排放,符合国际海事组织 Tier Ⅲ 排放标准限值和波罗的海硫排放控制区(SECA)的特殊要求。

2. 采用新型的推进系统

该系统由 3 台电力驱动的 ABB 吊舱推进器组成,其中一个位于船首。每台冰区加强型吊舱推进器带有一个可移动的四叶不锈钢螺旋桨,重 135 t。选择这种新型的推进系统,以满足芬兰交通局所设定的严格操作能力要求,特别是在脊冰区。3 台推进器的联合推进力达 19 MW,使"北极星"号破冰船成为芬兰有史以来最强大的破冰船。

3. 可作为漏油回收船

该船配备了机械回收设备,可以在开敞水域和冰况条件下从海中回收石油。安装的先进溢油回收系统和安装在船尾的刷式撇油器类似于最新的芬兰漏油回收船(如 2011 年建造的"Louhi"号控污船和 2014 年建造的"Turva"号海上巡逻船)的回收系统,回收罐的总容量为 1 300 m³。

Aker ARC 130 型破冰船主要参数如表 3 - 31 所示。

表 3 - 31　Aker ARC 130 型破冰船主要参数

长	110 m
宽	24 m
吃水	8 m(设计),9 m(最大)
排水量	10 961 t
主机	2 台瓦锡兰 9L34DF(2 × 4 500 kW) 2 台瓦锡兰 12V34DF(2 × 6 000 kW) 1 台瓦锡兰 8L20DF(1 280 kW)

表 3 - 31(续)

推进系统	柴电推进;3 台 ABB 的全回转吊舱推进器,1×6 MW(艏部),2×6.5 MW(艉部)
航速	17 kn(开敞水域)
自持力	10 天(LNG);20 天(燃油)
载员	16(船员)+8 人
LNG 罐	2×400 m³
船级社	劳氏
冰级	PC 4 破冰船
破冰能力	3.5 kn 能破厚度为 1.8 m 的冰层(艏部) 5 kn 能破厚度为 1.2 m 的冰层加厚度为 20 cm 的雪(艉部)
航行能力	在 2 m 厚碎冰层的航道上速度可达 10 kn
环境温度	-30~30 ℃(空气) -1~25 ℃(海水)
驾驶台布置	倾斜式;主操舵部位(右舷)+驾驶室翼台(左舷)
锅炉	1 台
废气节能器	3 台
选择性催化还原(SCR)系统	预留安装空间
导管推进器	无
动力定位	有;无 DP 级
双层船体结构	双层船底和双层舷侧
减摇舱	U 型
拖缆槽	有
拖缆绞车	有
不锈钢冰带	有
载货甲板	7 个 20 ft 标准箱
甲板起重机	2.5 t,10 m;2 t,20 m
消防系统	无
溢油回收系统	固定,内置
航空设施	直升机平台,只能悬停
医疗设施	卫生舱

3.4　参考文献

[1]　王国亮,谢忱.国外核动力破冰船基本情况研究[EB/OL].(2020 - 02 - 12)[2022 - 05 - 21].https://mil.ifeng.com/c/7u1gRgkw7QP.

[2]　张羽,李岳阳,王敏.极地破冰船发展现状与趋势[J].舰船科学技术,2017, 39(23):188 - 193.

[3]　于立伟,王俊荣,王树青,等.我国极地装备技术发展战略研究[J].中国工程科学,2020,22(6):84 - 93.

[4]　佚名.你应该知道的十大破冰船[EB/OL].(2019 - 05 - 28)[2022 - 06 - 05].https://www.sohu.com/a/317039177_120065720.

[5]　佚名.中国首艘自主建造极地破冰船"雪龙 2"号[EB/OL].(2018 - 09 - 10)[2022 - 06 - 05].https://m.chinanews.com/wap/detail/pic/119256.shtml.

第4章
世界核动力船舶与破冰船情况

| 4.1　核动力船舶的一般情况 |

核动力在军用舰船方面发展很快,而在民用方面并非如此,虽然核动力推进技术既经济又环保,而且推力强劲,可以改成电推进模式(即核动力发电,电力推进),速度快、效益高,但是除了早期苏联及俄罗斯的核动力破冰船外,一些民用船舶采用核动力推进系统的还不多见,主要有以下几艘船舶。

美国"萨凡纳"号核动力货客船,该船可以搭乘超过50名旅客,居住环境舒适,目前已经改为博物馆。如图4-1所示。

图4-1　"萨凡纳"号核动力货客船

德国"奥托·哈恩"号核动力矿石运输船,如图4-2所示。

图4-2 "奥托·哈恩"号核动力矿石运输船

日本"陆奥"号核动力货轮,首航时就发生了严重核泄漏,引起日本举国反对,但最后仍然顺利完成了首航,展示了核动力的强劲,现已改为常规动力船。如图4-3所示。

图4-3 "陆奥"号核动力货轮

核动力商船的特点有:

(1)续航力大,一次装载核燃料,可以续航几年;

(2)航速高,由于核动力装置功率大,可以获得较高航速,从而可以提高航次的经济效益;

(3)机舱的占有空间比较小,可以较大幅度提高货物的装载量。

核动力商船发展缓慢的主要原因是对船上的辐射危害还没有绝对可靠的安全防护措施,人们对核燃料还存在着恐惧心理;另外对核商船放射性污染和污水排放没有严格的规定,进出港口又没有绝对的安全措施,很多港口反对停泊;最

160

重要的是核商船的经营管理比较复杂,且造价昂贵。

典型核动力商船的主要参数如表 4－1 所示。

表 4－1　典型核动力商船的主要参数

核动力商船名称	美国"萨凡纳"号	德国"奥托·哈恩"号	日本"陆奥"号
类型	试验性客货船	试验性矿石船	试验性货船
建成日期	1962 年 5 月 1 日	1968 年 12 月 17 日	1974 年 8 月
长/m	181.6	171.8	130
宽/m	23.8	23.4	19.0
吃水深度/m	9.0	9.2	6.9
航速/kn	20.25	15.75	16.5
满载排水量/t	22 170	25 182	16 383
核反应堆形式	分离式压水堆	紧凑型压水堆	分离式压水堆
核反应堆/台	1	1	1
热功率/kW	80 000	38 000	36 000
燃料棒包壳	不锈钢	锆合金和不锈钢	不锈钢
铀浓缩度	4.2% 和 4.6%	3.5% 和 6.6%	3.2% 和 4.4%
铀装料/kg	331	94	96.4
功率/轴马力 × 轴数	20 000 × 1	10 000 × 1	9 000 × 1

4.2　独树一帜的俄罗斯核动力破冰船

4.2.1　苏联与俄罗斯核动力破冰船介绍

目前世界上许多国家都拥有极地破冰船,但是能够建造并拥有众多核动力破冰船的国家仅有苏联和俄罗斯,其在北极地区的霸主地位无可匹敌。苏联和俄罗斯的核动力破冰船如表 4－2、表 4－3 所示。

表 4-2 苏联和俄罗斯核动力破冰船发展一览表

分类	级别(项目)	名称	服役(年)	状态	备注
1代	"列宁"级(92M)	"列宁"号	1959—1989	退役	
2代	"泰梅尔"级 (10580)	"泰梅尔"号	1989至今	在役	
		"瓦伊加奇"号	1990至今	在役	
	"北极"级 (1052/10521)	"北极"号(1052)	1975—2012	退役	
		"西伯利亚"号(1052)	1978—	退役	
		"俄罗斯"号(10521)	1985—2013	退役	
		"苏联"号(10521)	1989—	退役	
		"亚马尔"号(10521)	1992至今	在役	
		"五十年胜利"号(10521)	2007至今	在役	
3代	LK-60YA级 (22220)	"北极"号	2020至今	在役	
		"西伯利亚"号	2021至今	在役	
		"乌拉尔"号	2022至今	在役	
		"雅库特"号	2024(计划)	在建	
		"楚科奇"号	2026(计划)	在建	
4代	"领袖"级 (LK-110YA级、 LK-120YA级) (10510)	—	2023(计划)	在研	预建造3艘, 2019年3月进行 了模型试验
	LK-40级 (10570)	—	2022(计划)	在研	2015年完成外形 设计开发

表 4-3 苏联和俄罗斯核动力破冰船性能比较

指标	"五十年胜利"号	"北极"号	"领袖"号
主要使用区域	全年:北极西部地区 夏秋季:北极东部地区	全年:北极西部地区 夏秋季:北极东部地区	全年:整个北极区
最大长度/m	159	173	205
最大宽度/m	30	34	47
高度/m	17	15	18

表 4 - 3（续）

指标	"五十年胜利"号	"北极"号	"领袖"号
吃水深度/m （设计吃水线/最小）	11/9	10/8	13/11
排水量/t （设计吃水线/满载）	25 150	33 530/25 540	70 674/50 398
燃气轮发电机 数量×功率/kW	2×27 960	2×36 000	4×36 000
轴功率/kW	49 000	60 000	120 000
水中航速/kn	19	22	23
破冰能力/m	2	2	4
轴功率与排水量的比	1,95	1,79	1,7
机组人数	138	75	127

1."列宁"号核动力破冰船

1957 年下水的苏联"列宁"（Lenin）号破冰船（图 4 - 4）是世界上第一艘核动力破冰船,其动力心脏是核反应堆,高压蒸汽推动汽轮机,带动螺旋桨推动船只。"列宁号"主要执行北冰洋地区的考察和救援工作,除了在 1967 年靠港进行过维修,几乎不间断地航行了 30 年。

图 4 - 4　"列宁"号核动力破冰船

2. "北极"号核动力破冰船

俄罗斯"北极"（Arktika）级核动力破冰船安装有两座核反应堆,是世界上最大的破冰船,首舰1975年服役。

它可在北极圈内深水海域使用,破冰厚度2 m。1977年8月17日,首舰"北极"号是第一艘到达北极点的水面舰船,如图4-5所示。

图4-5 "北极"号核动力破冰船

3. "五十年胜利"号核动力破冰船

"五十年胜利"号核动力破冰船是世界上最大的核动力破冰船,该船于2006年建成下水试航,2007年正式交付使用,如图4-6所示。"五十年胜利"号船长159 m,宽30 m,有船员138名,满载排水量2.5万t,最大航速21 kn,航速为18 kn时最大破冰厚度2.8 m。

图 4-6　"五十年胜利"号核动力破冰船

俄罗斯国家原子能公司(Rosatom)旗下子公司 Rosatomflot 在俄罗斯波罗的海造船厂(Baltzavod)增订了 2 艘 22220 型核动力破冰船,合同价值约为 1 000.59 亿卢布(约合 15 亿美元)。这是继"北极"号、"西伯利亚"号和"乌拉尔"号

（图 4 - 7）之后，波罗的海造船厂建造的第 4 艘和第 5 艘 22220 型核动力破冰船。22220 型核动力破冰船是目前世界最强的破冰船。

图 4 - 7 "乌拉尔"号核动力破冰船

按照规定，第 4 艘 22220 型核动力破冰船必须在 2024 年 12 月 20 日之前完成建造，第 5 艘不晚于 2026 年 12 月 20 日完工。交付后，这 2 艘船计划沿俄罗斯北极海岸的北海航线航行工作，在北极为船队引航，保障油船从亚马尔、吉丹半岛和卡拉海半岛驶往亚太市场。

2019 年 4 月，俄罗斯总统普京曾经表示，俄罗斯将加大在核动力破冰船方面的投入，预计到 2035 年前俄罗斯北极船队将拥有至少 13 艘重型破冰船，其中 9 艘为核动力破冰船。目前，俄罗斯正在服役的核动力破冰船共计 5 艘，全部由 Rosatomflot 运营。

除了正在建造的 22220 型破冰船之外，Rosatomflot 还准备建造"领袖"（Lider）号重型核动力破冰船。"领袖"号船身长 205 m，满载排水量 7.1 万 t，比

现役的最大破冰船还长 50 m,将采用两个 RITM 400 试验堆,使其有能力穿越北极最厚的冰层。俄罗斯计划至少建造 3 艘同级别核动力破冰船,每艘预计耗资 16 亿美元。

4.2.2　目前俄罗斯的核动力破冰船情况

目前,俄罗斯在役核动力破冰船共 7 艘,包括 2 艘"北极"级、2 艘"泰梅尔"级("列宁"号和"北极"级前 4 艘均已退役)和 3 艘 LK – 60YA 级,如表 4 – 4 所示。尚有 2 艘 LK – 60YA 级处于建造阶段。计划发展 LK – 110YA 级第 4 代核动力破冰船,目前处于设计建造阶段。

表 4 – 4　俄罗斯现役核动力破冰船

船级	船名	入役年份
"泰梅尔"级	"泰梅尔"号	1989
	"瓦伊加奇"号	1990
"北极"级	"亚马尔"号	1992
	"五十年胜利"号	2007
LK – 60YA 级	"北极"号	2020
	"西伯利亚"号	2021
	"乌拉尔"号	2022

俄罗斯核动力破冰船均由俄罗斯联邦原子能公司下属海港公司统一运营管理,母港位于摩尔曼斯克。

俄罗斯各级核动力破冰船参数对比如表 4 – 5 所示。

表 4 – 5　俄罗斯核动力破冰船参数对比

型号	"列宁"号	"北极"级	"泰梅尔"级	LK – 60YA 级	LK – 110YA 级
船长/m	134	148 ~ 159	150.2	173	205
船宽/m	27	30	29.2	34	—
吃水/m	10.5	11.08	8	8.5 ~ 10.5	—

表 4-5(续)

型号	"列宁"号	"北极"级	"泰梅尔"级	LK-60YA 级	LK-110YA 级
满载排水量/t	16 000	23 000~25 000	21 000	33 540	71 000
核反应堆	3 台 90 MW OK-150 型(1970 年前);2 台 171 MW OK-900A 型(1970 年后)	2 台 171 MW OK-900A 型	1 台 171 MW KLT-40 型	2 台 175 MW RITM-200 型	2 台 RITM-400 型
推进功率/MW	32.3	54	36	60	120
航速/kn	18	18~22	18.5	22	—
破冰能力	2 kn 航速破 2.4 m 冰层	3 kn 航速破 2~3 m 冰层	3 kn 航速破 2.2 m 冰层	1.5~2 kn 航速破 3 m 冰层	1.5~2 kn 航速破 4.1 m 冰层
主要作业水域	深水区域	深水区域	近岸、内河等浅水区域	兼顾深水和浅水区域	

"列宁"级核动力破冰船仅"列宁"号一艘,1959 年服役,长 134 m,宽 27 m,满载排水量 16 000 t,最大航速 18 kn;最初配装 3 台 90 MW OK-150 型压水式核反应堆,1970 年换装为 2 台 171 MW OK-900A 型核反应堆,推进功率 32.3 MW,2 kn 航速下可连续破 2.4 m 厚的冰层,已于 1989 年 11 月退役,2005 年至今一直停泊在摩尔曼斯克港,被改造为破冰船博物馆。

"北极"级核动力破冰船是目前俄罗斯核动力破冰船队的中坚力量,共建造 6 艘,首艘 1971 年开工建造,1975 年开始服役,现役 2 艘。第 6 艘"五十年胜利"号因经费问题建造进度屡遭拖延,直至 2007 年才服役,该船船长 159 m,宽 30 m,吃水 11.08 m,满载排水量 25 000 t,尺寸较前五艘(长 148 m,排水量 23 000 t)略大,该级船配装 2 台 171 MW 的 OK-900A 型核反应堆,推进功率 54 MW,3 kn 航速下可连续破厚度为 2~3 m 的冰层。

"泰梅尔"级核动力破冰船共建造 2 艘,均在役,船体由芬兰赫尔辛基造船厂建造,核反应堆和发电机组在圣彼得堡波罗的海造船厂安装,首艘 1989 年开始服役,船长 150.2 m,宽 29.2 m,吃水约 8 m,满载排水量近 21 000 t,最大航速

22 kn,配装 1 台 171 MW 的 KLT－40 型核反应堆,推进功率 36 MW,3 kn 航速下可连续破厚度为 2.2 m 的冰层。

LK－60YA 级核动力破冰船共计划建造 5 艘,2013 年开工,目前服役 3 艘。该级船长 173 m,宽 34 m,吃水 8.5～10.5 m,满载排水量 33 540 t,最大航速 25 kn,配装 2 台 175 MW 的 RITM－200 型核反应堆,推进功率 60 MW,1.5～2 kn 航速下可连续破 3 m 厚的冰层。

LK－110YA 级核动力破冰船也称"领袖"级,2017 年开始研发,船长 205 m,满载排水量 71 000 t,配装 2 台 RITM－400 型新一代核反应堆,推进功率 120 MW,1.5～2 kn 航速下可连续破厚度为 4.1 m 的冰层。

4.2.3　俄罗斯发展核动力破冰船的战略意义

俄罗斯一直将北极地区视为战略要地,近年来发布一系列北极战略文件,逐步将北极地区的主权权力、军事安全、资源和航道利益明确为其战略重点。2008 年发布的《俄罗斯联邦 2020 年前及未来在北极的国家政策原则》文件,将北极作为实现其社会、经济发展目标的自然资源战略基地;2013 年发布的《俄罗斯联邦 2020 年前北极地区发展与国家安全保障战略》,进一步强调对北极资源及航道的开发利用。2015 年的新版《海洋学说》,将北极视为俄罗斯重要战略方向,提出强化在北极地区的主导能力。核动力破冰船作为俄罗斯北极战略下发展的重大装备,对其维护资源和航道利益具有重要意义,主要体现在以下两方面。

1. 用于促进"东北航道"全年稳定通航

"东北航道"途经俄罗斯沿岸,约有 5 600 km 在俄罗斯控制下,一旦开通将成为沟通欧亚大陆和美洲大陆及大西洋、印度洋和太平洋的世界最短的海运航线,与绕行南部苏伊士运河的传统航道相比,可缩短航程 7 000 km,将为俄罗斯带来巨大的经济利益和发展潜力。但目前该航道北极段大部分时间被厚冰覆盖,冬季冰层厚度可达 2 m,年通航期仅 3～5 个月。为此,俄罗斯正大力发展新型核动力破冰船,不断扩大破冰船队规模,提升破冰能力,以推动"东北航道"四季畅通。

2. 为俄罗斯北极资源开发提供航行保障

俄罗斯是北极圈内领土面积最大、海岸线最长的国家,在北极海域拥有大面积专属经济区,近年来正利用其地理优势,不断加大北极资源的勘探及开发力度。而破冰船是支撑水面船舶在北极冰区环境进行海洋勘探、油气开采、资源运

输的重要保障装备,尤其对于北极高纬度的厚冰区域,主要依靠功率更大、破冰能力更强的核动力力破冰船提供破冰领航及物资保障。

4.3 核动力破冰船技术发展情况

4.3.1 核动力破冰船工业基础

目前,国外从事破冰船建造的船厂主要集中在北欧地区,其中只有俄罗斯和芬兰开展过核动力破冰船的设计建造。

1. 俄罗斯

俄罗斯是唯一独立设计和建造过核动力破冰船的国家,已为本国设计和建造了多艘核动力破冰船。

冰山设计局是俄罗斯核动力破冰船主要设计单位,曾设计"列宁"号和6艘"北极"级核动力破冰船,并与芬兰阿克北极技术有限公司联合设计了2艘"泰梅尔"级核动力破冰船,最新建造的LK-60YA级核动力破冰船是目前世界排水量最大、破冰能力最强的破冰船,排水量达33 450 t,破冰厚度达3 m。此外,该局正在与克雷洛夫国家科学中心联合设计LK-110YA级第四代核动力破冰船。

波罗的海船厂是俄罗斯核动力破冰船唯一建造单位,建于1856年,目前隶属于俄罗斯联合造船集团,船厂员工3 000多人,有3座大型船坞。该厂参与了俄罗斯全部核动力破冰船的建造工作,曾建造"列宁"号、6艘"北极"级和3艘LK-60YA级核动力破冰船,并为2艘"泰梅尔"级破冰船安装了核动力装置,还负责7万t级LK-110YA级破冰船的建造工作。

2. 芬兰

芬兰是世界破冰船设计和建造能力最强的国家,除为本国设计和建造破冰船外,还为俄罗斯、美国等设计或建造破冰船。芬兰从事过核动力破冰船设计或建造的企业仅有阿克北极技术有限公司和赫尔辛基造船厂。

芬兰阿克北极技术有限公司拥有上百年的破冰船设计经验和完善的船模冰池设施(冰池长75 m、宽8 m、深2.1 m),设计了世界最先进的侧向破冰船型和双动破冰船型,承担了多型目前活跃在极地的破冰船建造工作,如俄罗斯"波罗的海"号侧向破冰船、我国"雪龙2"号科考船。20世纪80年代与俄罗斯冰山设计

局联合设计了"泰梅尔"级核动力破冰船。

芬兰赫尔辛基造船厂建于 1856 年,目前是俄罗斯联合造船集团全资子公司,建造了世界 60% 以上的冰区航行船舶,船厂有员工 600 人,最大干船坞长 280 m、宽 34 m,龙门吊最大起重能力 450 t。该厂于 1989 年和 1990 年完成了两艘俄罗斯"泰梅尔"级核动力破冰船的船体建造,满载排水量 21 000 t。

4.3.2　国外北极地区装备技术发展动向

在全球气候变暖的影响下,北极冰盖日渐消融,北极在资源、交通及地缘战略等方面的价值日益凸显,逐渐成为国际社会关注的焦点,尤其是美俄等北极地区国家,正大力发展极地装备与技术,全面构建极地监视、通信及破冰航行能力,以支撑未来北极地区的战略竞争及军事活动。

1. 发展极地探测技术,提高北极监视能力

(1)美国发展"极地态势感知"技术,构建北极持续自主监视能力

2012 年,美国国防部高级研究计划局(DARPA)启动"极地态势感知"项目,以发展冰面、冰下态势感知技术。冰下感知采用水下传感器结合结构、深度和其他测量法,分析部署区域冰下环境的声传播、噪声及非声特征,用于支撑无人系统追踪水下目标;冰上感知采用冰面浮标结合计算机网络、大数据等新技术分析部署区域的电磁和光学现象、海冰分布特征及航道信息,用于支撑无人系统在海冰边缘区或浮冰区对水面舰船等移动物体的监视。"极地态势感知"系统可在 30 天内快速部署北极地区,长期存在且无须能源补给,并能通过中继卫星通信系统向远程站点发送感知信息,有望提升美国在极地区域的自主、持续监视侦察能力。

(2)美国发展北极移动式观测技术,为极区军事活动提供保障

美国海军研究署拟在 2017—2021 财年开发"北极移动式观测系统"(AMOS),该系统由浮标基站、无人潜航器、波浪滑翔者及多种传感器组成,这些传感器具有低能耗、抗低温的特性,能长期自主收集环境数据,并可通过移动式浮标基站向中继卫星系统传输数据信息。"北极移动式观测系统"主要用于北极环境勘测,研究海冰动力学及热力学特性,分析极地水团的循环和演化特征,提高美军对北极海域物理环境的科学认识和预报能力,为极地装备发展和极区军事活动提供保障。

（3）俄罗斯发展极地声学探测技术,建立领海安全壁垒

目前,俄罗斯金刚石 – 安泰公司正在研发可用于极地海域的新型反潜探测声呐监听系统。该系统由海基、天基和岸基部分组成:海基系统包括浮标和水下传感器,负责采集水下和水面舰艇的数据信息;天基卫星通信链路负责将数据发送给岸基数据中心;岸基数据中心负责分析处理数据,并将数据分发给用户。该系统预计 2017 年完成研发,部署后覆盖范围可达数百平方千米,可有效限制竞争对手在俄北极领海等关键海域的军事活动。

2. 发展极地通信导航技术,保障极地活动

（1）美国积极发展极地卫星通信技术

2012 年,美国海军与海军陆战队联合开发"分布式战术通信系统"（DTCS）。该系统通过由 66 颗铱星组成的星座提供可靠的通信连接,并利用手持式卫星收发器实现各站点之间的语音、文本及位置信息传输。2012 年 11 月,该系统完成极区环境验证并投入使用,为美军提供极地超视距、全天候移动通信能力。

洛马公司为美国海军研制了"移动用户目标系统"（MUOS）卫星通信系统,共有 5 颗卫星在轨运行,采用宽带码分多址波形、无线电台和复合网络管理等技术,传输速率是当前卫星系统的 16 倍,覆盖范围可达北纬 89.5°。该系统于 2018 年投入使用,大幅提高了美军在极地环境中的通信能力。

（2）俄罗斯研发"北极综合监测系统",全面保障极地活动

2012 年,俄罗斯联邦航天局启动研发"北极综合监测系统"。该系统是用于北极地区环境监视及通信的多功能卫星系统,由 3 个子系统组成:一是光电监视子系统,由 2 颗大椭圆轨道卫星"北极"M 组成;二是雷达监视子系统,由 2 颗太阳同步轨道雷达卫星"北极"R 组成;三是中继通信子系统,由 2 颗大椭圆轨道中继通信卫星组成,用于北极地区的政府通信、空中海上航运管理和导航信号中继。该系统于 2017 年发射首颗卫星,2018 年正式启用。

（3）俄罗斯发展水下"格洛纳斯"通信导航系统

2016 年 12 月,俄罗斯圣彼得堡海洋设备公司完成水下"格洛纳斯"通信导航系统研制。该系统由水下、水面移动和冰面固定 3 种浮标构成:水下浮标由超短波无线电台、"格洛纳斯"接收机、"信使" – D1M 卫星通信系统、无人潜航器水下通信系统和电源模块构成;水面移动浮标装在可漂浮保护壳内,带有备用电源;冰面固定浮标装在隔热性好、强度高的保温箱内。该系统能在北极冰盖下工作,为无人潜航器等提供毫米级定位服务,并与空中、水面和岸上控制中心实时交换信息。俄罗斯有望以该系统为基础,为无人潜航器等水下作业平台提供定位信息,建立水下监控信息网络,夺取极地水下战主动权。

3. 发展新概念破冰技术,提升舰船极地通行能力

（1）芬兰发展"侧向"破冰技术,引领破冰船型创新

芬兰阿克北极技术公司提出"侧向"破冰概念,并设计出"侧向"破冰船型。

该船型的两个舷侧采用不同形状设计,利用多部全回转推进器提供侧向推力,使船体斜向航行,用舷侧破冰,提高破冰宽度。2014 年,芬兰赫尔辛基船厂完成首艘"侧向"破冰船"波罗的海"号建造并交付俄罗斯,2015 年该船在喀拉海完成破冰能力验证,其能以 3 kn 航速连续破厚度为 1.2 m 的海冰,如图 4 - 8 所示。该船型可显著提高破冰效率,为未来多功能型冰区舰船发展提供更多船型选择。

图 4 - 8　"波罗的海"号破冰船在喀拉海北极冰区海试

(2)俄罗斯发展激光破冰技术,为现役舰船扩展冰区通行能力

2012 年,俄罗斯提出激光破冰技术,目前正在开展激光破冰船建造。激光破冰技术利用舰载高能激光器切开冰层,以开辟航道。舰载激光器设计质量小于 5 t,工作寿命长达 1 万小时,功率小于 0.2 MW,可击穿厚度为 2 m 的冰层。目前,研究人员已利用长波激光束克服了冰面的反射作用,并可在实验室内切割大尺寸冰块,未来激光破冰技术的实用化将大幅提升现有舰船的冰区通行能力。

美俄积极发展极地卫星系统,探索低能耗、抗低温的无人系统及传感器技术,用于实现对极地冰区环境及作战空间的持续监视,并为极地装备提供通信导航保障。

我国可从以下几方面合理规划布局极地装备技术发展,构建新能力:

一是构建我国对北极地区的气候及环境的认知能力,掌握各国极地军事行动。

二是强化极地通信导航能力,用于保障我国极地交通运输、科学考察、军事活动的安全性和高效性。

三是提升舰船冰区通行能力,保障极地资源开采及航运,构建冰区水面军事力量,提升极地作战能力。

四是发展新型无人系统,利用其成本低、易部署、可长期运行等特点,构建持久自主的极地态势感知能力,强化极地存在。

4.4 船用核动力装置发展情况

船用核动力装置的发展是随着军用舰艇的核动力技术的发展而变化的,目前美国和俄罗斯在这方面的激烈竞争,推动了船用核动力装置发展的新理念、新技术。美国在航空母舰核动力技术上领先,俄罗斯在破冰船、潜艇等方面也不示弱。这里仅将俄罗斯的军用舰艇核动力技术做一简单介绍。

4.4.1 俄罗斯核动力导弹巡洋舰发展概况

俄罗斯现服役于海军舰队的核动力导弹巡洋舰是 114.2 型"基洛夫"级,如图 4-9 所示。据俄罗斯塔斯社 2019 年 12 月报道,北德文斯克造船厂宣布,"基洛夫"级核动力导弹巡洋舰的三号舰"纳希莫夫海军上将"号完成改装,即将离开船厂码头,在完成对升级设备和武器的测试后重新加入俄海军战斗序列。"纳希莫夫海军上将"号经历了 84 个月的长时间改装,将接替"彼得大帝"号核动力导弹巡洋舰,成为俄海军新标杆。

图 4-9 俄罗斯核动力导弹巡洋舰

俄罗斯军事媒体 2020 年 2 月 14 日披露,2019 年底的一次海军高级司令部特别会议指出,在俄罗斯国家军备计划 2018—2027 年阶段结束时,"库兹涅佐夫海军上将"号航空母舰和"纳希莫夫海军上将"号核动力导弹巡洋舰将继续服役。而"基洛夫"级核动力导弹巡洋舰"彼得大帝"号继续担任北方舰队的旗舰,如图 4-10 所示。

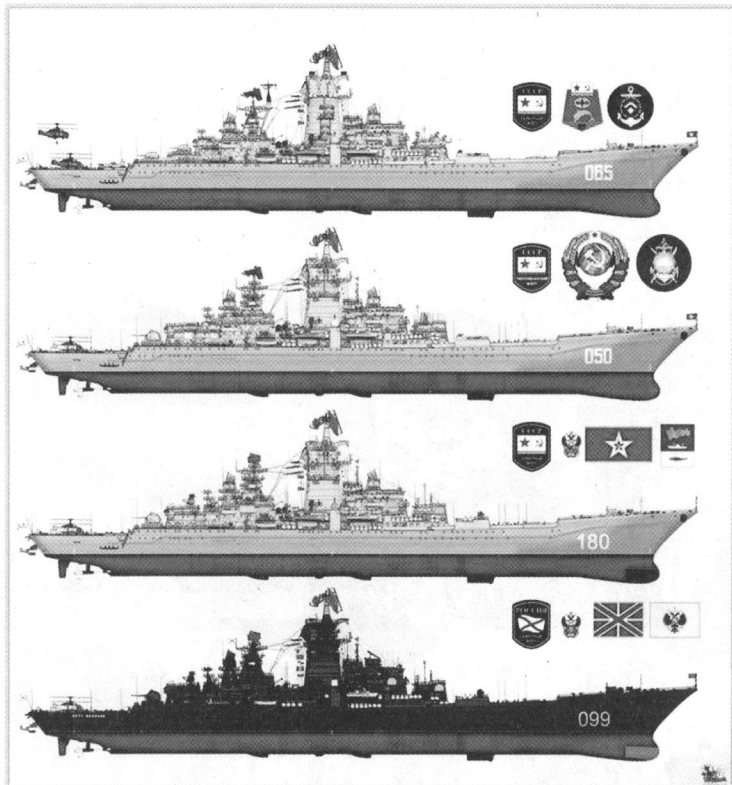

图 4-10　俄罗斯"基洛夫"级核动力导弹巡洋舰

　　"基洛夫"级(1144"海鹰"型)核动力导弹巡洋舰是俄罗斯乃至全世界仅次于航空母舰的最大型水面作战军舰,也是目前全球唯一排水量超过 20 000 t 且使用核动力的现役巡洋舰,目前仅俄罗斯拥有。

　　1144"海鹰"型核动力导弹巡洋舰是由 4 艘重型核动力导弹巡洋舰组成的系列,这些巡洋舰在苏联设计,1973 年至 1996 年在波罗的海造船厂建造。它们是俄罗斯海军唯一配备核动力装置的水面舰艇。根据北约代号,它们被命名为"基洛夫"级战列巡洋舰,该系列巡洋舰第一艘命名为"基洛夫"号(自 1992 年起,改为"乌沙科夫海军上将"号)。1144"海鹰"型核动力导弹巡洋舰的首席设计师是鲍里斯·伊兹赖列维奇·库彭斯基,副首席设计师是尤欣·弗拉基米尔·叶夫盖耶维奇。

　　俄罗斯海军原作战序列中的 4 艘"基洛夫"级核动力导弹巡洋舰分别为"乌沙科夫海军上将"号(原"基洛夫"号)、"拉扎耶夫海军上将"号(原"伏龙芝"号)、"纳希莫夫海军上将"号(原"加里宁"号)、"彼得大帝"号(原"尤里·安德罗波夫"号)。"乌沙科夫海军上将"号属于 1144.1 型,而其余 3 艘属于 1144.2 型。

现只有"纳希莫夫海军上将"号和"彼得大帝"号两艘在列,其中"纳希莫夫海军上将"号正在接受改装后海试(图4-11),"彼得大帝"号将于"纳希莫夫海军上将"号恢复服役后,接受为期10年的升级改装。据说,巡洋舰的维修完成后的寿命将延长35年。据推测,修复后的"纳希莫夫海军上将"号将继续在俄罗斯太平洋舰队服役,"彼得大帝"号仍将是俄罗斯北方舰队的旗舰。

图4-11 "纳希莫夫海军上将"号核动力导弹巡洋舰

1144"海鹰"型的第一艘巡洋舰于1980年投入运营,随后是"拉扎耶夫海军上将"号(1983年),"纳希莫夫海军上将"号(1988年)和"彼得大帝"号(1998年)。从20世纪80年代初至今,这些巡洋舰一直是世界上最强大的水面舰艇之一,在世界造船中没有类似舰船,具有出色的打击和防御能力。这些船只可以有效地执行战斗任务,以摧毁敌人水面舰艇及潜艇。

1.结构特征

"基洛夫"级核动力导弹巡洋舰采用了蒸汽轮机混合式动力系统(CONAS),安装了2座KN-3核反应堆和4台蒸汽轮机。KN-3核反应堆(VM-16型堆芯)核动力装置虽然基于OK-900类型的破冰反应堆,但与它们有很大的不同。最主要的不同是燃料组件,KN-3核反应堆中铀的富集程度很高(约70%)。KN-3核反应堆寿命为10~11年。巡洋舰上安装的反应堆是双回路热中子水冷堆,使用双蒸馏水-高纯度水作为冷却剂和调节剂,该水在高压(约200个大气压)下通过反应堆堆芯循环,从而使第二回路沸腾,并最终以蒸汽的形式进入涡轮机。

开发人员使用了巡洋舰的两轴动力装置,该动力装置的每轴功率为70 000马力。这座复杂的自动化核动力装置位于3个舱室中,包括2个总热功率为342 MW的核反应堆,2个涡轮齿轮装置(位于反应堆舱的前后),以及安装在涡

轮机舱中的 2 个备用自动锅炉 KVG－2。仅使用一个备用动力装置（不使用核反应堆）的情况下，1144"海鹰"型核动力导弹巡洋舰就能够以 17 kn 的速度巡航，有足够燃料储备下可以行驶 1 300 n mile。核反应堆的使用为巡洋舰提供了 31 kn 的全速和无限的巡航范围。安装在该项目船上的动力装置将能够为 10 万 ~ 15 万人口的城市提供热力和电力。精心设计的船体轮廓和大排水量为 1144"海鹰"型核动力导弹巡洋舰提供了出色的适航性，这对于远洋军舰尤为重要。

1144"海鹰"型核动力导弹巡洋舰船员由 759 人（包括 120 名官员）组成。为了容纳船上的船员，舰船设计有 1 600 间客房，其中包括 140 间单人和双人船舱，这些空间是为军官和中尉设计的，30 间水手和司务住士兵舱，每间可供 8 ~ 30 人使用，设有 15 个淋浴间，两个浴室，一个带 6 m×2.5 m 游泳池的桑拿浴室，两层医疗舱（门诊、手术室、医务室、X 射线室、牙科诊所、药房），带训练器的健身房，3 个为中尉、军官和海军上将使用的军官休息室，以及一个休闲休息室，甚至配备个人网络电视演播室。

1144"海鹰"型所有巡洋舰都配备了固定停机坪，可容纳多达 3 架反潜改装的 Ka－27 直升机。为确保舰载直升机在巡洋舰尾部降落，配备了一个降落台、一个特殊的甲板下机库和一个直升机升降机，以及必要的无线电导航设备和一个航空管制站。

1144"海鹰"型核动力导弹巡洋舰的武器装备多达 500 个，西方专家认为，仅仅一艘"海鹰"型核动力导弹巡洋舰就堪比甚至优于参与 1982 年马尔维纳斯群岛战争的所有英国和阿根廷海军的舰船。换句话说，只要一艘"基洛夫"级巡洋舰就可以打败一个英国－阿根廷联合舰队。

2. 俄罗斯导弹巡洋舰不足之处

总体而言，俄罗斯（包括苏联时期）的导弹巡洋舰有两个基本缺陷。

首先，它们不能自给自足，因为其主要武器反舰导弹只能在超视距范围内用于指定外部目标。为此，苏联创建了侦察和目标指定系统"传奇"，它确实允许全范围使用反舰导弹，但有很大的局限性。无源雷达侦察卫星无法始终显示敌人的位置，而且在轨卫星中很少有有源雷达，也没有 100% 覆盖海洋表面。另外，反卫星导弹可能会摧毁相对较低轨道的卫星，甚至用强辐射对其自身进行掩蔽。还有其他困难，总的来说，该系统不能保证在发生全球冲突时摧毁敌方舰船。尽管如此，导弹巡洋舰仍然是一种强大的武器，在"基洛夫"或"光荣"级导弹的射程范围内，没有哪个美国上将能够镇定自若。

其次，它们的专业化程度高。总的来说，它们可以摧毁敌舰，指挥和控制一支舰队的行动，并以其强大的防空系统进行掩护，但仅此而已。这样的巡洋舰对

沿海目标没有任何威胁——尽管存在 130 mm 大炮系统,但将如此庞大而昂贵的战舰带到敌对海岸进行大炮轰击风险是极大的。从理论上讲,重型反舰导弹可以用来摧毁地面目标,但实际上这没有什么意义。根据一些报道,"花岗岩"反舰导弹的成本与现代战斗机相同甚至更高,而且几乎没有沿海目标"值得"使用如此昂贵的弹药。

3."纳希莫夫海军上将"号核动力导弹巡洋舰的现代化改造

根据最初的计划,于 2019 年底使现代化的核动力导弹巡洋舰"纳希莫夫海军上将"号下水,但是由于计划中的项目成本过高而导致工期延误,它被"冻结"了十多年。从 1999 年到 2012 年,它在北德文斯克造船厂完好无损地搁置了 12 年,在这期间只进行了乏核燃料拆卸工作。

2013 年该项目重启之后,彻底拆除了陈旧的电子设备和装置。与此同时,修理人员进行了船体的缺陷检测。2014 年底,经过彻底处理的"纳希莫夫海军上将"号被转移到带有大水池的码头。2015 年底至 2016 年初完成了旧设备的卸载和缺陷工作,然后进行了更新设计的基础工作。

"纳希莫夫海军上将"号排水量 2.6 万 t,使用核动力推进系统,舰体装备垂直发射系统,搭载 400 枚各类型导弹,远超现在所有的驱逐舰和巡洋舰。经过改装的"纳希莫夫海军上将"号换装"口径"巡航导弹、"锆石"超音速导弹、48N6DM 远程防空导弹等,作战能力大幅度提升,图 4 – 12 给出了其设计示意图。

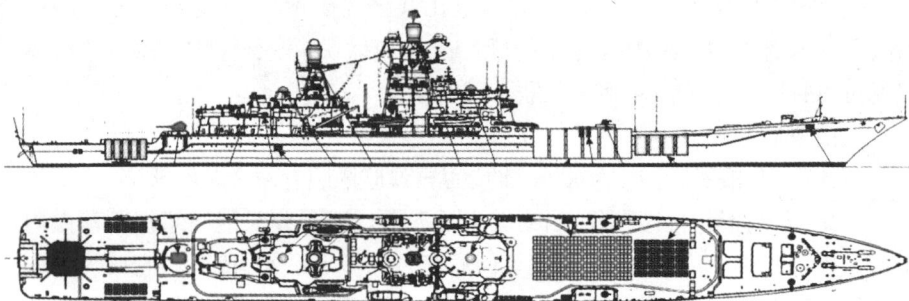

图 4 – 12   "纳希莫夫海军上将"号设计示意图

"口径"巡航导弹的最大射程为 2 500 km,专注于远程对地攻击;"锆石"超音速导弹的突防速度为 8 马赫①,一般防空系统无法拦截;48N6DM 防空导弹属于 S400 舰载版,射程接近 300 km,所以"纳希莫夫海军上将"号属于加强版的"基洛

———————

①　1 马赫即为 1 倍音速。

夫"级核动力导弹巡洋舰。

4."彼得大帝"号核动力导弹巡洋舰的现代化改造

核动力导弹巡洋舰"彼得大帝"号经过测试,于 1998 年移交给俄罗斯海军。它的标准排水量约为 2.4 万 t,满载排水量为 2.6 万 t。强大的核动力装置可以使船速达到 31 kn(每小时 60 km)。该巡洋舰长 251 m,宽 28.5 m,高 59 m,船员 800 多人(图 4 - 13)。"彼得大帝"号核动力导弹巡洋舰目前是世界上作战稳定性最高的军舰之一,主要的武器系统是 20 枚"花岗岩"反舰导弹,这主要是针对大型水面舰艇,尤其是敌方航空母舰设计的。

图 4 - 13　"彼得大帝"号核动力导弹巡洋舰

"彼得大帝"号进行现代化改造的重点是对舰船主动力装置进行维修和更新。由于许多因素,包括财务方面的因素,"彼得大帝"号的改造工作可能受到限制。鉴于该巡洋舰及其系统的制造年代,大规模的现代化改造可能需要大量的开发工作和资金。与此同时,与同类型的"纳希莫夫海军上将"号不同,"彼得大帝"号没有被封存,情况要好得多,并且在动力装置维修后可以持续很长时间服役。另外该舰的全面现代化改造将需要重新铺设电缆线路和进行大量其他电气工作。鉴于 1144"海鹰"型舰体相当耐用,如果及时进行码头维修,可以使用长达半个世纪。"彼得大帝"号的现代化改造于 2020 年开始,船上的工作可能需要 3.5 至 5 年。

5.核动力导弹巡洋舰前景

导弹巡洋舰是俄罗斯水面舰队的"支点",俄罗斯 1164 型导弹巡洋舰的 3 艘舰船都在战斗序列中,唯有第四艘因无法与乌克兰就赎回问题达成一致,被搁置在施工点。1164 型导弹巡洋舰实际上是用武器和设备"塞满"的,这使其成为一型非常强大的舰船,但大大降低了现代化能力。"莫斯科"号、"乌斯季诺夫元

帅"号和"瓦良格"号分别于1983年、1986年和1989年成为苏联舰队的一部分。但只要及时维修,导弹巡洋舰的使用寿命就可以长达45年,因此在未来10年中,它们都不会"退休"。尽管排除了在旧发射器中安装新的反舰导弹并改善"堡垒"防空系统的可能性,但在这段时间内,这些船很可能不会进行任何基本的现代化改造。但是,所有这些都是推测。

核动力导弹巡洋舰上"塞满"武器和设备的状态并未得到改善,"纳希莫夫海军上将"号核动力导弹巡洋舰的现代化改造非常全球化,预计会使用80种现代导弹(例如"口径""玛瑙"及"锆石")取代"花岗岩"反舰导弹。据报道,AK - 630"金属切割机"将被"匕首 - M"防空系统取代。此外,还计划安装NK型反鱼雷软件包。

"纳希莫夫海军上将"号从1999年起就一直停靠在北德文斯克厂,并在2008年从其上卸下了乏核燃料。实际上,这艘船更有可能被废弃而不是被修理。现代化改造合同仅在2013年签订,但是准备性维修工作较早就开始了。一开始计划巡洋舰将在2018年移交给舰队,后来又改为2019年、2020年、2021年,但时至今日改造工作仍未完成。

联合造船公司(OSK)国防采购部负责人2012年表示,巡洋舰的维修和现代化改造将耗资300亿卢布,而购买新武器系统将耗资200亿卢布。也就是说,"纳希莫夫海军上将"号的总工程造价将达到500亿卢布。但是这些只是初步预算。随着工作的进展,船舶维修要求和维修成本会比预计大幅增加。当决定对一艘船进行现代化改造时,要想在船体到达造船厂之后就立即确定需要修理和不需要修理的部分几乎是不可能的。实际的维修量将在实施过程中确定。所以就"纳希莫夫海军上将"号而言,实际维修成本远远不止500亿。换句话说,1144"海鹰"型核动力导弹巡洋舰的维修和现代化改造是一件极其漫长且昂贵的事情。如果试图以可比的价格来表达其价值,它将花费3艘以上"海军上将"系列护卫舰的费用,或者比建造亚森 - M型潜艇更昂贵。

下一个现代化改造的"候选人"是"彼得大帝"号。这艘核动力导弹巡洋舰于1998年投入使用,之后就没有进行过大修。而"拉扎耶夫海军上将"号不会进行现代化改造,原因主要有三点:首先,如上所述,现代化改造的成本非常高。其次,目前只有北德文斯克船厂能够修复和现代化改造这种复杂的装备,在接下来的8~10年中,"纳希莫夫海军上将"号和"彼得大帝"号将占用它。第三,"拉扎耶夫海军上将"号于1984年投入使用,即使现在就对它进行维修和改造,考虑到工期至少7~8年的事实,那么在现代化改造之后,它也几乎不能服务10~12年。而用大约相同的成本建造的"亚森"号的服役时间将持续至少40年。因此,即使立即对"拉扎耶夫海军上将"号进行维修也是一项相当不划算的工作,若是再过

几年进行维修就更没有任何意义了。以上原因也适用于"乌沙科夫海军上将"号。所以这两艘舰船处于"等待"拆除的状态。

总体而言,可以说在一段时间内,俄罗斯导弹巡洋舰的局势稳定了下来。近年来,俄罗斯准备了 3 艘此类战舰:"彼得大帝"号、"莫斯科"号、"瓦良格"号,且在服役中;"乌斯季诺夫元帅"号进行了维修和现代化改造。现在"乌斯季诺夫元帅"号已恢复运行,"莫斯科"号又到了维修的时候了,之后"瓦良格"号很可能会得到维修。同时,"彼得大帝"号将由"纳希莫夫海军上将"号取代,因此可以预期,在未来 10 年中,俄罗斯海军将拥有两艘永久性运营的 1164 型巡洋舰和一艘 1144 型巡洋舰。但是将来,1164 型巡洋舰将有时间逐步退出静止状态,10 年后它们的使用寿命将为 39 ~ 45 年,而"纳希莫夫海军上将"号也许会在舰队中服役到 2035—2040 年。

4.4.2　俄罗斯核潜艇技术发展情况

2020 年 6 月 12 日,俄罗斯国防部发布消息称,955A(Borey - A)的第一艘战略核导弹潜艇"弗拉基米尔大公"号交付俄罗斯海军北方舰队服役。该核潜艇是 955 型"北风之神"级的改进型第四艘,型号为 955A,属第四代核潜艇。2020 年 7 月 20 日,"亚森 - M"项目 855M 型的两艘核动力潜艇"沃罗涅日"号和"符拉迪沃斯托克"号在北德文斯克北方机械制造厂进行了龙骨铺设,计划于 2027 年至 2028 年初加入俄罗斯海军舰队的作战序列,将配备高超音速武器。

1. 俄罗斯核潜艇发展现状

俄海军现役 3 个级别共 11 艘战略核潜艇,包括 1 艘"台风"级、1 艘"德尔塔Ⅲ"级、6 艘"德尔塔Ⅳ"级及 3 艘"北风之神"级核潜艇。"台风"级战略核潜艇是世界上最大的战略核潜艇,主要用作实验平台,曾对新型的"布拉瓦"弹道导弹进行过测试。"德尔塔Ⅲ"级战略核潜艇全部隶属于太平洋舰队,且均已老化,目前仅有 1 艘在服役,携带 16 枚"黄貂鱼"弹道导弹。"德尔塔Ⅳ"级战略核潜艇共 6 艘,是目前俄海军潜艇部队的主力,全部隶属于北方舰队。升级后的"德尔塔Ⅳ"级战略潜艇可携带 16 枚"轻舟"弹道导弹。"北方之神"级是目前俄罗斯最新一级的战略核潜艇,未来将逐步取代"德尔塔Ⅲ"级和"德尔塔Ⅳ"级战略核潜艇。俄海军订购了 8 艘该级潜艇,目前服役 4 艘,其中第四艘 k - 549"弗拉基米尔大公"号于 2020 年 6 月 12 日交付海军北方舰队,还有 4 艘在建。每艘"北风之神"级战略核潜艇可携带 16 枚"布拉瓦"弹道导弹。图 4 - 14 所示为俄罗斯核潜艇。

图 4 – 14 俄罗斯核潜艇

俄海军目前共装备 28 艘攻击核潜艇,包括 6 艘巡航导弹核潜艇和 8 艘多用途核潜艇。其中,巡航导弹核潜艇包括"奥斯卡 Ⅱ"级和"亚森"级(图 4 – 16(a));多用途核潜艇包括"维克托"/"胜利"级、"塞拉"级和"阿库拉"级(图 4 – 16(b))。目前,"奥斯卡 Ⅱ"级和"阿库拉"级是俄海军攻击核潜艇的主要力量。"亚森"级是俄罗斯最新型的攻击核潜艇,属于俄罗斯第四代核潜艇,已经交付 1 艘,还有 8 艘在建,该艇具有安静、深潜、打击能力强、自动化程度高等特点,具有参与解决各种地区性危机的能力。"亚森"级核潜艇可携带"俱乐部""红宝石""花岗岩"和"石榴石"等多类型导弹,需强调的是,2020 年 7 月开建的两艘配备了高超声速武器。俄海军拥有的大部分潜艇的年限均超过 25 年。

(a) "亚森"级核潜艇

(b) "阿库拉"级核潜艇

图 4 – 16 "亚森"级核潜艇和"阿库拉"级核潜艇

俄罗斯正在研制第五代核潜艇,俄海军在 2016 年宣布已经开始研制工作,并将其命名为"哈斯基"级(后改名为"莱卡"级)。"莱卡"级核潜艇采用"一级两型"设计理念,通过中部采用模块化装置搭载不同类型导弹实现"攻击型"和"巡航导弹型"两型舰船功用。

除了上述核潜艇外,俄罗斯还有一种特种用途核潜艇(简称"特种潜艇"),用于执行特种任务,如深海作业、水下运输、海洋考察、海底勘察、水文调查、特种作战等。苏联和俄罗斯海军极其重视特种潜艇发展,将其视为水下力量建设的重要组成部分和占据水下优势的不对称手段,已建造了 6 型 9 艘特种核潜艇,服役于北方舰队;正在开展 09852 型"别尔哥罗德"号和 09851 型"哈巴罗夫斯克"号特种核潜艇项目。

(1)坚持大潜深路线

俄罗斯是目前世界上在大潜深核潜艇领域技术最为先进的国家。俄罗斯的核潜艇曾经达到 1 250 m 极限下潜深度,"麦克"级 685 型核潜艇是名副其实的超大潜深核潜艇。

在战略导弹核潜艇方面,俄罗斯最新的第四代战略核潜艇"北风之神"级 955 型最大下潜深度为 450 m,作为大潜深核潜艇,将成为未来俄战略核潜艇的主力。目前"尤里·多尔戈鲁基"号、"亚历山大·涅夫斯基"号、"弗拉基米尔·莫诺马赫"号和"弗拉基米尔大公"号均已服役。各种情况表明,俄罗斯战略核潜艇大潜深技术已经成熟。

在攻击型核潜艇方面,俄罗斯从第 2 代 V 级(下潜深度 400 m)开始,就掌握了大潜深技术,到第 3 代"阿尔法"级(下潜深度 900 m)和"塞拉"级(下潜深度 750 m),掌握了超大潜深技术。"亚森"级核潜艇(首艇"北德文斯克"号于 2010 年 6 月 15 日下水,于 2014 年交付俄罗斯海军。该级第 2 艘"喀山"核潜艇于 2021 年 5 月 7 日交付海军)潜深为 600 m。

(2)核反应堆与艇同寿,增加部署时间,减少维修成本

核反应堆功率适当提高,堆芯寿命普遍实现"与艇同寿"。俄罗斯"北风之神"级核潜艇上采用的核反应堆是俄罗斯于 1995 年研制成功的第四代压水反应堆 OK－650B 型。苏联和俄罗斯海军的第三代核潜艇上装备的反应堆,大约 5～7 年时间就需要更换一次核燃料,而"北风之神"级核潜艇的 OK－650B 型核反应堆的核燃料更换周期为 25～30 年,基本实现了与艇同寿,从而保证了"北风之神"级核潜艇的在役率。

(3)采用多种措施不断提高综合隐身性能

多数采用泵喷推进器,降低声信号。从目前新一代核潜艇建造、研制状态来看,除"亚森"级首艇外,其余新型核潜艇均采用泵喷推进器。据称,"亚森"级第 2 艘艇也采用了泵喷推进器,可认为泵喷推进器取代 7 叶大侧斜螺旋桨已是大势所趋。相比螺旋桨,这种推进器具有较高的推进效率和更好的声学性能及优异的空泡特性,可增强潜艇的声隐身能力。

外形优化,降低声信号。一方面,新型攻击型核潜艇已全部取消围壳舵,可回收式首水平舵成为新型攻击型核潜艇的主要布置方式。另一方面,新型攻击

型核潜艇的指挥台围壳向低矮化发展,并增加指挥台围壳与艇体之间的光滑过渡,减少潜艇的水动力噪声。

其他措施还有俄罗斯"北风之神"级核潜艇在艇体表面敷设了厚度超过150 mm的高效消声瓦,采用整舱浮阀隔振,还在消除红外特征、磁性特征、尾流特征等方面都采取了一些独到的措施。

(4)潜艇结构以单双混合壳体为主,双壳体将被逐步弃用

俄罗斯从第四代核潜艇起也改变了传统的双壳体结构,无论是攻击型核潜艇"亚森"级还是"北风之神"级弹道导弹核潜艇都采用了单双混合壳体结构。俄罗斯未来的第五代核潜艇将会更进一步完善艇体结构,采用单壳或单双混合壳结构,以便更好适应多用途垂直发射装置的布置需要。

(5)核潜艇武器装备智能化发展

俄罗斯在"智能"鱼雷方面进行了相当长时间的研究。以"暴风雪"鱼雷为例,该型鱼雷能够以超高速度在水下航行,在通过水声探测系统获取目标航迹数据后,该鱼雷的计算机系统会自动推算鱼雷与目标的会遇点,并通过调整鱼雷的航向、姿态确保击中目标。

根据声呐探测技术的原理,核潜艇在应对敌方反潜作战的过程中,为降低自身被发现的概率,会用到水声干扰装备。水声干扰装备即采用人工声源的方式,在特定环境下制造多个虚假目标,使真实目标被发现和击中的概率大大降低,尤其是在智能水声干扰装置应用之后,其效果明显增强。以955型战略核潜艇为例,该级别核潜艇虽然有着出众的静音特性,然而为确保万无一失,俄罗斯同样为其配置了智能水声干扰装置。该装置分为线导式智能水声对抗器材和自航式智能水声对抗器材两种类型。线导式智能水声对抗器材可以通过通信线路实时模拟不同的声纹信息,以达到欺骗敌方反潜声呐、声导鱼雷的目的;而自航式智能水声对抗器材目前依然处于研究阶段,其能够自主提取周围环境中的声纹信息并模拟核潜艇的动态声纹信息,通过数据库分析的结果,规划出最佳的航行路径,以配合己方核潜艇成功摆脱敌方声呐探测设备的追踪和攻击。

以俄罗斯"状态-6"无人潜航器("波塞冬"核鱼雷,图4-16)为例,该武器单元的长度已经超过了传统意义上的鱼雷,为此其仅能以955型战略核潜艇为发射平台。根据俄罗斯方面的报道,该智能无人潜航器能够根据任务设定,在水下1 000 m深度的区域航行,并能够通过海底地形数据匹配技术进行定位,从而调整自身的航向、航速、深度,以满足完成特定任务的条件。目前,受武器搭载平台的影响,该智能无人潜航器依然未能完成实装验证,随着955型战略核潜艇鱼雷发射系统的改造升级,也就意味着"状态-6"无人潜航器真正进入俄罗斯核潜艇武器装备序列之中。

图 4 – 16　"波塞冬"核鱼雷

2. 俄罗斯核潜艇发展现存问题

（1）在隐身技术上存在的问题

①潜艇辐射噪声隐身（低噪声）

辐射噪声的特征在于频谱的宽带噪声和窄带离散分量的水平,如今一个极为重要的因素是在高速航行和大潜深情况下保持低水平的频谱宽带噪声和窄带离散分量。

就低噪声技术（尤其是在高速航行的情况下）而言,与西方其他国家相比,俄军潜艇已经明显滞后,但是鉴于现代潜艇所实现的低噪声水平,这种差异并不大,而且俄军潜艇在战术行动方面足可以对抗敌方。俄军潜艇能够顺利完成战斗任务和探测操作主要是由于高明的战术行动（包括"军事战术"）。如今,降低潜艇噪声水平的主要方向不是降低噪声的"规定水平"（已经很低）,而是扩大速度和深度上的"低噪声范围"。

②声呐特征隐身

当前,新型低频主动声呐探测系统得到广泛应用,甚至能够有效发现几乎处于静音状态的潜艇,这使得低声呐可探测性变得非常重要（在一些情况下甚至优先于低噪声水平）。解决这一问题的关键在于优化潜艇壳体的尺寸、形状和结构,以及使用吸波涂层（或采用主动补偿手段）。

③超低频波段隐身性

超低频波段隐身性取决于潜艇的大小及其对深度和速度的控制。为解决相关问题,不能单凭理论,而是要开展具体的试验,明确哪些条件能够保障潜艇在浅海环境下的隐身性能。这是因为,濒海浅水区域已经成为阻碍潜艇隐身的问题区域。如果条件允许自然可以下潜更深,但随之而来的另一个问题是,在深水区由于水压加大会严重削弱声学防护设备的性能,从而增大潜艇的噪声。今天,尽管非声探测设备的作用得到显著提升,但水声探测技术仍是搜索潜艇的关键

方法。

④潜艇尾迹特征探测技术

俄罗斯国内普遍认为国外不存在专门用于探测潜艇尾迹的国内类似系统，但事实却与此相反，国外的此类系统已经量产并投入潜艇作战使用。另外，俄方为追求潜艇壳体的稳定性，在潜艇设计过程中尽量减少开孔数量与可伸缩结构，将雷达与无线电侦察站安装在同一个桅杆上。这种结构设计上所犯的严重错会提升潜艇的雷达可探测性（包括俄最新型潜艇），制约了俄在敌方反潜机主动搜索区域开展无线电技术侦察活动的能力。

（2）在水声对抗设备方面存在的问题

与西方其他国家相比，俄军的水声对抗设备差距明显，其问题不在于技术层面（俄方在这一领域曾研制出性能优异的产品，如 Rubicon、Platinum、Shelon、MG-89水声设备，MG-44、MG-104 型自航式鱼雷诱饵），而是在于组织层面——在研发设计过程中不能统一筹划声学、机械学、计算机等领域的工作（电子战手段），甚至将水声对抗设备与电子对抗设备混为一谈，这导致俄军没有类似美军 GANTS 舰壳式主动干扰器的设备（图 4-17）。如今，俄海军使用的 Mk3、Mk4 漂浮式水声对抗设备在应对现代鱼雷（如 UGST 型或 MTT 型）和水声系统（MGK-400EM 型）时效能低下，但令人不解的是俄国防部仍在采购此类设备。面对这种情况，俄军应在潜艇实战模拟的基础上同步开展新型鱼雷系统和水声对抗设备的研发工作。

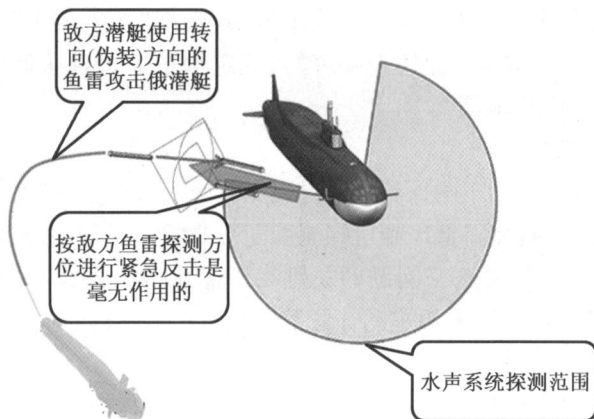

图 4-17 俄军潜艇水下作战存在的关键问题——"敌人在哪"

3.第五代核潜艇发展情况

2016 年 3 月，俄海军宣布第五代核潜艇命名为"哈斯基"级（后改为"莱卡"级，也叫 545 型"Laika-Navy"），同年 8 月俄国防部正式授予孔雀石海洋工程局

潜艇研制合同。该艇采用"一级两型"设计理念,且其艏艉分段通用化设计计划用于俄下一代弹道导弹核潜艇,属世界首创,充分体现了俄非对称战略和非核遏制力量发展思路。

自 2019 年初以来,"莱卡"项目的开发工作一直在进行。孔雀石海洋工程局负责研制该艇。该局于 2017 年 12 月完成了核潜艇最初方案。预计新项目的第一艘潜艇的建造将于 2023 年开始。2019 年 12 月 24 日在俄罗斯国家国防管理中心举行的现代及先进武器和军事装备的样品展览中展出了第五代核潜艇模型。就该次展出的潜水艇模型来看,"莱卡"级排水量约为 1.134 万 t。该艇将能够潜水至 600 m 的深度,并在水下以高达 35 kn(每小时约 65 km)的速度航行。

在公开报道中,关于"莱卡"级潜艇的具体特征的信息相对较少,这类核潜艇装备的许多特点仍只能初步判断。特别是预计"莱卡"级核潜艇的水下排水量约为 1.2~1.3 万 t,将采用双壳结构,船员约为 90 人,潜艇尺寸将小于目前在建的 885M"亚森"级项目的尺寸。

该核潜艇计划配备"口径""锆石""缟玛瑙""应答""猛禽"导弹,以及"物理"和 USET-80 鱼雷、"Lasta"鱼雷。早前有报道称,在该项目的潜艇中,为不显露声呐,将不会使用橡胶涂层。相反,潜艇的艇体将由复合材料制成。潜艇还将接收"静音"鱼雷管,在其中将使用水代替压缩空气来发射弹药。此外,该核潜艇将装备人工智能综合战斗信息和控制系统。

根据一些报道,第五代潜艇将不会采用压水反应堆,而是从根本上新建主动力装置,其有可能是先前安装在 705(705K)"天琴座"多用途核潜艇上的反应堆的改进版。俄罗斯战略与技术分析中心专家康斯坦丁·马基延科(Konstantin Makienko)表示,第五代潜艇的主要动力装置包括一个带液态金属冷却剂(铅-铋合金)的单反应器蒸汽发生装置和一个模块化单轴汽轮机发电机组。他还指出,俄罗斯造船商致力于获得机动性强、速度快、排水量较小、船员人数大幅减少、采用新型有效武器和技术装备及综合自动化技术的潜艇,与先前建造的船只相比,能将潜水艇的水下噪声水平降低数倍。

据称,"莱卡"级核潜艇的最大设计特点是"一级两型"——将基于通用化艇首和艇尾开发"攻击型"和"巡航导弹型"两型。其中,"攻击型"不装配垂直发射装置,主要执行反潜、反舰任务;"巡航导弹型"将装配多用途垂直发射管,可搭载"锆石"超高声速巡航导弹,执行反舰、对陆攻击任务。未来,该通用型艏艉分段还可用于俄罗斯下一代弹道导弹核潜艇。

总的来说,俄罗斯核潜艇技术至今已经发展了四代,正在建造第四代核潜艇及研制第五代核潜艇。在未来核潜艇项目发展上俄罗斯致力于提高其综合作战能力,主要特点在于应用复合材料,提高综合隐身能力;反应堆与艇同寿,减少潜艇维修周期;升级武器装备,增强作战打击能力;搭载无人系统,改变未来作战模式。

4.4.3　俄罗斯核动力破冰船典型案例

LK-60YA 级(以前被称为 22220 型)是由俄罗斯克雷洛夫国家科研中心设计的新一级核动力破冰船。计划建造 3 艘,一旦服役,该级船将成为世界上最强大的破冰船。到 2022 年 12 月,3 艘船已经下水。

该级核动力破冰船主要具备以下特点:

(1)LK-60YA 级首次采用了双吃水设计,它既可以在北极较深的海域航行,也可以在较浅的河流航行,从而实现了"22220 型兼顾 10520/10521 型大吃水核动力破冰船和 10580 型小吃水核动力破冰船双重职能"的创新设计理念。由于采取双吃水设计,LK-60YA 级可以发挥一身两任的职能。克雷洛夫国家科研中心研究人员研制双吃水破冰船的思路,主要源自破冰船吃水深度大小导致船体升降的原理。研究人员发现,在北极海域航行时,当底层储水舱注入 8~9 t 海水时,破冰船吃水深度将增加 2 m;反之,在驶入北极河流前将底层储水舱海水放掉的情况下,破冰船吃水深度自然会减少 2 m,船体会自动上浮。此时,破冰船以 8.65 m 的吃水深度驶入西伯利亚的杜金河,并以 8.9 m 吃水深度通过鄂毕湾。

(2)首次安装了俄罗斯国产交流电推进系统。克雷洛夫国家科研中心电机工程与工艺中央科研所副总设计师尼古拉·拉扎列夫斯基指出:"除了采用独特的双吃水设计外,我所自行研发的交流电推进系统是另一个创新亮点。该系统可以确保核动力破冰船保持高度的机动性,并且可灵活变换核反应堆的功率,这是征服北极超厚冰层必不可少的设备。"

(3)首次采用新型双核反应堆,体积小和质量轻,安全可靠。LK-60YA 级安装了两台 RITM-200 型新一代核反应堆(每台轴功率为 175 MW),相当于一座小型核电站,足够为一座 30 万人口的城市提供照明和取暖。由于采用模块化设计,不仅体积和质量缩减了一半,而且研制成本也大大降低。圣彼得堡中央船舶科研所试验室主任列昂尼德·措伊教授说:"RITM-200 型堆的设计关键在于,在缩小核反应堆体积和质量的同时,将原先分离的冷却装置和蒸汽发生器等设备融为一体。此外,由于采用了强化反应堆堆芯自然循环能力的措施,RITM-200 型堆的堆芯更为安全可靠,其使用寿命可达 40 年。"

(4)利用优化船体外形的工艺,提高破冰厚度和航行能力。按照 LK-60YA 级招标书的规定:"新型核动力破冰船破冰厚度和航行能力不应依赖于增加轴功率,而是通过优化船体外形等途径加以解决。"通过对各种各样的船体外形进行一系列试验和研究后,最终为 LK-60YA 级选择了传统的楔形。与 10521 型"五十年胜利"号相比,LK-60YA 级的船体外形由勺形重新变为传统的楔形,船首倾斜角度由 27°缩小为 21°,吃水线角度由 28°扩大为 38°。试验结果证明,如果

船首倾斜角度过大,容易造成船身肋骨断裂。随后,克雷洛夫国家科研中心对实体模型进行了比较试验,最终确定了 LK - 60YA 级船体仍采用传统的楔形,不仅提高了破冰厚度,而且确保了航行能力。

(5)经济实惠。从理论上讲,柴电动力破冰船是核动力破冰船最有力的竞争对手。但是,俄专家给出了否定的答案。俄核动力舰队总经理维亚切斯拉夫·鲁克沙指出:"根据工作强度,LK - 60YA 级加注 1 次核燃料后,每昼夜仅消耗几十克,在海上可以持续航行 7 年。1 艘轴功率为 55 MW 的柴电动力破冰船,一昼夜平均要消耗 300 t 柴油。如果按照储油舱储备 20 000 t 柴油计算的话,那么这艘柴电动力破冰船只能在海上航行大约 2 个月。如果想要继续航行,就必须给储油舱加注柴油。该功率的柴电动力破冰船吃水深度通常为 12 ~ 13 m,无法像 LK - 60YA 级那样,不仅可以在北极海域深水区航行,也可以在北极河流浅水区航行。此外,LK - 60YA 级的使用寿命为 40 年,而原来核动力破冰船最长的使用寿命才 25 年。"

LK - 60YA 级核动力破冰船示意图如图 4 - 18 至图 4 - 20 所示,其主要参数如表 4 - 6 所示。

图 4 - 18　"北极"号核动力破冰船

图 4 - 19　"西伯利亚"号核动力破冰船

图 4 - 20 "乌拉尔"号核动力破冰船

表 4 - 6 LK - 60YA 级核动力破冰船主要参数

长	173.3 m
宽	34 m
高	15.2 m
吃水	10.5 m(设计);8.55 m(最小)
排水量	33 540 t
冰级	俄罗斯船级社 PC9
主机	2 台 RITM - 200 核反应堆
推进系统	三轴推进,推进功率共 60 MW
航速	22 kn(开敞水域)
载员	74 人

截至目前,俄罗斯民用核动力舰队所采用的 3 代核反应堆装置如图 4 - 21 所示。图 4 - 22 所示为 RITM - 200 核反应堆的蒸汽发生装置(SGU)图,相关参数如表 4 - 7 所示。

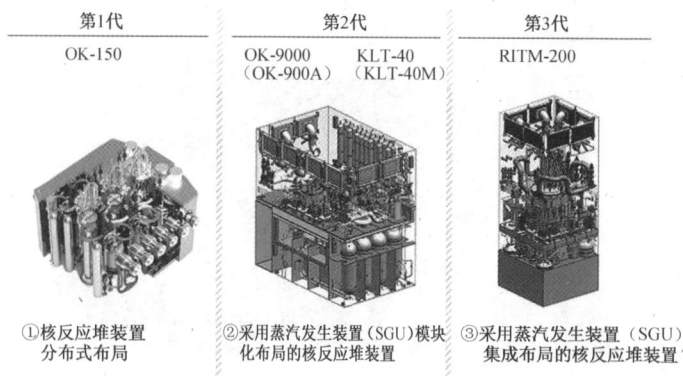

图 4 - 21 三代核反应堆装置

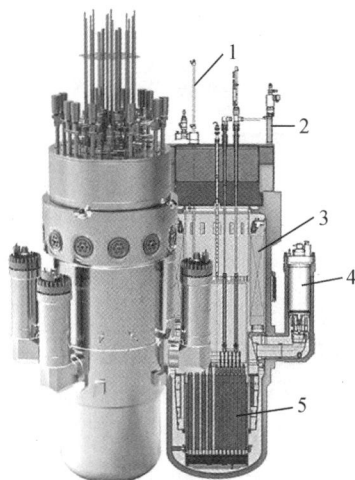

1—控制棒驱动机构 (CRDM)；2—控制组驱动机构 (CRDM)；3—蒸汽发生器；
4—主回路循环泵(PCCP)；5—堆芯。

图 4 – 22　RITM – 200 核反应堆的蒸汽发生装置(SGU)图

表 4 – 7　RITM – 200 核反应堆蒸汽发生装置(SGU)的主要设计参数表

SGU 类型		集成
热功率/MW		175
容量因子		0.65
连续工作时间/h		26 000
初始堆芯储能/(TW·h)		4.5(设计期望 7.0)
燃料浓缩		<20%
预留的使用寿命	永久设备/年	40
	可替换设备/年	20
预留的使用期	永久设备/kh	320
	可替换设备/kh	160

LK – 60YA 级核动力破冰船设计示意图如图 4 – 23 所示。

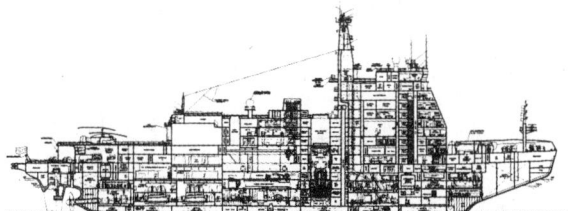

图 4 – 23　LK – 60YA 级核动力破冰船设计示意图

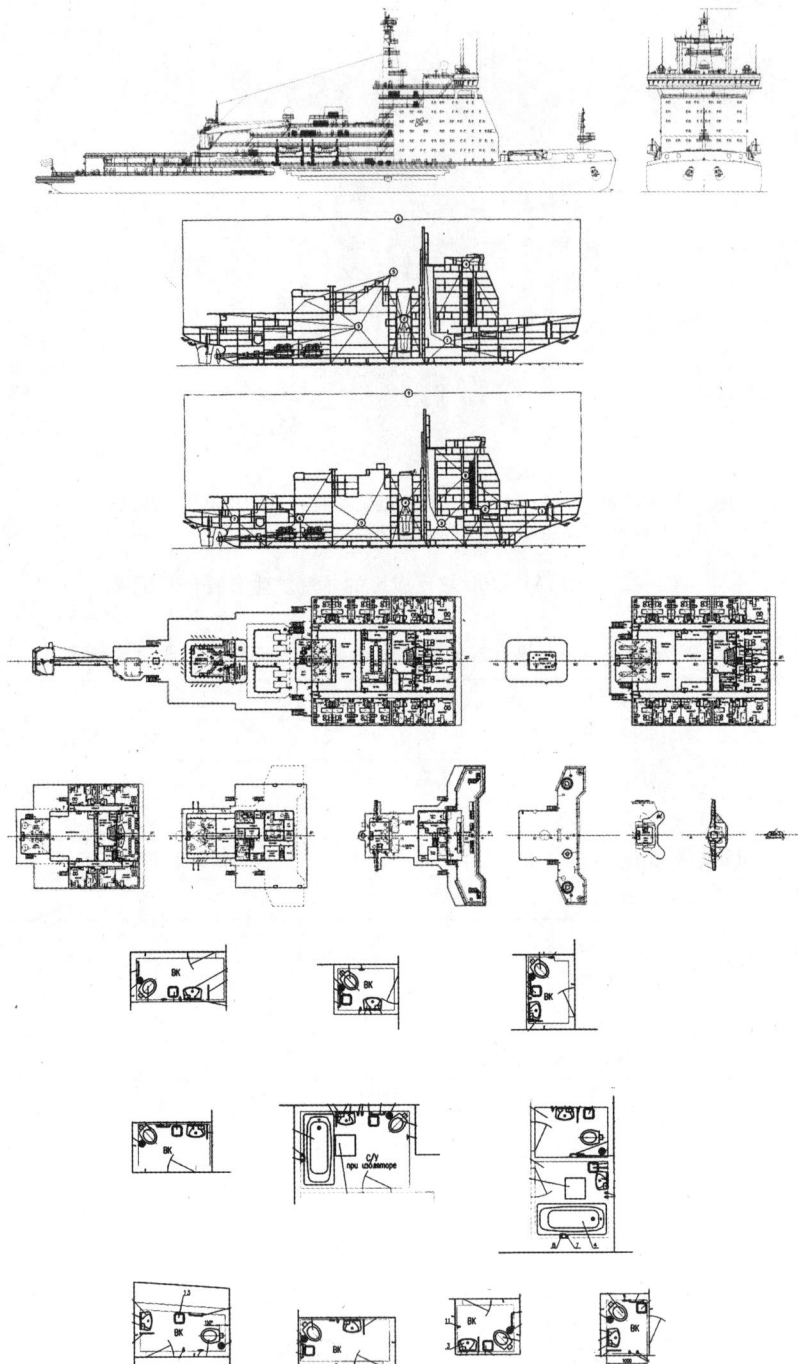

图 4 - 23(续)

4.5　小堆 AIP 技术的研究与应用

小堆 AIP[①] 技术是在常规潜艇上增设一套小型化的核动力装置，提供水下航行动力，构成柴电与小堆核电组合的动力系统，即小堆 AIP 系统。通常情况下，潜艇由蓄电池组或柴油发电机组供电；长时间水下潜航时，由小堆 AIP 系统供电，使电机在低速工况下运行，并给蓄电池组充电，高速航行时由小堆 AIP 系统与蓄电池组并联供电。该系统适合排水量在 2 000 t 左右的潜艇，水下续航可达上万千米。

4.5.1　小堆 AIP 技术概述

小堆 AIP 技术采用结构紧凑、模块化、低温低压、自动化程度高、堆芯寿命长和经济性好的堆型，换料和在役检查设备与反应堆结构相适应，并采用具有非能动安全壳冷却、堆芯非能动淹没和余热排出等功能的非能动安全系统，反应堆固有安全性好。

小堆 AIP 的放射性工艺系统布置相对集中，有放射性的设备和管路设置在带有负压系统、能承受足够压力、容积尽量小的 AIP 舱段内，并设置有一、二次屏蔽和局部屏蔽，其一次操作所接受的剂量就大大低于年剂量允许值的 1/10（5 mSv），具有良好的核安全保障。

固有安全性好、结构紧凑、自动化程度高、堆芯寿命长和经济性好的堆型是小堆 AIP 系统的首选堆型。目前，适用于常规潜艇的小堆 AIP 系统的堆型有脉冲堆、热离子反应堆和小型一体化压水堆等。

4.5.2　加拿大 AMPS 系列脉冲反应堆

脉冲反应堆最早是由美国通用动力公司原子能部（General Atomic）研究开发的一种小型反应堆。该堆型采用氢化锆与铀均匀弥散混合的固体燃料——慢化剂元件，具有较大的瞬发负温度系数。脉冲反应堆为池式研究堆，结构简单、运行方式多样，是国际公认的具有良好固有安全性的反应堆，在脉冲运行模式下能

---

① AIP 全称"air independent propulsion"，是一种不依赖空气的推进装置。

获得较强的功率脉冲和中子脉冲,因此脉冲反应堆在基础科学研究和技术应用上获得了较为广泛的重视。

加拿大渥太华能源转换系统公司 ECS 在脉冲反应堆基础上,研制了 AMPS400 和 AMPS1000 小型反应堆装置,型号命名中的数字"400"和"1000",代表装置功率分别为 400 kW 和 1 000 kW。表 4 - 8 给出了 AMPS400 和 AMPS1000 装置的主要参数。AMPS1000 是 ECS 于 1987 年研制的 1 000 kW 功率小型反应堆装置,安全性好、结构紧凑、寿命长,可用于 2 000 t 级非核动力潜艇。

表 4 - 8　AMPS400/1000 反应堆参数

参数	AMPS400	AMPS1000
堆芯热功率/MW	3.5	10.8
电功率/kW	400	1 000
装置质量/t	350	350
辅助负荷功率(海水温度 0 ~ 15 ℃)/kW		1 700
燃料	铀 - 氢化锆	铀 - 氢化锆
包壳	Incoloy 800H	Incoloy 800H
燃料元件数/个	480	1 275
燃料更换周期/年	8 ~ 10	8 ~ 10
运行压力/MPa	1.7	3.67
堆芯出口冷却剂温度/℃	166	207
堆芯功率密度/(MW/m^3)	45	49
冷却剂流量/(kg/s)		125
工质	氟利昂	水蒸气
汽轮机进口压力/MPa		1
蒸汽温度/℃		181
汽轮机流量/(kg/s)		4.1
背压/kPa		10.3
冷凝器海水流量/(kg/s)		133.8

AMPS400 系统采用铀 - 氢化锆合金为燃料元件,与低温低压的氟利昂朗肯转换系统结合,具有安全性好、保持裂变产物的性能好、结构紧凑、寿命长、技术

上成熟等特点,其负温度系数很大,可在数秒内使功率下降到瓦级水平,特别适应于潜艇运行工况变化大的情况。

图 4-24 所示为 AMPS1000 反应堆的布置图,包括反应堆容器、堆芯、多液压动态端口、内部支架、主屏蔽和控制棒驱动机构等。反应堆采用被动安全冷却系统,可有效防止事故的发生。

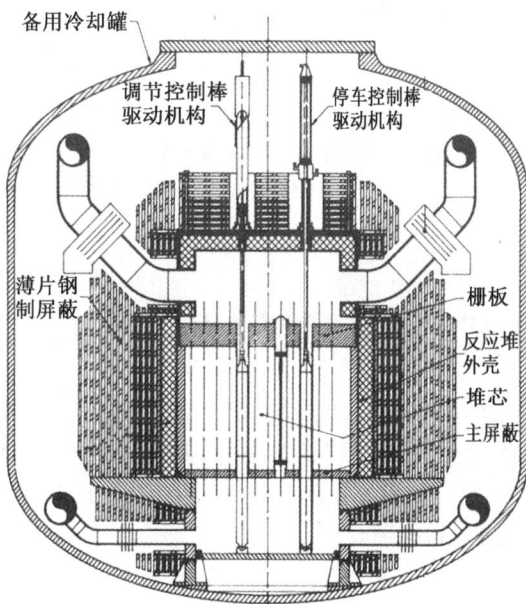

图 4-24　AMPS1000 反应堆的布置

AMPS 潜艇舱段直径 6.4~8.4 m。潜艇耐压壳体直径 7.4 m 时,内嵌 AMPS 舱段长度 5.5 m。图 4-25 所示为 AMPS1000 舱段内部舱室布置图。据估算,包括壳体结构和附件的 AMPS1000 舱段质量约 350 t。

安装 AMPS1000 装置后,艇员增加 3~12 名,这主要取决于值班更次,部分岗位也可由原有艇员担任。为给活性区更换核燃料,耐压壳体内反应堆上方开设有 1~1.5 m 直径人孔,通过这个人孔可将燃料元件(35 个)逐个移出活性区。

安装 AMPS 装置后,可保证这些潜艇在不使用蓄电池情况下,以 4~5 kn 航速几乎具有无限水下续航力。加拿大为排水量 2 000 t 级潜艇(如德国 TR-1700 级或瑞典 471 级潜艇)研制了 1 000 kW 功率(电功率)AMPS 装置,可保证潜艇不使用蓄电池情况下拥有 8~12 kn 的水下航速。

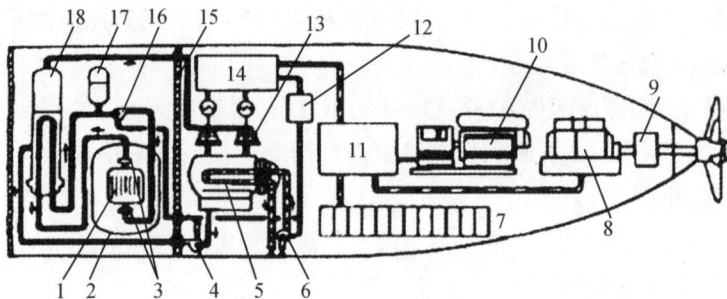

1—活性区;2—冷却剂储存器;3—液压阀;4—给水泵;5—汽轮发电机冷凝器;6—舷外水泵;
7—蓄电池;8—主推进电机;9—主推力轴承;10—柴油发电机;11—船上配电板;12—变流器;
13—汽轮发电机;14—配电板;15—防护隔壁;16——回路主循环泵;17—冷凝器;18—蒸汽发生器。

图4-25 AMPS1000舱段内部舱室布置

4.5.3 美国基于 SP100 热离子堆的 AIP

热离子反应堆电源是空间堆电源的重要技术路线之一。其通过热离子能量转换的方式将反应堆裂变能直接转换为电能,具有体积小、结构紧凑、比质量小等优点,且在20世纪80年代经历了两次空间飞行验证,技术较为成熟可靠,图4-26给出了热离子能量转换原理。

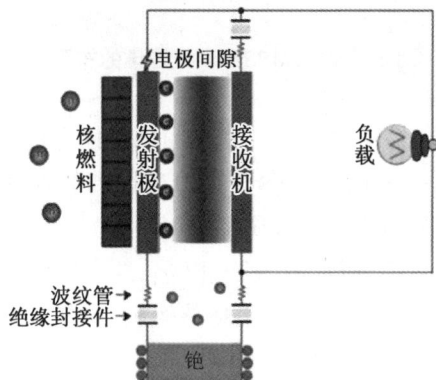

图4-26 热离子能量转换工作原理

美国已经成功研制了采用热离子和热电系统的SP100型空间用反应堆系统。在此基础上,美国通用原子能公司(GA)进行了相较于小型核动力系统(AMPS)有更多优越性的500~5 000 kW功率热离子+热电系统反应堆的研制,

196

拟替代其他类型 AIP 的 3000 t 潜艇驱动。SP100 反应堆基本参数如表 4 − 9 所示。

表 4 − 9　SP100 反应堆基本参数

项目	设计值
热功率/MW	2.4
电功率/kW	100
冷却剂出口温度/K	1 375
能量转换装置/个	12
主泵/个	12
单侧辐射器展开面积/m^2	98.5
质量/kg	4 518

1983 年,美国航空航天局、能源部和国防部签署协议,共同资助空间核反应堆电源项目,即 SP100 计划,主要目标是研制出 10 ~ 100 kW 可运行 7 年、比质量为 40 kg/kW 的供军民两用的核电源系统。

SP100 使用氮化铀作为燃料,锂为反应堆冷却剂,采用硅/锗热电型(静态转换)转换系统,钾热管辐射冷却。考虑到高温材料问题,反应堆的工作温度为 1 350 K。反应堆辐射屏蔽由氢化锂(LiH)和钨(W)构成,其中氢化锂和钨分别用于中子和伽马辐射屏蔽。

4.5.4　日本 DRX 一体化压水堆

一体化压水堆也称紧凑布置压水堆,采用低功率密度堆芯和体积小且传热性能好的直流蒸汽发生器,一回路系统由较短的双层套管将反应堆本体与冷却剂主泵和蒸汽发生器连接在一起,控制棒驱动机构和稳压器置于压力容器内。

图 4 − 27 所示是日本原子能院(JAERI)研制的深海探测潜器所用的 DRX 小型一体化压水堆的示意图,输出功率为 150 kW。其反应堆容器、蒸汽发生器、汽轮机、发电机及其部件、控制棒驱动机构均包含在由两个直径为 2.2 m 的钛合金球型壳连接而成的压力容器内,结构紧凑。堆芯采用非能动安全系统,冷却剂自循环冷却,与常规的压水堆比较,该反应堆冷却剂的负反应性系数很大,冷却剂密度每减少 1%,负反应性就相应减少 0.4%,从而使 DRX 具有良好的瞬态运行特性。

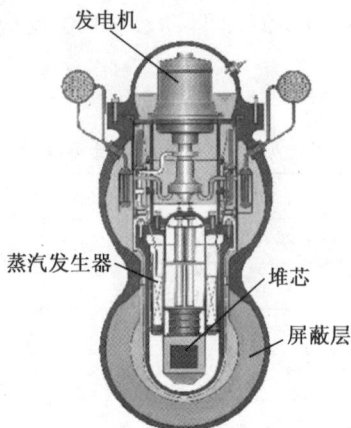

图 4 – 27　DRX 小型一体化压水堆结构图

4.5.5　法国小堆 AIP 装置

法国曾将小型反应堆装置安装在排水量 1 050 t 的"阿戈斯塔"级非核动力潜艇(图 4 – 28)上。该装置使用一体化核反应堆,蒸汽发生器位于反应堆壳体内,一回路自然循环冷却,低富集度铀燃料元件为法国公司制造。包括生物屏蔽在内反应堆高度 4 m,直径 2.5 m,质量 40 t;汽轮发电机功率 1 MW,可以保证主轴系推进电机推进和全船电力需要。

图 4 – 28　"阿戈斯塔"级潜艇

试验表明,安装有小型反应堆装置的"阿戈斯塔"级潜艇 13 kn 水下航速下续航力 12 500 n mile,而采用常规柴电动力装置,7 kn 水下航速下续航力仅 6 700 n mile。

4.5.6　小堆与其他 AIP 的性能对比

当前,各国 AIP 技术仍以斯特林发动机和燃料电池为主流。对于热机系统的 AIP 而言,其共同点是均需要燃料的燃烧和机械的传动,因此无法避免热辐射和机械噪声的产生,且热机系统的最高效率受卡诺循环的限制,不会超过 50%。不同类型 AIP 技术对比如表 4 - 10 所示。

表 4 - 10　不同类型 AIP 技术对比

AIP 类型	斯特林发动机	燃料电池	闭式循环柴油机	闭式循环汽轮机	小型反应堆
总功率/kW	120 ~ 260	240 ~ 300	250	400	400 ~ 600
耗氧量 /(g/(kW·h))	950	450 ~ 540	822	850	0
应用成熟程度	装备数量较多	装备数量较多	演示验证阶段	装备数量较少	演示验证阶段
主要优点	技术成熟;振动噪声较低;造价、运行、维修费用较低	转换效率高;无机械运动噪声;热辐射小	技术成熟;单机功率大	排放设备简单,废气排放噪声低;总功率大	水下航速和续航力大;安全性能好;无须消耗燃油和氧气
主要缺点	外燃式发动机瞬间提速或减速能力差;机械噪声较高	储氢工艺复杂;功率密度低;系统寿命短;造价高	噪声大;废气处理系统复杂而庞大;系统效率低	热交换器和汽轮机体积和质量过大;噪声较高	效率低;热辐射信号强;所需耐压壳体容积较大

燃料电池无转动机械的特性在很大程度上降低了噪声,增加了隐蔽性,且生成的直接产物水也易于处理。燃料电池直接将贮存在燃料与氧化剂中的化学能转化为电能,能量转换比传统热机转换减少了两个环节,高效率(最高可达

80%)这一绝对优势决定了燃料电池技术未来良好的发展前景。

小堆 AIP 潜艇不需要消耗氧气,续航力和水下航速相对使用常规碳氢燃料的非核潜艇有了较大的提升,但小堆 AIP 设备造价昂贵,使用复杂,维护费用相对较高。常规动力潜艇相对核潜艇最大的优势就是噪声小,隐秘性强。在上述小堆 AIP 堆型中,美国以 SP100 为基础研发的堆型最具竞争力,由于采用锂热管冷却,硅/锗热电偶发电,机械转动部件少,噪声小,是小堆 AIP 系统最理想的动力源。

随着科学技术的发展,潜艇核动力装置小型化已取得关键性技术突破,采用小堆 AIP 技术可以吸收核动力装置潜艇的优点,克服常规柴电动力潜艇续航不足的缺点,提高战斗性能。小型潜艇反应堆可采用技术成熟可靠、设计运行经验丰富的一体化压水堆,也可采用脉冲堆和噪声较小的热离子堆。随着核科学和技术的发展,将会有更多可用堆型出现。

4.6 国内外液态金属冷却反应堆发展情况

核能作为清洁能源具有广阔的发展前景,俄、美等发达国家已经开始研发第四代核反应堆系统,而利用液态金属冷却的快中子反应堆建设技术更是备受业界重视。快中子反应堆技术可以保证高水平的钚生产能力,并促进新的核燃料的生产,提高了核燃料闭式循环体系中废燃料的利用率,进而能够扩大核燃料基地,并且兼具较高的安全性。因此,液态金属冷却快中子反应堆被誉为极具潜力的第四代核电系统堆型之一,以及理想的核潜艇用核动力技术,成为俄、美等国的重点研究方向。

4.6.1 技术特点与发展前景

随着核能技术的发展,快中子反应堆被认为是极具发展核能优势的堆型,其中钠冷快中子反应堆(SFR)与铅冷快中子反应堆(LFR)已经成为第四代反应堆系统极具发展潜力的两种堆型。

1. 技术特点

钠冷快中子反应堆是采用液态钠为冷却剂,以铀和钚的金属合金为燃料的快中子谱反应堆(表 4 - 11)。

表4-11 钠冷快中子反应堆规模与特点

规模	特点
中等功率(150~500 MW) 钠冷快中子反应堆	以铀-钚-少量锕系-锆合金为燃料
	采用设备与反应堆集为一体的基于高温冶炼工艺的燃料循环方式
中到大等功率(500~1 500 MW) 钠冷快中子反应堆	使用铀-钚混合型(MOX)燃料
	采用堆芯中心位置基于先进湿法工艺的燃料循环方式

钠冷堆的快中子谱能够更有效地利用可用的裂变与增殖材料(包括贫铀),且具有燃料资源利用率高和热效率高的优点,备受各国重视,也因此成为第四代核能系统研发进展最快的堆型,如图4-29所示。

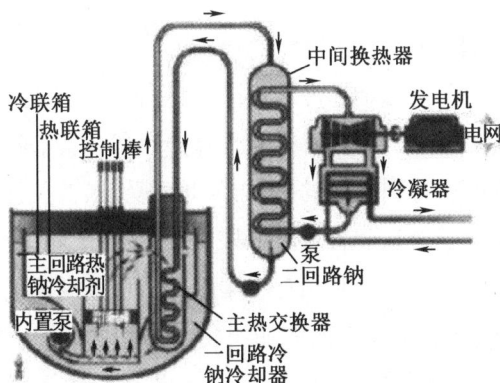

图4-29 钠冷快中子反应堆系统示意图

铅冷快中子反应堆是指采用液态铅或铅铋合金冷却的快中子反应堆。它利用闭式燃料循环方式,具有良好的核废料嬗变和核燃料增殖能力,较高的固有安全性和抵御严重事故的能力,以及较高的能量密度与较长的运行寿期,如图4-30所示。

铅冷快中子反应堆可以在一系列电厂额定功率中进行选择,不仅可以设计为百万千万级的大型电厂,还可设计为兆瓦级小型模块化核电源,用作可移动核电源。

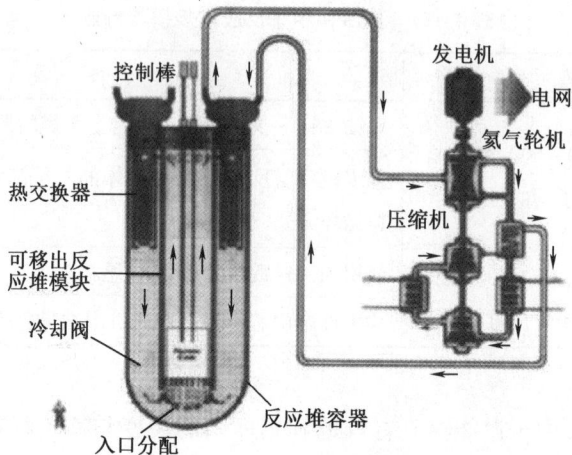

图 4 – 31　铅冷快中子反应堆系统示意图

2. 发展前景

(1) 理想的核潜艇用核动力技术

在核潜艇发展早期,液态金属冷却反应堆具备反应堆设计紧凑且体积小、导热性能好、热效率高、功率大、可自然循环且噪声小等优点,非常适合核潜艇等对小体积、高功率反应堆有特别需要的平台,因此备受俄、美关注。俄、美两国于19世纪50年代已经开展了液态金属反应堆核潜艇的研制工作,该类核潜艇均以猎杀其他核潜艇为目的,由此可见其相对于压水反应堆核潜艇的巨大技术优势。

液态金属冷却反应堆能以更高的输出功率运作,并且由于取消了水泵等装置,能极大降低潜艇反应堆的运转噪声,使潜艇更为高速、高效。

表 4 – 12　美国和俄罗斯的液态金属冷却反应堆

美国	俄罗斯
美国"海狼"号初期采用液态金属钠冷却反应堆	俄罗斯在第一代645型、第二代"阿尔法"级核潜艇上采用铅铋冷却反应堆
潜艇航速可达30 kn,但频发钠冷却剂泄漏等事故	潜艇速度可达40 kn,但同样陆续发生反应堆凝固、失控等问题,并且仍存在与钠冷却反应堆同样的问题——启动后不能停堆,更换燃料棒及其他保养与维护困难

尽管在初期研究中,液态金属冷却反应堆的技术尚不成熟,但是随着核能技术的不断进步,诸多技术难点将逐步被攻克。

目前,俄罗斯除了开展液态金属冷却反应堆在发电、海水淡化等领域的研究外,还一直在开展核潜艇用反应堆的设计研发,据悉俄罗斯第五代"莱卡"级核潜艇(图4-31)将有望装备液态金属载热介质的反应堆,其效率要高于压水反应堆一个等级,将使核潜艇拥有更加强大和完善的动力系统,但细节未见披露。

图4-31　俄罗斯"莱卡"级核潜艇

(2)极具潜力的第四代核反应堆堆型

第四代核反应堆系统理论于1999年提出,旨在改善核能安全,加强防止核扩散,提高核燃料利用率与自然资源的利用,并提高核能的经济性。

液态金属冷却快中子反应堆中,钠冷快中子反应堆能够在废物循环中去除长半衰期的超铀元素,使燃料在反应堆过热时自动放慢链式反应,并且具备被动安全性;铅冷快中子反应堆具有燃料利用率高、热效率高,以及良好的固有安全与非能动安全特性。

由此可知,液态金属冷却快中子反应堆极具实现第四代核能系统发展目标的潜力,具有广阔的研发前景。

因此,多年来俄、美等国均致力于推进铅冷快中子反应堆等第四代核反应堆的发展,并取得了一定的进展。

4.6.2　俄罗斯典型液态金属冷却快中子反应堆

俄罗斯是世界上快中子反应堆使用年限最长的纪录保持者,数十年来以快中子反应堆作为其竞争力的基础,一直在研发并利用该型反应堆的商业样品。

俄罗斯的别洛亚尔斯克核电站自1980年投产,使用至今已经运行40余年,

目前运行的钠冷却堆主要包括 BN - 600 堆与 BN - 800 堆,而 BN - 1200 堆、Brest - OD - 300 堆、MBIR 多用途中子研究堆与 SVBR - 100 快中子反应堆尚在设计、建造或者即将运行状态中。

1. BN 型液态金属冷却快中子反应堆

BN - 350 运行了 27 年,形成了 MOX 燃料、钠技术试验及次级燃料元件与其他的堆芯零件的技术经验,在此基础上,俄罗斯开展了 BN 型反应堆的进一步研究。

(1)BN - 600 型

别洛亚尔斯克核电站运行的 BN - 600 型快中子反应堆是钠冷却快中子反应堆(表 4 - 13)。

表 4 - 13 BN - 600 型快中子反应堆

三回路设计	反应堆燃料	运行期间进化
反应堆与一回路反应堆冷却剂泵均浸没在液态钠池中;二回路由三个并联的环路组成(每个环路包含一个蒸汽发生器和二回路钠泵)	主要以富集铀作为燃料;12% 反应堆用过 MOX 燃料;可燃烧长寿命高放锕系核素	蒸汽发生器、钠泵和中间热交换器等关键设备不断进化,寿命期得以延长

MOX 燃料已经在 BN - 600 型快中子反应堆试验多年,但若要全部使用 MOX 燃料还需要进行后续改进,此外早期设计的氮化物燃料组件也已经在 BN - 600 型快中子反应堆上完成了测试。BN - 600 型快中子反应堆在发电的同时,还可生产医疗和工业用同位素。

(2)BN - 800 型

BN - 800 型快子反应堆的设计由原型快堆 BN - 600 型升级而来,其设计寿期为 40 年,已经于 2016 年 8 月开始全功率运行。

相对于 BN - 600,BN - 800 型快中子反应堆针对进一步提高 BN 型反应堆(钠冷快中子反应堆)的安全性与竞争力在反应堆与动力机组中引入改进方案,反应堆容器采用一体化设计,掌握铀 - 钚混合燃料与闭式燃料循环的技术是建造该堆的目的所在(表 4 - 14)。

表 4-14　BN-800 型快中子反应堆

堆芯衰变余热导出系统	三回路设计	独特的反应堆保护系统	最终过渡到使用氮化物燃料
安装被动辅助空气冷却系统	主回路与二回路系统共有约 910 t 钠冷却剂;三回路是水汽流体	一套主动保护系统;一套能够在钠冷却剂失压发生事故时自动启动的被动系统	2019 年之前,单一使用 MOX 燃料(目前约占总燃料的 20%);未来逐步过渡到使用氮化物燃料

该反应堆堆芯和反应堆本体还将在改进的过程中进行完善。BN-800 型快中子反应堆与核电站整体具有很高的抗设计与超设计事故能力,其完善的安全系统现实经验将成为 BN 型反应堆工艺发展的重要依据。同时也为商业化 BN-1200 提供运行经验并测试相关技术方案。

(3)BN-1200 型

BN-800 型快中子反应堆的运营表现关系到更大功率 BN-1200 型快中子反应堆设计与建造的展开进度。BN-1200 型快中子反应堆将由 Rosatom 燃料公司建造,具体建造时间尚未确定。

BN-1200 型快中子反应堆的燃耗深度为 120 GW·d/t,反应堆寿期 60 年,设计与之前的 BN 系列三环路设计不同(表 4-15)。

表 4-15　BN-1200 型快中子反应堆

设计特点	燃料
四环路设计	可选 47 t MOX
运行温度为 550 ℃,电功率为 1 220 MW	也可选 59 t 钚-铀氮化物燃料

俄罗斯已经成功运行了 BN-600 型快中子反应堆核电站近 40 年,在其基础上改进并完成数次设计优化后,建造并运行了别洛雅尔斯基核电站 4 号机组(BN-800 型快中子反应堆电站)。BN-800 快堆核电站被认为是世界上正在付诸工程的最为先进的快堆核电机组。至于未来 BN-1200 的建造与运行具体进程有待进一步探究。

2. Brest 型液态金属冷却快中子反应堆

Brest - OD - 300 型堆(图 4 - 32)是 BN 系列的继任者,也是俄罗斯国家原子能公司(Rosatom)"突破"计划的试点示范能源综合项目,旨在实现采用铅冷技术的核燃料闭式循环,其最终目的在于消除核能发电产生的放射性废物。预计 Brest - OD - 300 型反应堆将于 2026 年建成,回收模块将于 2028 年建成,计划在 2023 年开始装料,并且该型反应堆将采用零废物生成技术,以验证闭式循环。 Brest - OD - 300 型反应堆特点如表 4 - 16 所示。

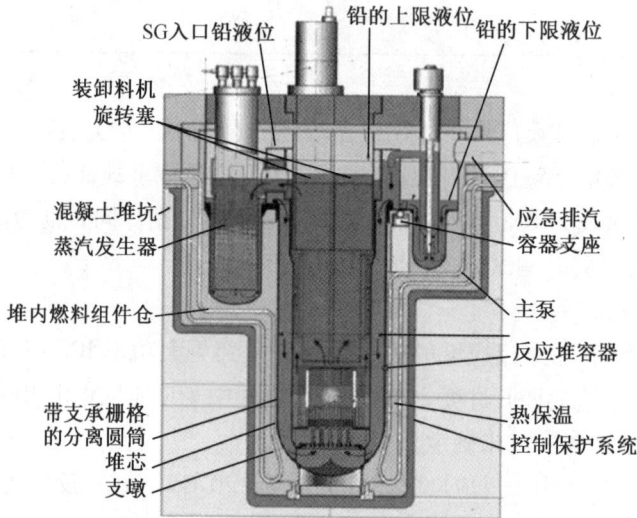

图 4 - 32   Brest - OD - 300 型反应堆示意图

表 4 - 16   Brest - OD - 300 型反应堆特点

技术特点	燃料创新
主回路采用铅冷却	用铀 - 钚混合氮化物替代传统氧化物
超临界蒸汽发生器	采用专用燃料装置(由 6 个全自动高温抗辐射熔炉组成)焚烧燃料芯块

由于没有采用铀包层,不会产生武器级的钚,所有的增殖反应均发生在堆芯。该堆运行温度 540 ℃,热功率 700 MW,电功率 300 MW。

Brest - OD - 300 型反应堆的设计将达到新的安全水平,排除发生事故时进行大规模人员疏散和安置的可能性。

总之,Brest 型反应堆具有以下优势:

（1）具有固有的辐射安全性；

（2）能够非常有效地利用天然铀，燃料资源可无限期使用；

（3）不产生武器级钚，乏燃料可利用现场设施进行再循环；

（4）采用不扰动天然辐射平衡的闭式燃料循环，保证能源生产与环境安全；

（5）核电厂与燃料循环采用固有安全的技术工艺，不使用复杂专设安全设施，反应堆仅补充^{238}U，具有弱慢化能力的铅能提供高效率的热力循环，生产成本低。

3. MBIR 多用途中子研究堆

MBIR 是一座多环路研究堆（图 4 – 33），热功率为 100 ~ 150 MW。Rosatom 燃料公司计划于 2020 年后用 MBIR 替代 BOR – 60 型快中子反应堆，届时其辐照能力将是原来的 4 倍。

图 4 – 33　MBIR 液压测试

MBIR 能够测试铅、铅铋、钠、熔盐与气体等不同类型冷却剂；能同时进行三环路并行输出；将采用 NIIAR 现有设施生产的 vibropacked MOX 燃料，其钚含量为 38%，同时也可以使用钚含量为 24% 的燃料。

俄罗斯 AEM 技术公司 Atommash 分公司已完成 MBIR 反应堆容器的水压测试，由反应堆容器内产生了 14 个大气压证实了其母材强度与焊缝质量。此外，该堆现场将建设燃料闭式循环设施，将采用已经发展到试验规模的高温化学后处理技术，还将设计 10 个水平和垂直通道，并升级试验能力——更多环路、辐照装置、通道与中子束等。

MBIR 将用于为第四代快中子堆测试材料，以及在正常和紧急情况下使用不同冷却剂对堆芯部件运行参数进行试验。

4. SVBR – 100 小型模块化铅铋快中子反应堆

俄罗斯在铅铋冷却紧凑型核潜艇反应堆领域积累了 80 堆年的运行经验，尽

管苏联解体后,由于各种原因停止了对铅铋核潜艇的运行,但其一直在开展铅基反应堆技术,并积极推进铅铋核潜艇技术的民用开发,SVBR-100 小型模块化铅铋快中子反应堆就是以核潜艇反应堆运行条件下掌握的铅铋合金冷却剂为基础设计研发的代表堆型之一。

SVBR-100 小型模块化铅铋快中子反应堆运行温度为 340~490 ℃,净输出电功率为 100 MW,反应堆设计寿期为 60 年,换料周期为 7~8 年。目前该型铅铋快中子反应堆已经解决了以下 3 个问题:

(1)主回路结构材料抗腐蚀,满足冷却剂要求;

(2)主回路设备检修与铅铋冷却泄漏的 Po-210 辐射安全问题;

(3)铅铋冷却剂多次"凝固-熔化"的可靠性问题。

SVBR-100 小型模块化铅铋快中子反应堆的培训模拟机已于 2013 年开始运行,该机是 SVBR-100 机组的交互模型(包含堆芯、反应堆模块的一回路和二回路、涡轮发电机和相关控制设备),既是物理工艺流程可视监控和尝试不同操作模式的展示与培训平台,同时也是 SVBR-100 机组的虚拟原型机,用于展现其运行过程理念、动态模式和多种瞬时过程,并利用所获数据对模拟机进行升级。

每个 SVBR-100 模块直径为 4.5 m,高 7.5 m,具有非能动热排除与屏蔽功能,一座拥有 16 个该模块的核电厂的发电成本低于俄罗斯其他任何发电技术的发电成本,并且同时具有固有安全性与防核扩散性。当然,未来商用时可以修改以使用不同类型的核燃料,如铀钚混合氧化物(MOX)和氮化物燃料(表 4-17)。

表 4-17　SVBR-100 小型模块化铅铋快中子反应堆

一体化与模块化设计	多燃料设计
堆型、12 台蒸汽发生器、两台主循环泵一体化于铅-铋合金池中	初期采用富集度为 16.3% 的铀氧化物燃料,换料周期 7~8 年
堆芯、主循环回路、蒸汽发生器均采用模块化设计	使用铀钚 MOX 燃料时,能实现闭式循环运行

截至目前,俄罗斯别洛雅尔斯基核电厂有 BN-600 型和 BN-800 型两台钠冷快中子反应堆在运行。据俄罗斯 2019 年 12 月发布的 2035 年能源战略草案称,将在 2035 年前新增 BREST-OD-300 型铅冷快中子反应堆项目,预计 BN-1200 型钠冷快中子反应堆机组将于 2035 年后投建。

据《2018 年国外核工业与技术重大发展动向》称,俄罗斯已批准建造铅冷快中子反应堆核电站,计划于 2022 年启动建设,并提前启动配套核燃料制造厂

建设。

此外,俄罗斯还在积极探索模块化铅铋冷却海水淡化反应堆 RM – V867 的应用开发。据称,俄罗斯 5 年内将展示闭合核燃料循环技术上的优势,并且推广具有优势的快中子反应堆的应用。

4.6.3　美国典型液态金属冷却堆

美国在中断了多年有关液态金属冷却堆的研究后,逐渐意识到该堆型的发展意义所在,又开始加大其研究力度,目前主要针对小型液态金属冷却堆展开研究,其中较为典型的液态金属冷却堆如表 4 – 18 所示。

表 4 – 18　美国典型小型液态金属冷却堆

冷却堆名称	设计机构	液态金属冷却剂	电功率/MW	换料周期/年	研究现状
ENHS	加利福尼亚大学	铅铋	50	15	概念设计阶段
STAR	阿贡国家实验室	铅	20 ~ 100	15 ~ 20	概念设计阶段
PRISM	Ge – Hatachi	钠	311		详细设计阶段
NHPM	Hyperion	钠	25		前期申请审评阶段

其中,ENHS 以金属填充的模块为堆芯,以含 13% 浓缩铀的铀 – 锆合金为燃料(也可以含 11% 钚的铀 – 钚 – 锆合金为燃料)。STAR 是具有非能动安全特性的铅冷却中子模块反应堆,以铀 – 超铀核素氮化物为燃料,可以铁路运输,通过自然循环冷却(图 4 – 34)。

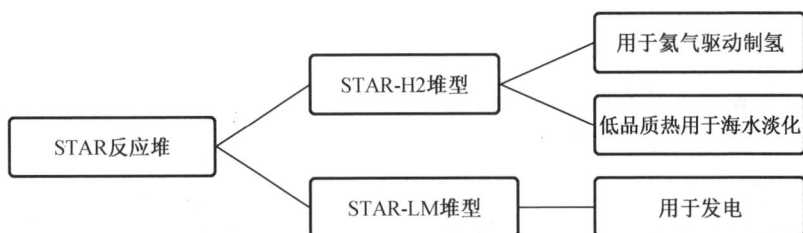

图 4 – 34　STAR 反应堆运营

除俄、美以外,其他国家也在开展该领域的研发工作。

4.6.4　中国典型液态冷却反应堆

中国正在开发以铅为主的合金为冷却剂的第四代核反应堆,其中较为典型的反应堆主要包括启明星系列零功率堆与 CEFR 实验堆等。

1.启明星系列零功率堆

启明星系列零功率堆是中国核工业集团有限公司自主设计和建造的我国国内唯一的重要反应堆物理实验平台。其中,启明星 I 号——我国首座快热耦合加速器驱动次临界洁净核能系统(ADS)反应堆已于 2005 年 7 月在中国原子能科学研究院建成临界,并成为国际原子能机构开展 ADS 实验研究的基准装置;启明星 II 号铅基双堆芯零功率装置也于 2016 年 12 月在中国原子能科学研究院成功实现临界(图 4-35)。

图 4-35　启明星铅铋反应堆

启明星 III 号针对铅铋反应堆工程技术目标,历时近两年建成,于 2019 年 10 月首次实现临界后,主要瞄准铅铋快中子反应堆工程化重点难点问题:

(1)准确构建核燃料和铅-铋合金冷却剂材料交互方式,更加准确地模拟铅铋反应堆的堆芯物理特性;

(2)通过配备基于不同原理的多套非能动安全停堆系统,切实增强了固有安全性,实现了集成化控制、运行和数据采集,运行与操作更便利;

(3)配备了多套实验测量系统,以便能够获取丰富精确的实验数据。

2.快中子实验堆——CEFR

CEFR 是我国第一座快中子反应堆,也是俄罗斯境外唯一一座快中子反应

堆,中俄两国已经在 CEFR 项目上开展多方合作。该反应堆电功率为 20 MW。其一回路采用一体化设计,将液态金属钠作为一回路的冷却剂和二回路的载热剂。基于 CEFR 的合作经验,俄中已经决定携手共建 CFR－600 型反应堆。

此外,由中国科学院核能安全技术研究所研发的中国铅基反应堆 CLEAR,已经自主完成了国际首个紧凑型临界/次临界双模式铅基研究实验堆设计,突破了铅基堆冷却剂工艺、结构材料、运行控制等核心技术,建成了铅基堆中子物理实验反应堆原理样机和工程实验反应堆工程样机,形成了具有自主知识产权的铅基堆技术体系。

除俄、美、中等国,欧盟也计划于 2023 年在比利时建成可开展 ADS 耦合实验的铅铋冷却技术试验堆 MYRRHA,同时计划在罗马尼亚建造热功率为 300 MW 的铅冷示范快中子反应堆 ALFRED,并开展了铅冷快中子工业原型反应堆 ELFR 的设计与研发工作。此外,欧盟还计划在 2030 年左右完成 600 MW 铅冷快中子反应堆 ELSY 与 125 MW 铅冷快中子反应堆 ALFRED 示堆的建设。

液态金属冷却快中子反应堆是俄、美、中等国发展第四代核能系统核动力的重点之一,目前,各国对该反应堆的研究皆取得一定进展。

基于 8 艘核潜艇和 2 个地面设施 80 堆年的运行经验,俄罗斯已经具备先进的熔融铅与铅－铋合金设计、建造能力和成熟的钠冷快中子反应堆运行技术,形成了 BN 型系列液态金属冷却反应堆,并在进一步开展 MBIR、Brest－OD－300 以及 SVBR－100 等反应堆的设计建造工作。此外,俄罗斯未来还将在第五代核潜艇上应用该反应堆技术。其液态金属冷却快中子反应堆正沿着一体化、标准化、模块化的趋势发展。

美国在中断液态金属冷却反应堆研究多年后,逐渐认识到该反应堆技术的优势所在。近年来美国加大了液态金属冷却反应堆的研究力度,同时成立了多个课题组,分别开展了 ENHS、STAR、PRISM、NHPM 等有关液态钠、铅/铅铋冷却反应堆的专项研究。

中国数十年来致力于液态金属冷却快中子反应堆技术的开发,积累了丰富的经验,已经自主开发启明星系列零功率铅铋冷却堆,尤其启明星Ⅲ号已于 2019 年 10 月实现首次临界,我国铅铋堆芯核特性物理试验正式启动,标志着我国在铅铋快中子反应堆领域的研发跨出实质性一步,进入工程化阶段。

尽管各国在提高固有安全性、提高核燃料闭式循环体系中废燃料的利用率等技术难点方面有所突破,但距离实现第四代核能技术工程化还有很长的路要走。

4.7　国内外典型磁约束核聚变装置

磁约束核聚变装置使用磁场将氘氚等离子体约束在磁场中,并加热到上亿摄氏度,使之发生聚变反应。最常用的约束磁场是托卡马克环,该环由极向磁场和环向磁场组成,用于约束和加热等离子体。国外为了研究磁约束核聚变,先后发展了 TFTR、JET、JT-60 系列以及 ITER 等聚变反应堆,其中 ITER 是一个国际合作项目,旨在共同推进清洁能源的利用。我国也发展了环流器一/二号、EAST 和 CFETR 等实验堆,技术水平处于国际前列。

4.7.1　可控核聚变的种类及对比

1. 惯性约束核聚变

惯性约束核聚变是利用高功率的激光束或者粒子束均匀地辐照在氘氚等核燃料组成的微型靶丸上,使靶丸表面在极短的时间里发生电离和消融而形成包围靶心的高温等离子体,这些等离子体膨胀向外爆炸时反作用力产生的向心聚爆力在等离子体还没来得及飞散时将其缩到极高的密度和极高的温度从而引发核燃料(氘氚)的核聚变反应(图 4-36)。

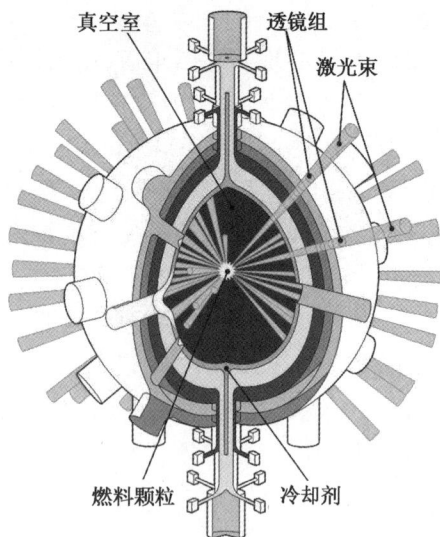

图 4-36　惯性(激光)约束核聚变原理图

2. 磁约束核聚变

磁约束核聚变是一种利用磁场与高热等离子体来引发核聚变反应的技术。把高度纯净的氘和氚混合材料加热到热核温度 10^8 K 以上,氘氚混合气体就能完全电离成为等离子体。由于没有哪种材料能够承受如此超高的温度,所以无法用容器直接容纳该反应。磁约束核聚变采用强磁场来约束等离子体,将其控制在特定装置的某固定空间中,而不与容器的器壁直接接触。热核聚变等离子体就能被约束、压缩在核聚变装置当中,满足劳森判据的要求,从而实现可控核聚变(图 4 – 37)。

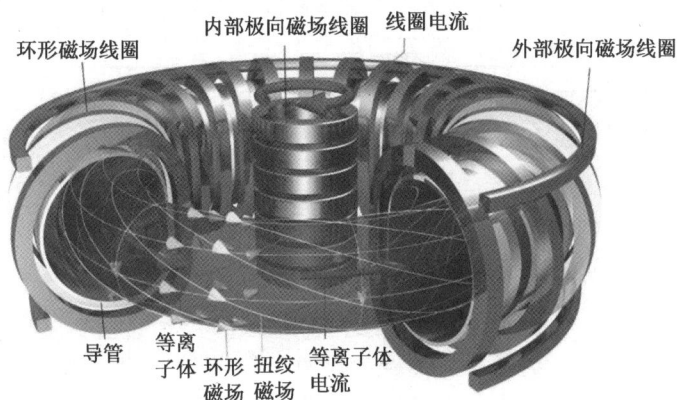

图 4 – 37　磁约束核聚变原理图

3. 两种约束方案的比较

无论是惯性约束核聚变还是磁约束核聚变,目的都是要实现可控核聚变的商业化,解决人类的能源问题。因此,在充分了解了两种方案原理的基础上,分析对比其进展和存在的局限。两种核聚变的特征如图 4 – 38 所示。

目前,惯性约束核聚变实现聚变点火的主要困难在于加热燃料时激光利用率尚需进一步提高,聚变反应的连续运行和传热还具有相当大的难度,所以惯性约束核聚变多用来模拟核爆、检验核武器的性能等。而磁约束核聚变研究重点主要在托卡马克装置上,已基本达到了近聚变点火的条件,可以短时间连续运行,是最有希望用来建设核聚变电站的方式。

惯性约束核聚变装置结构比较简单,造价上要比磁约束核聚变装置低一些;磁约束系统结构复杂,装置造价昂贵

由于激光的单向性,激光能从各个方面对等离子体进行控制,能很好地控制等离子体的稳定性

激光能够从各个方向集中地对准靶丸照射,使等离子体能在短时间内获得大量的热量

惯性约束对等离子体的约束能力强,等离子体的密度高;磁约束对等离子体的约束能力低,实现点火所需时间长

磁约束核聚变能束缚较多的等离子体,易于实现核聚变反应的连续性。惯性约束现在只能对一个靶丸进行约束,无法实现核聚变反应的连续进行

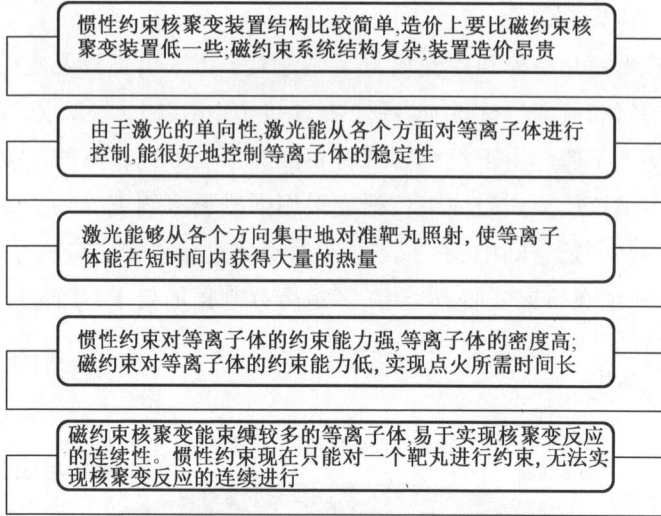

图 4 - 38   惯性约束核聚变与磁约束核聚变的特征

4.7.2   国外典型磁约束核聚变装置

1. 美国托卡马克聚变实验反应堆 TFTR(Tokamak fusion test reactor)

TFTR 是美国 1980 年在普林斯顿等离子体物理实验室建造并于 1982 年投入使用的实验托卡马克装置,如表 4 - 19、图 4 - 39 所示。它是世界上第一个尝试 50∶50 氘氚燃料的托卡马克装置,并于 1994 年实现 10 MW 的聚变输出功率。

表 4 - 19   TFTR 主要参数

设备类型	托卡马克
大半径/m	2.52
小半径/m	0.87
磁场/T	6.0
加热功率/MW	51
等离子电流/MA	3
运行年份	1982—1997 年

图 4 – 39　TFTR 装置

TFTR 的物理目标是探索并理解聚变堆氘氚等离子体芯部的等离子体行为特性。就燃料密度、温度和聚变功率密度而言,芯部氘氚等离子体性能和预测的氘氚聚变堆等离子体性能接近,有助于研究与氘氚聚变堆等离子体芯部相关的等离子体输运、磁流体(MHD)不稳定性和 α 粒子物理。TFTR 的主要研究成果如下:

(1)获得了相关聚变堆规模的氘氚等离子体的约束、加热及 α 粒子物理的特有信息,以及在实验环境中氚处理和氘氚中子活化的经验。

(2)氘氚等离子体的峰值聚变功率达到 10.7 MW,中心聚变功率密度为 2.8 MW·m^{-3},与 ITER 相应设计的 1 500 MW 聚变功率和 1.7 MW·m^{-3} 聚变功率密度相近。

TFTR 在运行期间,氘氚等离子体相关研究获得了重大进展。TFTR 的设计目标还包括达到科学盈亏平衡,即等离子体中的聚变反应释放的热量等于或大于由外部装置提供给等离子体的热量。尽管 TFTR 未能实现这一目标,但确实在限制时间和能量密度方面取得了重大进展。

2.欧洲联合环状反应堆 JET(joint European torus)

JET 是世界上已建成的最大的常规托卡马克装置之一,如表 4 – 20、图 4 – 40 所示。JET 项目位于英国牛津卡勒姆聚变中心,项目开始于 20 世纪 80 年代,并于 1991 年开始氘氚实验反应,成为世界上第一个成功运行 50∶50 氘氚燃料的核聚变装置。

表 4 - 20　JET 主要参数

设备类型	托卡马克
大半径/m	2.96
小半径/m	1.25
磁场/T	3.45
加热功率/MW	38
等离子容量/m³	100
等离子电流/mA	3.2（环形）
	4.8（D 形）
运行年份	1984 年至今

图 4 - 40　JET 装置

在 1997 年,JET 实现了约 16 MW 的最高聚变输出功率,其功率放大因子 Q 接近 1 以及 Q 值为 0.2 长脉冲平衡。虽然 JET 项目没有突破 Q 值大于 1 的目标,但是却开辟了未来磁约束核聚变的道路,为托克马克装置的核聚变指明了方向。

3. 日本 JT - 60 装置

JT - 60 是以实现临界等离子体条件(能量增益因子超过 1.0)为目的的大型托卡马克实验装置,与 TFTR、JET 一起被列为世界三大托卡马克装置。该装置 1985 年 4 月 8 日运行,共耗资 2 300 亿日元。它的主要目标是达到临界等离子体条件;确认在此条件下的约束定标律、二级加热及杂质控制。JT - 60 主要参数如表 4 - 21 所示。

表 4 – 21　JT – 60 主要参数

大半径/m	3.4
小半径/m	1.0
等离子容量/m³	90
磁场/T	4
运行年份	1985—2010 年
后维型号	JT – 60SA

JT – 60 在 1989—1991 年改造成 JT – 60U，之后围绕约束性能的改善和稳态运行开展了试验。其目的是通过改善等离子体约束性能，来研究托卡马克装置稳态运行。JT – 60 为 ITER 的主要物理研究做出了贡献，同时推进和实施了对未来聚变堆设计不可缺少的前期科学研究。

JT – 60 投入运行及改造升级成 JT – 60U 以来，在能量增益因子、等离子体温度及核聚变三乘积等方面均获得了国际最高数值。其主要贡献为：

（1）高约束长脉冲混杂模式放电维持了 28 s。试验中发现，当密度达到 0.55 倍密度极限值时，温度和密度都出现了峰化分布。但放电中具有强烈峰化的压强分布。

（2）实现了托卡马克稳态运行所必需的非感应电流驱动的高性能化。通过低混杂波电流驱动（LHCD）及世界上 JT – 60 唯一拥有的高能量（500 kV）负离子源中性粒子束（NNB），验证了非感应驱动电流（3.6 MA（LHCD）和 1 MA（NNB））、电流驱动效率（3.5×10^{19} A/（W · cm^{-2}）（LHCD）和 1.6×10^{19} A/（W · cm^{-2}）（NNB））等参数，确认了对聚变堆区域的外推有效性。

JT – 60SA 是一个聚变实验堆，旨在支持 ITER 的运行，并研究如何最好地优化利用 ITER 建造的聚变发电厂。这是一个由多个国家共同参与的国际研发项目，使用现有的 JT – 60 升级试验的基础设施。"SA"代表"超级，先进"，因为其具备超导线圈和研究等离子体操作的先进模式（图 4 – 41）。

4. 国际热核聚变实验反应堆 ITER（International thermonuclear experimental reactor）

ITER 是目前正在建设的世界上最大的实验性托卡马克核聚变反应堆。该项目确立于 2007 年，由 7 个成员实体资助和运行，包括欧盟、印度、日本、中国、俄罗斯、韩国和美国。该项目预期将持续 30 年，其中 10 年用于建设，20 年用于运行，耗资超过百亿美元（表 4 – 22、图 4 – 42）。

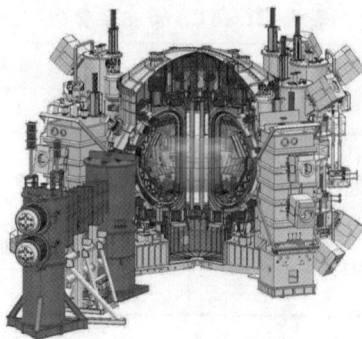

图 4 – 41　JT – 60SA 结构图

表 4 – 22　ITER 主要参数

高度/m	28
外壳半径/m	29
等离子容量/m³	840
磁场强度/T	11.8(线圈上的峰值环形场)
	5.3(轴上的环形场)
	6(线圈上的峰值极场)
加热功率/MW	50
聚变功率/MW	500
放电时间/s	大于 1 000
施工时间	2013—2025 年

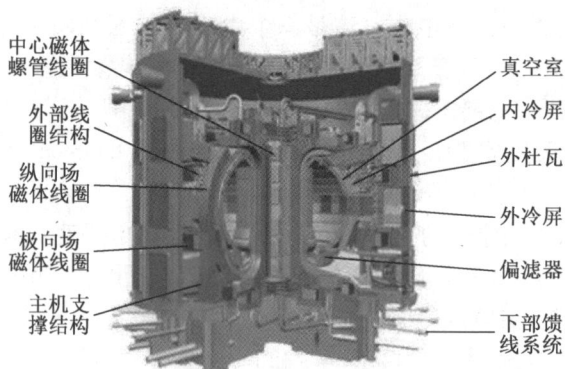

图 4 – 42　ITER 装置

　　ITER 是各国建设实用聚变堆前最重要的共担风险的反应堆工程技术和物理技术的集成发展研究项目,为建造未来具有实用意义的聚变堆奠定了基础。ITER 的科学目标是聚变功率放大因子 Q 达到 5 ~ 10,聚变功率为 400 ~ 700 MW,一次放电聚变燃烧维持时间为 400 ~ 3 000 s。

　　ITER 等离子体中心温度将达到 1 亿 ~ 2 亿℃,如此高的温度是太阳中心温度的 10 倍左右,这些高温等离子体依靠超导磁体系统产生并维持兆安量级的等离子体电流。ITER 真空室重达 8 000 t,是保证堆芯无杂质的关键组件,也是辐射防护的第一道屏障。

　　目前 ITER 场地、厂房和各部件加工正在顺利进行(图 4 – 43),预计 2025 年建成并第一次放电,预计 2035 年前后开始氘氚运行,并逐步实现 $Q \geqslant 10$,聚变功率 400 ~ 700 MW 及 400 ~ 3 000 s 的长脉冲放电。

图 4 –43　建设中的 ITER

　　ITER 装置不仅集成了国际聚变能源研究的最新成果,而且综合了当今世界相关领域的一些顶尖技术,例如大型超导磁体技术、中能高流强加速器技术、连续大功率微波技术、复杂的远程控制技术、大型低温技术、氚工艺、大型电源技术及核聚变安全等。这些技术不但是未来聚变电站所必需的,而且能对世界各国工业、社会经济发展起到巨大推进作用。

　　5. DEM Onstration Power Station(DEMO)

　　DEMO(示范电站)是一个拟建的核聚变电站,旨在建立在 ITER 实验性核聚变反应堆之上。DEMO 的目标通常被理解为位于 ITER 的目标和"第一类"商业电站(有时称为 PROTO)之间。

尽管目前尚无关于确切参数或范围的明确国际共识,但以下参数通常用作设计研究的基准:DEMO 应连续产生至少 2 GW 的聚变功率,并且按照盈亏平衡的要求应产生 25 倍的输出。DEMO 设计的 2 ~ 4 GW 的热输出将达到现代电站的规模。

为了实现以上目标,DEMO 的线性尺寸必须比 ITER 大 15%,等离子体密度要比 ITER 大 30%。对于某些 ITER 国家而言,DEMO 现在可能是一个阶段,而不是特定的 ITER 机器。

英国原子能公司于 2019 年 10 月 3 日宣布其用于能源生产的球形托卡马克(STEP)并网反应堆将于 2040 年推出,这表明组合的 DEMO/PROTO 电站旨在超越 ITER 时间表。我国提出的 CFETR 机器是一个并网的吉瓦级发电反应堆,与 DEMO 时间表重叠(图 4 – 44)。

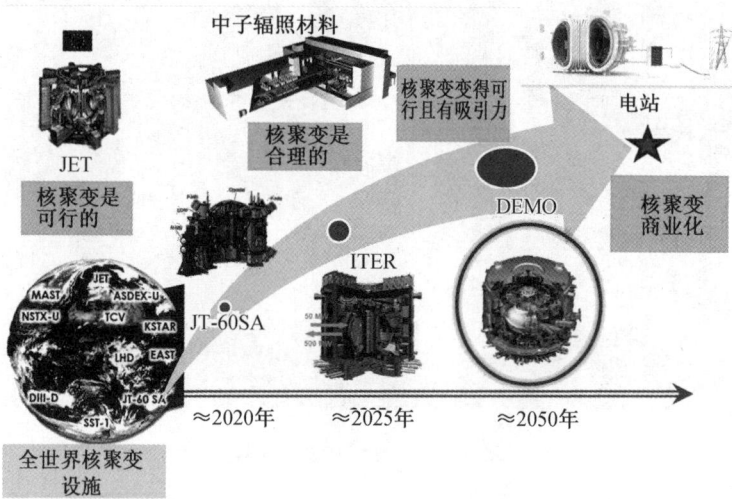

图 4 – 44　迈向核聚变电力的路线图

4.7.3　中国典型磁约束核聚变装置

1.中国环流器一/二号(HL – 1/2)

HL – 1 是由核工业西南物理研究院于 1984—1992 年研制的,其独创的超声分子束注入加料技术及首次实现的 H – mode 等离子体,为我国核聚变的研究和开发做出了重要贡献。2002 年成功研制的 HL – 2A 装置是我国第一台具有偏滤

器位形的托卡马克装置,大半径 1. 65 m,小半径 0. 40 m,等离子体电流 500 kA,环向场 2. 8 T,2002 年开始等离子体放电试验。该装置的科学目标是:

(1)偏滤器位形运行,研究杂质控制和粒子输运;

(2)高约束模(H 模)、高参数等离子体下的物理研究;

(3)聚变技术研发及人才培养。

HL - 2M 托卡马克装置(图 4 - 45)的建造瞄准解决 ITER 装置物理及工程技术问题,是聚变堆实验不可或缺的装置,也是我国受控聚变研究中一个重要的步骤,其科学目标为:

(1)产生近堆芯参数的高性能等离子体,为聚变堆物理研究提供必要的实验平台;

(2)研发关键技术,为下一代聚变堆的建造积累技术能力;

(3)开展广泛的物理实验研究,培养优秀人才。

图 4 - 45　HL - 2M 实物图

为了高效地实现位形的易控和变化要求,HL - 2M 装置的极向场线圈布置在真空室与环向场线圈之间。极向场线圈包括中心柱欧姆场线圈 CS 和成形场线圈 PF1 - 8,主要用于等离子体位形控制。成形场线圈为上下对称结构,共 8 对 16 个。

HL - 2M 上主等离子体标准位形为 D 型,可以产生拉长率为 2. 0 并具有大三角形变的等离子体,有利于改善约束。常用的标准偏滤器位形与 ITER 的相近,以便深入研究 ITER 的物理课题。经过优化设计,HL - 2M 还具备运行雪花偏滤器和三叉偏滤器等多种先进偏滤器位形(表 4 - 23、图 4 - 46)。

表 4 – 23　HL – 2M 主要参数

等离子体电流/MA	2.5
环向磁场/T	2.2
大半径/m	1.78
小半径/m	0.65
中性束加热功率/MW	15
电子回旋加热/MW	8
低混杂波功率/MW	4
环径比	2.8
拉长比	2.0

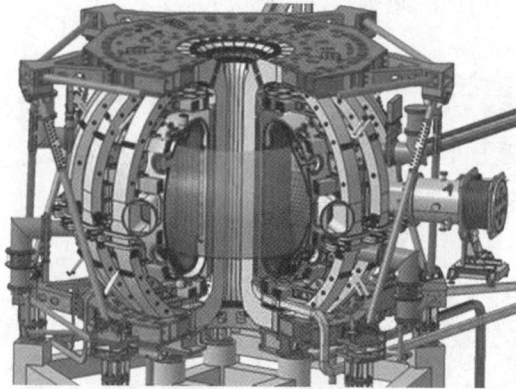

图 4 – 46　HL – 2M 装置

2020 年 12 月 4 日 14 时,HL – 2M 在成都建成并实现首次放电,标志着中国掌握了大型先进托卡马克装置的设计、建造、运行技术,为我国核聚变堆的自主设计与建造打下了坚实基础。

2. 东方超环(experimental advanced superconducting Tokamak,EAST)

EAST 是由中科院等离子体物理研究所在 1998—2006 年研制的世界上首个全超导托卡马克装置,于 2006 年 1 月完成了 EAST 主机总装,如图 4 – 47 所示。同年 9 月成功获得等离子体,并在之后的运行中取得了一系列震惊中外的成果,其中最著名的就是大于 400 s 的长脉冲等离子体运行,而其他托卡马克等离子体只能维持几秒。

图 4－47　EAST 装置

　　试验获得的稳定百秒放电是时间最长的托卡马克高温偏滤器等离子体放电,处于国际领先水平。实验中成功开展了利用微波和射频实现高约束模式运行,使用高参数先进偏滤器进行精确控制,并进行了长脉冲稳态等离子体的研究,这些对未来 ITER 的物理试验有重要的借鉴作用。

　　3. 中国聚变工程试验堆

　　中国核聚变发电的发展路线应该是明确的,即利用全超导托卡马克装置。为了开展我国磁约束聚变堆总体设计研究,中国聚变工程试验堆(China fusion engineering test reactor,CFETR)项目应运而生,它是聚变堆发电从实验堆过渡到原型电站不可或缺的工程堆(图 4 －48)。

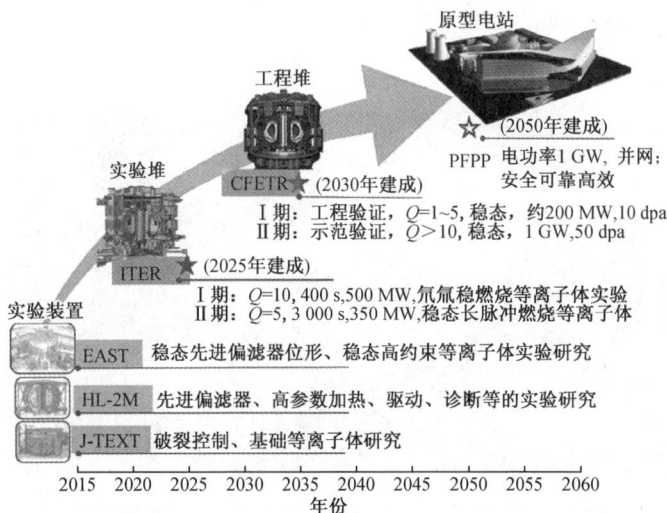

图 4 －48　我国磁约束聚变发展路线图

CFETR 目前已经完成了总体设计并开始了工程设计,计划于 2030 年建成,一期目标是 $Q=1\sim5$,聚变功率为 200 MW,稳态运行。二期目标是 $Q>10$,聚变功率为 1 GW,稳态运行。通过中国聚变路线图的实施和 CFETR 的设计、预研和建造,我国核聚变研究将实现跨越式发展,为核聚变能的实际应用做出重要贡献。

磁约束核聚变是实现核聚变发电的重要技术路径,国内外都在这项技术的发展上不遗余力,先后建造了多个实验反应堆,目前已经实现 1 亿℃以上高温、数十到几百秒不等的连续运行,为未来聚变电站的建造打下基础。

4.8 国外浮式核电站发展情况

2011 年发生的日本福岛核事故令各国重新评估核电的风险,同时也引发了关于核电应用新的思考。如果将核电站置于无人的广袤大海上,能否降低再次出现泄漏的风险呢?俄罗斯、美国、中国等多国就一直致力于研究建造海上浮式核电站,世界上首艘浮式核电站——俄罗斯的"罗蒙诺索夫院士"号已经研制成功,于 2019 年夏天投入使用。

浮动式核电站是指将核动力装置及发电装置安装在海洋浮动平台上,可在不同海域灵活部署并提供能源供给。浮动式核电站能够同时提供电、热、淡水和高温蒸汽等多种产品,可满足区域供电、区域供热、海上石油开采、化工、极地或偏远地区、孤岛等的特殊能源需要,具有灵活性强、用途广泛的特征。目前国外典型的浮式核电站以俄罗斯的"罗蒙诺索夫院士"号(图 4 - 49)和麻省理工学院设计的小型海上核电站(OFNP)为主。

图 4 - 49 "罗蒙诺索夫院士"号浮动式核电站效果图

"罗蒙诺索夫院士"号浮动式核电站由俄罗斯原子能公司在圣彼得堡建造。该型浮式核电站采用船型平台,拥有宽阔的甲板面积和装载能力,便于布置各种核电生产设施,在各功能舱室划分和布局上具有明显优势;船型平台的机动性好,可以方便地从建造场地转移到作业区域,也很容易从一个海域重新部署到另一个海域;另外,船型平台能够以较低的船体建造费用提供最经济的开发方案,建造技术相对成熟。

该浮式核电站其实就是一艘生产核电的船舶,长 144 m、宽 30 m、高 10 m,重达 21 500 t。船舶上装配有两座 35 MW 的改良型 KTL - 40 反应堆,年发电量达 70 000 kW·h,寿命约为 40 年。每 10 到 12 年进行一次彻底检修,并清理船上储存的核废料。"罗蒙诺索夫院士"号需要 69 名船员来操作,可以为工厂节约 45 000 t 的燃料或柴油,还可以为 30 万人的生活供电。不过该浮式核电站尚未配置推进系统,自身没有动力,需要依靠牵引将船舶送到指定地点。

"罗蒙诺索夫院士"号浮动式核电站在建成后首先被运到摩尔曼斯克装载核燃料,之后被拖到楚科奇自治区,最终进入佩韦克市附近的北极地区,在那里将为海水淡化厂和石油钻井平台供电。在连接到电网后,它将成为迄今为止世界上唯一的运营浮动核电站和世界上最北端的核装置。此外,俄罗斯还计划制造至少 7 座浮式核电站,其他国家如阿尔及利亚、印度尼西亚、马来西亚、阿根廷已经表示,有兴趣租赁这种浮动式核电站。

与"罗蒙诺索夫院士"号浮动式核电站不同,麻省理工学院设计的小型海上核电站(图 4 - 50、图 4 - 51)采用的是圆筒形平台。这种平台的优点是结构简单,无须转塔就能很好地适应风、浪、流对船体的影响,各向可承受环境载荷的能力基本相同,总纵强度大为改善,安全性明显提高;平台重心相对较低,同时具有各向同性的惯性矩和较小的惯性半径,从而具有更好的稳性,也减少了普通船型结构首部和尾部的纵摇,横摇角度也较小,使整体结构更稳定;平台在波浪上的跨距短,可显著减小波浪弯矩,同时降低疲劳载荷;平台的布置空间充裕,各功能舱室均围绕反应堆布置,空间利用率高,工艺流程顺畅。缺点是在建造和靠泊码头时对船坞和码头的要求相对较高,建造工艺与普通船型相比更为复杂。

小型海上核电站的整体结构是直立的多层圆柱形,其中大部分是由水密舱壁隔开的隔间。上层设有生活区和直升机停机坪,核反应堆(300 MW 或 1 100 MW 机组)及其相关的安全系统位于结构低层的水密舱室内,便于引入海水增强安全性,且使整体结构重心低增加稳定性。反应堆堆芯和相关的关键部件容纳在反应堆压力容器(RPV)内。每隔 12 至 48 个月,将乏燃料组件提起,并将新鲜燃料插入反应器中。被移除的组件转移到乏燃料池,该燃料池用以处理寿命期间移除的所有燃料。

图 4 - 50　麻省理工学院设计的小型海上核电站示意图

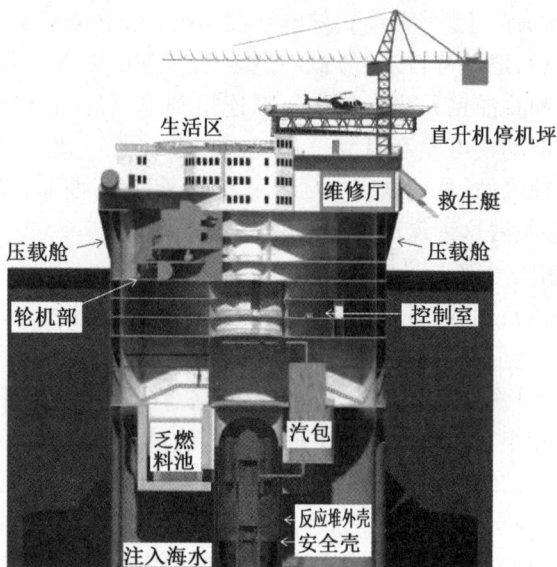

图 4 - 51　麻省理工学院设计的小型海上圆筒形核电站

考虑到反应堆堆芯的冷却问题,小型海上核电站将反应堆堆芯和蒸汽发生器浸入反应堆压力容器内的新鲜蒸馏冷却水中。如果冷却泵的运行中断,则冷却水通过浸没在海水中的辅助热交换器被动地流动。如果出现更严重的问题,冷却水从压力容器内部释放到安全壳结构中,并且海水可以进入安全壳周围的空间。来自冷却水的热量将通过安全壳壁进入海水。海水自然流过结构,因此能够不断更新,提供无限的冷却源。

目前开发人员仍在研究小型海上核电站的各个方面,比如系泊系统的详细设计、建筑在海啸中的稳定性等。麻省理工学院的 Buongiorno 教授称预计第一批小型海上核电站可以在 15 年内部署。

浮式核电站丰富了核电应用的方式,不仅能够远离人群降低潜在危险,更能解决偏远地区的用电问题,同时相较于普通发电方式减少了二氧化碳的排放。不过浮式核电站的应用也引起了环保人士的担忧,其安全性风险仍然存在。我国同样计划建设小型浮式核电站,为南海偏远岛屿供电,满足供热及海水淡化需求。

4.9　中国核动力破冰船北极需求分析

极寒的气候条件使得北极覆盖在重重冰层之下,限制了船舶在北极的航行,破冰船已成为北极船舶航行的重要保障,而核动力破冰船耗资巨大,投入成本高昂,没有一定的市场营运空间难以确保其资本回收及功能发挥。为合理估计中国核动力破冰船的营运前景,需对其营运需求进行分析。本部分拟从三个方面进行分析,分别是北极航线特别是东北航道基础破冰需求,北极贸易船舶运输破冰需求及中国核动力破冰船可获得的破冰航行市场份额和规模。

4.9.1　北极各航线基本破冰需求

北极航线是穿越北冰洋连接太平洋和大西洋的海上通道,主要由东北航道、西北航道和穿极航线组成,其中被誉为"黄金水道"的东北航道通航期远超西北航道和穿极航道,且承担着主要的货物运输工作。鉴于目前穿极航道用于货物运输成本极高,以下暂且对通航期内东北航道及西北航道的基本破冰需求进行分析。

1.东北航道基本破冰需求

(1)东北航道概述

巴伦支海、喀拉海、拉普捷夫海、东西伯利亚海及楚科奇海是东北航道经由海域,一年中大多时间具有浮冰和冰封情况,东北航道经由海域夏季通航期及冬季冰封期冰情将对北极过境贸易破冰需求分析具有重要的参考价值。

北极大部分海域终年冰雪覆盖,海冰覆盖面积约在每年冬季(3 月)达到 最大值,夏季(9 月)消融到最小值,秋冬季海冰厚度整体呈现格陵兰和加拿大北极群岛以北向东西伯利亚海逐渐变薄的特征。厚度超过 3 m 的海冰主要集中在格陵兰和加拿大北极群岛以北到北极中央附近。通常每年的 6—11 月为北极地区通航期,但是每个海域的通航时间有所不同。

(2)东北航道经由海域破冰时间、距离、频次分析

巴伦支海大部分处于北纬 70°以北,由于北角暖流的巨量海水流入该海区,气温并不很低。冬季北部气温约 - 25 ℃,南部只有 - 5 ℃;夏季北部气温为 0 ℃,南部达 10 ℃,是北冰洋中最暖的海。海区大部分有结冰现象,但西南部常年不结冰,成为北极圈内常年不封冰的海域。摩尔曼斯克、捷里别尔卡和瓦尔德是北极圈内的不冻港,终年可通航。但在每年 12 月至次年 2 月需要破冰船提供破冰服务,其余月份仅需要破冰船提供领航服务。

喀拉海海区位于北纬 70°以北的北极圈内,一年中有 3 ~ 5 个月的极夜现象,气候异常寒冷,几乎终年冰封,南部沿岸地区冰封期也有 9 个月之久,即使夏季海面也多浮冰。冬季多暴风雪,夏季多雾。这种冰封、风暴和多雾气候条件给航运带来很大困难。考虑到冰封及浮冰情况,每年 6—8 月、10—11 月在喀拉海需要破冰船提供破冰服务,9 月可以通航,仅需要破冰船提供领航服务,12 月至次年 5 月不能通航,不可破冰。

拉普捷夫海气候严峻,南部地区极夜持续 3 个月,北部极夜长达 5 个月。一年之中大部分时间海面覆盖冰雪,冬季常见暴风雪,夏季有雪、雹和雾。1 月平均气温 -31 ℃,最低为 -50 ℃。7 月北部平均气温仅略高于 0 ℃,南部约 6 ℃,最高时 10 ℃。北部海域一年中有 11 个月气温在 0 ℃以下,南部海域亦有 9 个月如此。表层水温冬季一般在 -1.8 ~ -0.8 ℃;夏季则高于 0 ℃。海面封冰期 9 个月以上,夏季即使解冻,海面仍有浮冰,航运受到影响。每年 6—8 月、10—11 月需要破冰船提供破冰服务,9 月可以通航,破冰船仅需提供领航服务即可,12 月至次年 5 月不能通航,且不可破冰。

东西伯利亚海位于北纬 70°以北,气候严寒,结冰期长达 9 个月,航行困难,7—11 月可借破冰船航行。海区南部受较暖海水影响通常无冰或短期结冰。每年 7—8 月、10—11 月需要破冰船提供破冰服务,9 月在通航期内,需要破冰船提供领航服务,12 月至次年 6 月不能通航,且在货物运输方面不需破冰船。

楚科奇海位于北极圈内,气候严寒,冬季多暴风雪,海水结冰。受太平洋流入的较暖海水影响,结冰期 7 个多月,6—11 月可以通航。每年 6—8 月、11 月需

要破冰船破冰,9月、10月在通航期内,仅需破冰船提供领航服务,12月至次年5月不能通航,货物运输方面不需要破冰船(图4-52)。

月份	巴伦支海	喀拉海	拉普捷夫海	东西伯利亚海	楚科奇海
1月					
2月					
3月					
4月					
5月					
6月					
7月					
8月					
9月					
10月					
11月					
12月					
图例:		不需要破冰船			
		不可进行商业航运			
		破冰船提供破冰服务			

图4-52　东北航道各海域破冰船使用需求情况图

整体而言,按照破冰船数量满足东北航道基本需求的标准,巴伦支海每年需要破冰船提供破冰服务时长约为90天,喀拉海每年需要破冰船提供破冰服务时长约为153天,拉普捷夫海每年需要破冰船提供破冰服务时长约为153天,东西伯利亚海每年需要破冰船提供破冰服务时长约为123天,楚科奇海每年需要破冰船提供破冰服务约为122天。按照东北航道所经海域长度计算最长破冰距离,且速度为18 kn进行计算,巴伦支海为1 059.81 km(572.25 n mile),破冰时间为31.79 h;喀拉海为1 611.64 km(870.22 n mile),破冰时间为48.35 h;拉普捷夫海为1 192.42 km(643.86 n mile),破冰时间为35.77 h;东西伯利亚海为1 307.29 km(705.88 n mile),破冰时间为39.22 h;楚科奇海为675.41 km(364.69 n mile),破冰时间为20.26 h。在通航期且需破冰船提供破冰服务期间,假定破冰船日夜不歇,且每个海域仅考虑一艘破冰船前提下,巴伦支海需破冰船的破冰频率为67次/年,喀拉海破冰频率为75次/年,拉普捷夫海破冰频率为102次/年,东西伯利亚海破冰频率为75次/年,楚科奇海破冰频率

为144次/年。

2.西北航道基本破冰需求

(1)西北航道概述

西北航道是经由北冰洋沿北美北岸通过加拿大北极群岛连接太平洋和大西洋的航道,被认为是连接亚洲和北美洲东部的最短航线。开通西北航道能够改善我国海上能源运输路径单一、过于依赖印度洋—马六甲海峡—南海航线的现状,可使从西雅图到鹿特丹的航程比经巴拿马运河航线缩短2 000 n mile,节省25%航程,具有巨大的经济价值。所以开通西北航道对世界航运业具有重大意义。多年冰是船舶航行的主要障碍,研究表明,西北航道的船舶通航条件随着多年冰的减少在未来将更为便利。虽然近年西北航道总体冰情有所减轻,但海冰流动性增强,波弗特海域多年冰易南下进入西北航道的海峡航道区域,致使航道区域海冰变化多端,影响船舶的通航能力。西北航道的线路有多条,但并不是每条航线都可以安全通航,通过选取海冰密集度危险指数、无冰及轻冰天数、低能见度危险指数、气温影响指数、航道水深危险指数、航道宽度危险指数和暗礁危险指数等风险指标来建立自然环境风险指标体系,在此基础上采用三角模糊数层次分析法客观定权,并用 TOPSIS 法对航线进行排序以实现优选,最终得出结论:船舶采用航线 5(波弗特海→阿蒙森湾→多芬联合海峡→科瑞内西湾→德阿瑟海峡→毛德皇后湾→维多利亚海峡→拉森海峡→富兰克林海峡→拜洛特海峡→利金特王子湾→巴罗海峡→兰开斯特海峡路线)时受到的冰阻障碍有可能逐步减小,安全指数最高,如图 4-53 所示。所以下文所说的西北航道主要是指航线 5。

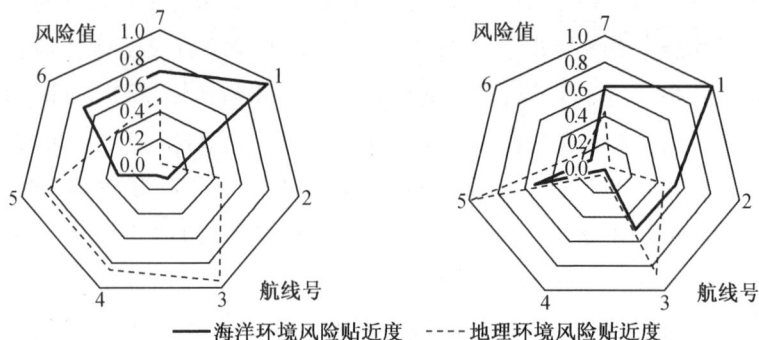

图 4-53 危险性贴近度雷达图

（2）西北航道经由海域破冰时间、距离、频次分析

波弗特海、阿蒙森湾、多芬联合海峡、科瑞内西湾、德阿瑟海峡、毛德皇后湾、维多利亚海峡、拉森海峡、富兰克林海峡、拜洛特海峡、利金特王子湾、巴罗海峡、兰开斯特海峡是西北航道经由海域，一年中大部分时间有浮冰和冰封情况，早前人们提到的北极的西北航道随着海冰消融逐渐变为商船及科考船只选择的路线。西北航道在 9 月开放半月，整体来看西北航道通航期要短于东北航道。据相关预测，到 2060 年，西北航道将于 8—9 月开放，到 2090 年东北航道和西北航道将每年至少开放 3 个月。

波弗特海是北冰洋边缘海，位于北纬 70° 以北，气候严寒，海面几乎全年冰封，仅在 8—9 月沿岸出现狭窄的无冰海面，可以通航，需要破冰船进行破冰和领航服务，其他时间不可进行商业航运。

阿蒙森湾位于北纬 70° 以北，属于严峻的大陆气候，年平均温度为 −12.6 ℃，夏季最高温度为 26.7 ℃，冬季最低温度为 −51 ℃。春季多云，夏日晴朗，秋天冷而多雾，冬季严寒，12 月后有强风和雪暴。10 月开始结冰，4 月开始解冻。每年 8—9 月需要破冰船提供破冰服务，其余时间是全冰覆盖状态，不在通航期内，且不可进行商业航运。

利金特王子湾海冰融化方式和范围受海风影响较大，海冰在北风的作用下融化较早，而盛行东南风时，海冰融化较晚。海峡内的海冰在强劲的北风作用下于 7 月底才开始融化，至 10 月初再次冰封。每年 9 月需要破冰船提供破冰服务；10 月至次年 8 月是全冰覆盖状态，且不可进行商业航运。

多芬联合海峡、科瑞内西湾、德阿瑟海峡、毛德皇后湾、维多利亚海峡、拉森海峡、富兰克林海峡、拜洛特海峡、巴罗海峡和兰开斯特海峡在北纬 70° 以上，气候异常寒冷，几乎终年冰封，南部沿岸地区冰封期也有 9 个月之久，即使夏季海面也多浮冰。以 0—180° 东西经为分界线，其与东北航道的喀拉海位置对应，所以推之其冰情与喀拉海的冰情相似。通航期内，每年 9 月需要破冰船提供破冰服务；10 月至次年 8 月不可进行商业运输（图 4−54）。

整体而言，在破冰船数量满足西北航道基本需求的标准下，波弗特海每年需要破冰船提供破冰服务时长约为 61 天，阿蒙森湾每年需要破冰船提供破冰服务时长约为 61 天，多芬联合海峡、科瑞内西湾、德阿瑟海峡、毛德皇后湾、维多利亚海峡、拉森海峡、富兰克林海峡、拜洛特海峡、巴罗海峡和兰开斯特海峡每年各需要破冰船提供破冰服务时长约为 30 天；按照西北航道所经海域长度计算最长破冰距离，且速度为 18 kn 进行计算，得到西北航道沿途各海域的破冰距离、破冰时

间和破冰频率如表 4 – 24 所示。

月份	波弗特海	阿蒙森湾	多芬联合海峡、科瑞内西湾、德阿瑟海峡、毛德皇后湾、维多利亚海峡、拉森海峡、富兰克林海峡、拜洛特海峡、利金特王子湾、巴罗海峡、兰开斯特海峡
1月			
2月			
3月			
4月			
5月			
6月			
7月			
8月			
9月			
10月			
11月			
12月			
图例:	不可进行商业航运		
	破冰船提供破冰服务		

图 4 – 54　西北航道各海域破冰船使用需求情况图

表 4 – 24　西北航道各海域破冰距离、破冰时间和破冰频率表

海域/海峡	破冰距离/n mile	破冰时间/h	破冰频率/(次/年)
波弗特海	381.21	21.18	69
阿蒙森湾	165.23	9.18	159
多芬联合海峡	148.49	8.25	87
科瑞内西湾	122.03	6.78	106
德阿瑟海峡	103.67	5.76	125
毛德皇后湾	65.33	3.63	198
维多利亚海峡	74.51	4.14	174
拉森海峡	117.71	6.54	110
富兰克林海峡	76.67	4.26	169
拜洛特海峡	41.04	2.28	316
利金特王子湾	110.15	6.12	118
巴罗海峡	52.92	2.94	245
兰开斯特海峡	201.4	11.19	64

4.9.2　北极贸易船舶运输破冰需求

AIS 数据显示,2016 年北极航线总通航次数为 1 705 次,9 月通航次数最多,达到 393 次;2017 年北极航线总通航次数为 1 908 次,9 月达到 345 次。9 月作为夏季北极航线航情最可观月份,在东北航道上不需破冰船提供破冰服务。那么具体在北极各航线商船航行中各海域破冰需求如何? 以下将对北极各航 线过境贸易运输破冰需求、北极各航线自然资源及其产品贸易运输破冰需求及北极项目开发建设运输破冰需求进行分析。

1.北极各航线过境贸易运输破冰需求

近年来,经由东北航道的货运量大幅上涨,在 2017—2018 年,货运量由 974 万 t 增长到 2 018 万 t,增长速率高达 107%,并且在 2019 年前 9 个月货运量达到了 2 337 万 t。随着北极航线条件持续改善,在 2024 年经由东北航道的过境货运量将达到 5 452 万 t,西北航道过境贸易运输量将达到 552 万 t,总计 6 004 万 t,货物运输量增长势头强劲。

就航次而言,2016 年北极航线总通航次数为 1 705 次,2017 年北极航线达到 1 908 次通航,2018 年北极航线通航次数突破 2 000 次,2022 年北极航线接近 3 000次通航,预计在 2024 年将达到 3 329 次通航,其中过境贸易航次占据绝大部分,约 1 759 航次。按照 2016—2017 年每月通航次数估算,2024 年,1—12 月通航次数占比分别是 3.28%、3.63%、4.26%、4.47%、4.40%、5.44%、12.82%、16.44%、20.42%、13.84%、6.37%、4.62%,即 2024 年 1—12 月每月通航次数为 58,64,75,79,77,96,226,289,359,244,112,81 次,并且按照 2024 年东北航道将承担 91.53% 的过境贸易运输,西北航道将承担 8.47% 的过境贸易运输进行计算,预估东北航道及西北航道每月航行次数如表 4 – 25 所示。

表 4 – 25　2024 年 1—12 月东北航道及西北航道航次表

月份	东北航道航次	西北航道航次
1	52	5
2	58	6
3	68	7
4	71	7
5	70	7

表 4 – 25（续）

月份	东北航道航次	西北航道航次
6	87	9
7	205	21
8	263	27
9	326	33
10	221	22
11	102	10
12	74	7

鉴于无具体海域航次数据，现仅对具体各海域破冰的破冰时间及破冰距离进行统计。据表 4 – 26 显示，东北航道中喀拉海对破冰船提供破冰服务的需求远超其他海域，每年通航期内需要 42 417.99 h 破冰，并且 6 月破冰时间需求为 4 201.85 h，7 月为 9 901.50 h，8 月为 12 699.50 h，10 月为 10 693.30 h，11 月为 4 921.8 h，在 8 月、10 月破冰船需求量大；西北航道中波弗特海对破冰船提供破冰服务的需求位居第一，通航期内需要 1 262.63 h 的破冰服务，并且仅有 2 个月需破冰。

表 4 – 26　北极航线过境贸易运输船舶具体海域破冰需求表

航线	海域/海峡	破冰时间需求/h	破冰距离需求/n mile
东北航道	巴伦支海	5 857.80	105 445.84
	喀拉海	42 417.99	763 453.62
	拉普捷夫海	31 381.42	564 865.49
	东西伯利亚海	30 999.73	557 931.97
	楚科奇海	13 293.53	239 290.13
西北航道	波弗特海	1 262.63	22 725.51
	阿蒙森湾	547.26	9 850.04
	多芬联合海峡	272.42	4 903.25
	科瑞内西湾	223.88	4 029.52
	德阿瑟海峡	190.20	3 423.26
	毛德皇后湾	119.87	2 157.25

表4－26（续）

航线	海域/海峡	破冰时间需求/h	破冰距离需求/n mile
西北航道	维多利亚海峡	136.71	2 460.38
	拉森海峡	215.96	3 886.87
	富兰克林海峡	140.67	2 531.70
	拜洛特海峡	75.29	1 355.17
	利金特王子湾	202.09	3 637.24
	巴罗海峡	97.08	1 747.46
	兰开斯特海峡	369.50	6 650.38

对比东北航道及西北航道年通航期、基本破冰需求及航次，发现东北航道较西北航道破冰需求大，破冰距离长，破冰频次高，东北航道过境贸易每年具体破冰需求为破冰时间123 950.50 h、破冰距离2 230 987.05 n mile、破冰次数914次；西北航道过境贸易每年具体破冰需求为破冰时间3 360.56 h、破冰距离69 358.03 n mile、破冰频次55次。

2. 北极各航线自然资源及其产品贸易运输破冰需求

伦敦Energy Aspects Ltd. 的石油分析师克里斯托弗·海恩斯（Christopher Haines）表示："随着气候变化，随着冰融化，您可能会看到更多的出货量。"他补充说，节省时间和成本是北极航线增加使用量的推动力。目前，随着冰层融化，开放了越来越多有争议的商业运输贸易路线，俄罗斯首次将原油通过北极海航线运输。根据彭博汇编的船舶追踪数据，短短两周，就有两艘油轮从俄罗斯西部的滨海边疆区运送约150万桶乌拉尔原油，途经北冰洋到达中国。这些货物只代表快速扩展的贸易路线的一小部分。2018年，俄罗斯的商品出货量翻了一番，达到约2 000万t，其中石油和天然气占主导地位。Atomflot有关负责人表示，东北航道对核动力破冰船的需求随着货流量的增长而增长，这也意味着全新核动力破冰船的时代仍在继续。

近年来，俄罗斯凭借独特的地理优势，在北极地区频频发力，打通多条北极航线，大力开采油气和矿产资源，不断挖掘北极的商业潜力，以确保国内经济稳定发展。同时，俄罗斯制定了长远的核动力破冰船发展规划，以捍卫俄罗斯在北极地区的重要战略利益。除了俄罗斯，靠近北极地区的其他国家也一直视北极为重大"藏金"区，利用北极航线为商船运输铺路、深度挖掘北极油气资源。而要想顺利进军北极，破冰船成为开路者必备的"手杖"。在需求的刺激下，科技发展

也不断推动新概念在破冰船上的应用。未来,大功率、多用途、环保型将成为新型破冰船的发展趋势。

绵延近 2 万 km 的北冰洋国界线,让俄罗斯在北极资源开采和商船运输中占据了天时地利。据俄罗斯科学院评估,俄罗斯自然资源绝大部分储量集中在北极地区,其中黄金占 40%、石油占 60%、天然气占 60% ~90%、铬和锰占 90%、铂族金属占 47%、原生钻石占 100%。根据总体评估结果,北极地下的矿产资源价值超过 30 万亿美元,其中三分之二是能源资源。北极地区矿产资源勘探总成本约为 1.5 万亿美元。就近年来俄罗斯国内生产总值看,其中的 10% 由本国企业在北极生产经营活动创造,且该比例在未来将会继续增长。随着全球气候变暖,冰层的不断融化也为俄罗斯更好地涉及北极资源带来了福音。就航线看,俄罗斯可以通过欧亚海港最短航线——北极航线进行矿产开采和运输工作,从而获取可观的经济利益。同期,中国对原油的需求将从 2008 年的 820 万桶/天增加到 2030 年的 1 700 万桶/天,并且同期整个亚洲的石油生产赤字将从 150 万桶/天增加到 480 万桶/天,中国不仅试图不断增加非洲在世界石油出口中所占份额(例如在安哥拉和苏丹),以满足其对碳氢化合物资源不断增长的需求,而且还在多样化其天然气和石油进口的贸易路线,成为北极海上运输国是中国实现长期能源安全目标的重要一步。2016 年,超过 64% 的中国海洋贸易主要通过马六甲海峡过南海;2019,中国 78% 的碳氢化合物进口通过马六甲海峡狭窄的 1.5 英里宽的海峡。如若中国在北极航运中立足,可多样化石油、天然气供应的贸易路线,有利于开辟我国新的海外资源能源采购地,且降低和分担途经马六甲海峡、巴拿马运河、索马里海域和苏伊士运河等高政治敏感区所带来的风险,克服"马六甲困境"战略弱点。

对自然资源及产品运输需求进行分析,预计到 2024 年,东北航道需进行自然资源及产品运输量高达 4 309 万 t,西北航道为 300 万 t。经计算,2024 年,在自然资源及产品运输方面,东北航道每年将进行约 1 263 次通航,西北航道每年将进行约 88 次通航。结合上月航次占比计算可得,1—12 月北极地区航行次数分别为 44,49,58,60,60,74,173,222,276,187,86,62 次,1—12 月东北航道次数分别为 41,46,54,56,56,69,162,208,258,175,80,58 次,1—12 月西北航道次数分别为 3,3,4,4,4,5,11,14,18,12,6,4 次。各海域破冰需求各异,如表 4 - 27 所示。

表 4-27 北极航线自然资源及产品贸易运输船舶具体海域破冰需求表

航线	海域/海峡	破冰时间需求/h	破冰距离需求/n mile
东北航道	巴伦支海	4 629.72	83 339.35
	喀拉海	33 525.15	603 397.22
	拉普捷夫海	24 802.37	446 442.67
	东西伯利亚海	24 500.71	440 962.74
	楚科奇海	10 506.57	189 123.47
西北航道	波弗特海	686.21	12 350.82
	阿蒙森湾	297.42	5 353.29
	多芬联合海峡	148.05	2 664.81
	科瑞内西湾	121.67	2 189.96
	德阿瑟海峡	103.37	1 860.47
	毛德皇后湾	65.14	1 172.42
	维多利亚海峡	74.30	1 337.16
	拉森海峡	117.37	2 112.43
	富兰克林海峡	76.45	1 375.92
	拜洛特海峡	40.92	736.51
	利金特王子湾	109.83	1 976.76
	巴罗海峡	52.76	949.71

总体而言,预计在 2024 年,在自然资源及产品运输商业航运期内,东北航道破冰需求远超过西北航道,并且在东北航道中喀拉海破冰需求位居第一,共需 33 525.15 h 接受破冰服务,总里程为 603 397.22 n mile,在西北航道中波弗特海为第一名,共需提供 686.21 h 破冰服务,总计 12 350.82 n mile。东北航道自然资源及产品贸易船舶运输破冰需求中破冰时间需求为 97 964.52 h,破冰距离需求为 1 763 265.45 n mile,破冰次数需求为 714 次,西北航道自然资源及产品贸易船舶运输破冰需求中破冰时间需求为 1 893.49 h,破冰距离需求为 34 080.26 n mile,破冰次数需求为 25 次。

3. 北极项目开发建设运输破冰需求

随着"冰上丝绸之路"的进展,北极地区项目开发建设主要集中于港口设施建设、能源开发项目建设。在北极项目开发建设中,存在着巨大的运输需求,其中港口建设需运输材料总计 600 万 t,天然气开发项目建设需中需运输材料 45 万 t、石

油开发项目建设需运输材料58万t、风电项目建设需运输材料576万t,总计高达1 279万t。预计2024年,通航船舶可以达到374艘次左右,1—12月分别为12,14,16,17,16,20,48,61,76,52,24,17艘次,各海域破冰需求各异(表4-28)。总体而言,预计在2024年,在北极开发项目建设商业航运期间,东北航道北极项目开发建设运输需求达到1 608.4万t,西北航道北极开发项目建设运输需求达到200万t。整体而言,东北航道破冰需求远超过西北航道,并且在东北航道中喀拉海破冰需求位居第一,共需9 071.77 h破冰服务,总里程为163 276.81 n mile;在西北航道中波弗特海为第一名,共需提供245.90 h破冰服务,总计4 425.93 n mile。东北航道北极开发项目建材运输船舶破冰需求中破冰时间需求为26 512.21 h,破冰距离需求为477 193.72 n mile;西北航道北极开发项目建材运输船舶破冰需求中破冰时间需求为751.10 h,破冰距离需求为13 518.72 n mile,破冰次数总计需求约为205次。

表4-28 北极航线开发建设所需原料运输船舶具体海域破冰需求表

航线	海域/海峡	破冰时间需求/h	破冰距离需求/n mile
东北航道	巴伦支海	1 251.12	22 521.42
	喀拉海	9 071.77	163 276.81
	拉普捷夫海	6 711.42	120 805.55
	东西伯利亚海	6 640.81	119 520.99
	楚科奇海	2 837.09	51 068.94
西北航道	波弗特海	245.90	4 425.93
	阿蒙森湾	106.58	1 918.36
	多芬联合海峡	53.14	956.38
	科瑞内西湾	43.67	785.96
	德阿瑟海峡	37.10	667.71
	毛德皇后湾	23.38	420.77
	维多利亚海峡	26.66	479.90
	拉森海峡	42.12	758.14
	富兰克林海峡	27.44	493.81
	拜洛特海峡	14.68	264.33
	利金特王子湾	39.42	709.44
	巴罗海峡	18.94	340.84
	兰开斯特海峡	72.07	1 297.16

根据以上估测,北极航线在 2024 年商业航运中破冰需求巨大,共需提供 255 126.15 h 破冰服务,总里程高达 4 592 017.52 n mile,总频次高达 1 913 次,并且东北航道破冰需求远超西北航道,东北航道共需提供 248 427.20 h 破冰服务,总里程为 4 471 446.20 n mile,西北航道共需 6 698.95 h 破冰服务,总里程为 120 571.32 n mile,仅为东北航道的 2.70%,但随着北极海冰范围缩小,仍具有极大的潜在破冰需求。

4.9.3　中国核动力破冰船可获得的破冰航行市场份额和规模

核动力破冰船可不受燃料供给的限制,大幅降低恶劣自然环境的限制。核动力破冰船相对采用柴油动力驱动的破冰船具有续航时间更长、破冰能力更强、动力性更大等特点。具体而言:

(1)单船功率大。核动力破冰船单船可达 75 000 马力,较 15 000 马力的普通破冰船和 25 000 马力的中级破冰船功率大得多。

(2)续航能力强。核动力推进技术发挥了划时代的作用,鉴于在冬季,西伯利亚以北的北冰洋冰层厚度一般为 1.2 ~ 2 m,而北极海域中心区域的冰层厚度平均可达 2.5 m,只能使用动力强劲、吨位厚重、船体坚固和耐力超群的核动力破冰船,同时在获取远离大陆架的冰下资源的需求方面,更加需要航程远、自持力久、破冰能力强的核动力破冰船开展极地勘探考察和运输补给行动。

(3)船型结构特殊。核动力破冰船的船身长度比例与一般海洋船舶不同,同等情况下其纵向尺寸较一般船舶短,而横向尺寸宽,便于以强劲的推进力开辟出较宽的航道,同时船外壳至少由 5 cm 厚的钢板制成,内部结构用密集型钢构件支撑,船身吃水线部位则用抗撞击的合金钢板加固。

虽然世界上不少国家都拥有破冰船,但目前可建造核动力破冰船的国家主要为俄罗斯,且俄罗斯核动力破冰船经过数十年的运行,被证明技术发展等方面是具有绝对优势的,俄罗斯的核动力破冰船技术发展经历了如下阶段。

1.“列宁”号核动力破冰船

“列宁”号核动力破冰船建造于 1956 年 8 月 24 日,长 134 m,宽 27.6 m,高 16.1 m,吃水深度 10.5 m,满载排水量达 19 420 t,最大航速为 18 kn。其主要进行北冰洋地区的考察和救援活动,在北海航线上执行破冰和引导运输船只的任务。

2.“北极”号核动力破冰船

紧随“列宁”号破冰船服役的是体积更大、动力更为强劲的“北极”号核动力

破冰船。在"列宁"号下水之后，苏联很快建造了更加巨大的核动力破冰船——"北极"级核动力破冰船。相比于"列宁"级，"北极"级破冰船拥有更大的吨位和更强的破冰能力。该级破冰船 1975 年起开始投入使用，一共建造了 5 艘。"北极"级核动力破冰船曾一度占据了俄罗斯 10 艘核动力民用船半壁江山，是俄罗斯核动力破冰船队的中坚力量，也是当时世界上最大的核动力破冰船。

3. 俄罗斯第三代核动力破冰船

2012 年 8 月 23 日，俄罗斯国家原子能公司签署了一份新一代 LK – 60 破冰船的建造合同，计划打造一艘世界上最大的新型多功能破冰船，也就是"第三代核动力破冰船"。该型核动力破冰船已于 2010 年在圣彼得堡冰山设计局开始进行设计，建造工作于 2013 年开始，2015 年 11 月在圣彼得堡巴尔迪斯基造船厂完成建造和下水，并在 2017 年 8 月开始试航，在 2017 年 11 月进行破冰试验，2017 年底交付俄罗斯国家原子能公司下属子公司 Atomflot 位于摩尔曼斯克的基地。

该型核动力破冰船有三大特点：

(1) 船型尺寸最大。该型破冰船长 173 m，宽 34 m，比目前最大的破冰船还要长出 14 m，宽出 4 m，建成后将在北海航线上运行，排水量为 33 540 t。

(2) 动力更强。新型核动力破冰船的功率更大、速度更快，并且安装了新的保护设备和导航设备。

(3) 有更高的破冰效率。相比以前的型号，新型核动力破冰船有多项改进，除了比现役的核动力或柴油动力破冰船更大、更有力，更重要的是通过巨大的压载舱，可以使其吃水深度在 8.5~10.7 m 自由变化。这种设计很特别，意味着第三代核动力破冰船可以在北亚和西伯利亚地区较浅的河流中粉碎冰层而自由穿行，将航线深入到俄罗斯内部。它使破冰船既能在北极地区深水海域运行，也能在西伯利亚河流的浅水中航行。令人惊叹的是，该巨无霸破冰船能够破除厚度为 3 m 的冰层，可以持续航行 7 年。

鉴于中国核动力破冰船参照俄罗斯"五十年胜利"号而建，以下先对"五十年胜利"号进行详细介绍。

俄罗斯"五十年胜利"号是世界最大、最先进的破冰船，船上装有两个核反应堆，装有最新的卫星导航和数字式自动操控系统、新式的测冰测深雷以及海水淡化系统，是市场上具有载客能力的最佳核动力破冰船，更是世界上唯一一艘可以直接抵达北极点的核动力破冰船。"五十年胜利"号船长 159 m，船宽达 26.5 m，吃水 11.08 m，满载排水量 2.5 万 t，最大航速 21 kn，航速为 18 kn 时最大破冰厚度 2.8 m，总功率为 75 000 马力，一次核材料灌注可用 5 年。"五十年胜利"号是

俄罗斯最大的 Arktika 级船厂建造的破冰船,有一个勺状弓形船首和全新的自动化全数字控制系统。从摩尔曼斯克出发至北纬 90° 行程约为 2 300 km,前 1 000 km 是浮冰,进入北纬 80° 以后则是厚厚的冰层。在开放水域,"五十年胜利"号最快航速高达 21 kn。并且在冬季,北部的海域上冰层的厚度为 1.2 ~ 2.0 m 不等。北极海中间地区冰层的平均厚度大约是 2.5 m。核动力破冰船能以高达 10 kn 的速度强行穿越冰层。在无冰区的水域上核动力破冰船的最大航速可以达到每小时 21 n mile。

俄罗斯"五十年胜利"号配备了一架直升机和几艘橡皮艇,可以进行空中航路侦测、观光和岸上转运。船上的雷达和卫星系统提供了导航、电话、传真还有电邮等功能。船上的餐厅有酒吧和现场的音乐表演设施。充足的公用空间包括一个在船后部的会议大厅和一个在船前部的休闲交谊厅;会议大厅在白天可作为演讲厅或简报室,傍晚可转换成社交场所。此外"五十年胜利"号上还有室内游泳池、桑拿房、电影院、图书馆、篮球馆、健身房和纪念品商店,有 64 个舱室可搭载 128 名旅客。

目前,俄罗斯"五十年胜利"号是市场上具有载客能力的最佳核动力破冰船。在现有的核动力破冰船市场占有率、北极产品贸易运输需求及破冰需求的基础上,拟 2024 年建成的中国核动力破冰船将具有可观的全球市场份额。一方面,中国核动力破冰船使用核动力,将具有核动力破冰船优势,即单航成本低、年破冰航行频率高、持续航行、推进动力大,在每年 6 个月通航期内可连续航行。保守估计,2024 年北极航线货物量高达 12 413 万 t,其中过境贸易量高达 6 004 万 t,自然资源及其产品贸易运输量达 4 609 万 t,北极开发项目建设建材贸易量达 1 803 万 t,在巨大的产品运输需求背景下,中国核动力破冰船在 6 个月通航期内通过自身载货及引领船队在东北航道运输量可达 1 500 万 ~ 2 000 万 t,西北航道运输量达 130 万 ~ 228 万 t,总计为 1 630 万 ~ 2 228 万 t,中国核动力破冰船将占国际市场份额的 13.13% ~ 17.95%。另一方面,中国核动力破冰船是具有载客能力的破冰船,在北极旅游方面将占据极大优势,单次航行载客量可达 120 余人。

2000 年以来,随着北极旅游市场的开拓,北极游客量不断增加。2018 年,北极游客量达到 7 761 人,根据预定人数增长趋势,2024 年,北极游客量将达到 10 000 ~ 15 000 人。如若按中国核动力破冰船航行载客量最低标准,单次航行载客 120 人,在每年 12 次经由北极的前提下,在北极旅游市场份额中将达到 9.6% ~ 14.4%。

4.10 中国船舶核动力装置技术的发展情况

根据媒体在 2020 年 10 月 17 日的报道,中国小型核反应堆"玲龙一"号(图 4 - 55)正式在国际核工业展览会上亮相。

图 4 - 55 "玲龙一"号小型反应堆

"玲龙一"号反应堆不仅可以用在海上,还可以应用在陆地上,由于其安全性很高,所以可以直接应用到民用领域的核动力破冰船上。"玲龙一"号拥有小型化、模块化、一体化、非能动等先进的技术,它安全性高、灵活性好,用途十分广泛。这种小型核反应堆可以直接作为分布式电源设置在工业区和人口密集区,可以实现城市区域供热和工业工艺供热。

从 2000 年初开始,国际原子能机构就正式启动了中小型反应堆的开发计划,据国际原子能机构统计,至少有 6 ~ 7 个核大国正试图将反应堆小型化。"玲龙一"号此前的项目名为"ACP100",中国核工业集团有限公司用"玲龙一"号的名字为其注册了商标。

"玲龙一"号这种模块化小型反应堆是基于军用核动力和成熟压水堆技术研发的,这套设备具有完全自主的知识产权。资料显示,"玲龙一"号具有一体化反应堆技术、高效直流蒸汽发生器技术、屏蔽主泵技术、固有安全加非能动安全技术、模块化技术等。

军事专家认为,随着"玲龙一"号小型核反应堆技术的成熟,中国核工业集团

有限公司完全可以将其使用在未来建造的核动力航母上。

|4.11　参考文献|

[1] 张羽,李岳阳,王敏.极地破冰船发展现状与趋势[J].舰船科学技术,2017,
　　 39(23):188 - 193.

[2] 杨军,徐乐瑾,张恩昊,等.小型反应堆、事故容错燃料、反应堆数字孪生体:
　　 核能何以为能?[EB/OL].(2020 - 11 - 22)[2022 - 01 - 23].https://
　　 www.163.com/dy/article/FS1FI30A0511DV4H.html.

[3] 太阳谷.俄罗斯极地军事装备研究进展与应用[EB/OL].(2019 - 11 - 26)
　　 [2022 - 06 - 15].https://mp.weixin.qq.com/s?__biz = MzIxODYyMzE2OA
　　 = =&mid =2247490698&idx =4&sn = 17efe7125026cce207cafe2af6c4405b&chksm
　　 = 97e6e125a0916833f8e2bd3fc80abe9a7f6590fbecb03230bdf0ae34ae7a4f88e
　　 51e5056de79&scene =27.

[4] 寒冰.俄罗斯核动力破冰船技术发展[J].船舶经济贸易,2020(8): 37 -43.

[5] 太阳谷.国外浮式核电站发展状况浅析[EB/OL].(2018 - 12 - 05)
　　 [2022 - 06 - 23].https://news.bjx.com.cn/html/20181205/946460.shtml.

[6] 李国青,李昱昉,吴姝琴,等.国际热核聚变实验堆标准体系研究[J].核标
　　 准计量与质量,2019 (03): 2 - 9.

[7] 张微,杜广,徐国飞.核聚变发电的研究现状与发展趋势[J].产业与科技
　　 论坛,2019,18(08): 58 - 60.

[8] 彭敏俊,王兆祥.船舶核动力装置[M].北京:原子能出版社,2008.

[9] 太阳谷.国外典型潜艇小堆 AIP 技术研究[EB/OL].(2020 - 09 - 11)
　　 [2022 -06 -11].https://www.shangyexinzhi.com/article/2386086.html.

第5章
核动力破冰船总体设计

| 5.1　极地船舶设计环境条件 |

核动力破冰船设计的首要条件是:明确走的是什么航线,其航线上的环境条件如何,需要满足的环境条件是什么。

设计的环境条件包括:航线的环境、作业的环境,涉及水深、风浪流的设计极值与条件极值、方向极值,强浪向、强流向与强风向,气温极值、水温极值与湿度极值,海生物厚度,海冰厚度与冰的抗压强度等。

只有明确了核动力破冰船的作业航线、航线上的环境情况及所需满足的环境条件及其上述的设计环境内涵,才能正式开展设计工作,否则设计工作将无从入手。

例如,在我国渤海海域,虽然冬天气温较低,有海冰,但海冰的厚度及强度并不很大,只要通行船舶结构具有抗冰能力,船体应用的钢材满足相应的低温要求就可以了,很少需要破冰船开路。

但是在北极地区就完全不一样了,北极航线通航有时间限制,并需要破冰船的保驾护航,这就为破冰船特别是核动力破冰船提供用武之地。所以在设计核动力破冰船时,首选要理清环境条件。极地的环境条件最根本的是严寒问题,船舶应充分满足防寒技术要求,以确保船舶及其设备、系统在低温环境下正常运行。极地船舶冰级的分类情况如图5-1所示。

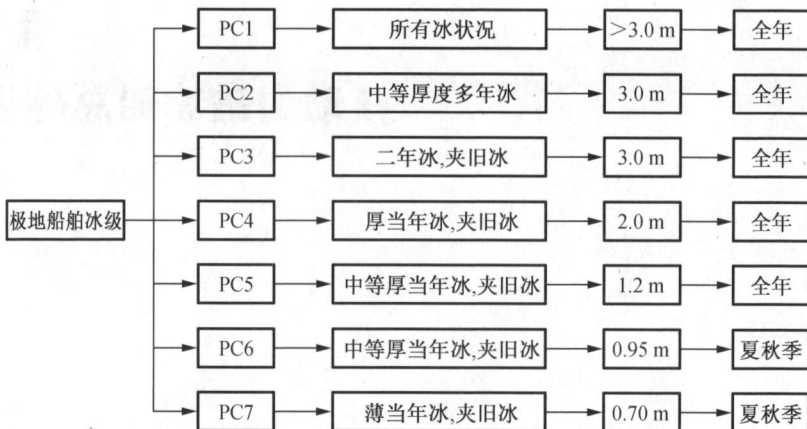

图 5 - 1　极地船舶冰级

5.2　总布置特点

图 5 - 2 给出了典型的核动力船舶舱室布置图,海洋核动力装置在进行总体布置方案选择及布置时一般需遵守如下原则:

(1)总体布置需要最大限度地满足和优化海洋核动力装置的主要功能,主要需要:高效地将核能转化为电能或制备淡水,持续稳定地对外输出;同时需要兼顾系统、结构、总体性能、建造、运营、退役等多方面互相冲突的要求,使舱室布局的相互关系达到最佳状态,以便最安全、最可靠、最有效、最经济地发挥装置的功能。

(2)总体布置应满足法规与规范的要求,如横舱壁、纵舱壁和双层底设置应满足相关规范对装置破损稳性即碰撞、搁浅、触礁等外部事件的要求;梯道、走廊及功能舱室的布置应满足防火、逃生的要求;救生设施的设置和布置应满足公约和法规的要求等。要对保证船舶与核动力装置安全运行的重要系统的备用系统或设备进行物理隔离(满足水密与防火分隔要求)。

(3)应尽量适应模块化建造的需要,为开展模块化建造创造有利条件。

(4)应尽量缩小放射性设备、管路的布置区域,缩短高能管路、高压电缆的长度,以便后期管理维护及退役处理。

(5)总体布置应满足海洋核动力装置的"工作生活区域化"原则,生活区与

工作区分开,便于对工作区进行管理监控,降低运行管理成本。

(6)应尽量优化海洋核动力装置的外部造型,提升设计美观性,同时尽量提升内装设计水平,提高作业人员的生活与工作质量。

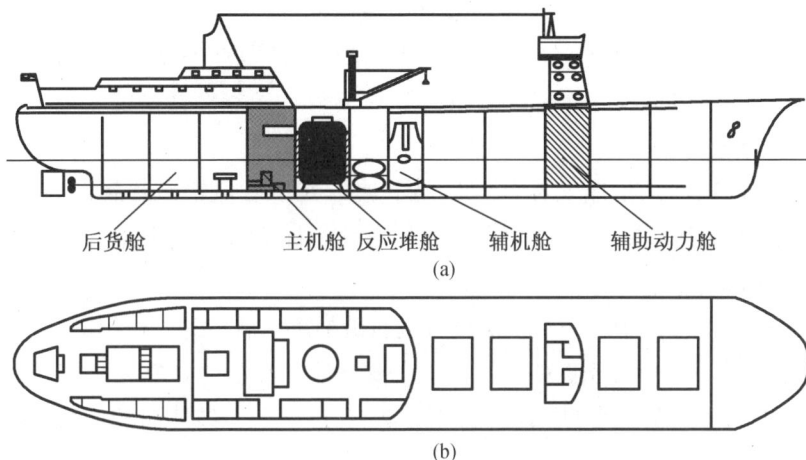

图 5 - 2　典型核动力船舶舱室布置图

5.3　总体性能设计

核动力破冰船的总体性能设计是要保证核动力破冰船在海洋航线上的可靠性、安全性、环境适应性及可移动性(即航速),主要包括核动力破冰船的浮性、稳性及抗沉性、耐波性与阻力等性能,总体性能设计的主要工作是性能的设计、计算分析与试验等。

专业的设计原则主要是:借助各国船级社海上破冰船的相应规范所规定的设计方法、路径与要求;静水力性能要求与常规船舶的设计要求大同小异;动力性能设计的要求与常规船舶差别很大,需要应用超规范的直接设计法;除了需要满足海上恶劣环境条件下的作业工况及尽可能的优化外,还需满足船级社关于核动力船舶的相应规范、标准与指南。

我国核动力破冰船的设计不仅要满足中国船级社(CCS)关于破冰船的相关规范与标准,还需要满足核动力船舶及装置的相关标准。

5.3.1 静水力性能设计

核动力破冰船的静力性能设计应在入级船级社规范的指引下,进行基本干舷、最小船首高度、完整稳性及破舱稳性的设计计算。

(1)干舷指自水线至上甲板边板上表面的垂直距离。基本干舷与最小船首高度应该满足《1966 年国际船舶载重线公约 1988 年议定书》中的实际干舷大于最小干舷的要求。

(2)完整稳性是指船舶在外力作用下偏离其平衡位置而倾斜,当外力消失后,能自行恢复到原来位置的能力。完整稳性指标应该满足海上核动力破冰船入级规范的要求。

(3)破舱稳性是指船舶在一舱或者数舱破损进水后,仍然能保持一定的浮态和稳性的要求,是证明船舶安全的一项重要性能。破损稳性在任何工况下应该满足《核能商船安全规则》中破损稳性要求,满足核动力破冰船相应规范中的破损稳性要求。

5.3.2 水动力性能设计

核动力破冰船水动力性能设计的目标是减小核动力破冰船的摇荡幅值。

1. 核动力破冰船的运动

(1)核动力破冰船的运动特性

核动力破冰船具有一般船舶的运动性能,在海浪中会发生 6 个自由度的运动,即横摇、纵摇、艏摇、纵荡、横荡和垂荡。

在微幅波的作用下,船舶做简谐运动,如图 5 - 3 所示。简谐运动的方程为

$$\omega_e = \omega - (\omega^2/g) V\cos \mu$$

船舶以频率 ω_e 做简谐运动的方程如下:

$$G \sum_{k=1}^{\sigma} = \left[-\omega_e^2(M_{jk} + A_{jk}) + \omega_e B_{jk} + C_{jk} \right]$$
$$= F_i^j + F_i^D \quad (j = 1,2,\cdots,6)$$

式中　M_{jk}——船舶的质量矩阵;

A_{jk}——附加质量系数;

B_{jk}——阻尼系数;

C_{jk}——恢复力;

F_i^I——扰动力的主要部分,有时称傅汝德－克雷若夫力;

F_i^D——扰动力的流体动力部分,即绕射力。

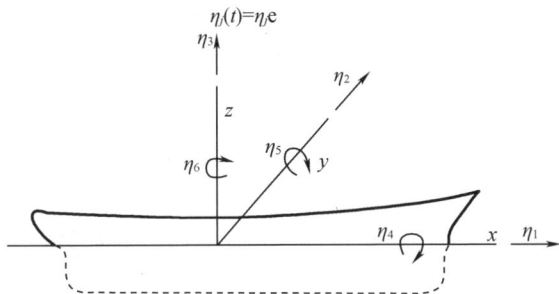

η_1—纵荡;η_2—横荡;η_3—垂荡;η_4—横摇;η_5—纵摇;η_6—艏摇。

图 5 – 3　船舶 6 个自由度运动

增加一些补充方程,可以求解上述方程,从而得到船舶在规则波中 6 个自由度运动的位移,进而求得速度及加速度。

由于计算工作量很大,必须依靠专门开发的船舶运动计算程序。为了保证计算精度,对程序的功能应该有明确的要求,采用切片法计算时保证精度的首要一点是分段(即切片)数,一般要求不少于 20 段(对应 20 个分站);频率 ω 要满足覆盖响应范围,使响应小到可以忽略的程度,一般 $\omega = 0.2 \sim 2.4$ rad/s,在此范围内选取 20 ~ 30 个频率;对于大船(以 T_φ 为标志,$T_\varphi > 15$ s 者),$\omega = 0.2 \sim 2.0$ rad/s,同样在其间选取 20 ~ 30 个频率,响应峰值附近分隔的间距($\Delta\omega$)小些,大船在低频处 $\Delta\omega$ 小些。

计算附加质量系数及阻尼系数时,频率范围扩大些,$\omega = 0.05 \sim 10.0$ rad/s,$\Delta\omega$ 亦可取得大些,如美国海军标准计算程序(SMP)取 10 个 ω,以 rad/s 为单位计量分别为 0.05,0.10,0.25,0.50,0.75,1.00,1.50,2.00,5.00,10.00。

阻尼系数的选取对运动及动力计算的影响很大,需要特别注意。

(2)核动力破冰船的耐波性能

核动力破冰船的耐波性主要涉及横摇、纵摇与垂荡运动的幅值、频率、速度与加速度,因为这些因数影响着核动力破冰船上设备的运行,人员的作业及人员的居住条件、供应船的系靠作业、直升机的起降和核动力装置系统的安全运行。过大的运动加速度还会影响模块结构、甲板上设备机座结构、核动力装置的相关结构强度。抨击与艏部甲板的淹湿耐受能力即破冰船的耐波性能,过大的抨击

频率、艉部甲板淹湿频率会危及设备的运行和人员的安全,因此在设计中绝对不能忽视,尤其对于在北极这样环境条件极端恶劣的地区作业的核动力破冰船更应该引起重视。耐波性衡准要素如表5-1所示。

表5-1 耐波性衡准要素表

项目	衡准要素	危及对象	影响范围
绝对运动振幅	1. 横摇角 2. 纵摇角	人员、设备、核动力装置、供应船	人员作业效率低、居住不舒适;影响设备的工作状态;影响核动力装置运行
	3. 飞行甲板上某点的垂直位移	直升机	影响直升机的起降安全
绝对速度与加速度	4. 垂直加速度 5. 水平加速度	人员、设备、模块结构、核动力装置	人员作业效率低、居住不舒适;人员晕船、易疲劳;影响模块结构强度、核动力装置及设备的运转
	6. 抨击加速度	人员、设备	人员疲劳、设备不能正常作业
相对于波面的运动	7. 抨击频率 8. 甲板淹湿频率	人员、设备	产生船体冲荡应力,伤及仪表、设备与核动力装置;损伤船体结构
	9. 螺旋桨出水频率	推进机械、核动力装置	损伤推进机械
飞机的相对运动	10. 飞机相对于飞行甲板的垂直速度	直升机	伤及飞机的着陆机构,可能造成飞机失事

船体良好的耐波性能是设计追求的目标之一。影响船体耐波性的因素很多,主要有船体的主尺度、线型、质量分布(与总体布置、分舱、设备的质量与位置有关)、核动力破冰船的作业类型与系泊系统设计等,所以核动力破冰船的耐波性设计要从主尺度选择时就开始。

为防止摇摆幅度过大,一般在核动力破冰船中部的舭部安装减摇鳍(舭龙骨)。在船体线型横剖面设计时要考虑舭龙骨的安装位置。

艏部水上舷边外展形式的选择,以减少甲板淹湿但不导致严重的舷边抨击为原则。

（3）核动力破冰船的破冰运动

核动力破冰船的破冰运动是一种低频的慢移运动，有前后上下运动，也有左右摇摆运动，这是破冰船特有的破冰运动和主要的作业运动。因此，破冰运动是破冰船设计主要考虑的问题，与破冰船的主尺度、质量及艏部设计形状相关。

破冰运动情况的设计可由设计软件分析计算，也可以通过必要的水池船模试验来提供预报。

2. 核动力破冰船在不规则波浪中的运动与水动力特性

船体在波浪中的运动十分复杂，因为波浪本身就是不规则运动的波，再加上流与风的作用，使得这 6 个自由度的运动更为复杂。利用经验公式进行手工计算得出的结果误差太大。用计算机及软件运算可以得到比较接近真实情况的近似结果。计算结果近似的程度取决于所选用的软件程序、波浪谱的类型、核动力破冰船重心及惯性矩计算的准确性、阻尼系数和其他辅助参数选取的准确性等。

在求解核动力破冰船运动与流体动力响应时，把船体水下部分模拟成三维流体动力模型，用二维切片理论或三维绕射理论进行频率域分析或时域分析。通常，切片理论用于“细长体”的分析，对于较复杂的浮体或同时存在几个浮体（如三体船与半潜式钻井平台等）使用三维绕射理论进行分析得到的结果比较准确。频率域分析常用于线性问题的求解，而时域分析则常用来对非线性影响不可忽视的问题的求解。

3. 核动力破冰船的运动与水动力模型试验

要取得比较正确的核动力破冰船运动参数预报，就必须用船模在水池中进行耐波性模型试验。深水水池可以模拟水深、海洋不规则波、风和海流，还可以对风向、浪向和流向进行各种组合。对于船模可以模拟其物理尺度、重心、质量分布、装载状态和各个方向的运动惯性矩等。用现代科学技术的光电仪表测得的各个运动参数，经计算机分析整理得到的试验结果相对来说比较准确。

为了保证核动力破冰船在海上的安全性，必须得到比较准确的运动幅值，以用于核动力破冰船的结构设计、核动力装置设计及设备选取。通常结构试验与耐波性试验结合在一起进行。一般情况下，这种试验在船体的详细设计阶段进行。因为模型试验需要船体、模块、核动力装置等，要由多个设计部门提供比较准确的参数。在模型试验前，应用计算机软件程序进行运动及相关参数的计算，可以与模型试验的结果进行比较验证。

5.4 设计案例

5.4.1 初步设计

1. 实际需求

首先考察我国破冰船"雪龙"号技术参数如表 5 - 2 所示。

表 5 - 2 "雪龙"号技术参数

项目	技术参数
规格(长×宽)/m	167×22.6
满载排水量/万 t	2.1
载重量/万 t	1
轴功率/万马力	1.8
续航能力/万 n mile	2
连续破冰厚度/m	1.2
乘载人员/人	130

"雪龙"号自1994年投入运行以来,虽然经过几次升级改造,但在破冰能力、轴功率等方面与当前世界先进核动力破冰船相比仍然存在一定差距。为了促进我国极地科考的发展,必须要研制功率强劲、破冰能力更强的核动力破冰船。

2. 初步方案

借鉴俄罗斯核动力破冰船发展经验,结合实际需求与综合技术能力,我国未来核动力破冰船的初步方案如下。

(1)排水量

我国极地破冰船除承担搭载科学家进行短期极地科考外,还是极地考察站补给船,因此必须要有较大的物流能力,破冰船的排水量要求相应提高,从极地科考实际出发,结合我国的工业水平,将新型核动力破冰船的排水量暂定为3万t。同时由于新型破冰船采用核动力推进,不需要携带大量船用燃油,所以新型核动力破冰船的实际载重量与乘员人数有较大提升。

（2）总体尺度

破冰船的长宽比与一般海船大不相同，其纵向短、横向宽，长宽比约为 5:1，既有利于在冰区选择薄冰层处灵活航行，又使船体能开辟出较宽的水域，方便后续船舶的航行。参考俄罗斯"北极"级破冰船设计，新型核动力破冰船的尺度为长约 180 m，宽约 32 m。

（3）破冰能力

"雪龙"号破冰船的连续破冰厚度仅 1.2 m，为了将极地科考向纵深地带推进，必须加强我国极地科考船的破冰能力，使之达到俄罗斯第二代核动力破冰船技术水平，即连续破冰厚度达到 2.8 m。

（4）功率需求

由于新型极地破冰船排水量与破冰能力的提升，因此轴功率需求也要提升，结合俄罗斯核动力破冰船设计经验，破冰能力为 2.8 m 的 3 万 t 级核动力破冰船轴功率需求约为 10 万马力，再结合船上电力需求，总功率需求约为 11 万马力，目前水面核动力装置效率一般为 20% ~ 25%，因此新型核动力破冰船的功率需求约为 360 MW。

（5）外形

为了适应极地破冰的特殊需要，新型极地破冰船船型采用小长宽比的平甲板型，船体采用横骨架式，肋骨间距较小，以抵抗破冰时产生的强大冲击力。

船首为破冰型舷，整体圆钝结实的外形有利于撞开更宽的冰面。船首水线以下倾斜明显，起到先将舷部挤上冰面，再利用船身质量将冰面压碎的作用。船尾为巡洋舰型，有利于减小倒车时的阻力。另外，为避免上层建筑与甲板设备、人员受海浪与浮冰的侵袭，整船的干舷设置较高。

（6）总体布置

破冰船总体布置分为两部分，即水下部分与上层建筑。在新型核动力破冰船中，为了保持船体的稳定性，将动力室、储存室、控制室等舱室设置在水线以下，同时将所有上层建筑设置于船体前部，上层建筑后部甲板面积较大的为直升机起降平台。

上层建筑顶层为驾驶室，驾驶室与船体同宽，视野开阔。一座塔柱式主桅位于驾驶室顶层甲板后部，桅上特设有一个观察室，便于从高处对冰情进行观察。上层建筑后部为大型机库。除上述舱室外，上层建筑其余空间为各种实验室和船员、科研人员居住与生活空间。

另外,上层建筑后部,船体甲板首尾端各设一大型起重机,用于吊放设备与重物。

(7)水舱

当破冰船在厚冰区域行进时,通常采用"冲撞式破冰法",即将翘起的船头冲上冰面,靠船头部分的质量把冰压碎,为了增强船头质量,常将船尾水舱中的水抽至船头水舱;同时当船身夹在冰层中间时,通过调整左右舷摇摆水舱水量,使破冰船左右摇摆而摆脱困境。因此,在极地破冰船的船头、船尾设置有破冰水舱,而中部沿着两舷则设置了摇摆水舱,并且所有水舱容积都较大。

(8)螺旋桨

结合国外极地破冰船先进设计理念,我国未来的核动力极地破冰船上设置两个破冰螺旋桨和主推进螺旋桨。

两个破冰螺旋桨设置在船头下方冰刀两侧,当船在薄冰区域行进时,船头破冰螺旋桨从冰下将水抽出,削弱冰层的支托并结合船头锋利冰刀的切割作用,使之成片状裂开。

而主推进螺旋桨设计参考加拿大"卡马·吉格利亚科"号破冰船,将其设置在船尾中央,并用一个大防护罩环绕着,使其可以避开流向船尾的大冰块,主推进螺旋桨只是无害地搅动着剩下的小冰块。为了增进破冰船的机动性,还在破冰船后方增设一个特大的舵。

3.设计结果

结合上述分析,我国未来新型核动力破冰船技术参数预设如表5-3所示。

表5-3　新型核动力破冰船技术参数

项目	技术参数
规格(长×宽)/m	180×32
满载排水量/万t	3
载重量/万t	1.5
轴功率/万马力	10
续航能力	无限制
连续破冰厚度/m	2.8
乘载人员/人	150

新型核动力破冰船外形如图5-4所示。

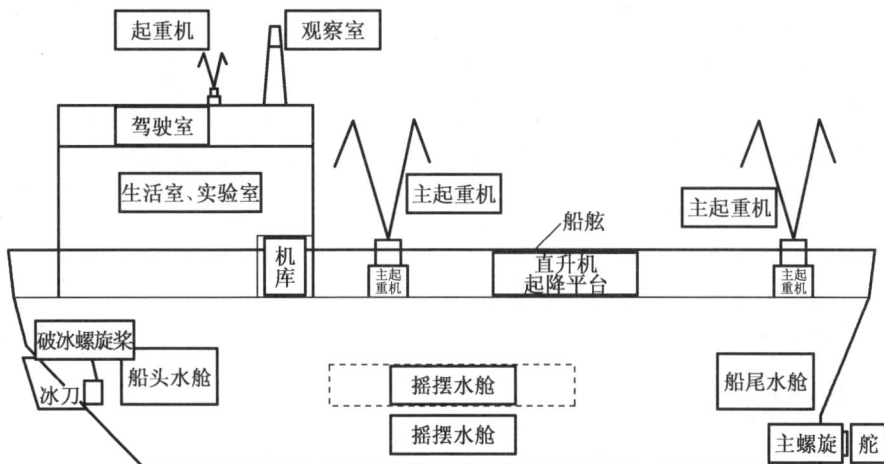

图 5 - 4 新型核动力破冰船外形示意图

5.4.2 核动力破冰船推进系统设计

核推进系统是核动力破冰船的心脏,核推进系统方案的优劣直接关系到研制新型核动力破冰船的成败。参考文献[1]在借鉴俄罗斯破冰船核动力推进装置发展经验的基础上,对我国未来新型核动力破冰船推进系统进行了初步设计。

1.核动力配置方案设计

新型破冰船核动力装置功率需求约为 360 MW,目前比较切实可行的核动力装置配置方案主要有两种:两套 180 MW 方案和三套 120 MW 方案。如采用三套方案,则安全部件总数增加,核安全隐患也随之增加,同时据"列宁"号相关设计经验,两套方案动力装置总质量与体积也较三套方案优化,因此新型核动力破冰船配置两套 180 MW 反应堆。

为了提高破冰船可靠性,新型核动力破冰船配置两套完全相互独立的动力装置,参考俄罗斯"列宁"号破冰船动力配置方案,每套动力装置采用单堆 - 单机 - 单轴配置方案。

2.核动力装置布置方案设计

目前,占主导地位的分散布置核动力装置功率密度低,同时由于大口径管道破损将导致严重的失水事故而存在着严重的安全隐患,因此不适用于新型核动力破冰船,必须对其加以改进。近些年来世界各国的改进方法主要有两种:一是

研制紧凑型核动力装置;二是研发一体化核动力装置。

紧凑型核动力装置在目前的技术与工艺条件下,很容易从分散式回路型核动力装置改进发展,在俄罗斯新型船用核推进系统(KLT - 40)和核电站(AP1000)中已被广泛应用,并取得了良好效果。而一体化核动力装置大多停留在试验验证阶段,实际应用还比较少,所以在新型核动力破冰船上还是采用紧凑型核动力装置为好。

3. 核动力装置主要设备方案设计

(1)反应堆方案

世界各国在船用核推进系统中不约而同地选择了压水堆型,对于船用压水堆型核动力装置研究较为成熟,并具有丰富的设计运行经验,其他类型反应堆的船用核动力装置目前在技术成熟度及实际运行中经常出现问题,因此新型核动力破冰船核动力装置拟采用压水堆型核动力装置。由于船用环境对核动力装置体积及质量的限制,在新型核动力破冰船反应堆设计时应适当提高燃料丰度、反应堆运行压力,并在保证安全的前提下降低反应堆出口过冷度。

(2)其他主要设备方案

为了满足破冰船破冰功率需求急剧变化的情况,整个核动力装置应具有较好的功率调节性能,因此在新型核动力破冰船中选择机动性较好的直流蒸汽发生器。

为了提高核动力装置转换效率,适应破冰船的工作特点及满足其对机动性的特殊要求,在新型核动力破冰船上采用电力推进装置。电力推进装置采用交流 - 交流配电形式,既可保证较高效率,又降低设备维护的工作量。

我国建造核动力破冰船势在必行,参考文献[1]提出的新型极地核动力破冰船的总体方案,可为我国研制核动力破冰船提供技术参考。

| 5.5 参考文献 |

[1] 徐俊峰,邱金荣,宋飞飞. 核动力破冰船概念设计研究[C]//中国核科学技术进展报告:中国核科学 2009 年学术年会论文集(第一卷第 3 册). 北京:原子能出版社,2009:72 - 76.

[2] 张炎,伍浩松. 核动力舰船[J]. 国外核新闻,2005(4):6 - 8.

［3］　KOVALENKO V,俄罗斯核动力破冰船发展动态［J］.国外新闻,1993(2)：55－58.

［4］　徐建设.中国极地考察船［J］.现代舰船,2003(10):43－45.

［5］　杨燮庆.俄罗斯破冰船和冰海船开发现状［J］.船舶,2002,8(4):5－7.

［6］　单周.日本"白濑"号破冰船［J］.现代舰船,2000(9):47.

［7］　胡兴军.走近破冰船［J］.交通与运输,2004(6):26－27.

［8］　石磊.现代破冰船与破冰技术［J］.知识就是力量,2003(10):52－54.

［9］　CE W.首次采用全电力推进系统的破冰船［J］.军民两用技术与产品,2001(3):26.

［10］　寒冰.俄罗斯核动力破冰船技术发展［J］.船舶经济贸易,2020(8)：37－43.

［11］　马红艳,刘书田,顾元宪,等.考虑设计规范的海洋平台结构选型优化［J］.计算力学学报,2004,21(1):38－44.

第6章
核动力破冰船结构设计

　　结构设计是核动力破冰船的关键技术。图6-1所示为某核动力破冰船的结构布置图。

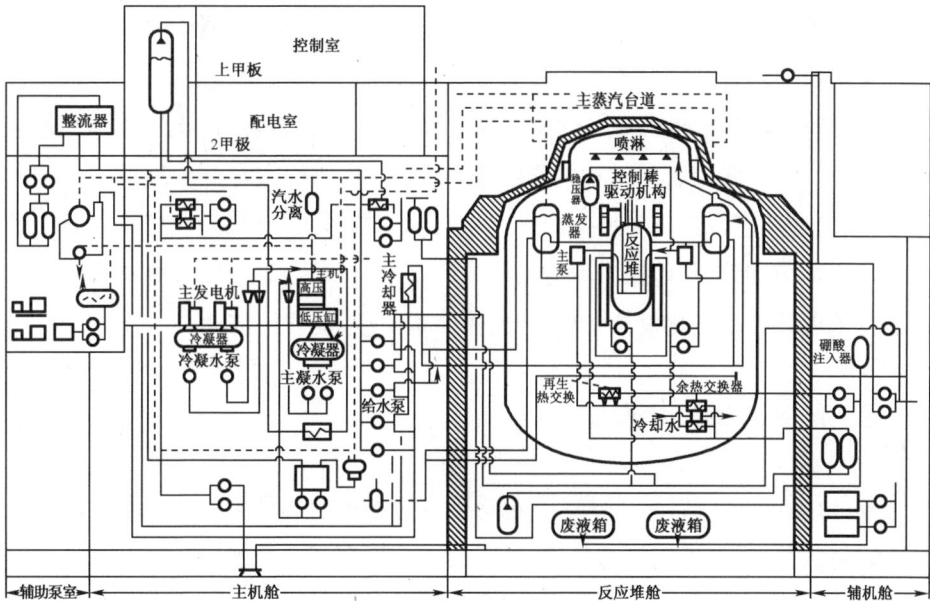

图6-1　某核动力破冰船结构布置图

6.1 船体结构设计

这里所说的核动力破冰船的船体结构设计是指非涉及核动力的船体结构设计。

6.1.1 舱室结构的形式

船舶是属于整体性的结构物,船舶的安全需要同时考虑整体的安全性和局部舱室结构的安全性。对于海洋核动力船舶,为了提高核反应堆的安全性,不仅要提升堆舱区域的结构强度,还要提升船舶的整体结构强度,防止发生整体断裂或者沉没。为了保持船舶结构的总纵强度,保持其他舱室与反应堆舱室结构的连续性,其他舱室拟选择与反应堆舱室相同的结构形式,即如果堆舱是纵骨架式和双层壳结构,那么其他舱室也应采用如此结构形式,但是板厚及骨材尺寸可以根据需求展开相应优化设计,以减轻船体结构质量,提升经济性。

6.1.2 舱室结构尺寸设计

船体结构尺寸设计的方法主要包括确定性和可靠性两类。确定性方法设计认为环境载荷、材料性能等都是确定性因数,并没有考虑其实际情况下的随机性和不确定性;可靠性设计方法是以载荷和强度的概率模型为基础,即将结构生命周期内影响结构安全性和性能的各种参数作为随机变量,用概率论和数理统计方法来分析结构在使用期内满足基本功能要求的概率。

现阶段船舶结构设计中完全运用可靠性方法进行设计还存在较大的困难,目前主流的设计方法是考虑海洋环境的随机性,使用半概率设计方法来进行设计。这种方法是对影响结构安全的某些参数运用数理统计分析,并与经验相结合而引入一些经验系数,也就是采用可靠性方法计算船舶的环境载荷,采用确定性方法设计船体结构尺寸,使之满足船级社的规范要求。船舶的海洋环境载荷可以采用水动力学软件计算。

目前,各大船级社都有自己的水动力学计算软件,比较著名的有:美国麻省理工学院(MIT)开发的 WAMIT,法国船级社(BV)开发的 HYDROSTRAR,挪威船级社(DNV)开发的 SESAM 等软件。值得一提的是中国船级社也开发了具有自主知识产权的 COMPASS 系列水动力学计算软件。

船舶结构尺寸的设计可以根据规范中的经验公式计算,也可以采用结构力学知识直接进行强度分析。按照规范中的经验公式进行设计方便快捷,但是其缺点也显而易见,船舶设计水平主要取决于所采用的规范水平,设计者难以进行船舶结构优化改进,同时该方法也不适合超出规范的新型船舶结构设计。目前采用结构力学知识进行分析时,工程设计中多采用有限元分析方法进行辅助设计,以分析复杂结构受力情况,该方法工作量巨大,但是能反应结构实际受力情况,适用于全新船舶结构设计和结构优化设计。海洋核动力船舶结构新颖、安全性要求高,拟采用直接分析的方法来进行结构设计。

6.2　核动力船舶安全壳结构设计

6.2.1　安全壳结构

1. 安全壳结构分类

根据堆型的不同采用不同的安全壳,随着反应堆功率不同和建造材料的不同,安全壳的形式也不尽相同。安全壳按结构特点可以分为单层壳和双层壳。一般双层安全壳的内层结构用于承受事故压力,外层结构起生物屏蔽及保护作用,两层之间留有环形空腔,可满载水或保持一定的负压,使核电装置内部的放射性物质不易向外界泄漏。

安全壳主体外形可分为圆柱形、球形、方形等(图 6 - 2),其中以圆柱形最为常见。圆柱形安全壳根据端面封头形式不同,又可分为蝶形封头安全壳、半球形封头安全壳、圆锥台形封头安全壳等。安全壳按构成材料可分为钢安全壳、钢筋混凝土安全壳及预应力混凝土安全壳三种。

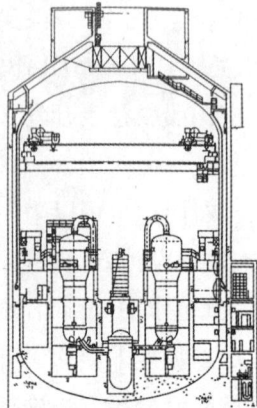

(a)圆柱形安全壳及内部布置示意图　　　　(b)方形安全壳及内部布置示意图

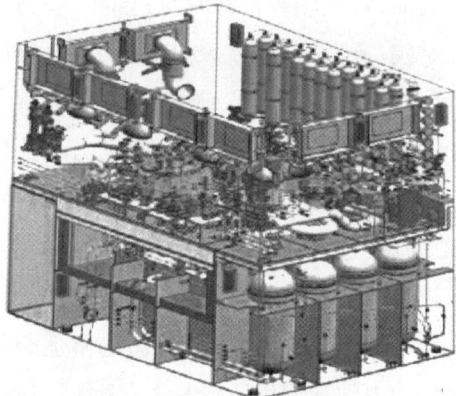

图6-2　安全壳内部布置

2.船用安全壳结构特点

当安全壳在海洋环境中工作时,需考虑以下几方面的因素:

(1)结构尺寸:由于船舶主尺度的限制,安全壳的结构尺寸不能过大。

(2)安全壳质量:安全壳过重会造成船体结构尺寸较大,而且会给船体结构强度设计带来巨大挑战。

(3)安全壳与船舶的连接:船舶作为一个可移动的载体,安全壳与船舶的连接不仅关系到安全壳受力的作用,而且也对船舶连接处的选材、结构尺寸及船舶的防护设计提出了诸多要求。

(4)海洋环境条件:高湿高盐的海洋环境会对安全壳产生腐蚀作用,同时由于风、浪、流等海洋环境载荷导致船体结构实时存在运动与变形,安全壳结构在设计时需要考虑倾斜、摇摆、结构疲劳等因素。

3.船用安全壳结构形式

陆上小型反应堆有的采用单层安全壳,单层安全壳建造方便,但是在包容放射性物质和较高防护性方面性能都不及双层安全壳,而随着机组容量越来越大,各界对核设施的安全性与环境保护的要求也越来越高,所以目前国际上众多项目都采用了双层安全壳。在这些项目中,双层安全壳在反应堆第三道屏障的安全要求上与单层安全壳相同,所以内层安全壳的结构设计与单层安全壳相同,外层安全壳提高了核电装置防护外部灾害和飞射物破坏的能力。

目前国际上常见的核电装置安全壳结构大致形式有如下几种:

(1)扁平形安全壳:结构特征是壳身为圆柱形筒体,筒身上部为三心或多心

穹顶,底座为混凝土平板。

（2）半球形封头安全壳:结构特征是壳身为圆柱形筒体,壳顶是半圆形,底座根据反应堆压力壳安放位置的不同而采用平底、凸底和半球底。

（3）圆锥台形安全壳:壳身由圆柱筒体和圆锥台两部分组成,属早期的安全壳形式。

（4）球形安全壳:通常由外混凝土结构和内钢制球壳组成,底座为厚平台,此结构为压水堆安全壳,球形安全壳大多是钢制结构或多层结构。

几种安全壳示意图如图 6 – 3 至图 6 – 6 所示。

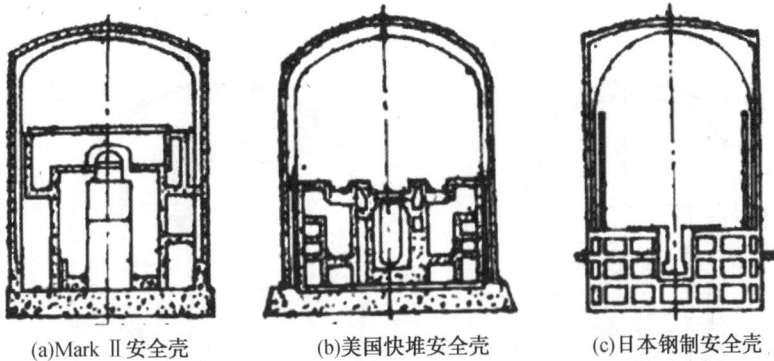

(a)Mark Ⅱ安全壳　　　　(b)美国快堆安全壳　　　　(c)日本钢制安全壳

图 6 – 3　扁平形安全壳示意图

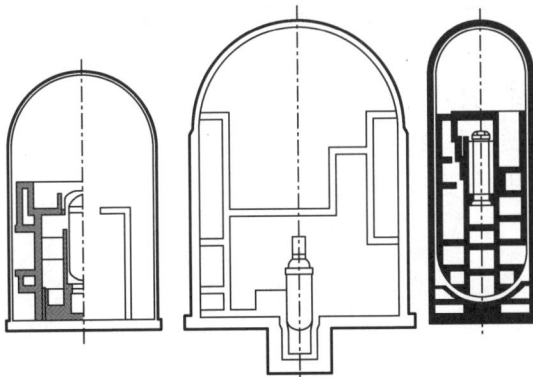

图 6 – 4　半球形封头安全壳示意图

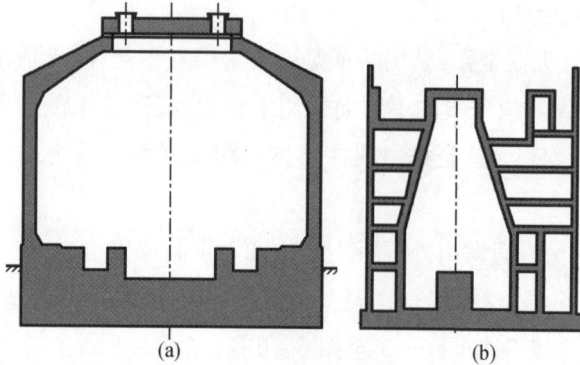

图 6 – 5　两种圆锥台形安全壳示意图

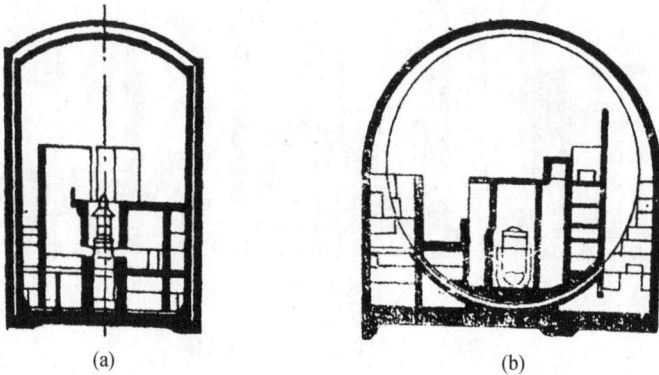

图 6 – 6　球形安全壳与双层安全壳示意图

4. 船用安全壳结构材料

目前,国内外安全壳材料主要有钢结构、钢筋混凝土结构及预应力混凝土结构三类。在实际应用时,选用哪种材料的原则是:

(1)经济性;

(2)气密性;

(3)施工技术;

(4)力学性能;

(5)质量;

(6)其他问题。

船用安全壳所受载荷工况比较复杂,安全壳实时存在受压、受拉、弯曲、扭转等多种载荷而会产生变形,并且船上受空间、质量限制较大,因此船用安全壳大

都采用钢制安全壳,其具有体积较小、经济性好的优点,同时也有利于安全壳与船舶钢结构的连接。

对于钢制安全壳,在选择材料时需要综合考虑材料的耐辐射性能、力学性能、加工工艺、经济性等多种因素,还需考虑海洋盐雾对其结构的腐蚀。目前常见的钢制安全壳用钢主要是 P256GH(采用法国 RC C－M 标准)和 SA－738 Gr. B(采用 ASME 标准)等优质钢。

6.2.2　安全壳极限承载力分析

参考文献[1]基于 Abaqus 软件,对某安全壳的极限承载力进行了分析。该安全壳是单层预应力混凝土安全壳,由扁球壳穹顶、筒体和基础筏板组成。

筒体上设有多个大贯穿件:直径 7.4 m 的设备闸门、2 个直径 2.94 m 的人员闸门和直径为 0.96 m 与 1.37 m 的主给水主蒸汽贯穿件;此外还有各种直径较小的工艺贯穿件。

安全壳有竖向、水平及穹顶预应力钢束三种类型,筒体中共布置了竖向、水平三层预应力钢束,竖向钢束布置在最内侧,外侧布置了两层水平钢束。穹顶预应力钢束共由三组组成,每组钢束均为对称布置,3 组钢束之间的夹角都是 120°。

1. 安全壳计算模型

混凝土结构设计采用 Abaqus 提供的弹塑性断裂和损伤模型。屈服或失效面的演化通过两个硬化变量控制。采用的混凝土单轴应力－应变曲线如图 6－7 中虚线所示,图 6－8 给出了分析所用的安全壳有限元模型。

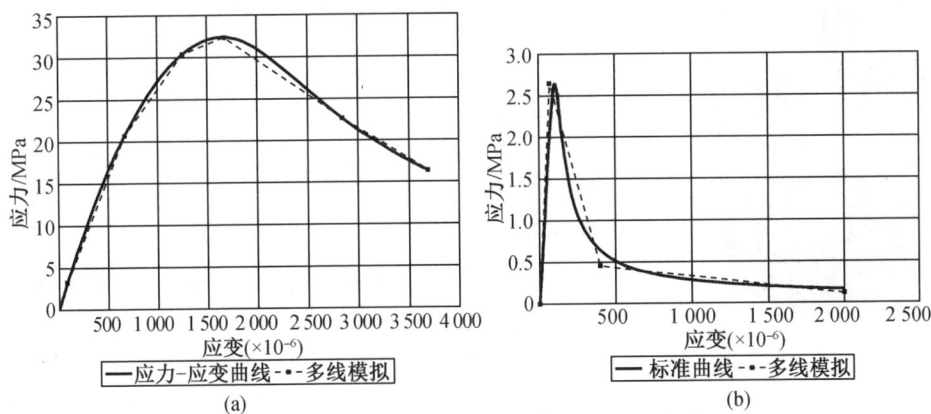

图 6－7　混凝土单轴受压应力－应变曲线与混凝土单轴受拉应力－应变曲线

2.钢衬里模型与钢束模型

钢衬里材料性能采用等向强化模型,应力–应变曲线如图6–9(b)所示,模型如图6–9(a)所示。

预应力钢束在模拟中考虑了由摩擦、钢束松弛、弹性收缩、锚具回缩等引起的预应力损失。模型如图6–10所示,预应力钢束作为弹性材料颗粒。

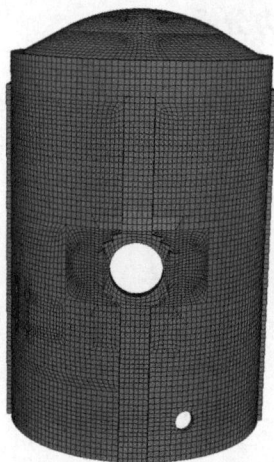

图6–8 安全壳有限元模型

(a)

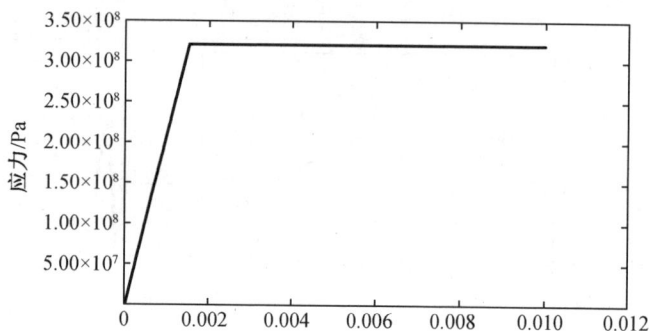

(b)

图6–9 钢衬里有限元模型与应力–应变曲线

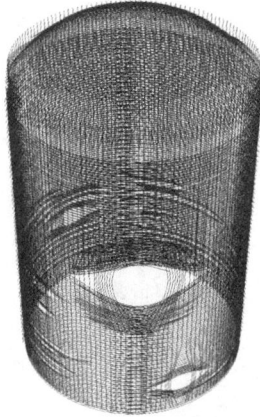

图 6 – 10　预应力钢束有限元模型

3. 计算结果分析

计算分为两步:①计算自重及预应力作用下安全壳的受力状况;②施加内压下安全壳受力状况,安全壳的设计内压为 0.42 MPa。

(1) 破坏准则

安全壳极限承载力决定了安全壳能否继续承受内压和防止放射性气体的泄漏,而这又取决于钢衬里的完整性。通常钢衬里撕裂时的应变可达 20% 左右。由于迭代收敛问题,钢衬里远未撕裂时的应变就退出计算。因此,将钢衬里出现区域性的屈服作为其失去完整性的标志。

所以,根据以下两个条件确定安全壳的极限承载力:

①大部分外面材料开裂并退出工作;

②钢衬里出现区域性屈服。

(2) 变形、应力、应变的变化趋势

①变形

在预应力和自重作用下(0 倍设计内压)安全壳整体向内变形,扶壁之间变形最大,达到了 14.7 mm。扶壁附近和穹顶变形相对较小。随着内压的不断加大,径向位移也由整体向内变形转化为整体向外变形。当达到 2.2 倍设计内压时,安全壳筒体均向外变形,设备闸门附近位移最大,为 38.4 mm。相对于筒体,穹顶的径向位移始终在较小的范围内变化。图 6 – 11 所示是安全壳标高 22.9 m处在 0 倍设计内压(0.42 MPa)、1.15 倍设计内压、1.5 倍设计内压、2 倍设计内压、2.2 倍设计内压的变形图,从图中可以清晰地看出安全壳在内压作用下的变

形过程。

(a)0倍设计内压　　(b)1倍设计内压　　(c)1.15倍设计内压

(d)1.5倍设计内压　　(e)2倍设计内压　　(f)2.2倍设计内压

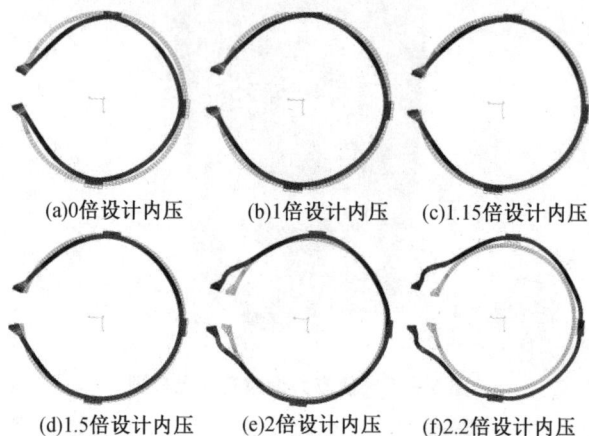

图6-11　安全壳标高22.9 m处变形图

根据以上变形情况,按三个部分考虑它们对极限承载力的影响。第一部分是闸门附近;第二部分是筒体普通区域(非闸门区);第三部分是穹顶。由于穹顶的位移较前两部分小很多,因此可以看出穹顶不是控制极限承载力的主要部位。

应力应变将主要以第一、第二部分为主。

②应力、应变

图6-12、图6-13所示是普通区域(标高22.9 m、角度50°处)外层与钢衬里的荷载-应变曲线和载荷-应力曲线。

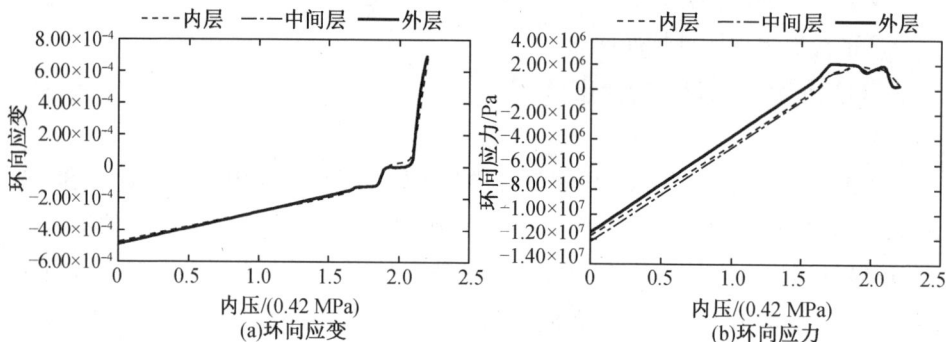

(a)环向应变　　(b)环向应力

图6-12　普通区域外部材料的载荷-应变曲线与载荷-应力曲线

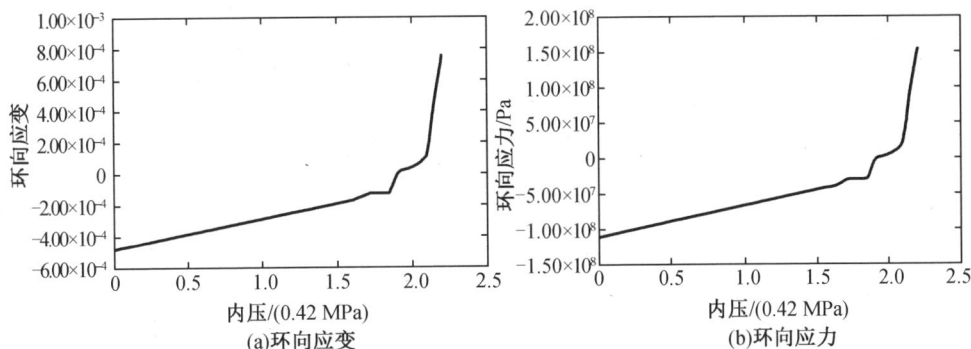

图 6 – 13　普通区域钢衬里的载荷 – 应变曲线与载荷 – 应力曲线

图 6 – 13 表示普通区域的材料在 1.7 倍设计内压左右开始开裂,至 2.2 倍设计内压时的环向应力接近于 0,可认为此时外层材料已退出工作。

钢衬里、普通钢筋、预应力钢束在整个受力过程中一直处在线性阶段,未出现屈服。

图 6 – 14 所示是设备闸门附近区域(标高 22.5 m,角度 167°处)外层与钢衬里的荷载 – 应变曲线和荷载 – 应力曲线。

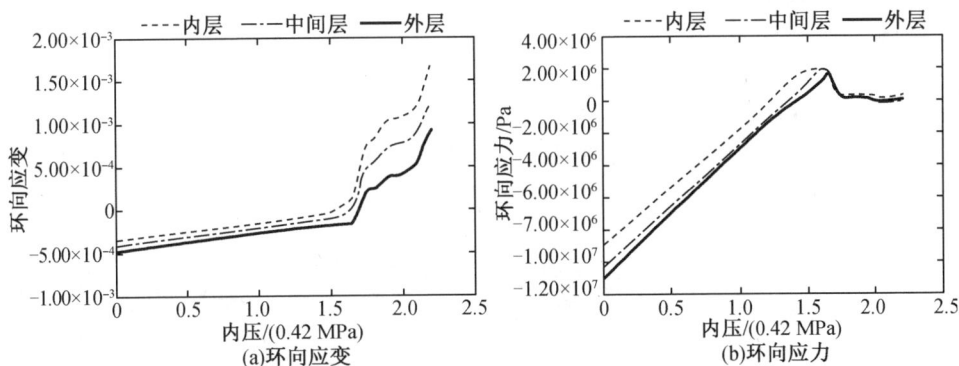

图 6 – 14　闸门附近区域外层材料的载荷 – 应变曲线与载荷 – 应力曲线

设备闸门附近区域的外部材料受力较普通区域复杂,从图 6 – 14 可以看出,内层材料首先于 1.5 倍设计内压时开裂,中间层和外层也随后开裂,至 1.75 倍设计内压时的外部材料已完全退出工作,由钢筋和钢衬里来承担环向拉力。

钢衬里在 2.2 倍设计内压时,其环向应力(图 6 – 15)已达到屈服强度 320 MPa 进入塑性阶段。普通钢筋、预应力钢束在整个受力过程中一直是线性变化的,未出现屈服。

(a)环向应变

(b)环向应力

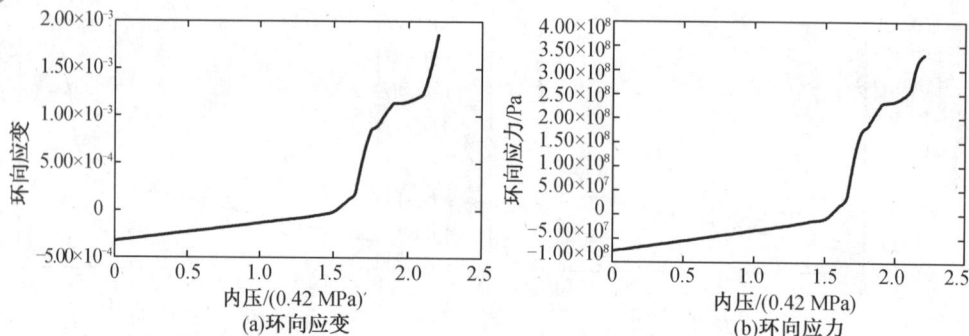

图 6－15　闸门附近区域钢衬里的载荷－应变曲线与载荷－应力曲线

（3）破坏区域的确定及破坏状态

穹顶混凝土在 2.2 倍设计内压时未退出工作。钢衬里、普通钢筋、预应力钢束仍处于弹性阶段。

筒体普通区域混凝土在 2.2 倍设计内压时已退出工作，由钢衬里、普通钢筋、预应力钢束来承担环向拉应力并在整个受力过程中一直处于线性阶段，未出现屈服。

2.2 倍设计内压时，设备闸门附近区域处混凝土应力非常小，钢衬里、普通钢筋、预应力钢束的应力均未超屈服强度，仍处于弹性阶段。而钢衬里环向应力已超屈服强度，进入塑性阶段。

图 6－16 所示是 2.15 倍、2.2 倍设计内压时设备闸门附近区域钢衬里的环向应力图。2.15 倍设计内压时最大应力为 314.5 MPa，还未屈服。2.2 倍设计内压时，设备闸门左右两侧的钢衬里已经屈服，面积共计 8 m² 左右。

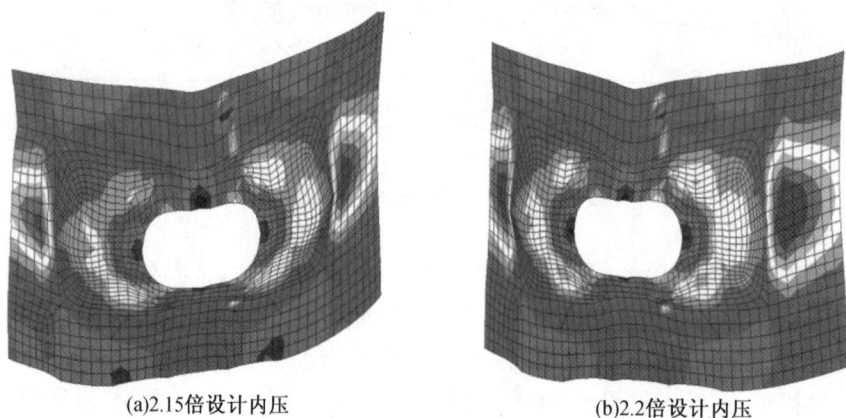

(a)2.15倍设计内压

(b)2.2倍设计内压

图 6－16　设备闸门区域钢衬里环向应力

6.3　核动力船舶堆舱设计

6.3.1　堆舱布置设计

1. 堆舱中部方案

前期已经建成的国内外核动力船舶大部分均为自航式船舶,为了便于实现艉部推进功能而将堆舱布置在机舱的前部,典型的如日本"奥陆"号核动力实验船。部分船舶出于需要布置较大的货舱,堆舱的位置并非布置在船中附近,而是布置在中部偏后的区域,典型的如俄罗斯的"塞布摩尔卜奇"号核动力集装箱船。

俄罗斯的"罗蒙诺索夫院士"号核动力装置为非自航式装置,它将堆舱布置在船中附近,向南布置主机舱和配电舱,如图6-17所示,图6-18为典型船用压水堆核动力装置原理流程图。图6-19、图6-20为两艘典型核动力破冰船反应堆舱布置图。图6-21所示为反应堆舱与典型船舶核动力堆舱布置示意图。

图6-17　"罗蒙诺索夫院士"号核动力装置主机舱和配电舱布置

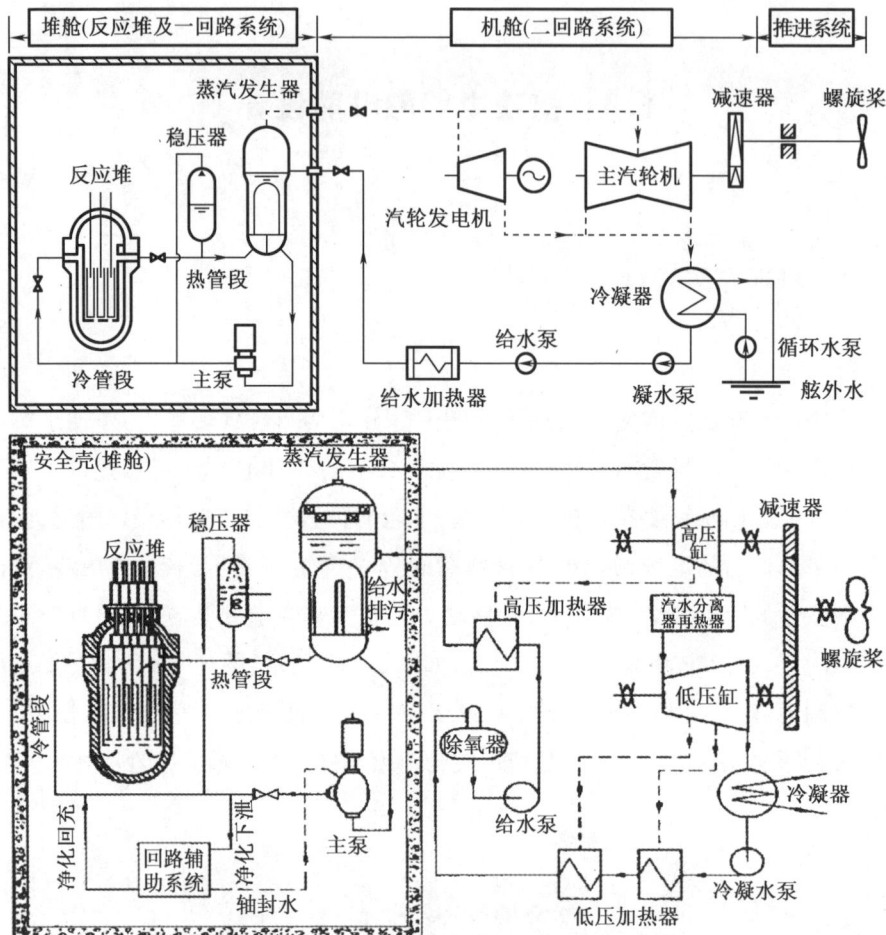

图 6 – 18　核动力装置商船压水堆装置原理流程图

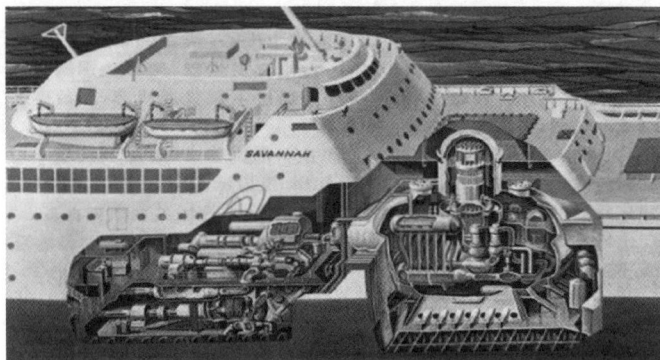

图 6 – 19　反应堆舱布置图

图 6-20 "列宁"号反应堆舱布置图

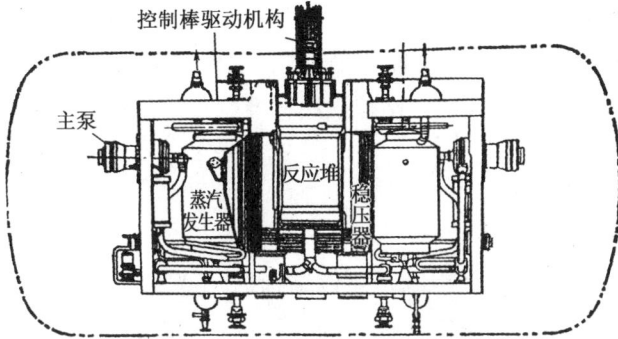

(a)

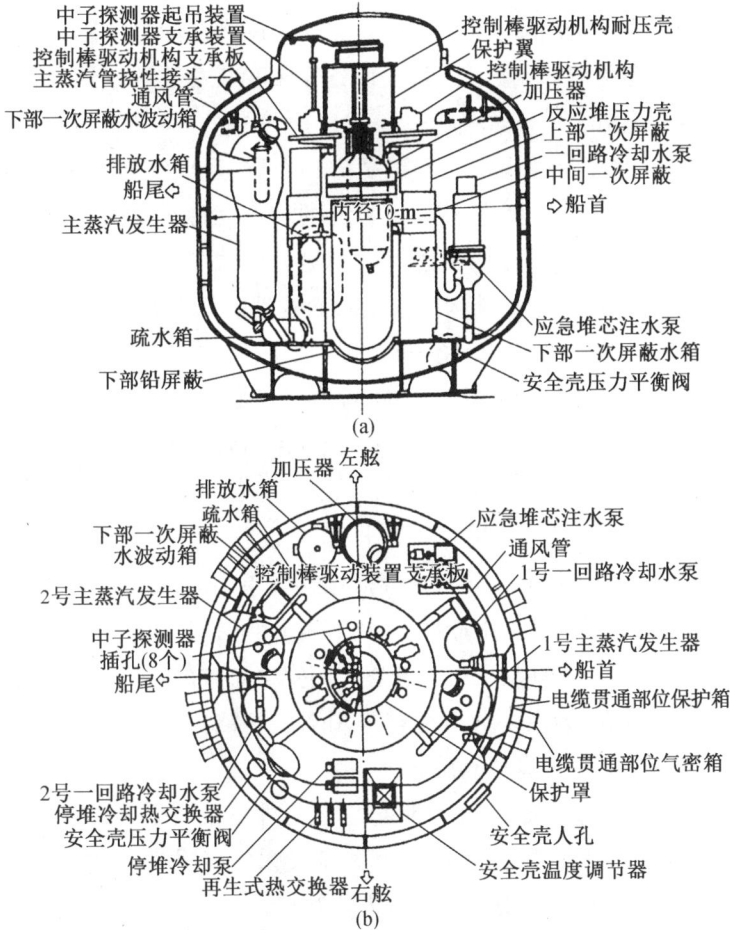

(b)

图 6-21 核反应堆舱与典型船舶核动力堆舱布置示意图

2. 堆舱艉部方案

目前,暂时还没有已经建成的堆舱布置在船体尾部的核动力船舶,仅有法规正在研发的 Flaxblue 可潜式核电站拟采用将堆舱布置在艇体尾部的方案。

6.3.2 堆舱结构设计

民用核动力船型堆舱结构既是船体结构的一部分,也是一个涉核区域。其设计和建造时不仅要遵循船级社现行的船舶设计规范,还必须遵循核安全相关的法规。

1. 堆舱骨架形式

船体结构是由钢板围城,内部由骨架支撑的巨大空间,这种结构轻便结实,内部的巨大空间还可以供给人员居住、设备安装和货物运输。即船体结构是由板架结构焊接而成的。

船体板架中,骨架一般沿船长和船宽方向布置,形成纵横交错的方格,某方向布置骨材多的称为主向梁,另外一个方向的构件就称为交叉构件。根据主向梁的布置方向,将板架结构分为横骨架式和纵骨架式。横骨架式结构是指主向梁沿船宽方向布置,纵骨架式结构是指主向梁沿船长方向布置。

考虑到海洋装备,特别是核动力破冰船需要长期在恶劣环境下的海上服务,安全壳及其内部设备质量较大并且集中,综合考虑核动力破冰船的主尺度、排水量等因素,其总纵强度问题比较突出,一般拟采用纵骨架式结构。

2. 堆舱结构形式

船底是船舶结构的基础,要求承受水压力、设备及货物负载、总纵弯曲应力等。船底结构可分为单层底结构与双层底结构。单层底结构由单层外底、龙骨、肋板等结构组成,双层底结构由船底板、内底板和双层底之间的连接骨架组成。

过去大量船舶采用单层底,现在随着人们安全意识的提高,对船舶结构提出了更高要求,因此目前绝大多数海船都采用双层底结构。船级社规范中也明确规定尺寸较大的船舶应该设置双层底。

双层底结构能提高船底结构局部强度,避免外底板破裂导致舱室进水,提升了船舶的稳性和抗沉性。因此,核动力破冰船应采用双层底结构形式。

船舷结构需要承受舷外水压力、舱内货物横向力、总纵弯曲作用力、外部波浪冲击和船舶碰撞等载荷。根据需求,船舶舷侧结构分为单层舷侧和双层舷侧,单层舷侧结构由舷侧外板和支撑骨架组成,双层舷侧结构由舷侧外板、内舷板和

双层舷侧板之间的连接骨架组成。

单层舷侧结构简单,船舶内部可用空间大,经济性较好;双层舷侧结构成本较高,但是结构更加坚固,能为内部设备和货物提供更好的防护,同时双层舷侧组成的框架结构大大增强了船体结构抗碰撞能力。在《核能商船安全规则》和俄罗斯《核动力船舶或浮动设施分级与建造规范》等核动力船舶相关规范中,均对海洋核动力船舶提出了抵御船舶碰撞、抵御搁浅触礁、抵御爆炸、抗沉性好等要求。因此,基于船舶结构特点和核动力船舶较高的安全性要求,反应堆舱结构拟采用纵骨架式双层壳结构形式。这样既能满足总纵向强度要求,又提升了船舶抵御碰撞、外部爆炸和搁浅触礁的能力,充分保障了核反应堆安全。堆舱区域的结构尺寸不仅要满足船级社现行法规对船舶结构强度的要求,还要抵御船舶碰撞、外板爆炸等突发事件。

6.3.3　非涉核舱室结构设计

船舶属于整体性结构物,船舶安全性需要同时考虑整体的安全性和局部的安全性。对于海洋核动力破冰船,为了提高核反应堆的安全性,不仅要提升堆舱区域结构的强度,还要提升核动力破冰船整体强度,防止发生整体断裂或者沉没。

为了提升核动力破冰船总纵强度,保持其他舱室与反应堆舱结构的连续性,其他舱室拟选择与反应堆舱室相同的结构形式,即采用纵骨架式双层壳结构,但是板厚及骨材尺寸可以根据需要进行相应优化设计,以减轻船体结构质量,提升经济性。

6.4　船体疲劳设计与优化

海洋核动力破冰船具有海上核发电能力,是一类特殊的船型,主要作用是通过内部搭载的核反应堆为破冰船供应安全而有效的能源,它可以为在远海作业的核动力破冰船提供电力、热力以及淡水资源。并且核能发电不会像化石燃料那样产生二氧化碳,造成空气污染,进而加重地球的温室效应。

与一般的散货船、油轮和集装箱船相比,核动力船舶主要有以下特点:

(1)核动力破冰船作为核动力功能型平台,船体结构较其他船型更加复杂,

内部舱室较多,空间利用率更高。

(2)船体中核反应堆舱位置导致多层甲板在这里断开,该舱室在高度上从内底直通顶棚甲板,导致这里的结构比较薄弱。

(3)为了核反应堆舱的安全性和经济性,船舶的疲劳设计寿命超过常规船舶的船龄,要达到40年。

考虑到在船体结构上与一般船舶(如散货船、油船和集装箱船等)有较大差别,以及核反应堆舱在安全问题上的重要性,并且作为我国首艘核动力破冰船,评估其疲劳强度尤为重要。因此,对核动力破冰船的疲劳强度问题及典型节点的优化设计展开研究分析是极为重要和必需的。

同时,随着船舶行业技术上的发展及造船成本的增加,船舶结构的优化设计逐渐成为人们关注的热点。船舶结构的优化设计是指在符合规范要求安全性的前提下,对船体结构进行优化,以达到降低生产成本,获得更大的经济效益的效果。核动力破冰船作为成本昂贵的船舶,更需要进行优化,使其更具经济性。参考文献[2]对这两方面都做了有益的工作,对核动力破冰船的设计具有一定的帮助。

6.4.1 疲劳强度评估简化方法

1. 基本原理

每个规范中简化疲劳计算的思想和框架大致相同,主要包括假设为 Weibull 分布的应力范围的长期分布。考虑到船舶的船长、船宽、型深、方形系数等特征参数计算出船舶遭遇的疲劳载荷,根据特定的海况资料对船舶进行长期分析,利用 S−N 曲线及 Miner 线性累积损伤理论计算出疲劳损伤度。

规范简化计算的主要内容包括:

(1)疲劳载荷的计算。确定装载工况,使用经验公式计算出各装载工况对应的波浪载荷值及运动响应值,进而计算出因为船体运动产生的船舱内货物及压载水对船的动载荷。

(2)计算出各应力范围分量。应力范围分量根据载荷的不同可以分为总体应力范围(如船体梁应力)和局部应力范围(如船体内部货物惯性力等局部载荷造成的局部应力)。

(3)对各应力范围分量进行合成,得到设计应力范围。考虑各应力的概率水平,获得应力范围的长期分布。

(4)选择对应的 S-N 曲线及线性损伤公式计算出疲劳损伤度。依据 S-N 曲线及线性累积损伤理论,根据确定的应力范围,得到结构热点的疲劳损伤度。

2.某海洋核电平台疲劳简化方法实船计算

(1)平台参数

平台参数如表 6-1 所示。

表 6-1　海洋核电平台主尺度

项目	单位	数值
总长 L	m	163.40
垂线间长 L_{PP}	m	160.80
型宽 B	m	29
型深 D	m	12
设计吃水 T	m	7.4
结构吃水 T	m	7.6
方形系数 C_b	—	0.956

(2)评估节点位置

CCS 疲劳简化规范节点一般取纵骨节点,这是因为当船体受到总纵弯曲和扭转作用时,纵骨节点会受到很大的弯曲应力及翘曲应力,导致节点的疲劳强度比较薄弱。确定节点的类型后应进行横剖面的选取,一般船中位置受到的波浪载荷值最大,该处剖面的结构发生疲劳的可能性较大;另外根据经验距首尾 1/4 处的波浪剪力最大,也应校核该处剖面的纵骨节点。所以此处我们选取 FR67、FR134、FR215 三处剖面进行疲劳规范简化计算校核,各剖面的参数如表 6-2 所示。每个剖面上的船底、舷侧、甲板上的纵骨节点最为危险,应当进行疲劳校核,故每个剖面上选取顶棚甲板上 2 根纵骨,舷侧外壳上 2 根纵骨,内底上 1 根纵骨,外底上 1 根纵骨,各剖面纵骨节点位置如图 6-21 和图 6-22 所示。

表 6-2　各选取剖面的参数表

项目	单位	FR67	FR134	FR215
横剖面垂向惯性矩 I_y	m^4	163.417	382.500	163.333
横剖面水平惯性矩 I_z	m^4	282.250	428.000	295.917
中性轴距基线的高度 e	m	9.278	11.250	9.317

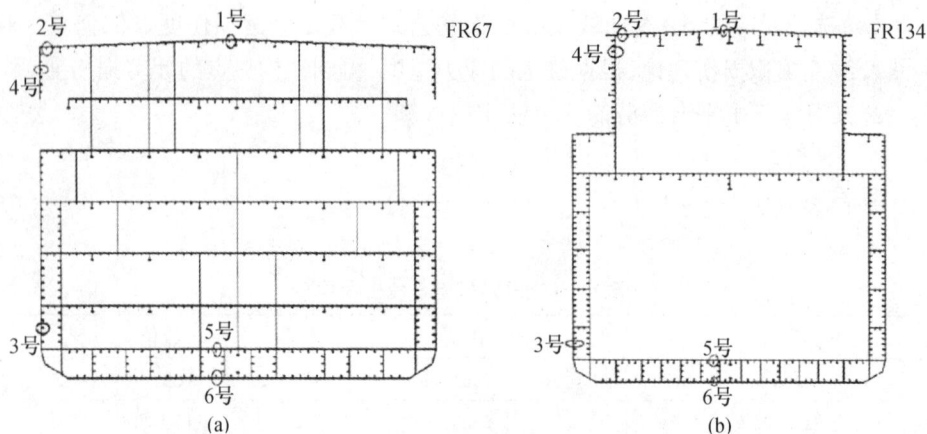

图 6-21　FR67 与 FR134 剖面纵骨节点位置示意图

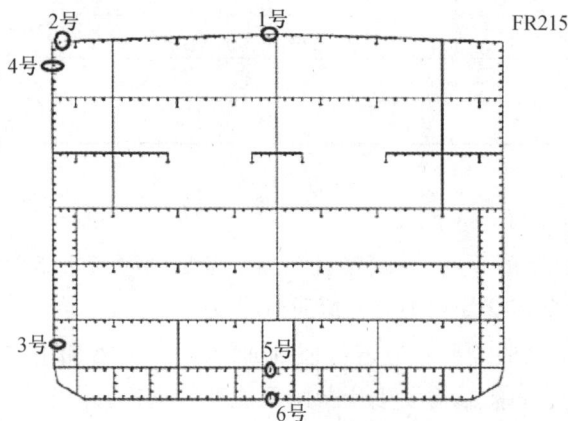

图 6-22　FR215 剖面纵骨节点位置示意图

3. 简化方法评估结果

(1)波浪载荷的计算值如表 6-3 所示。

表 6-3　各选取波浪载荷值表

项目	单位	FR67	FR134	FR215
静水弯矩	kN·m	-382 600	-1 400 000	-170 500
中拱波浪弯矩	kN·m	192 073.36	307 317.38	173 941.64
中垂波浪弯矩	kN·m	192 623.23	308 197.17	174 439.60
水平波浪弯矩	kN·m	94 148.72	154 159.90	87 254.51

（2）船舶运动参数如表 6 - 4 所示。

表 6 - 4　船舶运动参数表

项目	单位	数值
初稳心高	m	3.48
横摇转动半径	m	10.15
横摇周期	s	12.51
最大横摇角	rad	0.139
纵摇周期	s	7.22
最大纵摇角	rad	0.011 8

加速度计算结果如表 6 - 5 所示。

表 6 - 5　船舶加速度参数表

项目	单位	数值
加速度系数	m/s^2	0.045
纵荡加速度	m/s^2	0.088
横荡加速度	m/s^2	0.135
垂荡加速度	m/s^2	0.322
横摇角加速度	rad/s^2	0.035
纵摇角加速度	rad/s^2	0.008 9

将加速度进行合成得到合成加速度，如表 6 - 6 所示。

表 6 - 6　船舶合成加速度参数表

项目	单位	数值
纵摇 - 纵向加速度	m/s^2	0.231
横摇 - 横向加速度	m/s^2	0.906
纵摇 - 垂向加速度	m/s^2	0.017
纵摇 - 垂向加速度	m/s^2	0.072
纵向合成加速度	m/s^2	- 0.292
横向合成加速度	m/s^2	0
垂向合成加速度	m/s^2	0.274

（3）各剖面名义应力分量的值仅以 FR134 剖面的 H1 工况举例，梁载荷造成的名义应力分量如表 6 - 7 所示。

表 6 - 7　FR134 剖面 H1 工况的梁载荷名义应力分量表

纵骨编号	静水弯矩引起船体梁弯曲正应力 $\sigma_{SW,(k)}$ /(N/mm^2)	垂向波浪弯矩引起船体梁弯曲正应力（中垂） $\sigma_{WV,ij}$ /(N/mm^2)	垂向波浪弯矩引起船体梁弯曲正应力（中拱） $\sigma_{WV,ij}$ /(N/mm^2)	水平波浪弯矩引起船体梁弯曲正应力 $\sigma_{WH,(k)}$ /(N/mm^2)	船体梁载荷引起名义应力分量 $\sigma_{nh,ij(k)}$ /(N/mm^2)
1	-75.867	16.701	16.654	0.180	-92.569
2	-74.356	16.369	16.322	3.602	-90.724
3	28.366	-6.245	-6.227	5.223	34.611
4	-65.088	14.329	14.288	3.818	-79.417
5	33.856	-7.453	-7.432	2.089	41.309
6	41.176	-9.065	-9.039	2.089	50.241

侧向载荷造成的名义应力分量如表 6 - 8 所示。

表 6 - 8　FR134 剖面 H1 工况的侧向载荷名义应力分量表

纵骨编号	纵骨跨距中点处海水压力 $P_{SW,ij(k)}$ /(kN/m^2)	纵骨跨距中点处液体压力 $P_{L,ij(k)}$ /(kN/m^2)	侧向载荷引起的名义应力分量 $\sigma_{nl,ij(k)}$ /(N/mm^2)
1	0.000	0.000	0.000
2	0.000	0.000	0.000
3	27.811	0.000	4.681
4	0.000	0.000	0.000
5	46.134	0.000	8.056
6	0.000	0.000	0.000

热点应力如表 6 - 9 所示。

表 6 - 9　FR134 剖面 H1 工况的热点应力计算表

纵骨编号	非对称纵骨应力集中系数 K_u	纵骨轴向载荷应力集中系数 V_{gu}	纵骨侧向载荷应力集中系数 V_{gi}	腐蚀修正系数 f_{ch}	腐蚀修正系数 f_{cl}	板架弯曲修正系数 C_g	热点应力 σ_h / (N/mm^2)
1	1.030	1.280	1.340	1.050	1.100	1.000	-124.412
2	1.030	1.280	1.340	1.050	1.100	1.000	-121.933
3	1.030	1.280	1.340	1.050	1.100	1.050	55.949
4	1.030	1.280	1.340	1.050	1.100	1.050	-112.073
5	1.030	1.280	1.340	1.050	1.100	1.100	73.303
6	1.030	1.280	1.340	1.050	1.100	1.100	74.276

（4）根据各个载荷工况的热点应力计算得到热点应力范围及热点的平均应力，再计算出设计应力范围。各选取剖面纵骨节点的设计应力范围如表 6 - 10 所示。

表 6 - 10　各计算剖面设计应力范围表

纵骨编号	设计应力范围 S_D / (N/mm^2)		
	FR67	FR134	FR215
1	30.390	31.381	30.422
2	29.357	30.755	29.385
3	19.839	19.572	33.617
4	26.128 9	28.268	27.308
5	25.890	22.706	21.919
6	33.284	29.042	31.345

（5）根据设计应力范围选取 S - N 曲线，通过累计损伤度公式得到损伤度，进而计算出疲劳寿命。计算结果如表 6 - 11 所示。

表 6 - 11　各剖面损伤度和疲劳寿命表

纵骨编号	FR67		FR134		FR215	
	损伤度 D	疲劳寿命 T/年	损伤度 D	疲劳寿命 T/年	损伤度 D	疲劳寿命 T/年
1	0.021 34	1 872.71	0.024 84	1 610.27	0.021 47	1 863.33
2	0.018 13	2 206.53	0.022 60	1 770.05	0.018 21	2 196.44
3	0.002 67	15 007.60	0.002 49	16 052.50	0.034 21	1 169.12
4	0.010 35	3 864.32	0.015 13	2 642.94	0.012 82	3 120.53
5	0.009 90	4 040.28	0.005 20	7 686.73	0.004 37	9 149.11
6	0.032 68	1 224.07	0.017 22	2 322.94	0.024 71	1 618.82

4. 简化方法结果分析

将按照 CCS 规范计算出的 FR67、FR134、FR215 典型纵骨节点的损伤度和疲劳寿命结果进行分析,可以看出:

(1)本海洋核电平台的设计寿命为 40 年。选取的 3 个横剖面,每个横剖面上 6 个典型纵骨典型节点,一共 18 个纵骨节点均满足规范标准,满足设计疲劳寿命的要求。

(2)从各剖面的计算结果看,1 号、2 号、6 号纵骨的疲劳损伤度较 3 号、4 号、5 号纵骨大,这一规律从 3 个剖面的计算结果均可看出。这是因为 1 号、2 号、6 号纵骨对应的位置为船体顶层甲板和外底上的纵骨节点,处于船体的最顶端与最底端,这也就意味着这些纵骨节点距离剖面中性轴也是最远的。根据规范波浪载荷造成的梁应力的公式可以看出,距离中性轴越远,其受到的梁应力也就越大,造成最终的累计损伤度较其他位置的纵骨节点大。这也表明,在船体疲劳的简化计算中,顶棚甲板和外底上的纵向骨节点受到更多损坏,容易出现疲劳断裂问题,在分析疲劳问题时应予以重点考虑。

(3)FR134 剖面处于船中位置,该处剖面受到波浪载荷值最大,所以体现出该处剖面上的顶层甲板上的 1 号、2 号纵骨节点的疲劳寿命较其他两个剖面的 1 号、2 号纵骨的疲劳寿命小。但是由于船中剖面存在上层建筑及核反应堆舱,FR134 剖面的高度比其他剖面大,也就反映出 3 个剖面上离顶层甲板距离相同的 3 号、4 号纵骨节点并不处于同一基线高度上,所以其疲劳寿命也没体现出类似不同剖面间 1 号、2 号疲劳寿命的规律。

6.4.2 核电海洋结构物疲劳谱分析评估方法

1.基本原理

谱分析法的主要计算思路如下：

首先，通过三维波浪载荷软件获得船体在波浪中航行时的载荷响应及运动响应。除了迎浪状态外，其他浪向也会参与到疲劳损伤中，所以要考虑到各个浪向作用下的波浪载荷。

其次，船舱内货物和压载水舱造成的内部压力在疲劳载荷分析中是非常重要的一部分，尤其是部分装载的液舱，在船舶航行时内部液体的晃动还会引起动压力和砰击压力。

再次，利用有限元分析软件对船体模型进行局部细化处理，在模型上施加不同浪向和频率下的波浪载荷通过大批量的有限元分析处理获得应力的响应函数。

应力范围的短期概率分布服从瑞利分布，长期分布应基于海浪散布图确定。对于大多数的常规船舶，保守来讲可以依据北大西洋海浪散布图，但对于特殊船舶，应根据作业区域使用特定的海浪散布图。

最后，根据各短期疲劳损伤度线性叠加得到总的疲劳损伤度。谱分析法的主要流程如图 6 - 23 所示。

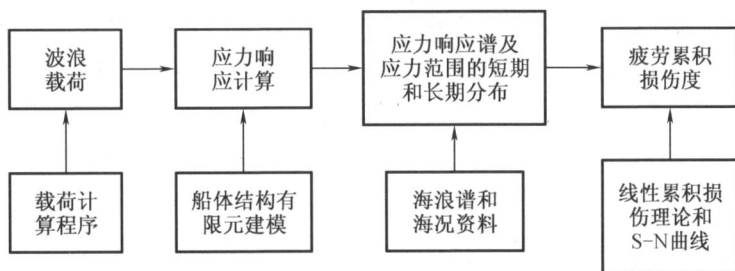

图 6 - 23 谱分析法进行疲劳评估的基本流程图

谱分析法采用的理论基础是线性系统变换，是一种用于解决是实际工程问题载荷和结构响应的方法。船舶工程结构可以看成一种十分典型的动力系统，系统的输入为作用在结构上的波浪过程 $\eta(t)$，系统的响应为由波浪作用造成的结构内部的交变应力 $x(t)$，两者之间的关系可按图 6 - 24 进行说明。

波浪过程$\eta(t)$(输入)　　　　　　　　　　交变应力过程$x(t)$(响应)

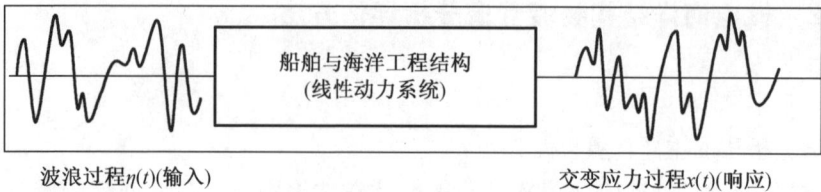

图 6 – 24　线性系统关系示意图

系统响应过程和输入过程间的关系可用下式表示：

$$x(t) = L\eta(t)$$

式中，L 为把 $\eta(t)$ 转换成 $x(t)$ 的算子。

在船舶结构的疲劳分析中，可以将波浪看成一个平稳的随机过程，通过波浪载荷获得的交变应力同样是平稳的随机过程。这两个平稳随机过程的功率谱密度间具有如下关系：

$$G_{xx}(\omega) = |H(\omega)|^2 G_{\eta\eta}(\omega)$$

式中，$H(\omega)$ 为系统的传递函数或者频率响应函数；$|H(\omega)|^2$ 为响应的幅值算子（RAO）。

2. 腐蚀余量

船舶在使用期内，由于部分船体结构直接暴露在大气及海水中，极易发生腐蚀的现象，进而对节点结构的疲劳损伤计算精度造成影响，因此在谱分析研究时应考虑到腐蚀因素的影响。海洋核电平台根据其设计审图原则，进行谱分析法疲劳评估时所采用的腐蚀余量修正值如表 6 – 12 所示。

表 6 – 12　腐蚀余量修正表

舱室类型	结构构件	腐蚀余量修正值/mm
压载水舱、污水舱、污油舱及锚链舱	舱顶 3 m 范围内	1.5
	其他位置	1.0
暴露于大气	露天甲板	1.0
	其他构件	0.75
暴露于海水	外板	0.75
燃油和滑油舱		0.5
淡水舱		0.5

表 6 – 12(续)

舱室类型	结构构件	腐蚀余量修正值/mm
空舱(不经常进入的场所,如仅能通过人孔、管隧等才能进入的舱室)		0.5
干舱(甲板室、机器处所、泵舱及储存舱等舱室)		0.5

3. 波浪载荷

波浪载荷的直接计算是疲劳评估谱分析法中的关键部分,主要的方法分为二维切片法及三维势流理论。目前,采用三维势流理论进行水动力分析更加广泛。这里采用三维线性频域势流软件进行海洋核电平台水动力分析及湿表面水动压力的计算。海洋核电平台进行波浪载荷直接计算时的水动力网格模型如图 6 – 25 所示。

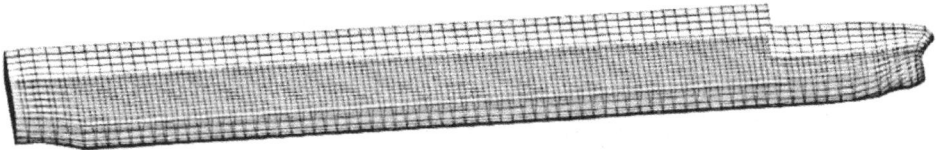

图 6 – 25 海洋平台水动力网格图

另外,上面提到过海洋核电平台与其他常规船舶有所不同,其自身是无动力的。海洋平台在工作时处于系泊状态,平时在海洋上航行依靠拖船。根据《海上浮式装置入级规范》,平台在作业时波浪环境采用作用地点的海况,浪向的概率分布采用首向不等概率分布;平台在迁航过程中波浪环境可采用北大西洋海况,浪向的概率分布采用全浪向等概率分布。因此,与其他船舶不同,海洋核电平台共有两套不同的波浪载荷,首向浪向不等概率分布对应工作状态和工作结束两种工况,全浪向等概率分布对应拖航到港、拖航离港及生存状态三种工况,下面分别对两套波浪载荷进行详细说明。

(1)首向浪向不等概率分布波浪载荷

①航速

首向浪向不等概率分布的波浪载荷对应系泊状态,该状态的航速可取为 0。

②浪向角

根据《海上浮式装置入级规范》的规定,系泊状态时浪向只考虑首向浪向,共

有 5 个浪向:0°、15°、30°、330°、345°;各浪向间是不等概率分布的,具体为 0°浪向的分布概率为 60%,15°和 345°浪向的分布概率各为 15%,30°和 330°浪向的分布概率各为 5%。

③频率

规则波的圆频率、波长及波数间存在一定的关系,具体如下所示:

$$k = \omega^2/g = 2\pi/\lambda$$

$$\omega^2 = 2\pi g/\lambda$$

式中,k 为波数;λ 为波长;ω 为波浪的圆频率。

在分析具体问题时,首先根据波长和船长的比值,即波长船长比,确定出波长的范围,进而确定出频率的划分范围。海洋核电平台波浪计算中,波浪圆频率范围可取为 0.1 到 1.8,间隔为 0.1,即一共 18 个频率。

波浪载荷的基本参数根据上述原则确定,如表 6 – 13 所示。

表 6 – 13　首向浪向不等概率分布波浪载荷基本参数表

项目	单位	内容及数据				
装载工况	—	工作状态,工作结束状态				
计算航速	kn	0				
浪向角 θ	(°)	0	15	30	330	345
各浪向角出现的概率 P_j	%	60	15	5	5	15
频率 ω	rad/s	0.1, 0.2, 0.3, 0.4, 0.5, 0.6, 0.7, 0.8, 0.9, 1.0, 1.1, 1.2, 1.3, 1.4, 1.5, 1.6, 1.7, 1.8				

(2)全浪向等概率分布波浪载荷

①航速

根据经验及规范规定,计算航速取最大设计航速的 60%。

②浪向角

根据《海上浮式装置入级规范》,迁航过程浪向的概率分布采用全浪向等概率分布。因此,在 360°的范围内每隔 30°取一个浪向,一共有 12 个浪向:0°、30°、60°、90°、120°、150°、180°、210°、240°、270°、300°、330°。由于各浪向为等概率分布的,所以各个浪向出现的概率均是 1/12。

③频率

根据波长的范围,确定出波浪圆频率的范围为 0.1 到 1.8,间隔为 0.1,即一共 18 个频率。

波浪载荷的基本参数根据上述原则确定,如表 6 - 14 所示。

表 6 - 14　全浪向等概率分布波浪载荷基本参数表

项目	单位	内容及数据
装载工况	—	拖航到港及生存状态
计算航速	kn	5
浪向角 θ	(°)	0,30,60,90,120,150,180,210,240,270,300,330
各浪向角出现的概率 P_j	—	各概率分布各占 1/12
频率 ω	rad/s	0.1, 0.2, 0.3, 0.4, 0.5, 0.6, 0.7, 0.8, 0.9, 1.0, 1.1, 1.2, 1.3, 1.4, 1.5, 1.6, 1.7, 1.8

4.应力响应的传递函数

传递函数是谱分析法中的关键参数,通常由两种方法得到——理论计算法和有限元分析法。理论计算法根据作用载荷的不同将传递函数分解为几个分量,之后计算各个分量,最后再进行组合,这种方法在实际使用时最后的计算结果不太理想,误差较大。有限元分析法使用波浪载荷软件获得船体在某一浪向角和频率下规则波中的船体运动和外部水动压力的响应。之后,在有限元模型上施加外部水动压力及船体运动造成的惯性力,得到应力的响应。应力响应传递函数的值为单位波幅下应力响应的值。下面对该方法的基本理论进行说明。

船体的运动方程在不考虑结构阻尼的情况下可以按下式进行表述:

$$[M]\{\ddot{\eta}(t)\} = \{F(t)\} = \{F\}e^{i\omega_e t}$$
$$\{\ddot{\eta}(t)\} = -\omega_e^2\{\eta\}e^{i\omega_e t}$$

式中,$\{\eta\}$ 是各运动分量幅值的列向量;$\{F\}$ 是各外力分量幅值所对应的列向量,两个列向量均为复数形式;$[M]$ 是质量矩阵;ω_e 是波浪遭遇频率。

疲劳分析中一般外力指的是船体在波浪中航行时所受到的水动压力的合力,由上式可得

$$-\omega_{\mathrm{e}}^2[M]\{\eta\} = \{F(t)\} = \iint\limits_{S} p(x,y,z)\{n\}\mathrm{d}s$$

式中,左面是船体的惯性力,右面为水动压力沿船体湿表面的积分。

应力的传递函数即可按下式表示:

$$H_\sigma(\omega_{\mathrm{e}}) = \sigma_A(\omega_{\mathrm{e}})$$

5. 热点应力的插值

热点应力即为热点所在处的应力,与名义应力不同的是,热点应力涉及构件不连续和焊接件所造成的应力集中。一般来说,热点应力有两种获取方法,一种是用名义应力乘上应力集中系数,另一种是采用精细的网格进行分析得到。

有文献采取精细网格分析获得热点应力的方法,热点应力通过线性插值的方法获得。如图 6 - 26 所示,提取细化点相近的 4 个单元中心点的应力,之后用单元 1 和单元 3 中心点的应力插值得到 $t/2$ 处的应力;同理利用单元 2 和单元 4 中心点的应力插值得到了 $3t/2$ 处的应力。最后,利用 $t/2$ 和 $3t/2$ 处的应力插值获得热点处的应力,热点处应力的插值公式如下

$$\sigma_{\mathrm{HS}} = 1.5\sigma_{t/2} - 0.5\sigma_{3t/2} = 1.5 \times \left(\frac{3\sigma_1 - \sigma_3}{2}\right) - 0.5 \times \left(\frac{3\sigma_2 - \sigma_4}{2}\right)$$

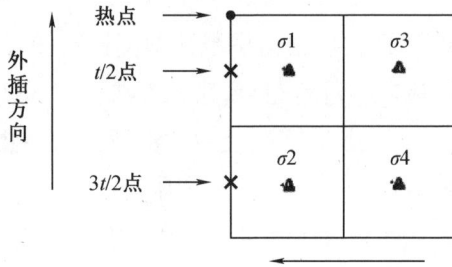

图 6 - 26 热点应力插值方式示意图

6. 应力的谱响应

一般来说,载荷的响应值应根据船舶航行海域的海浪资料来进行计算,但这在实际过程中比较难以实现。因此,国际船舶结构会议(ISSC)推荐了 Pierson - Moskowitz 谱(简称 P - M 谱),波浪谱公式如下所示:

$$G_{\eta\eta}(\omega) = \frac{H_s^2}{4\pi}\left(\frac{2\pi}{T_z}\right)^4 \omega^{-5}\exp\left(-\frac{1}{\pi}\left(\frac{2\pi}{T_z}\right)^4 \omega^{-4}\right)$$

式中，ω 为波浪的自然频率；H_s 为有义波高；T_z 为平均跨零周期。

实际上，船在航行时与波浪还存在相对速度，因此用遭遇频率 ω_e 来表示实际的响应频率 ω，ω_e 和 ω 的关系为

$$\omega_e = \omega\left(1 + \frac{2\omega U}{g}\cos\theta\right)$$

式中，θ 为航向角；U 为航速。

同时，以遭遇频率 ω_e 表达的波浪谱，$G_{\eta\eta}(\omega_e)$ 可通过下式进行转换，进而得到应力的响应谱。

$$G_{XX}(\omega_e) = |H_\sigma(\omega_e)|^2 \cdot G_{\eta\eta}(\omega_e)$$

式中，$|H_\sigma(\omega_e)|$ 为应力响应的传递函数。

上述情况都是只考虑波浪朝一个方向传播，也就是长峰波，而实际上海浪是具有扩散性的，会朝着各个方向进行传播，也就是短峰波效应。所以，考虑到所有方向的波浪，功率谱密度可用下式表示：

$$G_{XX}(\omega_e) = \int_{-\pi/2}^{\pi/2} f(\beta)\left[H(\omega_e, \theta-\beta)\right]^2 \cdot G_{\eta\eta}(\omega_e)\mathrm{d}\beta$$

式中，$f(\beta)$ 为波浪的扩散函数；θ 为船舶航向与主浪向间的夹角。波浪扩散函数可用下式表示：

$$f(\beta) = k\cos^n\beta$$

式中，k 和 n 的取值关系为 $\int_{-\pi/2}^{\pi/2} f(\beta)\mathrm{d}\beta = 1$。根据 ITTC 推荐，$k$ 和 n 可取 $k = 2/\pi$，$n = 2$，扩散函数具体表达式如下：

$$f(\beta) = 2/\pi\cos^2\beta$$

7. 应力范围的短期分布

我们在得到应力的响应谱后，进而可以得到结构的应力响应。短期内的交变应力服从瑞利分布，其概率密度函数表达式如下：

$$f_\sigma(\sigma) = \frac{\sigma}{m_0}\exp\left(-\frac{\sigma^2}{2m_0}\right) \quad (0 \leqslant \sigma < +\infty)$$

式中，σ 是应力峰值；m_0 是功率谱密度 $G_{XX}(\omega_e)$ 的 0 阶矩。

通常，我们认为应力范围和应力峰值间的关系如下：

$$S = 2\sigma$$

响应谱的 0 阶矩 m_0 以及 2 阶矩 m_2 可按下式进行计算：

$$m_n = \int_0^{+\infty} \omega_e^n \cdot G_{XX}(\omega_e)\, d\omega_e$$

$$= \int_0^{+\infty} \omega_e^n \cdot \int_{-\pi/2}^{\pi/2} f(\beta) H(\omega_e, \theta - \beta)^2 \cdot G_{\eta\eta}(\omega_e)\, d\beta d\omega_e \quad (n = 0, 2)$$

平均跨零率 v 按下式进行计算:

$$v = \frac{1}{2\pi}\sqrt{\frac{m_2}{m_0}}$$

8. 应力范围的长期分布

获得应力范围的短期分布后,考虑船舶航行时遇到的各海况的分布情况,进而得到应力范围的长期分布。对各短期分布加权组合,得到应力范围的长期分布函数如下所示:

$$F_S(S) = \frac{\sum_{i=1}^{n_S} \sum_{j=1}^{n_H} v_{ij} \cdot p_i \cdot p_j \cdot F_{S\theta ij}(S)}{\sum_{i=1}^{n_S} \sum_{j=1}^{n_H} v_{ij} \cdot p_i \cdot p_j} = \sum_{i=1}^{n_S} \sum_{j=1}^{n_H} r_{ij} \cdot p_i \cdot p_j \cdot F_{S\theta ij}(S)$$

式中,n_S 是海况总数;n_H 是划分的航向总数;p_i 是第 i 个海况所出现的概率;p_j 是第 j 个航向出现的频率,对于首向分析的船舶来说可按照具体情况进行选取,对于正常航行的船舶可取为 $1/12$;r_{ij} 是海况 i 和航向 j 下作用响应平均过零与总平均响应过零率之间的比值;v_{ij} 是在海况 i 和航向 j 下交变应力响应的平均过零率,按上面公式得到。

v_0 是考虑到全部海况和航向时,应力响应的总平均过零率,可按下式进行计算:

$$v_0 = \sum_{i=1}^{n_S} \sum_{j=1}^{n_H} v_{ij} \cdot p_i \cdot p_j$$

应力范围的长期分布通常可以用韦布尔分布进行描述,其分布函数如下所示:

$$F_S(S) = 1 - \exp\left(-\left(\frac{S}{q}\right)^h\right)$$

式中,h 是韦布尔分布所对应的形状参数;q 是韦布尔分布所对应的尺度参数。h 和 q 可以根据最小二乘法进行拟合得到。

9. 海况资料选取

根据《海上浮式装置入级规范》中的规定,平台在作业时采用作业地点的海

况,其海况资料如表 6 – 15 所示;在迁航过程中可采用北大西洋的海况,其海况资料如表 6 – 16 所示。

表 6 – 15　工作海域各海况出现的概率表

T_z/s	H_s/m									
	0.5	1	1.5	2	2.5	3	3.5	4	4.5	5
1	0	0	0	0	0	0	0	0	0	0
2	0.000 2	0	0	0	0	0	0	0	0	0
3	0.010 8	0.000 2	0	0	0	0	0	0	0	0
4	0.124 6	0.052 7	0.000 1	0	0	0	0	0	0	0
5	0.078 4	0.211 9	0.046 4	0.000 6	0	0	0	0	0	0
6	0.021 6	0.057 6	0.161 4	0.076 6	0.004 8	0.000 1	0	0	0	0
7	0.001	0.007 6	0.015 6	0.047 9	0.044 6	0.010 7	0.007	0	0	0
8	0	0.000 1	0.000 7	0.001 8	0.007 7	0.007 6	0.004	0.001 3	0.000 4	0
9	0	0	0	0	0	0	0.000 2	0.000 1	0	0
10	0	0	0	0	0	0	0	0	0	0

10. 疲劳累积损伤度计算

在得到应力范围的长期分布之后,就可以根据 Miner 线性累积损伤的理论来进行累积损伤度的计算。对于一个短期工况,其损伤度可按下式进行计算:

$$D_{ij} = \frac{T_{ij}v_{0ij}}{A}\int_{0}^{+\infty} S^m f_{Sij}(S)\,\mathrm{d}s$$

式中,T_{ij} 是该短期工况的航行时间;v_{0ij} 是应力交变过程的跨零率;T_{ij} 是该短期所对应的应力范围分布;A 和 m 为 S – N 曲线中的参数。

节点的交变应力范围值 S 与应力循环次数 W 的关系如下式:

$$\mathrm{Log}(N) = \mathrm{Log}(K) - m\mathrm{Log}(S)$$

式中,m 是 S – N 曲线的反斜率,其值可取为 3;K 为 S – N 曲线的参数值。

表 6 – 16　北大西洋海域各海况出现的概率表

H_s/m

T_z	0.5	1.5	2.5	3.5	4.5	5.5	6.5	7.5	8.5	9.5	10.5	11.5	12.5	13.5	14.5	15.5
3.5	0.000 013	0.000 000	0.000 000	0.000 000	0.000 000	0.000 000	0.000 000	0.000 000	0.000 000	0.000 000	0.000 000	0.000 000	0.000 000	0.000 000	0.000 000	0.000 000
4.5	0.001 337	0.000 293	0.000 022	0.000 002	0.000 000	0.000 000	0.000 000	0.000 000	0.000 000	0.000 000	0.000 000	0.000 000	0.000 000	0.000 000	0.000 000	0.000 000
5.5	0.008 656	0.009 860	0.001 975	0.000 349	0.000 060	0.000 010	0.000 002	0.000 000	0.000 000	0.000 000	0.000 000	0.000 000	0.000 000	0.000 000	0.000 000	0.000 000
6.5	0.011 860	0.049 760	0.021 588	0.006 955	0.001 961	0.000 510	0.000 126	0.000 030	0.000 007	0.000 002	0.000 000	0.000 000	0.000 000	0.000 000	0.000 000	0.000 000
7.5	0.006 342	0.077 380	0.062 300	0.032 265	0.013 543	0.004 984	0.001 670	0.000 521	0.000 154	0.000 043	0.000 012	0.000 003	0.000 001	0.000 000	0.000 000	0.000 000
8.5	0.001 863	0.055 697	0.074 495	0.056 750	0.032 885	0.016 029	0.006 903	0.002 701	0.000 979	0.000 332	0.000 107	0.000 033	0.000 010	0.000 003	0.000 001	0.000 000
9.5	0.000 369	0.023 757	0.048 604	0.050 991	0.038 575	0.023 727	0.012 579	0.005 944	0.002 559	0.001 019	0.000 379	0.000 128	0.000 044	0.000 014	0.000 004	0.000 001
10.5	0.000 056	0.007 035	0.020 660	0.028 380	0.026 855	0.020 083	0.012 686	0.007 032	0.003 506	0.001 599	0.000 675	0.000 266	0.000 099	0.000 035	0.000 012	0.000 004
11.5	0.000 007	0.001 607	0.006 445	0.011 141	0.012 752	0.011 260	0.008 259	0.005 249	0.002 969	0.001 522	0.000 717	0.000 314	0.000 128	0.000 050	0.000 018	0.000 006
12.5	0.000 001	0.000 305	0.001 402	0.003 377	0.004 551	0.004 636	0.003 868	0.002 767	0.001 746	0.000 992	0.000 515	0.000 247	0.000 110	0.000 046	0.000 018	0.000 007
13.5	0.000 000	0.000 051	0.000 337	0.000 843	0.001 309	0.001 509	0.001 408	0.001 117	0.000 776	0.000 483	0.000 273	0.000 142	0.000 068	0.000 031	0.000 013	0.000 005
14.5	0.000 000	0.000 008	0.000 063	0.000 182	0.000 319	0.000 410	0.000 422	0.000 367	0.000 277	0.000 187	0.000 114	0.000 064	0.000 033	0.000 016	0.000 007	0.000 003
15.5	0.000 000	0.000 001	0.000 011	0.000 035	0.000 069	0.000 097	0.000 109	0.000 102	0.000 084	0.000 061	0.000 040	0.000 024	0.000 013	0.000 007	0.000 003	0.000 001
16.5	0.000 000	0.000 000	0.000 002	0.000 006	0.000 013	0.000 021	0.000 025	0.000 025	0.000 022	0.000 017	0.000 012	0.000 007	0.000 004	0.000 002	0.000 001	0.000 001
17.5	0.000 000	0.000 000	0.000 000	0.000 001	0.000 002	0.000 004	0.000 005	0.000 005	0.000 005	0.000 004	0.000 003	0.000 002	0.000 001	0.000 001	0.000 000	0.000 000
18.5	0.000 000	0.000 000	0.000 000	0.000 000	0.000 000	0.000 001	0.000 001	0.000 001	0.000 001	0.000 001	0.000 001	0.000 001	0.000 000	0.000 000	0.000 000	0.000 000

将短期工况下的疲劳损伤度进行加权组合,得到船舶在寿命期内的疲劳损伤度如下式所示:

$$D = \frac{T}{A}\Gamma\left(1 + \frac{m}{2}\right)\sum_{n=1}^{N_{\text{load}}} p_n \cdot \sum_{i=1}^{n_{\text{S}}} \sum_{j=1}^{n_{\text{H}}} p_i p_j v_{ijn} (2\sqrt{2m_{0ij}})^m$$

式中,T 为船舶的设计疲劳寿命;D 为船舶设计寿命期间的累积损伤度;N_{load} 为考虑装载状态的总数;p_n 为第 n 个装载状态所占有的设计寿命的比例;n_{S} 为海况分布资料中的海况总数;n_{H} 为划分航向的总数;p_i 是第 i 个海况所出现的频率;p_j 是第 j 个航向出现的频率,对于首向分析的船舶来说可按照具体情况进行选取,对于正常航行的船舶可取为 $1/12$;v_{ijn} 为在装载工况 n、海况 i、航向 j 下的应力响应的跨零率;m_{0ij} 为海况 i、航向 j 下的 0 阶矩;$\Gamma\left(1 + \frac{m}{2}\right)$ 为伽马函数。

计算出疲劳损伤度 D 之后,可以通过下式得到疲劳评估所要校核的结构节点的疲劳寿命:

$$T_{\text{f}} = T_{\text{d}}/D$$

式中,T_{f} 为结构节点的疲劳寿命;T_{d} 为设计疲劳寿命,一般可取 25 年。

谱分析疲劳评估法是迄今业界公认的十分精确的疲劳评估方法。这里首先介绍了谱分析法的基本原理和分析流程,之后详细地介绍了海洋核电平台疲劳评估谱分析法中各要点的原理和计算过程,包含腐蚀余量的选取、波浪载荷的计算、应力响应的传递函数、应力的响应谱、应力范围的短期分布、应力范围的长期分布、海况资料的选取及疲劳累积损伤的计算。结合海洋核电平台自身的特点和疲劳谱分析理论,提出了一种基于谱分析法海洋核电平台疲劳评估的方法。

6.4.3　典型疲劳节点结构优化设计

近年来,随着人们对于结构疲劳强度问题的重视及结构优化技术的发展,在船舶结构的设计初期,从结构抗疲劳强度的角度进行典型节点结构优化设计是十分重要的。结构的优化设计一般有两种情形,一种为结构在校核中未满足规范要求,没有达到安全性的前提条件,需要进行优化后满足规范要求;另一种为结构符合了规范安全性的要求,但为了减轻结构质量,降低生产成本,获得更大的经济效益从而对结构进行优化。

结构优化的目标是在某些约束条件下找到具有最小结构质量的最佳设计并获得最佳静力动态特性。结构优化一般包括结构的尺寸优化、形式优化及拓扑优化。下面将根据疲劳谱分析的计算结果,采用尺寸优化和形状优化的方法对未满足疲劳寿命的节点结构进行优化,并对其他节点的结构形式提出优化建议。

由于使用谱分析法获得节点的疲劳损伤度和疲劳寿命的方法比较烦琐,工作量较大,因此在结构疲劳问题的优化设计时可以先对节点的疲劳应力进行分析,采用比较节点的疲劳应力来对结构的优化设计进行判断,得到节点优化设计的最优方案。

1.优化方法

目前,针对船体典型疲劳节点的优化设计主要有三个层次,分为尺寸优化、形状优化及拓扑优化。一般来说,在优化设计时首先应确定结构的类型和拓扑,之后确定结构的形状,最后确定结构的尺寸。下面将分别介绍三种优化方法的基本原理。

(1)尺寸优化

尺寸优化是在优化设计中最先提出的一种优化方法,也是到目前为止发展比较成熟的优化方法。尺寸优化属于结构优化设计中的最低层次,但在实际的工程问题上应用最广。

尺寸优化是在保持构件的类型、形状、材料、拓扑不变的情况下,以构件的尺寸为设计变量,寻求如结构的质量达到最轻、结构的造价成本最低、结构所在处的应力最小等目标。对于设计变量,它可以是单元的各项基本属性,例如板的厚度、截面的惯性矩、截面的面积及复合材料的铺层厚度和角度等。因此,当使用有限元软件进行尺寸优化分析时,通常不需要重新划分单元网格,可以使用灵敏度分析和数学规划来进行尺寸优化。尺寸优化的约束条件一般有位移约束、应力约束、局部稳定、动响应约束等。尺寸优化的理论方法主要有早期的数学规划法和准则法,以及后期的可靠性方法、神经网格法、基因算法等。

尺寸优化的流程如图6-27所示,首先对原始设计进行静力分析,确定尺寸优化的设计变量,之后确定定义响应、定义约束及定义目标,然后进行优化计算,对优化结果进行处理,将优化前后结构的性能进行对比,进而确定优化方案。

(2)形状优化

形状优化是结构设计的重要分支。形状优化从20世纪80年代开始兴起,近几年来发展十分迅速。形状优化在寻求结构的最佳过渡曲线、结构的形状等设计问题时,应用十分广泛。

形状优化一般可以分为三种,即基于几何参数的形状优化、基于形状基础向量的形状优化及非参数形状优化。基于几何参数的形状优化一般其几何参数与CAD几何相关联,设计变量可选取为半径、长度和角度等,确定好设计变量后迭代时应重新划分网格。基于形状基础向量的形状优化可使用优化系统确定用户定义的基础形状的最优组合。非参数形状优化一般要求每个节点能从临近节点处独自移动,可以不使用敏度分析,用标准的有限元求解器求解。

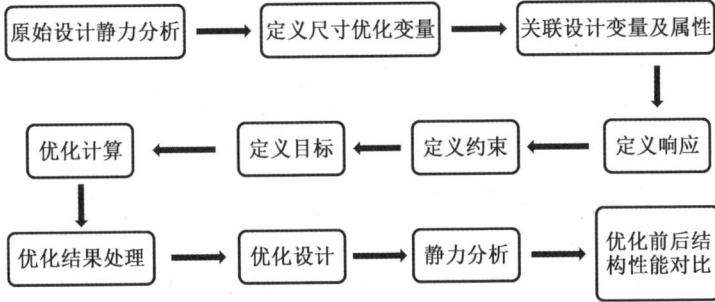

图 6 – 27　尺寸优化流程示意图

一般情况下,形状优化的流程如图 6 – 28 所示。具体步骤如下:

①建立结构的几何模型;

②建立结构的有限元模型;

③基于有限元模型定义优化模型;

④进行结构分析;

⑤进行结构优化设计;

⑥采用解析方法计算灵敏度信息;

⑦如果迭代不收敛,继续进行结构优化设计,如果迭代收敛,得到最优解,可以获得边界的几何模型。

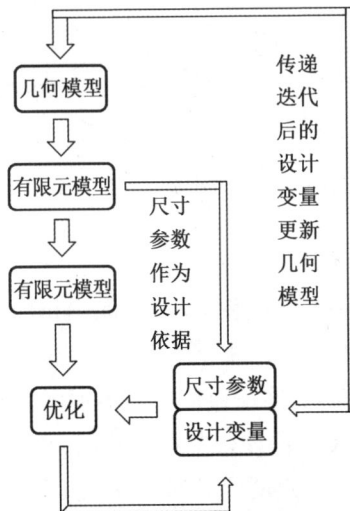

图 6 – 28　形状优化流程示意图

（3）拓扑优化

拓扑优化是结构优化设计中的最高水平,是一种能体现真正意义的优化设计方法。拓扑是结构区域的空间安排。拓扑优化是在特定的设计区间内,依据给出的外荷载和边界条件,在满足约束的前提下,改变材料的结构分布的优化方法。相比于尺寸优化和形状优化,拓扑优化从本质上改变了结构的拓扑,具有更大的自由度、更多的设计空间,当然其对应的难度也是最高的。

拓扑优化根据研究领域的不同可以分为连续体拓扑优化和离散体拓扑优化,两种拓扑优化方法均依据有限元分析法实现。拓扑优化的一般步骤为根据有限元模型输入优化参数,进行结构分析,之后对目标函数进行求解和灵敏度分析,优化后根据优化结果判断是否收敛。拓扑优化的流程如图 6-29 所示。

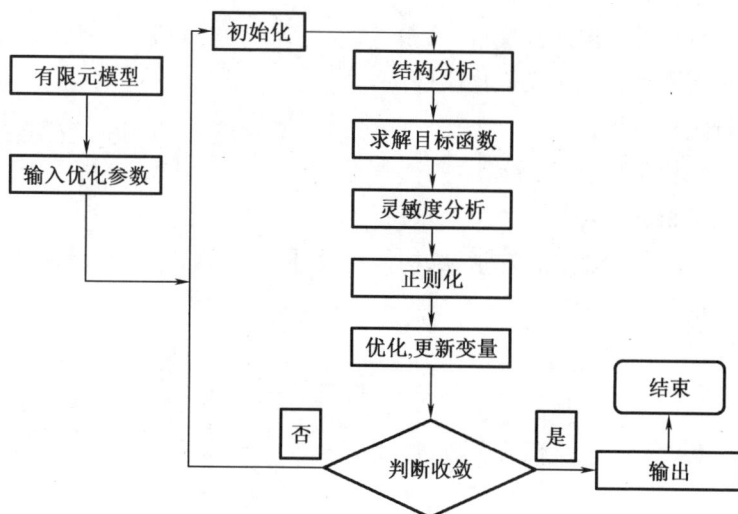

图 6-29　拓扑优化流程示意图

2. 实船疲劳节点结构优化

根据优化方法的原理和操作流程,以尺寸优化和形状优化为例,选取部分海洋核电平台的疲劳节点进行优化。根据上前文介绍的各节点的应力传递函数可以看出,各节点在达到应力最大时所对应的波浪浪向角和频率是不同的,这和节点所处的具体结构位置有关。在进行节点优化时,单以一个浪向和频率的波浪载荷无法真实反映不同疲劳节点的应力情况,而进行波浪谱分析又太过烦琐,因此本节优化设计的波浪载荷采用通常结构强度分析时所用的设计波作为载荷,选用垂向波浪弯矩最大时所对应的设计波进行加载。

（1）尺寸优化实例

根据节点的结构形式和节点疲劳损伤度，选取 hotspot01、hotspot02、hotspot11 进行尺寸优化。尺寸优化将板厚作为设计变量，节点在设计波下的应力作为目标值。原则上设计变量越多，最终的计算结果越精准，但由于设计变量为板厚，应考虑具体施工时的因素，将板厚设计在一个合理的范围内。本书中板厚变动范围为从原板厚到原板厚增加 10 mm，每隔 0.5 mm 为间隔，依据有限元分析软件计算出节点所在处的应力。

提取 hotspot01、hotspot02、hotspot11 在各工况下节点的应力如表 6 - 17 所示，绘制各节点的板厚 - 应力曲线，如图 6 - 30 和图 6 - 31 所示。根据各工况设计波载荷下的节点应力可以计算出应力集中系数，进而利用谱分析法计算出各工况下节点的疲劳寿命，如表 6 - 18 所示。

表 6 - 17　各节点在板厚优化下的应力表

设计变量/mm	hotspot01 节点应力/MPa	hotspot02 节点应力/MPa	hotspot11 节点应力/MPa
T（原板厚）	17.1	192	140
$T+0.5$	16.8	185	137
$T+1.0$	16.4	179	133
$T+1.5$	16.1	173	130
$T+2.0$	15.8	167	128
$T+2.5$	15.6	162	125
$T+3.0$	15.3	158	122
$T+3.5$	15.0	153	120
$T+4.0$	14.8	149	117
$T+4.5$	14.5	145	115
$T+5.0$	14.3	142	112
$T+5.5$	14.1	138	110
$T+6.0$	13.9	135	108
$T+6.5$	13.7	132	106
$T+7.0$	13.5	129	104
$T+7.5$	13.3	126	102
$T+8.0$	13.1	124	101

表 6-17(续)

设计变量/mm	hotspot01 节点应力/MPa	hotspot02 节点应力/MPa	hotspot11 节点应力/MPa
$T+8.5$	12.9	121	98.8
$T+9.0$	12.7	119	97.1
$T+9.5$	12.6	117	95.5
$T+10.0$	12.4	114	93.9

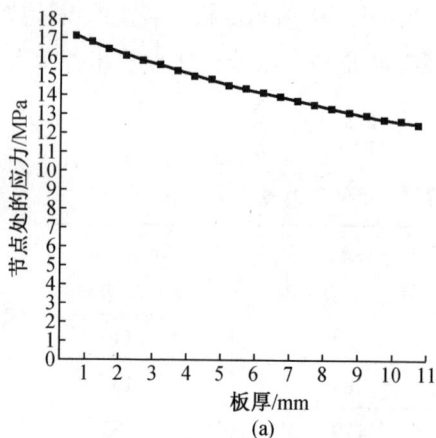

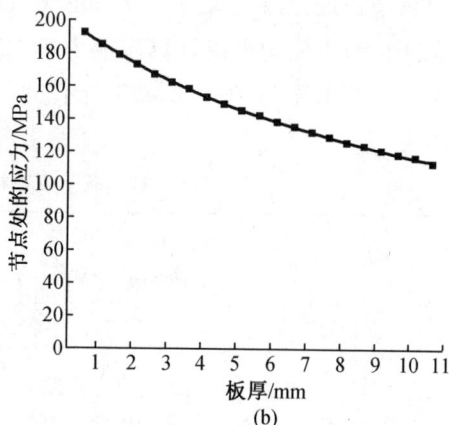

图 6-30　**hotspot01** 板厚增量与应力曲线图与 **hotspot02** 板厚-应力曲线

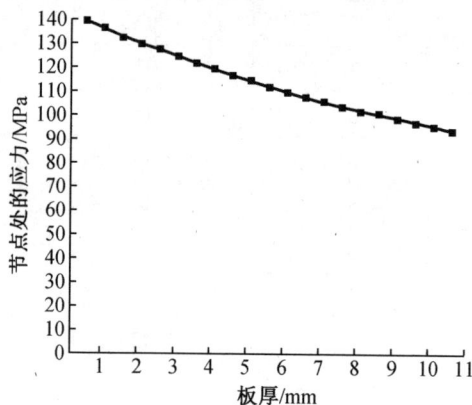

图 6-31　**hotspot11** 板厚-应力曲线

由此可以得出:

①板厚的增加有效地降低了 hotspot01、hotspot02、hotspot11 热点所在区域的应力,进而增加了热点的疲劳寿命。说明尺寸优化可以有效降低结构的应力,增加疲劳寿命,验证了尺寸优化的合理性。

②根据尺寸优化的原理,应力对板厚的变化存在敏感性,即在敏感阶段,同等的板厚变化造成的应力改变量要明显大于非敏感阶段同等的板厚变化造成的应力改变量。但在图 6-29、图 6-30、图 6-31 可以看出,所计算的 3 个节点在 10 mm 板厚改变范围内均处在敏感阶段,也就是说在该板厚范围内无法根据敏感性找出最佳板厚的修改值,但可以根据目标应力范围和疲劳寿命确定板厚的增量。

③考虑到实际应用中施工的合理性,太大的板厚并不合适。本板厚最大设为 10 mm,如果超过该板厚对应的应力仍未达到理想状况,可以考虑进行形状优化等其他优化方法。

表 6-18 各节点在板厚优化下的疲劳寿命表

设计变量/mm	hotspot01 疲劳寿命/年	hotspot02 疲劳寿命/年	hotspot11 疲劳寿命/年
T(原板厚)	116.4	343.2	40.0
$T+0.5$	122.7	383.7	42.7
$T+1.0$	131.9	423.6	46.7
$T+1.5$	139.4	469.2	50.0
$T+2.0$	147.5	521.6	52.3
$T+2.5$	153.3	571.4	56.2
$T+3.0$	162.5	615.9	60.4
$T+3.5$	172.4	678.3	63.5
$T+4.0$	179.5	734.4	68.5
$T+4.5$	190.9	796.8	72.2
$T+5.0$	199.0	848.4	78.1
$T+5.5$	207.6	924.3	82.5
$T+6.0$	216.7	987.3	87.1
$T+6.5$	226.3	1 056.2	92.2
$T+7.0$	236.5	1 131.6	97.6

表 6-18（续）

设计变量/mm	hotspot01 疲劳寿命/年	hotspot02 疲劳寿命/年	hotspot11 疲劳寿命/年
$T+7.5$	247.4	1 214.4	103.4
$T+8.0$	258.9	1 274.1	106.5
$T+8.5$	271.1	1 371.2	113.8
$T+9.0$	284.1	1 441.5	119.9
$T+9.5$	290.9	1 516.7	126.0
$T+10.0$	305.2	1 639.7	132.6

（2）形状优化实例

形状优化通过改变目标区域的形状以达到应力下降的目的。一般对于结构的抗疲劳角度来说，形状优化包括改变过渡区域圆弧半径、改变纵骨端部节点形式采用软踵和软趾、高应力区域加入肘板、加入舱口角隅等几种具体方法。本节根据海洋核电平台疲劳热点结构的具体特点和疲劳损伤度的计算结果，选取hotspot03 为例进行形状优化设计。hotspot03 热点位于反应堆舱舱壁上 T 型材与顶棚甲板的相交处，原始结构如图 6-32 所示。该节点在设计波载荷下的应力云图如图 6-33 所示，可以看出该处应力集中情况较为严重，最大应力达到了503 MPa，对于结构的屈服强度和疲劳都会产生影响。加上该节点处于反应堆舱的特殊位置，根据具体结构特点采用加入肘板进行优化设计。

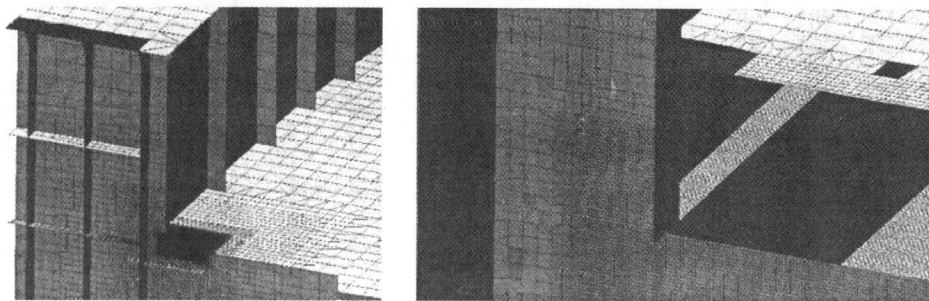

图 6-32 hotspot03 原始结构示意图

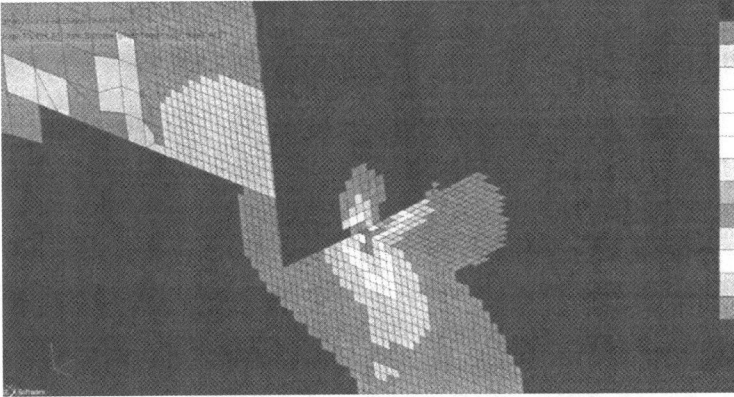

图 6 - 33　hotspot03 原始结构应力云图

　　hotspot03 节点形状优化方案为加入肘板,肘板各边的尺寸为长边 a 为 300 mm,短边 b 为 300 mm,c 边和 d 边均是 30 mm,进行模型细化处理后如图 6 - 34 所示。将肘板长边 a 的长度设为设计变量,设计变量取 300 ~ 500 mm,每隔 50 mm 记为一个工况。通过改变肘板长边的长度进而改变圆弧或者椭圆弧的半径,圆弧半径的增大会导致应力水平的下降,但在另一方面同样会增加质量,因此应根据应力水平的计算结果选取最佳的优化设计。

　　各工况节点处结构的应力计算云图如图 6 - 35 至图 6 - 37 所示,所对应的应力值和疲劳寿命比较结果如图 6 - 38 和表 6 - 19 所示。

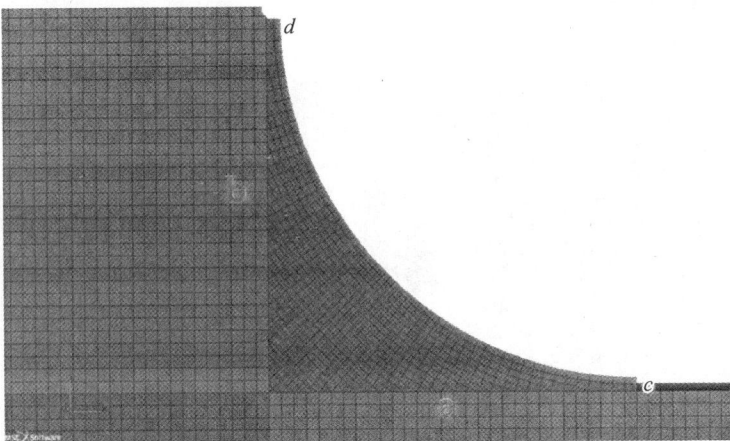

图 6 - 34　hotspot03 加入肘板后结构示意图

图 6 – 35　肘板长边为 300 mm 节点应力云图

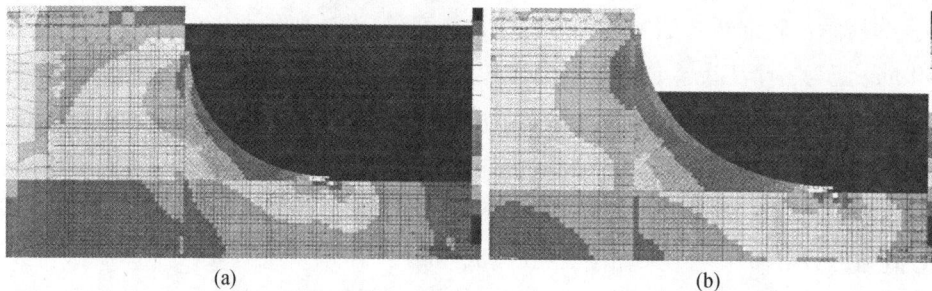

(a)　　　　　　　　　　　　　　(b)

图 6 – 36　肘板长边为 350 mm、400 mm 节点应力云图

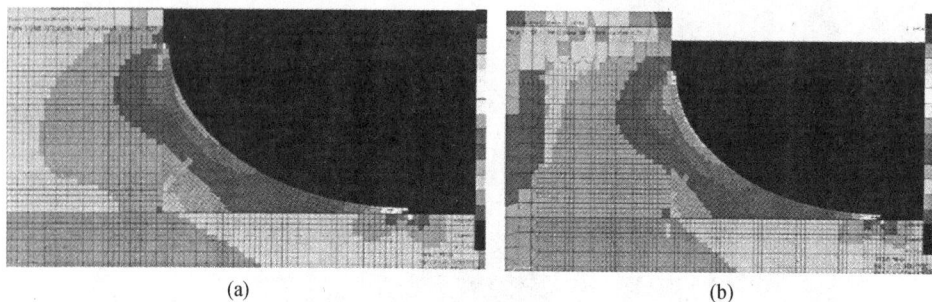

(a)　　　　　　　　　　　　　　(b)

图 6 – 37　肘板长边为 450 mm、500 mm 节点应力云图

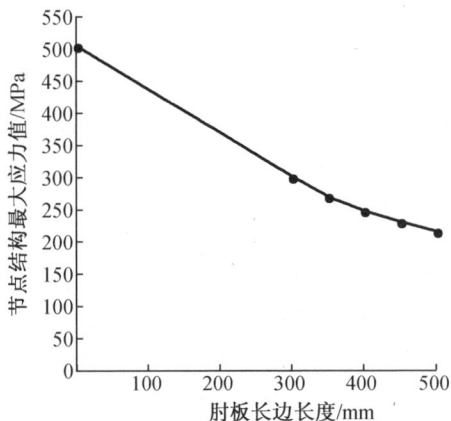

图 6 - 38　各工况下应力计算结果比较图

表 6 - 19　各工况下应力计算结果比较表

工况列表	最大应力值 对应的单元号	最大应力值 /MPa	应力下降 率/%	疲劳寿命 /年
原始工况,无肘板	Elm477994	503	—	77.5
肘板长边为 300 mm	Elm503737	301	40.2	361.6
肘板长边为 350 mm	Elm503737	271	10.0	495.5
肘板长边为 400 mm	Elm503737	248	8.5	646.5
肘板长边为 450 mm	Elm503737	231	6.9	800.1
肘板长边为 500 mm	Elm503737	216	6.5	978.6

通过各工况的应力计算结果可以看出:

①加入肘板有效降低了节点所在位置的结构应力,最大应力值从无肘板时的 503 MPa 下降至 200 ~ 300 MPa,同时疲劳寿命也增加较大。

②加入肘板后最大应力值出现的位置发生改变,最大应力值所对应的单元号从 Elm477994 变为 Elm503737,但只改变肘板长边长度时最大应力值出现的位置不再发生改变。

③肘板长边为 300 mm 和 350 mm 对应的工况应力下降率较大,随着肘板长边长度的增加,应力下降率逐渐降低。

④综合考虑,该处节点的形状优化可以选择肘板长边 300 mm 或肘板长边 350 mm 的优化方案,既能有效降低应力水平,增加疲劳寿命,又能控制整船质

量,节约建造成本。

参考文献[2]针对海洋核电平台疲劳强度的评估问题,详细地介绍了规范简化计算法和谱分析法的基本原理及结构优化设计的基本理论。以海洋核电平台为计算实例,采用CCS规范简化计算方法选取3个剖面上的典型纵骨节点进行疲劳损伤度计算。结合海洋核电装备自身的特点,提出了一种基于谱分析法的海洋核电平台疲劳评估方法,并对船体应力集中较大的节点进行了疲劳强度计算评估。此外,选取典型的高应力节点用尺寸优化和形状优化两种方法进行了结构优化设计,降低了节点处的应力水平,从而得到以下结论:

①采用CCS规范简化方法选取船中和首尾1/4 3处剖面上的6个典型纵骨节点获得的疲劳寿命均大于海洋核电平台的设计寿命,满足设计疲劳寿命的要求。从各剖面的计算结果看,处于顶层甲板和外底上的纵骨节点由于距离剖面中性轴较远,受到的梁应力较大,造成累积损伤度较大,容易发生疲劳断裂,在分析疲劳问题时应重点考虑。船中剖面受到的波浪载荷最大,造成该剖面上的部分纵骨节点的疲劳损伤度较其他剖面相同位置的纵骨节点的疲劳损伤度大,加上此海洋核电平台船中位置存在核反应堆舱的特殊性,分析疲劳问题时应重点考虑。目前简化的疲劳强度计算方法仅适用于纵骨节点的评估。

②谱分析法能考虑到海况、装载状态、浪向角、浪向分布概率、波浪频率、内部固体及液体货物等因素对节点疲劳损伤度的影响,仍是目前公认的最准确的疲劳评估方法。谱分析法适用于全部典型结构节点的疲劳强度评估,其计算结果也更加可靠。但谱分析法的工作量也很大,完成一次完整的谱分析法疲劳评估需用几个月的时间,这也是谱分析法的局限性。

③结合谱分析法的基本原理和海洋核电平台自身的特点,提出了一种基于谱分析法的海洋核电平台疲劳评估方法;详细地阐述了应力响应的传递函数、应力的响应谱、应力范围的短期分布、应力范围的长期分布及疲劳累积损伤的计算。此外,对谱分析法分析流程的具体细节加以介绍,包含有限元模型的细化、腐蚀余量的选取、波浪载荷的计算、PCL语言的自动加载及应力自动提取技术、应力的插值等。尤其是基于PCL语言的自动加载方法解决了谱分析法中工况数量多造成加载时间长的问题,也避免了手动加载可能带来的操作错误。

④针对海洋核电平台工作时采用单点系泊的状态及航行时采用拖船拖航的特点,对应工作状态和拖航状态分别采用了首向浪向不等概率分布和全浪向等概率分布的波浪载荷。根据不同的波浪载荷和海况资料分别获得两种工况下的

应力传递函数和疲劳损伤度,并依据两种工况对应的时间分配系数计算出总的疲劳损伤度和疲劳寿命,选取的 19 个疲劳热点的疲劳谱分析寿命均大于设计疲劳寿命 40 年,满足海洋核电平台的设计要求。

⑤拖航状态造成的疲劳损伤度要远大于工作状态造成的损伤度,是由两者所对应的海况资料不同及浪向分布概率不同所造成的。消除浪向分布概率不同造成的影响后,验证了海况越恶劣,造成的疲劳损伤度越大。

⑥由于核反应堆舱室结构的特性,部分核反应堆舱室的疲劳热点损伤度较常规区域大。并且根据不同热点所在的具体结构位置的不同,所对应的各浪向贡献的损伤度占总损伤度的比例也不同。因此,在分析不同浪向所贡献的疲劳损伤度占比时,应结合热点所在处的结构形式及结构位置进行具体分析。

⑦对于海洋核电平台,危险疲劳节点通常位于上建与甲板相交处,外壳与强框架、甲板相交处,上建与甲板相交处,反应堆舱舱壁外 T 型材趾端与甲板相交处、内底板与内壳相交处,纵舱壁与内底相交处,反应堆舱舱角,反应堆舱甲板开口等位置。在核电装备实际运营过程中,应重点关注这些关键位置。

⑧文献中采用了尺寸优化和形状优化两种方法对典型节点进行了优化设计。通过优化设计方案,有效地降低了节点所在结构处的应力水平,验证了优化方法的可行性和合理性,从而使其疲劳寿命得到提高。

文献中还存在一些不足之处,需要引起注意并进一步开展研究工作,主要是以下几个方面:

①文献疲劳评估谱分析法中采用的波浪载荷是基于三维线性势流理论的,只考虑了线性的影响,未考虑非线性因素的影响。近几年,非线性因素也逐渐开始受到人们的重视,还应认真考虑非线性因素的影响。

②疲劳评估方法仅选取了规范简化计算法和谱分析法,而设计波法、断裂力学法和可靠性方法近年来也应用较广,后续可以具体研究这几种疲劳评估方法并对比不同方法间的具体差异。

③文献针对典型节点的优化方法仅采用增加板厚和增加肘板两种优化方案,优化方案不够全面且优化方法的层次较低,后续可针对不同节点采用更高层次的优化方法设计出更多的优化方案。

④由于本海洋核电装备选取的典型节点的疲劳寿命均达到设计寿命要求,且谱分析法工作量大,因此在优化设计时仅对不同的优化方案计算出节点的应力,并未计算出对应的疲劳损伤度和疲劳寿命。

6.5 船体减振降噪设计

6.5.1 核动力破冰船减振降噪简述

船舶的振动噪声对船舶的影响主要表现在两个方面:一是影响船员工作与居住环境,甚至危害人体健康;二是影响相关设备与仪器的正常、高精度工作。因此,减振降噪在船舶设计中越来越受到人们的重视。

船舶核动力装置如前所述,包括大量的泵、电动阀门等动力设备,加之流体在管道中的流动激振,是船舶噪声源中机械噪声的主要组成部分。

1.振动噪声源及传递路径

船舶核动力装置一回路系统中的主泵、净化泵、设备冷却水泵,蒸汽动力转化系统中的汽轮齿轮机组、汽轮发电机组、给水泵、凝水泵等,在船舶正常运行期间属于连续运行的旋转机械或往复式机械,构成了船舶动力系统中的主要振动噪声源。在工况转化期间,止回阀、隔离阀、调节阀等短时运行设备构成了船舶动力系统的瞬态噪声源。另外,管道中流动的流体引起的流体激振,包括安全阀的排放等,也是船舶动力系统中的噪声源之一。

长期运转的动力设备、短时动作的阀门及与之相连的管道,其振动通过设备支承、管路支架等传递给船体结构,进而形成舱室噪声和辐射噪声。

2.振动噪声控制

振动噪声的控制可以分为振源控制、传递路径控制和接收者保护控制三个方面,这里仅对前两个方面进行阐述。

(1)振源控制措施

振源控制是通过减少运行设备,或降低运行设备自身振动噪声,从源头进行控制的一项措施。主要有以下几方面:

①低噪声机械设备配置及设计

单机机械设备通过结构改进,如采用有利于声源降低的材料、提高运转部件的加工精度和装配质量、控制转子动平衡精度、采用良好有效的润滑系统、改进进水(气)排水(气)部件的流线等,降低本身噪声输出功率。

在系统低噪声设备配置方面,可通过系统及布置优化,采用"提高集成度,减

少冗余,简化管路""高低容量泵类设备搭配"等措施,控制机械设备系统的振动噪声源。

②流体噪声源控制

流体在泵、风机的驱动下,在含有弯头、阀门、节流件的管道中流动,不均匀的流场激励、压力脉动,导致管路振动以及较大的流体噪声。流体噪声源的控制可通过优化管路布置(走向、弯头等)、减小阀门节流损失,或采用专用的消声装置等方式来控制。

③动力吸振技术

当机械设备受到激励而产生振动时,可以在该设备上附加一个辅助系统(由质量块、弹性元件、阻尼元件组成)。当原有主系统振动时,辅助系统也随之振动,并产生与主系统相互抵消的动力,从而抑制主系统振动。

其他控制振源的措施还包括黏弹阻尼技术、颗粒阻尼减振技术等,可参考振动控制专业技术书籍。

(2)传递路径隔振

隔振是在振动噪声传递路径上采取相应措施,以隔离或减弱设备振动能量向安装基座的传递,广泛应用于泵、风机、管路等振源设备的隔离。

隔振设计按隔振系统的不同,可分为单层隔振、双层隔振、浮筏隔振等;按是否有外部提供能源,又分为振动主动控制技术和被动控制技术。

①单层隔振

单层隔振装置在动力设备与基座之间只采用一组隔振器,其主要缺点是高频隔振效果较差(图6-39),目前常用于隔振要求不高及有严格对中要求的系统或设备。

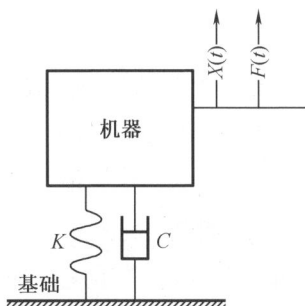

图 6-39 单层隔振系统

②双层隔振

双层隔振是在设备和基座之间安装两层隔振器,并在两层隔振器之间插入中间质量块,利用中间质量可衰减一部分上层隔振器传递来的振动,从而提高隔振效果。

目前国内外舰船发电机组、通风机组、泵类设备等普遍采用这种技术。

③浮筏隔振

浮筏隔振是双层隔振的一种,其与双层隔振系统的区别在于多个振源隔振(图6-40),而双层隔振是对单一振源隔振。浮筏装置有很大的机械阻抗,较之单层、双层隔振有着更好的效果。

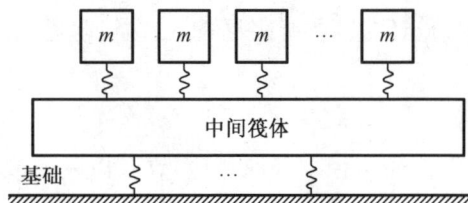

图6-40　浮筏隔振系统

④振动主控制技术

振动主控制技术又称有源减振技术、主动隔振,可用于前述单层隔振、双层隔振及浮筏隔振。振动主控制技术是近年来随着计算机技术、控制理论、材料科学的发展而迅速发展起来的一项高新技术。它依靠附加的能源提供能量来支持减振装置工作,具有低频隔振效果好、有效抑制设备线谱等优越性,已成为振动控制的一条重要新途径。

常用的振动主动控制系统多采用闭环控制,主要由受控对象、传感器、作动器、控制器、外接能源5部分组成,其中外接能源(如电源、气源、液压油源等)用来支持作动器的工作,如图6-41所示。首先传感器拾取受控对象的振动响应信号并输入控制器,控制器根据不同的控制方法设计所需的控制程序并输出控制信号,控制作动器对受控对象施加压力或力矩,从而达到隔振控制的目的。

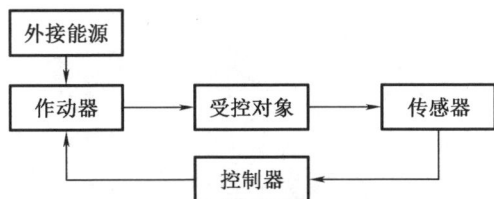

图 6 - 41 主动隔振系统示意图

主动隔振的作动器分为伺服气垫型、电液伺服型、电磁型、磁悬浮型、(磁)流变体型、磁致伸缩材料型、形状记忆材料型、压电材料型等。

6.5.2 减振降噪技术研究

船舶振动过大不但会造成船舶结构的损坏,而且会影响船用设备的正常使用。为此,必须在船舶设计阶段对船舶结构的局部振动性能和总体振动性能进行预报,以便在结构设计方面采用合理方案和必要的措施。随着计算机技术的迅猛发展及大型软件的应用,船舶结构振动成为国内、外舰船振动研究的活跃领域。近年来对船舶振动预报的研究大致可分为全船模态分析响应、尾部结构振动、上层建筑振动及管路振动等部分。

这里对舱室振动噪声及管路振动噪声等问题的研究成果进行介绍。

1. 工程舱壁结构减振降噪

(1)舱室噪声特性测试

要进行舱室结构的减振降噪,首先要了解舱室的噪声特性,因此需要了解核动力破冰船在实际工作时不同区域的噪声量级及频带分布情况,为研究提供依据。

参考文献[5]测试采用丹麦 B&K4189 - A - 021 型传声器(图 6 - 42),其灵敏度为 50 mV/Pa,频率响应范围为 6.3 Hz ~ 20 kHz,动态范围为 15.2 ~ 146 dB,频率响应范围能满足挪威石油标准化组织(NORSOK)所制定的噪声规范监测要求。

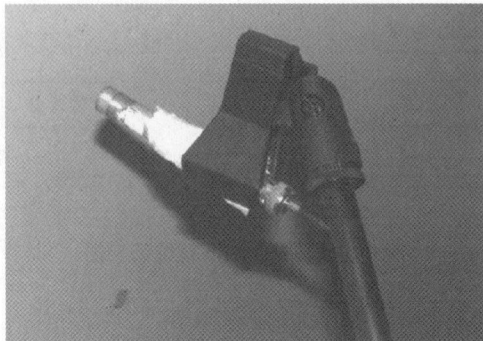

图 6 - 42 B&K4189 - A -021 型传声器

测试所用数据采集仪选择北京东方振动和噪声技术研究所 INV3018 型采集仪(图 6 - 43),该型采集仪为 8 通道 24 位 A/D 转换并行采样,最大采样频率达 51.2 kHz,并配有北京东方振动和噪声技术研究所 DASP V10 数据分析软件。

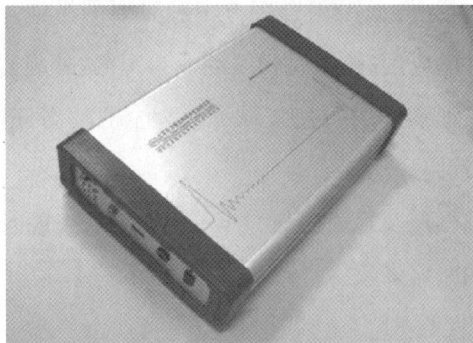

图 6 - 43 INV3018 型采集仪

(2)测试数据分析

将测试数据在 31.5 ~ 8 000 Hz 频带范围按照 1/3 倍频程进行分析,各区域在不同频点声压级及总声压级的分析结果如图 6 - 44 所示。

从分析结果可以看出,不同舱室噪声的频带特性不尽相同:餐厅声压最大值为 45.9 dB(A),出现在 31.5 Hz,最小值为 24.9 dB(A),出现在 8 000 Hz。该区域低频噪声声压最大,达到 2 000 Hz 后随着频率升高声压逐渐减小。医务室在

800 Hz 处声压最大,可达 38.1 dB(A),在整个频带范围内呈现出中间高两边低的特点。电报室声压最大值为 43.0 dB(A),出现在 40 Hz,最小值为 23.3 dB(A),出现在 8 000 Hz,达到 1 000 Hz 后随着频率升高声压逐渐减小。会议室声压最大值为 39.7 dB(A),出现在 315 Hz,最小值为 23.0 dB(A),出现在 8 000 Hz,总体趋势呈现出中间高两边低的特点,但在某些低频频点声压值较大。从整体上看,这些舱室区域噪声频带较宽,在低频频点的声压值较大。黏弹性阻尼材料对控制宽频带振动噪声有较好的效果,因此可以尝试将其应用于该海洋平台舱室的减振降噪处理。经分析可以看出,餐厅总声压级为 53.4 dB(A),医务室总声压级为 42.6 dB(A),电报室总声压级为 52.2 dB(A),会议室总声压级为 48.1 dB(A)。根据挪威石油标准化组织所制定的噪声规范,除餐厅满足要求外,其他区域都超出了噪声规范要求。会议室超标最大,达到了 3.1 dB(A),医务室超标 2.6 dB(A),超标最小的电报室也有 2.2 dB(A),因而对这些区域需要进行降噪处理。

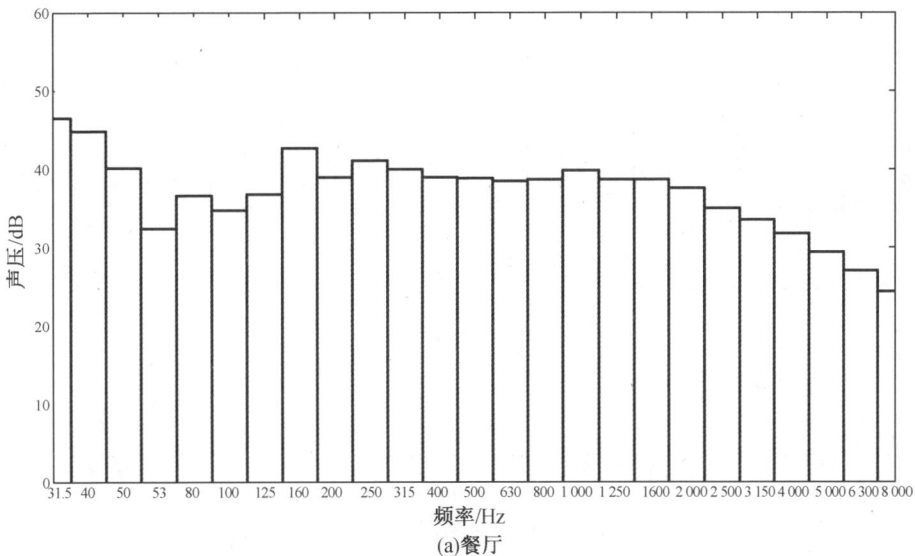

图 6-44　部分舱室噪声数据 1/3 倍频程及 A 计权声压分析结果图

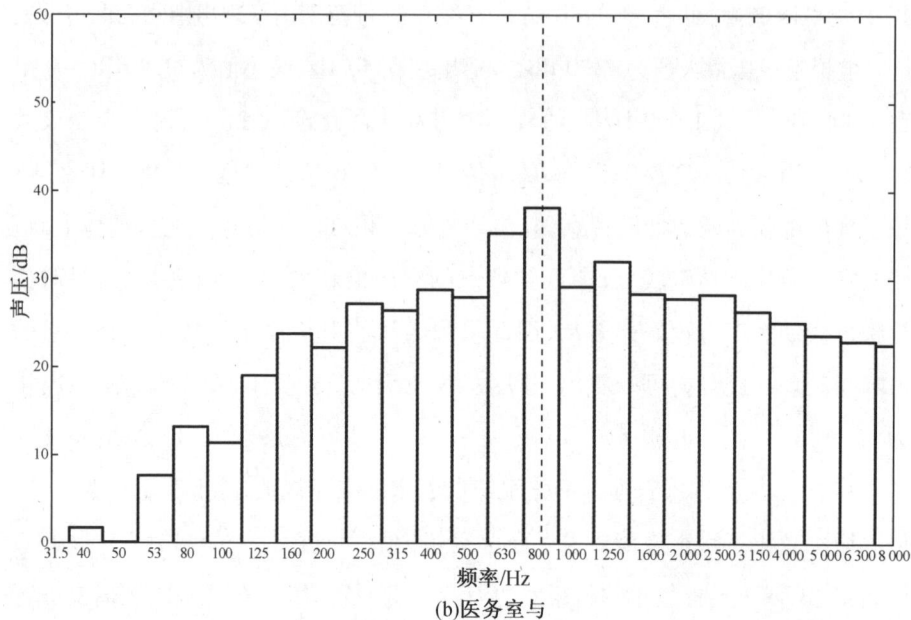

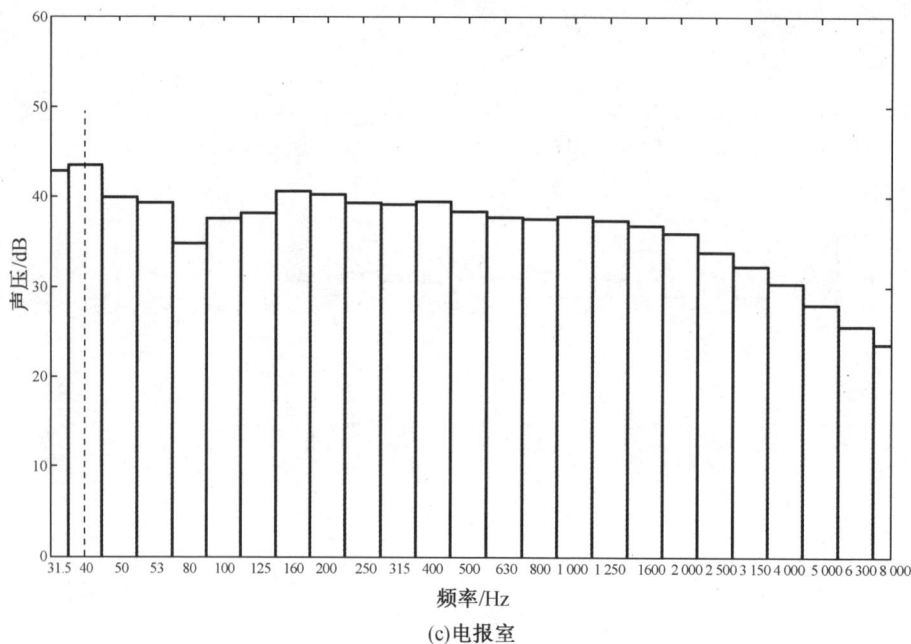

(b)医务室与

(c)电报室

图 6-44(续1)

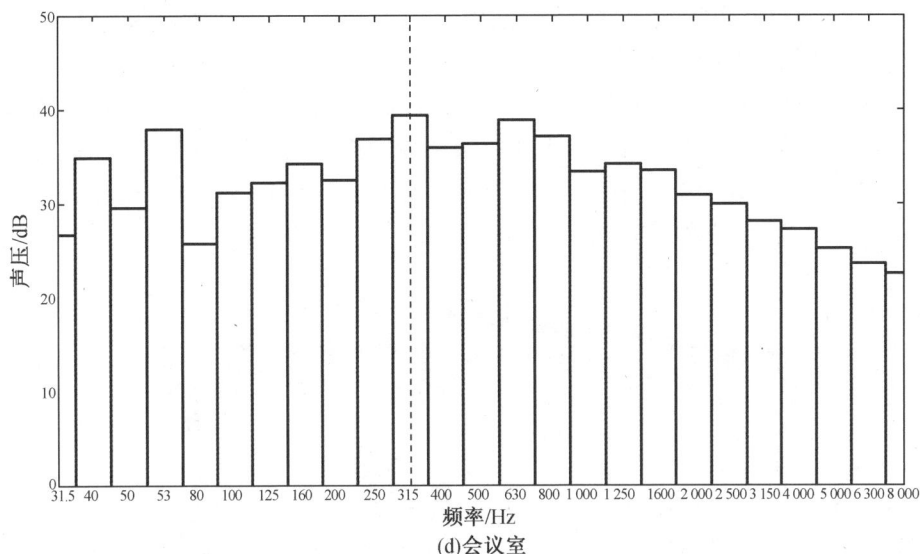

(d)会议室

图 6 – 44(续 2)

（3）舱壁结构阻尼减振降噪试验

①试验介绍

舱壁结构阻尼减振降噪试验所用板类构件为 4 mm 厚钢板，在板上涂敷同等厚度的 DB 黏弹性阻尼材料，测试样件如图 6 – 45 所示。

图 6 – 45　涂敷 DB 阻尼材料的测试样件

涂敷 DB 阻尼材料舱壁结构的减振降噪效果测试在声学混响室中进行。声学混响室能使声能量在各边界上充分反射，并在内部空间充分扩散，形成各处声能量密度均匀、在各传播方向做无规则分布的扩散场。本试验所用混响室分为

发声混响室和受声混响室两部分,发声混响室容积 116 m³,受声混响室容积 226 m³,发、受声混响室之间设有 1.3 m 测试窗口。

如图 6 – 46 所示,将球面声源(图 6 – 47)放置在发声混响室中用于发出白噪声,发声混响室中布置声压测点 1 用以监测球面声源发出的白噪声声压级。在受声混响室中布置 4 个声压测点,用于测试发声混响室中白噪声经过测试窗口衰减后受声混响室中的声压级,如图 6 – 48 所示。

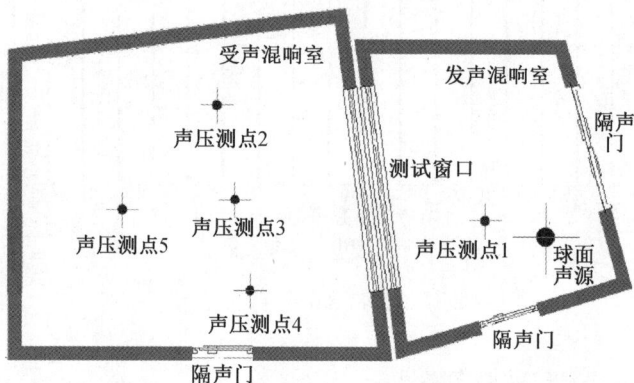

图 6 – 46　混响室声源与声压测点布置示意图

图 6 – 47　试验用球面声源

图 6 – 48　受声混响室声压测点布置

在舱壁板中心点和长边 1/4 点处分别布置加速度传感器 1 和 2 用于测试板的振动(图 6 – 49)。将测试样件以四边固定的方式安装在混响室的测试窗口上,分别测试涂敷 DB 黏弹性阻尼材料前、后两种情况下测试样件在白噪声激励下的振动响应与隔声特性。

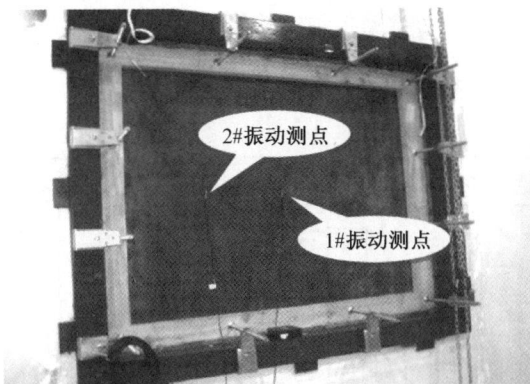

图 6 - 49　加速度传感器布置

②试验数据处理及分析

对于受声混响室内 4 个声压测点数据的处理采取多通道数据求平均的方法,4 个声压点测量数据的平均值 L_{pm} 用下式计算:

$$L_{pm} = 10\lg\Big[\frac{1}{4}\sum_{i=1}^{4}(10^{0.1L_{im}})\Big]$$

式中　L_{im}——第 i 点测得的第 m 频带声压级(振级),dB(A)。

每个声压测点的总声压级 L 则用下式计算:

$$L = 10\lg\Big[\sum_{m=1}^{M}(10^{0.1L_{pm}})\Big]$$

式中　L_{pm}——测量频段内第 m 个中心频率对应的测点平均声压级,dB(A);

　　　M——测量频段内中心频率总数。

海洋工程结构物舱壁板类结构混响室中的隔声量 R 的计算方法为:发声混响室中声压级 L_1 与受声混响室中声压级 L_2 的差值,再通过受声混响室中的混响时间进行修正。

$$R = L_1 - L_2 + 10\lg(S/A)$$
$$A = 0.16V/T$$

式中　L_1——发声混响室中声压级;

　　　L_2——受声混响室中声压级;

　　　S——试件面积,取 1.3 m^2;

　　　A——受声混响室的等效吸声面积,m^2;

　　　V——受声混响室的体积,m^3;

　　　T——受声混响室的混响时间,s。

　　图 6-50 和表 6-20 为舱壁板类结构未涂敷阻尼材料时,对混响室内各声压测点测得的声压值进行分析所得结果。

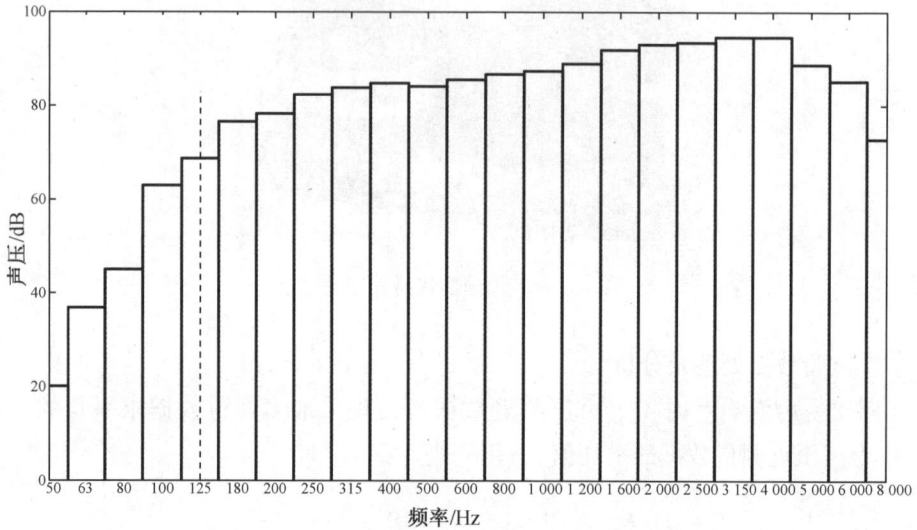

(a)声压测点1声压分析

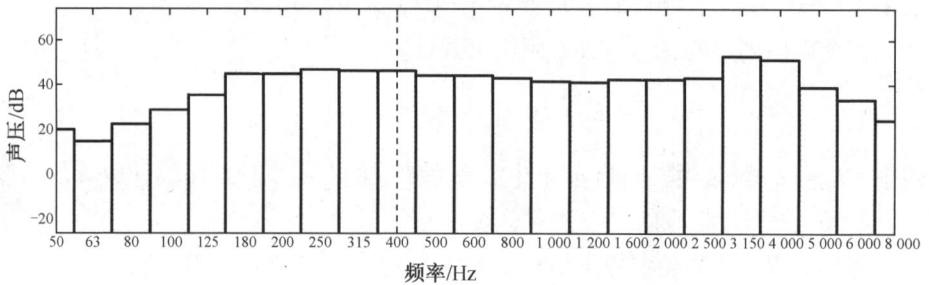

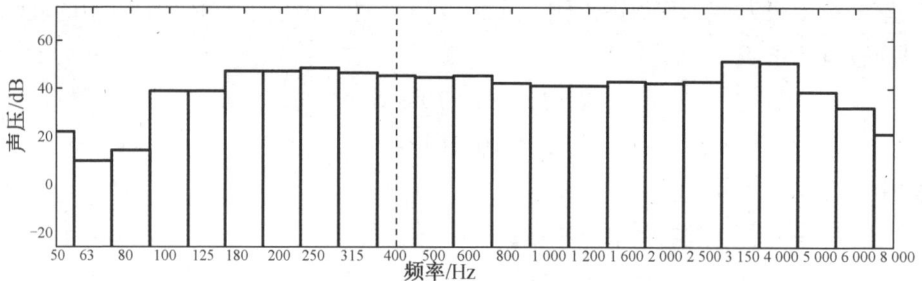

(b)声压测点2和3声压分析

图 6-50　未涂敷阻尼材料各声压测点声压分析图

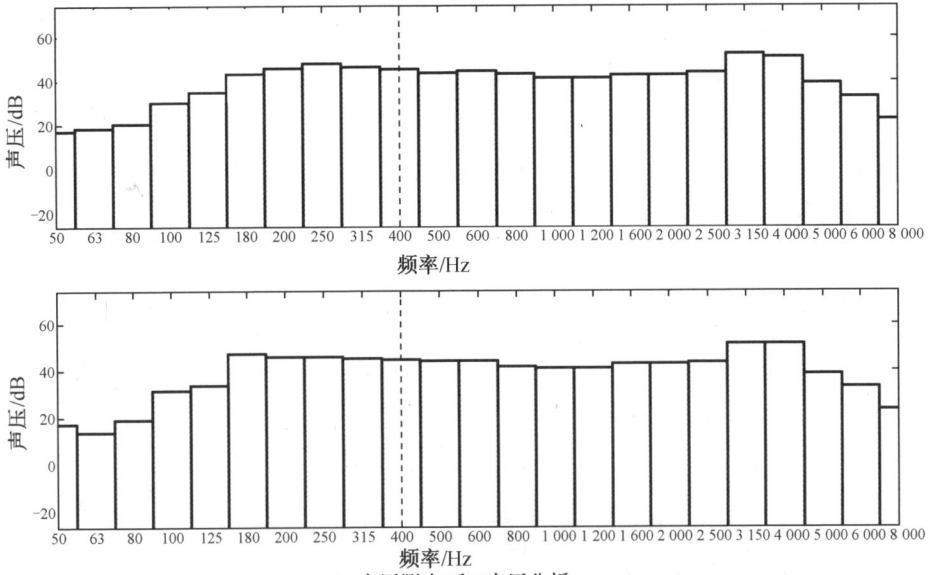

(c)声压测点4和5声压分析

图 6-50(续)

表 6-20　未涂敷阻尼材料各声压测点声压值表　　（单位:dB(A)）

频率/Hz	声压测点 1	声压测点 2	声压测点 3	声压测点 4	声压测点 5
50	19.7	20.6	22.1	17.4	18.0
63	37.1	15.0	9.9	18.7	14.1
80	45.0	22.7	14.4	20.3	19.2
100	63.2	34.7	39.3	35.5	32.1
125	69.1	37.5	39.7	38.0	34.0
160	76.8	46.8	47.2	44.0	47.7
200	78.4	45.5	47.5	45.9	46.5
250	82.5	47.1	48.6	47.8	46.4
315	84.0	46.6	46.9	46.5	46.0
400	85.0	46.5	45.6	45.1	45.3
500	84.4	44.5	44.7	44.3	44.9
630	85.6	44.8	45.6	44.7	44.4
800	87.0	43.4	43.0	43.1	42.6

表 6 – 20（续）

频率/Hz	声压测点 1	声压测点 2	声压测点 3	声压测点 4	声压测点 5
1 000	87.6	41.8	41.4	41.4	41.3
1 250	89.3	41.6	41.4	41.4	41.7
1 600	92.1	43.0	43.2	42.9	43.1
2 000	93.2	42.9	42.5	42.6	43.1
2 500	93.4	43.8	43.3	43.5	43.9
3 150	94.7	52.6	52.1	52.1	52.1
4 000	94.7	51.6	51.3	51.5	51.5
5 000	89.0	39.3	38.7	39.0	39.2
6 300	85.4	33.8	32.6	33.1	33.5
8 000	72.9	24.5	21.3	22.3	23.9
总声压级	102.1	58.7	58.8	58.4	58.5

图 6 – 51 和表 6 – 21 为舱壁板类结构涂敷阻尼材料后，对混响室内各声压测点所测得的声压值进行分析所得结果。

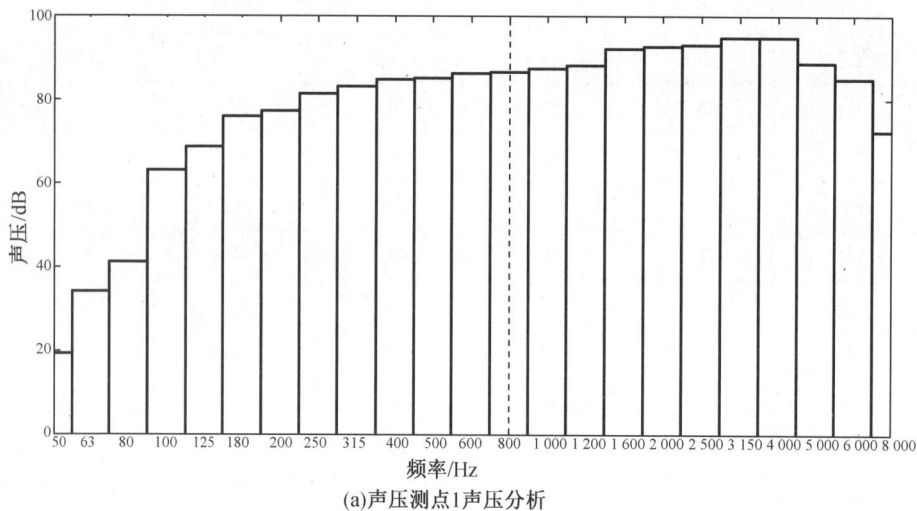

(a)声压测点1声压分析

图 6 – 51　涂敷阻尼材料后各声压测点声压分析

318

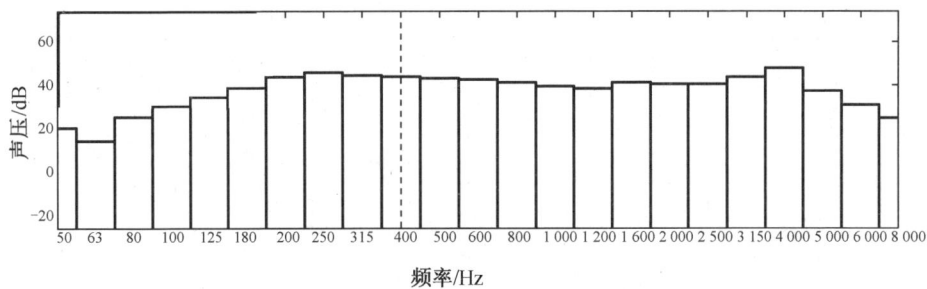

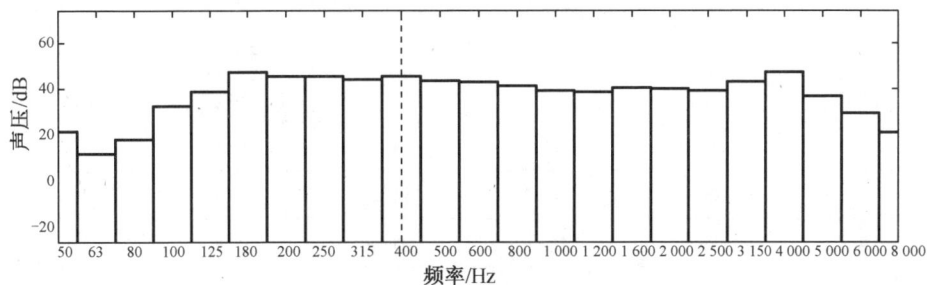

(b)声压测点2和3声压分析

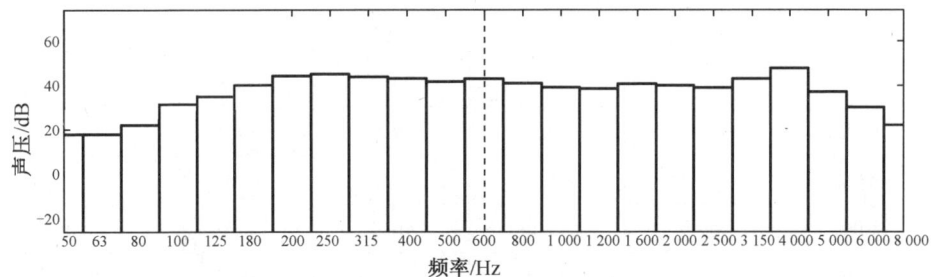

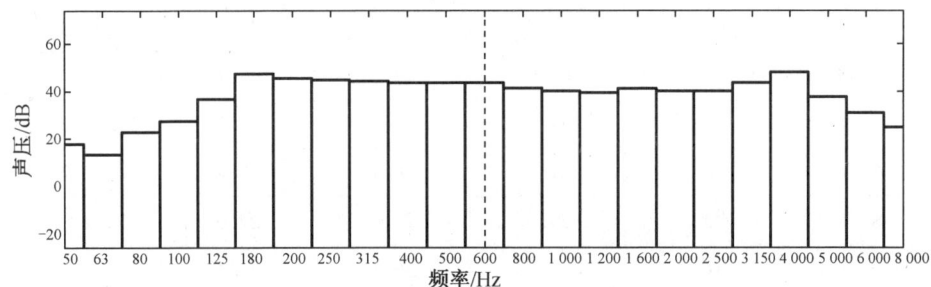

(c)声压测点4和5声压分析

图 6-51(续)

表 6-21 涂敷阻尼材料各声压测点声压值表　　　　　（单位:dB(A)）

频率/Hz	声压测点 1	声压测点 2	声压测点 3	声压测点 4	声压测点 5
50	19.5	20.2	22.0	17.7	18.0
63	34.2	14.2	11.8	17.7	13.3
80	41.4	25.2	18.0	22.6	22.9
100	63.4	32.6	33.0	30.2	27.3
125	68.8	38.1	38.9	38.5	37.0
160	76.3	46.7	47.4	43.8	47.4
200	77.2	43.8	46.1	45.1	45.5
250	81.8	46.0	45.5	45.3	44.6
315	83.3	44.7	44.5	44.3	44.5
400	84.9	44.1	45.4	43.8	44.2
500	85.2	43.2	43.9	42.4	43.4
630	86.4	42.9	43.4	43.2	43.7
800	86.9	41.3	41.7	41.4	41.2
1 000	87.6	39.2	39.7	39.5	40.0
1 250	88.2	39.1	39.4	39.1	39.3
1 600	92.3	41.0	41.0	4.06	41.1
2 000	92.9	40.8	40.3	4.02	40.6
2 500	93.2	40.7	39.7	39.9	40.6
3 150	95.0	44.0	43.7	43.7	43.9
4 000	94.9	47.9	47.7	48.1	48.0
5 000	88.7	37.9	37.3	37.3	37.7
6 300	84.9	31.0	30.1	30.4	30.9
8 000	72.3	24.7	21.6	22.9	24.8
总声压级	102.1	55.7	56.1	55.4	55.9

　　对于受声混响室内 4 个声压测点所测数据根据公式采取多通道数据求平均的处理方法,经计算所得平均声压值如表 6-22 所示。

表 6 – 22　受声混响室声压测点声压平均值表　　　（单位 : dB（A））

频率/Hz	未涂敷阻尼材料	涂敷阻尼材料
50	20.0	19.9
63	15.5	14.8
80	20.0	22.8
100	36.2	31.3
125	37.7	38.2
160	46.6	46.5
200	46.4	45.2
250	47.6	45.4
315	46.5	44.5
400	45.6	44.4
500	44.6	43.3
630	44.9	43.3
800	43.0	41.4
1 000	41.5	39.6
1 250	41.5	39.2
1 600	43.1	40.9
2 000	42.8	40.5
2 500	43.6	40.3
3 150	52.2	43.8
4 000	51.5	47.9
5 000	39.1	37.6
6 300	33.3	30.6
8 000	23.2	23.7
总声压级	58.6	55.7

　　根据受声混响室的体积和实际测得的受声混响室混响时间由公式计算出受声混响室的等效吸声面积,进而计算出混响室的声压修正值如表 6 – 23 所示。

表 6 – 23 混响室声学特性

频率/Hz	受声混响室混响时间/s	等效面积/m²	声压修正值(10 lg(S/A))
50	16.10	2.25	−2.4
63	11.10	3.26	−4.0
80	8.00	4.52	−5.4
100	9.96	3.63	−4.5
125	10.00	3.62	−4.4
160	9.52	3.80	−4.7
200	8.33	4.34	−5.2
250	7.82	4.62	−5.5
315	7.76	4.66	−5.5
400	7.04	5.14	−6.0
500	7.46	4.85	−5.7
630	7.66	4.72	−5.6
800	7.15	5.06	−5.9
1 000	6.74	5.36	−6.2
1 250	6.29	5.75	−6.5
1 600	5.79	6.25	−6.8
2 000	5.23	6.91	−7.3
2 500	4.60	7.86	−7.8
3 150	4.06	8.91	−8.4
4 000	3.65	9.91	−8.8
5 000	2.98	12.13	−9.7
6 300	2.63	13.75	−10.2
8 000	2.07	17.47	−11.3

根据混响室声压修正值利用公式计算涂敷 DB 阻尼材料前、后舱壁板类样件的隔声量,如表 6 – 24 所示。

表 6 – 24　涂敷阻尼材料前、后的隔声量表　　　　（单位 : dB(A)）

频率/Hz	未涂敷阻尼材料	涂敷阻尼材料
50	0	0
63	17.6	15.3
80	13.2	19.5
100	22.5	27.7
125	26.9	26.2
160	25.5	25.1
200	26.7	26.8
250	29.4	30.9
315	31.9	33.2
400	33.4	34.5
500	34.1	36.3
630	35.1	37.5
800	38.0	39.6
1 000	40.0	41.8
1 250	41.3	42.5
1 600	42.2	44.5
2 000	43.2	45.2
2 500	42.0	45.1
3 150	34.1	42.8
4 000	34.4	38.2
5 000	40.2	41.5
6 300	41.9	44.1
8 000	38.4	37.3
总声压级	37.6	39.8

　　图 6 – 52 所示为涂敷 DB 阻尼材料前、后两种安装工况下舱壁板类样件的隔声量对比。由图可以看出,涂敷阻尼材料前、后舱壁板类样件的 1/3 倍频程 A 计权声压级隔声量曲线趋势随着频率的增加呈上升趋势,在整个频带范围内高频

的隔声量较低频有明显提高;除个别频点外,涂敷 DB 阻尼材料后测试样件隔声量比不涂 DB 阻尼材料在整个频带范围内均有所提高;从总声压级看,涂敷阻尼材料前、后隔声量分别为 376 dB(A)和 39.8 dB(A),涂敷阻尼材料比不涂敷阻尼材料隔声量有 2.2 dB(A)的提高。

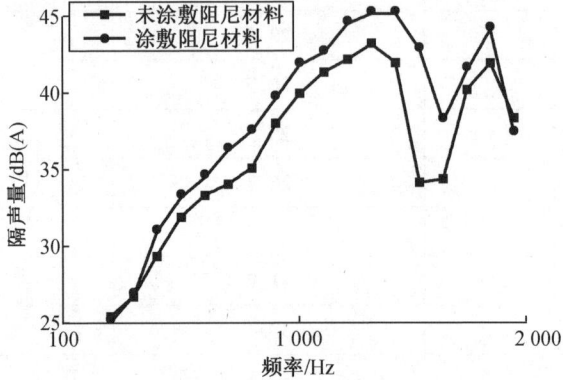

图 6 - 52　涂敷阻尼材料前、后隔声量对比图

图 6 - 53 所示为 1#和 2#振动测点在涂敷黏阻尼材料前后舱壁板类样件的加速度对比。

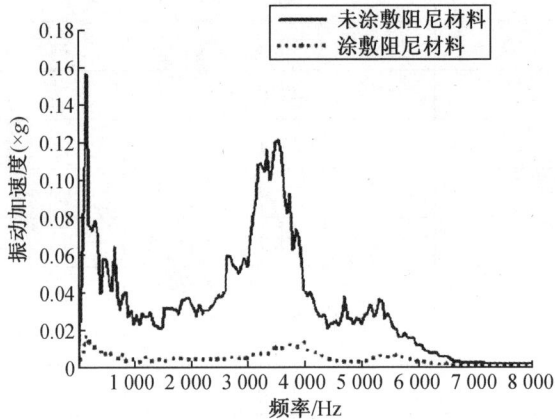

(a)1#振动测点

图 6 - 53　1#振动测点加速度对比与 2#振动测点加速度对比图示

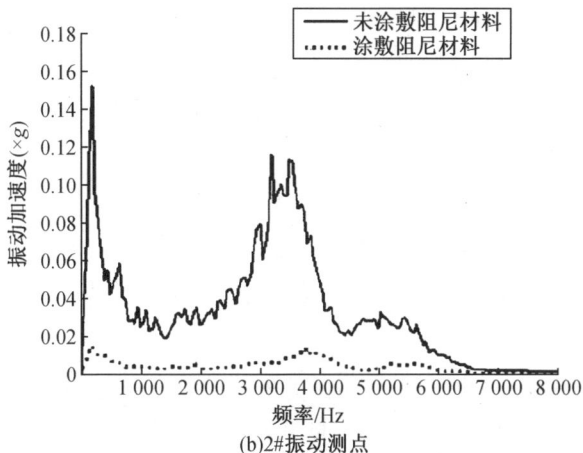

(b)2#振动测点

图 6 – 53（续）

由图 6 – 53 可以看出，不涂 DB 阻尼材料海洋工程结构物舱壁板类样件在白噪声激励条件下低频和 3 000 ~ 4 000 Hz 频带范围内振动加速度较大，除低频外在整个频带范围内振动特性与发声室球面声源发出的白噪声声压级分布特性一致；在相同的白噪声激励条件下，涂敷阻尼材料比不涂阻尼材料在整个频带范围内舱壁板类样件的振动幅值均有大幅度的衰减，特别是在低频和 3 000 ~ 4 000 Hz 振动峰值较大的频点，振动幅值衰减最大能达到 90% 以上，有效地降低了舱壁板类样件的宽频带多峰振动。

通过测试可以得到如下结论：

a. 涂敷阻尼材料比不涂敷阻尼材料在整个频带范围内海洋工程舱壁板类样件的振动幅值均有大幅度的衰减，能够有效降低宽频带多峰振动。

b. 在整个频带范围内高频的隔声量较低频有明显提高；涂敷阻尼材料后测试样件隔声量比不涂敷阻尼材料在整个频带范围内均有所提高；从总声压级看，涂敷阻尼材料比不涂敷阻尼材料隔声量有 2.2 dB(A) 的提高。

通过对某海洋装备舱室噪声的测试分析可以看出，海洋装备舱室区域噪声频带较宽，在低频频点的声压值较大，黏弹性阻尼材料对控制宽频带振动噪声效果明显，因此将其应用于海洋装备工程舱室减振降噪的处理。同时通过对某海洋平台餐厅、医务室、电报室和会议室噪声的测试，参照挪威石油标准化组织所制定的噪声规范，其噪声超标值在 2.2 ~ 3.1 dB(A)，可以尝试通过施加阻尼结构加以处理。

考虑到进行海洋工程结构物的减振降噪处理时尽量少占用舱室的内部空

间,文献系统研究了黏弹性阻尼材料的性能及在舱壁结构应用的减振降噪效果。为了进一步改善舱室内部的工作生活环境,达到更高的减振降噪要求,可尝试将使用黏弹性阻尼材料与在舱壁和内饰板间填充吸声材料、优化结构安装方式等方法相结合,并对组合后的减振措施进行研究。

2. 工程管路减振降噪

参考文献[6]探讨了管路结构安装阻振质量后振动波沿管道传递的损失情况,并对所测试的数据进行 1/3 倍频程分析,探讨在安装不同阻振质量的工况下,不同频段的振级差变化。

(1)同一管道安装不同阻振质量减振效果研究

①壁厚 3 mm 管道加 5 种阻振质量试验研究

在 3 mm 壁厚管道(表 6 - 25)上分别安装不同截面、不同质量的阻振质量,用力锤在管道一端施加激励力,利用加速度传感器拾振,转化为声振级,对采集的数据进行分析。

表 6 - 25　3 mm 壁厚管道参数表

外半径 R /mm	内半径 r /mm	壁厚 h /mm	长度 /mm	回转半径 i /mm	单位长度质量 m /kg
24	21	3	4 500	22.5	3.34

由于加速度传感器测得的是加速度数据,减振降噪一般都采用分贝来衡量,因此需要将加速度值转化为分贝。通过下式把各个测点的加速度响应转化为分贝:

$$L_{a_i} = 20\lg\left(\frac{a_i}{a_0}\right)$$

式中,a_i 是试验中测得的加速度响应;$a_0 = 10^{-6}$ m/s^2,是振动测试分析中规定的参考值;L_{a_i} 是转化后的振动声振级,单位为 dB。同一个测点不同频率上的加速度响应进行相加,然后取平均值,即可得到每一个测点的平均加速度级。

阻振质量安装前后的加速度响应会产生很大的振级差,以振级差为衡量标准,来评价阻振质量的减振效果。以 1 号测点为基准点,研究其他测点与 1 号测点比较的振级差。为了更直观地分析增加阻振质量后的减振效果,取 4,5,6,7 号测点振级差的平均值进行对比。

表 6 - 26　各测点的振动衰减表(无阻振质量)　　　　　(单位:dB)

测点	1	2	3	4	5	6	7	平均振级差
声振级	110.2	104.2	110.2	110.1	110.1	103.6	108.7	
振级差		-6.0	0.0	-0.1	-0.1	-6.6	-1.5	-2.1

首先对无阻振质量的振动自由衰减进行分析,表 6 - 26 给出了各测点的振动声压级,在无阻振质量工况下,4,5,6,7 号测点与 1 号测点相比振级落差并不明显,平均振级差只有 2.1 dB。由此可知,管道自身的自由衰减并不能有效降低振动,需要进一步采取有效措施进行减振。

表 6 - 27　各测点的振动衰减表(单个阻振质量 1)　　　(单位:dB)

测点	1	2	3	4	5	6	7	平均振级差
声振级	109.8	103.5	108.9	104.2	105.1	100.4	103.5	
振级差		-6.3	-0.9	-5.6	-4.7	-9.5	-6.3	-6.5

表 6 - 28　各测点的振动衰减表(单个阻振质量 2)　　　(单位:dB)

测点	1	2	3	4	5	6	7	平均振级差
声振级	109.8	103.5	108.9	104.2	105.1	100.4	103.5	
振级差		-6.3	-0.9	-5.6	-4.7	-9.5	-6.3	-6.5

表 6 - 29　c 各测点的振动衰减表(单个阻振质量 3)　　　(单位:dB)

测点	1	2	3	4	5	6	7	平均振级差
声振级	110.3	104.5	108.9	102.4	102.8	98.8	103.1	
振级差		-5.9	-1.4	-7.9	-7.5	-11.5	-7.2	-8.5

表 6 - 30　各测点的振动衰减表(单个阻振质量 4)　　　(单位:dB)

测点	1	2	3	4	5	6	7	平均振级差
声振级	112.4	106.4	110.2	103.2	103.9	98.4	103.2	
振级差		-6.0	-2.2	-9.2	-8.5	-14.0	-9.2	-10.2

表 6-31   各测点的振动衰减表(单个阻振质量 5)　　　　　　(单位:dB)

测点	1	2	3	4	5	6	7	平均振级差
声振级	112.0	104.4	111.1	101.6	102.1	96.4	101.3	
振级差		-7.5	-0.9	-10.4	-9.9	-15.5	-10.6	-11.6

由表 6-27 至表 6-30 可以看出,管道在安装阻振质量后,输出端的 4,5,6, 7 号测点的振级差有了明显的提高,减振效果最好的测点振级差达到 15 dB 以上。与 2,3 号点相比也有一些落差,可达 7 dB 左右,1,2,3 号测点位于同一个截面上,也有一定的振级差,这主要是因为力链激励的位置距离 1 号测点更近。与无阻振质量相比,振级差明显提高,说明安装阻振质量后,减振效果非常明显,安装阻振质量是一种有效的减振方法。

如果只考虑安装阻振质量后带来的减振效果,需要减去自由衰减的振级差,即为增加阻振质量后所带来的振动衰减。由上述结果可知,减去自由衰减 W 后,最大振级差也有 9 dB 左右,对振动波有很好的阻抑作用。

综上几种工况可知,如果忽略阻振质量惯性半径的影响,在同一壁厚管道上安装不同阻振质量,从减振趋势看,平均振级差将随 β(阻振质量与单位长度管道的质量比)的增加而增大;在定量上分析,如表 6-32 和图 6-54 所示,当 $\beta=0$ 时,管道的自由衰减平均振级差为 2.1 dB,当 $\beta=1.00$ 时,平均振级差为 11.6 dB,说明 $\beta=1.00$ 时减振效果最好。

表 6-32   平均振级差随 β 变化值表

阻振质量与单位长度管道的质量比 β	平均振级差/dB
0	2.1
0.30	5.4
0.36	6.5
0.48	8.5
0.60	10.2
1.00	11.6

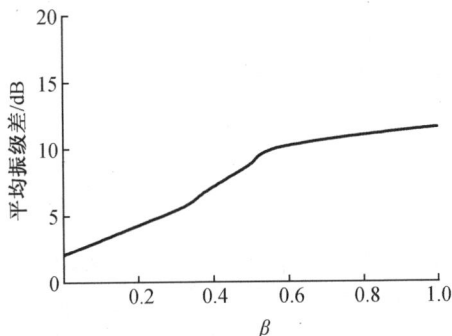

图 6 - 54　平均振级差变化趋势图

②壁厚 4.5 mm 管道加 5 种阻振质量试验研究

在 4.5 mm 壁厚管道(表 6 - 33)上分别安装不同截面、不同质量的阻振质量,与 3 mm 壁厚管道试验相似,对采集的数据进行分析。

表 6 - 33　4.5 mm 壁厚管道参数表

外半径 R /mm	内半径 r /mm	壁厚 h /mm	长度 /mm	回转半径 i /mm	单位长度质量 m /kg
24	19.5	4.5	4 500	21.8	4.63

表 6 - 34　各测点的振动衰减表(无阻振质量)　　　　　(单位:dB)

测点	1	2	3	4	5	6	7	平均振级差
声振级	105.8	98.6	106.0	105.6	104.6	97.1	104.9	
振级差		-7.1	0.2	-0.1	-1.2	-8.6	-0.9	-2.7

对于 4.5 mm 壁厚管道,先对管道的自由衰减进行测试,测试结果如表 6 - 34 所示,4,5 号测量点与 1 号测量点位于一条直线上,自由衰减为 0.1 dB 和 1.2dB,4,5,6,7 号测量点的平均振级差为 2.7 dB,显然不能满足振动要求。我们需要采取措施进行减振降噪,在管道上安装 5 种不同的阻振质量,测试分析安装阻振质量后管道的减振效果及规律。

329

表6－35　各测点的振动衰减表（单个阻振质量1）　　　　（单位:dB）

测点	1	2	3	4	5	6	7	平均振级差
声振级	104.5	96.8	104.7	101.5	101.3	95.4	101.3	
振级差		−7.7	0.3	−3.0	−3.2	−9.1	−3.2	−4.6

表6－36　各测点的振动衰减表（单个阻振质量2）　　　　（单位:dB）

测点	1	2	3	4	5	6	7	平均振级差
声振级	104.3	96.3	104.6	101.0	100.4	95.5	100.3	
振级差		−8.0	0.3	−3.3	−3.9	−8.8	−4.0	−5.0

表6－37　各测点的振动衰减表（单个阻振质量3）　　　　（单位:dB）

测点	1	2	3	4	5	6	7	平均振级差
声振级	103.2	94.6	104.0	99.0	98.6	92.2	98.9	
振级差		−8.6	0.8	−4.2	−4.6	−11.0	−4.3	−6.0

表6－38　各测点的振动衰减表（单个阻振质量4）　　　　（单位:dB）

测点	1	2	3	4	5	6	7	平均振级差
声振级	108.0	100.9	108.3	102.5	102.2	96.3	103	
振级差		−7.1	0.3	−5.5	−5.8	−11.7	−5.0	−7.0

表6－39　各测点的振动衰减表（单个阻振质量5）　　　　（单位:dB）

测点	1	2	3	4	5	6	7	平均振级差
声振级	103.9	93.8	104.7	94.9	94.5	91.3	94.6	
振级差		−10.0	0.8	−9.0	−9.3	−12.5	−9.2	−10.0

在管道上安装5种不同的阻振质量:后各测点的振级差如表6－35至表6－39所示,个别测点最大振级差可达12.5 dB,与无阻振质量相比,4,5号测点提高了8 dB左右,减振效果比较明显。但是与3 mm壁厚管道相比,安装同一个阻振质量振级差有所下降,这是由于管道的单位长度质量增加,阻振质量与单位长度管道质量比 β 减小,所以单个测点的振级差和平均振级差都减小。平均振级差随 β 的增加而增大,最大可达到10.0 dB(表6－40)。

表 6 – 40　平均振级差随 β 变化值表

阻振质量与单位长度管道质量比 β	平均振级差/dB
0	2.7
0.22	4.6
0.26	5.0
0.35	6.0
0.43	7.0
0.73	10.0

综合以上几种工况,自由衰减的平均振级差为 2.7 dB,仍然忽略回转半径带来的影响,平均振级差随 β 的增大而增大,最大可达到 10.0 dB,与无阻振质量相比,最大可提高 7.3 dB,说明增加阻振质量后,振级差有明显提高,定量分析可得,如图 6 – 55 所示的振级差变化趋势。

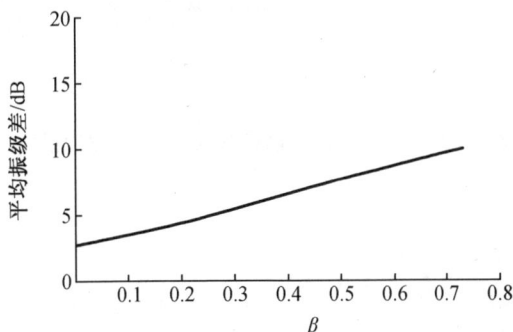

图 6 – 55　平均振级差变化趋势图

③壁厚 6 mm 管道加 5 种阻振质量试验研究

在 6 mm 壁厚管道(表 6 – 41)上分别安装不同截面、不同质量的阻振质量,对采集数据进行分析。

表 6 – 41　6 mm 壁厚管道参数表

外半径 R /mm	内半径 r /mm	壁厚 h /mm	长度 /mm	回转半径 i /mm	单位长度质量 m /kg
24	18	6	4 500	21	6.77

由表6－42可知,对于无阻振质量工况,自由衰减的平均振级差为1.5 dB,显然不能满足振动需求,需要采取减振措施进行减振,在管道上安装5种阻振质量并对减振规律进行分析。

表6－42　各测点的振动衰减表(无阻振质量)　　　　　（单位:dB）

测点	1	2	3	4	5	6	7	平均振级差
声振级	105.4	97.5	106.7	106.3	106.1	97.5	105.7	
振级差		−7.9	1.3	0.9	0.8	−7.9	0.3	−1.5

由表6－43至表6－47可以看出,6 mm壁厚管道自由衰减的平均振级差为1.5 dB,安装1,2,3号阻振质量后,平均振级差并没有得到大幅度提高,这是由于单位长度管道的质量大,阻振质量与单位长度管道的质量比较小,振级差相应就小,减振效果不明显。当$\beta = 0.5$时,平均振级差为9.0 dB,得到大幅度提高,说明安装质量大的阻振质量能够很好地减振降噪。位于阻振质量后面的6号测点,最大可达到13.2 dB的振级差,减振效果非常明显,对振动波有很好地阻抑作用。

表6－43　各测点的振动衰减表(单个阻振质量1)　　　　　（单位:dB）

测点	1	2	3	4	5	6	7	平均振级差
声振级	102.3	94.1	104.2	101.9	101.9	93.8	102.0	
振级差		−8.2	1.9	−0.4	−0.4	−8.5	−0.3	−2.4

表6－44　各测点的振动衰减表(单个阻振质量2)　　　　　（单位:dB）

测点	1	2	3	4	5	6	7	平均振级差
声振级	104.5	97.1	105.7	103.7	104.0	98.2	104.1	
振级差		−7.3	1.3	−0.7	−0.4	−8.6	−0.4	−2.5

表6－45　各测点的振动衰减表(单个阻振质量3)　　　　　（单位:dB）

测点	1	2	3	4	5	6	7	平均振级差
声振级	104.5	93.8	105.4	102.2	102.7	94.7	102.8	
振级差		−10.6	0.9	−2.3	−1.7	−9.8	−1.7	−3.9

表 6 - 46 各测点的振动衰减表(单个阻振质量 4)　　　　(单位:dB)

测点	1	2	3	4	5	6	7	平均振级差
声振级	102.5	94.2	103.5	98.1	98.9	92.5	98.2	
振级差		-8.3	1.0	-4.4	-3.6	-10.5	-4.3	-5.7

表 6 - 47 各测点的振动衰减表(单个阻振质量 5)　　　　(单位:dB)

测点	1	2	3	4	5	6	7	平均振级差
声振级	104.2	93.8	105.1	96.1	97.0	91.0	96.5	
振级差		-10.4	0.9	-8.1	-7.2	-13.2	-7.5	-9.0

由表 6 - 48 和图 6 - 56 可知,把平均振级差作为衡量减振效果的一个指标,随 β 的增大减振效果越来越好,当 $\beta = 0.50$ 时减振效果最好,当 β 值较小时,对 6 mm壁厚管道减振效果不明显,说明对于质量大的管道,需要通过增大阻振质量来提高振级差。工程实际中有各式各样的管道存在减振降噪的问题,通过 β 值来衡量工程实际中安装什么规格的阻振质量性价比最高,测试数据对工程实际应用有一定的参考价值。

表 6 - 48 平均振级差随 β 变化值表

阻振质量与单位长度管道的质量比 β	平均振级差/dB
0	1.5
0.15	2.4
0.18	2.5
0.24	3.9
0.30	5.7
0.50	9.0

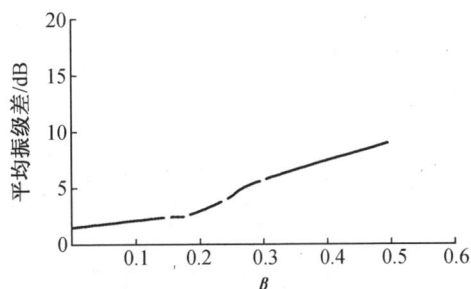

图 6 - 56 平均振级差变化趋势图

综合以上 3 种管道安装 5 种阻振质量,从变化趋势图可知,振级差与 β 成正比例关系;定量上分析,在无阻振质量时,振级差为 2 dB 左右,减振效果很差,当 $\beta = 1.00$ 时,平均振级差达到 11.6 dB,个别测点振级差可达 15.0 dB,减振效果最明显。由于在工程实际中不可能无限增大阻振质量,所以需要选出性价比最高的 β 值。我们可以看出,当 $\beta = 0.50$ 时,平均振级差为 9.0 dB,基本可以满足振动要求,再增大 β 值振级差并不能大幅度提高,因此当 $\beta = 0.50$ 时减振的性价比最高。

(2)相同半径、不同质量的阻振质量对管道的减振效果研究

上述的试验数据没有考虑回转半径带来的影响,这是由于各管道之间和各阻振质量之间回转半径相差不大,基本可以忽略。下面选择回转半径相同的 1 号和 4 号阻振质量来研究 β 与振级差的关系。由表 6 - 49 和表 6 - 50 可知,平均振级差随 β 的增大而增加,当 β 较小时减振效果不明显,当 $\beta = 0.60$ 时,平均振级差为 10.2 dB,个别测点可达 14.0 dB,减振规律和前面分析的相似,说明忽略回转半径的影响对 β 进行分析是可行的。

表 6 - 49　各测点的振动衰减表(阻振质量 1)　　　　　(单位:dB)

项目	测点	1	2	3	4	5	6	7	平均振级差
壁厚 3 mm	声振级	112.0	106.0	111.2	108.1	108.1	103.8	106.5	
$\beta = 0.30$	振级差		-6.0	-0.8	-3.9	-3.9	-8.2	-5.5	-5.4
壁厚 4.5 mm	声振级	104.5	96.8	104.7	101.5	101.3	95.4	101.3	
$\beta = 0.22$	振级差		-7.7	0.3	-3.0	-3.2	-9.1	-3.2	-4.6
壁厚 6 mm	声振级	102.3	94.1	104.2	101.9	101.9	93.8	102.0	
$\beta = 0.15$	振级差		-8.2	1.9	-0.4	-0.4	-8.5	-0.3	-2.4

表 6 - 50　各测点的振动衰减表(阻振质量 4)　　　　　(单位:dB)

项目	测点	1	2	3	4	5	6	7	平均振级差
壁厚 3 mm	声振级	112.4	106.4	110.2	103.9	103.2	98.4	103.2	
$\beta = 0.60$	振级差		-6.0	-2.2	-8.5	-9.2	-14.0	-9.2	-10.2
壁厚 4.5 mm	声振级	108.0	100.9	108.3	102.5	102.2	96.3	103	
$\beta = 0.43$	振级差		-7.1	0.3	-5.5	-5.8	-11.7	-5.0	-7.0
壁厚 6 mm	声振级	102.5	94.2	103.5	98.9	98.1	92.5	98.2	
$\beta = 0.30$	振级差		-8.3	1.0	-3.6	-4.4	-10.5	-4.3	-5.7

　　由表 6－51 和表 6－52 可知,3 号和 5 号阻振质量回转半径相同,振级差只与 β 有关,减振规律与理论分析一致,与 1 号、4 号阻振质量减振规律一致,说明 β 是影响减振效果的重要因素。另外,从理论分析上看,回转半径也是影响减振效果的重要因素,减小杆的回转半径或者增大阻振质量的回转半径都有利于提升平均振级差。综合以上试验结果,研究了不同规格(外径相同壁厚不同)管道安装不同阻振质量的减振规律,得到工程中应用的一般性规律,对工程实际应用提供了一定的参考价值。

表 6－51　各测点的振动衰减表(阻振质量 3)

项目	测点	1	2	3	4	5	6	7	平均振级差
壁厚 3 mm	声振级	110.3	104.5	108.9	102.8	102.4	98.8	103.1	
$\beta=0.48$	振级差		－5.9	－1.4	－7.5	－7.9	－11.5	－7.2	－8.5
壁厚 4.5 mm	声振级	103.2	94.6	104.0	99.0	98.6	92.2	98.9	
$\beta=0.35$	振级差		－8.6	0.8	－4.2	－4.6	－11.0	－4.3	－6.0
壁厚 6 mm	声振级	104.5	93.8	105.4	102.7	102.2	94.7	102.8	
$\beta=0.24$	振级差		－10.6	0.9	－1.7	－2.3	－9.8	－1.7	－3.9

表 6－52　各测点的振动衰减表(阻振质量 5)

项目	测点	1	2	3	4	5	6	7	平均振级差
壁厚 3 mm	声振级	112.0	104.4	111.1	102.1	101.6	96.4	101.3	
$\beta=1.00$	振级差		－7.5	－0.9	－9.9	－10.4	－15.5	－10.6	－11.6
壁厚 4.5 mm	声振级	103.9	93.8	104.7	94.9	94.5	91.3	94.6	
$\beta=0.73$	振级差		－10.0	0.8	－9.0	－9.3	－12.5	－9.2	－10.0
壁厚 6 mm	声振级	104.2	93.8	105.1	97.0	96.1	91.0	96.5	
$\beta=0.50$	振级差		－10.4	0.9	－7.2	－8.1	－13.2	－7.5	－9.0

　　3. 船舶上层建筑舱室减振降噪

　　对于船舶而言,不仅要求具有安全性、快速性,还要求其具有良好的舒适性,进而对船舶上层建筑舱室的噪声提出了更高的要求。船上噪声不仅会导致某些结构声振疲劳破坏,还会影响舱内各种仪器、设备作用的正常发挥,对居住在舱室的人来说轻则影响到环境的舒适性,重则对人体健康造成危害。

　　对于破冰船而言,上层建筑的振动与噪声研究也是一项非常重要的内容,需

要船舶上层建筑舱室具有良好环境,以利于船员正常地工作与生活。参考文献[8]对国内外关于船舶噪声的预报方法进行了归纳总结,首次将非线性回归预测方法应用到船舶上层建筑舱室噪声预测中。对噪声的基础知识、船舶的主要噪声源及其传播途径和特点进行了阐述,为后续的噪声预测提供了理论依据。

通过对某17 400 t散装货船实测噪声数据进行分析,得到船舶噪声特点和主要噪声源,为噪声预测噪声源的选取提供了依据。应用软件编写非线性回归程序,并通过参考文献中的算例进行验证,然后以某集装箱船数据为样本,建立了两种上层建筑舱室噪声的非线性回归预测模型。通过两种模型的对比分析,应用效果较好的模型,分别对集装箱船和散装货船上层建筑舱室噪声进行预测。通过预测值与实测值的对比分析,验证了方法的可行性。

船舶的上层建筑舱室的减振降噪数值分析的方法大都类同并趋于成熟,参考文献[8]这一分析、预测方法也可为我们的核动力破冰船借鉴。因此,核动力破冰船的上层建筑减振降噪数值分析方法与具体计算,这里就不再赘述,详细情况可以参见文献。

6.6　极地船舶的防寒措施

极地航行船舶作为保障极地开发和通行的基本装备,其防寒性能越来越受到人们关注。低气温环境下航行的船舶应充分满足防寒设计技术要求,以确保船舶及其设备和系统在低气温环境下正常运行(图6–57)。

图6–57　严冬中的极地装备

6.6.1　极地船舶防寒措施

根据 CCS 数据显示,目前南北两极海域的冬季最低日均低温可达 -38 ℃。而根据俄罗斯、加拿大、格陵兰岛以及波罗的海等官方机构所提供的北极海域气象数据显示,北极海域的最低日均气温甚至低过极地指南所述的低温,最低温度已近 -45 ℃。极寒的气温环境会给极地航行船舶的安全营运带来巨大挑战,因此对于极地船舶防寒措施的研究是极地船舶设计的重要方向之一。

防寒措施按其性质主要可分为防冻和除冰两类(CCS《钢制海船入级规范》第 8 篇第 13 章)。防冻指通过覆盖、绝热、加热等方式来防止暴露在低气温环境下的设备或系统表面冰雪堆积和冻结,确保在其保护下设备或系统可实现立即使用;除冰指通过各类工具和手段去除设备或系统表面积冰和积雪,允许设备或系统在合理的准备时间内(一般为 4 ~ 6 h)可启用。防寒措施按其形式又可分为主动措施和被动措施两类,其中主动措施是指主要通过消耗能量防止积雪、积冰、冻结等负面影响的措施;被动措施与之相反。防冻可采用持续运行的电伴热、蒸汽伴热等主动措施;也可采用遮蔽保护、绝缘隔热、设置泄放等被动措施来实现。而除冰基本需要依靠主动措施来完成,如蒸汽吹除、热水喷淋、手动机械除冰以及根据实际需要启动加热措施等。对于在低气温区域航行的船舶,防冻措施的作用相比于除冰措施更为可靠。

6.6.2　极地船舶相关规则对防寒设计对象的要求

对于船舶轮机系统、露天甲板设备、居住舱室以及空调通风系统等方面均需考虑在经受严酷低气温环境下能够确保良好的居住及工作环境要求,保障设备和系统能够及时且正常运行,从而确保船舶安全航行。

对各大船级社关于极区及寒冷环境规范要求进行分析可知,各类规范对于防寒设计对象的选择基本相似,但又略有差异。以甲板机械、救生设备、舱面属具、舱室环境及全船通风为例,将各系统中的主要防寒设计对象做了简要列举,如表 6 - 53 所示。

表 6-53　各大船级社防寒设计对象梳理表

防寒设计对象		规范要求						
		极地			低温			
		CC5 极地指南	IMO 极地指南	IACS 极地船级要求	CC5	LR	DNV-GL	R5
甲板机械	锚系泊绞车	√			√	√	√	√
	应急拖带	√			√	√	√	√
	锚及锚带				√	√	√	√
	锚系泊附件				√	√	√	√
	操舵装置	√	√		√	√	√	√
	起重设备	√			√	√	√	√
救生设备	救生艇及架	√	√		√	√	√	√
	救助艇及架	√			√	√	√	√
	救生筏	√	√		√	√	√	√
	救生服	√	√				√	√
	求生装备	√	√					√
舱面属具	通道及栏杆	√	√		√	√	√	√
	停机坪等工作区	√			√	√	√	√
	舱盖		√		√	√	√	√
	登离船装置	√			√	√	√	√
舱室环境	舱室	√			√	√	√	√
	门窗	√			√	√	√	√
	绝缘	√					√	√
	凝水	√			√			
全船通风	机舱通风	√	√	√	√	√	√	√
	舱室通风	√		√	√	√	√	√

各国船级社的极区及寒冷环境规范对于极地船舶设计服务温度的设定基本一致,可知设计服务温度的具体要求如图 6-58 所示。

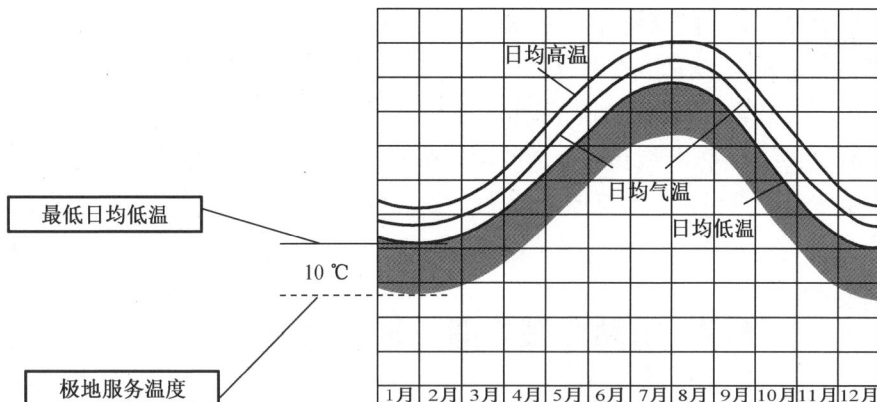

图 6 – 58　极地服务温度(PST)定义图

6.6.3　通过技术标准落实极地船舶的防寒措施

目前,国际标准化组织船舶与海洋技术委员会(ISO/TC8)所涉及已立项的极地船舶相关防寒标准共 4 项,如表 6 – 54 所示,且均为韩国提出。

表 6 – 54　极地船舶相关防寒 ISO/TC8 国际标准表

国际标准名称	提案国家
ISO 21539:2019 年船舶与海洋技术 – 加热人行道安装在甲板上的极地环境	韩国
ISO 21885:2019 年船舶与海洋技术 – 极地环境下加热楼梯的安装与性能要求	韩国
ISO 22419:2019 年船舶与海洋技术 – 极地环境下加热扶手的安装与性能要求	韩国
ISO 18215:2015 年船舶与海洋技术 – 船舶和海洋技术极地水域船舶机械操作指南	韩国

数据显示,韩国承接建造极地船舶的造船企业为大宇造船海洋、现代重工、三星重工等。韩国是极地船舶的主要建造国家。从高冰级船舶的建造情况来看,韩国实力很强,其承接的 PC5 级以上的极地船舶占全球总量的 60% 左右(以载重吨计),其中包括韩国大宇造船海洋 2013 年一次性承接的俄罗斯亚马尔项目 15 艘 PC3 级 17 万 m³LNG 船订单,价值 50 亿美元。韩国 STX 已着手开发大型冰区集装箱船、极地破冰穿梭 LNG 船;三星重工已将冰区船舶作为其新技术研发的重要方向;大宇造船海洋将破冰油船、北极钻井船作为重点高新技术产品进行研发;欧洲也在重点研发冰区船舶配套设备。

由于极地船舶防寒设计需要考虑多个设计对象,因此船舶防寒措施的落实规模相对庞大,国际标准立项资源也比较丰富。因此,目前我国可以通过对现有防寒设计措施的相关要求和国际标准进行梳理研究,结合极地船舶防寒措施技术发展现状和趋势,开展相关标准的预先研究工作,为我国后续设计与建造极地科考破冰船提供相关参考与技术指导。

6.7 核动力破冰船船体腐蚀防护系统

核动力破冰船体积庞大、结构复杂且所处的海洋腐蚀环境复杂多变,其阴极保护系统容易出现保护不足和过保护的现象,进而造成结构物被腐蚀损坏,严重时甚至会影响系统的正常运转和安全。近年来计算机的出现和数值仿真技术的兴起,为科学预报、评估和优化海洋结构物阴极保护系统提供了全新的技术手段。应用阴极保护数值仿真技术对核动力破冰船的阴极保护电位进行预报的技术方法,并将其与优化方法相结合,可以实现阴极保护方案的高效率优化。

6.7.1 海洋结构物阴极保护电位分布数值仿真

阴极保护设计中的数值仿真方法基本原理就是利用计算机技术,对预先确定的各种阴极保护设计方案进行阴极保护电位分布场的数值计算,并以数值、图形等方式给出阴极保护电位场的分布。因此,在阴极保护设计中使用数值仿真方法可以实现防腐系统运行状态的模拟,并可同时对多种设计方案的工作状态进行预测,便于腐蚀工程师对方案进行修改、调整及完善。

然而,以现代数值方法为基础的数值仿真计算步骤复杂、费用较高、难度也很大,对腐蚀工程师能力有一定要求,这就限制了该方法在设计单位和船厂的推广应用。本节以某 9 200 TEU 集装箱船外加电流阴极保护和 400 英尺自升式钻井平台牺牲阳极阴极保护为例,分别介绍应用三维边界元方法对不同的阴极保护设计方案进行数值仿真预报的操作方法和注意事项,包括仿真模型建立、边界条件设定、不同涂层破损率的处理、分块分区域计算及局部复杂结构结点电位预报等。

核动力破冰船阴极保护数值仿真方法为:在船舶外加电流(ICCP)阴极保护设计中,影响电位分布的因素主要为船体湿表面形状与面积、辅助阳极位置、外

加电流大小和阴极极化曲线。为了真实准确地对船舶阴极保护电位和电流密度
分布进行数值仿真,基于上述各因素建立数值仿真模型和施加边界条件。

1. 数值仿真模型

数值仿真模型中船舶结构为船舶水线以下部分,包括水下船体湿表面、螺旋
桨驱动轴、螺旋桨叶片、船尾舵等结构。船长 300 m、宽 48 m,结构吃水 12.5 m,
船首为球鼻艏造型,船尾布置一只螺旋桨与一只悬挂尾舵。

(1) 几何模型

根据船体型线图与设备图,在 Rhinoceros 中建立三维几何模型,坐标原点位
于 0 号站船底与中纵剖面的交点,x 轴指向船首,z 轴竖直向上,为右手坐标系。
从图 6 - 59 中不难发现,整个船舶模型尤其船体曲面为若干小曲面拼接而成,并
且这些小曲面并不全是四边形曲面,其中包括很多为适应曲面过渡与形状的三
边形或者其他不规则曲面。此种小曲面拼接而成的船体曲面虽然在一定程度上
保持了船体较好的曲面流线造型,但给网格划分与仿真分析带来了较大难度。
因此,在尽量保持船体型线的同时,采用将小曲面搭接为较大曲面、适当调整曲
面结合形式、更改或删除多余的点或线等方式对船体曲面重构,使其适应网格划
分,但在球鼻艏与船尾部螺旋桨附近,刻意保留了较多小曲面,以便于维持船体
的流线特性。修改最终效果如图 6 - 60 所示。

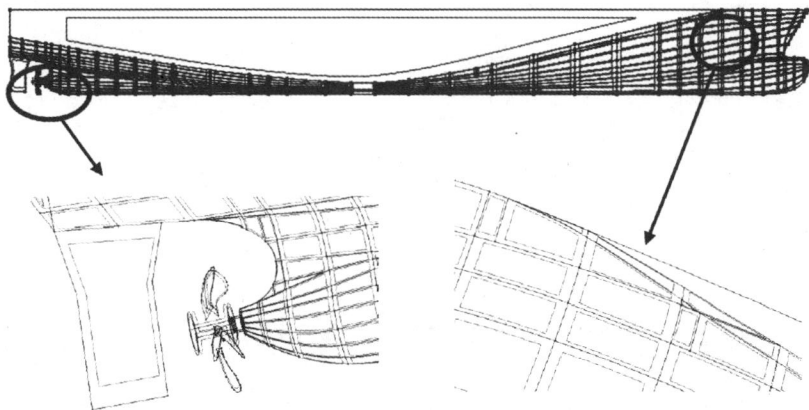

图 6 - 59　船舶三维几何模型

不仅如此,对仿真模型的修改还包括以下方面:

①合并船体模型边缘小曲面。在船体模型边缘有一圈小曲面,此小曲面尺

寸微小,形状复杂,为后续将要完成的网格划分带来了较大的难度。具体模型修改细节如图 6 -61 所示。

②螺旋桨叶片与传动轴的修改。根据图纸建立的几何模型中螺旋桨叶片与轴之间在几何上是相贯的,不便于划分网格。将螺旋桨叶片移动到与轴杆之间有一定间隙,这样可以单独对轴杆与桨叶划分网格,能够达到很好的网格一致性,并且在轴杆上将圆周面均匀分为四个部分,并沿传动轴建立起轴向轮廓线一直延续到船体,便于后续仿真计算,提高收敛效率,如图 6 -62 所示。

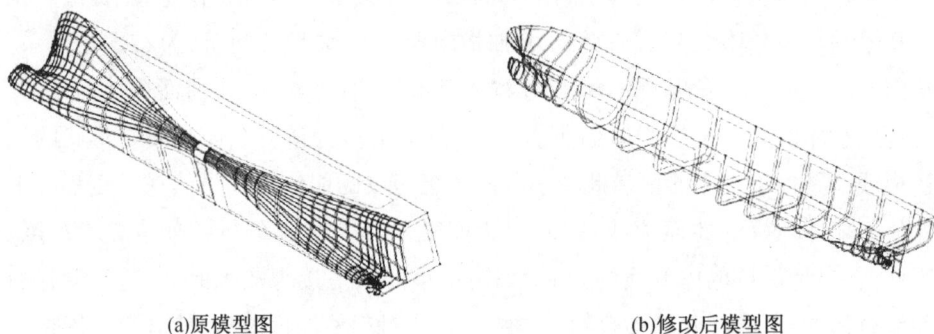

(a)原模型图　　　　　　　　　　　　(b)修改后模型图

图 6 -60　船体模型修改前后几何模型图(一)

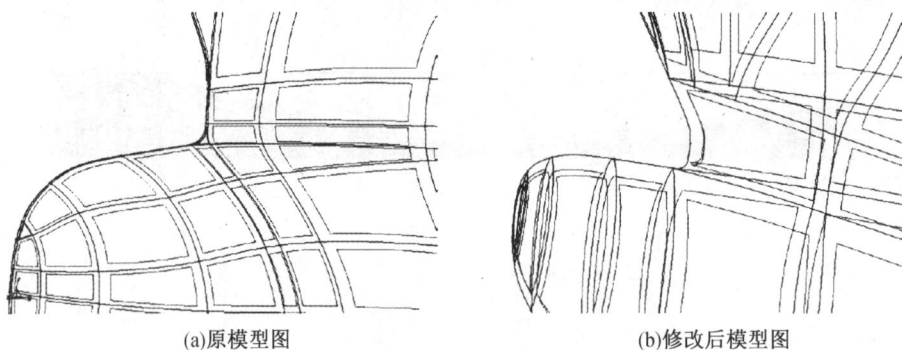

(a)原模型图　　　　　　　　　　　　(b)修改后模型图

图 6 -61　船体模型修改前后几何模型图(二)

③船尾舵的切分。根据图纸建模尾舵的上边缘与船体共用一条边线,这样的几何布局同样不适于模型网格划分。前期工作中将尾舵与船体分开,不再共用同一边界线,并拉开一定间隙,便于网格的划分。同时由于间隙较小,基本上不会影响仿真计算的结果,如图 6 -63 所示。

(a)原模型图　　　　　　　　　　(b)修改后模型图

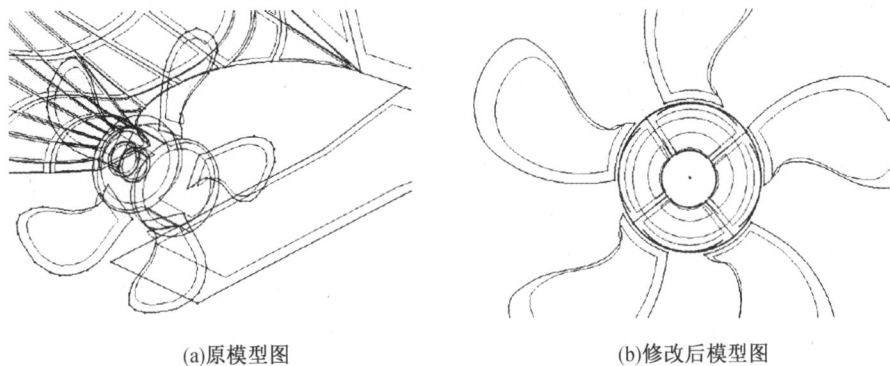

图 6 – 62　螺旋桨模型修改前后几何模型图

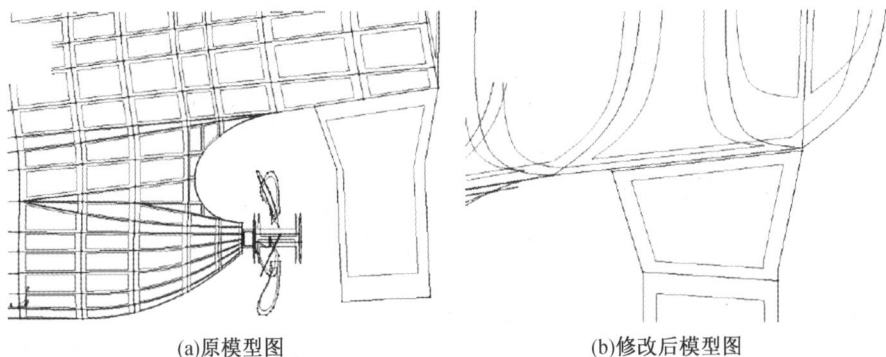

(a)原模型图　　　　　　　　　　(b)修改后模型图

图 6 – 63　尾舵模型修改前后几何模型图

根据辅助阳极尺寸建立几何模型,如图 6 – 64 所示。辅助阳极为圆形,共 2 对,分别布置于靠近船首与尾舵的船体表面,靠近船体一面与侧面涂覆阳极屏蔽涂层。

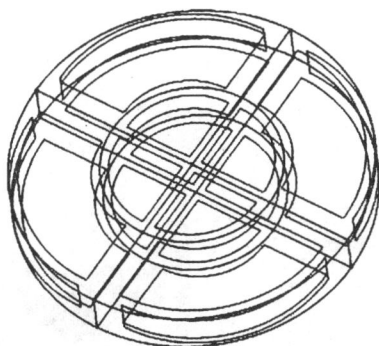

图 6 – 64　辅助阳极模型图

343

（2）添加有限域

应用边界元方法求解无限域阴极保护问题时，通常采用有限域方法，即将被保护船体与辅助阳极模型放置于足够大的有限域内，域内介质为海水，整个有限域模型要求满足全部边界上流出电流与流入电流之和为零。该有限域一般设置为正六面体，大小为仿真对象的 20 倍以上。对于 9 200 TEU 集装箱船来说，首先将船体湿表面上边缘移动至 $z=0$ 面，然后添加船体外的有限域模型，使有限域模型的上表面也置于 $z=0$ 面，同船体上边缘重合，如图 6 - 65 所示。

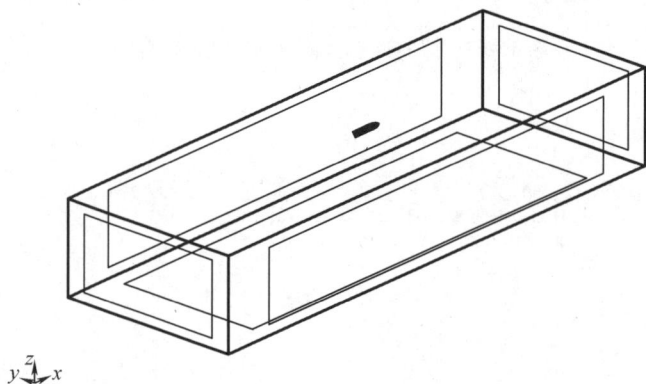

图 6 - 65　有限域模型图

（3）确定模型法线方向

边界元方法中要求设定边界元模型表面的法线方向，作为边界元问题求解的一个前提条件。在计算中，均要求仿真模型中的各个边界面包括有限域边界面的法线方向都是背对介质方向的。如图 6 - 66 所示，这里设定船体与阳极都为封闭的实体模型，其法线方向均背对海水介质；同时有限域模型的法线方向也为背对海水介质。

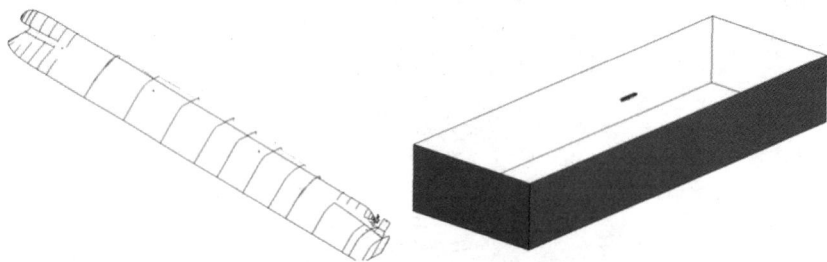

图 6 - 66　船体模型与有限域模型的法线方向

（4）划分边界元网格

模型边界元网格的划分是整个仿真计算准备过程中最为重要的环节,从几何上看就是用简单的网格单元替代面与线的实体,从数学角度来说则是一个数学问题离散的过程。网格划分一方面要选取适应模型几何特点的单元类型,另一方面还要控制网格的数量与扭曲程度,尽可能避免大钝角、剧烈扭曲单元的生成,以避免造成总矩阵的奇异性。网格控制同样是一个复杂的过程,网格质量的好坏直接影响着后续求解过程中方程收敛性的优劣。由于 9 200 TEU 集装箱船模型较为复杂,尤其是船体有很多曲率突变的曲面,鉴于此在选择模型网格时设置船体中部较为规整的部分为收敛性较好的四边形网格,而在球鼻艏与船尾螺旋桨附近的区域采用适应性较好的三角形网格加以填充,如图 6 – 67 所示,对船舶水线以下几何模型划分网格,图中一共有单元 1 476 个,其中四边形单元 962个,三角形单元 514 个,总节点数 5 052 个。

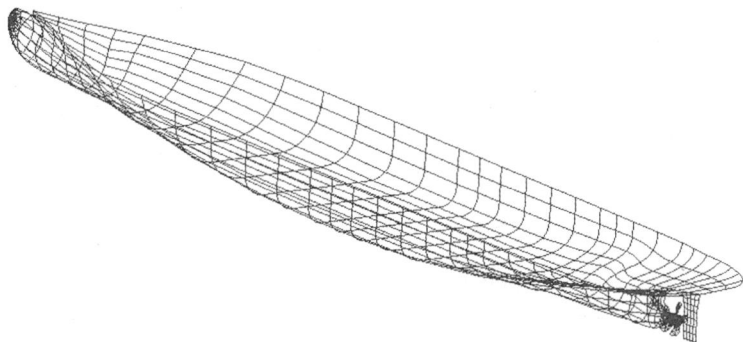

图 6 – 67　船体模型网格划分效果图

2. 设定边界条件

在求解过程中,将阳极和阴极表面的极化曲线设定为边界条件。由于材料的极化曲线不仅取决于材料本身,更受到所在环境的多种因素的影响,不能用单独的环境或材料的影响函数来表达,因此使用通过试验测得的非线性的极化曲线的数据来作为边界条件是很有必要的。

9 200 TEU 集装箱船阴极保护仿真模型共包括船体、尾舵、螺旋桨驱动轴、螺旋桨叶片四个部分,其中船体、尾舵和螺旋桨驱动轴为碳钢材料,螺旋桨为ZQAL12 – 8 – 3 – 2 高锰铝青铜材料,船体、螺旋桨驱动轴与尾舵均涂覆防腐涂料。所用碳钢的化学成分如表 6 – 55 所示,ZQAL12 – 8 – 3 – 2 高锰铝青铜材料

的化学成分如表 6 - 56 所示。采用电化学工作站系统测定金属材料在静止海水中的极化曲线,图 6 - 68 所示为从碳钢和 ZQAL12 - 8 - 3 - 2 高锰铝青铜在海水中的极化数据中抽取的能够代表极化特性的关键数据点构成的简化数据曲线。

表 6 - 55　船体结构所用碳钢的化学成分表

所含元素	C	Si	Mn	P	S	Cr	Mo	Ni	Cu
质量含量/%	≤0.23	≤0.60	≤1.6	≤0.04	≤0.04	≤0.80			

表 6 - 56　ZQAL12 - 8 - 3 - 2 高锰铝青铜化学成分表

所含元素	Mn	Al	Ni	Fe	C	Si	Cu
质量含量/%	11.5	8.0	2.0	3.0	0.1	0.15	余量

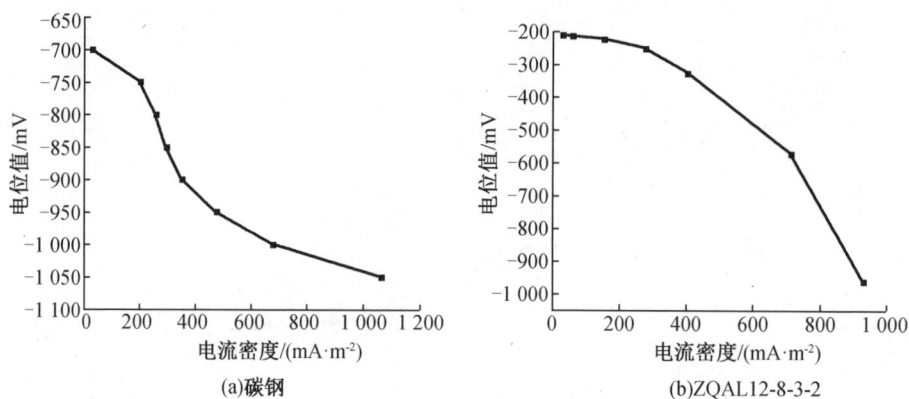

(a)碳钢　　　　(b)ZQAL12-8-3-2

图 6 - 68　碳钢与 ZQAL12 - 8 - 3 - 2 海水极化数据

从图 6 - 68 中可以看出,碳钢在海水中的极化数据曲线存在拐点,这一拐点虽然代表了一定的材料电化学特性,但是此拐点存在于最小保护电位 - 850 mV(CSE)之上,对整个仿真计算过程不具实际意义,不仅如此,此拐点的存在反而对数值计算的收敛性有不利影响。在尽量保持极化曲线趋势的基础上对该曲线做了相应的修改,如图 6 - 69 所示。这样不仅使曲线变得更为平滑,更利于曲线函数的拟合,还有利于计算的收敛效率,兼顾了材料的电化学特性。极化数据的选取与修改直接影响着仿真计算结果的准确性,在工程中对于极化数据的修改要把握原则、掌握尺度,既要使极化数据易于拟合,又要使极化数据能够真实地反映材料的极化性质。

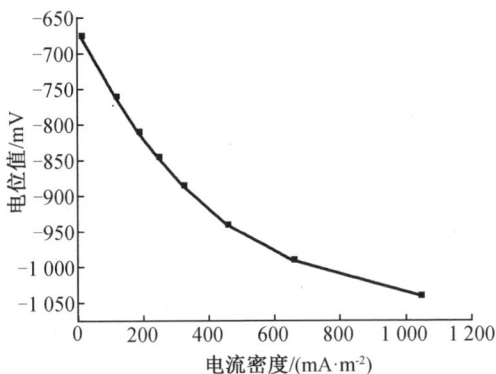

图 6 - 69　碳钢在海水中修改后的极化数据图

　　防腐涂层保护是阴极保护工程的一个重要参数指标,涂层的存在可以减小阴极保护所需要的电流密度。由于有涂层的钢结构材料表面不导电或者说导电性能很差,将船体表面进行涂层处理后再测量材料的极化曲线是不可行的。通过阅读大量国内外相关方面研究,提出对于有涂层保护金属材料的极化曲线的操作为:在不更改电位的条件下,用电流密度乘以涂层的破损率。例如,假定船体涂层的破损率为 1% ,也就是碳钢极化曲线电流密度大小减为原值的 1% ,相应的电位值不变,如图 6 - 70 所示。

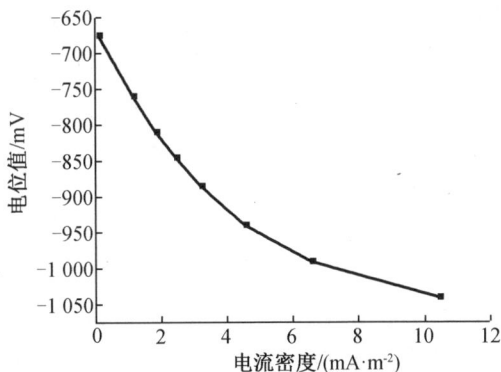

图 6 - 70　涂层破损率为 1% 的碳钢在海水中极化数据图

　　将上述各金属材料电位与电流的关系曲线作为边界条件加载到阴极表面,阳极电流加载到辅助阳极表面,同时绝缘表面不设置边界条件,求解时默认为绝缘。设定海水的电导率为 4 S/m,允许收敛误差为 0.5 mV,进行求解。

3. 不同涂层破损率阴极保护电位分布计算结果与分析

应用上述数值仿真程序和边界条件处理方法对某船阴极保护数学模型进行不同涂层破损率时保护电位分布预报，得到如下仿真结果。

表 6-57 给出各涂层破损率工况下的数值计算误差报告，从中可以清晰地看出流入模型电流与流出模型电流的差值为电流总量的 3% 左右，电位误差为 0.2 mV 左右，小于设定的误差极限 0.5 mV，计算结果被判定为收敛，且仿真计算收敛性良好。

表 6-57　阴极保护电位分布计算结果误差表

涂层破损率工况	流入模型电流/mA	流出模型电流/mA	域内电流差值/mA	电位误差/mV	电流差值百分比/%	计算迭代次数
1% 破损	400 285	398 925	1 359.9	0.199 6	0.339 7	4
2% 破损	405 352	404 010	1 342.4	0	0.331 1	6
5% 破损	413 845	412 476	1 369.0	0.165 4	0.330 8	36
8% 破损	414 391	413 009	1 382.3	0.212 1	0.339 5	40

经过仿真计算，给出某船阴极保护电位分布云图，可以直观地看到阴极保护的效果且便于分析。图 6-71 至图 6-73 为船体涂层破损率 2% 时的阴极保护电位分布。如图 6-71 所示，整个阴极保护电位分布相对来说比较均匀，并且都在最小保护电位 -850 mV 以下，可以认为处于完好的阴极保护效果之中。但是在一些局部区域，保护电位有较明显的电位过保护与欠保护现象。如图 6-72 所示，在靠近船尾的辅助阳极周围船体出现明显的过电位保护现象，其中最低的电位达到了 -3 660 mV，这与在施加保护电流参数时设定的初始值较大有直接关系。如图 6-73 所示，由于螺旋桨叶片与船尾舵初始保护电流参数设定较大，保护电位均达到了预想的目标值。螺旋桨驱动轴的部分区域由于青铜叶片极化作用的存在没能达到最小保护电位的目标，这些微小的电位差异在阴极保护实际操作中不可避免。我们应该看到：由于保护电流的极化作用，螺旋桨驱动轴表面的电位降低了，这也在一定程度上减弱了局部区域的电位差异，有益于船尾部动力装置的腐蚀防护。

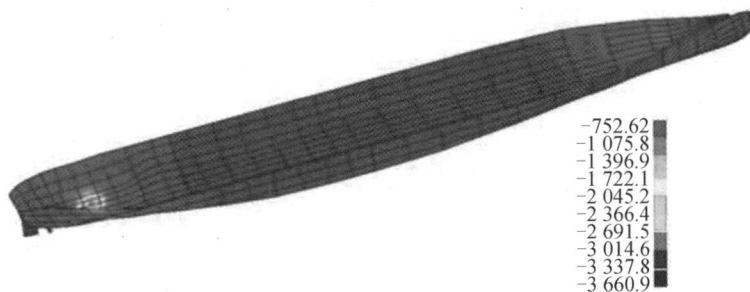

图 6 − 71　船体阴极保护电位分布(涂层破损率 2 %)

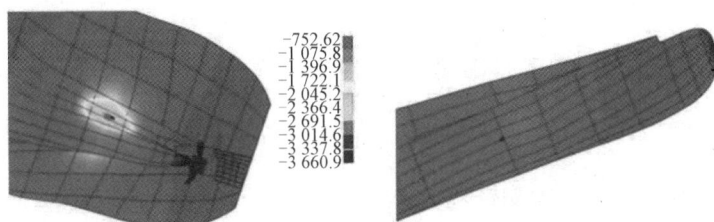

图 6 − 72　船体近阳极区过保护情况(涂层破损率 2 %)

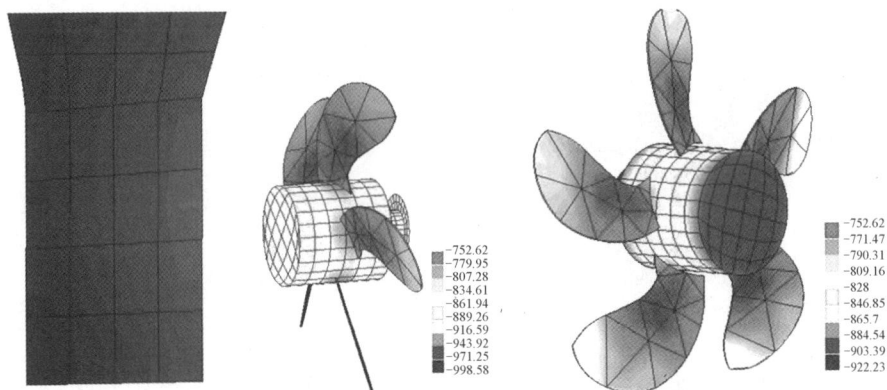

图 6 − 73　船体尾部舵片与螺旋桨阴极保护电位分布情况(涂层破损率 2 %)

图 6 − 74 和图 6 − 75 给出了某船在不同破损率工况下的阴极保护电位在水线下 1 m、船底中线处和尾舵上沿船长方向的电位分布。船舶的防腐涂层破损率越大,所需的阴极保护电流越大;阴极保护电流大小保持不变,随着涂层破损率的增大,阴极保护电位值逐渐升高,当涂层破损率不大于 5 % 时,阴极保护电位值位于 − 850 mV(CSE)以下,当涂层破损率继续增大时,阴极保护电位大于最小保

护电位 – 850 mV(CSE),集装箱船得不到有效的保护。阴极保护电位值在船体中部分布较均匀,在首尾靠近辅助阳极的位置电位较低,易造成过保护。

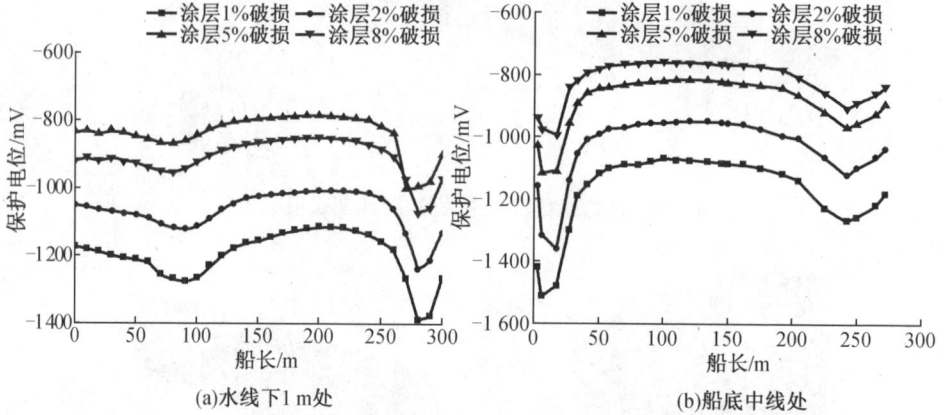

(a)水线下1 m处　　　　　　　　(b)船底中线处

图 6 – 74　船体水线下 1 m 处阴极保护电位沿船长分布图与船底中线处阴极保护电位沿船长分布图

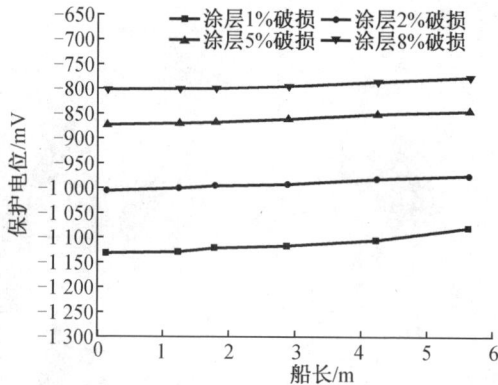

图 6 – 75　尾舵阴极保护电位沿船长方向分布图

通过阴极保护数值仿真结果可以看出:

(1)在数值仿真模型精确建立、边界条件选取合理的前提下,数值仿真技术可以准确预报船舶外加电流阴极保护系统的保护电位分布。

(2)虽然在阴极保护系统设计初期通过计算阴极保护面积和保护电流大小,选取阴极保护参数,根据经验公式确定的阴极保护方案在一定程度上满足了船舶防腐的需要,但是在一些细节方面仍然还有不足,部分区域出现过保护和保护

不足,产生这些问题的原因可能为:①外加保护电流大小有待调整;②辅助阳极位置布置不是最优方案。

4.结论

应用上述边界元方法编制的阴极保护数值仿真程序分别对某船外加电流阴极保护系统的保护电位进行计算并绘制电位分布云图。给出了具体的仿真模型建模方法和技巧。通过选取合适的单元形式和单元大小,提高了计算的效率和结果收敛性。根据国内外的研究成果和实际工程情况,将试验测定的材料极化曲线进行光顺处理,使之在保持材料电化学性质前提下更适用于计算,并得到不同涂层破损率下的阴极保护仿真计算边界条件。通过对仿真结果进行分析,某船的阴极保护系统初步方案需进行进一步优化设计,且认为应用上述仿真程序对于不同的阴极保护方法均可以很好地计算出阴极保护电位的分布。

因此,应用这一方法完全可以得到核动力破冰船的阴极保护电位分布数值仿真结果。

6.7.2　船舶海水管系的防腐蚀

1.船舶海水管系腐蚀

船舶海水管系担任着主辅冷却机、消防、压载、清洗等任务,在保证船舶主要设备正常运行及安全、船舶平衡等方面起着重要作用。海水管系输送的均为海水,致使海水管系必然面临着严重的腐蚀问题,从而严重影响了设备的正常运转和船舶的安全运行,大量维修也造成了很大的人力、物力上的损失。因此,分析海水管系的腐蚀情况、提出有效防腐措施具有重要的实际意义。

尤其是核动力破冰船不仅涉及常规船舶的海水管系腐蚀问题,还牵涉核动力装置的大量管系的腐蚀问题,特别需要引起关注。

实际船舶与核动力破冰船管路的腐蚀形式多样,分述如下。

(1)根据腐蚀的机理,可分为电化学腐蚀、化学腐蚀和物理腐蚀。这几种腐蚀形式接触的介质不同,化学腐蚀是纯化学反应造成的,接触的是非电解质;物理腐蚀是因固体颗粒的物理溶解,对金属引起的划伤磨损破坏;电化学腐蚀是海水管路最普遍、最常见的腐蚀种类,接触介质为电解质。

(2)根据金属的腐蚀破坏特性,金属腐蚀又分为均匀腐蚀和局部腐蚀。局部腐蚀通常不易预测,危险性更大,容易造成严重的事故。常见的局部腐蚀有点蚀、晶间腐蚀、应力腐蚀、湍流腐蚀及空泡腐蚀等。

（3）弯头处由于流体的流向发生改变，对弯头内壁有较大冲击力，既加速了腐蚀产物的迁移，又加剧了电化学腐蚀，造成管壁明显变薄或有马蹄形蚀坑，甚至断裂，即还发生了冲击腐蚀和湍流腐蚀。

（4）法兰在安装中，螺栓上紧过程中可能存在受力不均，连接处的焊缝也存在残余应力，除了电化学腐蚀外还发生了应力腐蚀等；由于法兰、螺栓、钢管三者间为异金属连接，存在小面积阳极大面积阴极，造成腐蚀加剧。

由此可见，管路的腐蚀种类繁多，由于海水的电阻率低，在金属表面容易形成微电池和宏观电池，腐蚀范围较广，发生腐蚀种类也比较多，同时存在均匀腐蚀和多种局部腐蚀。

2. 海水管路防腐蚀方案分析比较

目前应用于不同舰船海水管路的防腐蚀措施主要有：选用耐蚀管材（铜镍合金管材、HDR 双相不锈钢）、牺牲阳极保护（锌环）、涂镀层保护（内表面涂塑）、镀膜保护（硫酸亚铁成膜）。

（1）选用耐蚀管材

据资料介绍，虽然耐蚀管材耐腐蚀性能好，但由于种种原因，铜镍合金还是存在早期腐蚀泄漏。

HDR 双相不锈钢规格不配套，成本较高。对现役艇而言，该方案不可取。

（2）四通、五通管加装锌环

虽然根据水面舰艇使用效果看，四通、五通管加装锌环防腐蚀效果好，锌环使用寿命可达 3 年左右，但小修现场更换困难，也不是一个理想的防腐蚀方案。

（3）管路内表面涂塑保护

该方法防腐蚀效果好，寿命长，可明显提高耐冲击腐蚀性能，是解决紫铜管腐蚀的一种新方法。但其要求海水流速不大于 5 m/s，涂层有一定的脆性，特别是其使用温度不大于 80 ~ 90 ℃，涂塑管不能进行焊接处理等原因，使其在现役艇的海水管路防腐蚀应用中存在一定的局限性。

（4）电化学保护

电化学保护常见的有阴极保护和阳极保护，船舶海水管路更多的是采用前者，即采用外加电流阴极保护，将被保护件管路本身接至电源阴极，通以阴极电流，阳极为一个不溶性的辅助件。在阴极电流极化作用下，被保护件处于自身的电化学不均匀所致的原电池腐蚀和外加阴极电流的综合作用下，阴极极化电位降到和阳极电位一样，阳极电流为零，阳极反应停止，电化学腐蚀也就停止。同时管壁产生部分气泡，这与管系中的气泡方向相反，相互抵消，使气蚀及空泡剥蚀大大减轻。

（5）控制流速

当流速达到或超过一定范围时，冲击和空泡腐蚀加剧。这样可以采用扩大管径、加大弯曲半径等措施减小流速，从而改善管系严重腐蚀的情况。

3. 存在的问题

随着舰船外加电流阴极保护技术的不断发展，智能化、高效率、长寿命的阴极保护系统已在国外舰船上得到应用，并在大型舰船上普遍应用现代数值分析计算方法和以计算机作为工具进行阴极保护系统设计的现代设计方法。由于这一技术属于高新技术，在国外的文献报道中，对其求解和寻优等关键技术只字未提。但是国内在这方面的技术研究起步较晚，存在较大的差距。

我国在实际工程中，外加电流阴极保护系统的设计方法一直是基于单纯依据经验估算和简单的暴露试验方法为主的传统计算设计方法，对于辅助阳极和参比电极数量及布置位置，只能定性，不能定量分析，带有极大的盲目性；尚未实现智能化管理和控制，未实现数据通信与互动；同时，随着大型舰船排水量的增加，船体浸水面积大，所需的保护电流量也成倍增加。随之而来的，如何使保护电位和电流分布均匀，也是外加电流阴极保护优化设计技术需要开展的研究内容。

4. 维护保养措施及优化设计

在船舶运行过程中，高技术船员的正确维护保养也可大幅降低海水管路的腐蚀问题。在维修过程中，换新管子时避免使用与原材料不同的管子，并且在安装之前对新管子进行防腐处理，可以采用刷防锈漆、镀锌和刮胶等方式。现代水面舰船防腐蚀设计是一项系统工程，从总体综合防腐观点出发，需要总船设计、各系统和专业设计及工艺技术部门互相配合，协调一致。

（1）作为船体本身，采取阴极保护与涂层联合防腐是必不可少的措施。我国船体材料通常采用较高强度低合金钢，其在海水中的平均腐蚀速率为 0.14 mm/a（921 钢青岛实海挂片数据），局部腐蚀速率为 0.44 mm/a（921 钢）。这就意味着，船体钢板在无任何保护或只有涂层保护的情况下，在 3~5 年将腐蚀穿孔，因此采用阴极保护和涂层是必不可少的。

（2）对于水面舰船，通常采取外加电流阴极保护与牺牲阳极相结合的阴极保护方法。船底和水线以下船体部位及附体，采用外加电流阴极保护和长效配套涂料联合防腐保护。压载水舱、污油水舱采用高效牺牲阳极和长效配套涂料联合防腐保护。

（3）采用计算机仿真技术进行阴极保护防腐优化设计方法。随着计算机应

用的发展日益深入,计算机仿真技术成为一种强有力的技术手段。从仿真模型中,可以得到满足整个舰船阴极保护系统设计所需的高精度数值分析法来预测电位和阳极电流,从而优化设计,达到在船体上产生均匀分布的电位,使电位保持在特定的范围内,避免发生过保护或欠保护现象。

要想完全解决船舶海水管系的腐蚀问题,必须清楚目前的管系腐蚀情况及腐蚀原因,因此我们要从设计过程、施工安装过程、海水流速、经常航行的海域海况及维护保护等多方面考虑海水腐蚀的综合预防。只有这样,海水管系的腐蚀才能大幅度降低。我国在这个领域的研究还相对滞后,所以攻克计算机仿真技术是船舶防腐的关键。

6.7.3　舰船重点部位腐蚀监测系统

1.简述

舰船装备腐蚀不仅给航行安全性带来威胁,而且因腐蚀导致的停车、抢修严重影响船舰使命任务的完成。如果能对舰船重要结构和部位进行腐蚀监测,实时地掌握舰船关键部位的腐蚀情况,既能够预测构件或管路的使用寿命,为视情维修和更换提供依据,还能在灾害发生之前提前预警,避免次生灾害事故的发生,显著提高舰船的在航率和装备完好率。

2005 年 LMI 政府咨询(LMI Government Con-sulting)的一项研究结果表明,美国海军舰船腐蚀控制费用已经占到其维护支出的 25 %。据了解,为应对舰船腐蚀引起的各类事故,美军 10 年前就对舰船重点部位进行腐蚀监测控制技术方面的研究,目前美军航母、舰艇及其舰载机等装备都拥有先进的腐蚀在线监测系统,包括薄膜原位腐蚀检测传感器、超导波隐蔽腐蚀探测、荧光腐蚀指示剂,其监测数据通过无线远程传输到主机,并配有智能腐蚀分析和报警系统。

我国舰船因腐蚀而导致的维修费用占整个维修费用的 1/2,目前舰船常用的腐蚀监测技术有:针对船体腐蚀电位的外加电流阴极保护系统、蚀坑缺陷的红外检测仪、涡流检测仪、水下可视机器人等,但这些技术应用仅限于宏观、可操作、空间可达的部位,在舰船不可达的重要部位如液舱、压载舱等受到很大限制。

目前我国对舰船重点部位尚未装备有效的腐蚀监测系统,舰船腐蚀安全形势较为严峻,因舰船装备腐蚀多次引发事故,如 2010 年某舰辅机蒸汽管路因腐蚀穿孔而导致人员严重烫伤;某舰在执行亚丁湾护航行动期间出现过主机海水管、冷却水管腐蚀穿孔。

目前实验室环境下针对腐蚀问题应用的各种物理检测、电化学分析法、化学分析法等检测手段日益成熟，为舰船装备腐蚀监测技术研究和开发提供了有力支持。

2. 舰船重点部位腐蚀基本情况

（1）水面舰船腐蚀的基本规律

根据对水面舰船的腐蚀情况调查，舰船上的船体、管路、舾装件和其他装备均存在不同程度的腐蚀，船体结构的腐蚀规律是从上往下、从里往外的腐蚀，船体外板腐蚀最为严重的是水线交变区和飞溅区，长期滞留油污水的机舱、污水舱底部位也是腐蚀的重灾区，是船体结构防腐重点控制的部位。

管路系统中以海水消防管系、蒸汽管系、高低压疏水管系、污水管系等的腐蚀最为突出，有些管系是因内部流通的介质引起的腐蚀（如海水管系），有些是由管子外表面处于潮湿环境而引起的管外表面腐蚀（如疏排水系统）。

舾装件普遍经受海洋大气的腐蚀，局部滞留海水以及盐分附着后潮解也会引起局部腐蚀。

对于核动力破冰船而言，除了上述问题，还存在着核动力装置及其相关零部件在运行中产生的严重腐蚀问题，更需要关注。

（2）舰船腐蚀重点监测部位

根据舰船腐蚀基本规律，舰船腐蚀重点部位主要集中在船体结构积水难以排出的部位、工作频率较高的海水介质管路、日常难以维护保养的内部液舱等部位。这些部位的腐蚀情况因不可见、不可达等日常难以掌握，无形中增加了腐蚀状态的不可预见性，给舰船航行安全带来隐患。

在对某型船的腐蚀调查中发现，该船严重腐蚀区域主要发生在舱底水部位（如机舱、淡水舱及蓄电池舱）和 3 个污水舱等。对淡水舱的勘验过程发现壳板及其壁板上共 10 处轻微腐蚀点，这些腐蚀点面积小，深度浅，最深点腐蚀深度 5 mm，腐蚀面光滑。对蓄电池舱进行勘验过程中（腐蚀数据如表 6 - 58 所示）共发现和确认 9 处腐蚀坑，如图 6 - 76 所示。

由表 6 - 58 可知，腐蚀余量低于 80% 的有 4 个凹坑，其中最大蚀坑深度的腐蚀程度达到 57.1%，严重低于设计厚度，给舰船安全带来极大威胁。

对腐蚀形貌及机理进行分析，该部位的初始腐蚀类型主要为点蚀，点蚀发展到一定程度后沿着材料的晶间发展，其腐蚀产物的体积远大于金属原子，因而产生应力并导致剥蚀，最终演化为均匀腐蚀。因此，借助先进的腐蚀监测技术对早

期的点蚀进行实时监测,及早预测腐蚀发展程度,可防止腐蚀可能引发的各种事故。

表 6 – 58　某电池舱腐蚀数据表

序号	板厚/mm	腐蚀深度/mm	腐蚀直径/mm	腐蚀余量/%
1	30	4	30	86.7
2	30	9	80	70.0
3	27.5	5.5	60	80.0
4	27.5	5.5	30	80.0
5	35	20		42.9
6	28	5	80	82.1
7	28	8	80	71.4
8	28	13	84	53.6
9	28	5	40	82.1

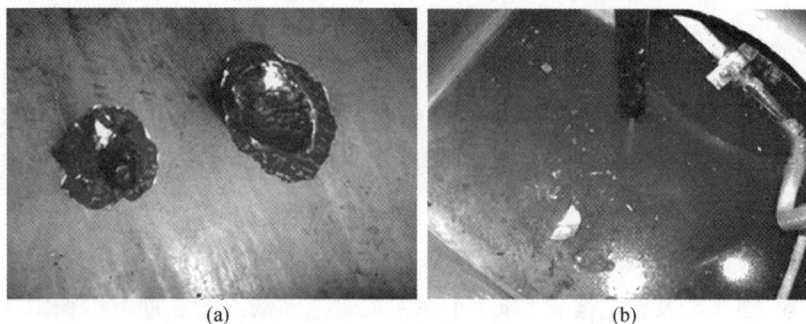

(a)　　　　　　　　　　　　(b)

图 6 – 76　蓄电池舱腐蚀深坑与沉积电解液图

3. 舰船重点部位腐蚀监测技术筛选

(1)常用腐蚀监测技术

目前在电厂、炼油厂、化工厂等工业领域,以及实验室腐蚀研究领域,各种离线和在线的腐蚀监测技术均得到一定程度的应用。

针对工业领域中的油田、燃油管道、化工管道设备、电厂海水设备及管路等腐蚀监测及缺陷检测技术应用已比较成熟,例如,矿井下局部腐蚀环境常用挂片

法,管路弯头或者三通部位常用电阻探针法、电感探针检测法;针对各种不易观察的管、焊缝等内部腐蚀缺陷,常用超声波测厚、涡流检测、漏磁通法检测、射线检测、红外检测、声发射检测技术等。这些技术均存在一定的缺陷,腐蚀失效性方面仅能反应监测时间段或者检查时间段内的均匀腐蚀程度,只能做出定性判断,不能分析确切的腐蚀原因。

目前实验室腐蚀研究领域,从腐蚀产物的物理化学成分分析到基于腐蚀电位和电流的各种综合分析测试手段应用相当普遍,一些技术也成功移植应用到工业腐蚀环境。在耐蚀材料、腐蚀产物等成分分析方面主要检测分析技术有红外光谱分析、激光拉曼光谱分析、原子发射光谱分析、质谱色谱分析、X 射线衍射等,化学分析法的监测方式因监测的环境不同而有差异,其监测结果与实时工艺状况都有一定的滞后性和较大的差异。在耐蚀金属材料、非金属材料筛选方面经常用到基于腐蚀电位、腐蚀电流极化原理测量腐蚀速率的稳态极化法和暂态极化法,基于交流阻抗频谱的暂态电化学法,基于腐蚀电位、电流波动信号的电化学噪声技术等,这些电化学测量技术各有优缺点,测量的侧重点不同,有的适用于在线检测,有的适用于离线检测,均受到使用环境的限制。

其他与腐蚀相关的检测分析方法还有:场指纹腐蚀监测技术、旁路式管段内腐蚀监测方法、基于测试固有频率的方法、基于模态的方法、基于频率响应函数的方法、光电化学方法技术、拉曼光谱、薄层活化技术(TLA)等。

(2)舰船重点部位最佳腐蚀监测技术

由于受舰船上环境限制,大量市场上的监测技术在船舰上很难实现,而且根据舰船重点部位腐蚀机理分析,这些重点腐蚀部位腐蚀初期基本是以点蚀开始,最终形成很深的凹坑,且腐蚀部位比较隐蔽,很多监测技术得到的腐蚀数据可靠性也受到限制。根据上述各类腐蚀监测方法性能分析对比,电化学噪声(ECN)技术克服了传统的电阻探针、极化电阻、超声等技术的缺点,具有"原位、无损"的特点,其所测得的结果为待测的实际服役构件的真实腐蚀结果。而且 ECN 技术相对于电化学阻抗谱(EIS)、挂片失重等其他监检测技术具有对点蚀敏感的特点。

另一方面,传统的电阻探针、挂片失重等所测得的结果实际为模拟材质的腐蚀结果,并非待测的实际服役构件的真实腐蚀结果;超声波和红外线等其他方法不适于监测和检测复杂空间中的构件腐蚀;警戒孔监视法和化学法等一般具有破坏性。

因此,ECN 技术是监测和检测舰船重点部位腐蚀失效的有效方法。

4. 舰船重点部位腐蚀监测系统研究

(1) 监测系统工作原理

腐蚀监测系统联合采用集监测和检测电位、电位噪声于一体的电化学噪声技术及"传感器"技术,该系统可以同时监测重点部位的腐蚀电位、电位噪声,通过 ECN 的分析可以得到能量相对分布(EDP)、白噪声水平、截止频率、点蚀程度局部腐蚀指数(SE)等诸多腐蚀参数,从而掌握相对准确的腐蚀状态。本设计采用三电极系统,当在恒电位极化的情况下测定 ECN 时,其原理图如图 6 - 77 所示。

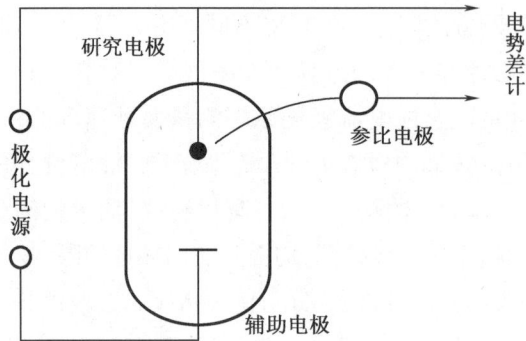

图 6 - 77　三电极体系示意图

(2) 监测系统结构

系统主要结构组成:传感器探针、信号采集存储器(带前置信号放大器、4 通道模拟输入和 70 dB 高信噪比的 A/D 转换器、单片机处理控制器)、通信线路(USB 数据通信部分、RS232)以及 PC 端分析软件部分,如图 6 - 78 所示。

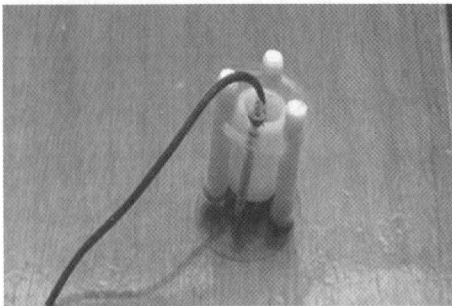

(a)

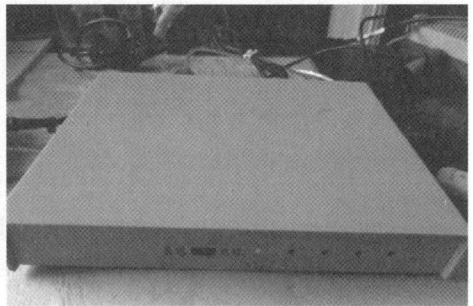

(b)

图 6 - 78　监测探针(传感器)与信号采集存储器

（3）数据采集存储原理

数据采集存储器工作原理如图 6-79 所示。腐蚀电压和电流信号经传感器采集，经过采样后经模数转换进入计算机（CPU 与 RS232 通信接口相连），计算机进行数据处理、分析、显示以及存盘等工作。采用通用串行总线 USB2.0 及 RS232 作为数据通信，利用 12 位高精度 AD 芯片完成数据的采集、传输。数据采集存储系统如图 6-80 所示。

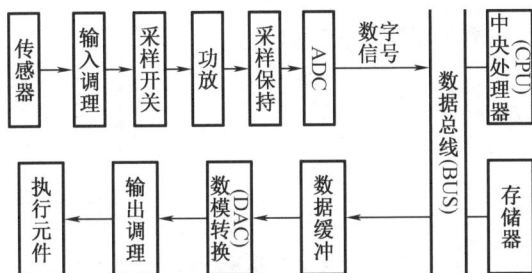

图 6-79　数据采集存储工作原理方框图

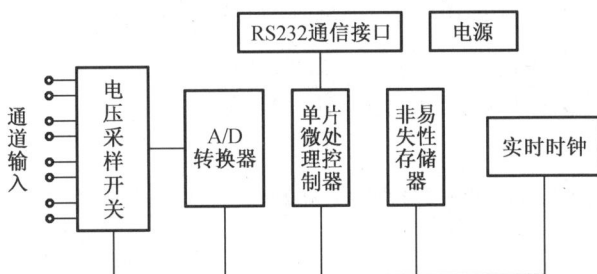

图 6-80　数据采集存储系统整体方框图

（4）监测系统的电路原理图

腐蚀监测系统的电路原理图如图 6-81 所示，设计零电阻（ZRA）零阻电流计实时监测腐蚀电流噪声，设计电位跟踪器实时监测腐蚀电位噪声，并通过 A1 和 A2 模数转换器输入数据采集存储系统。

（5）监测系统的软件设计

①系统软件在中文 Windows 环境下运行，实用功能较强，具有曲线放大，曲线类型选择，数据的选取、删除、计算、统计，图形文件的制作、保存、排版、打印，图形与数据序列复制到 Windows 剪贴板等诸多功能。

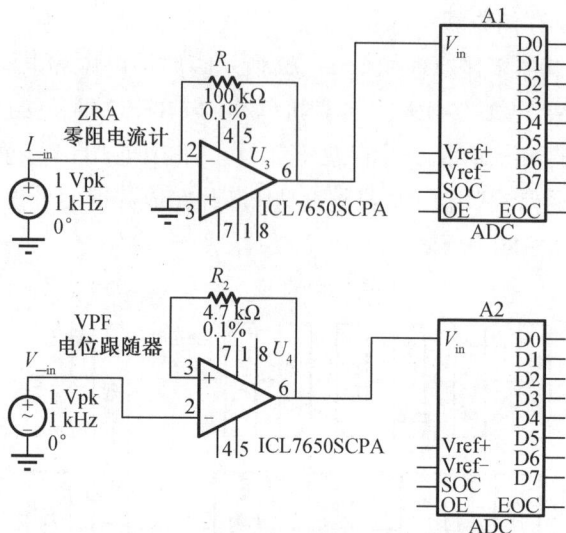

图 6-81　腐蚀监测系统的电路原理图

②由单片机控制的便携仪器,直流 9 V 供电,仅重 0.5 kg,方便携带,内带有实时时钟与失电保护,关闭电源后,采集到的数据仍可保存 10 天以上。

③采集间隔时间:0.05 s ~ 255 h。

④采集电压范围:0 ~ ±4 V,分辨值为 1 mV。

⑤输入电阻≥109 Ω。

⑥存储方式工作时,最大存储点数为 65 000 点,采集数据分段为 1 ~ 16。

(6)监测系统测试

主要针对 Sensor 电位测试的可靠性和监测及检测仪器及其软件的可靠性进行相关测试。由于研究对象的服役环境为海洋,而海水中含有的主要侵蚀性粒子为 NaCl,所以在实验室选择 NaCl 为腐蚀介质。

6.8　优化船体结构规范

船舶规范是船舶设计建造的法典。复杂而恶劣的天气和气象条件、高纬度的地理特征以及航行海图、通信系统和其他导航设备的严重匮乏,均给船舶北极航行带来了巨大的挑战和困难。同时,严寒的天气将会影响船舶设备的效能,有

浮冰时还会对船体、推进系统负荷造成不利影响。这些因素导致航行于北极的船舶设计和建造要求技术含量高,挑战性大,难度系数极高。因此,不断优化船体结构规范显得格外重要。

冰级规范是北极航行船舶设计和建造的重要依据之一。北极沿岸国家亦是纷纷制定和实施相关冰级规范。谈到冰级规范,其中影响最大的当属芬兰 - 瑞典冰级规范(FSICR)和国际船级社协会(IACS)极地冰级规范(Polar Class Rule)。

IACS 于 2007 年出台了冰级规范,该规范对全球的海冰情况进行了比较全面的概括,根据不同海冰情况和船舶航行水域的海冰厚度,将海冰分为七个级别。海冰越厚,自然航行于这些水域船舶需要的结构强度越高,推进动力越大。在船舶结构要求方面,《极地水域船舶航行指南》参考了 IACS 极地冰级规范。而现阶段作为规制北极航行和船源污染问题的《极地规则》同样吸收了国际船级社协会的极地冰级规范。《极地规则》明确了"在南北极划定水域内"航行的船舶应申请极地船舶证书,该证书将船舶分为 A、B、C 三类并标识相应冰级。

除此之外,具有良好的耐低温性的船舶材料,无疑对船舶的正常航行与操作,防止船舶发生意外而产生船源污染都起到不可替代的作用。在严寒的天气下航行时,船体和船舶设备都要面对严寒的考验,只有具有防寒功能,才可能保证在预期温度下正常工作。

同时,在极地冰区航行的情况下,船舶航行必须能够掌握抗冰水平和操作规范,这对船舶动力系统提出了更高的要求。冰区航行时,严酷的环境,考验着船上动力及推进系统,如轮机装置和液压系统能否在低温下正常运行,能否防止普通的导航系统面临意外失效等问题。因此,极地船舶必须具备不同于普通船舶的设计和建造,这样才能安全可靠地在冰区低温条件下正常使用,而不至于发生船源污染。

针对船舶北极地区航行的现有状况,随着科学技术的不断发展,解决船舶北极航行困难的手段也日益丰富。譬如,利用钢材的塑性承载能力使其承载船体结构发生一定的塑性变形,这样能够在很大程度上减轻航行冰覆盖水域船舶的质量;再如,破冰技术、全方位推进器、冰区管理等技术的开发和应用。

北极海冰环境使船体结构面临诸多挑战,极地船舶设计也包括多方面内容,在设计过程中需要考虑的问题自然也不在少数,诸如船体结构冰区加强,推进系统设计,船体和主机系统防寒,冰区航行性,特别是核动力破冰船还要考虑核装备的各类安全问题,如果船舶设计和建造没有考虑全面,船舶结构和设备失效概率将倍增,破冰船与核动力破冰船的可靠性也就不能有效保障。

科学技术的进步非一朝一夕之功,但在北极资源开发和航线开通的大背景下,在船源污染问题日益突显的情况下,以《极地水域船舶航行指南》和 IACS 极地冰级规范为参考,依据《极地规则》的冰级规范,优化现有的北极航行船舶设计和建造规范,已经成为规制北极海域船源污染的必要途径。

随着北极地区环境保护要求的日益严格,继续优化极地船舶的结构设计规范更为迫切,我国也应该根据国际相应规范,强化破冰船及核动力破冰船设计的指南、标准和规范的制定。

6.9　参考文献

[1]　蔡利建,王黎丽,李玉民,等. 基于 Abaqus 的安全壳极限承载力分析报告[R/OL].(2018 – 11 – 19)[2022 – 06 – 12]. https://max. book118. com/html/2018/1003/8132012064001125. shtm.

[2]　张鑫. 核发电船(平台)结构疲劳强度分析与优化设计研究[D]. 哈尔滨:哈尔滨工程大学,2019.

[3]　张浩辉. 极地船舶结构疲劳分析方法研究[D]. 哈尔滨:哈尔滨工程大学,2018.

[4]　孙丽萍,聂武. 船舶结构振动噪声分析及其进展[J]. 船舶力学, 2003(1):116 – 121.

[5]　王国庆. 海洋工程舱壁结构减振降噪问题研究[D]. 青岛:中国海洋大学,2013.

[6]　王川. 海洋工程管路减振降噪研究[D]. 青岛:中国海洋大学,2015.

[7]　邹春平,陈端石,华宏星. 船舶结构振动特性研究[J]. 船舶力学,上海交通大学,2003(2):102 – 115.

[8]　孙光. 船舶上层建筑舱室噪声预测方法研究[D]. 哈尔滨:哈尔滨工程大学,2007.

[9]　庞福振. 船舶结构噪声截断模型数值预报方法研究[D]. 哈尔滨:哈尔滨工程大学,2012.

[10]　杨国金. 渤海抗冰结构设计中的若干问题[J]. 中国海上油气(工程),1994,6(3):5 – 10.

[11]　郭宇. 海洋结构物阴极保护数值仿真与优化[D]. 哈尔滨:哈尔滨工程大

学,2013.

[12]　杨青松,雷渡民.舰船重点部位腐蚀监测系统研究[J].中国工程科学,
2015,17(5):63 – 70.

[13]　杨光付,邢焕革,裘达夫.基于共享平台的舰船装备腐蚀与防护信息分类
方法研究[J].装备环境工程,2017(5): 86 – 92.

[14]　马晓龙,吴梵,滑林,等.含腐蚀缺陷的耐压壳极限强度研究现状及展望
[J].舰船科学技术,2018 (7): 1 – 5.

[15]　庄茁,张帆,岑松.Abaqus 非线性有限元分析与实例[M].北京:科学出版
社,2005.

[16]　彭敏俊,王兆祥.船舶核动力装置[M].北京:原子能出版社,2008.

[17]　于俊崇.船用核动力[M].上海:上海交通大学出版社, 2016.

[18]　李林普.渤海湾极浅海域油气开发工程结构形式探讨[J].中国海上油气
(工程),1990,2(3):43 – 47.

第7章
核动力破冰船动力装置

核动力破冰船使用的是以核反应堆为能源的动力装置。该动力装置主要用于发电与动力推进。由于破冰船是一个移动的海洋结构物,因此这一类核动力装置也称为移动核动力装置。

破冰船的核动力装置是为破冰船提供航行动力、保证操纵、保障安全、维持船员生活、保护海洋环境等需要所设置的机械、设备、系统的总称。从能量角度来看,它是破冰船上各种形式能量(热能、机械能、电能等)的产生、转移、传输、分配的机械、设备与系统的总称。

破冰船的核动力装置一般是以原子核反应堆作为推进装置,包括核动力反应堆和为产生功率推动破冰船前进所必需的有关设备,以及为提供装置正常运行、保证人员健康和安全的那些需要的结构、部件与系统。

用于破冰船核动力的堆型有多种,但大多应用压水堆堆型。第一艘核潜艇建成后,压水堆有了快速发展,目前已经建成的核潜艇大都使用轻水堆,该堆是当前最受重视的堆型。压水堆的主要优点是结构紧凑、体积小、功率密度(堆芯单位体积所产生的功率)高、单堆电功率大(可达 1 500 MW)、平均燃耗深度(反应堆到工作寿期终时,每吨铀或其他核燃料平均释放的能量称为燃耗深度)大、建造周期短、造价便宜,而因采用多道屏障,放射性裂变产物不易外溢,加之具有水的温度反应性负效应,所以比较可靠。压水堆的主要缺点是水的沸点不高,提高热工参数受到一定限制,热效率相对较低;压力容器制造要求较高;设备比较复杂;此外,与天然铀为燃料的堆型相比,它还需要铀同位素分离、浓缩铀元件制造、化学后处理等规模较大的配套工艺。但总体来说,压水堆的各种工艺都已比较成熟。

按压水堆的主要技术指标,特别是单堆的电功率大小指标,可将压水堆大致分为以下四代:

(1)第一代,单堆总电功率在 300 MW 以下,如美国 1961 年开始发电的扬基罗核电站等。

(2)第二代,单堆总功率在 600 MW 左右,如美国 1968 年投入运行的哈达姆海峡电站堆,输出功率为 600 MW;联邦德国 1972 年正式运行的施塔德 KKS

（Stade KKS）电站堆,输出总功率为 662 MW。

(3)第三代,单堆输出总功率在 900 MW 左右,如 1972 年开始发电的美国齐翁电站堆,净电功率为 662 MW。

(4)第四代,单堆输出总功率在 1 200 MW 左右,如 1974 年建成的联邦德国比布里斯核电站堆,净电功率为 1 182 MW,1990 年以后,单输出总电功率已达 1 500 MW。

从四代压水堆几个主要技术指标的比较可见,除了堆的热功率随电功率的增加而增加外,各主要技术指标也随着电功率的增加而有所改进。

压水堆发电原理如图 7-1 所示。

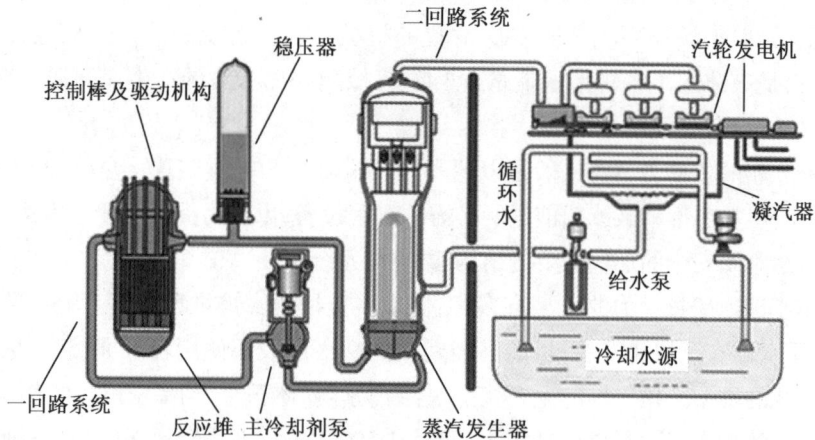

图 7-1 压水堆发电原理图示

第三代核反应堆是第二代核反应堆的进一步改进和优化,强调安全性和事故应急响应能力。三代堆普遍采用"非能动"安全系统,一旦遭遇紧急情况,不需要电源驱动,只利用安全系统的自然循环能力就可以巧妙地带走堆芯余热,确保反应堆不会发生严重事故。

除了"非能动"安全系统外,第三代核反应堆还在新型核燃料组件技术上做了积极的应用探索。比如采用新型材料包壳代替锆包壳、采用 MOX 燃料代替二氧化铀(UO_2)芯块、采用铪及其化合物替代银-铟-镉(AIC)控制棒等。2018年,法国阿海珐集团为美国安特吉公司(Entergy)阿肯色核电一期 1 号机组提供了铬涂层包壳的燃料棒,这种燃料棒可减少氢气的产生,增强燃料包壳耐磨性并增加安全裕量。

国内外已经完成了数个第三代反应堆的堆型设计,如美国西屋电气公司的 AP1000、法国阿海珐集团的 EPR 以及我国的"华龙一号"等。AP1000 是"非能动"安全系统应用的典范,熔堆概率只有 5.1×10^{-7}/堆年,远小于二代堆的 1×10^{-5}/堆年。EPR 可以使用 MOX 核燃料,增强燃料循环能力,减少乏燃料数量及潜在污染风险。"华龙一号"是我国在吸收国外设计经验基础上研发的具有自主知识产权的先进第三代核反应堆,也是我国核电技术走出国门的"名片"。

许多小型模块化反应堆都具有第三代核反应堆的安全特性,如美国的 IRIS、法国的 SCOR、阿根廷的 CAREM 等都采用了"非能动"安全系统,事故概率大为降低。小堆普遍采用一体化、模块化建造,既可以发电、供热,又可以为激光、电磁武器等提供能量源,属于军民两用堆型,受到国内外核能强国的高度重视。

7.1　破冰船船用核动力装置

7.1.1　简要介绍

核动力破冰船船用核动力装置一般与陆上核电厂压水堆核动力装置基本相似,通常由反应堆、一回路系统、二回路系统、电力系统、推进轴系几大部分组成。其工作原理是:通过核燃料的核裂变产生能量,经蒸汽发生器产生蒸汽推动汽轮机做功,进而驱动推进器工作。

典型的船用压水堆核动力系统组成原理与布置如图 7-2、图 7-3 所示。

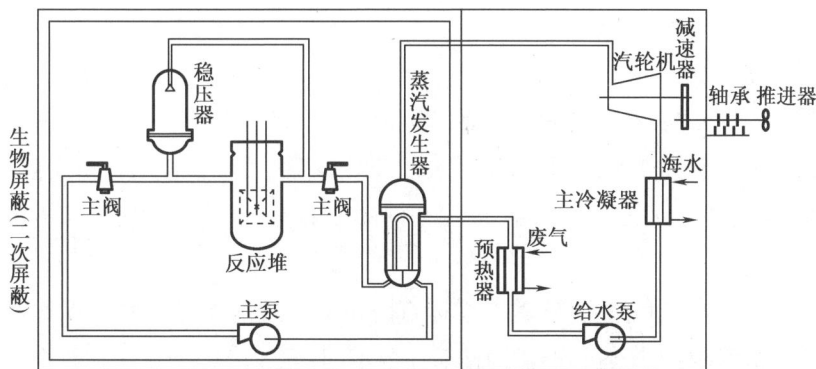

图 7-2　典型船用压水堆核动力系统组成原理图

后货舱　　　　主机舱　反应堆舱　辅机舱　辅助动力舱

(a)

(b)

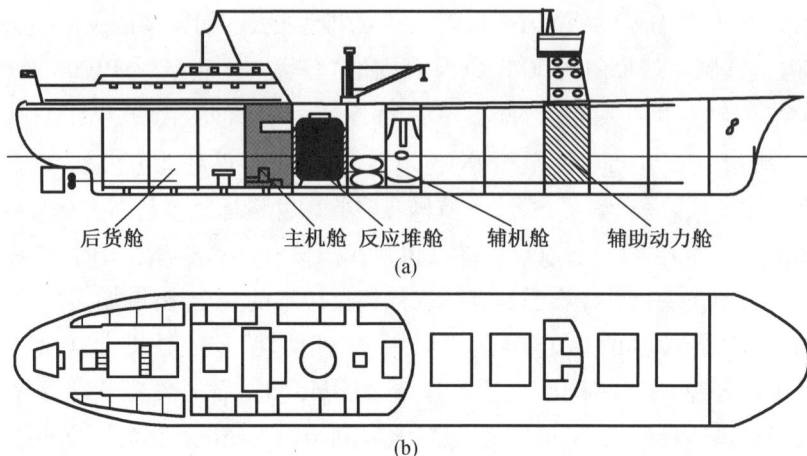

图 7 – 3　典型核动力船舶舱室布置图

20 世纪 50 年代末期,苏联开始将核推进技术用于破冰船与破冰货船等民用船舶,以此辅助苏联北极的运输。自从世界上第一艘核动力破冰船"列宁"号于 1959 年服役以来,苏联和俄罗斯先后建造了三代 11 艘核动力破冰船,目前正在研制第四代核动力破冰船。

7.1.2　船用核动力装置的特点与发展趋势

1.船用核动力装置的特点

由于船舶的建造环境、运行条件等各种因素与陆地上的核电站还是有很大差别的;同时,各种不同船型的船用核动力也因为其使命任务、运行环境等不同,各自也有极为明显的不同之处。

但是,船用核动力相同之处是其建立在船上,往往要受到船舶质量、尺度等条件限制,核动力装置的建造空间通常都非常小而条件苛刻。因此,船用核动力装置的一个必要特点是体积小、质量轻。此外,核动力船舶长期在海上航行,核动力装置将长时间经受各种海洋环境条件的影响,会给其安全性带来不可避免的负面作用。

另外,船用核动力装置还需考虑运行时可能出现的船舶碰撞与爆炸物带来的强力冲击影响;由于各种船舶的使命任务不同,导致运行工况具有各自不同的特点,例如核动力破冰船的核动力装置,由于其运行工作状态需要短时的阶跃输

出功率,所以其在核动力功率输出方面具有特殊要求。

2. 船用核动力装置的发展

(1)发展经历

从国外船用核动力技术发展历史可以发现,其技术发展历程均以潜艇核动力技术发展为例,经历了更新换代的过程。美国以反应堆技术为标志先后发展了几代潜艇核动力技术,分别经历了起步阶段、批量建造阶段、性能提高阶段和性能优化阶段;苏联/俄罗斯、英国、法国也先后以反应堆技术为标志,发展了几代潜艇核动力技术。

各国在潜艇核动力技术发展的基础上,将核动力技术不断拓展应用,发展出核动力航母、核动力驱护舰船、核动力海洋装备及核动力破冰船等,其中美国在航母核动力技术上已经先后发展了三代,苏联/俄罗斯在破冰船核动力技术方面也先后发展了三代,并正在研发第四代核动力破冰船技术。

总之,各国船用核动力技术的发展经历了功率由小到大、单船/舰艇反应堆装堆数量由多到少、反应堆自然循环能力由低到高、堆芯生命周期由短到长、反应堆安全性能不断提高等过程。

(2)发展特点

由于核动力技术具有特殊的安全问题,各国对其发展都严格控制管理,其发展具有下列特点:

①国家战略、持续发展

国内外都将船用核动力的发展作为国家战略实施,如美国反应堆计划实施船用反应堆专项研究,优先发展反应堆技术。国家高度重视,确保长期充足的经费支持,注重中长期发展计划和规划的贯彻执行,同时建立并维持基础核技术能力。

②船用核动力首选压水堆堆型

船用核动力是国内外当前十分关注的船舶能源技术,各国根据军事与民用的需求,开发了不同功率与水平的技术装置以适应各种舰艇与船舶配置,满足军事装备与船舶对推进动力及电力的需求。在这些方面,压水堆仍然是新一代船用(移动)核动力的首选堆型。

③不断改进、不断提高核动力总体性能

核动力的研制注重稳步推进,着力突破单项关键技术,充分发挥技术的推动作用,逐步提升核动力装置的总体性能,针对现有核动力装置的布置制定改进计

划,进一步提高可靠性与安全性,实现核动力技术的可持续发展。

④充分验证、成熟推广

船用核动力技术的发展遵循了从实验堆到实验艇,通过不断改进与优化,最后成熟推广的发展思路。50多年来,美国在研制核动力潜艇、俄罗斯在研制核动力破冰船期间,始终注重技术可行性和装置的可靠性,先后建造了多座陆上模式堆,然后推广应用。

(3)技术发展趋势

从国外核动力目前已经掌握的技术发展状况可以归纳出其技术发展的趋势主要是:坚持压水堆技术路线,并不断提高其性能水平;同时不断探索新的技术。

①压水堆技术

压水堆技术仍然是各国坚定不移、坚持发展的船用核动力技术,其发展趋势是:提高安全性和可靠性,延长堆芯寿命,增强反应堆的自然循环能力,注重减振降噪等技术。

②新技术

国外在坚持发展压水堆技术的同时,还不断探索新技术,以期进一步大幅提升船用核动力装置的总体性能与水平。

7.2 破冰船的核动力装置结构

7.2.1 反应堆

压水型反应堆(PWR)一般是指采用加压轻水(H_2O)作为慢化剂和冷却剂的反应堆,其装置原理和系统工作流程如图7-4和图7-5所示。

压水型反应堆采用浓缩铀作为核燃料,根据设计不同可以采用低富集度(1%~5%)或者中高富集度(20%~97%)的燃料。压水堆采用轻水作为慢化剂,将快中子慢化为热中子,同时由于轻水价格便宜,是优质的传热工质,所以在压水型反应堆中轻水还同时兼顾作为冷却剂将堆芯的热量带出。反应堆装置结构如图7-6所示。

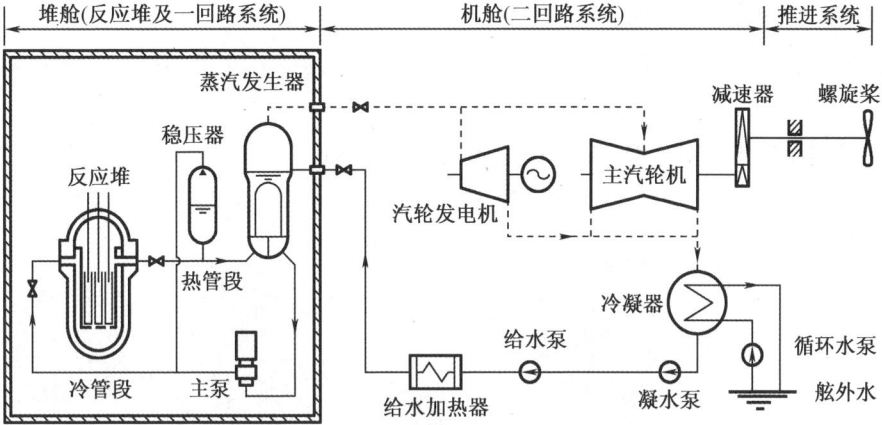

图 7-4　船用压水堆核动力装置原理流程图

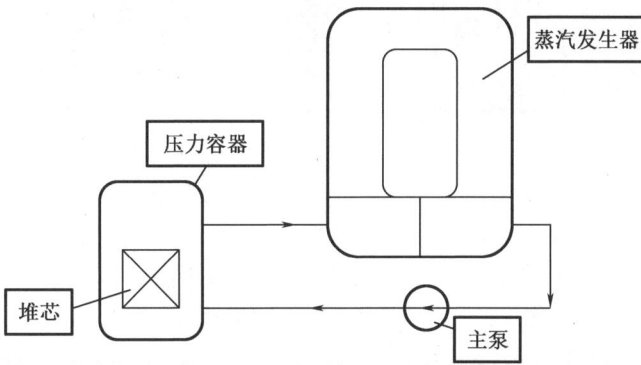

图 7-5　船用压水堆核动力装置系统工作流程图

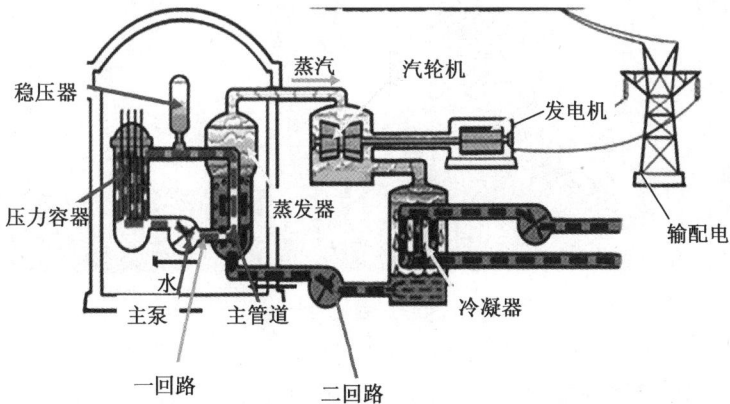

图 7-6　反应堆装置结构

根据压水反应堆的原理,反应堆设计研究主要包括核反应堆物理、反应堆热工水力、燃料组件及相关组件、反应堆压力容器、控制棒驱动机构、反应堆堆内构件、反应堆堆顶结构、反应堆支撑及屏蔽。

各类反应堆及其原理如图 7-7、图 7-8 所示。

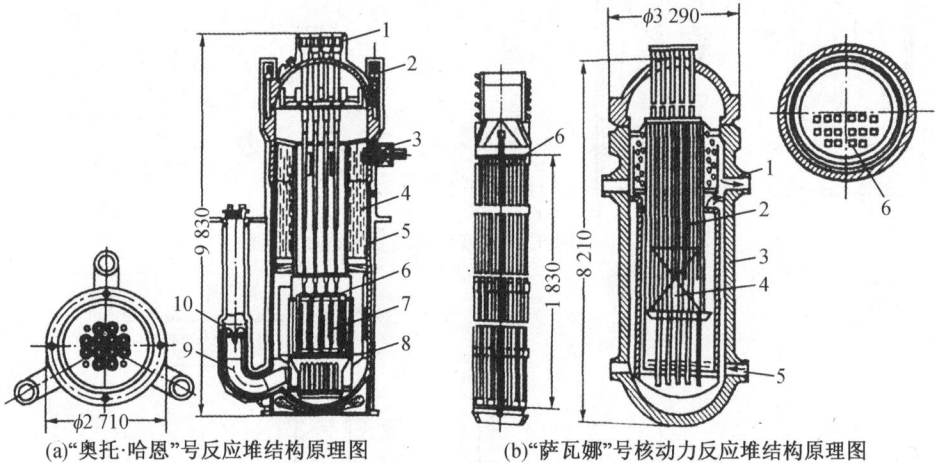

(a)"奥托·哈恩"号反应堆结构原理图　　　　(b)"萨瓦娜"号核动力反应堆结构原理图

(a)1—控制棒传动机构;2—保温层;3—蒸发器出口管;4—蒸发器传热管;5—压力壳;6—控制单元;
7—燃料组件;8—堆内构件;9—双套管路;10—循环泵。

(b)1—出口管;2—控制棒;3—压力容;4—堆芯;5—进口管;6—核燃料元件。

图 7-7　反应堆结构原理图(单位:mm)

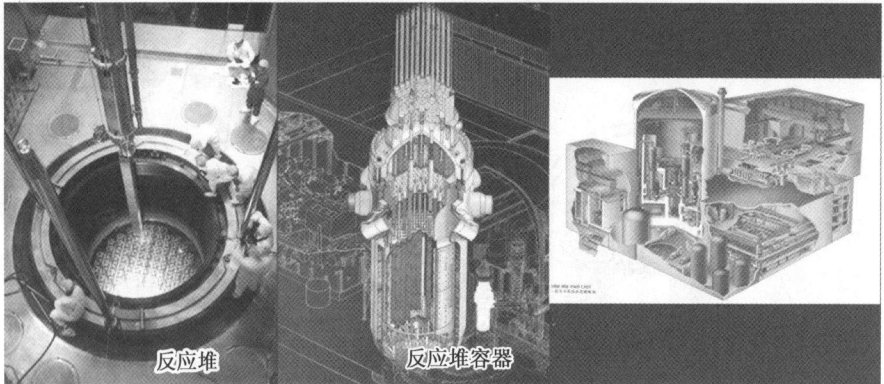

反应堆　　　　　　反应堆容器

图 7-8　核裂变反应堆

反应堆是一个非常复杂的装置,涉及多个子系统,设计中也涉及多个专业,通过多次迭代,才能得到一个完整和优化的反应堆总体技术方案。

1. 燃料组件与燃料相关组件

（1）燃料组件

核燃料元件是反应堆燃料部件的总称,它可以是单棒,也可以是组件,如图 7-9 所示。燃料组件是组装在一起,并在堆芯装料和卸料过程中不拆开的一组燃料元件,是反应堆内以核燃料作为主要成分的结构上独立的最小构件,其功能为包容裂变材料、保证裂变材料在反应堆内的布置空间、保证裂变释放热的导出、保证冷却剂流动通道、保证可装卸料及换料能力。因此,它对反应堆安全、可靠运行至关重要,压水堆燃料组件如图 7-10 所示。

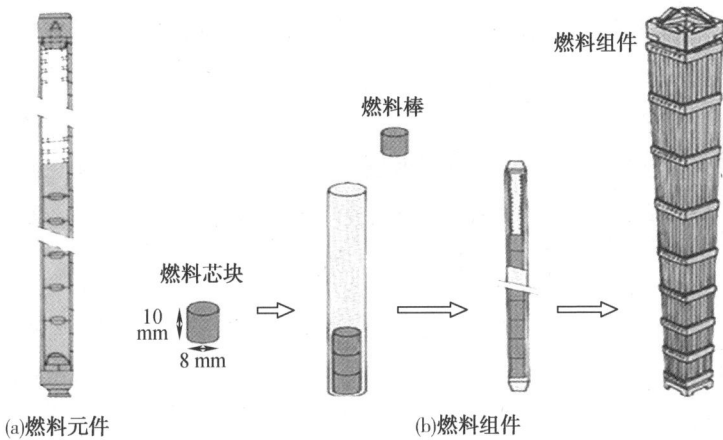

图 7-9　燃料组件与相关元件

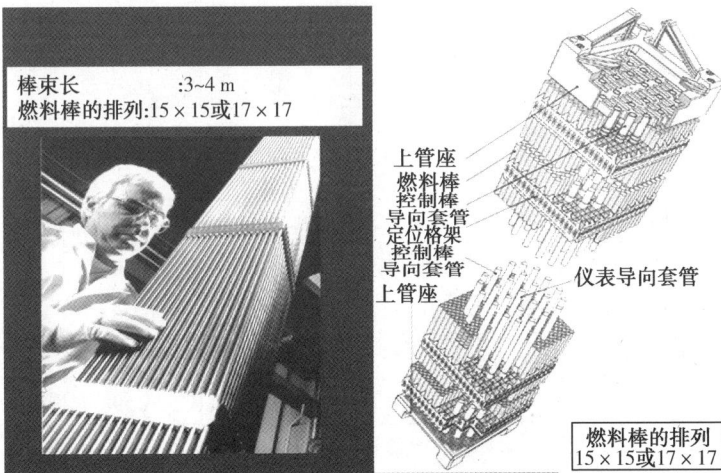

图 7-10　压水堆燃料组件

①船舶应用环境要求

船用燃料组件相比核电燃料组件还有其独特的应用环境要求：

• 抗冲击要求：除了承受如同核电燃料组件的高温高压、振动等载荷,船用燃料组件还要承受船体倾斜、摇摆及船体撞击等载荷。

• 长寿期要求：为了保证船舶有最大的可利用率和续航能力,并避免对船的壳体使用寿命造成影响,一般要求堆芯换料不能太频繁,理想的设计目标是全生命周期不换料,达到与船舶同寿命。这就要求对燃料组件的结构设计与材料选择具有较大的使用余量,以满足长寿期和可靠性要求。

• 功率调节要求：由于船用核动力容纳空间的限制,通常只能应用调棒堆芯。根据使用条件,要求具有功率调节能力,如突发情况采取规避动作,对堆芯输出功率要求从低功率提升到高功率或满功率要求。

②材料选择

燃料元件应根据反应堆的特点和使用环境来选择,除了可能采用的裂变材料,燃料元件结构材料(包括壳与基体)可能采用金属材料,常用的有锆合金、铝合金和不锈钢三种,如表7-1所示。

表7-1 燃料元件结构材料特性

材料	熔点/℃	热中子吸收截面靶	常温密度/(g/cm³)	常温热导率/[W/(m·K)]	热膨胀系数/(×10⁻⁵℃⁻¹)	常温比热容/[J/(kg·K)]
Al	660	0.21~0.23	2.7	230	23.1	880
Zr	1 855	0.18	6.45	16.7	5.89	280
Fe	1 539	2.43~2.53	7.87	95	12.5	460
不锈钢	1 400~1 425	2.88	7.95	14.7	16.0	502
Ni	1 455	4.5~4.8	8.90	67	13.7	470
Ti	1 668	5.8	4.51	16.75	8.5	523
Be	1 284	0.009	1.85	188.4	10.3~13.1	1 800
Nb	2 468	1.16	8.67	52.4	7.10	269
Ta	3 000	21.0	16.6	54.5	6.50	139
Mo	2 610	2.70	10.2	125.7(204 ℃)	5.44	245
Pb	3 380	19.2	19.3	129.9	4.59	134

国际上船用核动力反应堆绝大多数采用热中子谱的压水反应堆,主要使用

UO$_2$作为燃料,锆合金作为包壳材料,已有丰富的研发和应用经验,并通过对设计、制造和材料的不断改进,使运行性能和换料寿期得到了明显提升。

然而,在严重的事故下,锆会与水发生反应产生氢气,若不能及时排出,产生的氢气与空气中的氧气达到一定比例后,极易发生爆炸。在 2011 年的福岛核泄漏事故中,就因此发生了多次氢爆,造成了严重的放射性危害。这一问题暴露了现有锆合金包壳在抵抗严重事故中性能的不足。因此,福岛核泄漏事故后,国际上开始致力于 SiC 陶瓷包壳等耐事故燃料材料的研究。

SiC 陶瓷材料具有中子吸收截面小、导热性好、高温力学性能和耐辐照性能好、与水的反应弱并不会产生氢等优点,是一种理想的核燃料元件包壳材料,主要用于高温气冷堆的球状燃料元件。但是,作为陶瓷材料,单相的 SiC 材料存在脆性较大、易断裂的问题,这就阻碍了其在核电站和核动力水冷反应堆中的应用。因此,为了提高 SiC 包壳材料的韧性,近年来国际上开展了 SiC 三层复合包壳技术的研究。其中内层是能容和屏蔽裂变产物的高密度单相 SiC,中间层是满足韧性和强度要求的 SiC 纤维编织层,外层是抗腐蚀的高密度单相 SiC。这种 SiC 复合包壳材料在增强韧性的同时,还能满足气密性和腐蚀性要求,但是制造工艺复杂、控制要求很高,并且与端塞的焊接和密封问题处理很难,目前关键技术攻关到应用还需时间。

③类型选择

由于燃料元件的用途、功能及使用环境不同,故种类繁多。其主要有两种分类方式。

第一种是按形状划分:主要包括棒状、板状、管状、球状和复杂形状等,并分别称为燃料棒、燃料板、燃料管、燃料球等,如图 7 - 11 所示。

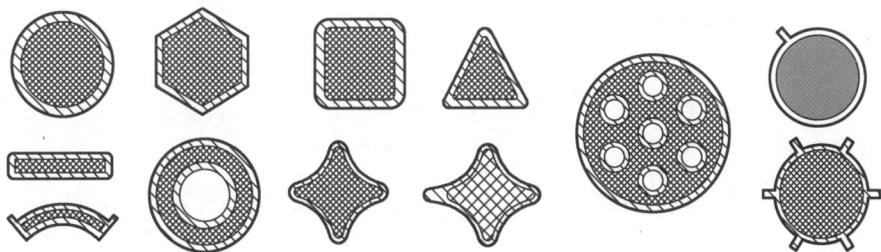

图 7 - 11　燃料元件横截面的可能形状

●棒状燃料元件:棒状燃料元件分为光滑棒和带肋棒两种形式,其结构简单、加工方便,广泛应用于核电站反应堆。

●板状燃料元件:板状燃料元件可以是直的,也可以是弧形的;板厚可以是常量,也可以是变量。其结构强度好、发热面积大、功率变化快速、适应能力强,多用于研究堆和动力堆。

●管状燃料元件:管状燃料元件与板状燃料元件类似,但加工工艺更为复杂,一般都用于研究堆和快中子堆。

●球状燃料元件:球状燃料元件结构简单、加工方便、发热面积大、结构松散、不易定位,多用于高温气冷堆。

●复杂形状燃料元件:有多种形式,一般针对特殊用途和特殊要求设计,加工工艺极为复杂。

第二种是按燃料类型划分,主要包括金属型、陶瓷型和弥散型等。

●金属型燃料元件:采用金属铀和铀合金作为燃料芯体的燃料元件,优点是加工工艺简单、热导率高、热储能小,适合换料多、功率变化频繁的小型核反应堆。

●陶瓷型燃料元件:主要采用金属包壳、陶瓷型燃料芯块的燃料元件。其优点是加工工艺简单、辐照稳定性好,缺点是热导率较低、热储能较大,不适合功率变化快速的工况,抗冲击能力较差。

●弥散型燃料元件:是把燃料材料以细颗粒形式弥散在其他材料(基体)中构成燃料芯体,并在外部包覆包壳材料的燃料元件。优点是辐照稳定性好、热导率高、燃料温度低和保持裂变气体能力强,缺点是加工工艺复杂、制造成本高、功率密度较大。

④设计准则

a. 总要求

燃料组件的设计应与堆芯结构、反应堆控制系统、保护系统、事故堆芯冷却系统等一起保证:

●在工况Ⅰ、Ⅱ下燃料元件在设计寿期内不发生预期的包壳破损,符合反应堆设计基准。

●在工况Ⅲ下,堆芯中出现破损的燃料元件应限制在燃料元件总数的1 h 份额之内。

●在工况Ⅳ下,燃料组件应保持可冷却的几何形状,燃料组件的变形和破损不能妨碍紧急停堆,并使反应堆维持在次临界状态,燃料元件的破损释放出的放射性物质不应对人员健康和环境造成过度的危害。

b.燃料棒设计准则

在工况Ⅰ、Ⅱ下,应满足在反应堆冷却剂压力和工作温度作用下燃料棒包壳管必须是自立的;在寿期内燃料棒包壳管不应发生蠕变坍塌,热态时内部气体压力应低于反应堆冷却剂工作压力;等等,多项限制,这里不一一赘述。

c.燃料组件设计准则

应以合适的方式使燃料元件在燃料组件中定位、燃料组件在堆芯中定位,以构成并维持在工况Ⅰ、Ⅱ下可满足物理、热工水力等要求的燃料几何形状及其轴向、径向位置;设计要考虑辐照和温度等可能引起变形及其尺寸变化的各种因素的影响,以及流体所产生的振动、磨蚀、腐蚀、升力、压力波动和流动不稳定等各种作用等多项限制。

⑤燃料棒设计分析

燃料棒需要进行各类分析,包括热性能分析(燃料熔点、燃料热导率、间歇热导率、包壳热导率)、裂变气体释放分析(热释放、非热释放)、燃料芯块密实和辐照肿胀分析、包壳蠕变分析、包壳辐照生长分析、包壳水侧腐蚀分析、燃料组件试验验证(材料级、部件级、组件级和综合性能试验)等。

(2)燃料相关组件

①控制棒组件

控制棒组件作为中子吸收体,其主要功能是通过驱动系统带动其在堆内运动,控制反应性,实现反应堆启动、正常停堆、调节堆功率、维持堆功率和保证事故工况下反应堆的安全(图 7 – 12)。

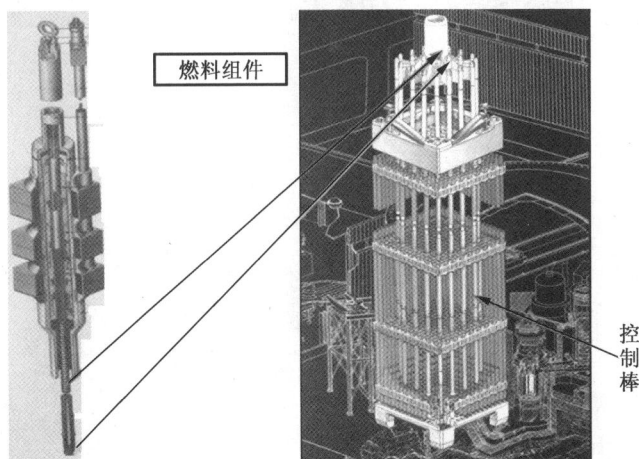

燃料组件

控制棒

图 7 – 12　控制棒组件

②可燃毒物组件

可燃毒物组件的主要功能是对堆芯过剩反应性提供补充控制,同时随其燃耗逐渐释放堆芯反应性,部分地补偿因燃耗等引起的反应性下降。在堆芯中合理地布置可燃毒物组件可以改善中子通量分布,进而改善堆芯功能分布。

图 7 – 13、图 7 – 14 所示为压水堆堆芯与堆腔。

图 7 – 13　堆芯与堆腔

图 7 – 14　压水堆堆芯

2. 反应堆压力容器

反应堆压力容器(RPV)是指压力作用下盛装反应堆冷却剂并包容堆芯及堆

内构件等部件的密封容器,是反应堆的关键设备之一(图 7 - 15)。

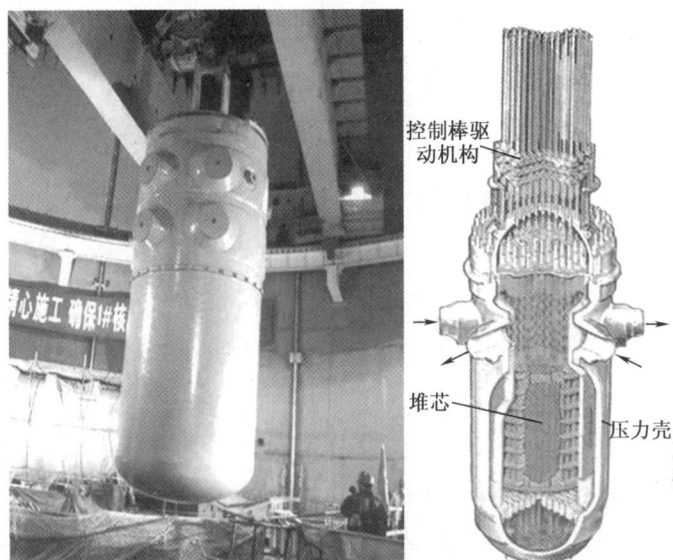

控制棒驱
动机构

堆芯

压力壳

图 7 - 15　反应堆压力容器

船用反应堆压力容器安装于各类船舶(如破冰船、商船等)上,其工作环境与安装于陆地的反应堆压力容器(如核电厂的反应堆压力容器)有较大差别,需额外考虑海洋环境造成的船体倾斜、摇摆以及对材料的影响等更为苛刻的条件。其需要具备更特殊的功能和承受更苛刻的工作环境(如辐照等),因此设计、制造、检验、运输、安装、运行监管与维护要求更严格。

反应堆压力容器的结构主要由顶盖组件、筒体组件、紧固件与密封件组成(图 7 - 16)。顶盖组件、筒体组件通过紧固件连接成整体,通过密封胶形成有效密封。

(1)顶盖组件

顶盖组件包括顶盖、吊耳、各类仪表套管及设备通道开孔等(图 7 - 17),其按结构形式可分为平顶盖、球形顶盖、球冠形顶盖、椭球形顶盖等。

在单堆功率较小、反应堆直径较小时,顶盖形式对应力、变形、密封及螺栓应力的影响不是太明显,通常选择结构形式简单、易于加工的平顶盖,反之将选择受力更均匀的非平顶盖结构形式,或者采用平顶盖结构的同时筒体采用反向法兰结构以减小顶盖直径。

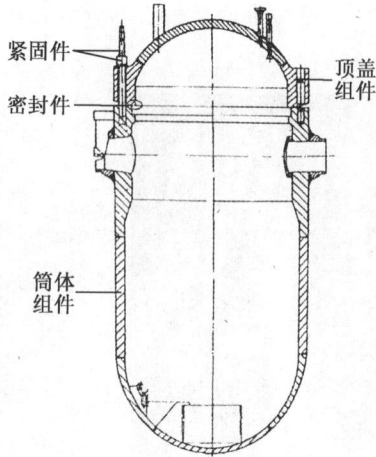

图 7 - 16　压力容器结构简要示意图

图 7 - 17　顶盖组件

　　吊装顶盖组件时使用焊接在顶盖上的吊耳,吊耳仅供吊装顶盖组件时使用,当顶盖上安装有较大重物或顶盖与其他重物件连接时禁止采用吊耳进行吊装操作。通常在顶盖上设置控制棒驱动机构管座,管座安装于顶盖预设开孔上,并有效控制管座位置精度和垂直度,管座与顶盖间通常在顶盖内壁通过角焊缝连接,也可采用机械连接结构等其他连接方式。

　　(2)筒体组件

　　筒体组件也称容器组件、反应堆容器,是反应堆压力容器的主体部分,用于装容堆芯及堆内构件等,一般由容器法兰、接管环段、堆芯环段、进出口接管、过渡段、底封头及其他相关部件等焊接而成。筒体组件一般分为上述各分段筒节,根据反应堆布置及其他需要,可取消部分分段筒节或对其进行合并。

筒体组件的上端(即容器法兰)设置有主螺栓螺纹孔,并与顶盖上的螺柱通孔相配以便安装主螺栓实现反应堆压力容器密封。进出口接管或其他接管(如一体化反应堆中用于支承主泵的接管等)所在的筒体环段称接管环段,其设置安装焊接进、出口接管的大开孔或翻边凸台,在筒体组件中,壁厚一般较厚,仅次于容器法兰。

筒体组件正对堆芯位置,称为堆芯环段(即与容器内放置的燃料组件长度相对应的筒体环段)。筒体组件的底端即底封头,与顶盖类似,结构形式与顶盖相同,发展趋势也类同。过渡段是底封头与筒节间的过渡,包含一部分底封头的球壳或椭球壳与一部分直边筒节,其设置目的是降低底封头的制造难度,但增加了焊接数量,加大了后期的检验工作。

(3)紧固件与密封件

紧固件起着连接顶盖组件与筒体组件的作用,并提供足够的预紧力,以实现反应堆压力容器的密封。紧固件主要包括螺栓、螺母和垫圈等。

密封件包括密封元件及其附件等,密封元件包括一系列的紧固螺钉和固定片,主要功能是固定密封件。

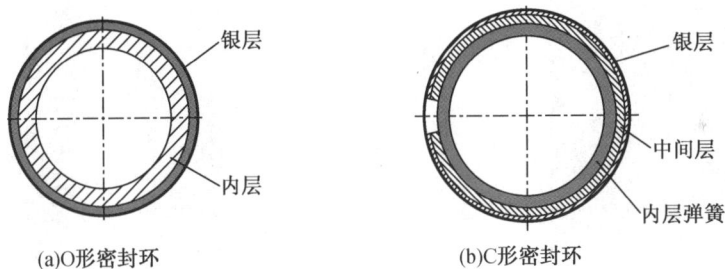

(a)O形密封环   (b)C形密封环

图 7 - 18 密封环示意图

3.控制棒驱动机构

控制棒驱动机构(CRDM)是指驱动反应堆控制棒的机构,它是反应堆控制系统和保护系统的执行机构,按照指令驱动控制棒组件以完成反应堆启堆、调节功率、维持功率、正常停堆和安全保护停堆等功能,如图 7 - 19 和图 7 - 20 所示。

4.反应堆堆内构件

反应堆堆内构件安装于反应堆压力容器内部,是反应堆中一个关键设备。它为燃料组件提供准确的定位、可靠的支承和轴向压紧;为控制棒组件提供可靠导向;为冷却剂提供合理的流道;为堆内温度测量和通量测量提供通道和保护;

屏蔽中子及 γ 辐射,减少对反应堆压力容器内壁的辐照损伤等。

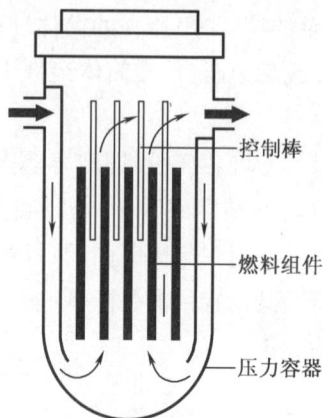

图 7-19　控制棒驱动机构

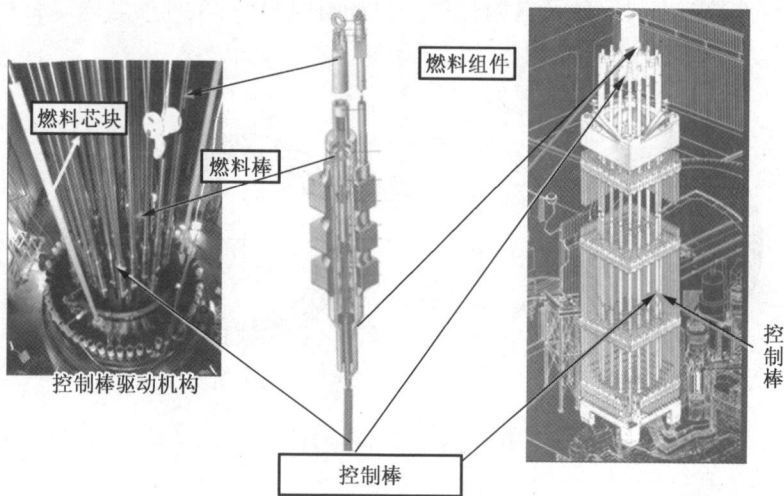

图 7-20　控制棒机构

　　船用反应堆内构件工作在高温高压的水环境中,需要承受较为强烈的中子及 γ 辐照,并且随船体处于倾斜、摇摆等多种状态,同时承受流致振动和机械振动引起的载荷作用。

　　船用反应堆一般由吊篮组件、压紧组件、压紧弹簧组件等组成,总体上采用法兰吊挂式结构(图 7-21)。

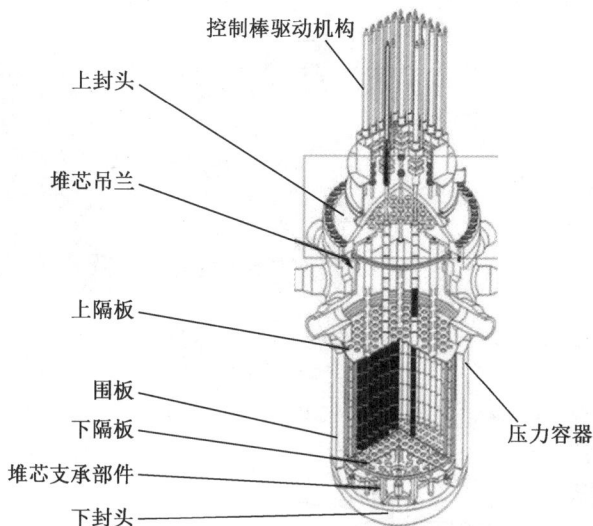

图 7 - 21 反应堆结构示意图

吊篮组件一般由吊篮筒体、堆芯下板、围板、出口管等组成。

压紧组件一般由压紧筒体、堆芯上板、支承板、导向组件等组成。

堆内构件安装就位后,压紧弹簧组件在压力容器顶盖重力和主螺栓预紧力作用下受压变形,产生较大压紧力,把压紧组件和吊篮组件牢固地压紧,防止它们发生轴向窜动影响反应堆安全运行。

5. 反应堆支承与屏蔽

反应堆支承是反应堆的承载结构,主要具有以下功能:支承反应堆本体质量和承受规定的外部载荷;承受反应堆各种运行工况下的载荷,并传递给船体。

反应堆运行时,通过原子裂变产生大量的热量,同时产生大量的裂变产物,如快中子、热中子、γ射线等放射性物质,这些裂变产物向反应堆周围辐射,对设备、人体均有影响,因此在反应堆周围应设置屏蔽体以降低辐射程度,保护反应堆舱内设备、工作人员的安全。按照屏蔽分布位置可将其分为反应堆屏蔽(一次屏蔽)与生物屏蔽(二次屏蔽)。

反应堆屏蔽是指围绕反应堆的屏蔽,主要有以下功能:阻止和减少来自反应堆及其组成部件所产生的各种辐射,使堆舱内的辐射水平在规定限值以下,保护反应堆舱内的设备免受强辐射照射;在反应堆停堆时,屏蔽缓发的和感生的辐射,使工作人员能在停堆后的规定时间内进入堆舱,对反应堆周围的回路设备进行检查与维修(图 7 - 22)。

燃料芯块
元件包壳
一回路压力边界
安全壳
放射性保护区

蒸汽发生器
稳压器

主泵
反应堆

一回路系统

星形接头
控制棒
压紧弹簧
上管座
上格架
导向管
燃料棒
中间格架
燃料元件
充气孔
上端塞
因科镍弹簧
氧化铝块
UO₂芯块
锆合金包壳
下格架
下管座 下端塞

1km
安全壳

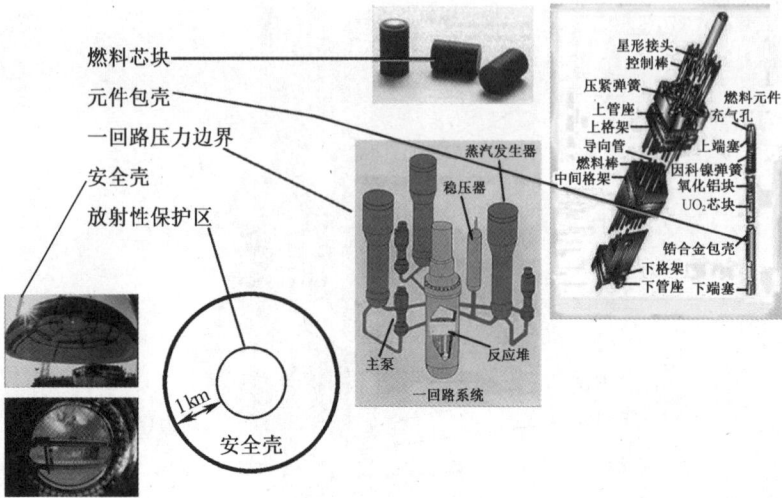

图 7 - 22 多重屏障

生物屏蔽是指布置在堆舱外的屏蔽,是人体和设备的最后屏蔽。

反应堆支承及一次屏蔽结构主要由反应堆支承、侧部屏蔽、顶部屏蔽、底部屏蔽结构等组成。反应堆一次屏蔽围绕在反应堆周围,屏蔽来自反应堆的放射性剂量,以保护人和设备避免照射损伤。

顶部屏蔽是指屏蔽堆芯向上辐射的屏蔽结构;侧边屏蔽是指围绕在堆芯活性区侧面的屏蔽结构,主要由水箱和侧部屏蔽结构组成,如图 7 - 23 和图 7 - 24 所示。

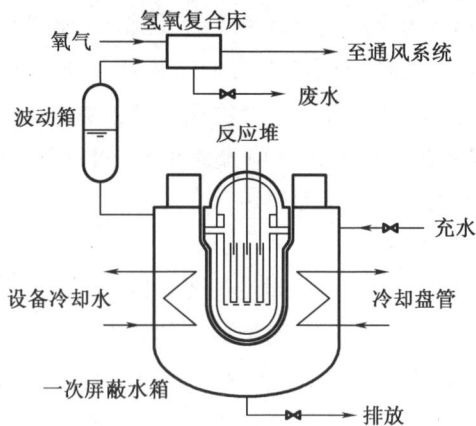

氧气
氢氧复合床
至通风系统
废水

波动箱

反应堆

充水

设备冷却水
冷却盘管

一次屏蔽水箱

排放

图 7 - 23 一次屏蔽水系统原理流程示意图

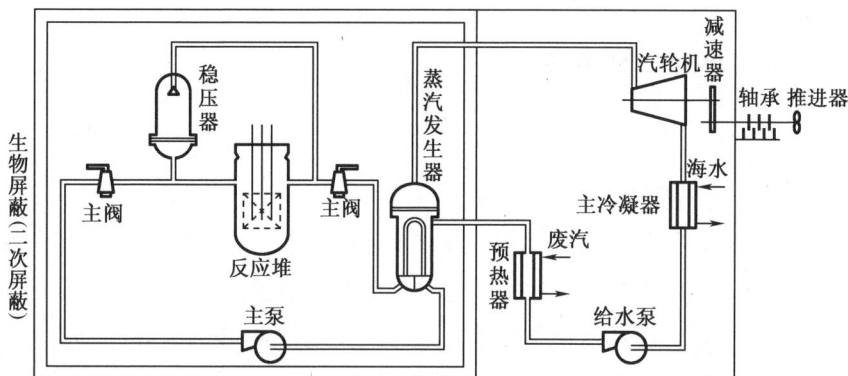

图 7 - 24　生物屏蔽(二次屏蔽)

堆舱辐射屏蔽的设计目标是确保工作人员及设备安全的前提下,力争设计出技术上可行、体积小、质量轻的屏蔽体。为了这一目标,屏蔽设计可以采用下列方式:

(1)将反应堆屏蔽与船舶堆舱屏蔽作为一个整体,予以适当配置。

(2)合理分配屏蔽体设置的厚度。

(3)根据工作人员在堆舱外部不同部位停留时间的不同,分别采用不同的设计剂量限值。

(4)充分考虑堆本体以及主回路管道、设备的阴影作用。

反应堆屏蔽设计原则为:

(1)反应堆支承及屏蔽水箱应与反应堆压力容器同寿期。

(2)屏蔽材料应能适应环境条件,不会发生因蠕变等造成材料的失效。结构材料和屏蔽材料应能抵抗因辐照脆化引起的结构材料失效和屏蔽材料性能减弱。反应堆屏蔽水箱的设计温度应根据屏蔽材料长期使用的耐热温度及特定环境限制温度确定。

(3)优先选用复合屏蔽材料以减轻屏蔽体积和质量。所有用于制造屏蔽体的结构材料以及焊接材料必须符合有关技术条件的规定,并具有良好的屏蔽性能,而且化学性稳定、无毒。

(4)反应堆支承在满足强度的条件下,应选取塑韧性较好的材料,并严格控制可能引起辐照脆化的化学元素含量。

7.2.2 反应堆冷却剂系统

1. 系统简介

反应堆冷却剂系统具有下述功能：

(1)将反应堆堆芯产生的热量通过蒸汽发生器传递给二次侧给水并产生蒸汽；

(2)反应堆内的冷却剂作为中子的慢化剂和反射层；

(3)反应堆正常停堆或紧急停堆时，参与堆芯余热和设备显热的排出；

(4)在失水事故工况下，为冷却堆芯提供条件；

(5)作为反应堆冷却剂压力边界的组成部分，构成防止放射性物质向舱室环境泄漏的一道屏障。

2. 系统组成

反应堆冷却剂系统由两条或以上环路组成，每条环路由蒸汽发生器、反应堆冷却剂泵、稳压器以及连接上述设备的主管道等组成。对于船用核动力装置来说，由于布置空间有限，连接设备的管道形式则与反应堆冷却剂系统布置有关，分散布置通常采用大口径主管道连接所有设备，紧凑式布置则通过短管或特殊结构紧密连接布置在一起，一体化布置则取消主管道设置。

(1)蒸汽发生器

蒸汽发生器(简称SG)主要功能是作为热交换设备将一回路冷却剂中的热量传给二回路给水，使其产生饱和蒸汽供给二回路的动力装置，在一、二回路之间构成防止放射性外泄的第二道屏障。由于水受辐照后活化以及少量燃料包壳可能破损泄漏，流经堆芯的一回路冷却剂具有放射性，而压水堆核电站二回路设备不受放射性污染，因此蒸汽发生器管板和倒置的U形管是反应堆冷却剂压力边界的组成部分，属于第二道放射性防护屏障之一。

图7-25给出了几种典型的船用蒸汽发生器。

(2)主泵

反应堆冷却剂泵(简称主泵)的功能是使冷却剂形成强迫循环，从而把反应堆中产生的热能传送至蒸汽发生器，以产生蒸汽，驱动汽轮机做功。

在确定一台离心泵之前必须先确定泵的运行条件和泵的特性，最基本和最主要的性能参数是扬程H、流量Q及转速n，即可以决定泵的尺寸和主要水力特性。原动机的扭矩和功率可以利用上述3个参数再加上预期的效率来确定。影响泵特性的其他因素还有泵的稳定性、倒流特性、汽蚀余量、转动惯量等。

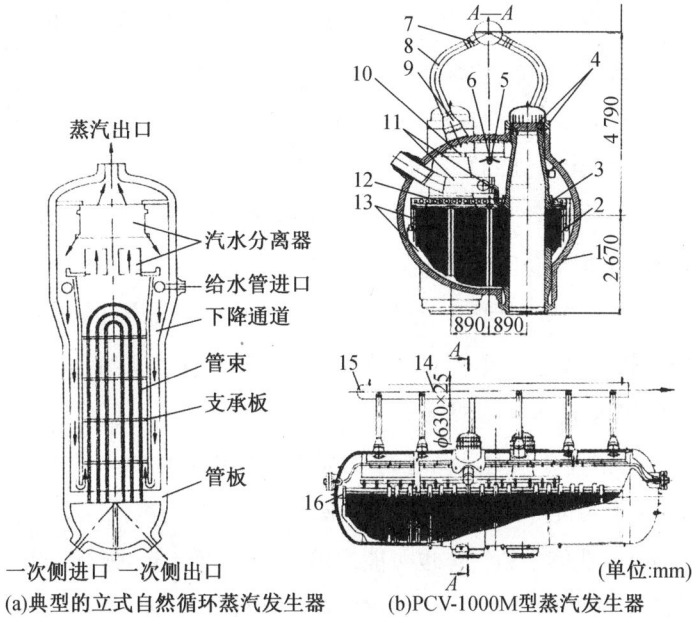

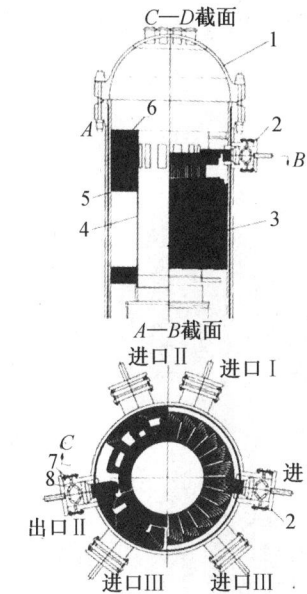

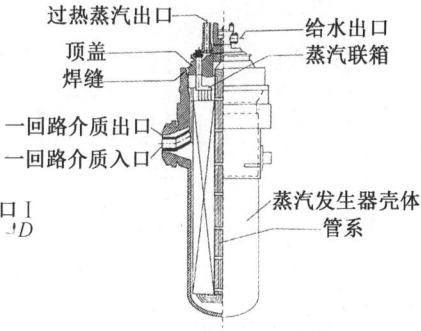

(a)典型的立式自然循环蒸汽发生器

(b)PCV-1000M型蒸汽发生器

(c)"奥托·哈恩"号商船直流蒸汽发生器

(d)"北方航线"号破冰船直流蒸汽发生器

（b）1—船体；2—传热管；3—联箱；4—联箱法兰和封头；5—洗液分配集管；6—紧急给水分配管；7—蒸汽支管接头；8—蒸汽支管；9—蒸汽接管锥体；10—均气孔板；11—给水装置；12—水下孔板；13—内部板；14—蒸汽集管；15—蒸汽集管封头；16—导流板。

（c）1—反应堆压力容器；2—给水进口；3—传热管；4—内套筒；5—外套筒；6—铅屏蔽；7—过热蒸汽出口 8—传热管吊架。

图 7－25　船用蒸汽发生器

①流量或排量:指泵在单位时间内所输送液体的数量,可以用体积流量 $Q(m^3/s)$ 或质量流量 $G(kg/s)$ 表示, $G = \rho Q$。

②压头或扬程:指单位质量液体通过泵后所获得的能量,用 $H(m)$ 表示。根据定义,扬程应为泵出口处的总压头 H_2 和进口处的总压头 H_1 之差。

③轴功率和有效功率:轴功率是指原动机传递至泵轴上的功率,即泵的输入功率 N_p。有效功率是指单位时间内液体通过泵所获得的能量,即泵的输出功率。

④效率:泵在工作时会产生水力损失、容积损失和摩擦损失等各种能量损失,使得泵的有效功率总是小于轴功率,为了反映泵工作时能量利用的完善程度,定义泵的效率为 $\eta_p = N_{p,e}/N_p$。

⑤汽蚀余量:液体在泵内流动时,压力是不断发生变化的。在泵的入口处或某些局部区域,压力有可能降低到等于或低于液体温度相应的汽化压力,这时部分液体则发生汽化,溶解在液体中的气体也可能逸出,形成气泡。这种气泡的形成、发展和破裂以至材料受到破坏的全过程称为汽蚀现象。汽蚀不但使材料受到破坏,而且使泵的振动和噪声加剧,泵的流量、压头和效率明显下降,甚至发生断流现象。

主泵与各种泵如图7-26所示。

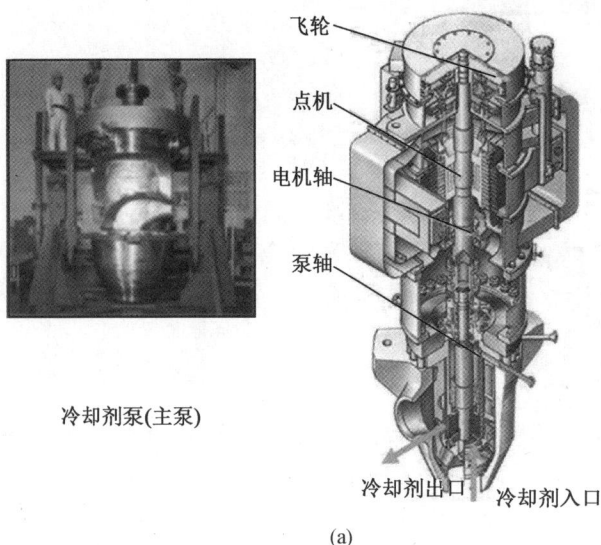

冷却剂泵(主泵)

飞轮
点机
电机轴
泵轴
冷却剂出口 冷却剂入口

(a)

图7-26 冷却泵

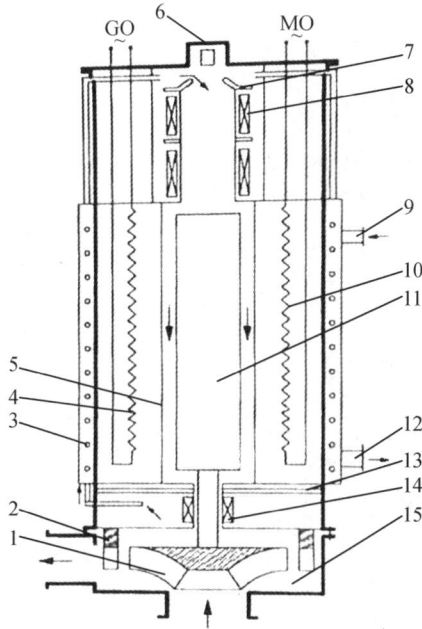

(b)一回路循环泵

1—泵的叶片;2—出口导叶;3—冷却蛇形管;4—定子高速绕组;5—屏蔽套;6—转速传感器;

7—叶轮;8—推力轴承;9,12—设备冷却水的进口与出口;10—定子低速绕组;

11—转子;13—隔热屏;14—下导轴承;15—水室。

图 7 - 26(续)

主泵类型及特点如下:

①屏蔽泵:又称无填料泵,按结构可分为干式定子屏蔽泵与湿式定子屏蔽泵,其中干式定子屏蔽泵应用较为普遍。

屏蔽式主泵由于采用了全密封结构,流经主泵的冷却剂不会泄漏到环境中,而且运行安全可靠,因此适合用在空间狭小的核动力舰船上。图 7 - 27 所示为船舶核动力装置使用的屏蔽冷却剂泵结构示意图,采用立式泵,主要是安装面积小。

屏蔽泵的缺点是电机结构特殊,制造复杂,造价昂贵,容量小,不宜安装飞轮,因而转动惯量小,维修不便;并由于效率低,不适合做大流量泵。屏蔽泵主要还是用于船舶核动力装置与实验核动力装置中,日本"陆奥"号使用该类泵。

②轴封泵:随着核动力装置功能的增大,屏蔽主泵大型化带来的问题突出,而轴密封技术在不断发展完善,已经达到较为成熟的阶段。图 7 - 28 所示即为轴封泵示意图。

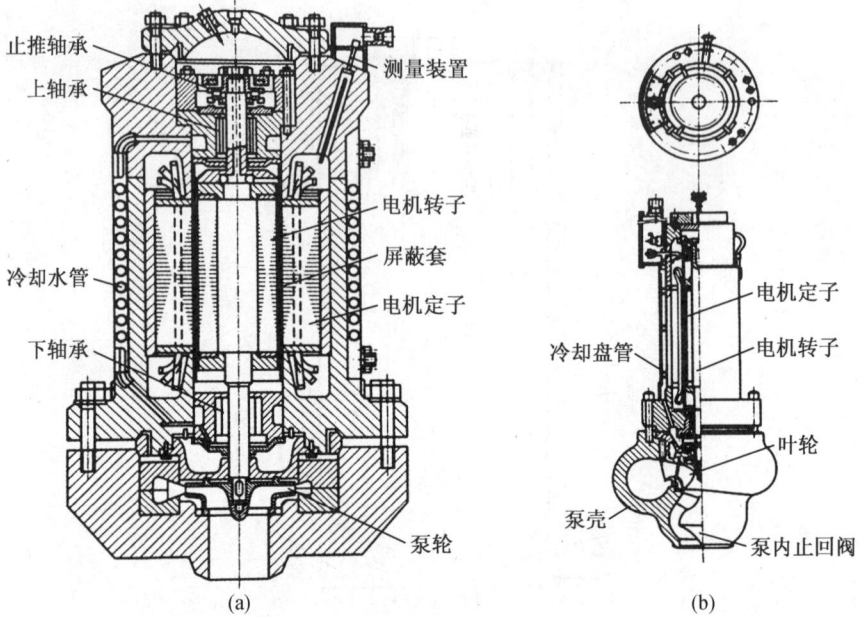

图 7 - 27　反应堆屏蔽冷却剂泵结构示意图

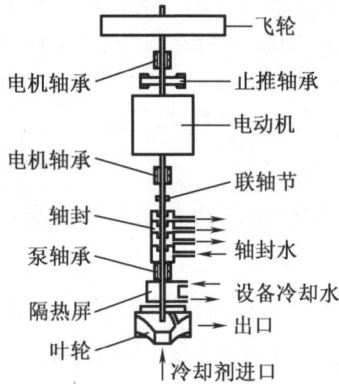

图 7 - 28　轴封泵示意图

（3）稳压器

稳压器是用于稳定和调节反应堆冷却剂系统运行压力的设备,根据结构形式和工作原理的不同分为气罐式稳压器（图 7 - 29）与电加热式稳压器（图 7 - 30）。气罐式稳压器在核动力装置发展的初期阶段应用比较多,目前主要是俄罗斯在使用,而电加热式稳压器在压水堆核动力装置中使用更普遍。

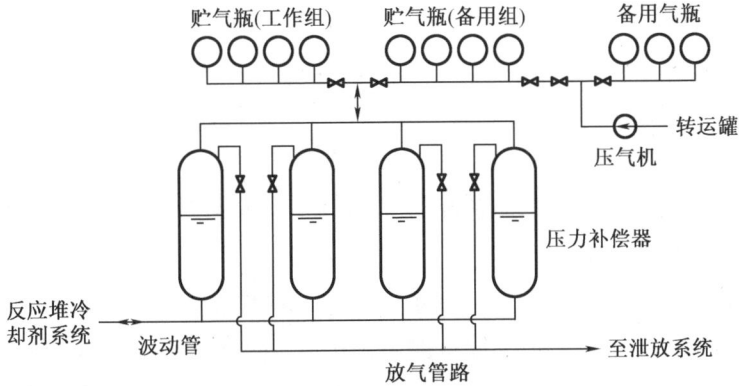

图 7 - 29　气罐式稳压器示意图

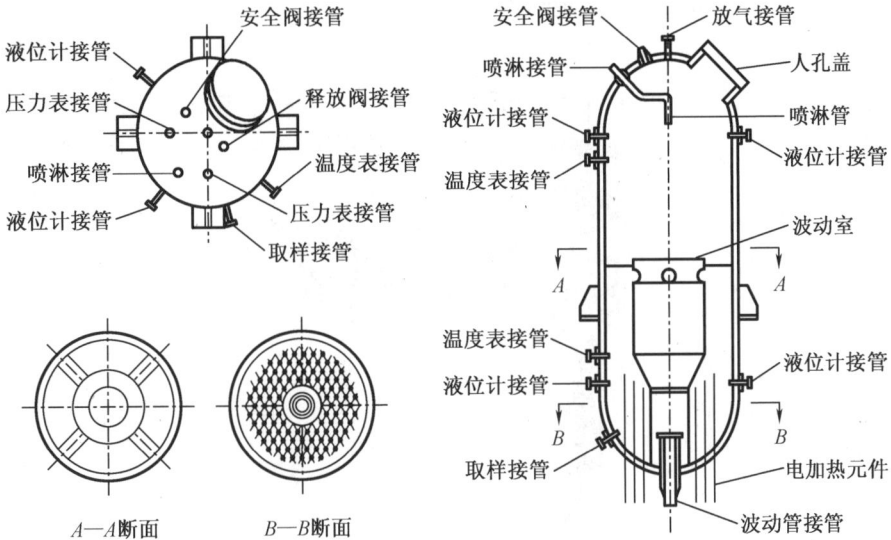

图 7 - 30　电加热式稳压器示意图

在稳定运行的稳压器中,液相与气相是处于平衡状态的,分别为饱和水和饱和蒸汽。因而稳压器内蒸汽与水的温度等于该(绝对)压力下的饱和温度,低于稳压器内的温度。

在反应堆冷却剂系统运行(绝对)压力下,水的密度是蒸汽密度的几倍,因此当稳压器电加热器加热水产生蒸汽时,将发生较大的体积变化,所以蒸汽压力必然增加,使稳压器的压力升高。反之,如果蒸汽被来自冷管段的喷淋水凝结,其蒸汽的密度就减小从而使压力减低。

稳压器的典型结构是一个立式圆筒,上、下部为椭球形封头。

稳压器是对一回路压力进行控制和超压保护的重要设备,其工作原理是:在额定功率下,稳压器内下部是饱和水,上部为饱和蒸汽,稳压器底部(液体区)通过波动管与反应堆冷却剂系统一条环路的热管段相连。因为除稳压器外,反应堆冷却剂系统是一个充满水的系统,所以稳压器中的压力将传至整个系统。

(4)安全阀

稳压器安全阀是反应堆冷却剂系统的超压保护装置,是保证反应堆冷却剂系统及其相连系统管道和设备安全的关键设备,主要由主阀、先导阀和释放阀3部分组成(图7-31),主阀由上下阀体、阀座/阀瓣、上下活塞组件、主阀拉杆和主阀杆、预紧弹簧、进出口法兰及接管等部件组成。先导阀由阀体、阀座/阀瓣、波纹管组件、蝶形弹簧预紧及整定组件等组成。

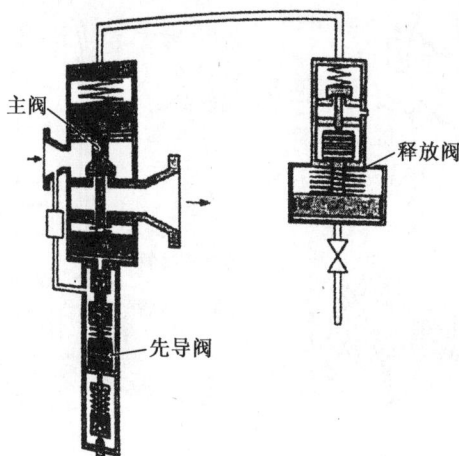

图7-31　稳压器安全阀示意图

稳压器安全阀入口通过管道与稳压器上部蒸汽空间相连在一起。当稳压器建立蒸汽空间后,在安全阀的入口腔及入口处的管道内充满冷凝水,形成安全阀的水封段。当安全阀关闭时,由于水封的存在,安全阀不受反应堆冷却剂系统温度瞬态变化的影响,同时冷凝水的存在可以阻止正常运行工况下的氢气进入,以防止氢气从密封面泄漏而损坏密封面。安全阀主阀入口管上引出的脉冲管与先导阀的脉冲管管口连接,脉冲管上串联一个过滤器,以避免杂质进入先导阀内造成管道堵塞。

稳压器安全阀的先导阀具有自动超压保护功能,当系统压力达到先导阀整

定压力,先导阀开启使得主阀下活塞下腔加压,主阀瓣在下活塞的推进下开启,系统释放压力;当系统压力降到先导阀回座时,先导阀关闭,主阀下活塞下腔卸压,主阀下活塞上下腔压力恢复平衡,主阀瓣在弹簧力和介质的流体动力共同作用下复位,主阀关闭。稳压器安全阀通过释放阀执行远程强制释放功能,打开压缩空气电磁阀,释放阀活塞通过顶杆推开释放阀瓣,使得主阀上活塞上腔卸压,主阀在上活塞的拉动下开启,系统释放压力。当关闭电磁阀,释放阀回座,主阀上活塞上腔与排放管断开,主阀上活塞上下腔压力恢复平衡,主阀瓣在弹簧力和介质的流动力共同作用下复位,主阀关闭。

（5）主蒸汽管道

船用反应堆主蒸汽管道具有如下特点:

①一回路系统中的介质有放射性和高温高压的工作参数,需要考虑放射性对管道材料的辐照、腐蚀等作用。

②需要考虑海洋环境条件的影响,并且船用核动力装置的布置空间相对紧张,在自重、热膨胀、外部动态载荷作用下,为保证管道不失效,一方面要求管道具备优良的力学性能,另一方面要考虑设置相应支架和膨胀补偿器。

③主管道需要选择综合力学性能较高、同时具备优良的耐腐蚀性能的材料,还应保证其辐照稳定性以及具有良好的加工性能。

④作为核一级设备,设计时要考虑各种载荷作用下的强度问题,以此来分析结构和布置是否合理。

主蒸汽管道如图7-32所示。

图7-32　主蒸汽管道

3.反应堆冷却剂系统流程与布置

(1)系统流程

各种船用核动力的反应堆冷却剂系统大致相同,但也各有特色,图 7 - 33 所示为典型的船用冷却剂系统原理图。

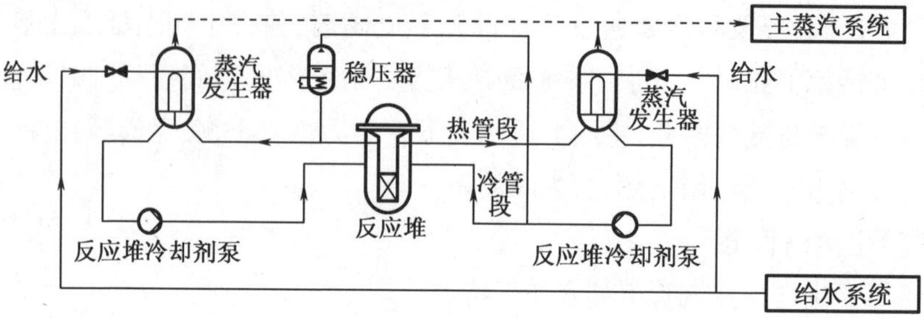

图 7 - 33　反应堆冷却剂系统原理图

(2)系统布置形式

反应堆冷却剂系统的布置形式对一回路系统的性能会产生较大影响,对于核动力装置的设计、制造、运行和管理都会提出不同要求。船用压水堆核动力装置的发展中,反应堆结构和系统布置有三种形式:

①分散式布置:是指反应堆冷却剂系统各主要设备在堆舱内的布置呈分散状态,反应堆压力容器与主泵、蒸汽发生器之间用较长的主管道相连接,现服役核电站与潜艇核动力装置大多采用这种布置方式,如图 7 - 34 所示。

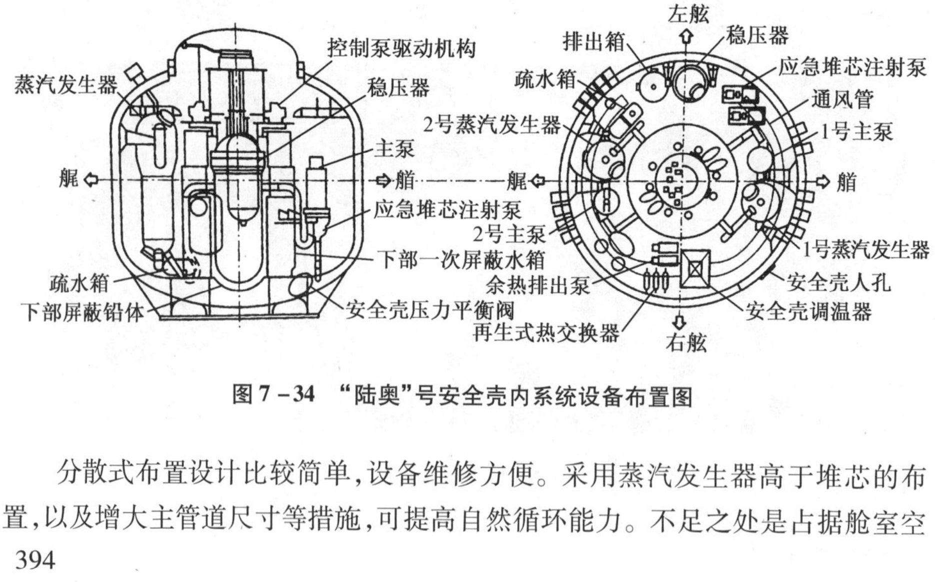

图 7 - 34　"陆奥"号安全壳内系统设备布置图

分散式布置设计比较简单,设备维修方便。采用蒸汽发生器高于堆芯的布置,以及增大主管道尺寸等措施,可提高自然循环能力。不足之处是占据舱室空

间较多,屏蔽的范围大,使得动力装置的质量显著增加。

②紧凑式布置:是指反应堆冷却剂系统各主要设备在堆舱内紧贴反应堆压力容器布置,压力容器与主泵、蒸汽发生器之间采用较短的双层套管连接,间距只有0.5 m左右,取消了主闸阀,这种布置也称为堆外一体化布置,如图7-35所示。

图7-35 "北极"号一回路系统布置图

③一体化布置:是将蒸汽发生器安装在反应堆压力容器内,主泵直接与压力容器相连,完全取消了主管道和主闸阀,冷却剂都在压力容器内循环流动。由于取消了一回路管道,消除了主管道双端断裂的大破口失水事故和由此造成的堆芯熔化事故;同时减小了流动阻力,提高了反应堆的自然循环能力,具有较高的固有安全性;由于布置紧凑,屏蔽质量大大减轻,堆舱体积可以减小。不足之处是压力容器内部结构复杂,设备维修比较困难,要求设备高度可靠,对管材质量、焊接质量和二回路水质等严格控制。主要的应用如图7-36和图7-37所示。

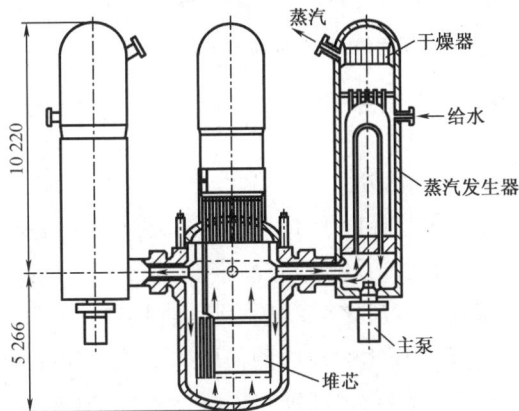

图7-36 CAS3G反应堆结构(单位:mm)

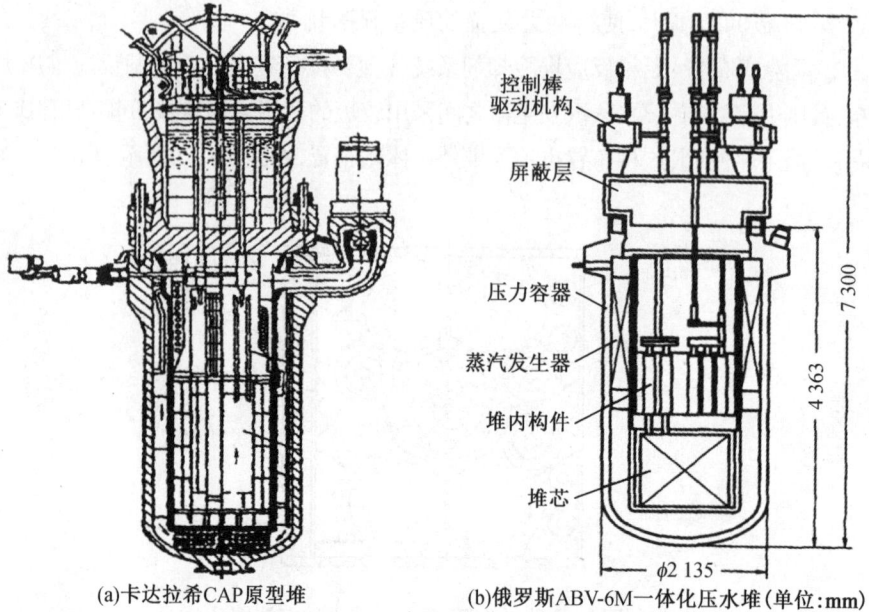

(a)卡达拉希CAP原型堆 　　(b)俄罗斯ABV-6M一体化压水堆(单位:mm)

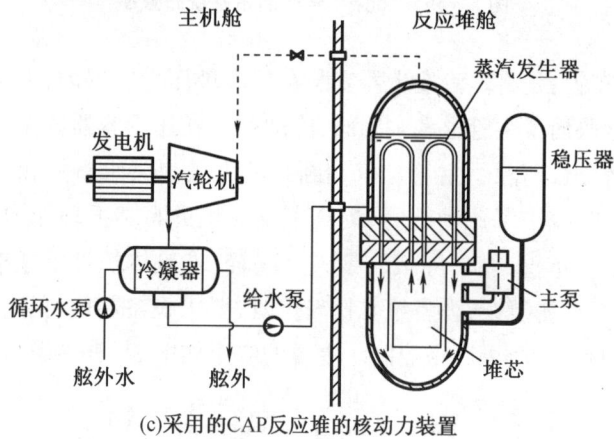

(c)采用的CAP反应堆的核动力装置

图 7 - 37　采用一体化布置的反应堆装置示意图

一体化压水堆技术发展趋势:

a. 将堆芯、直流蒸汽发生器置于压力容器内,稳压器、主泵与压力容器形成一体化,从而排除了一回路管道大破口失水事故。

b. 采用体积小、高效的直流之前发送设计,直接产生过热蒸汽,取消汽水分离器。蒸汽发生器一般置于压力容器内测与堆芯吊篮之间的环形空间内。

c. 采用长寿命、高燃耗燃料,提高堆芯可靠性指标,减小堆芯体积和质量,不断延长堆芯生命周期。

d. 采用非能动安全系统,包括非能动安全壳冷却系统、应急堆芯非能动淹没系统和应急堆芯余热排出系统,保证在断电和事故工况下反应堆安全。

e. 提高自然循环能力,目前国外一体化压水堆的自然循环能力已达 30% ~ 60% 额定功率。

f. 便于设备和部件的安装调试、标准化和模块化制造,从而减少建造材料,缩短建造周期,大大降低造价,提高经济性。

7.2.3 反应堆安全壳收缩徐变分析

虽然反应堆堆芯发生严重损坏或熔化的事故概率非常低,但是各种偶然因素的存在,作为发生严重事故最后一道屏障的安全壳还是不能完全避免。因此,安全壳整体在整个生命周期的安全性研究将为压水堆核电装置发生严重事故时进行正确决策提供重要依据。

我国在 CNP1500 核电装置中也提出了设计生命周期 60 年的要求,安全壳等结构要有相应的改进。目前对于 40 年生命周期安全壳收缩徐变的研究成果及防止其不良后果的技术措施相对成熟,参考文献[6]通过数值计算,比较 60 年生命周期的变化,提出改进措施,从而达到延长安全壳生命周期的目的。

1. 计算模型

安全壳如图 7 - 38 所示,主要对安全性密切相关的内层安全壳进行建模分析。

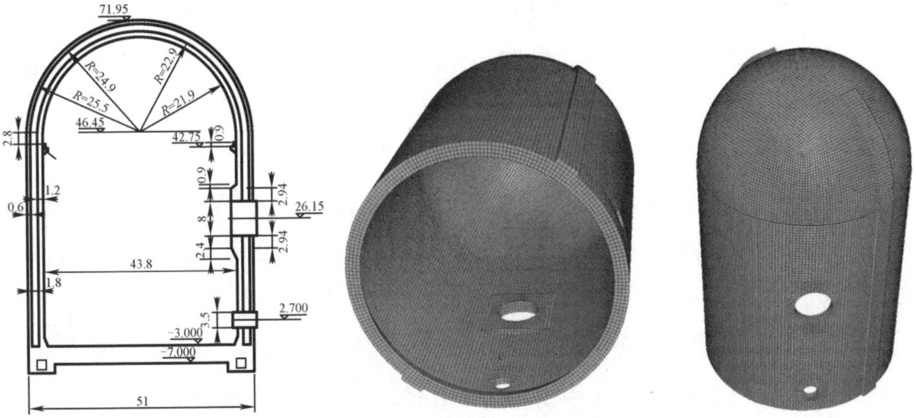

图 7 - 38 安全壳示意图与有限元模型图(单位:mm)

影响安全壳徐变的环境因素很多,主要是加载龄期、相对湿度、温度、安全壳的尺寸效应等。环境因素如何通过参数来体现是至关重要的。这里采用prEN1992 – 1规定的收缩徐变经验公式对处于CNP1500相同环境的模型进行了计算,再用有限元进行分析,最后将两者的结果进行比较。当两者接近一致时,则此次有限元计算所用的参数即可用于安全壳徐变分析中。

2.结果分析

(1)徐变分析

图7 – 39所示为60年安全壳的收缩徐变图。

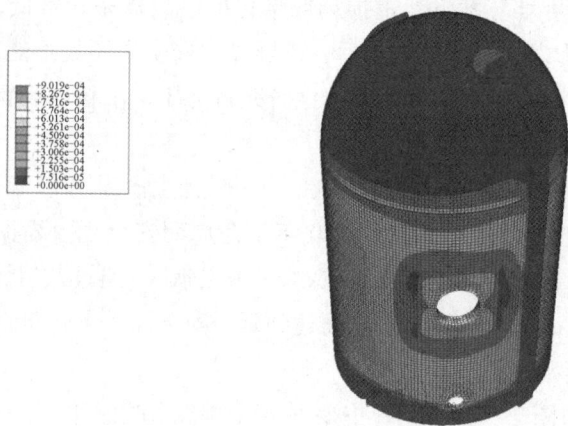

图7 – 39　外层徐变

图7 – 40和图7 – 41所示分别为设备闸门、人员闸门附近收缩徐变的情况。

从图7 – 40和图7 – 41中可以看出:在设备闸门和人员闸门处外层材料的收缩徐变最大,随着单元与闸门距离的增加,收缩徐变值也随之下降。

对于筒体,40年时,97%的单元收缩徐变值在300×10^{-6}以下,最大为751.8。在闸门处,60年时,最大收缩徐变值为774.2,也在闸门处,相应于40年,整个筒体有78.1%的单元收缩徐变变化率在5%以下,21.9%单元的变化率大于5%,最大为8.6%,但其40年收缩徐变值相对较小,最大值仅为178×10^{-6}。

对于穹顶,其收缩徐变分布较均匀并较小,40年时最大为181×10^{-6},60年时最大为189×10^{-6}。与40年相比,60年穹顶单元收缩徐变变化率均在3.87%与7.27%之间。

(a)设备闸门

(b)左侧人员闸门附近

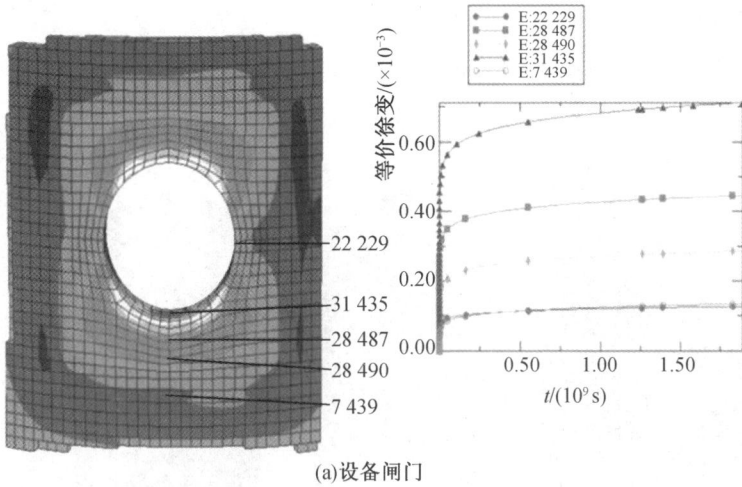

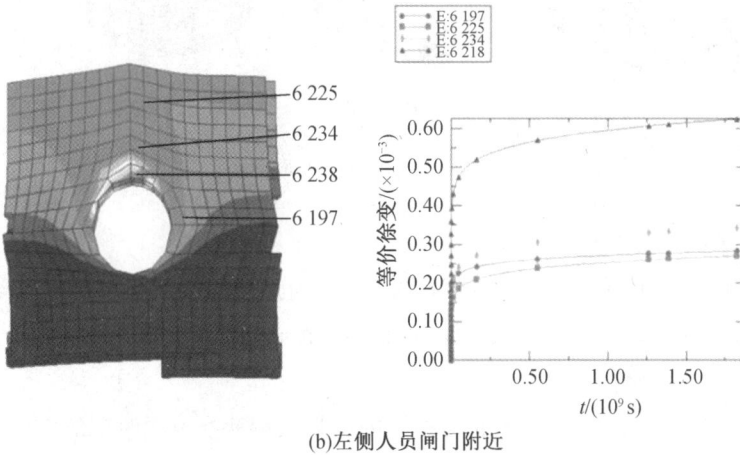

图 7 - 40　设备闸门附近收缩徐变与左侧人员闸门附近收缩徐变

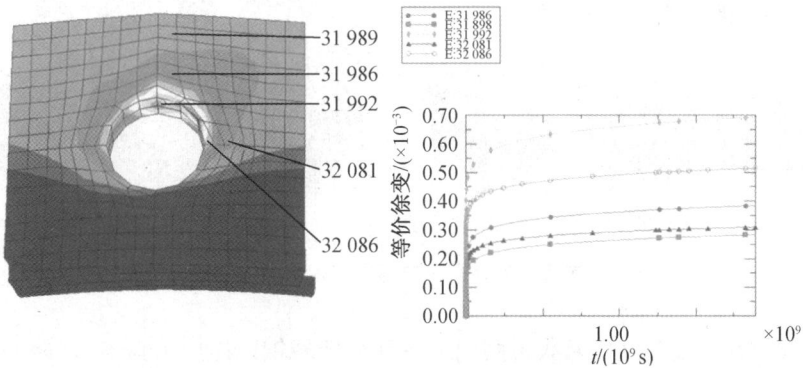

图 7 - 41　右侧人员闸门附近收缩徐变

（2）外层应力分析

图 7-42 所示是外层材料在不同时期的 mises 应力图,其应力随着收缩徐变而变化。

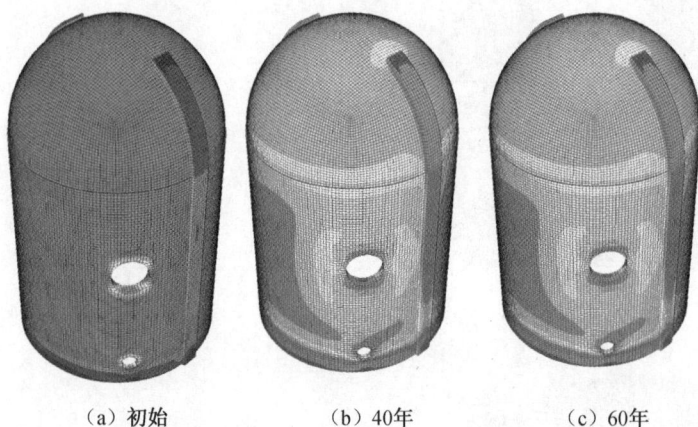

（a）初始　　　　（b）40年　　　　（c）60年

图 7-42　不同时期的 mises 应力图

（3）钢衬里应力分析

钢衬里整个应力分布状况与外层情况相似,均是设备闸门附近应力最大,其余区域较小。60 年与 40 年应力相比,99.8% 的单元应力增大率均小于 1.5% 。

（4）钢筋应力分析

图 7-43 所示是内层环向钢筋与筒体内层竖向钢筋在不同时期的应力。

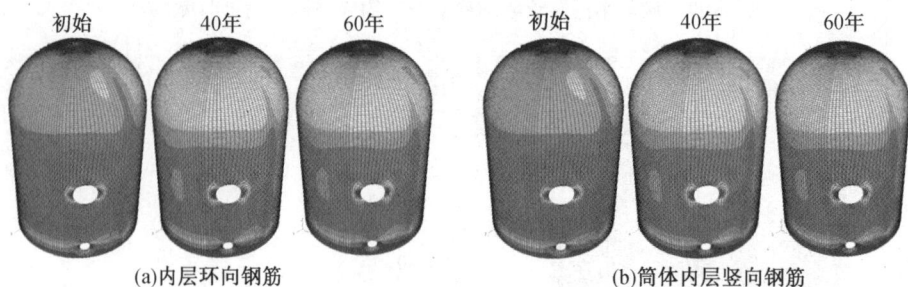

初始　　40年　　60年　　　　初始　　40年　　60年

(a)内层环向钢筋　　　　　　　(b)筒体内层竖向钢筋

图 7-43　内层环向钢筋应力与筒体内层竖向钢筋应力图

可以看出:设备闸门及人员闸门上下部分区域钢筋压应力最大,随着与闸门距离的增大应力逐渐减小,直至与周围的应力相协调,而在闸门左右部分区域钢

筋受拉,随着远离闸门,其应力也由受拉变为受压。

筒体在底部固结区域钢筋压应力最大,而在闸门上下部分区域钢筋受拉,随着远离闸门,其应力也由受拉变为受压。穹顶内层环向钢筋均受压,应力分布也比较均匀。

图7-44所示分别是外层环向钢筋和筒体外层竖向钢筋在不同时期的应力。

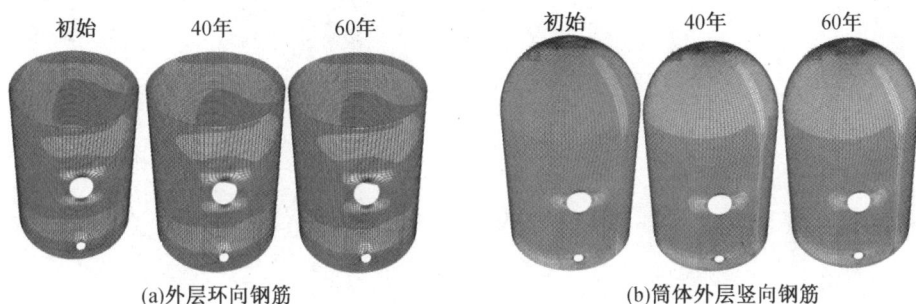

初始 40年 60年 初始 40年 60年

(a)外层环向钢筋　　　　　　　　(b)筒体外层竖向钢筋

图7-44 外层环向钢筋应力与筒体外层竖向钢筋应力图

在设备闸门与人员闸门上下部分区域钢筋压应力最大,随着与闸门距离增大应力逐渐减小,直至与周围的应力相协调,而在闸门左右部分区域钢筋受拉,随着远离闸门,其应力也由受拉变为受压。同时,底部约束区域也有部分受拉单元。

设备闸门及人员闸门左右区域钢筋压应力最大,随着与闸门距离的增大应力逐渐减小,而在闸门上下区域钢筋受拉,随着远离闸门,其应力也由受拉变为受压。

穹顶径向钢筋应力如图7-45所示,钢筋受压。对钢衬里及钢筋的应力分析可见:与初始阶段相比,40年时钢筋应力的变化较大,但仍在弹性阶段。将生命周期延长至60年时,相对40年的应力来说,应力变化是非常小的。

3.结论

参考文献[6]对外层安全壳收缩徐变进行分析,得到如下结论:

(1)对于外层材料的收缩徐变,60年与40年相差仅4.6%(按prEN1992(2nd draft)计算所得),因此外层经长时间加载之后,其收缩徐变趋于稳定。

(2)外层的收缩徐变引起了安全壳的应力重分布,60年生命周期与40年相比,应力变化非常小,在外层材料、钢衬里、钢筋的高应力区域中其变化率均小于

2%,在低应力区域虽然变化率较大,但其变化的绝对值较小。

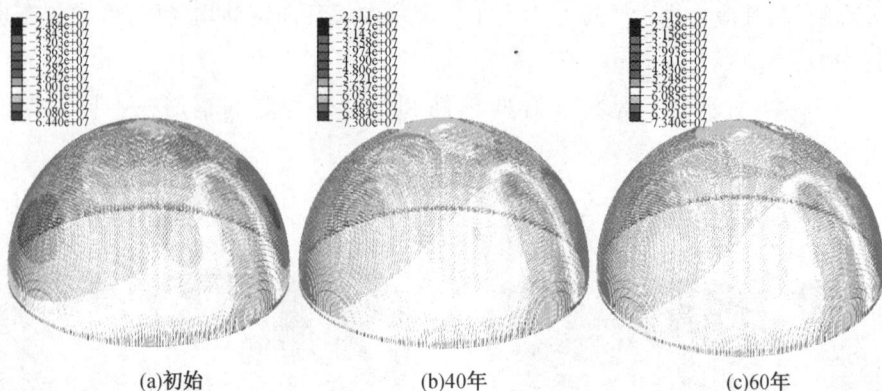

(a)初始　　　　　　　(b)40年　　　　　　　(c)60年

图7-45　穹顶径向钢筋应力图

7.2.4　一回路系统

为了维持反应堆冷却剂系统安全可靠运行,一回路设置了压力安全系统、辅助水系统、水质控制系统、工程安全设施、废物处理系统等一系列辅助系统。这些系统主要实现下述功能:

(1)反应堆启动核运行时,按预定方式向一回路供给冷却剂,以保证回路中所需要的冷却剂数量及压力;

(2)稳定核控制反应堆冷却剂系统的压力,保证反应堆及一回路系统的安全;

(3)向一回路中需要冷却剂的设备提供除盐冷却水,保证这部分设备的正常运行;

(4)监测一回路冷却剂的质量和成分,对冷却剂进行净化,控制水质,保证冷却剂品质符合要求;

(5)反应堆正常停闭或事故紧急停闭时,对堆芯进行冷却,防止堆芯烧毁;

(6)堆舱内发生泄漏事故时,对堆舱进行冷却以降温降压,防止第三道安全屏障破损;

(7)收集各系统排出的放射性废物,并加以处置,保证船上人员及环境的安全。

一回路系统示意图以及一回路系统设备组成如图 7-46 所示。

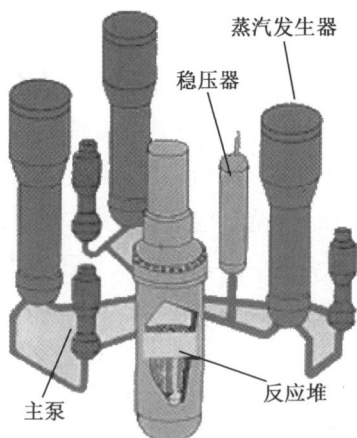

(a)一回路系统

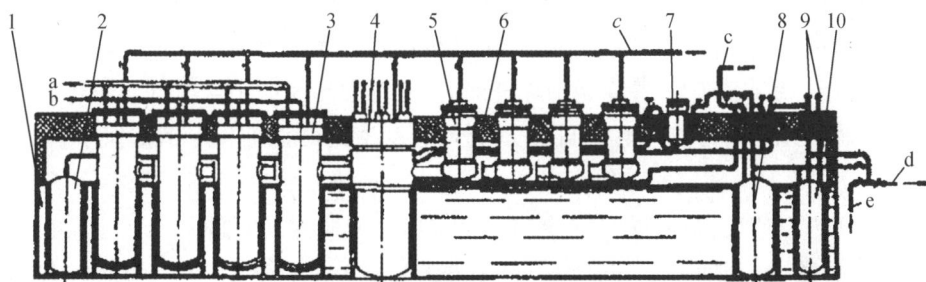

(b)"北极"号破冰船一回路设备组成

1—铁水屏蔽箱;2—稳压器;3—蒸汽发生器;4—反应堆;5—主冷却剂泵;6—生物屏蔽;

7—冷却循环泵;8—过滤器的冷却泵;9—过滤器的转换接头;10—离子交换过滤器;

a—过热蒸汽管;b—给水管;c—补给水泵管;d—取样管;e—接排水泵统分管。

图 7-46　一回路系统示意图

1.压力安全系统

核动力装置在运行过程中,反应堆冷却剂系统的压力会随着装载负荷、外界因素等的变化而变化。如果压力超过了系统的设计压力,可能会造成失水事故;如果压力过底,可能会导致堆芯流动不稳定和堆芯冷却不充分,危及反应堆的安全。安装压力安全系统的目的就是控制反应堆冷却剂系统的压力波动。

核动力装置压力安全系统主要有蒸汽稳压、氮气稳压两种稳压方式。蒸汽

403

稳压方式通过电加热喷冰冷却剂建立和维持反应堆冷却剂系统的压力在规定的范围内。氮气稳压方式利用氮气的可压缩性补偿反应堆冷却剂随温度变化的容积波动,使反应堆冷却剂压力在一定范围内跟踪变化。与蒸汽稳压相比,氮气稳压有工作原理简单、系统工作时无电能消耗、压力和水位无须自动控制、装置启动快并且不产生废水等优点,使得核动力装置的控制和运行方式相对简化,机动性大大提高;且氮气稳压空间可拆分成多个小的氮气瓶分散布置于堆舱内,可以灵活布置。由于氮气稳压是一个非能动系统,在反应堆启停和功率运行过程中,自动使反应堆冷却剂压力在一定范围内跟踪变化,无须控制,因而可降低对反应堆启动时的自能源需求。而蒸汽稳压系统要求稳压器内的介质经常处于两相平衡状态,水和蒸汽的饱和状态比较容易发生相变,故能灵敏地调节因体积变化而引起的压力变化。

用氮气稳压方式的反应堆冷却剂一般可选用氨型碱性水质,这种弱碱性(氢)水化学制度具有稳定性和自调节作用,从而有利于维持反应堆冷却剂的碱性水质。但氮气在反应堆冷却剂中存在溶解问题,即由于冷却剂温度下降导致氮气溶解度降低,冷却剂中会有部分氮气析出造成局部聚集,影响流动的稳定性,并可能导致回路中一些设备损坏。同时,需考虑冷却剂中含氮气对堆芯物理特性和燃料元件的传热影响等问题。另外,若发生氮气泄漏也会带来不利后果。

(1)压力安全系统的工作流程

①压力调节流程:当反应堆冷却剂系统压力升高时,喷雾阀开启,主管道冷段的反应堆冷却剂通过喷雾管喷入稳压器的蒸汽空间使蒸汽冷凝,从而使反应堆冷却剂系统压力回落到允许范围内。反应堆冷却剂系统压力降低时,电加热元件投入运行,将饱和水加热蒸发为饱和蒸汽,从而使反应堆冷却剂系统压力回升到允许范围内。

②压力保护流程:在事故工况下,为了防止反应堆冷却剂系统超压,压力安全系统中设置3台安全阀。安全阀采用分级排放,超压瞬态时若第一台安全阀在其开启压力定值下未能开启,或开启压力仍继续上升,则当系统压力上升到第二台安全阀开启压力值时,第二台安全阀开启,若系统压力仍继续上升,则开启第三台安全阀。图7-47所示为压力安全系统的流程。

(2)系统组成与运行

压力安全系统由稳压器、喷雾阀、安全阀及其相连管道和测量仪表等组成。

压力安全系统如图7-48所示。

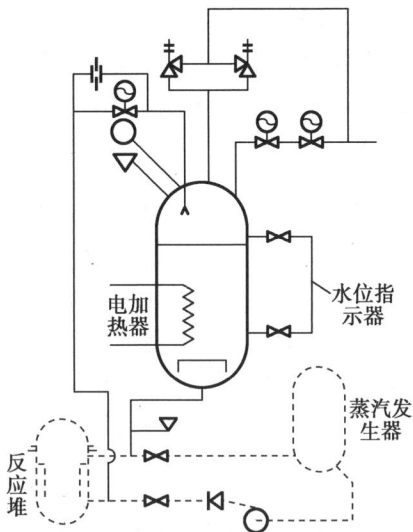

图 7 - 47 压力安全系统流程图

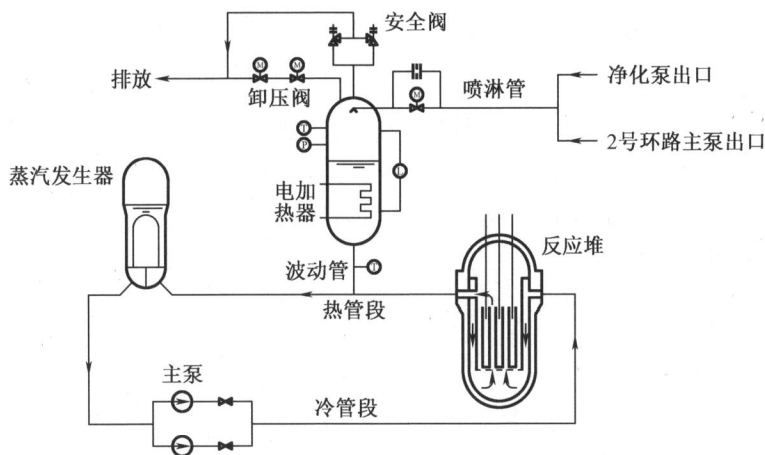

图 7 - 48 压力安全系统示意图

(3)压力安全系统的主要功能

①在核动力装置功率运行时,吸收冷却剂的体积波动,维持并控制反应堆冷却剂系统压力在允许范围内。

②在冷启动和冷停堆过程中,与其他系统和设备配合,对反应堆冷却剂系统进行升温升压和降温降压。

③在反应堆冷却剂系统压力过高或过低时,向报警装置、反应堆保护系统提

供压力信号,触发报警和反应堆停堆。其中,压力过高时启动安全排放,进行超压保护;压力过低时启动专设安全设施进行安全注射。

④根据运行要求,排出反应堆冷却剂系统中产生的裂变气体、氢气等。

2. 水质控制系统

船用压水堆装置采用高纯度除盐水作为慢化剂和冷却剂,其处在高温、高压、高流动、高热通量及高中子通量辐照条件下工作。水质若不能满足规定要求,会加重结构材料的腐蚀,导致传热表面结垢,影响传热效率和工作的可靠性。同时腐蚀产物受辐照而活化,增加了装置的放射性水平。

因此,一回路系统需要设置净化系统,对反应堆冷却剂进行净化,保证反应堆冷却剂运行水质满足要求。

净化系统的主要功能是通过过滤、离子交换等手段连续除去反应堆冷却剂中部分可溶解的杂质,保证反应堆冷却剂中的杂质浓度在允许值以下,降低反应堆冷却剂的放射性水平。

净化系统由反应堆冷却剂泵(或净化泵)、过滤器、再生式热交换器、非再生式热交换器、离子交换器以及相应的管线组成。根据运行压力不同,净化系统分为高压型与低压型两类。高压净化系统的工作压力与反应堆冷却剂相同,低压净化系统则是将冷却剂压力降到较低水平后再进行净化。由于除盐器中的离子交换树脂不能在高温情况下工作,为了防止树脂分解,在这两种净化系统中,进入除盐器的冷却剂都要通过热交换器冷却降温。图 7 - 49 所示为高压净化系统的原理。

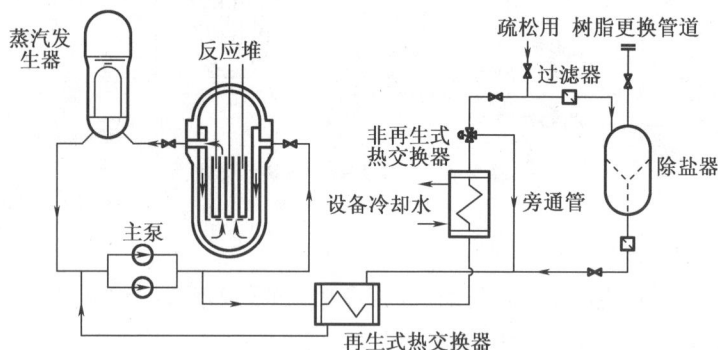

图 7 - 49　高压净化系统原理示意图

高压净化系统流程简单、设备少、布置紧凑,也不需要另外设置净化泵,但设

备均要求能承受高压,因而制造成本较高,多用于对设备空间要求严格的地方。

图 7-50 所示为"陆奥"号采用的低压净化系统,其特点是净化系统与容积控制系统、化学物添加系统合在一起,构成了化学和容积控制系统。

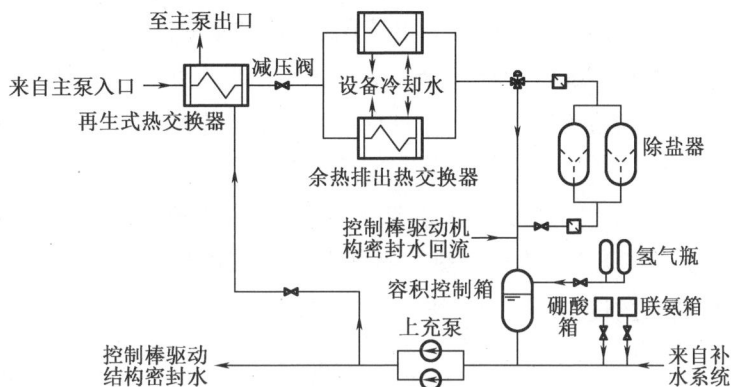

图 7-50 低压净化系统原理示意图

净化系统投入运行时,需净化的反应堆冷却剂从反应堆冷却剂系统引出,流入再生式热交换器管程;再生式热交换器管程内的高温冷却剂与流经壳程的净化后低温冷却剂进行热交换,使冷却剂温度得到第一次降低,继续流经非再生式热交换器管程,被壳程流动的设备冷却水进一步冷却到离子交换器树脂工作温度,再进入净化离子交换器;反应堆冷却剂在净化离子交换器中被除去部分可溶性离子杂质,并滤掉部分不可溶性杂质;净化后的冷却剂进入再生式热交换器壳程升温后返回至反应堆冷却剂系统。

净化系统的除盐器均不进行再生处理,当离子交换树脂失效以后,则送往岸上进行专门处理,这是因为树脂被活化后放射性辐射强度很大,为了防止对运行人员的辐射,除盐器外设置了铅屏蔽。

3. 辅助水系统

辅助水系统包括设备冷却水系统、补给水系统、一次屏蔽水系统、换料充排水系统等,为一回路系统在各种工况下的正常运行提供冷却水、补水、屏蔽水及其他用水,是一回路系统的重要组成部分。

(1)设备冷却水系统

设备冷却水系统的功能是向一回路需要冷却的设备提供冷却水。为了防止海水直接与一回路设备接触,防止放射性物质进入海水而污染环境,因此设备冷

却水系统为中间闭式循环系统,将一回路系统与海水系统隔离。

设备冷却水系统主要由设备冷却水泵、冷却水热交换器、设备冷却水波动箱等组成。设备冷却水泵为设备冷却水在系统闭合回路中循环提供动力。设备冷却水热交换器用来将设备冷却水从被冷却设备中导出的热量传递给海水。设备冷却水波动箱用于维持系统运行压力和调节设备冷却水的体积波动。

反应堆及一回路系统启动前,设备冷却水系统已启动并维持正常运行状态。

反应堆及一回路系统停止运行并且反应堆达到冷态以后,设备冷却水系统结束运行。

系统中的冷却水为除盐水。设备冷却水分别流入被冷却的设备内,带出其热量,再将热量传递给设备冷却水热交换器壳内侧的海水。海水通过海水泵提供循环动力。典型的设备冷却水系统如图7-51所示。

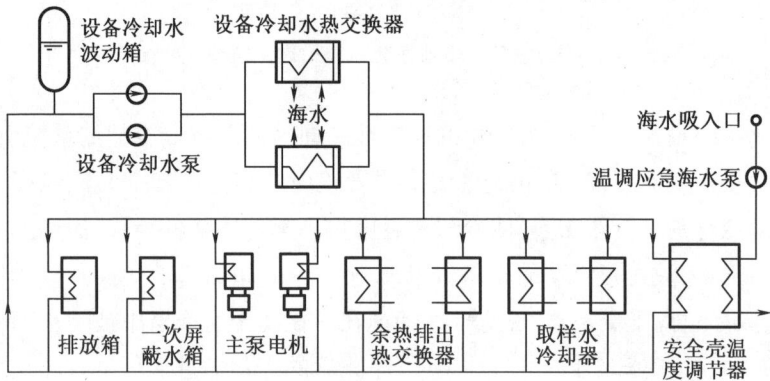

图7-51 设备冷却水系统原理示意图

设备冷却水系统构成一个闭式的中间冷却回路,介于一回路系统需要冷却的设备与作为最终热井的海水之间,设备冷却水压力低于反应堆冷却剂系统,但高于海水。这种设计可以防止海水直接与一回路设备接触而造成腐蚀,还能避免放射性物质泄漏直接进入海水而污染环境。

(2)补给水系统

补给水系统的功能是处理、储存和向一回路供应补给水,通常在下列情况下使用:

①在反应堆初始充水时,用于向反应堆冷却剂系统及有关辅助系统(如一次屏蔽水系统、设备冷却水系统、净化系统等)充填水质合格的水;

408

②反应堆冷启动时,补水泵可用于反应堆冷却剂系统初始升压;

③一回路正常运行时,间断性向反应堆冷却剂系统补水,以维持稳压器正常水位,补偿由于冷却剂体积收缩、泄漏和取样而引起的稳压器水压下降;

④在反应堆冷停堆或事故停堆时,向反应堆冷却剂系统补水以补偿水位的下降;

⑤提供其他用水,如取样室冲洗水、配制化学药品用水等。

由于补水要进入一回路系统,在高温、高压和放射性辐照下工作,因此对补水水质的要求很高。补水系统原理如图 7－52 所示。

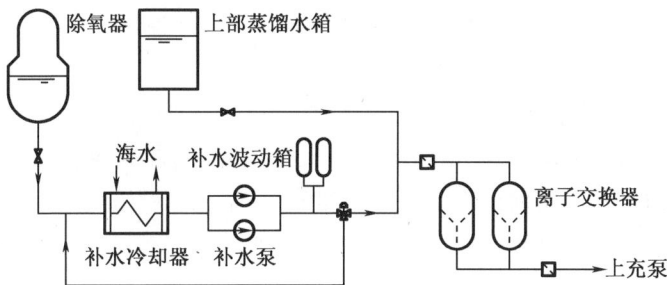

图 7－52　补水系统原理示意图

补水系统的水源一般双重设置。补水经补水冷却器降温,离子交换器去除其中的溶解氧、可溶性和不可溶性的杂质后,由补水泵经补水管线向反应堆冷却剂系统补水。正常运行期间,根据稳压器水位信号,当水位降至一定值时,自动启动补水泵,向反应堆冷却剂系统进行补水。当水位升至一定值时,自动停止补水。当其他用户要补水时,开启相关阀门,启动补水泵向其补水,补水结束后恢复系统状态。

（3）其他辅助水系统

除上述辅助水系统外,根据核动力装置的不同,还有一次屏蔽水系统、换料充排水系统,核电站中还有反应堆水池和泛燃料水池冷却和净化系统等。这些系统有的单独设置,有的与其他系统合并在一起。

一次屏蔽水系统的功能是为反应堆一次屏蔽水箱充水、排水,补充屏蔽水的损耗,对屏蔽水进行冷却以维持其温度在正常范围内,向一次屏蔽水中添加缓蚀剂以及处理由于辐照分解产生的氢气以防爆炸等。图 7－53 所示为一次屏蔽水系统原理。

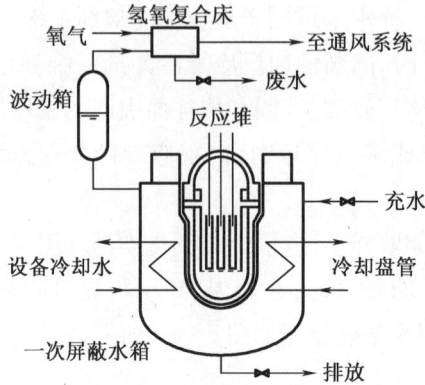

图 7 - 53　一次屏蔽水系统原理示意图

4.工程安全设施

为了确保核安全,必须满足核安全三要素的要求,即反应性控制、堆芯冷却和放射性产物包容。根据核安全三要素的要求,在核动力装置的设计中确定了一系列的安全功能,实现了这些安全功能就能满足核安全的要求,工程安全设施就是实现这些安全功能的重要手段。

工程安全设施主要包括余热排出系统、安全注射系统、堆舱喷淋系统、堆舱通风及温调系统等,用于反应堆正常或事故停堆后的堆芯冷却,发生事故时淹没并冷却堆芯,防止第三道安全屏蔽的完整性遭到破坏,以限制事故发展和减轻事故的不良后果。

(1)余热排出系统

在任何情况下保障核燃料释热的疏导是核安全的重要问题。在正常运行的工况下,核裂变产物衰变产生的热量是由一回路通过蒸汽发生器向二回路传递来释放的;当反应堆停堆时,虽然以裂变为机制的核功率很快消失了,但是由裂变而生成的裂变碎片及其衰变物在放射性衰变的过程中释放的热量还存在,这就是剩余功率。图 7 - 54 所示为余热排出系统的原理。

余热排出系统组成比较简单,主要由余热排出热交换器、余热排出泵、阀门和相应的管系组成。余热排出系统投入运行时,主泵低速运行,维持一定流量的冷却剂在系统中循环,进入余热排出热交换器中的冷却剂被热传面另一侧的设备冷却水海水冷却,降温后的冷却剂返回主泵进口侧管道。通过调解进入余热排出热交换器的冷却剂流量,可以控制反应堆冷却剂系统的冷却速度。为了减少热冲击,余热排出热交换器在投入工作之前,应由一小股流量预热。

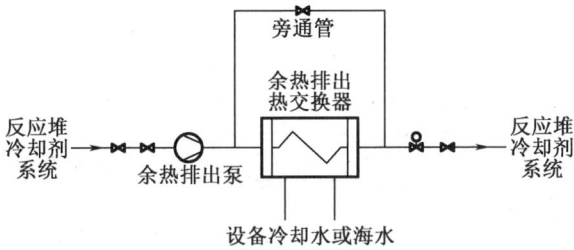

图 7-54　余热排出系统原理示意图

在冷停堆过程中,反应堆冷却剂系统的压力和温度随余热排出不断降低,这时必须及时向反应堆冷却剂系统补水,以保障系统压力不低于主泵允许压力。

①高压型余热排出系统

高压型余热排出系统的设计压力与反应堆冷却剂系统相同,反应堆停闭后可立即投入运行。该系统组成比较简单,主要由余热排出交换器和相应管道组成。高压型余热排出系统原理如图 7-55 所示。

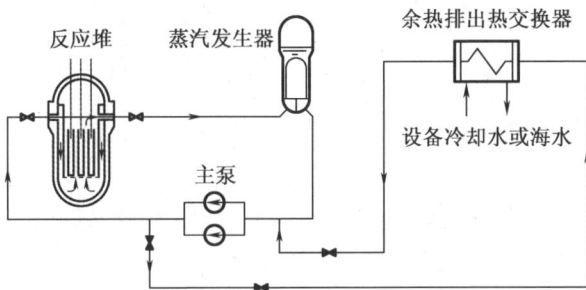

图 7-55　高压型余热排出系统原理示意图

为了提高系统的自然循环能力,余热排出热交换器应布置在舱内的高处,并保证在船体发生最大允许倾斜时也不失去自然循环的能力。图 7-56 为英国核潜艇的余热排出热交换器布置在潜艇耐压壳体之外的图示。

②低压型余热排出系统

低压型余热排出系统的设计压力较低(一般低于 1.47 MPa),只能在停堆后反应堆冷却剂系统压力降至余热排出系统设计压力以下时才能投入运行。在某些重大事故下紧急停堆时,低压型余热排出系统不能立即投入,需要另外设置应急堆芯衰变热除去系统对堆芯进行紧急冷却。图 7-57 所示为"陆奥"号的余热

411

排出系统原理。

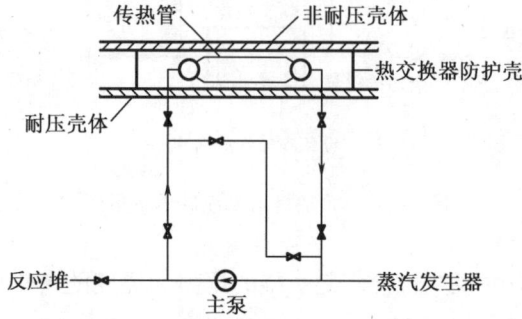

图 7-56　潜艇的事故冷却系统示意图

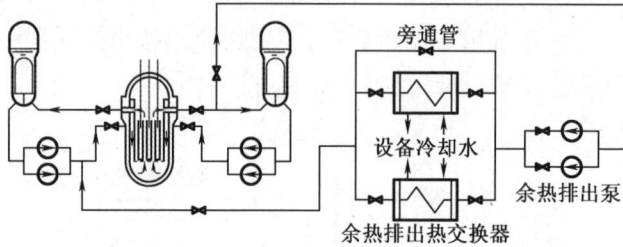

图 7-57　低压型余热排出系统原理示意图

系统并联设置了 2 台余热排出热交换器,采用设备冷却水进行冷却,每台热交换器的热负荷为 159.32 kW;并联设置了 2 台余热排出泵,冷却剂总流量为 20 m^3/h;与余热排出热交换器关联的旁通道管上设置了控制阀,用于调节旁通流量,控制冷却速度。

(2)安全注射系统

安全注射系统又称为应急堆芯注水系统,在发生失水事故或蒸汽发生器主蒸汽管道破裂事故时,向反应堆冷却剂系统应急注水,以维持反应堆冷却剂系统的水量或者确保堆芯淹没,防止堆芯烧毁。

核动力装置发生的事故不同或严重程度不同,对安全注射的要求也不相同。安全注射系统通常分为几个部分,根据安全注射的要求分别投入运行。图 7-58 所示为"陆奥"号安全注射系统(含安全喷淋系统)的原理。

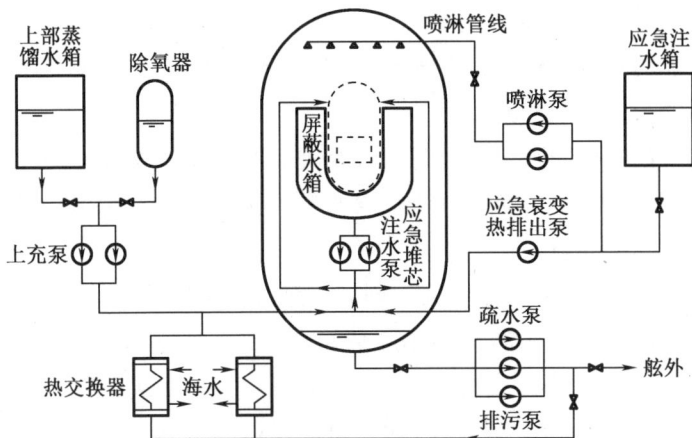

图 7 - 58　安全注射系统与安全喷淋系统原理示意图

（3）安全喷淋系统

安全喷淋系统的主要功能是在堆舱温度或压力超过允许值时,向堆舱喷淋冷却水,冷凝泄漏工质产生的蒸汽,使堆舱内的温度核压力恢复到正常范围。另外,在喷淋的冷却水中添加碱性物质（如 NaOH）,可以清洗堆舱内的放射性物质,降低堆舱大气中的放射性核素的浓度。

如图 7 - 58 所示,安全喷淋系统主要由喷淋泵、喷淋管线组成。喷淋管线布置在堆舱顶部,安装了若干喷头,可以保证喷淋水在堆舱横截面上的分布均匀一致。在安全注射信号和堆舱压力高信号同时出现时,安全喷淋系统在反应堆保护系统的控制下自动投入,启动两台喷淋泵中的一台,将应急注水箱的水喷淋到堆舱内。

（4）非能动安全系统

非能动安全系统是指利用自然循环、蓄热、蒸发、热传导、重力驱动等一些简单但又不失效的物理规律的作用,在反应堆发生事故后,不依赖运行人员的操纵和外部能源的供给,而依靠非能动部件自身蕴含的能量完成相应的安全功能。

非能动安全设施在核动力装置中得到了越来越广泛的应用,对于提高反应堆的固有安全性、减小发生核事故的概率发挥了积极作用。

对于船舶核动力装置最重要的非能动安全设施之一是非能动余热排出系统,其中一种设计方案的主要工作原理是在发生全船断电及可靠电源丧失事故时,主泵等用电设备均不能工作,一回路依靠反应堆冷却剂系统的自然循环能力将堆芯余热排到蒸汽发生器,蒸汽发生器二侧与应急冷却器之间也依靠应急给

413

水的自然循环,将蒸汽热量传递给海水,实现堆芯余热的非能动排出。

采用非能动安全设施是船舶核动力装置技术发展的一个重要趋势。

5. 放射性废物处理系统

放射性废液主要来源于一回路设备及阀门的泄漏核排水、一回路过滤的反洗用水、一回路取样废水、受放射性污染的机械核设备的去污用水、受放射性污染区域内的舱底水等。

放射性废气主要来源于堆芯堆燃料元件包壳破裂时漏入冷却剂中的放射性气体,该气体可能通过蒸汽发生器不严密处泄漏到二回路蒸汽中,随同不凝结空气从主冷凝器的抽气器出口排放到机舱内,从而对人体造成伤害。

放射性固体废物来源于检修时被放射性污染的工具核衣物、净化系统中更换下来的废树脂和废滤芯等。

处理的基本原则是:

(1)利用自然衰变,降低放射性"三废"中短半衰期的放射性同位素活性;

(2)稀释到允许排放标准后排放;

(3)船内浓缩储存,陆上处理。

根据给定的设计条件,按照放射性废物的产生量,即可估计废物处理设备的容量及总放射性。放射性废物处理设备的容量应保证装置正常和事故状态时,在必要的时间内所积累的放射性废物能储存必要的时间。各种类型装置所产生的废物量是不同的,必须根据船型、航行条件、放射性同位素种类、对处理系统的设计要求、国内及国际排放标准等确定。

在船舶核动力装置中,对于放射性废液和放射性固体废物一般采用船内浓集储存、陆上处理的办法,这种措施对海洋没有污染,但是需要占用船舶部分舱室。

6. 阀门

在反应堆冷却剂系统、核辅助系统以及蒸汽动力转换系统中,除设备、泵、管道等之外,还包含有大量的阀门。这些阀门在系统中具有隔离、止逆、泄压保护、节流、调节等功能,其工作可靠,直接关系核动力装置的稳定、安全、可靠运行。

由于质量、布置空间等的特殊要求,以及核动力装置自身特性,其使用的阀门与其他行业相比,具有如下特点:

(1)一回路系统阀门连接方式多采用焊接。一方面,在高温高压条件下,法兰的金属用量很大、很笨重,不太适应核动力装置一回路系统对尺寸和质量的要求;另一方面,由于温度波动,冷热交替,以及工作应力大和松弛过程的作用等,

法兰连接存在一定的泄漏隐患。

（2）阀座密封多采用金属密封。为了保证具有高的耐腐蚀性和耐侵蚀性,在阀门阀座、阀瓣密封面处堆焊硬质合金,以提高阀门的使用寿命。

（3）可靠性要求高。在海洋环境条件下以及发生设计基准事故时,系统的投入、切换、停运等需要相关阀门可靠动作(开启、关闭等)。

（4）设计分析要求严格。核动力装置阀门需在振动、工况转换、瞬态工况以及外部动态载荷等严苛环境条件下保证结构完整及可靠动作,因此在设计过程中需充分评估环境条件对阀门设备的影响。

根据功能分类,核动力装置的阀门主要有切断类阀门、止回类阀门、安全和保护类阀门、调节/节流类阀门等。其中,切断类阀门主要有闸阀、截止阀、球阀、电磁阀;止回类阀门主要有旋启式止回阀、升降式止回阀;安全和保护类阀门主要有先导式安全阀、弹簧直接载荷式安全阀、调节/节流类阀门主要有通过改变阀体内流道截面积来控制流体流量和压力的装置。

核动力装置阀门与常规行业用阀门相比,其可靠性对系统安全性和维修成本有直接影响,因此阀门的可靠性是核动力装置关注的焦点问题。其主要关注的是：

（1）阀门常见故障模式与问题;

（2）阀门可靠性改进措施,包括设计方法、手段改进与提高;材料与关键制造工艺性能改进;完善阀门功能和环境鉴定试验;阀门使用、维护要求改进;阀门全生命周期可靠性数据管理系统研究等。

7.2.5　二回路系统

二回路系统是压水堆核动力装置的重要组成部分,其主要功能是将反应堆及一回路系统产生并传递过来的热量转化为船舶航行所需要的机械能,并生产动力装置及全船所需的电能和淡水。典型的二回路系统如图 7-59 所示。

二回路系统由蒸汽发生器二次侧、汽轮机、冷凝器、凝水泵、给水泵、给水加热器等主要设备以及连接这些设备的汽水管道构成热力循环,实现能量的传递和转换,如图 7-60 所示。

除了主汽轮机、汽轮发电机组等主要设备外,二回路系统中还设置了一系列相关的辅助系统。

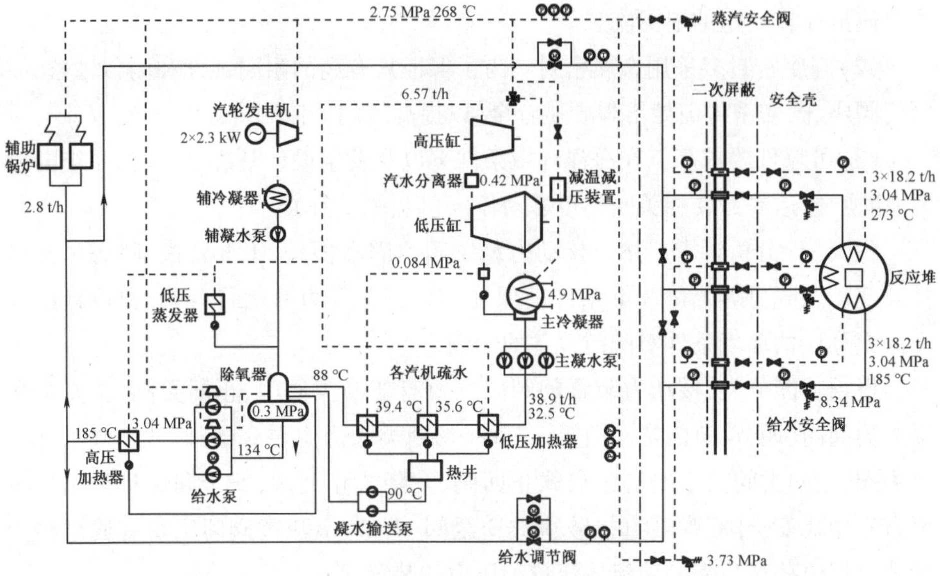

图 7-59 "奥托·汉恩"号核动力船二回路系统流程图

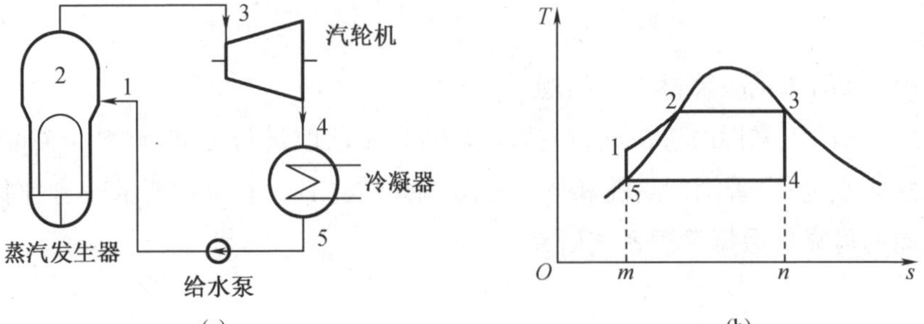

图 7-60 二回路系统热力循环示意图

(1)蒸汽系统

蒸汽系统主要用于输送和收集蒸汽,按蒸汽参数和蒸汽用户的不同,分为主蒸汽系统、辅蒸汽系统和乏汽系统。其中,主蒸汽系统是将蒸汽发生器产生的新蒸汽输送到主汽轮机组、汽轮发电机组和其他消耗新蒸汽的设备;辅蒸汽系统是将辅蒸汽输送到辅助耗汽设备;乏汽系统则收集背压式辅助汽轮机排出的乏汽,用于给水加热、凝水鼓泡除氧或者作为蒸发式造水装置热源。

(2)蒸汽排放系统

蒸汽排放系统是主蒸汽系统的旁路管道,在二回路蒸汽负荷急剧减少(如甩

负荷、快速降负荷)时,用于将蒸汽发生器产生的多余蒸汽经减温减压后排入主或辅冷凝器,防止主蒸汽系统及蒸汽发生器二次侧超压,以满足安全性要求。

(3)汽封抽气系统

凝汽式汽轮机在运行时,高压端的蒸汽压力远高于气缸外的环境压力,低压端则处于真空状态,因此既要防止气缸内的蒸汽通过高压端的轴封漏出导致能量损失,又要防止空气通过汽轮机低压端的轴封漏入气缸而破坏冷凝器的真空,影响汽轮机的正常、经济运行。汽封抽气系统用于向汽轮机的轴封提供密封蒸汽,防止蒸汽外漏和空气漏入,同时将泄漏的蒸汽及空气混合物抽出进行处理。

(4)润滑油系统

润滑油系统负责向汽轮机组、齿轮减速器和轴系等主、辅设备提供润滑油,用于润滑和冷却摩擦部件,保证这些设备的安全运行;同时向汽轮机调节系统和保护系统提供压力用油。

(5)凝水 – 给水系统

凝水 – 给水系统由凝水系统和给水系统两部分组成,用于将来自主、辅冷凝器的凝结水经增压、净化、除氧、加热后,不间断地输送到蒸汽发生器中,并调节和保持蒸汽发生器、主冷凝器、辅冷凝器内水位稳定。

(6)高低压吹除系统、疏水系统及泄放水系统

二回路系统在启动过程中用于暖管、暖机的蒸汽会因冷凝而变成水;二回路系统在运行过程中,各类热交换器使用的加热蒸汽也会因冷却而产生大量凝水。为了防止凝水在管内产生冲击,以及进入汽轮机内危及汽轮机的安全运行,蒸汽系统与设备中的凝水通过吹除系统和疏水系统排入主、辅冷凝器。

泄放水系统也称为蒸汽发生器排污系统,用于接受蒸汽发生器二次侧的排污水,以维持蒸汽发生器炉水的水质指标在规定的限度内。排污水经过处理(过滤、除盐、蒸发)后得到的纯净除盐水排入冷凝器,浓缩污水则排到舷外。

(7)冷却水系统

冷却水系统用于向冷凝器和各种冷却器供给来自舷外的冷却水。由于凝汽式汽轮机冷凝器所需冷却水量较大,通常设计有独立的冷却水泵与管路,称为循环冷却水系统。

(8)造水系统

压水堆核动力装置在运行过程中,由于泄漏、取样和排污,会使一、二回路系统中的工质水逐渐减少,因而需要间断地补水。造水系统通过蒸发、反渗透或者其他方法对海水进行淡化,生产出满足核动力装置运行品质要求的除盐水,补充

一、二回路工质水和全船生活用水的消耗。另外通过监测二回路系统介质放射性变化,判断蒸汽发生器压力边界的完整性。

1. 主汽轮机组

汽轮机具有单机功率大、连续回转工作平稳、可靠性强等优点,在20世纪50年代以前被广泛应用于大、中型舰船上。随着船用燃气轮机的发展及广泛使用,目前汽轮机主要用于核动力舰船以及部分常规动力大型水面舰船。核动力舰船大部分采用齿轮减速直接推进方式,由主汽轮机、冷凝器和齿轮减速器三大部分组成动力设备,称为汽轮 – 齿轮机组。按照主汽轮机配置方式不同,主汽轮机组可划分为单机双缸、单缸双机两种类型,如图7 – 61所示。

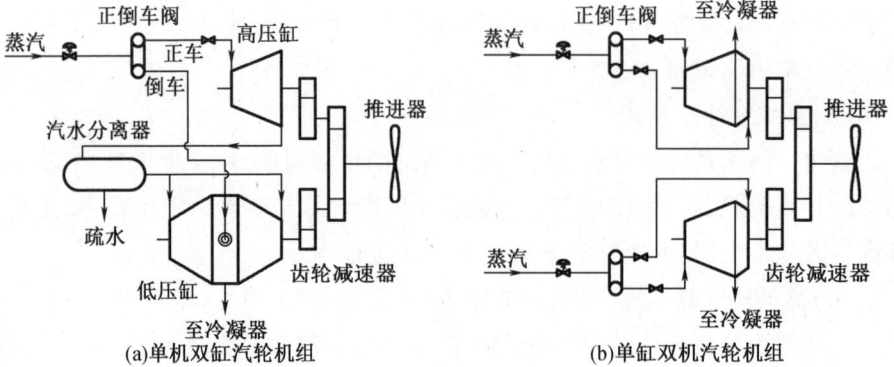

图7 – 61 主汽轮机组的配置方案

在单机双缸机组中,主汽轮机由串联运行的高压缸和低压缸组成,主汽轮机组包括两台结构相同且互相独立的单缸汽轮机,各自配有一台主冷凝器。在主汽轮机入口的蒸汽管道上通常设置主蒸汽隔离阀(又称速关阀)、蒸汽压力调节阀和正倒车切换阀。

低压汽轮机或单缸汽轮机的下气缸设有大面积方形法兰与冷凝器的喉部相连接,在主汽轮机内膨胀做功后排出的乏汽进入冷凝器中,被来自舷外的循环冷却水冷却而凝结成水,凝水经凝水 – 给水系统送往蒸汽发生器。

图7 – 62所示为汽轮发电机机组。

(1)主汽轮机

汽轮机以蒸汽为工质,通过蒸汽在汽轮机内的膨胀做功,将蒸汽的热能转变为机械能,用于产生推进船舶前进所需的动力。

（a）

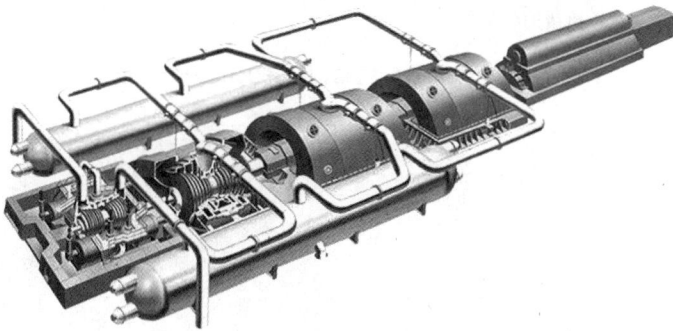

（b）

图 7 - 62 汽轮发电机机组

汽轮机一般由包容蒸汽的气缸、转轴以及构成蒸汽流动通道的动、静叶栅组成。级是汽轮机最基本的工作单元，汽轮机的热功转换就是在各个级内进行的。汽轮机的级由固定在气缸中的一系列喷嘴叶栅和其后紧邻的固定叶轮上的一列动叶栅组成，其结构与工作原理如图 7 - 63 和图 7 - 64 所示。

（2）齿轮减速器

主汽轮机采用较高转速是提高运行效率、减小质量及尺寸的有效措施，对于提高舰船的续航力和机动性都具有重要意义。在满足可靠性要求的前提下，舰船主汽轮机的工作转速一般都在 3 000 ~ 9 000 r/min 范围内。为了使主汽轮机和船用螺旋桨都能在各自有利的转速下正常运行，并且将汽轮机的输出功率切实、有效地转递给螺旋桨，在主汽轮机与螺旋桨之间必须设置中间传动设备。

齿轮减速器是舰船汽轮机组中普遍采用的一种传动设备，分为单极减速器和双极减速器。单极减速器多用于较小功率的辅汽轮机，舰船主汽轮机组多采用双极减速器。

(a)汽轮机级的结构   (b)汽轮机级的工作原理

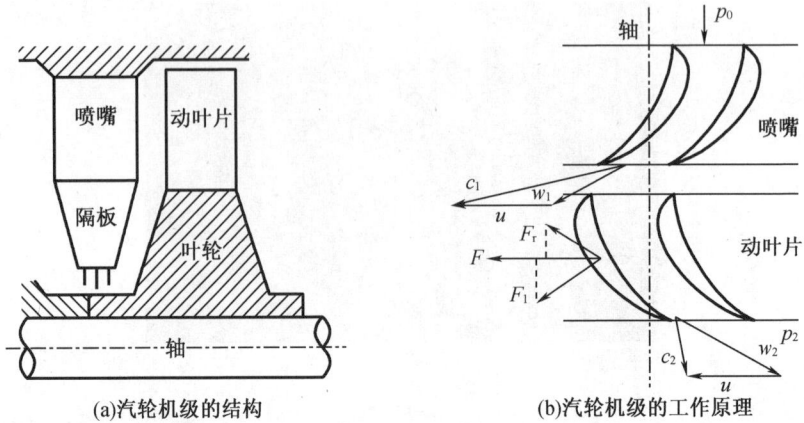

图 7 – 63　汽轮机级的结构及其工作原理示意图

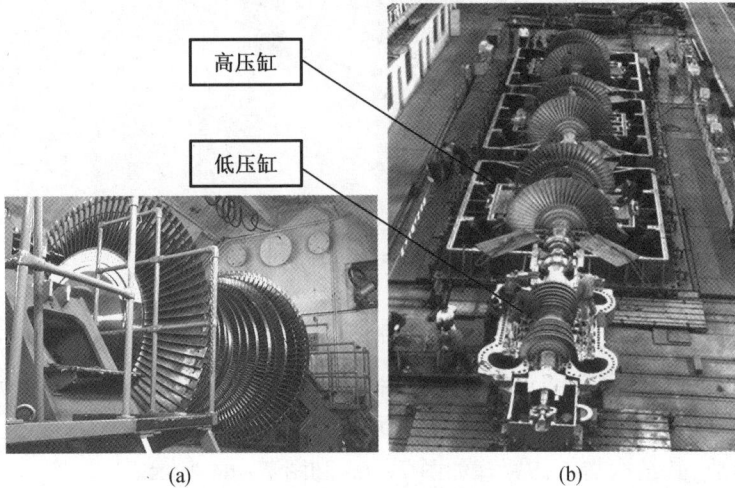

图 7 – 64　汽轮机

　　齿轮减速器的生产对机械制造技术水平要求较高,这是由于加工精度不高的齿轮减速器在运行过程中一方面容易损坏,影响传动装置工作的可靠性,另一方面会产生强烈的噪声,严重影响军用舰船特别是潜艇的隐蔽性。因此,大型齿轮的精加工技术是保证齿轮减速器性能优良的重要手段。

　　(3)冷凝器

　　冷凝器是汽轮机组的重要组成部分,其功用是接受来自汽轮机和旁路系统的蒸汽,回收启动时的疏水和给水加热系统的疏水,使之冷凝成水,建立并保持

汽轮机运行所需要的背压。船用冷凝器都是表面式,按照冷却水的流程可以分为单流程冷凝器和双流程冷凝器,其基本结构原理如图7-65、图7-66所示。

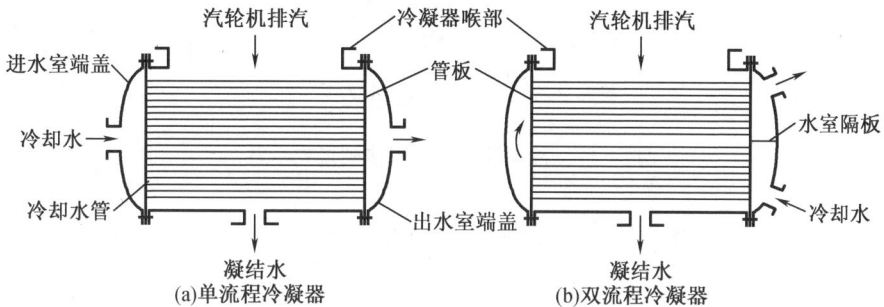

图7-65　冷凝器结构原理图

图7-66　组装中的冷凝器

舰船主冷凝器多采用单流程双通道结构,可使冷凝器管束得到充分冷却,且循环冷却水阻力较小,但循环冷却水流量很大,一般为凝水量的50~80倍。采用双通道结构可以提高舰船在海上活动的生命力,主汽轮机可以利用单个通道在降低功率情况下正常运行。

冷凝器冷却水管采用耐腐蚀的材料制造,冷却管束排列形式有多种,如图7-67所示。

目前冷凝器的冷却管束普遍采用斜菱形排列和辐射形排列方式。

抽气器的任务是将冷凝器内的不凝结气体抽出,以维持冷凝器的真空度。在舰船凝气设备中,普遍采用丙级射汽抽气器,其结构简单、工作可靠、布置紧凑、使用和维护方便,但经济性较差。

(a)正方形　　　　(b)菱形　　　　(c)斜菱形　　　　(d)辐射形

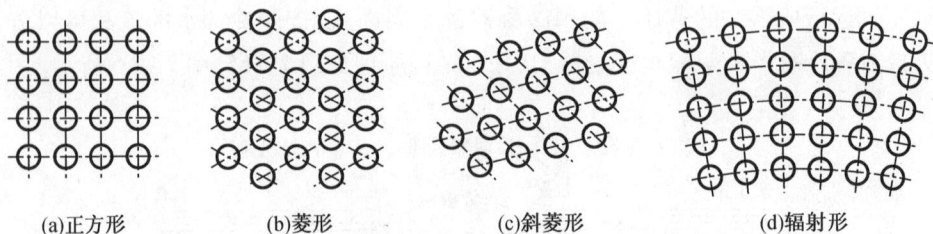

图 7 - 67　冷凝器冷却管束排列形式示意图

射汽抽气器由缩放式工作喷嘴、混合室和扩压管等三个基本部件组成,如图
7 - 68 所示。

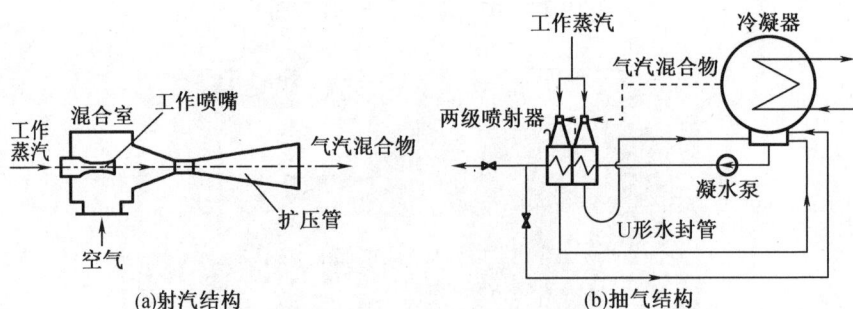

(a)射汽结构　　　　　　　　　　　　(b)抽气结构

图 7 - 68　射汽结构与抽气结构示意图

2. 蒸汽系统

蒸汽系统的功用就是输送蒸汽。从蒸汽发生器向主汽轮机输送蒸汽的系统
称为主蒸汽系统。供给辅机用汽及辅助换热设备用汽的系统称为辅蒸汽系统。
收集辅机乏汽的系统称为乏汽系统。这些系统合称为蒸汽系统。

蒸汽系统的设计应该满足下列要求:

①系统应具有尽可能高的生命力;

②系统可靠性高;

③蒸汽在管道内的流动阻力尽量小;

④尽量减小蒸汽在管道内的散热损失。

(1)主蒸汽系统的布置形式有三种:单线布置、双线布置、环形布置。

①单线布置:从蒸汽发生器到主汽轮机只用一根主干管相通,布置优点是简
单、管道和阀件较少,流体阻力小,质量轻尺寸小;缺点是工作可靠性大大降低,
主干管上任意一处损坏时,主机均不能工作,如图 7 - 69 所示。

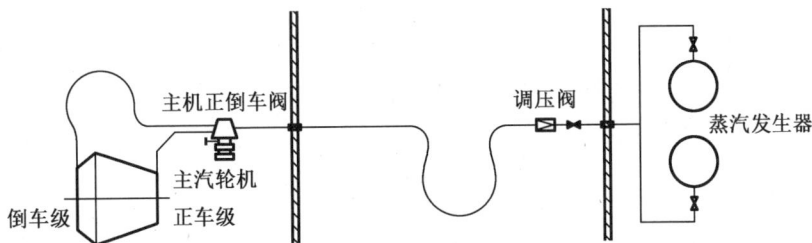

图 7 - 69　主蒸汽系统单线布置示意图

②双线布置:两台蒸汽发生器分别用一根干管与主机相通,使得蒸汽发生器向主机供汽的可靠性增大,而且可以切断损坏管段。同时由于每根管径可以减小,使管道热应力减轻,从而增强了管段自身热补偿的可靠性。但当两台蒸汽发生器工作压力不等时,会使蒸汽发生器负荷不均,如图 7 - 70 所示。

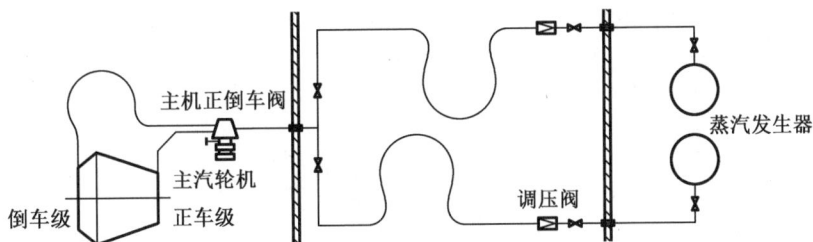

图 7 - 70　主蒸汽系统双线布置示意图

③环形布置:在蒸汽发生器出口装一根桥管形成环形。这样其中一台蒸汽发生器可以通过任一舷主干管向主机供汽,提高了系统的生命力。但是桥管会使管道热应力变得复杂。

(2)辅蒸汽系统的布置也有三种,分别为单线布置、环形布置和独立布置,如图 7 - 71 所示。

(3)乏汽系统的布置通常是贯穿机舱的一根总管,借此聚集并分配背压式辅机的排汽。在工作时,总管将乏汽引到给水加热器和其他需低压蒸汽的加热器使用,乏汽还是凝结水热力除氧的蒸汽源,多余的乏汽则排回主、辅冷凝器回收凝水。在装置启动时,乏汽总管的压力可通过引入辅蒸汽调节,维持乏汽总管压力稳定。

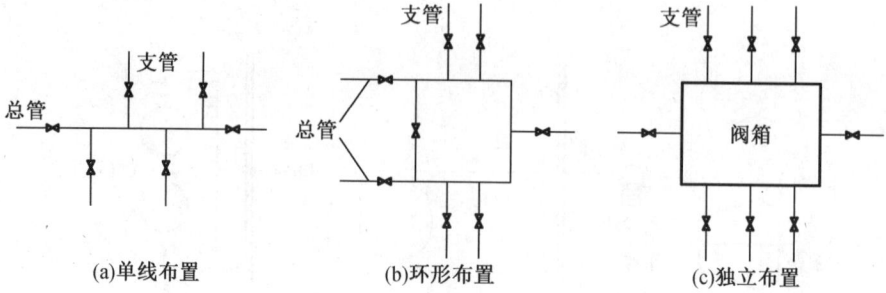

図 7 –71　辅蒸汽系统的布置示意图

3.蒸汽排放系统

蒸汽排放系统是核动力装置所特有的系统,具有各种形式,但都是将蒸汽发生器产生的多余蒸汽,经减温减压后排入主或辅冷凝器中,防止主蒸汽管内压力超过允许值。在负荷大幅度变化及事故工况下,均能使主蒸汽系统超压,这时均应排放一部分蒸汽,将压力降至额定值以下。负荷大幅度变化时的排放,称为机动排放工况;在事故工况下的排放,称为安全排放工况,图 7 – 72 所示为"陆奥"号蒸汽排放系统的原理图。

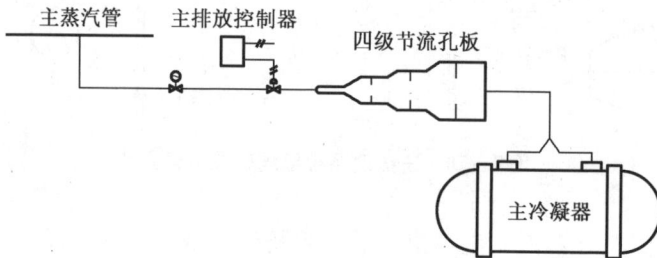

図 7 –72　蒸汽排放系统原理示意图

蒸汽减温减压装置是蒸汽排放系统的关键部件,根据应用场合的不同而有不同类型,但是其工作原理相同,一般都采用节流孔板降压和喷水降温,如图 7 –73所示。

喷水调节阀具备了对减温水进行流量调节、压力控制和喷射的多种功能。

减温减压装置的设计中,喷水减温装置的设计除了要求通过足够的冷却水量外,还要确保水的充分雾化。如果雾化不好,不仅影响减温效果,而且夹带水滴的气流容易引起冲击侵蚀。

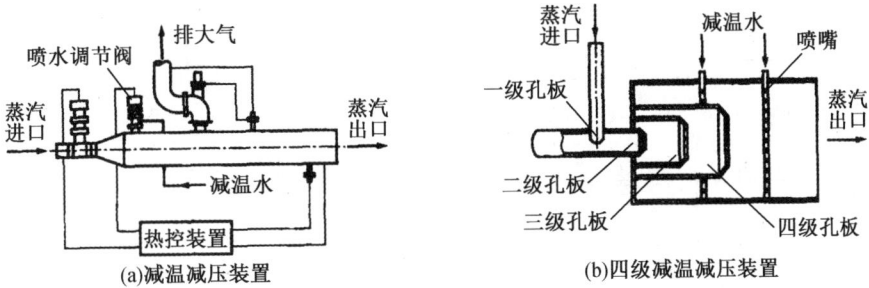

图 7 – 73 蒸汽减温减压装置示意图

4. 凝水 – 给水系统

蒸汽发生器产生的蒸汽进入主汽轮机做功变成低压蒸汽后,排入主冷凝器中被冷凝为水,称此水为凝水。凝水经再加热、脱脂、除气等处理后,供给蒸汽发生器使用,称此水为给水。将主冷凝器中的凝水输送到给水系统去的管路及设备称为凝水系统。将符合给水要求的水,可靠均匀地向蒸汽发生器输送所使用的管道和设备称为给水系统。这两个系统密切相关,串联工作,因此合在一起称为凝水 – 给水系统。

在设计凝水 – 给水系统时,首先要保证该系统在船舶核动力装置的所有运行工况均能可靠工作,而且蒸汽发生器水容量越小、蒸汽产量越大,系统越应该可靠灵敏地工作,如图 7 – 74 所示。

凝水 – 给水系统的设计原则是:

①主要设备必须双重设置;

②整个系统设有可靠灵敏的自动调节装置;

③要考虑凝水量和给水量的不一致性;

④保证所有设备技术上的要求;

⑤给水泵应有直接自水柜吸水打入蒸汽发生器的应急吸水管;

⑥保证在正常条件下给水的水质。

（1）凝水净化

凝水净化是为了在船用核动力装置凝水被污染后,除去离子状态和悬浮状态的两类物质。除去离子状态物质通常用离子交换方法,除去悬浮状态和胶状的金属腐蚀产物,则利用过滤方法。在腐蚀产物比较多的系统中,为了使离子交换器能正常工作,不使交换容量很快下降或堵塞树脂层,过滤器多放在树脂床前面,如图 7 – 74 所示。

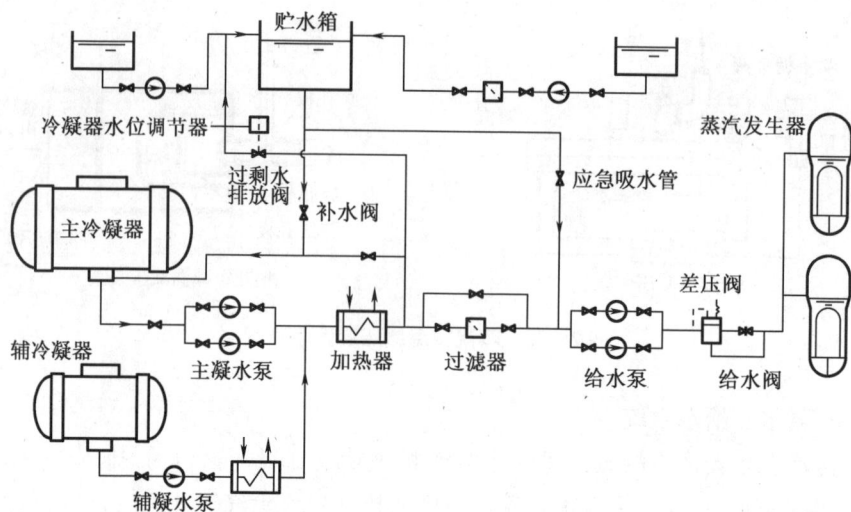

图 7-74　凝水-给水系统示意图

凝水过滤器目前有微孔滤芯过滤器、磁性过滤器和超细过滤器。超细过滤器种类较多,目前凝水净化中多采用中空纤维过滤器,如图 7-75 所示。

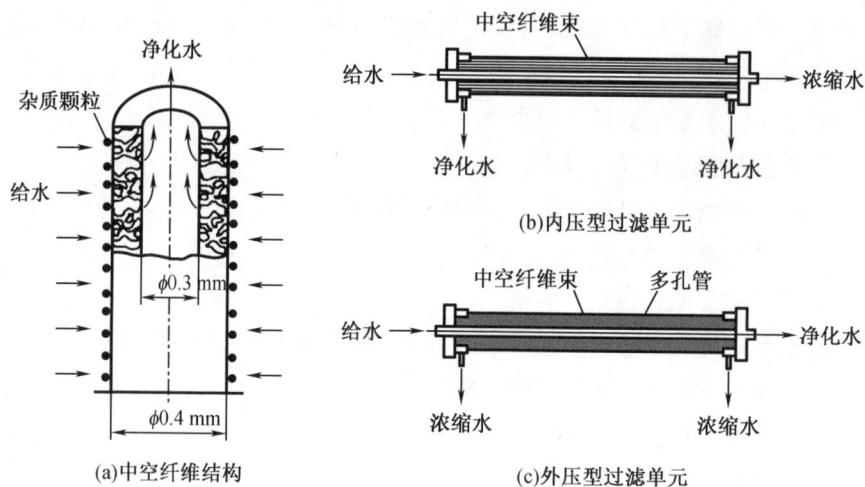

图 7-75　中空纤维结构和常用过滤单元形式示意图

（2）给水除氧

凝水中的氧、二氧化碳等有害气体主要是由汽水循环系统真空部分的不严密处漏入,还有通过补水及流水带入,为了防止其对系统和设备造成腐蚀,必须从凝结水中去除这些有害气体,特别是氧气,这就是给水除氧的目的。

给水除氧的方法有热力除氧和化学除氧两大类。各类除氧设备如图 7 – 76 至图 7 – 78 所示。

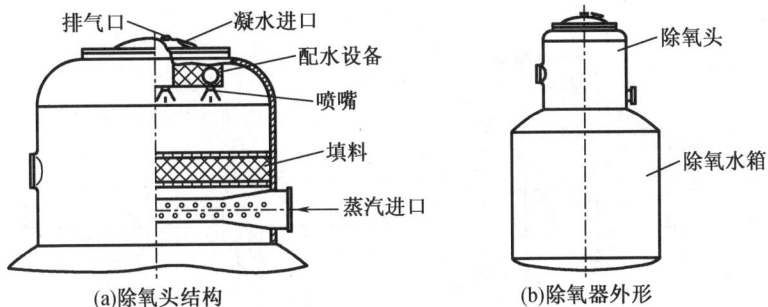

(a)除氧头结构　　　　　　　(b)除氧器外形

图 7 – 76　喷雾填料式除氧器

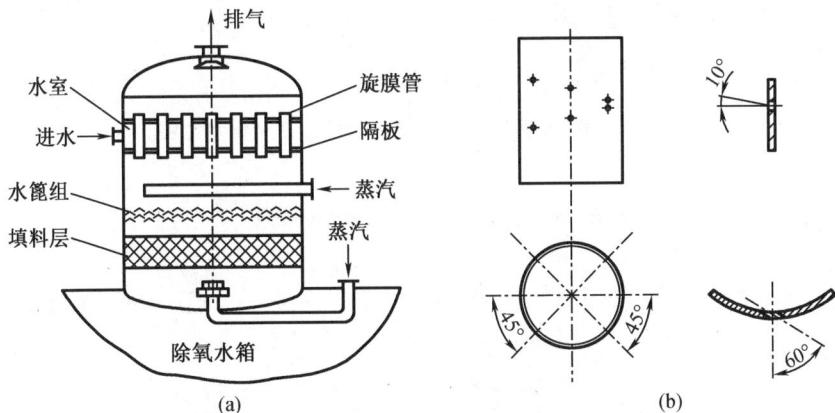

(a)　　　　　　　　　　(b)

图 7 – 77　旋膜式除氧器及旋膜喷管结构形式示意图

5. 循环冷却水系统

循环冷却水系统的作用是向主、辅冷凝器供给冷却水,用以冷凝进入主、辅冷凝器内的蒸汽,同时还供给其他辅助设备所需的冷却、冲洗用水。循环冷却水为来自舷外的海水。该系统如图 7 – 79 和图 7 – 80 所示。

6. 润滑油系统

润滑油系统主要功能是向主、辅设备的摩擦部件提供润滑和冷却所需的润滑油,同时向主机遥控系统及保安设备提供工作用的压力油。根据工作原理不同,润滑油系统分为重力式和压力式两类。重力式润滑油系统中润滑油柜被置于高位,利用高位油柜产生的静压头使润滑油流经所需润滑与冷却的设备,占用空间

较多;压力式润滑油系统是使用润滑泵对润滑油进行强制循环,对设备布置的空间位置有严格要求,比重力式润滑油系统紧凑轻巧,得到广泛应用,如图7-81所示。

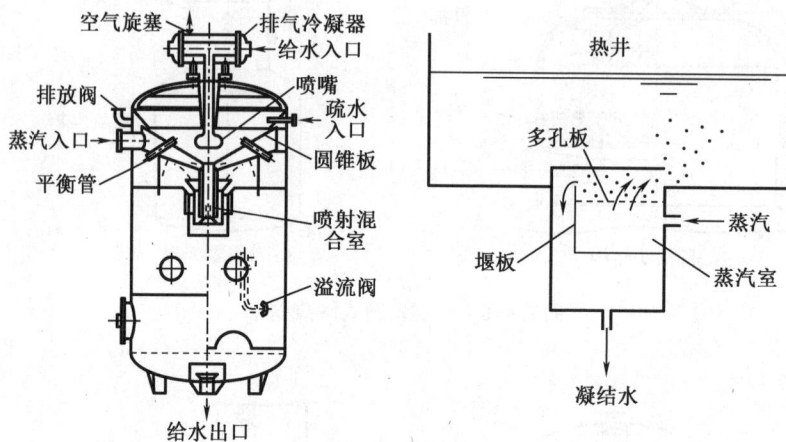

图 7-78 船用立式除氧器与鼓泡除氧装置示意图

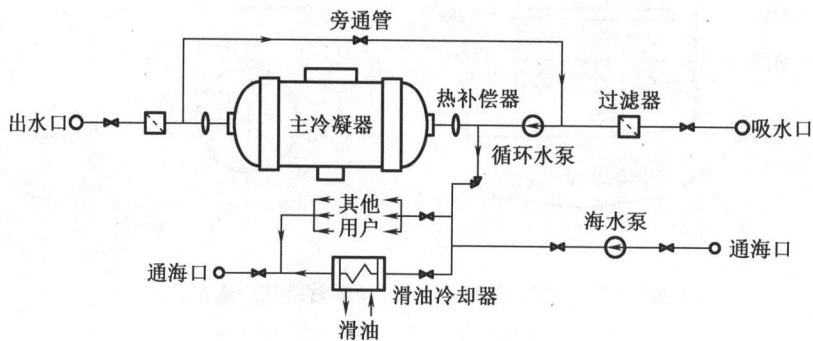

图 7-79 循环冷却水系统示意图

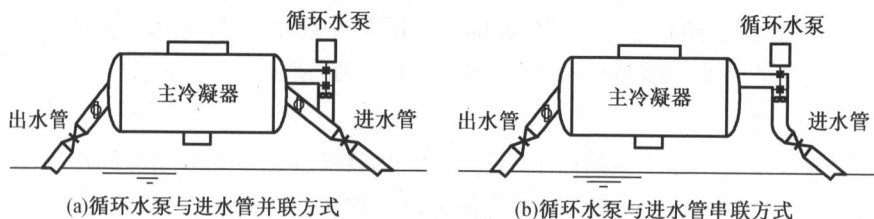

(a)循环水泵与进水管并联方式 　　　　　 (b)循环水泵与进水管串联方式

图 7-80 自流式循环冷却水系统示意图

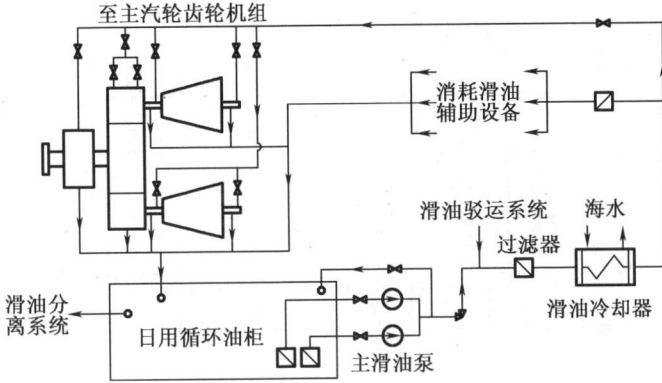

图 7 – 81 压力式润滑油系统原理示意图

7. 造水系统

船舶核动力装置在运行中存在蒸汽和凝水的损失,并有全船非动力用水的消耗。因此,为维持核动力装置的正常运行,满足全船用水的需要,必须有足够的淡水补充。但是船舶在海上长期航行,自带淡水有限,无法满足全船用水,所以核动力舰船必须配置一定容量的海水淡化系统,可制造出符合要求品质的除盐水,实现动力装置用水和生活用水的自行补给。

海水淡化系统又称造水系统,常用的方法有蒸发法、反渗透法和电渗透法。各种方法的原理如图 7 – 82 至图 7 – 87 所示。

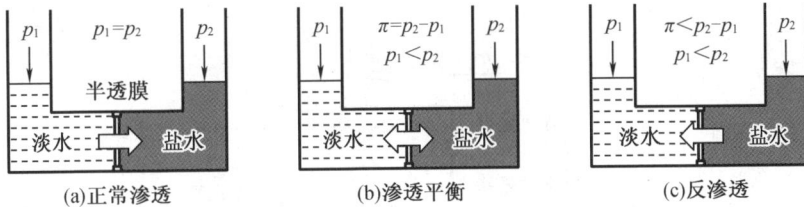

图 7 – 82 反渗透原理示意图

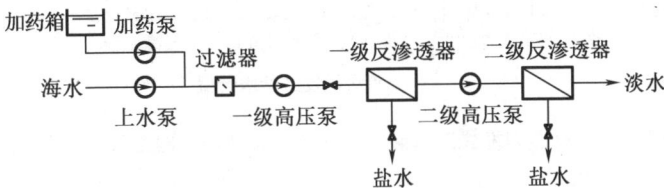

图 7 – 83 二级反渗透造水系统示意图

（a）电渗透造水系统

（b）低压浸管型蒸发器

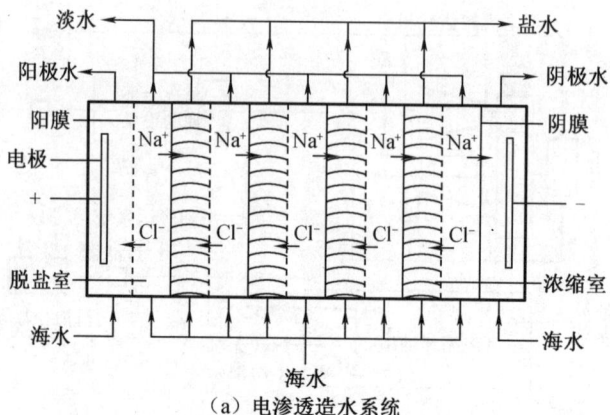

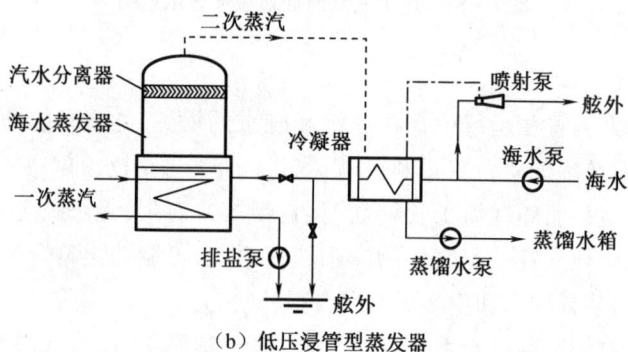

图 7 - 84　电渗透造水系统与低压浸管型蒸发器工作原理示意图

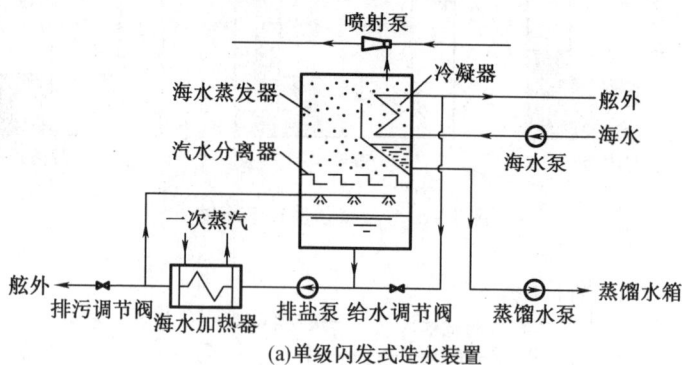

(a)单级闪发式造水装置

图 7 - 85　单级闪发式造水装置与低压浸管型蒸发器工作原理示意图

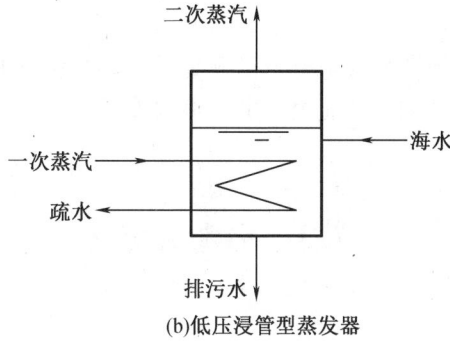

(b)低压浸管型蒸发器

图 7 - 85（续）

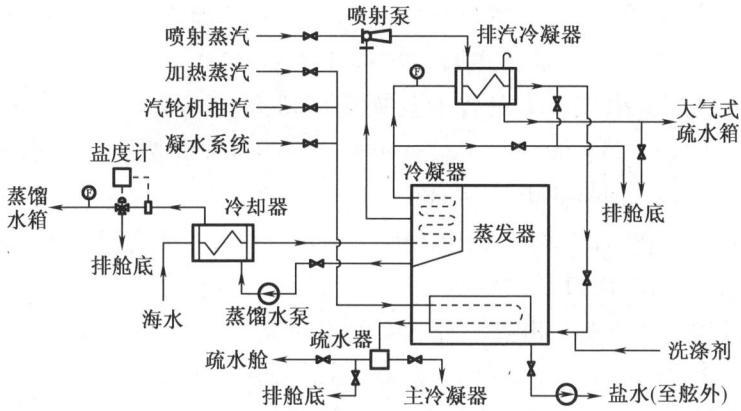

图 7 - 86　低压浸管型造水装置示意图

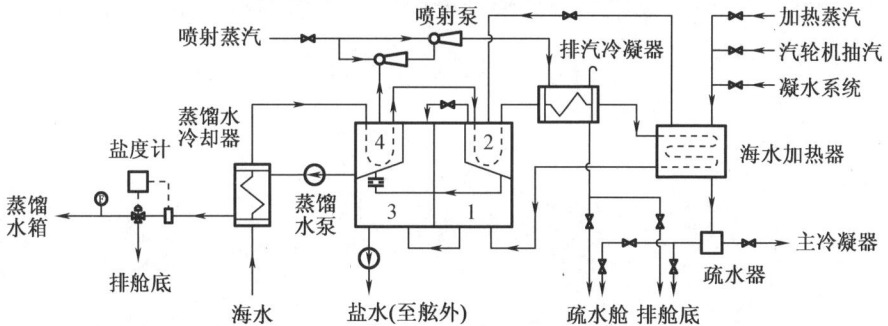

1—第 1 级闪发室；2—第 1 级冷凝器；3—第 2 级闪发室；4—第 2 级冷凝器。

图 7 - 87　二级闪发型造水装置示意图

8. 其他部分

核动力装置的其他部分包括集中检测系统、反应堆控制保护系统、核动力装置的所有子系统的自动调节核遥控的供电组织等。

|7.3 参考文献|

[1] 彭敏俊. 船舶核动力装置[M]. 北京:原子能出版社,2008.

[2] 于俊崇. 船用核动力[M]. 上海:上海交通大学出版社,2016.

[3] 朱英富,刘祖源,解德,等. 极地船舶核心关键基础技术现状及我国发展对策[M]. 中国科学基金,2015,29(3):178-186.

[3] 伍赛特. 船用核动力装置及发展趋势研究[R/OL]. (2019-08-18)[2022-05-23]. https://wap. sciencenet. cn/home. php? mod = space&uid = 3393151&do = blog&id = 1194118.

[4] 伍赛特. 核动力装置应用于民用商船的可行性分析研究[J]. 中国水运(下半月),2018,18(10):97-98.

[5] 太阳谷. 国外典型潜艇小堆 AIP 技术研究[R/OL]. (2020-09-11)[2022-05-23]. https://www. shangyexinzhi. com/article/2386086. html.

[6] 伍赛特. 海上浮动式核电站应用前景展望[J]. 能源研究与管理,2019(2):11-14.

[7] 唐浩. 双燃料发动机燃气供给系统设计[J]. 船舶与海洋工程,2014(4):43-49,53.

第8章
核动力破冰船机电系统

8.1　锚泊、系泊、拖曳系统

8.1.1　锚泊系统及主要设备

锚泊系统主要用于核动力破冰船在锚地、基地和遮蔽水域内等待泊位或潮水时的临时停泊,在某些水域的临时性锚泊,在拖航或漂移中系住核动力破冰船。

锚泊系统一般由系泊链索、连接器、锚固定装置、锚链舱等组成。其主要的结构形式有悬链线锚泊系统、垂向锚泊系统、导桩式锚泊系统及座底式锚泊系统。其主要组成设备如下:

(1)锚链:是连接船体与锚的链条,按照用途可分为船用和海洋系泊链;按照功能可分为有挡链与无挡链。锚链用来传递和缓冲船舶所受的外力,抗磨损和破坏能力强。

(2)锚固定装置:提供稳定的海底基础,抵抗锚链传递过来的作用力,主要有四种形式,包括有杆锚、无杆锚、大抓力锚和特种锚。

(3)锚机:用于放出与收进锚,也是抛锚时系住船舶的机械装置,可分为手动锚机、蒸汽锚机、机动锚机、电动锚机与液压锚机。

电动锚机是使用较为广泛的锚机,主要由电机、减速机、主轴、刹车装置、离合器装置、机架、锚链轮装置、机旁控制台、启动器柜等组成。由电动机通过减速装置驱动链轮轴,链轮与传动轴之间设有离合器,抛锚时脱开离合器,用刹车控制链轮。起锚时,一开始使用高速挡,当负荷增加达到过载时,自动由高速挡转换到中速挡,锚出土后可转换到高速挡,锚离开水面收进锚链筒时,采用低速挡。

液压锚机的传动方式为液压马达通过开式齿轮驱动链轮轴,其他机械部件与电动锚机相似。但液压锚机需设置液压泵站,主要由液压泵站、马达、操作阀、齿轮箱、刹车装置、离合器装置、机架、主轴、锚链轮装置、启动器柜和遥控按钮盒等组成。液压锚机省掉了电动机与减速箱,体积比电动锚机小,质量轻,通过控制阀直接操纵液压马达,启动平稳,调速方便,可实现无级调速。

(4)锚链筒:在核动力破冰船抛、起锚时作为锚链的通道,在拖航或系留时可收存锚。在航行时锚亦收存于锚链筒中,且应该高出满载水线 2 m 以上。在锚链筒周围设有同生活系统连接的接口,以便起锚时清洗锚和锚链。

(5)锚链舱:是存放锚链的舱室,为封闭式水密结构,一般设置在船首部。在锚链堆放高度以上加设带铰链水密盖。在上部人孔盖下面内壁上设有两个眼环用以固定绳梯,通过人孔和绳梯可以进出锚链舱。

8.1.2　系泊系统主要设备

系泊系统是核动力破冰船在建造与维修期间在码头的系泊及停靠基地码头时的系泊,同时也可以为供应船、服务船、工程船等提供带缆、系靠与防碰。其主要由带缆桩、导缆器、导缆孔、系泊机械及系泊索组成。

(1)带缆桩:有双带缆桩与单带缆桩两种形式,供核动力破冰船系泊时,系泊索与船体连接使用。

(2)导缆器:滚轮导缆器可安装在甲板舷边用于系泊索导向,如双滚轮、三滚轮、四滚轮导缆器,也有安装在甲板任何地方的单滚轮导缆器,以便将缆索导向绞车卷筒或绞盘。

滚柱导缆器由若干圆柱形滚柱组成,或由几个带曲度表面的滚柱组成,滚柱导缆器安装在倾斜的舷墙旁时,必须注意缆索与舷边结构上缘产生的摩擦。

(3)导缆孔:为系泊索导向装置,按安装位置分为舷墙式与甲板式;按材料分为铸钢导缆孔与钢板导缆孔;按用途分为适用于钢索的导缆孔与适用于纤维索的导缆孔及巴拿马导缆孔。

(4)系泊机械:用于收放(还可以兼储存)系泊索,主要分为系泊绞车与绞盘,大型的核动力破冰船一般都采用绞车。

绞车可根据控制方式(手动与自动)、驱动类型(蒸汽、液压与电动)、与每个驱动装置相连的卷筒数(单、双或三卷筒)、卷筒的形式(分隔式、整体式)以及刹车类型与制动作用方式(带式、盘式、机械螺旋、弹簧作用)等分类。

绞车有多种功能:将系泊索的一端固定在船上;调整系泊索长度以适应港口的系泊模式与补偿吃水和潮水的变化;储存系泊索。另外还能起到安全装置作用,一旦缆索上的力接近破断负载时,可以控制绞车释放缆索上的负荷。

(5)系泊索:可以是钢索、植物纤维索与合成纤维索。一个系泊系统的设计,首先要确定系泊索的材料、数量与尺寸。应该重点考虑下述问题。

①根据强度、弹性、耐用性和操纵特性选择合适的材料。其材料类型会影响到系泊绞车卷筒的尺寸、导缆器的形式、导缆器弯曲半径以及需占用的甲板空间等要素。一般在大型的核动力破冰船上采用钢索。

②选择船员与码头操作人员都能安全操作的、直径合适的缆索。

③全部缆索尽可能选用相同的尺寸与材料,但为了减少船舶前后的漂移等问题也可以采用钢索倒缆和合成纤维索横缆的系统。

8.1.3 拖曳系统

拖曳系统主要用于核动力破冰船靠离码头或港口时,实现在海上的拖曳与运送。其由拖曳索具与拖力眼板组成。

(1)拖曳索具:海上拖航作业时的拖曳索具通常包括主拖缆、应急拖缆、断缆、龙须链/缆及回收装置。

拖曳索具还包括防磨链、短缆、备用短缆、连接三角板、卸扣、回收缆、漂浮绳与指示浮标等。

(2)拖力眼板:核动力破冰船在船的首尾端各设置两个可以快速解脱的拖力眼板,作为核动力破冰船的主拖力点。

8.2 冰区航行船舶的推进器

由于北极地区环境特殊,冰区航行船舶推进器与敞水船舶推进器相比在载荷分析和设计上差别较大。为给冰区航行船舶推进器的设计提供依据,相关文献针对冰级桨的水动力特性、冰载荷以及空泡等性能的特殊性予以分析。结果显示,在冰区航行时,海冰的存在会导致船舶推进器遭受更大量级的载荷,并且在低进速时易引发推进器的空化现象,产生强烈的噪声。研究表明,设计冰级桨时要特别注意冰载荷的量级和空化效应,并考虑采用铜合金或奥氏体钢等耐低

温材料建造推进器。

冰区航行船舶的工作环境常常伴随着数量众多、形状各异、体积不一的海冰,这些海冰会与船舶推进器发生相互作用,而推进器作为船舶推进系统的重要组成部分,是船舶航行的动力来源,其在与海冰相互作用的过程中极易造成损坏,从而威胁船舶航行安全。因此,冰区航行船舶推进器的设计一直以来都是冰区船舶设计关注的要点。

目前,国内外主要开展了冰、桨耦合相关研究,对海冰作用下的螺旋桨水动力性能和结构强度研究较为深入,而针对冰区航行船舶推进器设计方面的研究则较少。Pustoshny 等比较了 NACA 66 翼型(常规桨翼型)和 IK - 82 翼型(冰级桨翼型)对空泡的影响;叶礼裕等针对冰、桨接触的动态特性及桨强度的预报方法进行了研究;Walker 等和武坤等分别针对阻塞状态下的螺旋桨性能开展了试验;Huisman 进行了冰级桨的优化设计。从以上研究和试验结果来看,海冰影响下的螺旋桨在水动力性能和结构强度方面与常规桨有着很大的不同。

冰级桨的设计是进行冰、桨相互作用研究的最终目标,由于工作环境不同,冰区航行船舶推进器与常规船舶推进器相比在载荷和几何参数的设计上有着明显差异。针对冰区航行船舶推进器的特殊性进行分析,以为冰区航行船舶推进器的设计奠定基础,进而为船舶的设计提供参考。

8.2.1 北极冰区航行船舶推进器载荷的特殊性

1.海冰的影响

冰区航行船舶所在水域存在着大量的海冰,海冰会靠近、阻塞推进器以及诱导推进器产生空泡;同时,海冰也可能会与推进器发生接触。可见冰区航行船舶推进器受到的载荷与普通敞水水域航行船舶推进器相比具有特殊性。

由于海冰的影响,通常认为推进器受到的额外载荷由两部分组成:一部分是由于海冰与推进器(通常指螺旋桨)相互接触而造成海冰破裂和破坏所产生的载荷,称之为冰载荷;另一部分是由于海冰的靠近效应、阻塞效应以及海冰导致的空泡效应而造成的额外水动力载荷,称之为不可分离水动力载荷。而普通的敞水水域航行船舶推进器所受到的载荷则可以称为可分离水动力载荷。

这样,冰区航行船舶推进器受到的载荷就可以分为三部分:冰桨接触载荷、不可分离水动力载荷以及可分离水动力载荷。

　　研究海冰影响下的推进器载荷时,有着很大的不确定性,这与冰的特性以及冰与推进器的相互作用条件密切相关。通常,假定因海冰影响而产生的载荷与可分离水动力载荷是相互独立的,推进器的总载荷一般通过冰池试验获得,而可分离水动力载荷则由敞水试验得到。各种冰、桨相互作用的形式如图 8 - 1 所示。为便于分析研究,将相互作用形式分为接触和非接触两种工况,前者包含碰撞和铣削两种形式,后者包括接近、阻塞和排挤三种形式。在接近和排挤形式下,由于海冰对推进器载荷的影响较小,因此在研究海冰的影响时,通常将作用过程简化为阻塞、碰撞和铣削三种形式。

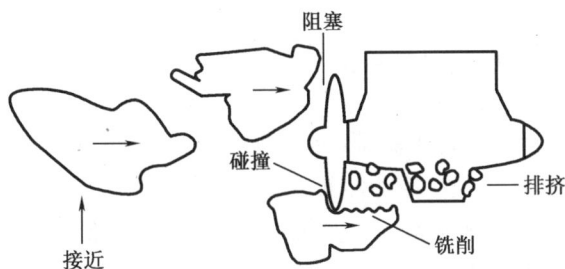

图 8 - 1　冰、桨作用形式示意图

　　在阻塞工况下,海冰会使螺旋桨的进流速度减小,从而使得水动力螺距角减小,桨叶攻角增大,进而导致推力和转矩得到大幅度的增加。Luznik 等进行了冰、桨相互作用模型试验,在特定的试验条件下,显示阻塞状态下的非接触水动力载荷比敞水条件下的载荷高出 65% ~ 75%。文献进行了更为详尽的试验分析,分别对三种桨模(JRPA 敞水桨、JRPA 导管桨和 R - Class 桨)在阻塞条件下的水动力性能予以研究,得出了推力和扭矩大幅度增大的结论,特别是 R - Class 桨,在试验时,其在阻塞情况下的推力和扭矩分别是敞水条件下的 3 倍和 2 倍。图 8 - 2 所示为文献给出的 R - Class 桨在阻塞工况下的性能,其中 K_T 为螺旋桨推力系数,K_Q 为螺旋桨扭矩系数,J 为螺旋桨进速系数。

　　碰撞和铣削属冰、桨接触工况,此工况是固体与固体之间的接触,其接触力会比非接触水动力大得多。因此,这种接触力是此工况下螺旋桨载荷的主要组成部分。目前,与冰、桨相关的接触研究主要集中在铣削工况上,对碰撞的研究较少,其原因主要是采用试验的方法研究碰撞难度较大,在试验过程中由于冰块处于无约束状态,很难对冰、桨碰撞过程进行控制。

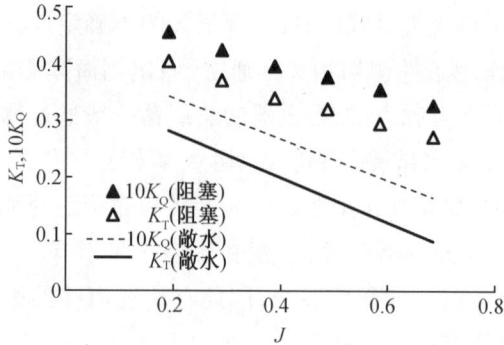

图 8 – 2 R – Class 桨性能图

相比而言,采用数值模拟方法对碰撞问题进行预报和分析则取得了较大进展。Wang 等基于近场动力学方法,利用 Fortran 语言编译冰、桨碰撞程序,结合算例分析对程序的可行性进行了验证,并分析了不同螺旋桨转向、冰块速度、冰块尺寸以及冰块形状对冰、桨碰撞特性的影响规律。

相比碰撞工况而言,对铣削工况的研究则较多。在冰、桨铣削工况下,已有众多学者针对不同铣削深度、螺旋桨转速、进速系数和螺旋桨几何参数等对冰载荷以及螺旋桨强度开展了研究。冰、桨铣削时,螺旋桨的高速旋转会造成海冰的脆性破坏,这种破坏模式使得桨叶承受着巨大的应力,在数值仿真中,铣削时的最大载荷要比碰撞时的载荷大一个数量级。这说明,冰区航行船舶推进器在与海冰发生铣削时受到的载荷远高于普通敞水航行船舶推进器所承受的载荷。Wang 针对铣削问题进行了研究,发现试验时的平均推力和扭矩比敞水条件下的高出数倍,具体数值与冰、桨接触条件(包括进速、转速和铣削深度等)有关,这也说明铣削工况下的载荷远高于敞水工况下的载荷。

高量级的载荷会超过螺旋桨的应力极限,致使桨叶发生塑性变形而造成螺旋桨结构破坏,图 8 – 3 所示为铣削过程中叶梢受损的情况。此外,在铣削过程中,螺旋桨与海冰的周期性相互作用还有可能造成疲劳破坏。

2. 低温的影响

海冰覆盖的水域较普通水域温度更低。在低温的影响下,金属的韧性会降低而脆性增强,在与海冰接触时金属结构更易发生破坏。而冰区航行船舶推进器多由铜合金制作且厚度较薄,在低温水域与海冰发生接触时更易产生裂纹,造成推进系统的破坏,从而严重影响船舶的工作状况,甚至造成船舶推力的丧失。因此,在设计冰区船舶推进器时,材料的选择应该考虑低温环境的影响。

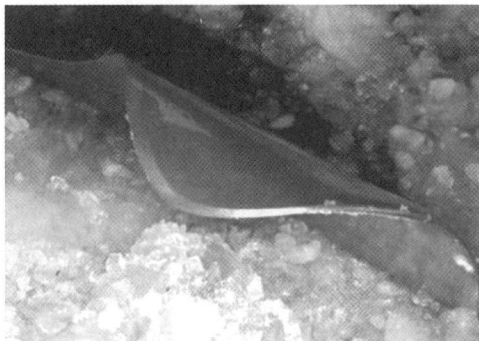

图 8 - 3　铣削引起的叶梢受损

3. 空化的影响

载荷的特殊性导致冰区航行船舶推进器桨叶在空化和噪声特性上与敞水水域航行船舶推进器有着很大的不同。在冰、桨相互作用过程中,空化是一个潜在的威胁,它会引起推进器水动力性能的变化,造成强级别的振动和噪声,并且会对整个推进系统造成疲劳破坏。

Sampson 等在空泡水筒中进行模型试验,研究了铣削工况下螺旋桨的空化特性。在研究了不同铣削深度下当进速系数和空泡数变化时桨叶的空化特性后,发现两者对螺旋桨的空化性能有着同样显著的影响;同时还发现在铣削工况下,桨叶会产生不稳定的片状和云雾状空泡,并且梢涡会因为冰块的存在而发生紊乱。图 8 - 4 所示为冰、桨铣削试验时的空泡模式图谱。

Walker 在空泡水筒中模拟了冰阻塞螺旋桨工况,研究分析了螺旋桨的水动力特性和空化特性,发现在阻塞流中螺旋桨会产生云雾状空泡和梢涡,并且在低空泡数下空化更为严重,甚至是在大气压下也会发生空化。也就是说,可以确定在实尺度桨上会发生空化,其将造成严重的桨叶剥蚀。

迄今,有关空化的机理性问题仍未得到充分研究。发生空化的条件与众多因素有关,但可以肯定的是,与普通敞水水域航行船舶推进器相比,冰区航行船舶推进器更容易发生空化现象。由于海冰的存在,冰级桨往往在低进速情况下便会产生空泡,在一定程度上造成推力损失,并导致桨叶表面破坏,影响航行安全。

空化还会造成桨叶振动并通过传动机构传递到整个船体,损耗船上机械设备和电子设备并引起强噪声,进而影响船员的生活。此外,冰、桨铣削和碰撞也会产生振动和噪声,从而对船舶和船员造成影响。然而,目前对于冰、桨相互作

用产生的噪声还缺乏相应的研究,也没有用于减弱噪声影响的有效手段。

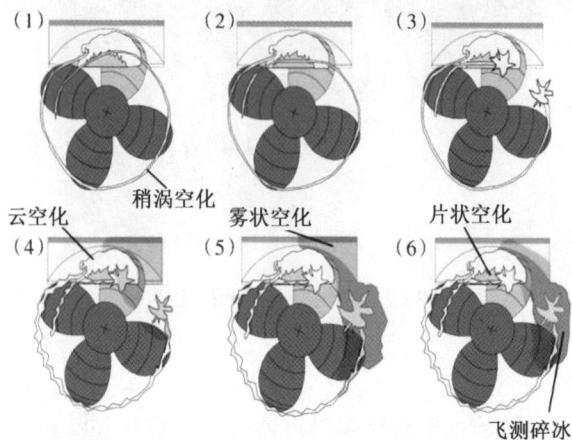

图 8 - 4 冰、桨铣削空泡图谱

简言之,冰区航行船舶推进器载荷的特殊性主要在于:

(1)工况更复杂,推进器不仅存在非接触工况,还存在更为复杂和关键的冰、桨接触工况。

(2)载荷的量级更大,无论是何种冰区工况,海冰的存在都使得推进器将承受比敞水情况下高出数倍的载荷。

(3)工作水域温度更低,推进器受低温环境的影响结构更易受到破坏。

(4)更易发生空化现象,造成推力在一定程度上的损失,并引发剧烈的噪声。

8.2.2 冰区航行船舶推进器桨叶设计的特殊性

1.推进器桨叶设计的限制条件

通常,在冰区航行船舶推进器桨叶设计过程中,最主要的就是能够提供足够大的推力以使船舶在冰区中有一定的航行能力;同时,还要确保桨叶在与冰的相互作用过程中具有足够的强度而不被破坏。满足这两项基本要求主要是基于满足各国船级社相应的规范和相应的计算强度要求,特别是要满足有限元分析计算的强度要求。

对在冰区航行的商用船舶而言,除了航行在冰覆盖的水域外,还有很长距离的无冰水域。因此,考虑这部分船舶推进器的效率问题十分必要。同时,也需要

考虑冰区的诸多限制条件:船级社规定的冰级桨桨叶厚度远大于无冰区螺旋桨的设计厚度,有数据显示,当桨叶厚度增加 10% 时,不可避免地会使螺旋桨在无冰区的效率降低 0.6% ~ 0.8% ;冰区航行船舶增加的船舶阻力会导致螺旋桨水动力载荷的增加和效率的下降。

传统上,为提高螺旋桨效率,在设计时会采取缩小盘面比的方法,但在设计冰区航行船舶推进器的过程中该方法受到了限制,这是因为最小盘面比是由空化条件决定的,通常需要在空泡水筒中验证。而在某些情况下,可通过增加盘面比来保证桨叶厚度受限下的结构强度。Pustoshny 等根据冰区技术专家的建议,提出冰区航行船舶螺旋桨的盘面比为 0.6 ~ 0.75 比较适宜,这样既可保证冰块能够通过桨叶之间的间隙,同时也使多个桨叶与冰的相互作用较小。

除了冰区航行商船需要特别考虑效率问题外,航行于冰区的所有船舶都需要特别考虑空化问题,而应用于普通敞水水域航行船舶螺旋桨的、用于控制空化的措施并不完全适用于冰级桨。

此外,如图 8 - 5 所示,相比于常规桨的桨叶剖面,冰级桨的桨叶剖面显得更钝一些,所以通过修正剖面翼型来改善空化性能的空间非常有限,因为强度问题是选择剖面翼型时首先要考虑的问题。在常规螺旋桨设计过程中,叶梢卸载也是提升空化性能的一种有效手段,但同样,将该方法应用于冰区航行船舶螺旋桨设计中也非常有限。根据俄罗斯船级社的规定,在冰、桨铣削过程中,叶梢卸载可能会造成叶梢破坏或者弯曲,为了保证桨叶在铣削过程中的有利攻角,需要对桨叶的纵斜角加以控制。根据有限元分析,建议将破冰船和高冰级(Arc7 ~ Arc9)商用船舶桨叶的纵斜角控制在 5°以内,Arc4 ~ Arc6 级的控制在 10°以内。

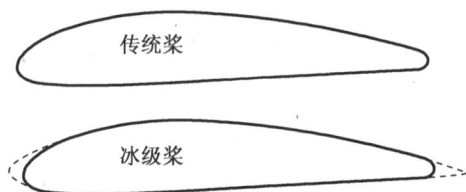

图 8 - 5　冰级桨与传统桨的桨叶剖面图

由以上分析可知,冰区航行船舶推进器设计过程中存在着诸多限制条件,想要通过修正桨叶的几何参数来提升空化性能非常有限。

2. 冰级桨设计的特殊性

高量级的载荷会威胁到冰区航行船舶的安全。为了减少因海冰碰撞螺旋桨

造成桨叶受损等问题引发的航行事故,IACS 以及国际各大船级社针对冰区航行船舶推进器制定了有关特殊材料、设计冰载荷、最大应力及厚度等方面的规范,因此设计人员在设计冰级桨时,要注意遵循规范对冰级桨的特殊要求。

IACS 冰级规范中指出,除铜合金和奥氏体钢材料外,其他材料均需经过夏比 V 型缺口冲击试验,待验证材料需在 −10 ℃的环境下,在冲击吸收功达到 20 J 后方可作为螺旋桨的制作材料。该试验主要用于测定材料的冲击吸收功,衡量材料的抗冲击性能,满足该试验要求的目的是保证冰级桨在与海冰碰撞时桨叶不被破坏。国际各大船级社颁布的规范与 IACS 冰级规范大致相同,只是在细节上略有不同,目前广泛采用的《芬兰−瑞典冰级规范》(*Finnish-Swedish Ice Class Rules*)便是在此规范的基础上进行的修订,其中除了删除有关桨叶厚度的相关要求外,其他要求与 IACS 冰级规范基本一致。

IACS 冰级规范对冰级桨的设计冰载荷和最大应力也有着特殊的规定,其针对普通桨和导管桨分别考虑了 5 种和 3 种危险工况,因此设计人员在校核强度时,需要考虑表 8−1 所示几种工况下的载荷情况(导管桨只需考虑工况 1、工况 3 和工况 5)。

表 8−1　工况数据表

工况	载荷	作用区域	
1	F_b	叶背上 0.6R 至叶梢且由导边开始周向延伸 0.2 倍弦长的区域	
2	50% F_b	叶背上 0.9R 以外的螺旋桨叶梢区域	
3	F_f	叶面上 0.6R 至叶梢且由导边开始周向延伸 0.2 倍弦长的区域	

表 8 – 1（续）

工况	载荷	作用区域	
4	$50\%\,F_{\mathrm{f}}$	叶面上 $0.9R$ 以外的螺旋桨叶梢区域	
5	$60\%\,\mathrm{MAX}$ $\{F_{\mathrm{f}}, F_{\mathrm{b}}\}$	叶面上 $0.6R$ 至叶梢且由随边开始周向延伸 0.2 倍弦长的区域	

与普通敞水船舶推进器的强度校核（普通敞水船舶通常只需校核 $0.25R$ 和 $0.6R$ 叶剖面处的厚度）不同，IACS 冰级规范对冰级桨厚度的要求更加细致，桨叶边缘处需要满足所要求的最小厚度，以保证冰级桨结构的可靠性。

另外，为了适应冰区航行船舶推进器特殊的载荷工况，除了前文所提到的特殊的推力、强度、空化、噪声、盘面比、纵斜角和冰级规范要求以外，冰级桨的设计还存在着一些其他的特殊性要求。

在常规桨设计过程中，需要考虑船、桨的匹配问题，船后的流场可以通过模型试验或者计算流体力学（CFD）软件模拟得到；而在冰级桨设计过程中，因为存在冰的耦合作用，很难用模型试验和 CFD 软件真实模拟出船后流场，并且冰、桨耦合问题也是设计过程中的一大难题，因此冰级桨的设计往往存在较大误差，修正过程较烦琐。

此外，还有不少其他参数也影响着冰级桨的某些性能。一些文献基于 NACA 66 和 IK – 82 这两种翼型，对冰级桨和常规桨的模型试验进行了对比分析，发现桨叶表面粗糙度对这两种类型螺旋桨空化性能的影响明显不同。对冰级桨而言，桨叶表面粗糙度对空化类型和空化的起始均有着显著影响，而常规桨的空化类型和空化起始受粗糙度的影响则较小。同时还指出，该结论与现有趋势规律相悖，至于原因，还未见有相关的公开文献，需要开展进一步的研究，不过推测这可能是由调整盘面比提升冰级桨效率造成的。在参数耦合的作用下，很难正确预测粗糙度的影响。

总之，在冰级桨的设计过程中，许多桨叶参数都有着特殊的限制条件，并且也存在着更多影响推进器性能的参数。因此，在设计冰区船舶推进器时需更全

面地考虑各参数的影响,有必要对某些性能做出妥协。

8.2.3　结论

通过以上分析,可以得出以下结论:

(1)冰区航行船舶推进器会与海冰发生阻塞、碰撞和铣削等多种作用形式,因此受到的载荷远大于常规桨,为满足冰级桨的强度要求,在设计过程中需特别注意满足船级社有关冰级桨的设计规范。

(2)船舶在冰区航行时,推进器受到低温环境的影响易造成结构上的破坏,因而选择推进器材料时需考虑低温的影响。

(3)船舶在冰区航行时,空化是潜在的威胁。在阻塞和铣削工况下,螺旋桨更容易发生空化现象,因此在设计螺旋桨时,需特别考虑空化效应。

(4)冰级桨的设计存在诸多的参数限制,同时也有更多的因素影响冰级桨的性能,在设计过程中,需综合考虑有冰工况和敞水工况的航行条件,以满足复杂的推进要求。

|8.3　核动力破冰船电力系统|

电力系统用于保障船舶在正常情况下和应急情况下产生电能,向核动力装置和船上所有用户提供电能。核动力装置电力系统主要有两个特点:第一是由主电力系统和应急电力系统组成,设计上要符合单一故障准则;第二是在任何情况下均必须能提供不间断电力需求,这是核反应堆安全设计的要求。

电力系统用于保证所有用户的电能,应有至少无关联的主配电柜、两台主发电机和一台备用发电机组成。应急电力系统与主电力系统无关,用于当主发电机和设备用发电机不工作时,保证核动力装置与整个船舶重要用户的电能。应急电力系统应由不少于两台应急发电机和两个相互无关联的电能分配器组成,其中每台应急发电机仅接入自己的配电柜和配电分组。另外在主电力系统与应急电力系统之外,反应配备蓄电池储存电能,通过直流－交流逆变电交换,在其他电源不工作时保证提供不间断电能。如果在主电力系统失电后,能保证顺利过渡到应急电力系统供电,保证核动力装置供电的连续性,则系统可不采用蓄电池作为过渡电源(图8－6、图8－7、图8－8)。

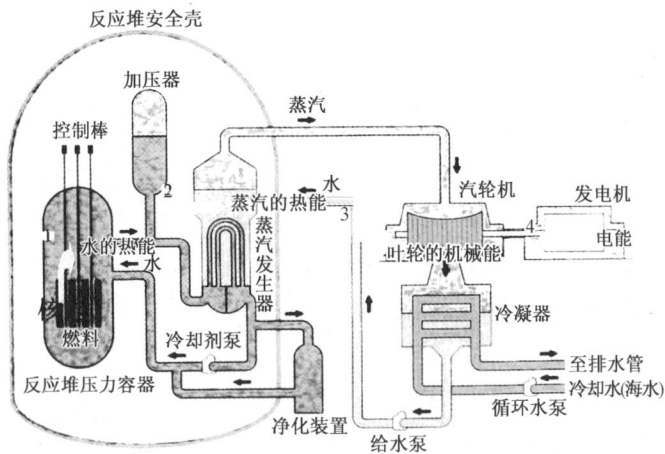

图 8-6　核电的能量转换与传递

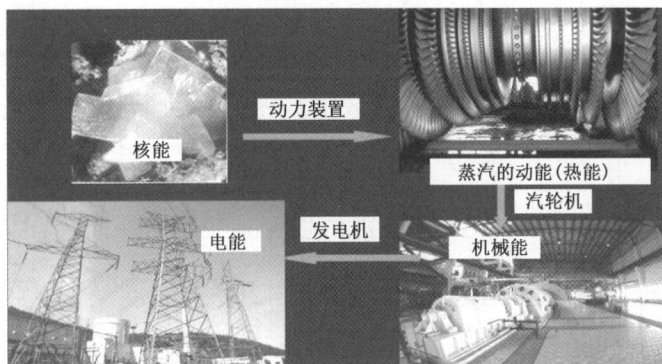

图 8-7　核能转换为电能示意图

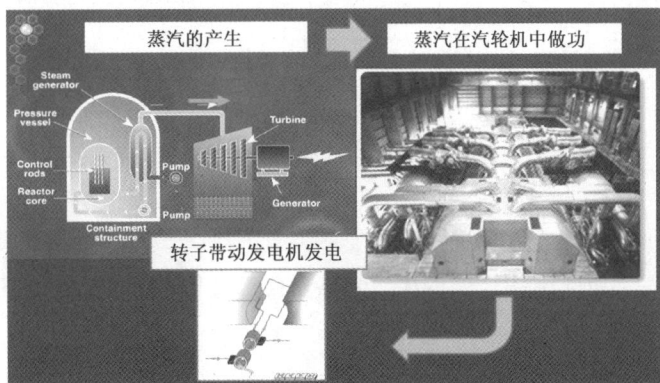

图 8-8　蒸汽转化为电能示意图

破冰船上设有艏电站和艉电站,艏电站主要包括辅汽轮机 1、2 及主配电柜 1;艉电站包括辅汽轮发电机 3、4、5,备用柴油发电机和主配电柜 2。发电机和主配电柜分别布置在不同舱室中,每台辅汽轮发电机的功率为 2 000 kW,备用柴油发电机功率为 1 000 kW。备用电源可以由应急柴油发动机和一组或二组蓄电池组成,在反应堆发生事故和停堆时使用,可以保证船舶用电和辅助推进装置工作。

图 8 - 9 所示为核动力破冰船电力装置原理。

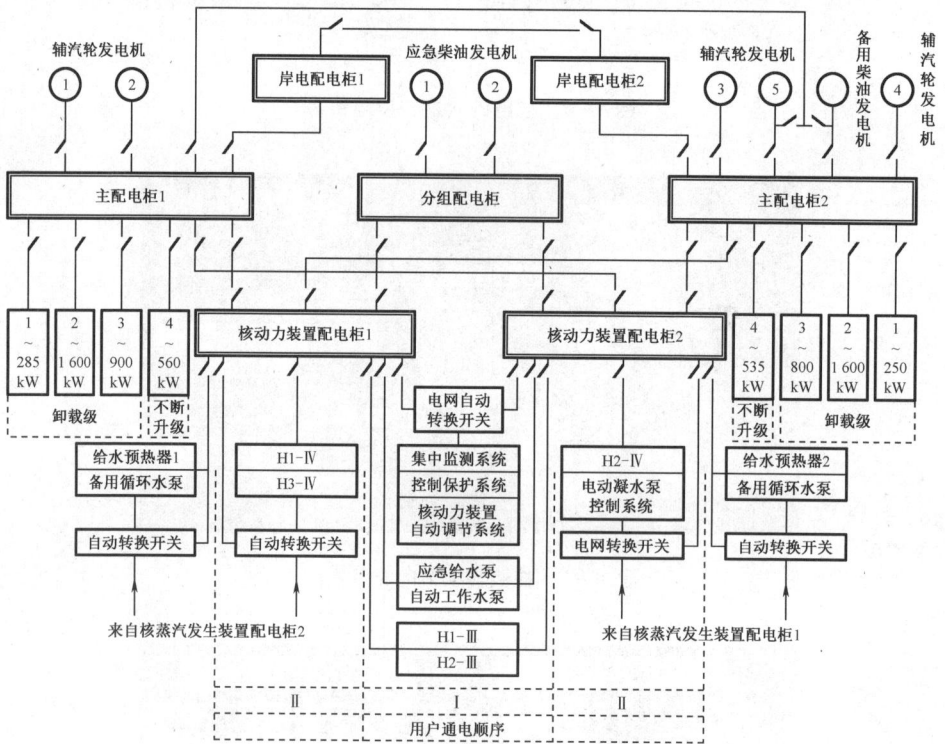

图 8 - 9 "北极"号核动力破冰船电力装置原理示意图

图 8 - 10 所示为 4 台双速反应堆主泵供电原理。核动力装置的电力系统应能保证反应堆冷却剂循环系统与其他安全系统的不间断供电,这是至关重要的。图 8 - 11 所示为核电布置。

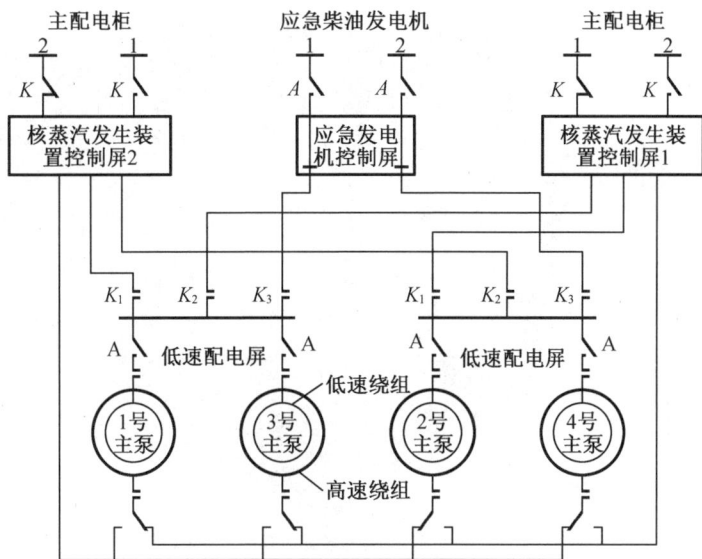

图 8 – 10　主泵供电原理示意图

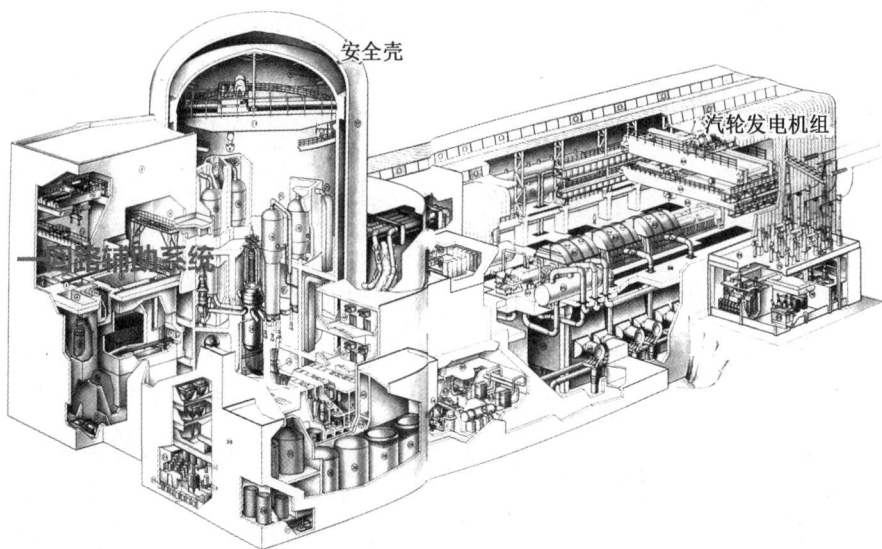

(a)典型的核电布置示意图

图 8 – 11　核电布置示意图

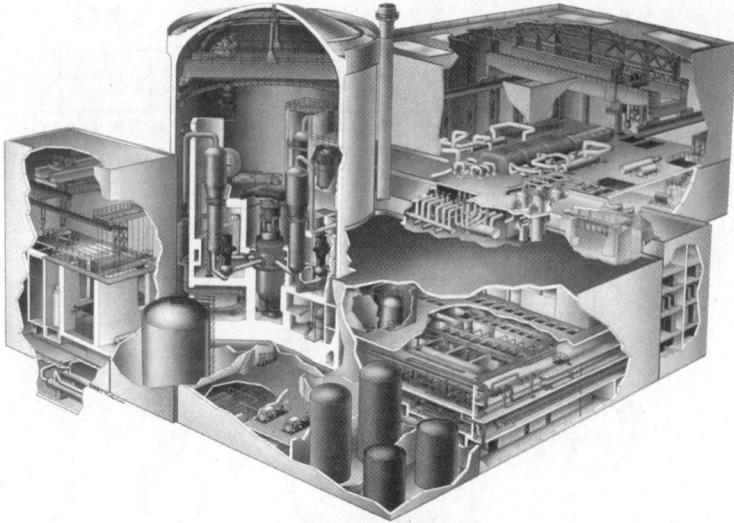

(b)百万级核电布置示意图

图 8 - 11(续)

| 8.4　参考文献 |

[1] 余建星,苗春生,赵立财,等.深海结构与船舶设备[M].天津:天津大学出版社,2017.

[2] 端木玉.船舶设备与舾装[M].北京:人民交通出版社,2021.

[3] 王超,韩康,汪春辉,等.冰区航行船舶推进器的特殊性分析[J].中国舰船研究,2019,14(2):1-7.

[4] KHAN A G, HISETTE Q, STRECKWALL H, et al. Numerical investigation of propeller-ice interaction effects[J]. Ocean Engineering, 2020, 216(149): 107716.

[5] 熊文彬,朱杰,王韶伟,等.俄罗斯核电安全监管体系及启示[J].辐射防护通讯,2012,32(4):23-28.

[6] 太阳谷.国外浮式核电站发展状况浅析[R/OL].(2018-12-05)[2022-05-13].https://news.bjx.com.cn/html/20181205/946460.shtml.

[7] 王守相,孟子涵.舰船综合电力系统分析技术研究现状与展望[J].中国舰船研究,2019,14(2):107-117.

第9章
核动力破冰船安全保障及监管体系

9.1 核动力破冰船的安全法规

9.1.1 核安全法律法规

核安全法律法规是国家安全机构对涉及核问题当事人监管与约束的法律性文件,是保护当事人与社会及环境避免受到核辐射危害的法律规范。核技术与核能的应用是一项比其他行业更为重要、非常危险的工作,因此必须建立更严酷的规定。

1. 国外相关规定简介

目前国外核工业比较发达的国家都有原子能相关的法律法规核技术规范,形成原子能法律体系,与国际原子能公约体系结合,对各国和平应用原子能起到了规范与指引作用。核动力装置设备的设计与制造通常遵循国家核安全局认可的国外成熟规范、标准进行,如美国机械工程师学会(AMSE)制定的《锅炉与压力容器规范》第Ⅱ卷:材料技术条件;第Ⅲ卷:核动力装置设备;第Ⅴ卷:无损检验;第Ⅸ卷:焊接与钎焊评定;第Ⅺ卷:核动力装置设备在役检查规程。或法国核岛设备设计和建造规则协会(AFCEN)制定的《压水堆核岛机械设备设计和建造规则 RCC – M》和《压水堆核电厂在役检查规则 RSEM》。上述核工业规范、标准的要求只保证机械部件与设备流体压力边界的结构完整性,而未考虑诸如腐蚀、磨损、环境影响等方面的要求。

下面以俄罗斯的情况为例进行介绍。

2004 年 5 月 20 日俄联邦总统签署总统令,核安全局和环保局合并为联邦环境、技术及核监督总局,简称"技监局"。2008 年起,技监局隶属俄联邦自然资源

和环境部。

俄罗斯技监局由三部分组成：

（1）中央机构及其职能部门；

（2）地方机构，分为两类：

a. 联邦区技术和环境监督管理局（7个），包括中央区、西北区、北高加索区、伏尔加沿岸区、乌拉尔区、西伯利亚区和远东区（7个）；

b. 地区核及辐射安全监督局（7个），包括伏尔加河区、远东区、顿河区、北部－欧洲区、西伯利亚区、乌拉尔区、中央区。

（3）下辖机关、企业、研究所、科研中心（16个）。

俄罗斯技监局的主要职能如下：

（1）在以下领域实施检查和监督（纲）：

①地下资源作业相关工作安全；

②工业安全；

③核能使用安全；

④电力、热力装置和网络安全；

⑤水利工程安全；

⑥工业用途的爆炸物生产、存放和使用安全；

⑦环境保护领域涉及限制工业生产负面影响的部分。

（2）在以下领域实施检查和监督（较详细）：

①核能使用领域的规范和标准遵守情况、核能使用领域作业许可（许可证）生效条件执行情况；

②核安全、辐射防护安全、技术安全和消防安全（核能使用设施上的）；

③核装置、放射源、核材料和放射性物质存放点的实体保护，为核材料、放射性物质和放射性废物的国家统一衡算和监督系统负责；

④俄罗斯联邦在核能使用领域安全保证方面国际责任的履行情况；

⑤放射性废物处置联邦法各项要求权限的落实情况；

⑥监督与俄联邦签署有对俄进口辐照燃料组件国际协议的供货方的核反应堆辐照燃料组件及其再加工产品返还国家的及时性，以便及时地根据再加工产品返还条件存放和再加工（在自己的权限内）；

⑦自己权限内的电力安全要求遵守情况（电力技术检查和监督）；

⑧地下资源作业相关工作安全；

⑨地下设施和进行爆破工作时的消防安全；

⑩水利工程所有者和运行单位规范及标准遵守情况（通航水利设施和地方自治管辖的除外）；

⑪采矿、救援工作中涉及军事化采矿、救援部门的状态监督以及清除事故的准备性检查部分；

⑫俄联邦主体国家权力机构的国家环境鉴定授权履行的全面性和质量，有权签发书面指示要求消除违章现象并有权追究负责人员的责任；

⑬危险生产项目的设计、建造、运行、封存和清除时，用于危险生产项目的技术装置的制造、安装、调试、保养和维修时，维修生产项目上的危险品运输时的工业安全要求遵守情况。

（3）对以下活动实施许可：

①核装置、放射源、核材料和放射性物质存放点，放射性废物存放库的选址、建造、运行和退役；

②核材料和放射性物质的处置，其中包括铀矿的勘探和开采、核材料和放射性物质的生产、使用、再处理、运输和存放；

③放射性废物保存、再处理、运输和埋藏期间的处置；

④核材料和（或）放射性物质在科学研究和试验设计时的使用；

⑤核装置、放射源、核材料和放射性物质的存放点，放射性废物存放库的项目设计和结构设计；

⑥用于核装置、放射源、核材料和放射性物质的存放点，放射性废物存放库的设备的结构设计和制造；

⑦对核装置、放射源、核材料和放射性物质的存放点，放射性废物存放库的方案设计、结构设计和工艺文件进行鉴定，对其核安全和辐射安全论证文件进行鉴定，对核材料、放射性物质和放射性废物处置时的核安全和辐射安全论证文件进行鉴定；

⑧化学危险生产设施的运行；

⑨工业安全鉴定；

⑩工业用途的爆炸物生产、运输和存放；

⑪热力管线的运行（法人或者个体企业自用的除外）；

⑫危险废物的搜集、使用、除害、运输和存放。

（4）颁发下列许可证：

①核能使用设施的职工核能使用领域开展工作的许可；

②在危险生产设施上使用具体类别（类型）的技术装置的许可；

③管辖内的水利工程运行许可；

④污染环境的物质排放许可以及对大气有害物质的排放许可；

⑤会破坏臭氧层的废物及其夹杂物跨界运输许可；

⑥有毒物质向俄罗斯进口、从俄罗斯出口已经在俄罗斯境内中转的许可；

⑦工业用途的爆炸物使用及利用该爆炸物进行工作的许可。

(5)其他职能包括：

①批准废物产生的定额及其存放限值；

②登记危险生产设施并管理该类设施的国家汇总；

③对环境有负面影响以及对大气有害设施的国家统计；

④管理"废物国家调查集"和"废物处置国家记录簿"并进行危险废物的登记；

⑤监督(检查)法人和自然人是否遵守该活动领域的相关俄联邦法律、法令、规范和标准的要求；

⑥在出现非常情况时组织并保证对核能设施的监督(应急反应)；

⑦建立、发展并维持信息采集分析部门的自动化系统的运作，包括为实现统一的俄联邦领土范围内环境辐射监测自动化系统；

⑧领导作为统一的国家预警和紧急情况处理系统组成的化学危险设施、爆炸危险设施以及核辐射危险设施的子监测系统的运作；

⑨根据法律、俄联邦总统或者政府法令授权履行该领域的其他授权。

(6)核能使用领域的相关法律、法规包括：

①俄联邦参与的主要国际协议 ；

②俄联邦法律；

③俄联邦总统令；

④俄联邦政府令。

核能使用领域的相关法律、法规的条块划分标准如下：

(1)实验反应堆、研究反应堆、核临界装置和次临界装置工程及综合体，核动力船舶和其他核动力漂浮设施，航天和飞行器，其他运输和可运输工具；

(2)核电站；

(3)用于核燃料和核材料生产、利用、再处理、运输的工程、综合体和装置，核材料和放射性废物的存放点，工业反应堆；

(4)放射源、存放点、放射性物质和放射性废物；

(5)核装置、放射源、存放点、核材料和放射性物质实物保护，核材料、放射性

452

物质和放射性废物的衡算及控制。

俄罗斯在核能使用领域的许可证审查、颁发等权限由中央机构及其地方机构执行,法律依据是《俄罗斯联邦环境、技术及核监督局对核能利用活动许可的管理规定》(自然资源和环境部 2008 年 10 月 16 日第 262 号令的附件)。

根据许可证审批的有关规定,在从事以下形式的核能利用活动时必须获得许可证:

(1)核装置、放射性源、核材料和放射性物质储存站点,放射性废物储存库的选址、建造、运行和退役;

(2)核材料和放射性物质的使用,包括铀资源勘探和开采时,核材料和放射性物质生产、使用、后处理、运输和储存时;

(3)放射性废物储存、后处理、运输和掩埋时对其的操作;

(4)在进行科研和实验设计工作时对核材料和(或)放射性物质的使用;

(5)核装置、放射性源、核材料和放射性物质储存站点,放射性废物储存库的设计和结构选定;

(6)核装置、放射性源、核材料和放射性物质储存站点,放射性废物储存库设备的设计和制造;

(7)对论证核装置、放射性源、核材料和放射性物质储存站点,放射性废物储存库核辐射安全保障的设计、结构和工艺文件进行鉴定,以及开展使用核材料、放射性物质和放射性废物的相关活动。

技监局组织监督检查的基本原则有:

(1)独立:核安全局独立于其他与核能利用相关的国家机构和组织。

(2)责任划分:区分从事核能利用单位和国家监督方之间的责任,运行单位对安全负全责。

(3)公开性:国家安全监督公开透明。

(4)协作性:同其他安全管理机构保持协作。

检查可分为综合性检查、专门性检查和业务性检查,具体内容如下:

(1)综合性检查是就俄核安全局权限范围内的整个(或者大部分)安全保证问题来对某个单位(一系列单位)的活动进行的检查。针对核能使用设施的该类检查项目可以包括本条例第 26 条规定的其他种类的检查。通常此类检查由检查委员会执行。检查委员会的成员包括俄罗斯核安全局中央机构和(或)地区机构的监督员和专家,也可以吸收其他国家安全管理机构的专家和专业人员参加(需认可)。

(2)专门性检查是对某一个或几个安全保证问题进行的仔细检查。此类检查既可以由委员会执行,也可以由俄罗斯核安全局及其地区监督机构的监督员来完成。

(3)业务性检查是对工作现场、单位和项目部的下属部门是否遵守安全保证要求进行检查,从而采取有效的措施来消除可能存在的缺陷。该检查由俄罗斯核安全局地区机构组织和完成。

许可证的暂停(或吊销)、恢复等,此处省略。

俄罗斯对政府机关及公职人员的行为做出了一系列的明文限制,如行政程序的期限、是否及时在网上更新许可证受理情况等,甚至明确到颁发许可证的时间不应该使申请人代表等候和排队,颁发许可证的持续时间不应该超过 20 分钟。

2. 国内相关规定简介

我国是联合国的常任理事国,也是国际原子能机构的成员国。核安全是没有"国界"的,我国政府面对国际社会和国内公众认真履行保证核安全的义务和职责,一贯对核安全极为重视,对于原子能的和平利用提出并坚决贯彻"安全第一"的方针。

国家核安全局成立于 1984 年,成立至今,在对我国民用核设施的核安全监管活动的实施中,逐渐积累经验,监管能力不断提高和完善,使得我国民用核设施处于有效的监管之下。

安全基本要素和原则均已被我国采用,要素和原则的应用可归纳为:

(1)建立了较完善的核安全与辐射环境监督管理法规体系,也明确了当前参照使用的有关核安全审评和监督的技术准则文件及参照使用的有关工业标准。

(2)国家设立了专门的政府机构——国家核安全局,对各类核设施独立地行使核安全与辐射环境监督管理。同时建立了独立于核工业体系和核设施营运单位的专职核安全与辐射环境审评、监督技术机构——国家环境保护总局核安全中心,专门为国家核安全局提供实施监督管理的技术支持和技术保障。

(3)明确核设施营运单位对该设施的核安全与辐射环境安全负有最终责任。

(4)由国家核安全局根据各类核设施的特点,从设施的选址、设计、建造、运行直到退役分阶段实施许可证管理。

(5)由国家核安全局组织核安全中心和有关技术机构对各类核设施各阶段的活动,依照法规和标准的要求实施强制性的核安全与辐射环境安全的技术审评和监督。其审评、监督的结果作为国家核安全局对核设施营运单位颁发相应

许可证的依据。

（6）国家核安全局及其技术支持机构大力开展多边与双边的国际合作，积极开展国际交流和人员培训。充分注意收集和跟踪国内外有关核安全与辐射环境安全的经验反馈和最新研究成果，大力开展旨在提高监管能力的科学研究，并将研究成果加以应用。

我国的核安全法规体系如下。

（1）核安全法规文件体系

第一层次：由国务院发布的"行政法规"，共 3 个；

第二层次：由国家核安全局及相关部门发布的"部门规章"，共 21 个；

第三层次：由国家核安全局发布的"核安全导则"，共约 70 个；

第四层次：由国家核安全局发布的"技术文件"，近百个。

其中，第一、二层次的文件通称为"核安全法规"，法规是必须遵循的。

（2）具体法规

1995 年国家核安全局出版了《核安全法规汇编》；1998 年对该汇编进行了补充和修订，并重新编号。

目前我国的核安全法规共分 8 个系列，即 HAF 系列，包括：

①HAF0xx/yy/zz——通用系列；

②HAF1xx/yy/zz——核动力厂系列；

③HAF2xx/yy/zz——研究堆系列；

④HAF3xx/yy/zz——核燃料循环设施系列；

⑤HAF4xx/yy/zz——放射性废物管理系列；

⑥HAF5xx/yy/zz——核材料管制系列；

⑦HAF6xx/yy/zz——民用核承压设备监督管理系列；

⑧HAF7xx/yy/zz——放射性物质运输管理系列。

目前我国共有 3 个行政法规（核安全法规），包括：

①HAF001《中华人民共和国民用核设施安全监督管理条例》；

②HAF002《核电厂核事故应急管理条例》；

③HAF003《中华人民共和国核材料管制条例》。

每个核安全行政法规下又有若干实施细则、实施细则附件等部门规章，目前共有 21 个部门规章。现举例说明。

①研究堆系列

HAF201《研究堆设计安全规定》

HAF202《研究堆运行安全规定》

②核燃料循环设施系列

HAF301《民用核燃料循环设施安全规定》

③放射性废物管理系列

HAF401《放射性废物安全监督管理规定》

④核材料管制系列

HAF501《中华人民共和国核材料管制规定》

HAF501/01《中华人民共和国核材料管制条例实施细则》

⑤民用核承压设备监督管理系列

HAF601《民用核承压设备安全监督管理规定》

HAF601/01《民用核承压设备安全监督管理规定实施细则》

HAF602《民用核承压设备无损检验人员培训、考核和取证管理办法》

HAF603《民用核承压设备焊工及焊接操作工培训、考核和取证管理办法》

（3）核安全导则——指导性的文件、推荐的实践,以便满足法规的要求

1992 年国家核安全局出版了《核安全导则汇编》;1998 年国家核安全局对该汇编进行了补充和修订,并重新编号。

核安全导则也是按 8 个系列分类的,即 HAD 系列（约 70 个导则）。

（4）核安全技术文件、技术报告

这类文件是专家们的技术见解、推荐的建议,甚至有一些是方法探讨,不是必须遵循的,可以参考使用。这类技术报告往往是国际原子能机构的技术报告的翻译稿,编号为 HAF·J、HAB 等。如:

①HAF·J0001《核电厂厂址选择中的剂量评价》;

②HAF·J0002《含有有限量放射性物质核设施的抗震设计》;

③HAF·J0007《核电厂应急电力系统的安全评价》;

④HAF·J0043《核事件分级手册》;

⑤HAF·J0045《质量保证分级手册》;

⑥HAF·J0053《核设备抗震鉴定试验指南》;

⑦HAF·J0080《核电厂在役检查指南》。

（5）相关核安全法规简介

①HAF001《中华人民共和国民用核设施安全监督管理条例》于 1986 年 10 月 29 日由国务院发布,共 6 章 26 条,主要内容包括:

　　a. 适用范围：

　　核动力厂；

　　其他反应堆；

　　核燃料生产、加工、贮存、后处理设施；

　　放射性废物处理、处置设施；

　　其他需要严格监管的设施。

　　b. 适用阶段：选址、设计、建造、运行和退役，全寿命过程。

　　c. 监督管理职责：

　　国家核安全局：独立行使核安全监督；

　　管理部门：负责安全管理；

　　营运单位：直接负责核设施的安全。

　　d. 安全许可制度：由国家核安全局负责制定和批准颁发安全许可证，包括《核设施建造许可证》《核设施运行许可证》《核设施操纵员执照》等。其他营运单位在核设施建造前向核安全局提交《核设施建造申请书》和《初步安全分析报告》，经审核批准获得建造许可证后才能开工建造。

　　核设施运行前应提交运行申请书、最终安全分析报告，获得装料、调试的批准文件，方可装料、调试，获得运行许可证后才可运行。

　　e. 核安全监督：国家核安全局派出监督员执行安全监督，有权采取强制性措施、发布停工令，营运单位必须执行。

　　②HAF001/01《中华人民共和国民用核设施安全监督管理条例实施细则之一　核电厂安全许可证件的申请和颁发》于 1993 年 12 月 31 由日国家核安全局发布，共 7 章 34 条。

　　③HAF102《核电厂设计安全规定》，是由国家核安全局于 1991 年发布的，后于 2004 年 4 月又发布了新版本，新版本包括引言、安全目标和纵深防御概念、安全管理要求、主要技术要求、核动力厂设计要求、核动力厂系统设计要求等内容。规定共有 2 个附件、1 个附录：附件Ⅰ、附件Ⅱ分别为"假设始发事件"和"多重性、多样性和独立性"，与规定本身具有同样的法律效力。附录"沸水堆、压水堆和压力管式反应堆的安全功能"为规定的补充和说明。

　　④HAF103《核动力厂运行安全规定》于 1991 年由国家核安全局发布，后于 2004 年 4 月修订。

　　(6) 民用核承压设备活动的法规及要求

　　①相关法规

　　a. HAF601《民用核承压设备安全监督管理规定》；

b. HAF601/01《民用核承压设备安全监督管理规定实施细则》;

c. HAF602《民用核承压设备无损检验人员培训、考核和取证管理办法》;

d. HAF603《民用核承压设备焊工及焊接操作工培训、考核和取证管理办法》。

②应用范围

民用核承压设备指:

a. 核动力厂及反应堆中执行核安全功能的承压设备及其支承件;

b. 包容反应堆的钢制安全壳、安全壳的钢衬里;

c. 包容放射性物质的承压设备及其支承;

d. 其他需严格监督管理的承压设备。

核承压设备活动:从事核承压设备设计、制造、安装、试验、检验、在役检查、维修、退役、迁移及转让等活动。

还适用于为制造核承压设备提供关键承压材料及零、部件的生产。

③监督管理职责

a. 国家核安全局:独立行使国家核安全监督;

b. 主管部门:核安全检查;

c. 核设施运行单位:对核承压设备活动质保体系进行控制。

④资格许可制度

a. 资格证:《核承压设备设计资格许可证》《核承压设备制造资格许可证》《核承压设备安装资格许可证》。

b. 申请流程:

- 单位同时向主管部门及核安全局申请;

- 由主管部门审查、评定;

- 由国家核安全局会同其他部门核准;

- 由国家核安全局发证。

许可证有效期5年,开展核承压设备活动前3个月报核安全局,并在许可证规定的许可条件和范围内开展核承压设备活动。

⑤对核承压设备设计单位的安全监督

质量保证方面主要检查:

a. 质量保证大纲的适用性、有效性;

b. 接口管理;

c. 质量保证组织机构、人员职能、权限、行使职能;

d. 大纲程序的完整性及其实施情况;

e.设计修改与变更控制程序的执行情况；

f.其他设计控制措施。

设计活动的检查：

a.承压设备类别和安全等级与规范和标准的一致性；

b.压力边界结构的完整性和超压保护装置的设置；

c.设计中是否考虑断裂设计、抗震设计和压力边界在各工况下、可能引起的破坏；

d.事故工况下设备的可运行和功能能力；

e.设备的可检测和可维修性。

9.1.2 核动力破冰船的法规

核动力破冰船是一个核装置，除了遵循船级社规范外，必须按照国家的相关规定，建立与保持对放射性危害的有效防御，以保护人员、社会和环境免受危害。总体核安全目标由辐射防护目标与技术安全目标支撑，两个目标相互补充、相辅相成，技术措施与管理性和程序性措施一起保证对电离辐射危害的防御。

(1)辐射防护目标：保证在所有运行状态下核动力装置内的辐射照射或由于该核动力装置任何计划排放放射性物质引起的辐射照射保持低于规定限值，并合理可行尽量更低，保证减轻任何事故的放射性后果。

(2)技术安全目标：采取一切合理可行的措施防止核动力装置事故，并在一旦发生事故时减轻其后果；对于在设计核动力破冰船时考虑过的所有可能事故，包括概率很低的事故，要以高可信度保证任何放射性后果尽可能小，且低于规定限值；并保证有严重放射性后果的事故发生的概率极低。

为了保证核安全，对核动力破冰船的安全要求有：

①必须为在某些运行工况、事故工况期间和之后的安全停堆及维持安全停堆状态提供必要的手段；

②必须为在某些运行工况、事故工况期间和之后，为停堆后从堆芯排出余热提供必要的手段；

③必须为减少可能的放射性物质释放、为保证运行工况期间和之后的任何释放不超过规定限值、事故工况期间和之后的任何释放不超过可接受的限值提供必要的手段。

核动力破冰船的纵深防御与多层屏障：

①纵深防御概念贯彻于与安全有关的全部作业过程，包括与组装、人员行为

或设计有关的方面,以保证这些活动均置于重叠措施的防御之下,即使有一种故障发生,也将由适当的措施探测、补偿或纠正。在整个设计与运行中贯彻纵深防御,以便为核动力装置内设备故障或人员活动及装置外事件等引起的各种瞬变、预计运行事件及事故提供多层次的保护。

②纵深防御概念应用与核动力破冰船的设计,提供一系列多层次的防御(固有特性、设备及规程),用以防止事故并在未能防止事故时保证提供适当的保护。

a.第一层次防御的目的是防止偏离正常运行及防止系统失效;

b.第二层次防御的目的是检测和纠正偏离正常运行状态,以防止预计运行事件升级为事故工况;

c.设置第三层次防御是基于以下假定:尽管极少可能,某些预计运行事件或假设始发事件的升级仍有可能未被前一层次防御所制止,而演变成一种较严重的事件;

d.第四层次防御的目的是针对设计基准可能已被超过的严重事故,并保证放射性释放保持在尽可能的低水平;

e.第五层次防御,即最后层次防御的目的是减轻可能由事故工况引起的潜在的放射性物质释放造成的放射性后果。

③多道屏障,包括:

a.第一道屏障:燃料元件包壳(锆合金)(图9-1);

b.第二道屏障:反应堆压力容器(图9-2);

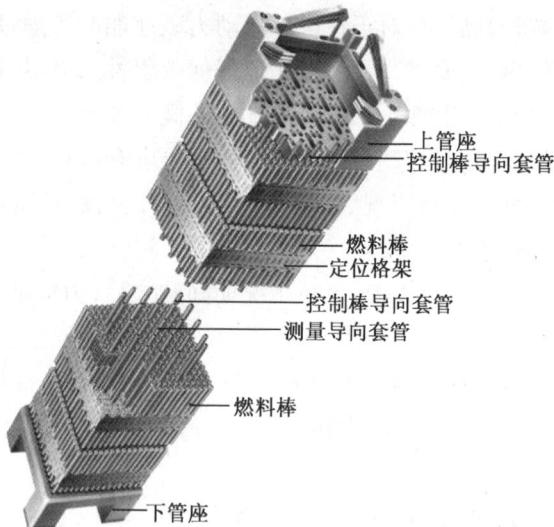

图9-1 核燃料元件包壳

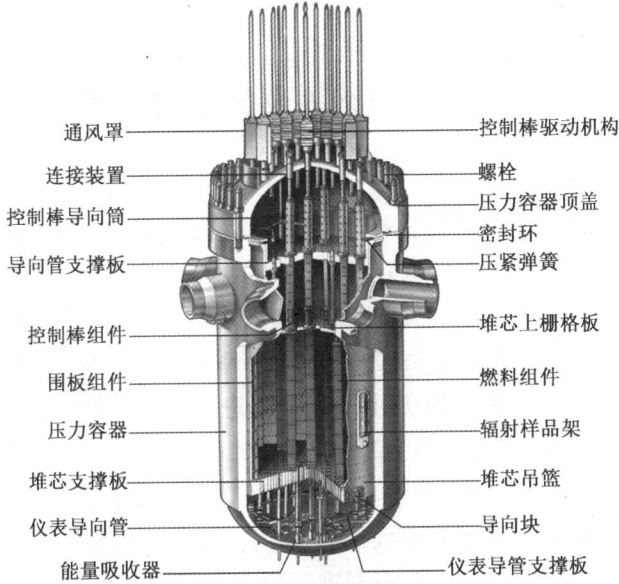

图 9 - 2　反应堆压力容器

c. 第三道屏障:安全壳(图 9 - 3)。

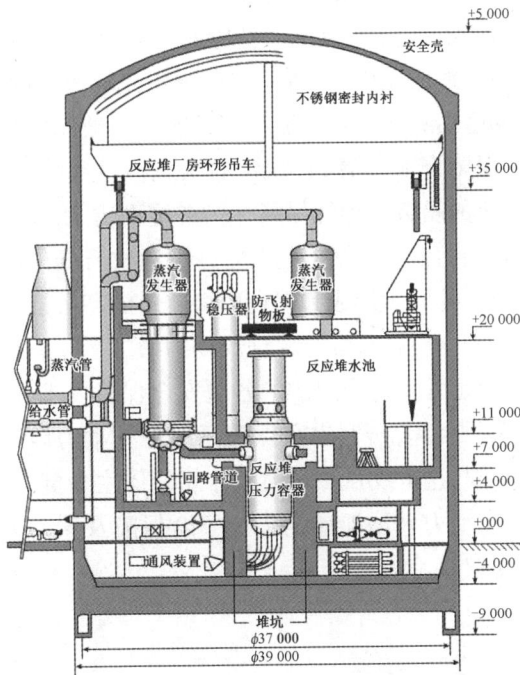

图 9 - 3　安全壳内纵剖面示意图(单位:mm)

9.2　核动力破冰船安全保障系统

　　海洋装备综合保障与生命健康是指在船海工程装备的全寿期内,为满足总体完好性要求,降低全寿期费用,综合考虑装备的保障与生命健康问题,在研制阶段,确定可靠性、维修性、保障性、测试性和环境适应性等生命健康保障特性要求,进行保障特性设计,规划并研制保障资源,建立保障系统;在运营阶段,跟踪装备技术状态,确定工程装备本体、设备的实时修理需求,进行在航临抢修支援和等级维护设计,及时提供船海工程装备所需生命健康保障的一系列管理和技术活动。

　　近年来,随着大批采用全新设计理念、先进信息化技术、新材料及新工艺,船海装备数量、复杂程度、技术难度都大幅提升,尤其是处于极地区域作业的核动力破冰船,在规定的任务模式下,其运行强度和生命健康保障需求也显著提高,传统的保障系统和模式已明显不能适应当前或未来核动力船舶装备发展的需要。

　　为此,迫切需要深入研究核动力船舶装备的生命健康保障需求与特点,在装备研制阶段即开展保障特性与主装备技战术特性的同步设计与综合权衡优化,以便更好地将装备保障资源研制与主装备研制有效融合,在核动力破冰船研制过程中同步规划保障资源的基础上,研究生命健康保障费用的产生规律,降低核动力破冰船全寿期的经费投入;通过深入开展核动力破冰船生命健康综合保障工作,实现精确化的保障资源配置、自动化的状态检测和故障诊断、信息化的保障管理和指挥、智能化的船载及远程保障评估和辅助决策,从源头促进船员自主保障能力和岸基维修能力的提升,进一步促进极地航行船舶与核动力破冰船交付后生命健康保障能力的同步形成和保持船海装备的高效运行能力。

　　核动力破冰船的安全保障系统是保证核动力破冰船正常航行与作业的关键核心技术,它除了要满足常规动力船舶的各项安全保障需求外,还要满足核动力装置系统的安全需求。因此,研究安全保障系统是核动力破冰船设计制造的首要问题。由于篇幅有限,这里仅从核动力破冰船船体生命健康与安全、核动力装置可靠性与维修性、核动力破冰船船上人员安全保障及核动力破冰船的信息安全四个方面进行简要叙述。

9.2.1　核动力破冰船船体生命健康与安全

核动力破冰船船体的生命健康与安全是建立在数字化、信息化基础上的现代技术理念的安全保障系统,是在项目初期就必须与设计同步确定的建设内容,通过建立数字模型、数字链及数字孪生模型,使得船体在交付运营中,能够时刻保持对整个船体及各个关键部位在运行与作业过程中的安全响应,以及在发生事故时,船载与岸基决策支持系统快速形成维护方案,智能报告核动力破冰船船体剩余强度及其生命力。

1. 船载生命健康系统设计

船载船体生命健康系统主要是根据海洋环境预报,形成对船体的载荷,通过数值仿真分析,得出船体的剩余应力及生命健康指数。图 9 – 4 所示为舰载计算环境示意图。

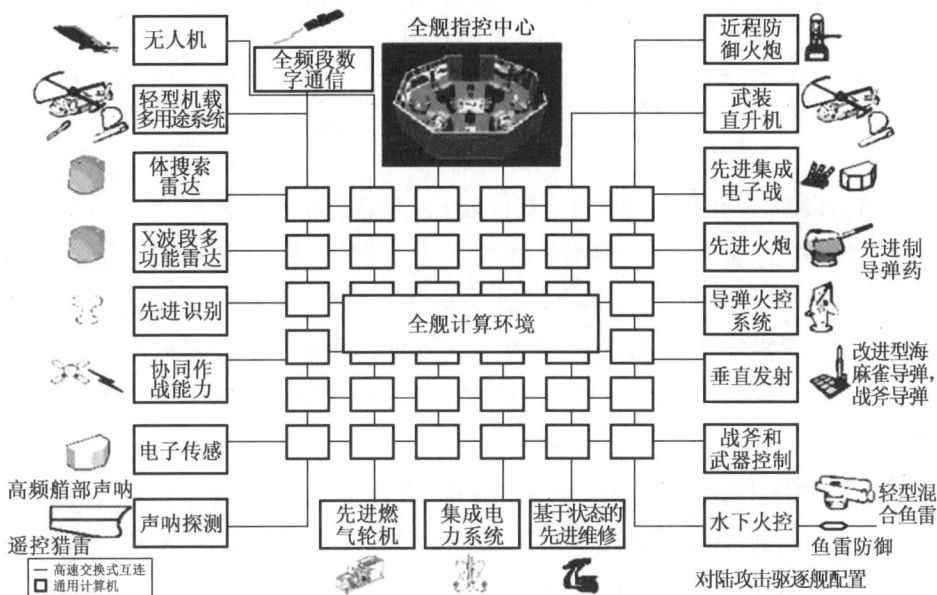

图 9 – 4　舰载计算环境示意图

核动力破冰船具有自己的特性,其船载系统如图 9 – 5 和图 9 – 6 所示。

2. 船体设计制造数字化与数字模型

随着新一代信息技术的快速发展,当今船海工程的设计制造已经进入数字化时代。船海工程的数字化贯穿船舶生命周期的全过程,形成产品数字化、过程数字化,构建以数据流转为核心的数字过程架构。

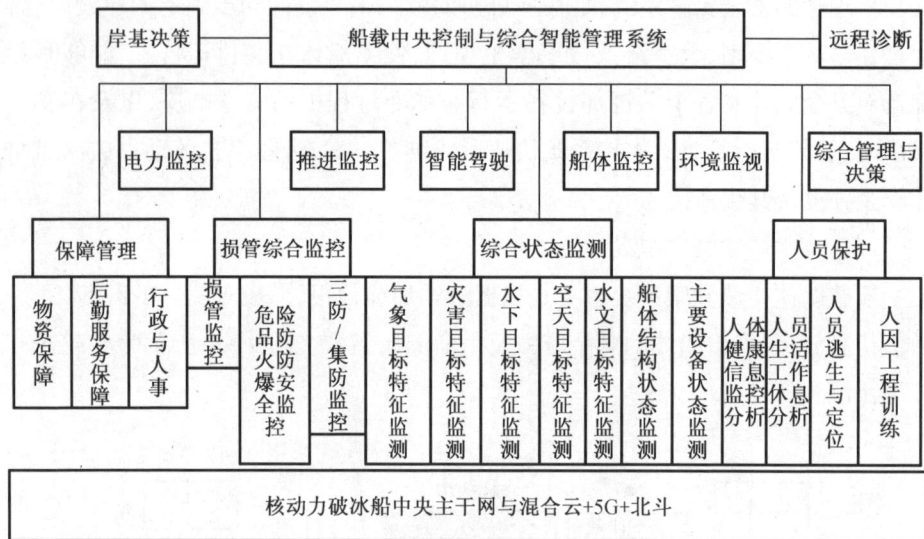

图 9−5　核动力破冰船船载系统图示

(1)产品数字化:向船东/用户交付数字化核动力破冰船装备

核动力破冰船的设计制造要依靠 CAX 系统平台,按照船东/用户的需求,首先打造形成一个完整的、包含船舶所有专业内涵和知识内容的数字样船,这个数字样船模型是随着设计制造的进程逐步完善而形成的,其既要随时满足用户的功能与性能需求,又能为交付运营至退役服务的、与物理模型完全孪生对应的数字模型产品。

(2)过程数字化:数字工程贯穿核动力破冰船完整系统的全寿命周期

数字化核动力破冰船装备技术的复杂性、升级改造的可持续性,要求实现研制、生产和维护过程的数字化。

数字化过程是基于模型系统工程方式,利用数字环境、数字处理、数字方法、数字工具和数字工件,实现对计划、需求、设计、分析、核实、验证、运行和(或)维持等核动力破冰船装备系统全寿命周期活动的支持,实现从以文档为中心的线性管理流程向以数字模型为中心的数字工程生态系统的转变。

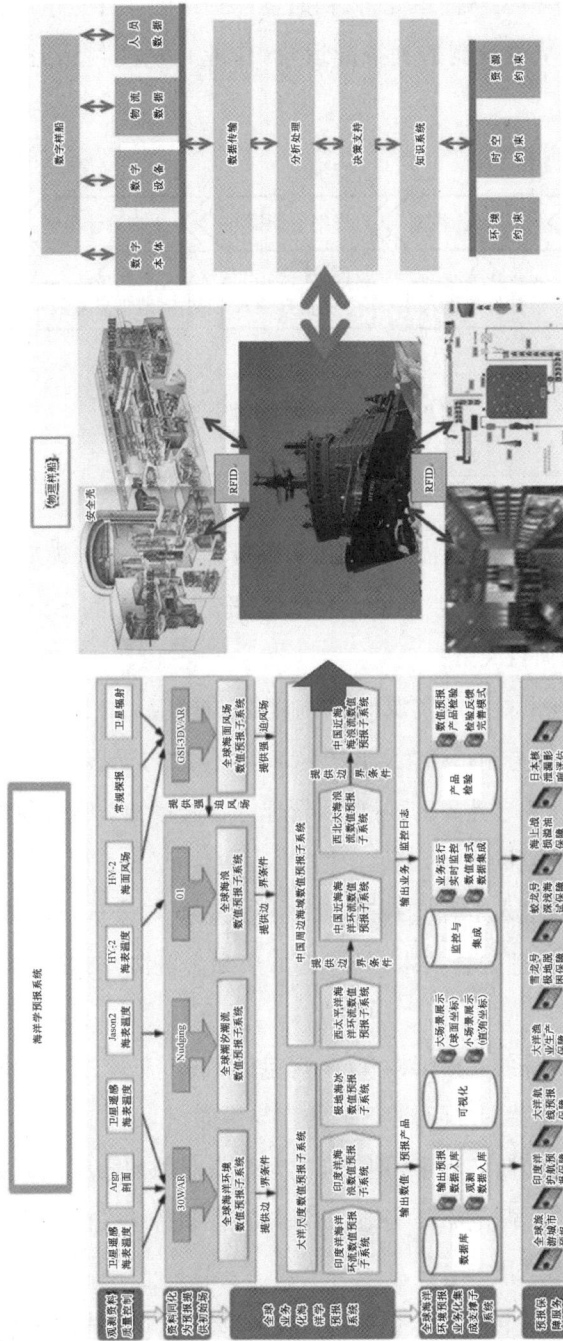

图 9-6　核动力破冰船船载系统流程示意图

其过程是数字模型从简单完善、初始设计到详细设计至生产设计、从单系统到完整专业系统、从设计制造到智能运营(作业)、从交付到退役的全生命周期(图9-7)。

图9-7 完整数字模型形成过程

过程数字化目标的主要内容有以下5个方面:

①规范模型的开发、集成与使用,实现设计模型、制造模型、审核与验证模型、系统模型、生产支撑模型、特种工程模型、管理模型之间标准化数据的无缝流通,服务于企业和项目决策;

②持久性地提供权威事实源(即基础数据与模型),在装备方案分析、技术成熟与风险降低、工程与制造研发、生产与部署、作战与支援等装备寿命周期的不同阶段,为审计、商务、合同、工程、项目管理等各利益相关方提供权威事实源,实现"恰当的信息、恰当的人、恰当地使用、恰当的时间";

③将技术创新融入工程实践改进,利用大数据与分析技术、认知技术、先进计算技术、数字与物理融合技术,以及新方法和人机协作,推动向端到端的数字企业转型;

④构建数字工程的支撑架构和环境,包括工具、流程、方法、软硬件、网络、安全等,实现各利益相关者之间的互动、协作与沟通;

⑤完成文化与团队的数字转型,面向对全寿命周期数字工程的适应与支撑,通过沟通与接触、领导、战略与实施、训练与教育和持续性的改进,实现整个采办部门数字工程的制度化。

(3)流程数字化:构建以数据流转为核心的数字工程架构

在核动力破冰船装备全寿命周期的基础上,需建立由模型视图(model view)、数据视图(data view)、文件视图(document view)、获取视图(acquisition

466

view)构成的数字工程架构。以数据视图对于不同阶段标准化数据流转的规范为核心,推动传统项目管理模式向数字工程的迁移。

生命周期数字工程示意图如图9-8所示。

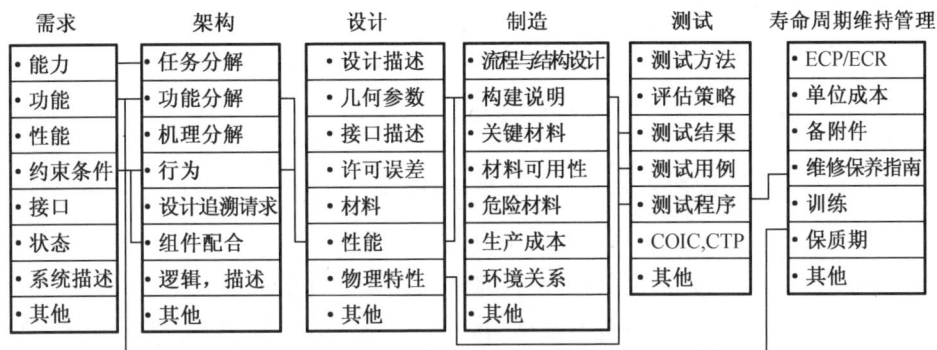

需求	架构	设计	制造	测试	寿命周期维持管理
• 能力	• 任务分解	• 设计描述	• 流程与结构设计	• 测试方法	• ECP/ECR
• 功能	• 功能分解	• 几何参数	• 构建说明	• 评估策略	• 单位成本
• 性能	• 机理分解	• 接口描述	• 关键材料	• 测试结果	• 备附件
• 约束条件	• 行为	• 许可误差	• 材料可用性	• 测试用例	• 维修保养指南
• 接口	• 设计追溯请求	• 材料	• 危险材料	• 测试程序	• 训练
• 状态	• 组件配合	• 性能	• 生产成本	• COIC,CTP	• 保质期
• 系统描述	• 逻辑,描述	• 物理特性	• 环境关系	• 其他	• 其他
• 其他	• 其他	• 其他	• 其他		

COIC—关键业务问题和标准;CTP—施工测试程序;ECP—工程变更建议;ECR—工程变更要求。

图9-8 生命周期数字工程示意图

(4)生态数字化:打造全面支撑核动力破冰船的数字工程生态系统

数字工程生态系统主要由技术数据管理、工程知识管理和技术评估三个相互嵌套的群落构成(图9-9)。技术数据管理位于最底层,包括对工程标准、需求数据、设计与制造数据、测试数据、供应数据、作业数据、维护数据、工程能力数据库的管理。工程知识管理位于中间地带,包括对多域、多机理、多层级真实与虚拟组件的集成,对各种系统分析工具的集成,它们利用工程数据为系统管理与维持提供支撑,完成对利润、不确定性和风险的概率分析,以及对所有权总成本(系统全寿命周期成本)的均衡分析。工程技术评估位于顶部,开展成本分析、需求论证、费用进度与性能(C/S/P)的综合平衡,提供对各阶段管理里程碑的决策支持。

3.数字模型、数字链与数字孪生技术

数字模型、数字链和数字孪生是纵向贯穿数字工程生态系统的纽带,它们提供了端到端集成、权威性、系统全寿命周期的数字表示。

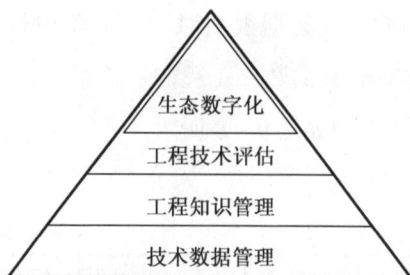

图9-9　生态数字化形成

数字系统模型由所有的利益相关者共同提供,集成了权威的技术数据和相关的工件,定义了系统寿命周期中各个方面的具体活动。

数字链是一种可扩展、配置和组件化的企业级分析框架,无缝地加速了企业数据信息知识系统中的权威技术数据、软件、信息和知识的受控及相互作用。在整个系统寿命周期中,数字链基于数字系统模型的模板,向决策者提供访问、集成数据,并将分散数据转换为可操作信息的能力。

数字孪生是在数字链支撑下,产品完整地完工交付的数字模型,对实际制造系统多机理、多尺度概率模拟的集成,使用最佳的可用模型、传感器信息和输入数据,镜像和预测其物理产品孪生系统全寿命周期中的行动与性能。

同时,需建立装备运行数据库。利用云存储技术,可使装备的数字孪生模型记录下实体装备整个寿命周期的所有数据和参数,这个周期可达几十年甚至更久。有了这些数据的支持,在装备管理过程中,就能建立起装备运行的数据库,再通过既定算法的人工智能分析,便能掌握装备在实际过程中的使用和管理情况,指导部队科学管装、合理用装,避免不规范使用带来的问题,提高装备配置的合理性。

最终形成的数字孪生模型是在产品全生命周期中不断完善和充实中深化的,通过数据挖掘,可以进一步发展应用范围,产生更多、更大的效能。

数字孪生技术体系特征及案例如图9-10、图9-11所示。

4.岸基决策支持与企业脑科技

核动力破冰船在交付运营前,将传感器提前预置在装备内部,能够传递出实时的信息参数,可以在船上也可以在后方平台上进行收集、整理、分析,就可以对部件、子系统乃至整个装备的健康指标进行预测性与可视化评估。再将评估结果建模计算,就能预测装备的发展趋势,并及时给出保障建议。

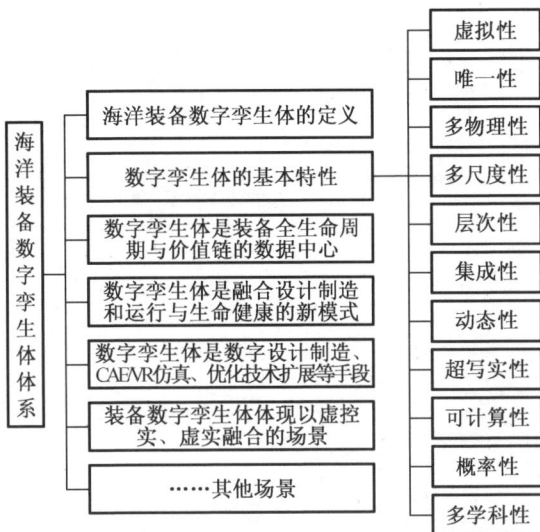

图 9 – 10　数字孪生技术体系特征

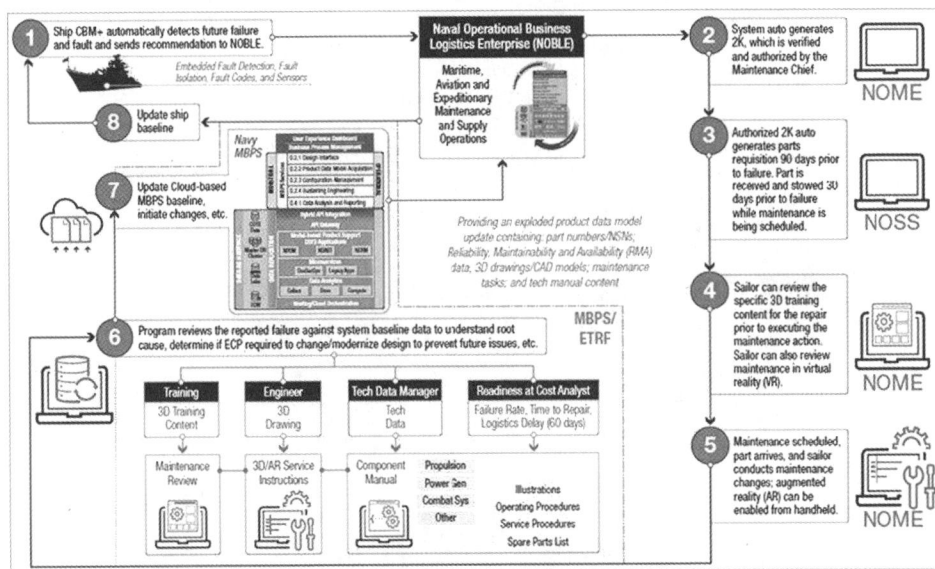

图 9 – 11　美国海军数字孪生平台案例

　　这种技术可以在船上进行,但是由于船上资源有限,就需要岸基决策中心的更多、更广、更强大的信息数字支撑,以保证船上决策内容的可靠性、完整性与精准性。这一远程保障将使装备保障的远程性、及时性和准确性得到极大提升,对现场抢救抢修和动员调配都有现实意义。美国海军远程保障技术系统如图 9 – 12 所示。

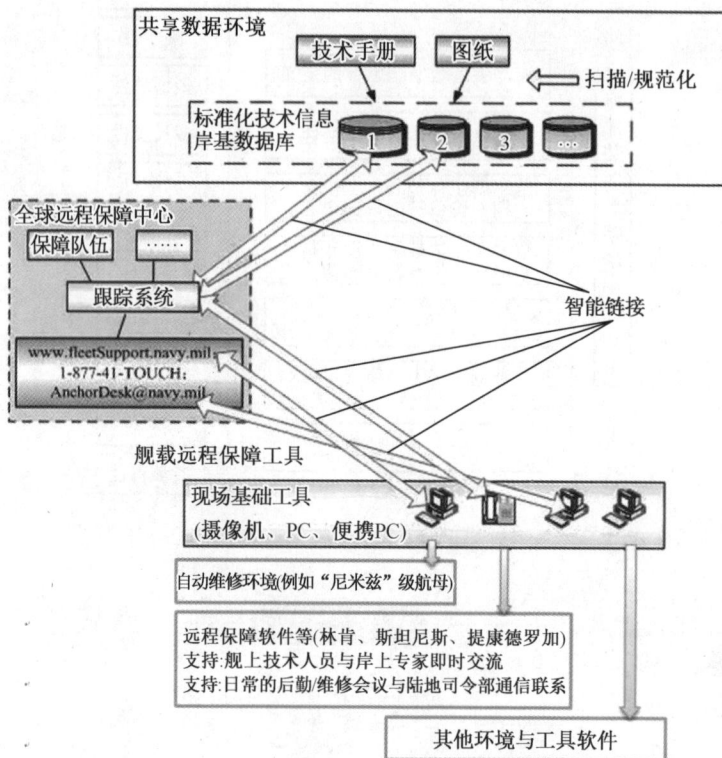

图 9 – 12　美国海军远程保障技术系统

　　远程的决策系统是由企业大脑支撑的,企业大脑由软件与硬件组成,其软件是以专家知识为核心的系统,简要概念框架如图 9 – 13 所示。

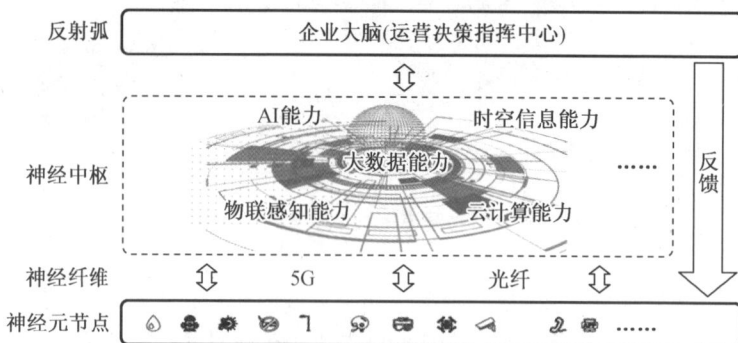

图 9 – 13　企业指挥中心示意图

企业大脑基本原理示意图如图 9－14 所示。

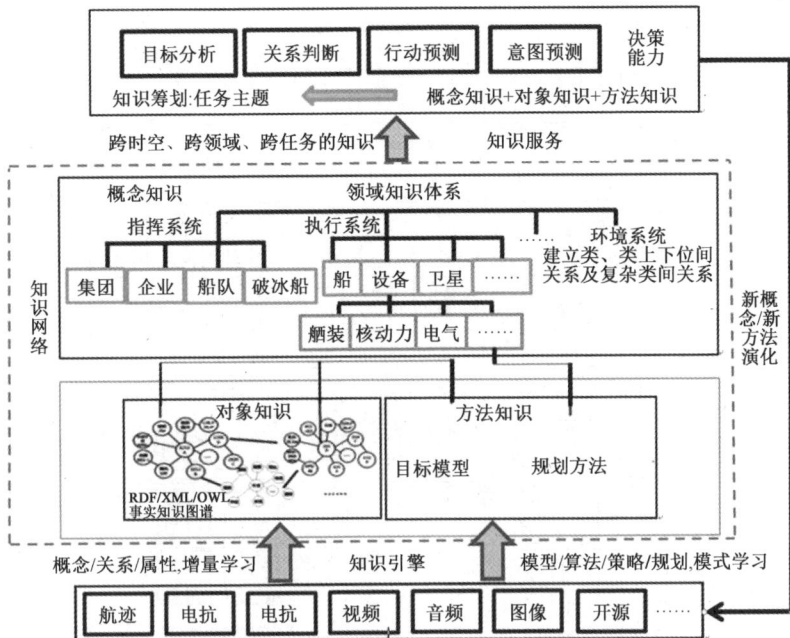

图 9－14　企业大脑基本原理示意图

专家知识作业流程如图 9－15 所示。

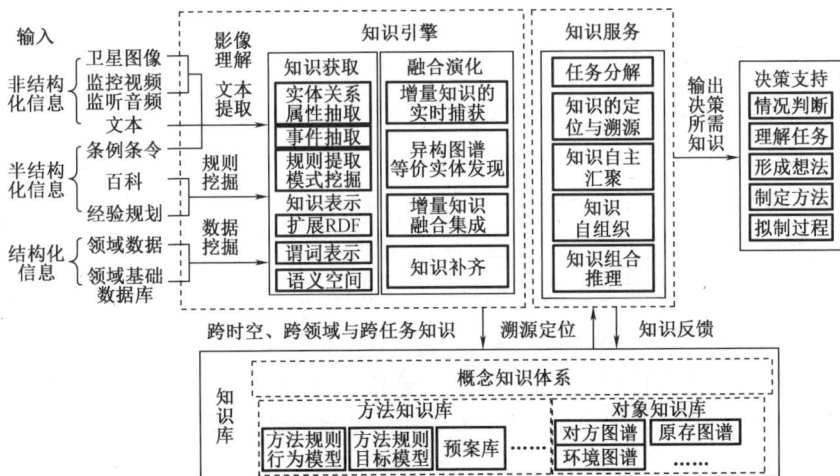

图 9－15　专家知识作业流程示意图

建立企业大脑的关键技术体系如图 9-16 所示。

图 9-16 企业大脑关键技术体系示意图

5. 自然语言的智能化决策报告

任何事件经过研究分析后都需要提出决策意见的报告,通常这类报告都涉及大量的中间结果与数据,需要较长的时间来进行分析整理。

然而在应急情况下,时间就是生命与财产,不可能容忍很长时间来进行分析研究后整理出报告。因此,船载系统必须利用数字技术进行实时仿真分析,企业大脑也根据数字孪生技术得到相应的信息进行实时分析,两者互相协同得出决策方案。这时需要即刻提出决策报告,这一报告将从所有的分析研究的中间结果与数据中智能化地选取所用信息,以自然语言形成报告。

这一系统需要我们根据各类规范的约束界定,自动搜索关键数据、表格、图像,按照规定的格式形成。这一系统需要我们进行开发研制,以提高决策水平。

9.2.2　核动力装置可靠性与维修性

1.核动力装置可靠性与维修性管理

在核动力装置的开发过程中,必须要预先制定可靠性与维修性的管理条例、明确目标与实施要点。可靠性、维修性的主要内容有管理、设计与分析、试验与评估。

(1)管理

管理的主要内容是建立可靠性、维修性工作系统、制订工作计划、编制通用设计规范及数字化信息管理系统。

工作系统是指制定相应的管理规定。

工作计划包括如下内容:

①制订可靠性、维修性要求的指导思路;

②制定工作目标;

③编制通用设计规范与指南。

根据工作要求,编制有关设计与分析等工程规范、标准与指南,或对现有资料结合核动力装置的特点进行修订。其主要内容包括:

①可靠性、维修性设计准则;

②故障模式、影响与危害性分析指南;

③故障树分析指南;

④可靠性建模、预计与分配指南。

可靠性、维修性数值信息管理是指注重可靠性、维修性设计、分析等数字信息的准确、有效和及时传递。

数字信息是开展可靠性、维修性工作的基础,没有数字信息就没有依据。因此,要采集开发过程中的数据、试验数据、使用数据等。其中最重要的是核动力装置及其构成的设备在试验过程中的故障信息及修改数据。收集数据信息的目的是:

①评价核动力装置的可靠性,改进设计、制造工艺,以提高装置固有的可靠性;

②评定试验结果,确定所需改进措施,实施维修性工作;

③开展核动力装置的可靠性、维修性分析设计,降低故障发生概率;

④为新技术的应用和新产品的开发提供信息;

⑤为装置生命健康保障和继续监测分析提供基础数据。

（2）设计与分析

核动力装置的可靠性设计分析是通过可靠性分配、预测、分析、修改等活动，把要求设计到产品的技术文件与图纸中，以形成装置的可靠性，它是可靠性工作最重要的阶段。其内容包括：

①确定核动力装置可靠性要求；

②建立各种模型，进行可靠性指标的分配、预测；

③进行各种分析与设计，诸如故障模式分析、影响与危害分析、故障树分析、潜在分析、有限元分析、耐久性分析等，以找出薄弱环节，确定产品的可靠性关键部位，进行元器件、零部件和原材料的选择，通过改进设计，提高产品可靠性；

④采取各种有效性、可靠性设计技术，如制定和贯彻设计准则，降额设计、冗余设计、简化设计等，并将设计方法与核动力装置性能设计结合。

可靠性设计是在设计过程中挖掘和确定隐患及薄弱环节，并采取设计预防和改进措施来有效地消除隐患与薄弱环节。定量计算与定性分析主要是评价产品现有的可靠性水平及找出薄弱环节，从而提高装置的固有可靠性。具体作业过程如下：

①建立可靠性模型，指建立可靠性的图框和数学模型。可靠性模型分为总体层次、系统层次，以装置的功能框图为基础建立相应层次的可靠性逻辑框图与数学模型。可靠性模型应与核动力装置的技术状态保持一致，随技术状态的改变而更改。

②可靠性分配，是指把可靠性定量要求按照给定的准则分配给各部分而进行的工作。核动力装置应按照技术特点，确定其分配思路、分配范围。根据定量要求，选择适当的分配方法进行可靠性分配。

分配方法有等分配法、比例组合法、可靠度再分配法、评分分配法等，具体方法随核动力装置开发阶段进展而不同。

分配时应充分利用以往产品的经验，结合分析对象的功能、可靠性水平和产品复杂程度等因素进行综合考虑，并随核动力装置开发阶段进展而展开或根据设计更改原有分配结果。

③可靠性预测，是指为了估计产品在给定工作条件下的可靠性而进行的工作。核动力装置应在不同层次上进行系统、设备的可靠性预测工作。对于可靠性数据缺乏、方法不成熟的机械产品，可采用专家评定方法和充分利用经验数据进行预测。

预测通常可采用元件计数法、可靠性框图法，或通过试验进行评估。其中适用于系统与设备的是框图法。

④故障模式影响分析,这是在产品设计过程中,通过对产品各组成单元潜在的各种故障模式及其对产品功能的影响进行分析,并把每一个潜在的故障模式按其严酷程度进行分类,提出可以采取的预防改进措施,以提高产品可靠性的一种设计分析方法。故障模式影响分析工作程序如图 9 - 17 所示。

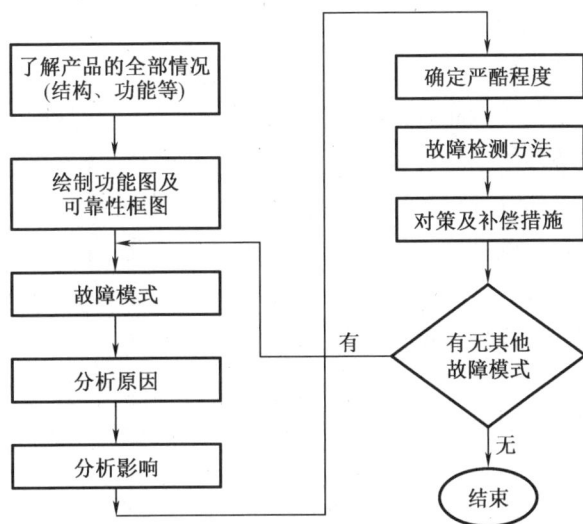

图 9 - 17　故障模式影响分析工作程序

⑤工作树分析。在系统设计过程中,通过对可能造成系统故障的因素进行分析,画出逻辑框图(即故障树),从而确定系统故障原因的各种可能组合方式及其方式概率,计算系统故障概率,采取相应的改正措施,以提高系统可靠性的方法为故障树分析。

(3)维修性设计分析

核动力装置维修性工作通常包括制定和贯彻可靠性设计准则、维修性初步分析、维修性设计要求、虚拟维修性验证及分析、维修任务分析等。其具体工作取决于所研制或改进的核动力装置的维修性水平、复杂程度和关键性、新技术含量等因素,以确保达到维修性定性和定量要求为主要目标。

(4)维修性定性设计

维修性定性设计是维修简便、快速、经济的具体化,定性设计要求可概括为如下方面:

①简化设计与维修操作;

②减少维修内容和降低维修技能要求;

③确保良好的维修可达性；

④具有完善的防差错及识别标记；

⑤保证维修安全性；

⑥检测诊断准确、快速、简便；

⑦符合维修的人机环境工程要求；

⑧软件维护性设计；

⑨考虑预防性维修及不工作状态对维修的影响。

系统主要设备与堆舱布置的维修性分析主要工作包括分析确定系统主要设备维修内容和预防性维修工作项目及维修保障要求、舱室布置相关的维修性分析。舱室布置的维修性分析工作内容是针对主要设备的维修可达性和维修操作空间等进行与其相关的维修性分析，可借助数值仿真设计软件进行。

舱室布置的维修性分析要求所有涉及系统对管道、设备与安装规则的一致性；系统相互影响；维修过程的重要影响方面进行说明，以满足系统及重要设备的维修性要求。

核动力装置设计时，根据系统及设备的构成、寿命及任务使命、环境条件、可能的维修措施进行维修策略分析以确定：

①核动力装置的维修级别、维修条件；

②核动力装置采取何种维修方式；

③核动力装置预防性维修的额度；

④核动力装置所需维修工具和特殊维修措施。

(5)可靠性试验与评价

可靠性试验按目的分为可靠性工程试验(含环境应力删选试验、可靠性增长试验)和可靠性统计试验(含可靠性鉴定试验、可靠性验收试验)。

环境应力删选试验要注意以下原则：

①应有明确的所依据或借鉴的标准，制定实施方案；

②目的是剔除早期失效，不必准确模拟产品真实使用环境条件；

③对关键产品，应按规定实施元器件级、电路板级、设备级的100%的环境应力删选试验；

④在产品由开发到生产的转移过程中，应根据制造工艺、组装技术等情况变化而对方案进行调整。

可靠性增长试验的核心是试验、分析与改进过程，是反复进行以下活动的过程：

①借助模拟实际使用条件的试验诱发故障，充分揭视产品的问题与缺陷；

②对故障定位,进行故障分析,找出故障机理;

③提出改进设计的纠正措施;

④制造新设计的硬件;

⑤对含有新硬件的产品继续试验,验证改进措施的有效性,并继续暴露新问题。

可靠性鉴定试验与可靠性验收试验应注意以下原则:

①制定试验方案并通过评审,试验后也需进行评审;

②受试样品不少于 2 台,应该随机抽取,应通过功能试验、环境试验及环境应力删选,达到定型状态;

③产品故障判断应该与所选择的试验方案规定一致;

④可靠性鉴定试验的试验条件要尽量真实;

⑤试验中不能更换性能已恶化,但未超出允许容限的零部件;

⑥受试产品试验后应该进行修整,使其恢复到规定的技术状态并通过有关的验收程序后方可交付。

2. 核动力装置维修预测性技术

随着技术的持续改进和海洋装备资产数字化的不断加深,预测性维护正在成为一种提升运营生产率、效率和安全性的手段,其收益在整个行业内越来越显现。

劳氏船级社在一篇报告中指出,经验证,预测性维护能够节约10% ~40% 的成本。然而,在对美国油气业的调查中,仅有18% 的受访企业采用了预测性维护。因此,预测性维护将越来越受到重视,其关注度和实施正在不断升温。

预测性维护是通过先进的传感器技术、庞大的数据储存和处理以及实时分析,对成本高昂的部件故障进行预测和预防并提升生产率,降低维护成本。

预测性维护的一个主要支撑是数字孪生,即为现实资产创建一个虚拟模型。数字孪生技术能够为工程、生产和维护决策提供数据支持。

Aker Solutions 软件开发总监 Are Føllesdal Tjønn 表示,设计公司 ix3 的专家们正在对实时数据流和状态性能监控(CPM)进行研究,以创建 Nova 的数字孪生。利用实时数据流技术,通过 Aker Solutions 的云数据湖,可以通过因特网在任何地方对海底控制系统的状态进行可视化远程监控。用户可以对控制系统的当前状态进行检查和故障排查。

在控制系统和云数据湖(数字孪生)之间创建了实时数据流。通过对数据流进行处理,能够监测异常情况,提供状态和性能信息,并通过用户端程序将数据、异常情况和信息进行可视化处理。

该公司的 Subsense 状况监控软件正在 Cognite 的帮助下进行安装。该软件

能够将控制系统数据传输至云端,从而使相关专家和软件对其进行分析。

通过 Aker Solutions 的 Integral 数字孪生平台,Subsense 能够应用在更广泛的解决方案中,如用于 Coabis 的检验数据、客户的企业解决方案以及更多的第三方方案包中。通过 Subsense,客户能够使用云计算服务和机器学习模式,并可以将不同来源的数据进行整合,如维护日志和产品数据。

今天预测性维护不仅仅是对海洋装备上的设备进行实时监控,对核动力破冰船而言,其更应该成为在运营到退役阶段,对船体本身及船用设备、核动力装置系统、物流保障以及人员安全等的安全保障。这些内容必须在前期的设计制造中就已经进行考虑并结合数字化工程、RFID 技术、北斗技术及 5G 通信技术而生成。

特别是核动力破冰船的核动力装置及相关系统,更需要进行预测性的维护,核安全是第一重要的问题。核动力破冰船预测性维护系统示意图如图 9 - 18 所示,远程智能维护示意图如图 9 - 19 所示。

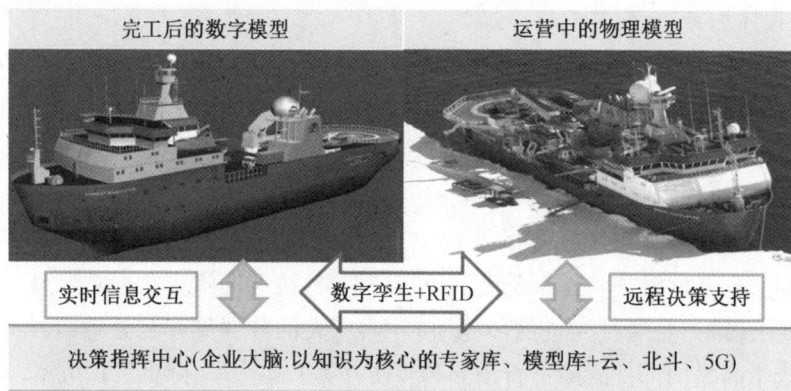

图 9 - 18　核动力破冰船预测性维护系统示意图

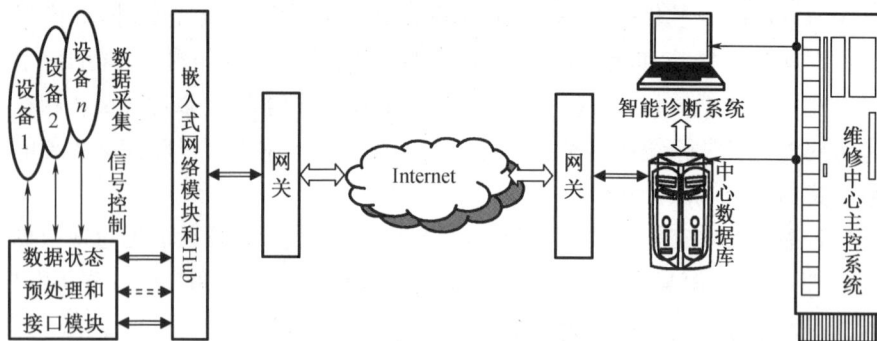

图 9 - 19　远程智能维护示意图

3. 动力装置智能故障诊断技术

动力装置系统是整个船舶的心脏,是最核心的系统之一,其安全性和可靠性将直接影响船舶的安全性,因此必须采取有效的故障监测与诊断技术,对整个装置进行实时监控,这是保障核动力破冰船安全航行与作业的重要手段。

智能故障诊断的程序是:

(1)确定动力装置的关键部位和需要进行分析的内容(如变形、应力、疲劳、温度、外在影响及其他问题等);

(2)利用 RFID 技术建立信息传输与分析系统;

(3)数据信息获取与数据特征提取;

(4)故障识别、分析、预测处理;

(5)提出解决方案;

(6)问题处理回馈与存档,形成闭环。

船舶智能动力装置故障诊断将面临许多问题和关键技术挑战,主要是形成整个系统的软件与硬件平台的建立,而软件涉及工程装置物理分析系统、数据处理技术及智能算法、数据挖掘与可学习赋能技术及工程数据库等;硬件涉及传感设备选取、监测网络、云储存及与全船主干网的关联等。

近年来,随着物联网、互联网及自动化控制技术的发展,船舶的自动化程度日益提高,而信息技术和基于“大数据”的数据挖掘技术也加快了智能船舶的发展步伐,数字孪生技术的发展更使智能核动力破冰船的动力装置故障诊断技术如虎添翼,而且会发展得越来越好。

随着船舶向大型化、高速化、少人化和智能化的方向发展,其动力系统的自动化水平和复杂程度也在逐渐提高,并对动力装置的可靠性提出了更高的要求。尤其是核动力破冰船的动力装置在运行期间具有强烈的时变性且对环境条件的要求更为苛刻,涉及的危害性及需要的维修性认知更为迫切,因此研究船舶动力系统有效的、智能化的故障监测与诊断技术显得非常重要。故障发生率如表 9-1 所示。

表 9-1　船舶动力系统的故障发生率表

名称	故障发生率/%
柴油机	85
轴系	9.3
活塞、缸套、气阀等	45.7
燃油喷射系统	19.1
其他	—

随着船舶动力系统与机舱自动化水平的不断提高,机械设备的监测数据规模呈井喷式增长,其数据种类和数据结构也愈加复杂。如何在庞大的数据洪流中准确抓取设备的故障信息,已成为船舶动力系统故障诊断的研究热点。

随着传感器和机械状态监测点数量的增加,船舶动力系统故障诊断正向着数据化、智能化、高效化和精准化的方向发展。基于大数据的德国工业 4.0 战略中,提出通过整合网络、实体和岸海一体化智能信息服务系统,促进了传统造船业的转型和智能船舶的发展。欧美各国相关公司相继推出了类似的技术系统,如挪威 KYMA 公司基于船舶性能参数,研制了 Kyma Performance Monitoring 船舶监测诊断系统;船用主机制造商 MAN B&W 公司研制了计算机辅助性能分析(Computer aided performance analysis,CAPA)软件程序专家系统,可以对二冲程柴油机进行状态监测、故障模式识别及故障预测;Jiang 等根据大量实船数据,开发了基于 Access 数据库的船舶动力装置故障诊断专家系统,可以有效提升船舶的运营效率。臧军基于柴油机离线诊断技术的不足,提出了利用监测数据实现柴油机在线故障诊断的研究方向。

此外,ABB、GE 及西门子等公司也基于大量的船舶机械状态监测数据,在船舶动力系统故障诊断方面开展了深入的研究工作。然而,由于船舶动力设备自身结构和运行机理的复杂性,及其工作环境的多变性,目前故障诊断工作的数据分析、处理与诊断均面临着重重困难。

我国在这一方面还处于相对落后的地位,最主要的是缺少自主知识产权的软件技术,这是我们一个很大的软肋。为此在《中国制造 2025》战略文件中,高科技造船被列为十大重点领域之一,其中智能船舶是其重要组成部分。在智能船舶的发展历程中,动力系统作为整个船舶最核心的系统,其安全性和可靠性将直接影响船舶的航行安全。国家工业和信息化部于 2014 年发布的《大数据白皮书》指出,大数据为各领域带来了颠覆性的创新和全新的挑战。国务院于 2015 年发布的《促进大数据发展行动纲要》明确表示,应引导和鼓励各领域在大数据分析方法及关键技术应用等方面开展探索研究,国家也多次提出传统工业技术向现代数字化技术的转型升级。

综上所述,未来智能船舶是决定航运业发展方向的重要因素。在《2030 全球海洋技术趋势》报告中,智能船舶被列为未来 18 项主流的海洋技术之一。动力设备的实时监测监控已成为其智能故障预测与诊断的重要资源,发展自主知识产权软件,采用智能算法解析运行状态数据,是智能船舶故障诊断的关键技术。通过实施智能故障诊断,可以提取大量监测数据中蕴含的多域故障信息、识别设

备故障、监测设备状态并预测运行寿命,从而突破传统故障诊断高度依赖专家和技术人员的瓶颈,解决船舶远航时缺乏专家指导则难以维修的问题,最终为智能船舶和无人船舶技术的发展打下坚实基础。

数字孪生技术驱动设备维护示意图如图 9 - 20 所示,动力装置的智能故障诊断流程图如图 9 - 21 所示,数字孪生技术驱动发动机组维护示意图如图 9 - 22 所示。

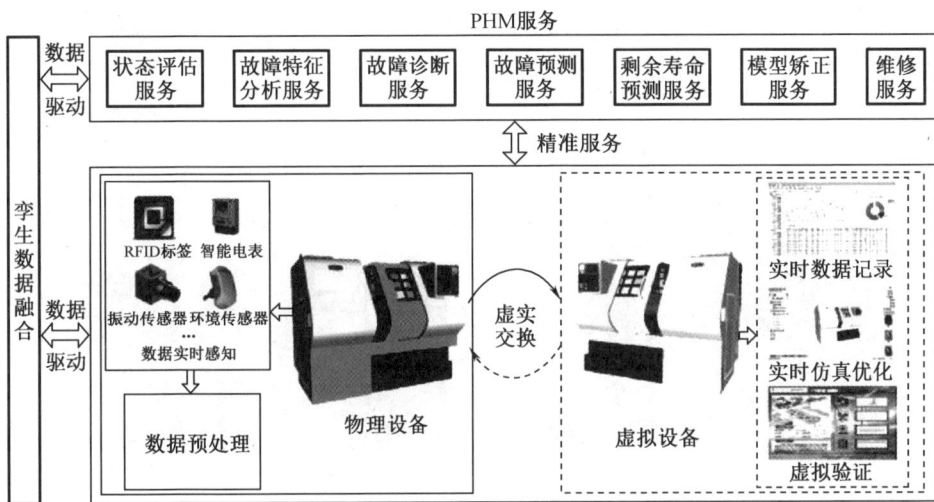

图 9 - 20　数字孪生技术驱动设备维护示意图

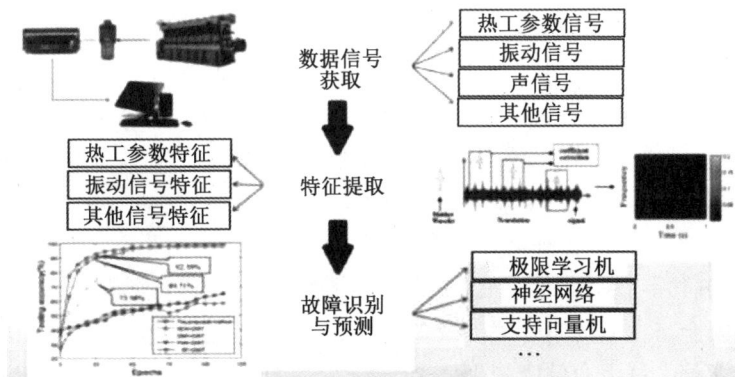

图 9 - 21　动力装置的智能故障诊断流程图

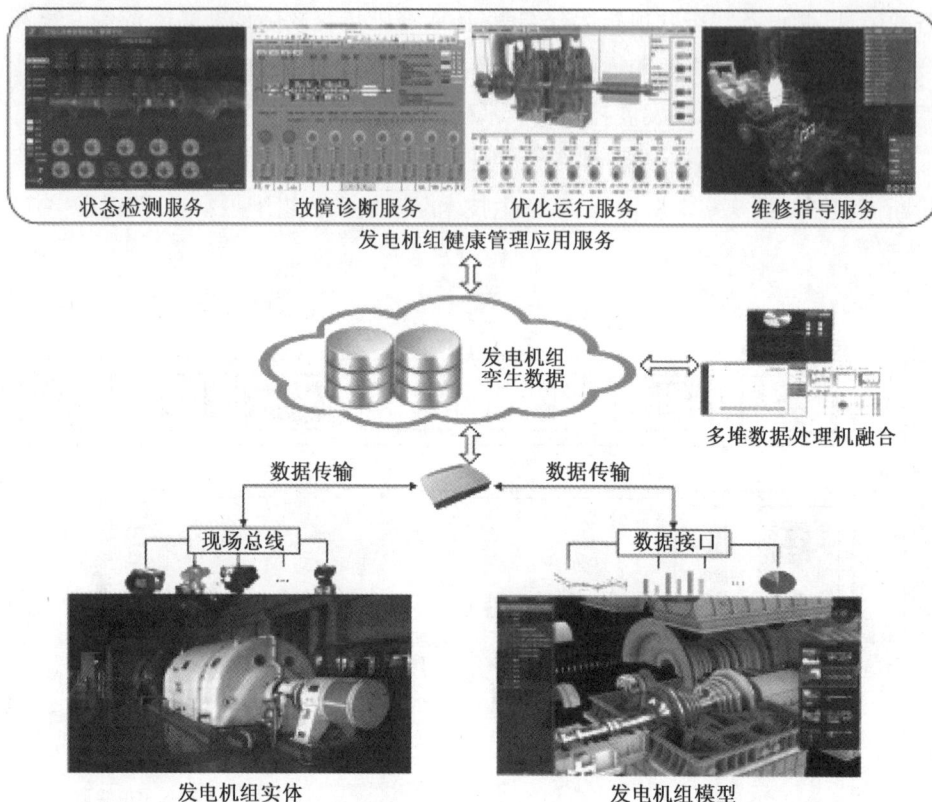

图 9 - 22　数字孪生技术驱动发动机组维护示意图

9.2.3　核动力破冰船船上人员安全保障

人是最宝贵的资源和财产,任何时刻、任何国家都会将人的安全与生命健康放在一切工作的首位。尤其在核动力破冰船上,我国的技术人才短缺、培养一个相关人才,特别是高技术素养人员是不容易的,其宝贵程度可想而知。因此,核动力破冰船上的人员安全就显得尤为重要。

但是长期以来,对于在海洋工程装备上的人员安全与生命健康问题还没有做过详细的研究与规划,就是在国外也没有现成案例可以借鉴。核动力破冰船上的人员安全与生命健康管理涉及多个方面,简要情况如下。

1. 智能化人员生命健康管理

首先在船上的人员都需要进行全员生命健康的实时监控管理,每个人都有一个信息代码,建有健康档案,个人的生理与精神情况、健康状态都受到保护,能

够预测性地确定人员是否需要何种医疗保障和营养保障,使得在船上的人员个个都精神饱满、身体健康。

2. 人员的核辐射安全管理

核动力破冰船上有核装置的运行,最大问题是要防止核泄漏,更要保障涉核人员的安全与生命健康。首先要确保涉核装置的安全、可靠,对装置产品的审核与维护需要有严格的程序、规章制度与法律保证。然后需要建立操作程序的严格规定和监控,操作人员必须具有防护措施并按程序规范、在可视化下有序工作;不允许误操作,必须按人机工程原理工作。

涉核装置必须通过 RFID 技术,全程监控和预测性维护。一旦发生问题,首先要确保人员安全,必须按紧急处理的安全条款实施。

3. 传染病区管理

核动力破冰船上的舱室空间是非常有限的,但是也需要划出相应的空间,当船上发生传染性疾病时作为隔离间使用。这一问题,在核动力破冰船设计时就必须考虑,一旦发生问题时医疗措施、隔离区域、通道和舱室等都要能保证隔断传染源,保护病人及其他人员的生命健康。

4. 医药物品及医疗管理

医药物品管理是一个严肃和重要的问题,是保护船上人员身体健康的重要措施。因此,必须保障核动力破冰船在出航运营的时间范围内,有足够的医疗条件与药品,及时建立远程的连线诊断和缺失药品的输送、危及病员的救治与及时转移。

5. 人员逃生系统

核动力破冰船长期在外作业,不可避免地会遭遇不可预测及无法控制的问题,这就要求核动力破冰船在设计时,必须设有预警系统,安全逃生的通道、设备、条件,必须有声控系统,将安全保护信息通知到船上每个人,以保障人员的生命安全。

在发生恐怖袭击时,事先需要建立反恐预案与保障措施,发生问题时,应及时通知全船人员在统一指挥下,按部就班地进行反恐斗争,直到反恐斗争胜利。

6. 人员信息保护

在核动力破冰船上,对人员身体、生理状况进行监控的同时,必须要保护个人的生理状况的隐私,不能随便公开和泄漏个人的身体与生理状况,这需要在规章制度上与技术措施上进行保证,这是保障核动力破冰船上人员安全与生命健康非常重要的一个部分。

9.2.4　核动力破冰船的信息安全

1.简述

核动力装置的核心是核反应堆,核反应堆技术已经到了第三代与第四代,其安全问题是人们关心的重点。

第三代核反应堆是第二代核反应堆的进一步改进和优化,强调安全性和事故应急响应能力。三代堆普遍采用"非能动"安全系统,一旦遭遇紧急情况,不需要电源驱动,只利用安全系统的自然循环能力就可以巧妙地带走堆芯余热,确保反应堆不会发生严重事故。

除了"非能动"安全系统外,第三代核反应堆还在新型核燃料组件技术上做了积极的应用探索。例如采用新型材料包壳代替锆包壳、采用 MOX 燃料代替 UO_2 芯块、采用铪及其化合物代替银－铟－镉(AIC)控制棒等。2018 年,法国阿海珐集团为美国安特吉公司(Entergy)阿肯色核电一期 1 号机组提供了铬涂层包壳的燃料棒,这种燃料棒可减少氢气的产生,增强燃料包壳耐磨性并增加安全裕量。

国内外已经完成了数个第三代核反应堆的堆型设计,如美国西屋电气公司的 AP1000、法国阿海珐集团的 EPR 以及我国的"华龙一号"等。AP1000 是"非能动"安全系统应用的典范,熔堆概率只有 5.1×10^{-7}/堆年,远小于二代堆的 10^{-5}/堆年。EPR 可以使用 MOX 核燃料,增强燃料循环能力,减少乏燃料数量及潜在污染风险。"华龙一号"是我国在吸收国外设计经验基础上研发的具有自主知识产权的先进第三代核反应堆,也是我国核电技术走出国门的"名片"。

许多小型模块化反应堆都具有第三代核反应堆的安全特性,如美国的 IRIS、法国的 SCOR、阿根廷的 CAREM 等都采用了"非能动"安全系统,事故概率大为降低。

小堆普遍采用一体化、模块化建造,既可以发电、供热,又可以为激光、电磁武器等提供能量源,属于军民两用堆型,受到国内外核能强国的高度重视。

核反应堆技术已经发展了三代,主要是压水堆的持续改进。但压水堆在高温高压下运行,存在固有安全风险,需要设置复杂的安全控制系统以防止核污染事故。在三代压水堆的技术基础上,国际核能技术领域的专家制定了第四代核反应堆的发展计划,并提出了 6 种参考堆型,预计在 2030 年实现四代堆的商业化应用。

俄、美等发达国家已经开始研发第四代核反应堆系统,而利用液态金属冷却

的快中子反应堆建设技术更是备受业界重视。快中子反应堆技术可以保证高水平的钚生产能力,并促进新的核燃料的生产,可提高核燃料闭式循环体系中废燃料的利用率,进而能够大大扩大核燃料基地,并且兼具较高的安全性。因此,液态金属冷却快中子反应堆被誉为极具潜力的第四代核电系统堆型之一,以及理想的核潜艇用核动力技术,成为俄、美等国的重点研究方向。

钠冷快堆和铅冷快堆都可以称为液态金属冷却反应堆,它们以液态的金属钠、铅、铅铋合金等作为冷却剂,一般不用慢化剂,中子通量较高,可实现核燃料的增殖。国外,特别是俄罗斯对液态金属反应堆的研究和应用已经有半个多世纪的历史,该堆型是第四代核反应堆中发展最为成熟的一种堆型。

气冷堆按照是否采用慢化剂可以分为高温/超高温气冷堆和气冷快堆。其一般用氦气或者二氧化碳作为冷却剂,堆芯出口温度可以达到 1 000 ℃ 左右,是 6 种四代堆中出口温度最高的一种堆型,发电效率可以达到 40% 以上。我国石岛湾高温气冷堆示范工程已经在建设中,采用球床燃料堆芯,单堆功率 250 MW,技术水平位居世界前列。

超临界水冷堆是利用超临界水作为工质(水在 22.1 MPa,374 ℃ 以上为超临界状态,无气液之分),堆芯冷却水直接进入轮机做功,无须蒸汽发生器,结构简单,是压水堆和沸水堆的进一步发展。超临界水冷堆既可以使用热中子谱,也可以使用快谱,可以在现有三代堆的基础上对设备做技术改进而实现,是第四代核反应堆中唯一一种承接三代堆技术的堆型。

熔盐堆是利用液态的熔盐作为冷却剂,与液态金属堆类似,工作在常温常压下,固有安全性较好。核燃料可以用液态燃料也可以用固态燃料,是第四代核反应堆中唯一一种适合使用液态燃料的堆型,避免了固态燃料棒复杂的制造工序,有效降低燃料成本。

2. 核动力装置数字化保护系统

(1)数字化保护系统概述

核动力装置的重要组成部分是仪表与控制系统,机组的安全可靠、经济运行已经在很大程度上取决于仪表控制系统的性能水平,因此仪表控制系统是发展核电的一个关键。

计算机技术的飞速发展使得现阶段核电模块数字化仪表与控制(I&C)系统已经从单机测控系统进入集散控制系统(DCS)阶段,并且随着通信技术的高速发展,产生了全数字化仪表控制系统概念,它将成熟的常规模块集散控制系统融入现场总线控制系统(FCS)及可编程序控制器(PLC),全面应用在常规岛、BOP(核蒸汽系统以外的设备)、核岛部分的全过程控制,构成核电模块全新数字化仪

表控制系统。

数字化仪控系统除了完成其自身的测量、数据采集、控制等功能外,还具备自检功能,能完成自我诊断、自我管理、在线修改、信息采集等工作,为预防性维修提供了有效手段。数字化仪控系统还具备高容错性、高冗余度的特点。通过数字化仪控系统的改造,可进一步完善和提高仪控系统的功能和安全性。

(2)仪控系统的发展

从我国已经建成的和在建的核电工程看,核电的仪控系统经历了三个阶段。

①常规模拟控制组合单元仪表为主的仪控系统

该系统主要采用小规模集成电路为基础的模拟量功能元件及继电器等硬逻辑电路来控制,仪表器件数量多,运行操作管理和维护工作任务重,主控室较大,典型的有我国 300 MW 秦山核电站主控制系统应用的 FOXBORO 公司的 SPEC200 组装仪表。

②模拟量与数字量混合运用的主控制系统

该系统主要以模拟控制加上数字式分散控制系统,所需仪表数量大为减少,大量采用软硬件自诊断技术、冗余技术与网络通信技术等,提高了系统运行的可靠性。数字化技术是经过大量的实验验证后,逐步运用于常规岛等辅助系统。广东岭澳核电站(2XMW)仪表控制系统就属于这一类。

③数字化仪控系统

数字化仪控系统将应用成熟的常规电站分布式控制系统(DCS)加以改进并移植过来,高级的人机接口技术、光纤网络技术等合理地构成了核电站的全新数字化仪控系统。在常规岛、核岛等都全面应用数字化技术。典型的有法国法马通公司 N4 系统、美国西屋公司的 AP1000 的 commonQ + Qvation 系统以及德国西门子公司的 TELEPERM XP + XS 系统等。

(3)核级数字化保护系统特点

①系统各工作站是通过网络接口连接起来的,各工作站独立自主地完成自己的任务,并且各站的容量可扩充,配套软件随时可加载组态,每个工作站都是一个独立运行的高可靠性子系统。

②实时可靠的工业控制局域网使整个系统信息共享,各站之间从总体功能到优化处理各方面都具有充分的协调性。

③通过人机接口和 I/O 接口,对过程对象的数据进行实时采集、分析、记录、监视、操作、控制,还可以进行系统结构、组态回路的在线修改、局部故障的在线维修。

④结构上采用容错和冗余设计,使得在任意一个单元失效的情况下,仍可保

持系统的完整性,即使全局性通信或管理失效,局部站仍能维持工作。从硬件上包括操作站、控制站、通信链路都采用双重化配置,从软件上采用分段与模块化设计,积木式结构、程序卷回或指令复执的容错设计,具有很高的可靠性。

⑤硬件和软件采用开放式、标准化设计,具有灵活的配置,可适应不同用户的需要。工厂改变生产工艺、生产流程时只需改变系统配置和修改软件组态即可。

⑥软件面向工业控制技术人员、工艺技术人员和生产操作人员,采用实用而简捷的人机会话系统,复合窗口技术,画面丰富、直观。趋势图、流程图、批量控制图、计量报表、操作指导画面、菜单功能等均具有实时性。所配置的平面密封式薄膜操作键盘、触摸式屏幕、鼠标器、跟踪球等操作器更便于操作,并越来越具有通用性。

(4)数字化仪控系统概述

核电数字化仪控系统的含义是指使用以微处理器芯片构成的,以数字处理技术为特点的智能化电子设备和计算机系统替代核电中传统的常规测量控制系统,这其中同时包括与核电安全有关的控制与保护系统。

仪表与控制系统的主要目的是在稳态和瞬态功率运行期间,执行适当的控制和提供自动保护,防止反应堆不安全和不正常的运行,以及提供触发信号以减轻事故工况的后果。仪表和控制系统的组成如下。

①反应堆仪控系统

反应堆仪控系统完成所有安全仪控系统对核电重要安全参数的测量、处理,并驱动安全设施,以保护反应堆和核电模块的安全。

②工程系统

工程系统实现工程设计、调试及系统的维护。

③操作与信息系统

该系统是连接安全仪控系统与操作员之间的接口。田湾核电站是我国第一个全面采用数字化仪控系统的核电厂,其数字化的结构框图如图 9-23 所示。

该系统主要包括由网络、显示系统及操作员终端 OM690、TXP 等构成的核电正常运行控制和信息处理与显示系统,由 IE 级(安全系统)的 TXS 系统构成的反应堆保护系统和反应堆限值及控制系统,以及通过防火墙按照 TCP/IP 协议与外部连接的其他 DCS 计算机系统。

根据国际原子能机构(IAEA)颁布的安全导则 IAEA50-SG-D3/D8,核电站仪控系统分为三个等级,即安全级、安全相关级与非安全级。

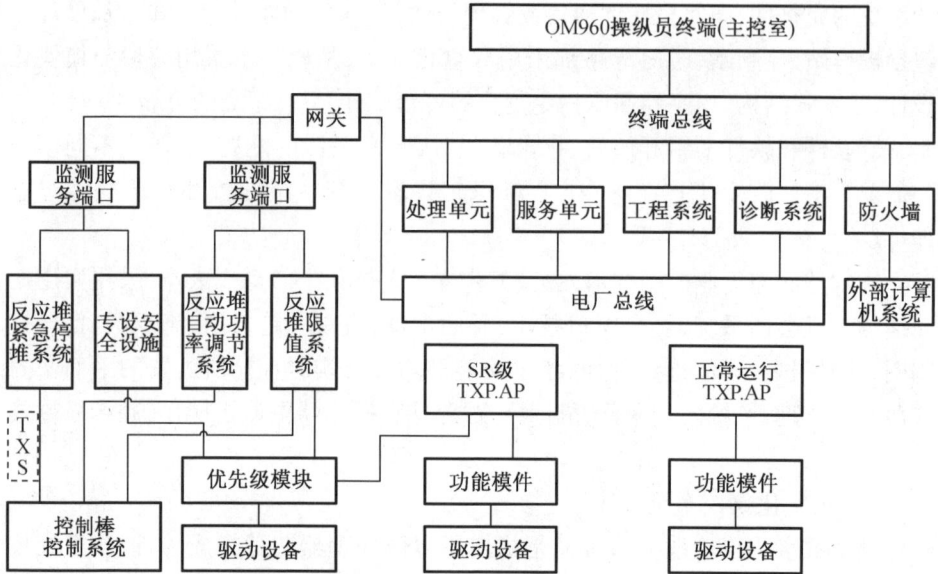

图 9 – 23　田湾核电站仪控系统框图

安全级仪控系统即反应堆保护系统,主要功能是在当反应堆超出安全限值范围时,产生控制动作触发的反应堆停堆,它主要包括反应堆停堆断路器,以及合适的设备布置,通过切断棒控系统的电源,之后所有棒束在其自重作用下降至最低点,使反应堆快速停堆,此过程通过反应堆保护系统的自动指令或操作员操作实现。

专设安全设施驱动系统是安全仪控系统的一个子系统。其前端驱动系统或操作员发出的信号实现保护措施。

保护系统是核电仪控系统中及其重要的一部分,一个安全可靠的保护系统是核电安全运行的必要条件。为了提高核电的安全性,就必须设计出更为先进、可靠的反应堆保护系统,来保障相关人员及环境的安全。

(5)核电数字化仪控系统可靠性设计准则

核电保护系统在核电模块中应用的一切技术和设备都必须是安全、可靠、十分成熟并且经过验证的,必须严格遵守现行国家标准与安全法规,如核动力厂安全规定 HAF102、HAF103,核电厂质量安全规定 HAF104 等,设计理念则沿袭了模拟仪控系统的设计理念。

并且我国和其他国家都有非常严格的安全评审制度。简单来说,核电安全设计的一般原则是:采用行之有效的工艺和通过的设计准则。

保护系统作为一个特殊的安全系统,在数字化的开发过程中,应满足安全与可靠性原则。可靠性设计准则可分为以下几个部分。

①单一故障准则

满足单一故障准则的设备,在其任何部位发生单一随机故障时,仍能保持原有的功能。保护系统可采用模块化的模件技术及冗余技术,增强系统的可靠性及减少共模故障出现的概率,还应符合可试验性和可维修性原则。对于构成核电设计的每个安全组,都必须运用单一故障准则,安全组是用以完成各项为抑制特定假设始发时间的后果使之不超过设计基准所规定限值所需要的动作的设备组合。

②冗余性

为完成一向特定安全功能而采用多余最少套数设备,即冗余性,它是提高安全重要系统的可靠性并借以满足单一故障准则的重要设计原则。为了满足冗余性的要求,可采用相同的或不同的部件。

③多样性

采用多样性原则能减少某些共模故障的可能,从而提高某些相同的可靠性。设计应研究安全重要系统潜在的共模故障原因,以确定能有效应用多样性原则的场合,同时给出安全重要系统的多样性分组。

共模故障是这样一些故障,即当它们发生时,某单一事件能阻止多重的和类似的部件继续工作。

多样性包括功能多样性和设备多样性。对要测量的参数尽量采用不同的物理效应或不同变量来监测。在某些条件下可用不同类型的设备来测量同一物理量,以便克服共模故障。运用多样性原则时,必须考虑:

- 材料、部件和制造工艺的相似性;
- 运用原理或公用的辅助设施的类似性;
- 多元化给运行、维护和实验程序带来的复杂性。

④独立性

为了排除环境、电气的相关影响,在通道与通道之间,保护系统与其他系统之间及在驱动信号的接口处均应设置隔离设备,保持物理上的隔离,以求在电气和结构上都相互独立,以免丧失冗余性。

为提高系统的独立性可在设计中采用下列原则:

- 保持冗余系统部件之间的独立性;

●保持系统中各部件与假设始发事件效应之间的独立性,即假设始发事件不得引起为减轻该事件后果而设置的安全系统或功能的失效或丧失;

●保持不同安全等级的系统或部件之间适当的独立性;

●保持安全重要物项与非重要物项之间的独立性。

独立性可在系统设计中通过功能隔离或者实体分隔实现。

⑤故障安全设计

在设计核电的安全重要系统部件时,应尽可能贯彻故障安全原则,即系统或部件发生故障时,电厂应能在无须任何触发动作的情况下进入安全状态。

⑥可试验性和可维修性

保护系统应用冗余度是为了在发生一些故障之后主要设备还能继续运转。为了能发现和修理故障元件,防止故障累积及其导致的保护系统故障,则需要定期试验,在第一时间发现故障。保护系统的冗余性为在线测试提供了可能。

(6)数字化保护系统构架

①数字化保护系统结构

●数据采集计算机

数据采集计算机用以实现测量数据的 A/D 转换和数据调整,以及过程变量参数和设备状态参数的输入。

●功能计算机

功能计算机用以实现必要的计算与处理,并与每个参数的安全限值比较。若某个通道的测量值超过其限值,即产生局部停堆信号。

●表决计算机

各个通道的局部停堆信号,经表决计算机处理后产生停堆驱动信号。

②数字化保护硬件结构

一般计算部分由下列模件组成:处理模件、安全通信处理器、通信模件和总线接口模件。

●处理模件用于完成报警和信息处理、功能处理等任务;

●安全通信处理器用来与互联网、服务器接口计算机之间进行数据传输;

●外围模件包括模拟量和数字量输入、输出模件;

●通信部分的模件包括接口模件、收发模件和星型耦合器,以实现光信号和电信号的收发功能,实现数据的传输。

保护系统硬件构架如图 9-24 所示。

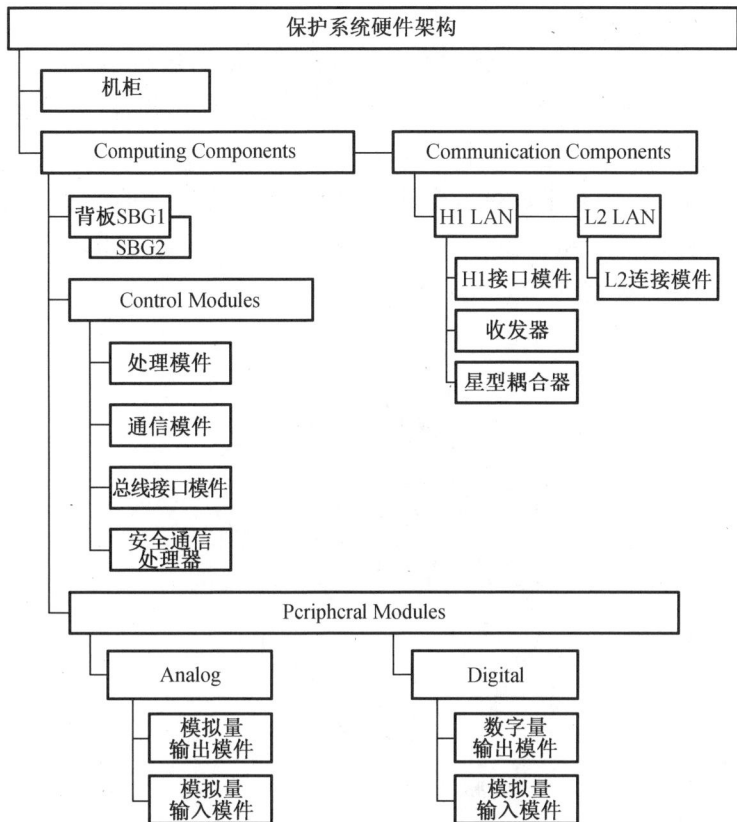

图 9 – 24　保护系统硬件构架图

9.2.5　国外数字化保护系统介绍

1. 核电安全级控制系统——Common Q

（1）简介

Common Q（common qualified platform）平台是 ABB 公司下属电力研究院利用 ABB AC160 PLC 系统和平板显示系统 FPDS（flat panel display system）开发的 1E 级数字化软硬件平台，由专用于核电站的、经过质量鉴定的商用级硬件和软件构成，装载了电厂专用应用软件，以执行核电站安全系统的功能。目前，该系统主要用于西屋电气公司 AP1000 核电机组 1E 级数字化平台，如反应堆的保护和监视系统（PMS）、事故后监视系统（PAMS）等。

（2）Common Q 的构成

Common Q 是 1E 级平台,组成平台的所有部件也都是 1E 级的,主要部件包括带 PM464 处理器的 AC160 控制器、S600 系列输入输出模件、平板显示系统、MTP（维修和测试面板）和 OM（操作员模件）人机接口、综合测试处理器（ITP）、综合通信处理器（ICP）、电源供应模件、I/O 单元等。此外,Common Q 平台还包含以下功能模块:设备接口模件（component interface module,CIM）、维护和测试面板（MTP）、操作员模块（OM）等（图 9 – 25）。

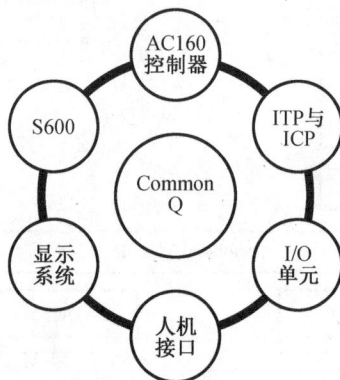

图 9 – 25　Common Q 构成

①AC160 控制器

Common Q 平台实现控制的基本单元为 AC160 控制器,如图 9 – 26 所示。AC160 控制器是一个带有多通道处理能力的模块化控制器,被用来执行安全相关系统的保护算法,支持热插拔功能。AC160 控制器包括 PM646 处理器模块、I/O模块、电源模块和通信接口模块。

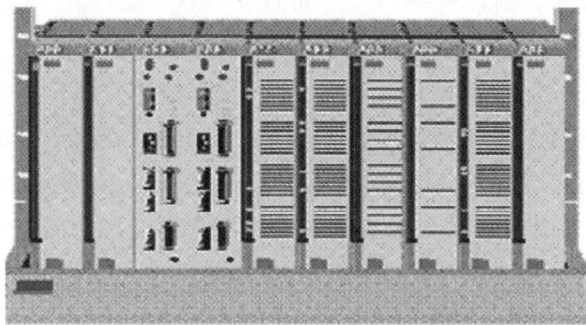

图 9 – 26　Common Q AC160 控制器

AC160 安装在一个 48 cm 的槽架上，每个槽架可容纳 10 个模件。处理器采用 ABB 编程语言（AMPL）进行编程，除了进行逻辑结构的编程外，AMPL 还提供对 AF100 网络、全局内存、输入输出、HSL 接口的编程支持。

• PM646 处理器模块（图 9 – 27）是基于摩托罗拉 MC68360 的 32 位处理器发展起来的。PM646 模件包括两个 32 位的微处理器板：处理器部分和通信部分。其处理器部分包含有应用代码，可以执行自诊断、存储、读取双端口存储器里的数据等。其通信部分能处理两个 HSL 通信端口和 RS422 接口。处理器有一个内置的、独立的看门狗计时器。如果一个保护功能由于处理器的故障而无法执行，看门狗能够发出报警和提供通道跳闸功能。因为每个处理器模块只能接收两个高速链路（HSL）输入，所以在反应堆的保护系统中每个局部符合逻辑（LCL）子系统需要 4 个处理器模块来满足从 8 个双稳态处理器逻辑子系统（BPL）来的 8 个 HSL 输入。

图 9 – 27　PM646 处理器模块

• I/O 模块（图 9 – 28）。AC160 控制器采用 S600 系列输入输出模件，S600 系列输入输出模件包含了所有的传统卡件，例如模拟量输入（包含差分输入、热电偶、热电阻）、模拟量输出、开关量输入输出、转速传感器输入和脉冲计数。在启动和正常运行时，系统软件能自动地监测 I/O 模件的状态，而更详细的诊断信息则可以通过 MTP（维修和测试面板）查询。I/O 终端单元提供了一个 S600 I/O 模件和现场电路的接口。不同的 I/O 模块，对应不同的终端单元。各类型终端部件为不同的现场接线提供终端点，包括各自的电缆屏蔽。各类型终端单元还提供信号断点和测试点，用以系统测试和维护。

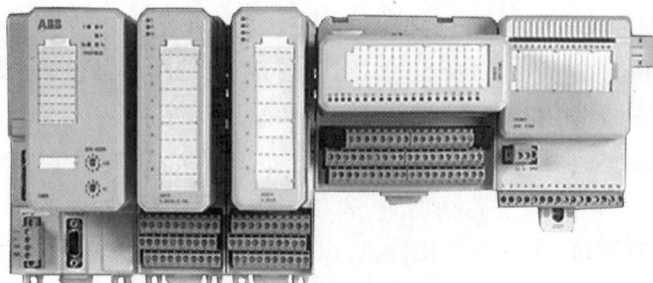

图 9 – 28　S600 I/O 模块

● 电源模块。Common Q 提供 SA610 电源模块,可接入 120 V 或 230 V、47 ~ 450 Hz 交流电,也可以直接接入 24 V 直流电源。

● 通信接口模块。Common Q 平台中主要用到三种通信方式:AF100(Advant Fieldbus100) 用于通道内部的通信;高速数据链路(HSL) 用于通道间的数据传输和同一通道内不同控制器之间的数据传输;互联网用于扩展系统,例如电站计算机系统之间的数据通信。

● 设备接口模块(CIM,图 9 – 29) 。CIM 接收来自集成逻辑处理器(ILP) 的安全级 ESFAS 命令以及来自电厂控制系统(PLS) 的非安全级控制命令,执行优选、驱动和监视功能。CIM 接受来自 PLS 系统的控制指令,并向 PLS 系统传递执行器状态信息以及 CIM 模件故障信息。为了保证 CIM 与 PLS 系统的通信和电气隔离,在 CIM 机柜内安装经过鉴定的 OVATION 系统远程 I/O,远程 I/O 与 PLS 本地 OVATION 控制站之间通过 I/O 总线光缆连接,远程 I/O 与 CIM 之间通过硬接线连接。这种方案同时节省了 CIM 与 PLS 间大量的电缆。

图 9 – 29　Advant Fieldbus100 接口模块

CIM 最多可接收 8 个反馈输入信号,用以提供部件连锁(例如电动阀门的力矩开关控制),或用以显示设备状态的限位指示器。CIM 提供了一个独立连接,能够使用该连接发送部件状态信息到电站计算机。

②人机接口

• 维护和测试面板(MTP)/操作员模块(OM)。Common Q 的人机界面是平板显示系统,包含触摸屏显示和一个 PC 节点盒,如图 9 - 30 所示。PC 节点盒相当于工控机的主机,其 QNX 操作系统为在线和测试提供了视窗界面。CI527 通信接口模块用来访问 AF100 网络。互联网接口提供和外部非安全系统的接口。此外还包括光驱、键盘鼠标等,功能与工控机相当。

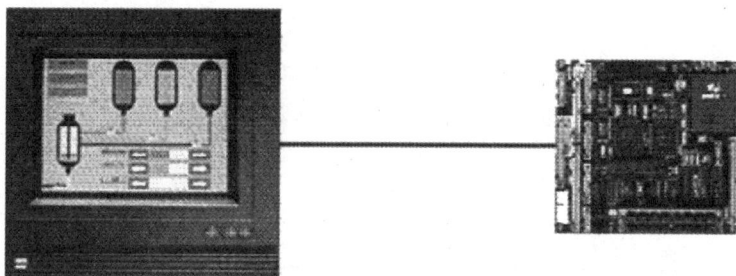

图 9 - 30 平板显示系统

当安装在控制柜里时,平板显示系统被称作维护和测试面板(maintenance and test panel,MTP);安装在主控室作为 PMS 的一部分时,被称作操作员模块(operator's module,OM)。通过 MTP,技术人员能够执行监视、修改、组态、测试等任务。MTP 具有图形显示和趋势显示功能。OM 执行和 MTP 一样的功能,但是作了某些限制,以防止操作员可能在无意中对系统做出的改动。OM 和安全系统之间没有直接电气连接。

• 核级数据处理子系统(QDPS)。QDPS 是 PMS 系统的一个子系统,用于提供控制室选定参数的安全相关显示。1E 级数据处理子系统是冗余配置的,包括传感器、1E 级数据处理子系统硬件和1E 级显示。核级数据处理子系统过程如图 9 - 31 所示。

核级数据处理子系统(QDPS)硬件包括 1E 级的模块化数据采集单元、QDPS 接收过程传感器和1E 级数字系统的输入信号。QDPS 合并输入数据,进行单位转换,为数据链路传输统一数据格式。

提供安全相关的数据处理和显示

在其他显示系统发生故障的情况下为操作人员提供足够的操作信息,以安全停闭电厂

为主控室提供数据显示

向实时数据网络提供1E级和非1E级数据,供电厂其他系统使用

向主控室、远程停堆工作站,电厂计算机系统以及其他非1E级装置和非1E级应急响应设施提供数据

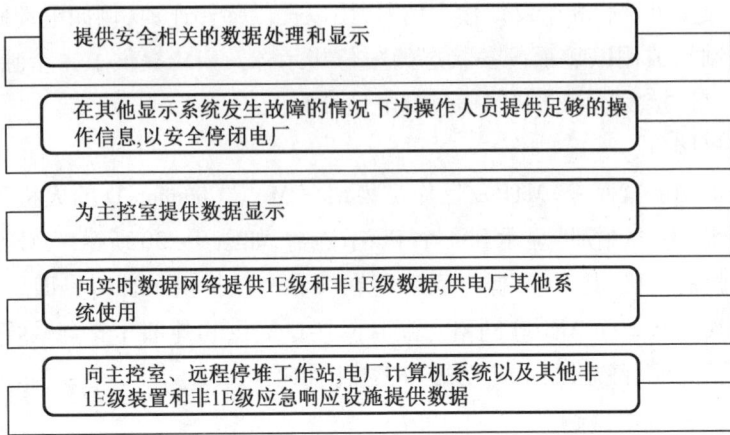

图9-31 核级数据处理子系统过程示意图

③软件系统

Common Q平台利用软件组态工具(AMPL control configuration,ACC),在使用英特尔处理器的个人电脑上完成组态的编程。

AMPL是基于预先定义好的功能模块工作的,这些功能模块被称为过程控制(process control,PC)元素和数据库(database,DB)元素。PC元素和DB元素配合使用,即可组态形成完整的控制功能。

AC160软件包括一个实时的操作系统、任务管理程序、诊断程序、通信接口程序以及用户应用程序。所有这些程序都存储在PM646处理器的PROM里。

系统的应用开发和修改是通过ACC组态工具来完成的,从最初的组态,到内部测试,到现场调试以及工作系统的维护,都是由这个工具来完成。ACC软件包括应用程序生成器和功能图生成器。程序生成器用来进行项目管理和软件集成,功能图生成器用来进行程序开发。

(3)Common Q在AP1000上的应用

Common Q 1E级数字化平台主要用于AP1000反应堆保护和安全监测PMS系统。AP1000核电站保护系统的总体结构如图9-32所示。为了满足单一故障准则,系统采用了多重性的设计。反应堆保护系统由4个冗余通道构成(CHANNELA、B、C、D),采用4取2表决逻辑,从总体上保证了单一故障不会妨碍或误触发安全动作。

反应堆保护系统每个通道由一个核仪表子系统(NIS)、两个冗余双稳态处理子系统(BPS)、两个冗余局部表决及停堆子系统(LCL&RT)、两个冗余局部表决

及专设安全子系统(LCL&ESFAS)、停堆触发逻辑矩阵、停堆断路器矩阵、一个接口和测试子系统(ITP)、一个维护和测试子系统(MTP)、一个集成通信子系统(ICP)、一个操纵员模块子系统(OM)等组成。

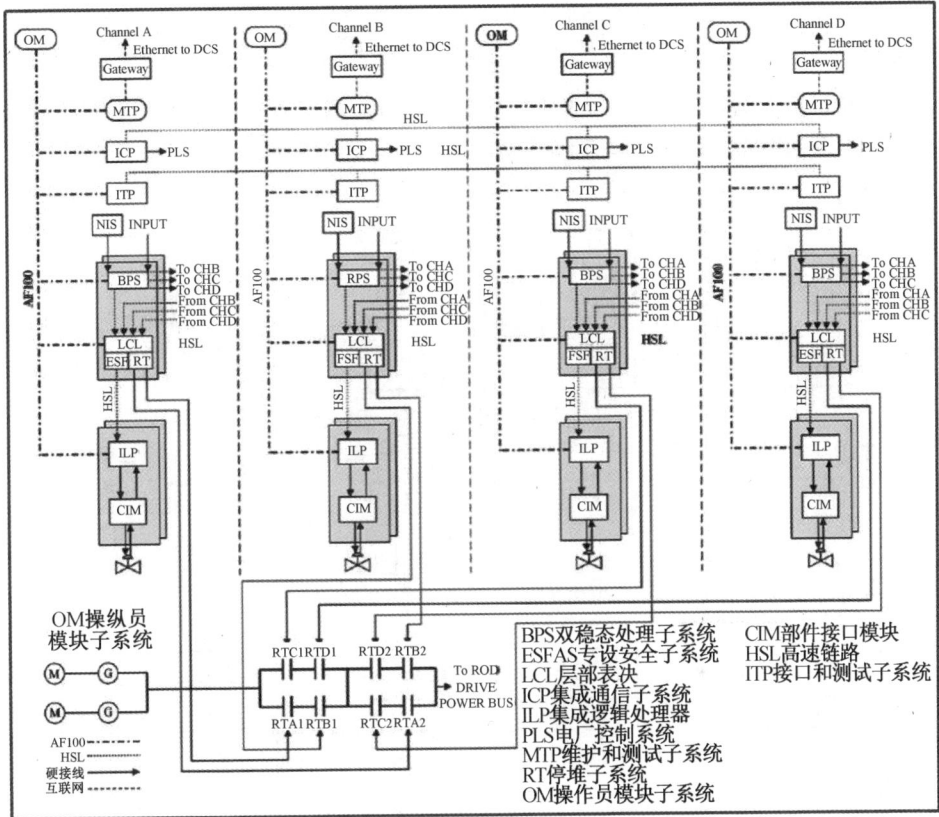

图9-32　AP1000反应堆保护系统的总体结构示意图

在 AP1000 DCS 运行中,PMS 系统的功能是及时发现偏离工况并触发相应安全功能,经隔离装置通过网关与核电站全厂 DCS 的实时数据网连接,实现对 AP1000 反应堆保护系统的监控,使核电厂维持在安全的状态,其主要由以下系统组成:

①集成保护控制柜(integrated protection cabinets,IPC);

②专设安全设施控制柜(engineered safety features actuation cabinets,ESFAC);

③保护逻辑控制柜(protection logic cabinets,PLC);

④保护逻辑总线(protection logic bus,AF100);

⑤安全级数据处理系统(qualified data processing system,QDPS);

⑥反应堆跳闸断路器(reactor trip switchgear,RTS);

⑦操作员控制机构(operator controls);

⑧主控室多路复用器和远程停堆站多路复用器(main control room multiplexers and remote shutdown workstation multiplexers)。

Common Q 构建的 PMS 分为 4 个序列,采用 4 取 2 冗余配置,每个序列有 2 个控制系统。PMS 的总体架构如图 9 – 33 所示。

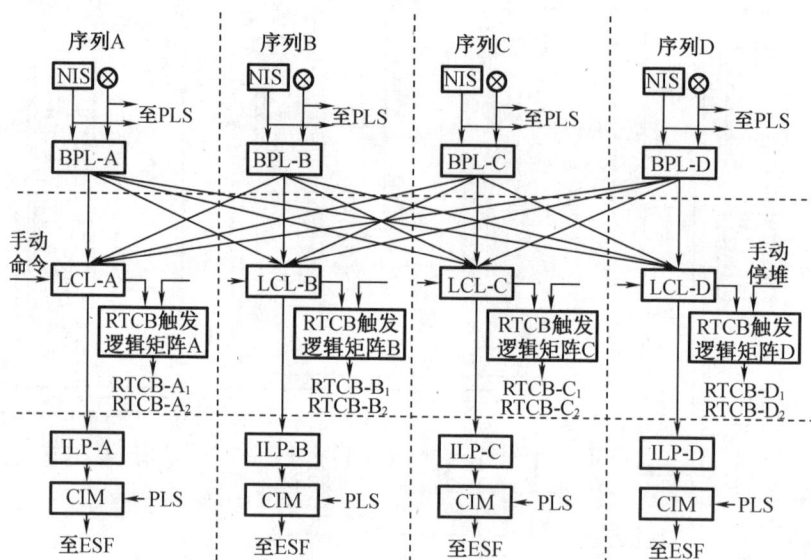

图 9 – 33　PMS 总体架构示意图

Common Q 的事故后监视系统(PAMS)应用于 AP1000 的事故后监视,由独立的两个通道执行事故后监视功能,即执行驱动 1E 级相关的报警和显示系统。其主要功能如下:

①堆外热电偶监视;

②反应堆压力容器液位监视;

③子冷却边界监视;

④RG(regulatory guide)1.97 监视。

图 9 – 34 所示为 PAMS 典型组态架构示意图。

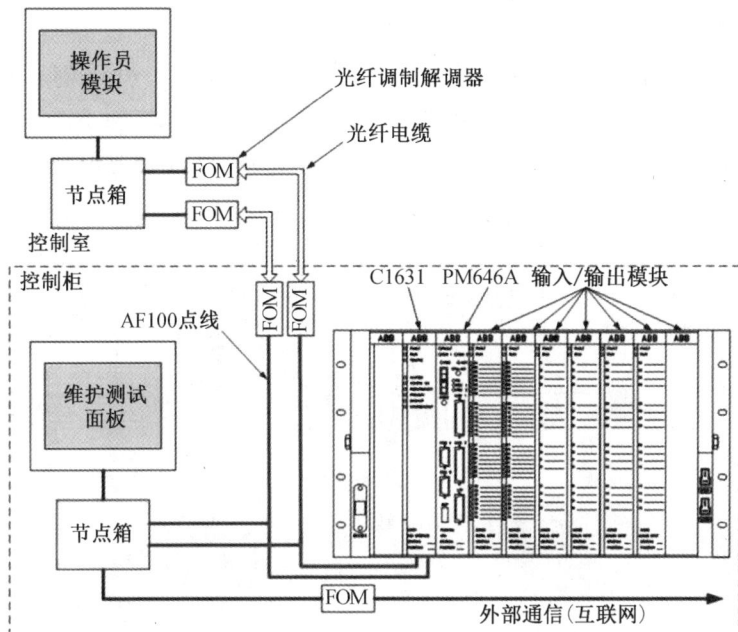

图 9 - 34　Common Q PAMS 架构示意图

Common Q PAMS 包括内置的自我诊断和自动测试功能,旨在减少人工监视测试工作量。该系统还配备了多种通信接口,包括 UDP 和隔离的 TCP/IP 连接,可以提供一个接口到现有的工厂计算机。它符合 1E 级核安全相关应用的要求。该系统也符合美国核管理委员会(NRC)的监管指南。西屋电气的客户可以直接参考 Common Q 安全评估报告来提交任何许可申请,以简化许可程序。

Common Q 平台属 1E 级,用于实现核电安全仪控功能,主要由 AC160 控制器、S600 I/O 模块、平板显示系统等组成,设备都经过核电应用环境适用性鉴定和质保程序评价。AP1000 核电站的保护与安全监控系统(PMS)、事故后监视系统(PAMS)就是利用 Common Q 这一平台来实现的。

2.法国阿海珐集团核电安全级控制系统(TXS)

(1)简介

TXS 是法国阿海珐集团设计的核电反应堆安全级控制系统,主要用于阿海珐集团第三代核电机组 EPR 的安全级控制。TXS 系统主要包括四重独立冗余分布式处理器、服务单元计算机、网关、数据总线等。EPR 的反应堆保护系统、堆芯运行工况监视、传感器信号采集等都是采用的 TXS 控制平台。

(2)TXS 架构

TXS 是一个分布式、冗余的计算机控制系统,一般有 3~4 个独立冗余的数据处理通道,每一通道有 2 或 3 个操作层,这些操作层彼此之间不同步。这样的操作层包含信号采集、数据处理和驱动信号选择。这些冗余通道之间利用点对点的光纤通信(图 9-35)。

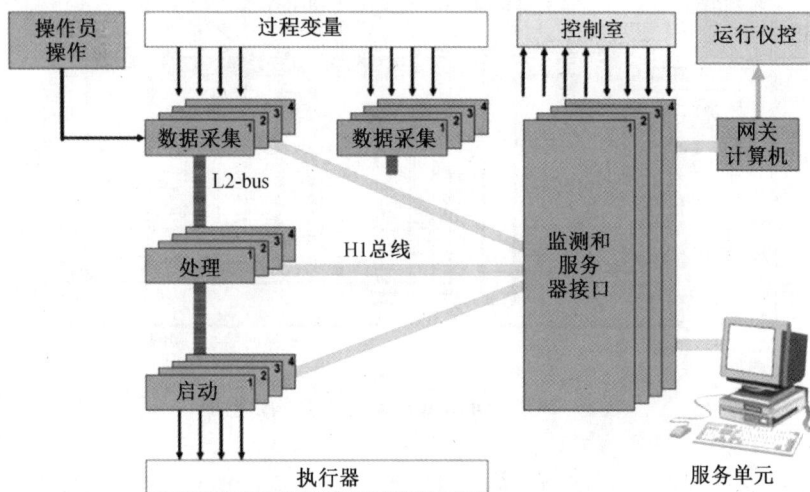

图 9-35　TXS 架构

每个通道的信号采集层实现了来自核电站现场传感器的模拟、数字信号的采集(如温度、压力等)。一个信号采集计算机将自己采集到的并且初步处理过的信号分发给下一层的数据处理层。数据处理计算机实现电站保护功能信号的处理,如信号在线确认、限定值在线监控和闭环控制计算等数据处理。计算机通过处理数据,将输出结果输入两路独立的优选计算单元。

在优选计算机中,多个冗余通道的数据处理计算机中输出的数据在此进行综合,优选计算机控制现场一系列的操作设备。每个优选计算机接收来自冗余数据计算机输出的动作信号。优选计算机的任务就是比较这些冗余信息,计算确认用于现场终端设备的动作信号。

(3)TXS 硬件构成

TXS 硬件由 5 种基本类型器件构成:机架、机箱、处理器模块、通信模块、I/O 模块。硬件平台使用包含了 RAM、用于存储代码的 FEPROM 和用于存储应用项目数据 EEPROM 的处理器模块;利用标准器件设计的常用于自动化系统的输入

输出模块,这些输入输出模块在其他技术领域也广泛使用了很多年;具有局域网(LAN)和现场总线(profibus)功能的通信处理器模块。这些板卡安装在机箱中,通过 32 位并行背板总线进行通信。其他的局域网元器件如光 - 电转换器、星型耦合器也经常作为工业标注器件使用。

这些基本的模块能够配置成数字化核安全级仪表控制系统,进而代替目前已经存在的模拟仪表控制系统。新配置的数字化安全级仪表控制系统能够安装在原有的机柜处,并且利用现存的电缆进行输入输出信号处理。

①TXS 中的机箱和机柜

TXS 的机柜尺寸:高 2 200 mm × 宽 900 mm × 深 400 mm。该机柜满足 1E 级核电站安全仪控系统的要求;符合 ST42 标准具有抗震功能;具有抗电磁干扰能力,可以防止 30 dB 的磁场干扰和 40 dB 的电磁干扰。

TXS 的机箱和抗柜如图 9 - 36 所示。

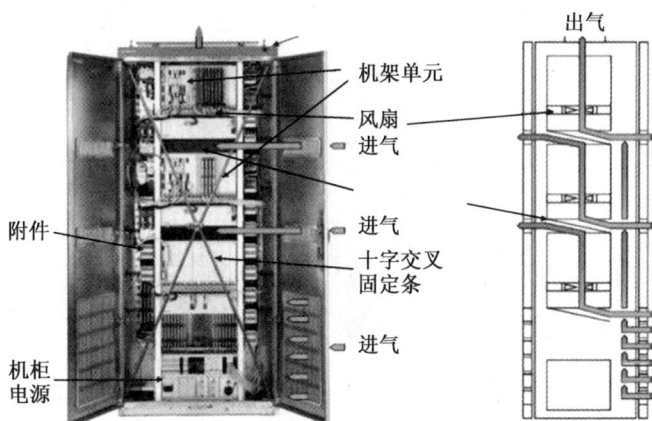

图 9 - 36　TXS 的机箱和机柜

②处理器模块

TXS 采用 SVE2 处理器,该模块是完整的 32 位(内部 64 位)微处理器模块。处理器模块是执行安全级功能、可编程的模块。SVE2 板卡具有两种核心微处理器,一种为 AMD 的 K6 - 2E(266MHZ)处理器,另一种是 INTEL Pentium I(133 MHz)的处理器。

主处理器模块有两种外形的板卡,一种安装在 SBGx 机笼中,一种安装在19 英寸的标注机笼中。两种系列的板卡还有更多的分支板卡,其主要区别在于

闪存不同。

③通信模块

TXS 有两种通信方式:SINEC – L2 和 H2。与通信相关的板卡有 SL22、SCP3、SLM2 三种。

SL22 是基于 SINEC – L2(PROFIBUS)总线技术的通信模块,SL22 插在 SVEX 处理器 96 针插扩展总线接口上,和 SVEX 一起实现通信模块的功能。在这种工作模式下,通信软件(MicroNET L2 – CP)在处理器 SVEx 中运行。

SCP3 通信处理器板卡(图 9 – 37)是 TXS 背板总线与 TXS 互联网的接口及处理板卡。根据德国安全级的指导准则,SCP3 必须也只能工作在全双工模式下。根据应用场合的不同,SCP3 具有两种型号的板卡:6FK5301 – 8AA 和 6FK5301 – 8BA。其中 8AA 可以安装在各种 SBG 机笼中,而 8BA 只能安装在 19 英寸的标准机笼中。

8AA   8BA

图 9 – 37   通信处理器板卡

SLM2 板卡(图 9 – 38)是 TXS 的 Profibus 链接根卡,驱动 TXS Profibus(L2)通信网络,兼容 ENS0170 的第一部分。每个 SLM2 模块有一个电口和两个光口,以实现 485 的串行通信。所有通信接口之间相互独立。SLM2 模块将串口接收到的信号分发到其他接口,所以功能如同媒体转换器。在西门子的系统中,SLM2 主要与 SL2 系列通信板卡进行通信链接,配置成串口通信、光口通信或光环网通信。

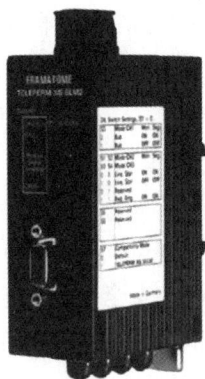

图 9 – 38　SLM2 板卡

④I/O 模块

TXS 所有的 I/O 模块都是 PCB 形式。模拟量模块包含一个 AD 或 DA 转换。每个模块能够处理 8 路信号,数字量模块能够处理 32 路输入。模拟量输入数据保存在存储器中,数据通过存储器读入。数字量输入数据直接被处理器读入。

(4)TXS 软件构成

TXS 是应用在核电站安全级的数字化仪表控制系统。该系统是这样的一个框架:在这个框架里面工程设计人员可以设计、实现核电站安全功能。TXS 典型的应用包括反应堆闭环控制、反应堆停堆触发应用和激发安全设备信号。TXS 包含一系列的质量可控的软件单元,这些软件都经过核电站反应堆安全级系统需求验证。为了控制和更新软件,TXS 包含了详细的说明书和代码环境(SPACE)工具,用来设计和综合安全相关的应用。其软件架构如图 9 – 39 所示。

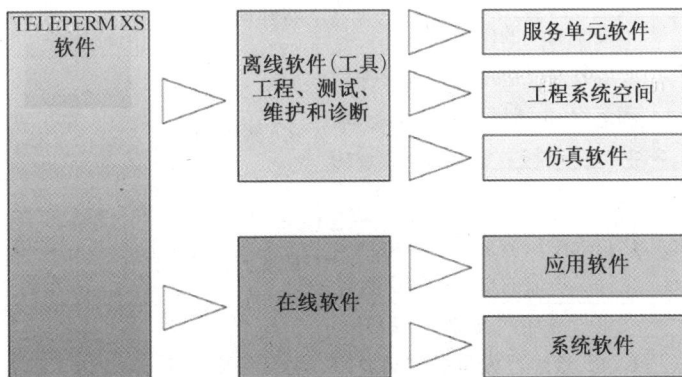

图 9 – 39　TXS 软件架构

TXS 的操作系统是由西门子的电站和技术服务部门设计的。该设计主要遵循 TXS 需求以及国际电工协会标准"核电站安全级系统计算机软件"。标准 IEC-8080 参考了 IEEE 标准 7-4.3.2"在核电站安全级系统数字化计算机中的 IEEE 标准"。IEC-880 与 IEEE 标准 7-4.3.2 一样,已经被 NRC 接受。

(5)TXS 的应用

EPR 机组采用数字化仪控系统(distributed control system,DCS),考虑了人因设计、安全功能准则、纵深防御原则、安全分级的思想。基于技术、设备及安全的多样性原则,EPR 三代核电技术的数字化仪控系统主要由法国阿海珐公司提供适用于安全相关仪控系统的 TXS 和由德国西门子公司提供的用于正常仪控系统的 SPPA-T2000 两个平台组成。TXS 平台主要包括反应堆保护系统、反应堆控制系统和严重事故仪控系统,SPPA-T2000 则承担剩余其他系统的控制功能。人机接口方面,在主控室除了计算机化的控制平台还有以硬接线为主的后备盘台。另外,考虑到主控室不可用的情况,还设置了远程停堆站作为后备的控制室以确保操纵人员对机组的控制。EPR 仪控子系统及主要任务如表 9-2 所示。

表 9-2　EPR 仪控子系统及主要任务

控制系统	主要功能	可执行仪控任务	设备平台
PACS 优先级与驱动控制系统	执行器的优先级驱动与控制功能,设备的保护和监视功能	优选处理任务	TXS 平台
PIPS 仪表预处理系统	采集来自传感器的模拟和逻辑信号	仪表信号预处理任务	TXS 平台
PAS 过程自动控制系统	在核电厂正常运行的条件下执行监视和控制功能	常规运行仪控任务	SPPA-T2000 平台
PS 保护系统	反应堆保护系统,监测与反应堆安全有关的保护参数	特殊用途任务	TXS 平台
RCSL 优先级与驱动控制系统	要实现对反应堆运行进行控制和监视,包括堆芯控制功能、堆芯运行限制工况(LCO)监督功能、限制功能	堆芯控制任务	TXS 平台
SAS 安全自动化系统	执行使电厂从受控状态达到安全停堆所需的自动控制功能	常规运行仪控任务	SPPA-T2000 平台
SA I&C 严重事故仪控系统	在电厂发生严重事故(DEC-B)时,给运行人员提供必要的信息,并提供必要的手动操作	特殊用途任务	TXS 平台

EPR 仪控系统主要包括核岛仪控系统和常规岛仪控系统,核岛仪控系统主要布置在核岛周围的安全电气厂房内,主要完成核岛工艺系统的监测、控制功能以及反应堆的保护功能。常规岛仪控系统单独布置在常规岛电气厂房中,主要完成汽轮机及辅机的控制,其监测功能仍在安全电气厂房主控制室完成。

EPR 仪控系统的设备布置设计很好地考虑了可能的外部威胁、实体隔离及纵深防御的思想。大部分核岛仪控系统设备按不同通道被分别布置于环绕在反应堆周围四个不同的安全电气厂房当中,其中,主控制室相关设备布置在反应堆厂房与汽轮机厂房之间的安全电气厂房内。考虑到内部灾害的影响,在第三分区安全电气厂房设置了远程停堆站,在主控室不可用时,操作人员可转移到属于不同防火分区的远程停堆站进行控制。保护系统(PS)的四重冗余要求在四个分区中进行空间隔离,而安全自动化系统(SAS)和优先级与驱动控制系统(PACS)及分布在四个安全机械厂房中的执行系统相对应,也分布在了四个不同分区中。

同时为适应系统的要求,在运行工况或事故工况期间任何时候都可供使用的安全有关仪表和控制系统,仪控系统的电源也须具有与工艺系统相应的冗余度。核岛不间断电源系统有四个系列,即 LVW、LVX、LVY、LVZ,用于保护系统四个保护组的相互独立的不间断电源系统。常规岛不间断电源系统有两个系列,即 LVK、LVL,用于常规岛仪控设备和 BOP 的仪表控制设备供电。

TXS 主要由处理器模块、通信模块、I/O 模块、软件单元等组成,是典型的压水堆安全级控制系统,主要用来保证反应堆保护系统、功率控制系统和严重事故仪控系统的正常运行,对机组的安全运行起着重要作用。

9.2.6　核泄漏保护装备技术

由于核技术的广泛应用,不可避免地会引起核泄漏事件,从而对人类的生命健康造成威胁。苏联切尔诺贝利核电站与日本福岛核电站的事故使得人们面临着日益严峻的核生化威胁。而核生化防护装备是快速、安全处置核生化危机的前提,对于核动力破冰船以及军队等涉核的装备与人群,核生化环境生存及公共卫生安全意义重大。因此,在核动力破冰船上必须储存这类防护装备,以备紧急时使用。

1. 防护装备体系

核生化防护覆盖核防护、生物防护及化学防护,其中核和生物防护与化学防护装备非常相似,除个别特殊场合使用不同的防护器材外,大多可以借用化学防

护装备。核生化防护装备按使用方式大致可分为个体防护装备、集体防护装备
两大类,如图9-40所示。

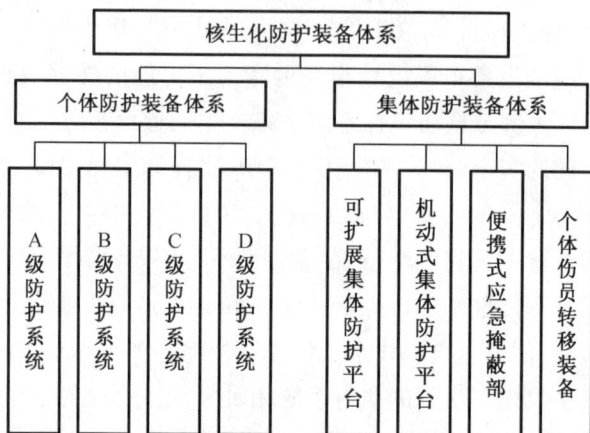

图9-40 核生化防护装备体系

个体防护装备体系是指用以保障人员呼吸道与皮肤免受化学及其他威胁和
伤害的防护装备系统。个体防护装备依据 EPA/OSHA 标准分为 A、B、C、D 四个
等级,主要分为呼吸道防护装备和皮肤防护装备。呼吸道防护装备主要包括防
毒面具、空气呼吸器、防护口罩等;皮肤防护装备主要包括隔绝式防毒衣、全封闭
式防护衣、透气式防毒服、防毒手套等。

在执行化学救援任务时,依据呼吸防护和皮肤防护的实际需求,结合危害程
度、作业环境、任务强度等具体情况,可根据基本配备方案,也可跨级选取相应的
呼吸防护装备和皮肤防护装备进行组合配套,构成满足实际防护需求的装备系
统,以保证救援任务安全、顺利进行。表9-3 描述了个体防护装备各主体装备
功能及适用场合。

表9-3 个体防护装备各主体装备功能及适用场合

装备	图片	功能及适用场合
正压式空气呼吸器		适用于高浓度毒物、缺氧、未知毒物环境;化学救援必备的高等级呼吸防护用品

表 9 – 3（续）

装备	图片	功能及适用场合
正压式氧气呼吸器		适用于高浓度毒物、缺氧、未知毒物环境；化学救援必备的高等级呼吸防护用品
过滤式防毒面具		当存在净化部件不能去除的毒物、缺氧、毒物浓度较高、毒物种类未知时不能使用；化学救援必备的中等级呼吸防护用品
防护口罩		仅用于保护口、鼻等呼吸器官；可用于空气污染浓度较低，且毒物对人员眼睛和皮肤无伤害（或不会经皮肤对人员造成伤害）的场合
内置式重型防护服		可全面防护气态、气溶胶态、液态、固态有毒有害物质，且对多数毒物防护时间在 8 小时以上；与正压式空气（氧气）呼吸器配合使用；化学救援必备的高等级皮肤防护用品
防火防化服		兼具防火和防化功能的特种皮肤防护装备；与正压式空气（氧气）呼吸器配合使用；主要用于伴有火灾的化学事故现场
非气密性化学防护服		皮肤防护装备，化学救援必备的中、低等级皮肤防护用品
化学防护手套		提供手部防护；除防化性能外，还应具有一定的防刺穿、抗磨损、防寒或耐热功能
化学防护安全靴		提供足部防护；除防化性能外，还应具有一定的防刺穿、防砸、耐高温、电绝缘等功能

　　集体防护装备体系是指用以形成有效防护化学及其他威胁和伤害的密闭空间或环境,保障其中人员在不必佩戴个体防护装备的条件下,遂行各类救援行动时免受化学及其他威胁和伤害所需的防护装备系统。集体防护装备可分为可扩展柔性掩蔽部、便携式应急掩蔽部、机动式集体防护平台及个体伤员转移装置等。集体防护装备的功能、用途及组成情况如表9-4所示。

表9-4　集体防护装备的功能、用途及组成

装备名称	图片	主功能
可扩展柔性掩蔽部		高机动可快速部署的大型防护平台,可满足人员安全的频繁出入,执行各种救援任务。该装备具有扩展功能,可根据需要通过专用接口扩展连接,形成不同规模、防护等级、功能分区的防护空间
机动式集体防护平台		该装备主要为执行救援任务的前沿指挥所、救援分队等提供机动式集体防护,同时也可以承担救援分队现场待命和运输任务
便携式应急掩蔽部		该装备为便携式简易集体防护系统,可快速在污染区内搭建形成一定面积的防毒空间,也可搭建在现有建筑物的房间内,形成临时指挥、通信、医疗救护中心
个体伤员转移装置		该装置为伤员及时从事发地点转移到安全地带接受救护过程中,提供安全保护,防止人员伤亡,同时减少已受沾染人员所携带的污染物扩散至未污染地域

　　(1)发展现状

　　①个体防护装备

　　a.呼吸道防护装备

　　防护口罩(图9-41)是很多国家在流感等传染病暴发时通常采用的非药物干预的病毒传播控制手段。防护口罩的典型结构为三层结构组成的拱形口罩,有的公司会加一层抗菌功能层,赋予口罩抗菌的功能。目前国外根据95 L/min

的流量下口罩对 0.3 mm 物理颗粒物的过滤性能将口罩分为三类,具体如表 9 – 5 所示。

表 9 – 5 不同的国家(地区)口罩标准对口罩的分级

国别	标准号	级别 1	过滤效率/%	级别 2	过滤效率/%	级别 3	过滤效率/%
美国	42CFR Part 84	N100	≥99.97	N99	≥99	N95	≥95
欧洲	EN 149:2001	FFP3	≥99	FFP2	≥94	FFP1	≥80

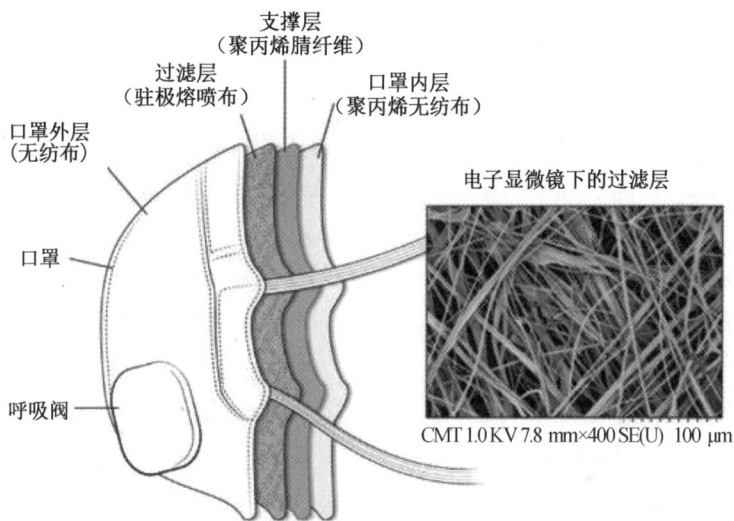

图 9 – 41 防护口罩

防护面具或口鼻罩与防护口罩最大的区别是具有单独的过滤元件,可以对口鼻和整个面部提供全面防护。其一般采用柔性橡胶折边结构,与佩戴者面部贴合度更好,具有更高的防护效果,且可重复使用。过滤元件是核生化防护面具的核心部件,主要通过过滤元件中的高效过滤材料实现对气溶胶的吸附和过滤作用,为佩戴者提供洁净的空气。目前有代表性的防护面具是美国的 M40 和 M42 系列防毒面具(图 9 – 42)。

图 9 – 42 M40/M42 系列防毒面具

M42 防毒面具和 M40、M40A1 防毒面具的面罩和滤毒罐均相同,其区别在于,M42 防毒面具的面罩是通过一根软管和面具袋中的滤毒罐连接起来的,还可通过软管将面具连接到车辆的供气系统上。M42 防毒面具还设置有无线电麦克风。

M40 和 M42 系列防毒面具的特征是带有反折边密合框;两只聚碳酸酯光学矫正镜片采用金属眼窗卡箍固定,并经抗冲击增强处理、表面加硬涂层,可提供宽阔的边缘视野和下方视野,并可外镶两个眼窗外套;前通话器位于嘴部上方,副通话器安装在未使用的滤毒罐接口上;口鼻罩有两个单向阀,以防呼出气体使镜片起雾。涂有丁基胶的酰胺纤维和三元乙丙橡胶头罩(称为防毒头罩或 TAP 头罩)可在被化学污染的环境中使用。

b. 皮肤防护装备

除了呼吸防护装备,防护服、防护手套和防护靴是保护医护人员等最直接和最实用的防护产品。其中防护服是保护人体免受核辐射、化学毒剂、病原微生物气溶胶和液体侵害的重要装备。

从 20 世纪 30 年代采用涂有橡胶的织物制成的不透气防护服,到 60 年代的透气性防护服,到目前采用新材料、新技术研制的轻便、透气性好、防毒剂效果更佳的防护服,材料科学与技术的发展推动着防护服的发展。目前,国际上除了研究用选择性透过膜取代活性炭外,还在开展应用纳米纤维丝研究轻量化、多功能、具有耐久性的防护服材料。

法国 PaulBoye 公司推出一种 T. O. MNBC 轻便型防护服,总质量仅为 500 g,制作原料为无纺布上附着一层防护复合材料,既可满足军队的要求,也可作为民防人员的防护服,对各种毒剂、液剂的防毒时间均大于 24 h。此外该公司还推出一种集阻油、防水、防红外线、防毒等功能于一体的透气式防护服,可供消防员、警察、民防人员和军队在紧急情况下使用。

英国 Remploy Frontline 公司研制的 SR3 型防护服(图 9-43)采用了目前最轻的材料,应急人员在 5 min 内就能完成全副防护。

奥地利 J. Blaschke Wehrtechnik GmbH 公司研发的 ABC-90 型和 ABC-90-HR 型核生化防护服(图 9-44)均属于隔绝式防护服。ABC-90 型服装采用标准的涂有橡胶的帆布材料,可防生物战剂至少 6 h。ABC-90-HR 型服装采用高抵抗力帆布,这种防护材料为 520 g/m^2,对生物战剂的防护提高到 2 000 h 以上。

美国 RST 公司推出的 RST DEMRON 防辐射服(图 9-45)对化学、生物及非

游离辐射均有防护作用,对于高能量的 β 粒子也具有强大的屏蔽作用,并能屏蔽
50% 能量高达 130 Sv 的 γ 粒子,对于氨气和氯气的贯穿时间是 480 min,是普通
防护服的 8 倍。该防辐射服符合 NFPA1994/2007 有关核生化恐怖威胁第一应急
装备 2 级材料的全部要求,与其他防护材料相比散热性更好,可在 9 s 内完成穿
戴,是新一代的综合防护服。

图 9 – 43　SR3 型防护服

图 9 – 44　ABC – 90 – HR 型核生化防护服

图 9 – 45　RST DEMRON 防辐射服

②集体防护装备

集体防护技术研究始于第一次世界大战期间,那时整个防护系统比较简单,到了第二次世界大战时,更高毒性的化学战剂相继出现在战场上,为了增强集防系统中滤毒单元的防护性能,研究人员在活性炭上浸渍铬、铜、银,用以提高对放射性灰尘和高毒战剂的防护。直到第二次世界大战结束以后,世界各国先后对集体防护系统开展深入研究并设计出各种集体防护系统,目前国外已经发展了品种齐全、适用范围广、通风容量大的集体防护装备。

在可扩展柔性掩蔽部装备方面,国外发展了大量装备,例如美军服役的生化防护掩蔽部(CBPS)、M20A1 简易集体防护装备(SCPE),M28 集体防护装备(CPE),芬兰的 COLPRO 核生化集体防护系统(图9–46),英国的软体式集体防护系统,法国的 BIODOME 核生化防护帐篷等。

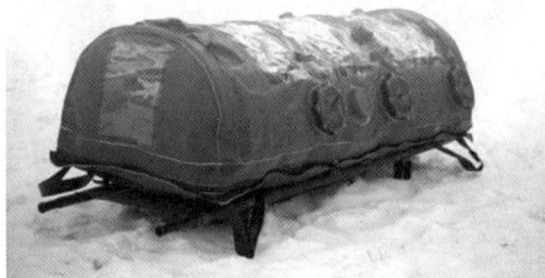

图9–46　芬兰 COLPRO 核生化集体防护系统

地方使用的简易式生化集体防护装备多为软体正压安全室,如德国的 BioSafe FA 300 HS 医院过滤系统、室内可移动防护帐篷,美国的 Rainbow 集体防护透明室、可伸缩生化安全舱室等。其共同特点是相对于固定集体防护系统而言,具有轻便、机动甚至便携功能,详见表9–6。

在机动式集体防护平台例如舰船集体防护方面,国外也取得了较大成果,目前美、俄、英、法等国家海军的大部分舰艇都配置了先进的第二代集体防护系统。

德国海军在舰艇核化生集体防护方面的起步最早,其技术也一直居于领先地位,早在20世纪60年代初,联邦德国最早开发并成功设计第一代水面舰艇集体防护系统 DSK 系统。那时,德海军已开发研制了滤毒增压通风并辅以空调通风结合设计的全舰集体防护转换系统,并将该系统列装在"汉堡"级驱逐舰上。德军2002年服役的 F–123、F–124 级护卫舰具备在核化生环境下的全时防护能力,其列装的正是全舰集防系统。

表 9 - 6　软体式生化集防装备

装备	国家	防护面积/m²	超压/Pa	风量/(m³·h⁻¹)	质量/kg	运输性	组建时间/min	容纳人数	气锁通道	扩展功能
M51	美国	19.51	75~200	2 038	227	需拖车	30	10	有	有限
M20	美国	18.58	150	340	200	可车载	30	10	有	否
CBPS	美国	28	—	—	—	需拖车	20	25	有	是
UCPS	英国	—	100	375	93	否	—	—	有	否
COLPRO	芬兰	30.30	200	1 000	2 000	否	45	20	有	是
COLPRO Squad	芬兰	11.25	50	130	44	可车载	6	15	无	否
LSS - 80	芬兰	7.4	25	50	70	可车载	—	6	有	否
Rainbow	美国	5.5	50	36	—	可车载	5	6	无	否

德国水面舰艇用核辐射和化学战剂探测系统(SNCDS)由多组核辐射探测器和化学战剂探测单元等组成,基于数字化接口构成独立完整的全舰核生化监控系统。核辐射探测配置 γ 剂量和剂量率探头、γ 和中子总剂量探头、α/β - β/γ 沾染探头;化学战剂探测配置红外远程遥测探头和遥控单元;并且系统由 24 个滤毒组合而成,战时每小时可为全舰提供总量高达 18 900 m³的洁净空气。这些装备都极大地提高了德军舰的核生化预警和防护能力。

美国海军最早于 1965 年在 USS Thomas(DD - 833)驱逐舰上改造并安装了仿造德国的舰用毒剂操作保护系统。此后美国海军开始自行研制开发舰载集体防护系统。海湾战争以后,美军对在用的集防操作系统进行了改装。如 LHD - 1 ~ LHD - 7、LHAl - I、HA 等舰经过改装,设立了 2 个全防护等级的集体防护区;在其他新型舰艇上,如 LHDI、ADE - 6 和 LSD - 44 舰的生活区及工作区都装有集体防护系统。

美国福托尼克斯公司研制成功了采用红外激光多普勒系统,探测距离为15 km 的核生化监测系统,系统实时探测(日夜)、分辨率高、体积小,可对战剂范围定位、风速测定综合处理等。其对水面舰艇集体防护装备的投入非常大,如T - AOE - 6 补给船和LPD - 17"圣安东尼奥"级两栖运输舰实现了全舰一半以上的区域防护。图 9 - 47 所示为 LPD - 17 舰集防区示意图,阴影部分代表实现集防的区域。

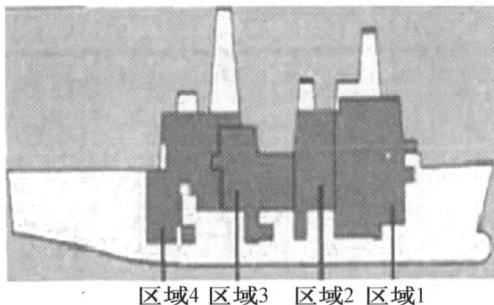

区域4 区域3　区域2 区域1

图 9 - 47　LPD - 17 舰集防区示意图

其他国家例如英国、挪威、法国、西班牙也一直在增强各自水面舰艇的集体防护能力。2009 年服役的英海军45 型驱逐舰、挪威"南森"级护卫艇装备有先进的集防系统;法国护卫舰"拉斐特"装备的是全舰集防模式;西班牙 F - 100 型护卫舰已实现在核生化环境下舰艇全区域集体防护能力,该套系统对染毒空气的处理能力很强,通风量达到 12 000 m³/h。

（2）未来发展趋势

①采用新材料、新技术和新设计方法，发展多功能个人防护装备，要求提高耐用性，还要与作战装备或单兵装备匹配、兼容，为佩戴者提供更好的舒适性，并减小呼吸阻力。目前美军研究的重点是将生物、化学防护综合集成为一个系统，该防护服系统可提供环境保护、弹道防护、激光防护及防火和降低生理负荷，并能自行解毒杀菌。

②发展轻便、高效的集体防护装备，美军集体防护装备将更加趋于小巧、轻便，更便于后勤保障，美军联合军种集体防护装备将采用最新的过滤、环境控制和动力技术，使其更加轻便、高效，并减少后勤负担。美军正在研制的联合移动式集体防护系统是一种轻便的、组装式的核生化防护系统。而俄军则特别强调集防装备的机动性。

目前，世界上很多国家具有核动力技术，并且都十分重视民用装备与武器级的研制和发展，未来应用场景与战场环境将更加恶化。同时各种高新技术的发展和普及导致核生化武器对于公共安全的威胁也日益加大。因此，为了保障公共安全、核动力破冰船的安全运行和军队的抗核生化打击的能力，深入研究与发展核防护装备系统是十分必要的。

2. 国外核生化洗消技术

洗消装备是指对染有毒剂、放射性物质、生物战剂的人员、服装、武器装备、工事及环境进行消毒和消除沾染所用器材的统称。洗消装备主要作用是对受化学毒剂污染的人员及器材表面进行快速处理，减小损伤。其中洗消药剂用于毒剂消毒，消除放射性污染，杀灭生物战剂的化学物质。核生化洗消技术与装备的发展得到了世界各国的重视，呈现出不断上升的趋势。

（1）洗消剂

洗消剂是实施核生化毒剂洗消的根本要素，以碱性水解、氧化及氯化为消毒机制的传统洗消剂虽能满足应急洗消的要求，但其存在腐蚀性强、污染大、后勤负担重等问题。随着科技的发展，纳米技术的应用及制备工艺的提高，金属氧化物及氧酸盐、肟类化合物、生物酶等新型洗消剂不断出现（表 9－7）。

表 9－7　各类核生化毒剂洗消剂

洗消剂种类	原理	优势	代表产品
碱性洗消剂	以碱性消除或碱性水解为消毒机制	消毒效果好	美军的碱－醇－胺洗消剂 DS2

表 9 - 7(续)

洗消剂种类	原理	优势	代表产品
氧化氯化型洗消剂	以氯化、氧化为消毒机制	适用性广	美军的 M258AI 消毒盒
吸附(降解)消毒剂	通过物理吸附而起到消毒机制	无毒无刺激,对温度不敏感	M291 皮肤消毒包
金属氧化物和氧酸盐	通过催化毒剂发生氧化、歧化反应或吸附作用起到消毒机制	环境友好	Al_2O_3、TiO_2、CuO
肟类洗消剂	通过与化学毒剂发生取代反应而消毒	效果良好、环境友好	RSDL 皮肤消毒包
生物(酶)洗消剂	利用生物(酶)的催化水解作用而破坏毒剂使其失去毒性	广谱、快速、环境友好	美国的 All - Clear 化学生物洗消泡沫

(2)高压、高温、射流洗消技术

高压、高温、射流洗消技术是新一代洗消装备的特征和标志。意大利和德国最先将该技术应用于水基洗消装备。高温是指水温为 80 ℃、蒸汽温度为 140 ~ 200 ℃、燃气温度在 500 ℃以上;高压是指工作压力为 6 ~ 7 MPa、燃气流速达 400 m/s;射流包括光射流、液体射流和气体射流。运用该技术研制的洗消装备利用高温和高压形成的射流洗消,同时具有物理洗消和化学洗消的双重性能,因而具备省力、省时、节约洗消剂等优点,极大地提高了洗消效率(图 9 - 48)。

图 9 - 48 用超高压水清洗热交换器

（3）敏感设备洗消技术

敏感设备如计算机、电子仪表、航空电子、航海装备、光学精密仪器、飞机及车辆内部等一般受温度、湿度影响较大，不耐腐蚀，在受化生放核沾染的情况下不能采用传统的水基洗消方法。因此，各国纷纷开始研发适用于敏感设备的非水洗消技术，目前国外研究的非水洗消技术主要包括以下方法：

①以高反应流体的等离子体与化学毒剂、生物毒剂以及放射性物质发生作用，实现洗消；

②将过氧化氢（VHP）和二氧化氯（ClO_2）等常用的消毒剂加热蒸发为气态，充满放置敏感设备的密闭空间，实现洗消；

③以洗消液同核化生制剂发生物理化学反应使得洗消液固化，有毒物质从污染表面进入固态洗消剂，再将其从敏感设备表面剥离，从而起到洗消的作用。

（4）自适应、自洗消技术

自适应、自洗消技术主要是将洗消剂的主要活性成分嵌入或涂覆在装备表面，实现防护装备的目的。理想状态下，装备表面或材料自身能清除毒剂，不需要洗消人员做任何工作。如美国公布的一项专利发明，提供了一种新的金属-有机酸骨架材料（图9-49），此材料含有能够降解某些化学毒剂和化学品的反应活性物质，具备自洗消功能。

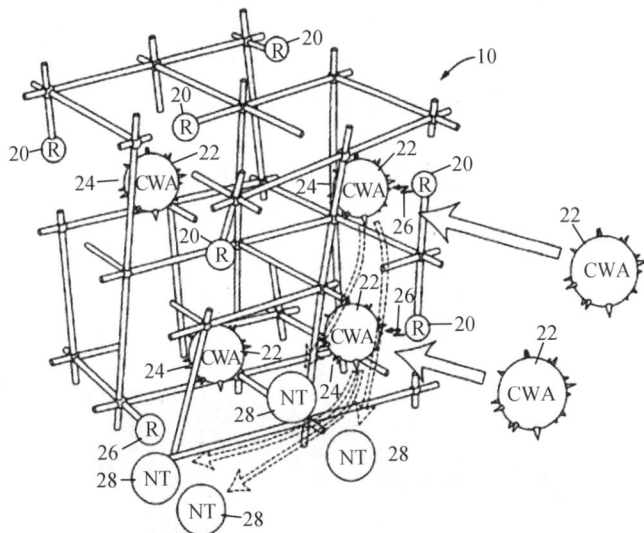

图9-49　自净化金属有机骨架

（5）自动洗消技术

洗消是一个费时、费力且对人员健康具有一定影响的过程。目前,美国正在积极探索研究洗消机器人发展的可能性,来减少洗消作业所需的人力。洗消机器人最终将取代人员进行洗消作业,通过智能控制,达到精确洗消的目的。

（6）典型洗消装备

洗消装备按照范围通常可分为适用于个人、小型装备的小型洗消装备和适用于大型装备、大面积污染的地面、空气、水源与动植物等的大型洗消装备。

①小型洗消装备

a. 美国 M295 单兵消毒装备(图 9 – 50)。它由 4 副擦拭手套组成。每只手套由内涂聚乙烯膜的非织造聚酯材料制成,该材料含有具净化功能的吸收性粉末。在使用过程中,吸收性粉末可以在非织造聚酯材料中自由流动。士兵可迅速使用 M295 来消除皮肤和装备上的化生污染及毒素污染。

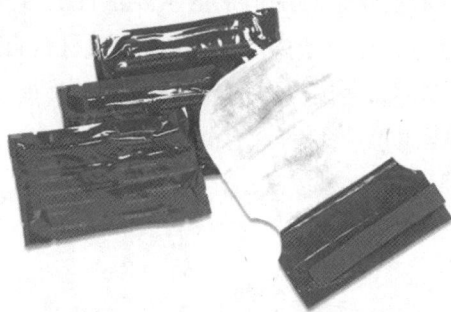

图 9 – 50　美国 M295 单兵消毒装备

b. 德国 DECOFOG 便携式高温喷雾式生化洗消器(图 9 – 51),采用 GD – 5 消毒剂,以汽油为动力,无须外接电源,可单人携带和操作。DECOFOG 利用喷气式发动机将消毒剂高度雾化为 1 ~ 4 μm 的颗粒,使消毒剂在短时间内扩散到非常细小的缝隙,实现消毒。

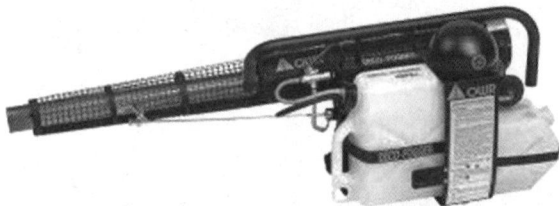

图 9 – 51　DECOFOG 便携式高温喷雾式生化洗消器

　　c. 美国的 EasyDECONTM DF - 200 便携式泡沫洗消器(图 9 - 52),它的主体结构是一个体积为 18.9 L 的背负式容器,内装洗消液,通过压缩空气和 1 个附加的喷嘴形成泡沫,射程可达 12 m,携带方便,是美军一个重要的应急洗消装备。

图 9 - 52　EasyDECONTM DF - 200 便携式泡沫洗消器

　　d. 意大利 SANIJET C. XX 单兵洗消系统(图 9 - 53),用于单兵、车辆和建筑等的洗消。其框架为不锈钢材质,可以由直升机、卡车等运送;以柴油或煤油为动力;提供 90 bar(1 bar = 10^5 Pa)高压热水能力达到 1 020 L/h,蒸汽模式可以提供 368 L/h;单兵即可操作,使用简便;喷枪上部可加挂清洁剂,更换方便快捷。

图 9 - 53　SANIJET C. XX 单兵洗消系统

②大型洗消装备

a. 意大利 SHELTER CBRN 车载移动式高通量洗消方舱（图 9 - 54），可以用于大量人员、车辆或建筑等的洗消。每小时可以完成对 360 名单兵或 30 部车辆的洗消作业，具有较高的机动性，展收方便，设施完备。

图 9 - 54　SHELTER CBRN 车载移动式高通量洗消方舱

b. SKID/NBCR 是一台大功率可移动洗消站（图 9 - 55），是快速消毒和净化部署设备，能够同时连续为人员、车辆和装备进行洗消，也可以用于消防和地面洗消。在标准化装配后（配置洗消供水泵、排污泵、污水泵、便携式洗消器、洗消喷枪、储水袋、集污袋、地面洗消、野外应急通道帐篷、野外照明设备等 20 多样随车洗消辅助设备），该拖车功能为：人员洗消，60 人/h；车辆洗消，15 辆/h；设备洗消，当蒸汽在 180 ~ 200 ℃时，最多可洗消 368 L/h；地面洗消，10 ~ 20 m²/h；消防，送水高度 20 m。

图 9 - 55　SKID/NBCR

c. 德国 JET21 洗消喷射系统(图 9-56),是 Karcher 公司生产的先进大型车辆编队洗消用系统,可同时用于人员、战地设备和敏感材料等的洗消。其采用运输机起重机架,可以让最大的野战车辆在下方通过。这种液压式的起重机架靠运输机提供动力和支持,在车辆后部控制室内的操作员控制洗消程序,根据需要的温度和压力,向下或横向喷嘴喷洒洗消剂。

图 9-56 JET21 洗消喷射系统

d. 美国联勤可运输洗消系统(JSTDS)(图 9-57),由洗消剂、涂敷模块和附件(包括淋浴设备)组成,仅重约 254 kg,用于洗消战斗车辆、人员配备的武器、飞行器、船表面和有限的设备。该系统可将污染战剂浓度降低到可检测水平以下;不需要专用的车辆和拖车;能使用洗消剂和热的肥皂水;使用对人无害的、对环境安全的洗消剂。两个人可以在不到 15 min 的时间内完成该设备的设置。

图 9-57 JSTDS

3. 核防护装备未来发展趋势

国外在洗消装备技术的发展中,高度重视新材料、新技术的研究与应用,从目前现状分析,其未来发展趋势是对各种毒剂、生物战剂能够无选择地、清洁地快速反应消毒。消毒剂要求对目标无明显破坏,对环境安全无威胁,而且储存稳定,后勤负担小。在研究方面,国外主要关注洗消方法和大规模洗消技术、新型消毒剂研究、消毒毒理学、敏感装备洗消等方面。此外,突发事件的应急洗消、结合高新技术开发的绿色洗消也备受关注。

(1)发展高效、广谱、绿色洗消剂

从改进性研究方面看,乳状液消毒剂和反应型吸附消毒粉是主要方向。将消毒活性成分制成乳液、微乳液或微包胶,可以降低次氯酸盐类消毒剂的腐蚀性。而为了赋予吸附型消毒粉反应性能,则主要是将一些反应活性成分(如次氯酸)或催化剂(如金属离子),通过高科技手段(纳米微包胶或静电原理包覆活性成分)均匀混入吸附消毒粉中,所吸附的毒剂会被活性成分消毒降解,这在一定程度上解决了毒剂解吸造成二次染毒的问题。

从开发研究新型洗消剂方面看,目前已取得显著进展并具有实用潜力的研究方向有生物酶催化、金属络合物催化、超亲核试剂催化、过氧化物消毒剂、光催化氧化消毒剂、高分子吸附反应型消毒剂、纳米金属氧化物和自催化消毒涂料。它们共同的特点是反应温和、不会对洗消对象造成损伤、用量少、后勤负担小、环境相容性好。

(2)发展多功能一体化洗消装备

目前战争对后勤保障的要求不断提高,单一功能的洗消装备已不能适应未来作战的需要,因此无论是大型洗消装备还是小型洗消装置,多功能化的特点已经越来越明显。如德国 Karcher 公司生产的敏感材料洗消装置和意大利 Cristanini 公司生产的 Sanijet 系列洗消装置都可满足多种洗消任务的需求。

(3)发展高机动性的洗消装备

实践证明,过去那种体积庞大、机动性能差的洗消装备已不能完全满足未来后勤保障要求,具备高机动性和灵活性的洗消装备有着更广阔的发展空间。

(4)开创洗消新概念

许多国家对污染洗消发展了"化学加固"的概念,也称作"控制污染",即尽量减少部队装备受污染的可能性或降低装备受污染的程度,以从根本上解决洗消困难。为了避免毒剂渗透到装备内部,一些国家开展了防毒涂料的研究工作。研制的防毒涂料不但要考虑避免毒剂的渗透,而且最好同时考虑到外表涂层应

不易被雷达和其他侦察系统发现,且不破坏或腐蚀涂层下的装备表面。

核防护是未来军事斗争和反恐维稳、抢险救灾、极地核动力船舶等非战争军事行动所要面临的重要威胁。这是核动力破冰船安全保障的重要内容,洗消技术和洗消装备的先进与否直接决定了洗消效果的好坏,对于核生化打击下的救护任务的顺利完成起到关键作用。目前,国外核生化洗消技术与装备发展迅速,成果丰硕,对于我国核生化洗消技术与装备发展借鉴意义重大。

9.3　数字核动力破冰船、数字核反应堆与核电软件

9.3.1　数字核动力破冰船

随着新一代 IT 技术的发展,建立数字核动力破冰船的技术已经非常成熟。这些技术在常规的各类船舶的设计制造中已经得到了广泛而成功的应用,因此建立数字核动力破冰船的问题并非是重大难题。

数字核动力破冰船的建立是一个从方案设计提出到设计制造至交付的过程中,数字核动力破冰船由简单到复杂、单独专业到全部专业、设计试验到生产制造与调试、局部到整体融合的全过程。这一过程的技术描述,在上述有关章节中已经叙述,这里就不再赘述。

9.3.2　数字核反应堆

数字核反应堆基于先进耦合建模技术、大规模并行计算技术、先进的验证与确认(V&V)等技术,建立在超级计算机上,可实现实际反应堆各种物理过程高精细模拟预测。它是先进的核反应堆设计优化、高效运行、事故预测和应急以及新材料研发等的设计、制造、试验验证平台。

当前,以人工智能、高精度仿真、智能控制、预测性监控及维护为基础的数字孪生技术开始进入先进的核动力堆研发领域,目的除能够显著降低下一代先进堆发电的运行和维护成本(例如美国的 GEMINA 项目),更重要的是能够使得核动力装置在服役至退役这一阶段更加安全可靠。

国内外对数字反应堆及相应的核电软件研发都非常重视,这方面的研究对核反

应堆的设计优化、高效运行、事故预测和应急维护以及新材料研发均有较大助益。

数字反应堆主要以美国的 CASL 与 NEAMS、欧洲的 NURESIM 为代表。其中,美国的 CASL 项目已经深化 VERA 对压水堆的模拟功能并扩展至沸水堆和小堆。

因此,研究开发具有自主知识产权的数字反应堆技术是非常重要和有意义的项目,在这一方面,如上节所述,我国在建立装备数字化技术方面,已经有一定的基础,总体技术水平也还跟得上国际先进的技术,只是需要不断进取、坚持不懈,开发出我国自主知识产权的数字反应堆指日可待。

9.3.3 核电软件

数字反应堆的核心之一是核电软件,长期以来,我国应用的大多专业性和通用性软件引进自国外,这是很危险的问题,也是“卡脖子”的严重问题,绝不能长此以往。因此,解决自主知识产权的软件问题是当务之急。可喜的是近些年来,国内核能领域也逐渐开始重视软件自主化的研究开发,并取得了不同程度的进展。

COSINE 软件包是我国具有自主知识产权的核电厂工程设计与安全分析软件。COSINE 已具备压水堆核电站堆芯物理 – 热工水力及系统安全分析的核心功能,取得的研发成果在具备自主知识产权的 CAP1400 机组或其他压水堆机组上推广应用。与此同时,COSINE 已转入工程应用阶段(图 9 – 58)。

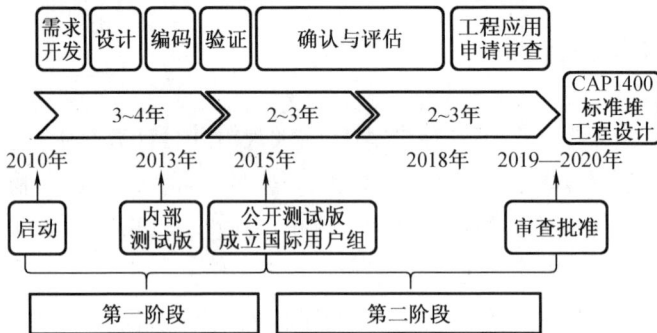

图 9 – 58　COSINE 软件包研发进度时间轴

2015 年中国核工业集团有限公司发布的自主化核电软件一体化平台 NESTOR,到 2018 年已初步完成其综合研发平台的开发,且部分成果已应用于实

际工程设计中。中国广核集团有限公司在自主核电软件开发方面也取得了相关进展。

中国三代非能动核电经过 10 年的努力,基本完成了研发设计自主化、关键设备和材料国产化的历程。在此过程中,中国核电产业能力完成了从二代向三代的跨越。我国在核电装置自主开发与数字化技术方面已经取得了显著成果。

9.4　参考文献

［1］ 熊文彬,朱杰,王韶伟,等.俄罗斯核电安全监管体系及启示[J].辐射防护通讯,2012,32(4):23-28.

［2］ 太阳谷.国外核生化防护装备发展及未来趋势[R/OL].(2020-06-28)[2022-05-13].https://maimai.cn/article/detail? fid=1491705225&efid=SusQyiVvw72oRzxpjaMwxA.

［3］ 太阳谷.2019 世界核工业现状报告[R/OL].(2019-09-23)[2022-04-23].https://zhuanlan.zhihu.com/p/83978460.

［4］ 张羽,李岳阳,王敏.极地破冰船发展现状与趋势[J].舰船科学技术,2017,39(23):188-193.

［5］ 于立伟,王俊荣,王树青,等.我国极地装备技术发展战略研究[J].中国工程科学,2020,22(6):84-93.

［6］ 张增科,张平,黄琦志.美国核武器库存维护计划[J].国外核新闻,2006(10):14-18.

［7］ 吴春平,吴刚,王晓琳.IMO 极地规则和未来极地船舶发展趋势分析[J].造船技术,2014(2):6-9.

结　束　语

从 20 世纪 50 年代以来,核动力破冰船在国际上已有 70 年的发展历史,尤其是苏联和现在的俄罗斯的研究开发技术与核动力破冰船的吨位一直处于世界首位。而我国的核动力破冰船的研究开发还处于起步阶段,许多关键技术仍然处于研究攻关阶段,核动力破冰船仍然没有制造出来。

与俄罗斯等军工发达国家相比,我国在核动力船舶方面存在不小的差距。随着海洋战略的实施,极地考察工作越来越重要,而破冰船作为极地考察不可缺少的工具,急需发展。一艘核动力破冰船带上 10 kg 核燃料,就相当于带上 25 000 t 标准煤。研发核动力破冰船有利于提升我国极地考察能力,有利于提高造船工业水平,是推动海洋强国建设的重要一步。

没有核动力破冰船的核心技术与设计能力就意味着被动,掌握不了项目设计、产品建造、设备选型等关键环节的主动权,也难以在极地区域的各个方面以及国际核动力破冰船工程装备市场获得话语权。这样就导致我国很难获得极地利益和工程装备产业链的领先地位,与我国的极地方略目标需求是不相符的,这种态势需要我们来努力改变。

很显然,我国的极地方略和我国的极地利益保障是紧密相连的,因此我国明确提出了加快极地的研究发展工作,这是关心和肩负极地事业的科技工作者所应承担的责任。

笔者希望众多的工程技术人员能够关注核动力破冰船装备技术,共同努力为提高我国的工程技术水平贡献一分力量。

在本书撰写过程中,承蒙刘秉穗高级工程师对全书进行了规范用语方面的审检,感谢任慧龙教授、冯国庆教授、傅强博士、刘大辉博士等为我们提供了许多宝贵的资料与信息,特别要感谢潘镜芙院士给了我们极大的支持,增强了我们编写的热情和信心,也要感谢上海科学技术出版社侯培东副社长、中国船舶集团有限公司第七〇四研究所船舶工程编辑部的田立群副主任等领导给予我们多方面的支持与帮助。

哈尔滨工程大学出版社的编辑对于本书的出版给出了许多中肯的意见和非

常好的建议,帮助我们弥补了许多不足之处,在此表示深切的谢意。

希望本书的出版能为关注核动力破冰船装备工程领域的人员提供帮助,如此,我们也便无憾了。

本书如有不妥之处,真诚希望广大读者批评指正。

作　者

2022 年 12 月